苏州市职业大学年鉴2023

Suzhou Vocational University Yearbook

苏州市职业大学年鉴编纂委员会　编

苏州新闻出版集团
古吴轩出版社

图书在版编目（CIP）数据

苏州市职业大学年鉴. 2023 / 苏州市职业大学年鉴编纂委员会编. -- 苏州 : 古吴轩出版社, 2023.12
ISBN 978-7-5546-2251-3

Ⅰ. ①苏… Ⅱ. ①苏… Ⅲ. ①苏州市职业大学－2023－年鉴 Ⅳ. ①G719.285.33-54

中国国家版本馆CIP数据核字（2023）第242138号

责任编辑： 李爱华
见习编辑： 李　楠
责任校对： 顾　熙
责任照排： 刘　浩

书　　名： 苏州市职业大学年鉴（2023）
编　　者： 苏州市职业大学年鉴编纂委员会
出版发行： 苏州新闻出版集团
古吴轩出版社

地址：苏州市八达街118号苏州新闻大厦30F
电话：0512-65233679　　　邮编：215123

出 版 人： 王乐飞
印　　刷： 苏州日报印刷中心有限公司
开　　本： 889mm×1194mm　1/16
印　　张： 32.25　插页：44
字　　数： 1000千字
版　　次： 2023年12月第1版
印　　次： 2023年12月第1次印刷
书　　号： ISBN 978-7-5546-2251-3
定　　价： 150.00元

1月28日，苏州市政协副主席程华国（左）到校走访调研国家级“顾星技能大师工作室”

7月19日，苏州市政府研究室主任陈震欧（中）一行到校专题调研苏州石湖智库

8月6日，中国老科学技术工作者协会常务副会长，中国科协原党组副书记、副主席齐让（前排左二）一行到校指导

8月12日，苏州市教育局副局长何永林（左二）一行到校指导

10月12日，苏州市吴中区人大常委会主任方伟军（右二）、苏州市人大常委会人事代表联络工作委员会主任戴玲芬（右三）一行到校调研交流

10月12日，苏州市科学技术协会党组书记、主席程波（中）一行到校调研

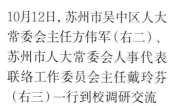

中国共产党苏州市职业大学第三次党员代表大会

学校举行第三次党员代表大会预备会议，会议由校党委书记曹毓民主持

校党委副书记、副校长张健做第三次党员代表大会筹备工作情况的报告

校纪委副书记、纪检监察室主任俞建伟做第三次党员代表大会代表资格审查报告

组织人事部部长鲜学丰做党费收缴、使用和管理情况的报告

第三次党员代表大会主席团第一次会议

第三次党员代表大会开幕式

苏州市人民政府副市长季晶发表讲话

校党委书记曹毓民主持开幕式

校长温贻芳致开幕词

九三学社苏州市职业大学支社主委孙春华代表学校各民主党派致辞

校工会主席、妇联主席吴建英代表群团组织致辞

各代表团分组讨论

通过大会选举办法

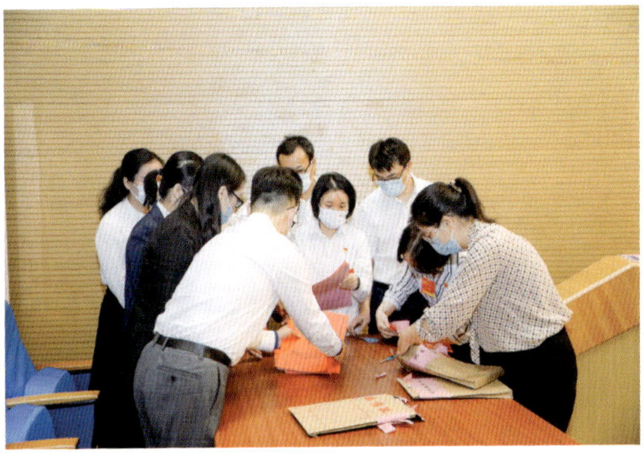

进行选票统计

第三次党员代表大会第三次全体会议及闭幕式

第三届党委第一次全体会议

第三届纪委第一次全体会议

第三次党员代表大会参会领导、嘉宾以及全体代表合影留念

2021年度综合表彰暨党委人才工作会议

校长曹毓民宣读学校《关于公布2021年度综合表彰项目及内涵质量建设创新工作项目的决定》

校党委书记钮雪林为"特别贡献项目"颁发奖杯

校长曹毓民为"突破项目"颁发奖杯

校党委副书记、副校长刘丹和副校长熊贵营、张健为"创优项目"颁发奖杯

校纪委书记蔡晓平、副校长孙学文为"特色项目"颁发奖杯

电子信息工程学院院长邓建平发言

计算机工程学院院长鲜学丰发言

教育与人文学院院长吴隽发言

管理学院院长孟利琴发言

校长曹毓民做学校人才工作总结报告

校党委副书记、副校长刘丹解读学校人才政策

校党委书记钮雪林做总结讲话

3月16日，学校召开2022年工作部署暨党风廉政建设工作会议

4月29日，学校召开苏州市职业大学2021质量文化重点建设年总结暨2022专业数字化改造融合化转型发展工作部署会议

4月29日，学校举行2022年安全工作暨平安校园建设工作会议

6月8日，学校召开苏州市职业大学第七届教职工代表大会第五次会议

6月15日，学校召开苏州市职业大学2022思想政治工作年会

6月22日，学校举行苏州市职业大学2022届毕业生“云上”毕业仪式

6月29日，学校举行庆祝中国共产党成立101周年暨第十六届"先锋论坛"总结表彰大会

7月5日，学校召开2022年发展研讨会

9月9日，学校举行苏州市职业大学庆祝教师节大会

9月14日，学校举行苏州市职业大学马克思主义学院成立大会

9月28日，苏州市现代装备制造职业教育集团2022年工作会议暨换届大会在学校举行

10月1日，学校举办“喜迎二十大　永远跟党走　奋进新征程”国庆节主题团日活动

“校园廉洁文化活动月”启动仪式

11月14日，学校举行“职业院校高质量发展的对策与探索”座谈会

2022年“对话苏职大发展”活动

3月18日，2022年第1期（总第8期）：“‘才在职大快发展’——高层次人才多做贡献之我见”

6月24日，2022年第2期（总第9期）：“我为‘两委工作报告’建言献策”

2022年疫情防控工作

2月18日，学校党员抗疫志愿服务队向社区报到，为抗疫助力

2月18日，学校召开疫情防控专项工作会议

4月6日，学校开展校园突发新冠疫情应急处置演练

8月19日，学校召开疫情防控专项工作会议

9月2日，学校召开苏州市职业大学专业（群）服务产业发展研讨会

11月11日，学校举办2022年教师教学能力提升专项培训班开班仪式

11月14日，学校举行职业教育示范性虚拟仿真基地建设项目调研会

2022年“教授大讲堂”活动

2022年“‘博士天团’与你聊天”活动

这十年·学银案例丨苏州市职业大学：基于职业教育智能控制技术专业教学资源库学分银行建设实践探索

学分银行CB 2022-12-22 13:23 发表于北京

收录于合集
#这十年·学银案例 12个

党的二十大报告提出“统筹职业教育、高等教育、继续教育协同创新，推进职普融通、产教融合、科教融汇”、“推进教育数字化，建设全民终身学习的学习型社会、学习型大国”等要求。新修订的《职业教育法》提出“职业教育国家学分银行”相关建设任务和要求，为学分银行的发展指

荣誉证书
CERTIFICATE OF HONOR

苏州市职业大学：

《基于学习成果认证与学分转换的职业教育控制技术专业教学资源库学分银行建设实践探在2022年学分银行典型案例征集活动中被推选为

院校教学改革典型案例

特发此证。

国家开放大学学习成果认证
二〇二二年十二月

12月22日，学校学分银行建设与应用案例入选国家开放大学典型案例

9月23日，苏州市人大常委会研究室2022年度重点委托课题（石湖智库）集中开题暨“苏州现代化发展路径研究”专家讨论会在学校召开

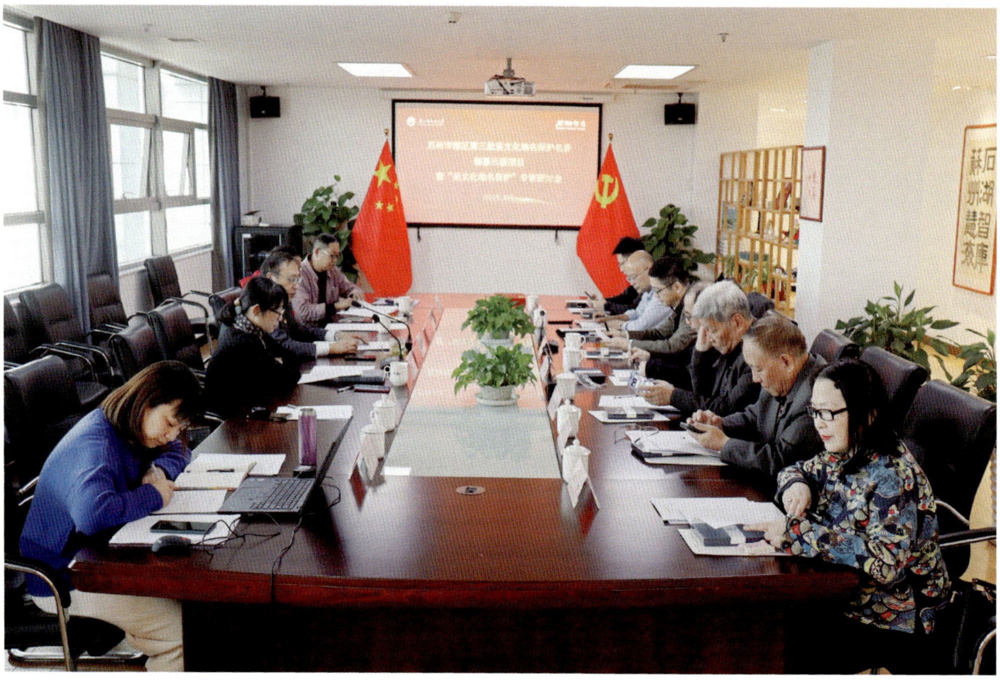

10月12日，苏州市第三批吴文化地名保护名录编纂出版项目暨“吴文化地名保护”专家研讨会在学校召开

10月25日，苏州石湖智库举办“智汇讲坛”第7期学术讲座暨江苏长江产业经济研究院苏州研究中心成立1周年学术活动

11月25日，教育部职业教育发展中心副主任曾天山应邀在线为学校做题为“以大职业教育观推动职普融通、产教融合、科教融汇”的学术报告

12月12日，学校举行江苏省高校哲学社会科学重点建设基地验收会

12月25日，学校召开国家社会科学基金"高质量发展理念下高职课程适应性及其提升策略研究"开题会

2022“智汇苏州”学术沙龙

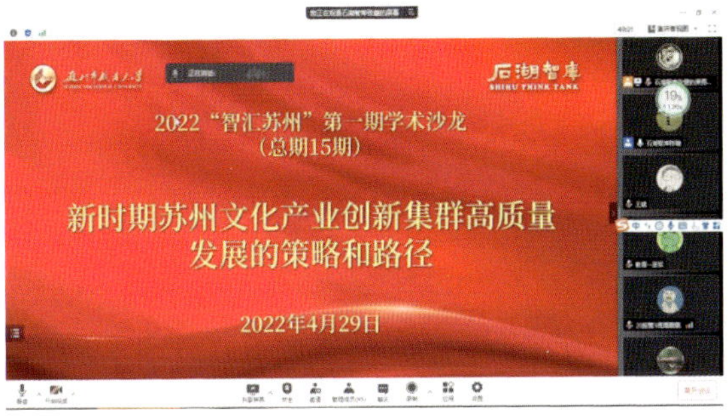

2022年第1期(总第15期)：“新时期苏州文化创意产业高质量发展”

2022年第2期(总第16期)：“打造世界级科创湖区的苏州使命”

2022年第3期(总第17期)：“智改数转推动苏州工业高质量发展”

2022年第4期(总第18期)：“城市更新与苏州‘园林之城’品牌打造”

2022年第5期(总第19期)：“全过程人民民主与苏州城市发展 ”

2022年第6期(总第20期)：“姑苏侨文化品牌建设助力古城保护与发展”

2022年第7期(总第21期)：“养老服务人才培养创新、实践与发展”

6月13日，学校与中国大地出版传媒集团大运河文化研究中心举行合作签约仪式

6月28日，苏州市康养产业学院成立大会在学校举行

7月7日，苏州市机器人产业产教融合与协同发展论坛在学校举办

7月21日，学校与招商银行苏州分行举行战略合作签约仪式

9月3日，学校协办第三届中国机器人产教融合发展论坛，校长温贻芳为大会致辞，党委副书记、副校长张健做专题报告

10月27日，苏州市美术家协会主席团一行到校调研交流

10月31日，苏州石湖智库与苏州市民政局签署战略合作协议，揭牌成立苏州地名文化遗产研究院

11月6日，学校举行机器人产业学院合作签约仪式

7月19日，江苏开放大学一行到校开展办学系统调研座谈

8月4日，安庆医药高等专科学校一行到校调研交流

8月25日，2022年“诚实守信”中国好人、校友黄萍到访学校

10月14日，苏州市吴中区委研究室一行到校调研交流

10月19日，苏州城市学院一行到校调研交流

10月25日，苏州工匠园一行到校调研交流

11月18日，扬州市职业大学一行到校调研交流

1月10日，学校与巴基斯坦国立科技大学（National University of Sciences and Technology, Pakistan）合作交流会暨中巴经济走廊文化交流中心工作推进会在线上举行

4月18日，东南亚职业教育产教融合联盟举办的“英联邦职教体系暨创新教学模式与方法”研修班开班仪式在线上举行，苏州市职业大学副校长张健作为联盟理事长单位代表出席开班仪式并致辞

6月24日，学校举行2022届刚果（布）留学生毕业典礼

6月，巴基斯坦国立科技大学举办主题为“共襄盛世　端午安康”的端午节晚会，苏州市职业大学校长曹毓民在线上为活动致辞

4—5月，学校举办2022年江苏大学生就业帮扶行动暨“送岗直通车”直播荐岗活动

9月12日，学校喜迎2022级新同学

10月19日至11月30日，学校开展2023届毕业生秋季校园招聘月活动

2022级新生开学典礼

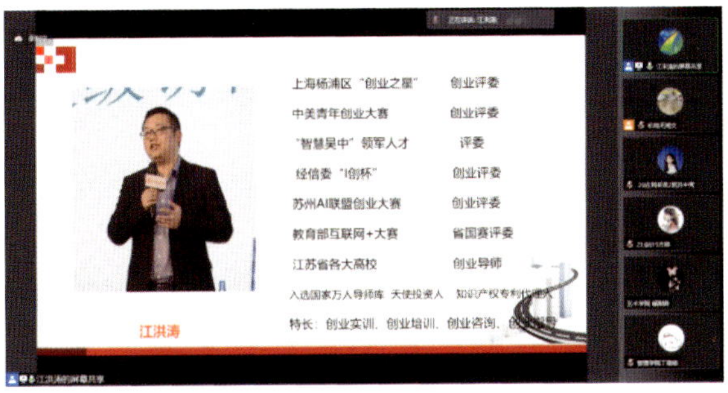

4月3日，学校举办2022“互联网+”创新创业大赛（培训讲座）

6月24日，学校2022年大学生核心就业能力培训工作圆满结束

7月4日，校党委书记钮雪林、校长曹毓民带队深化访企拓岗促就业

11月15日，学校组织参加2023届全国普通高校毕业生就业创业工作网络视频会议

9月21日，学校举行“喜迎二十大　社团风采展”暨苏州市职业大学学生社团招新活动

10月3日，学校举办2022年团队项目体育竞赛

10月12—21日，学校举办“喜迎二十大 奋进新征程”校地融合党建书法绘画作品展

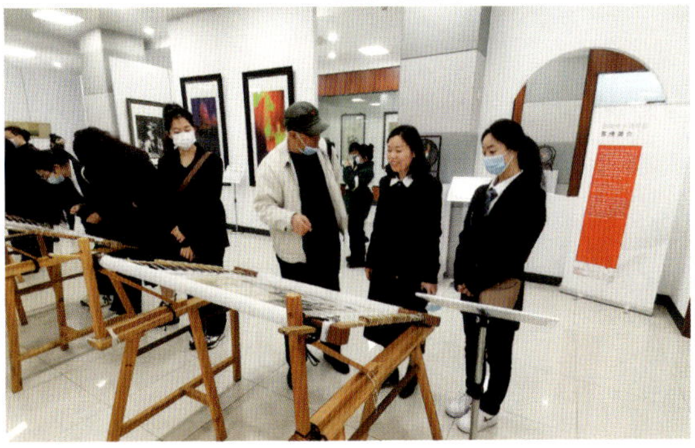

11月16日，“天工苏绣”姚惠芬刺绣艺术作品展走进苏州市职业大学

2022年田径运动会

苏州市职业大学2022年田径运动会
每天运动一小时 幸福生活一辈子

奋
进
新
时
代

公平公正
严肃认真

苏州市职业大学
05

2
1
3

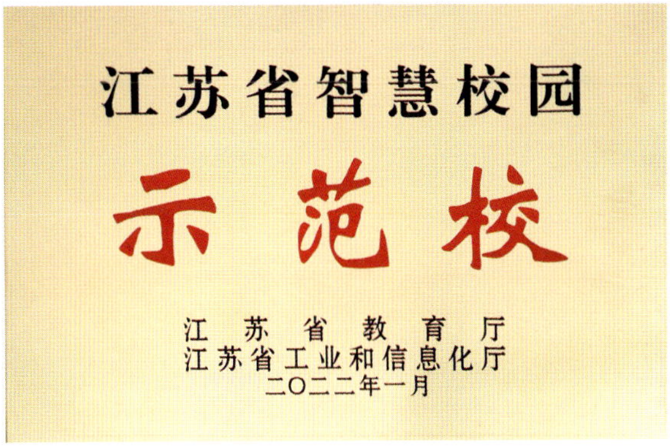

1月，学校获评江苏省智慧校园示范校

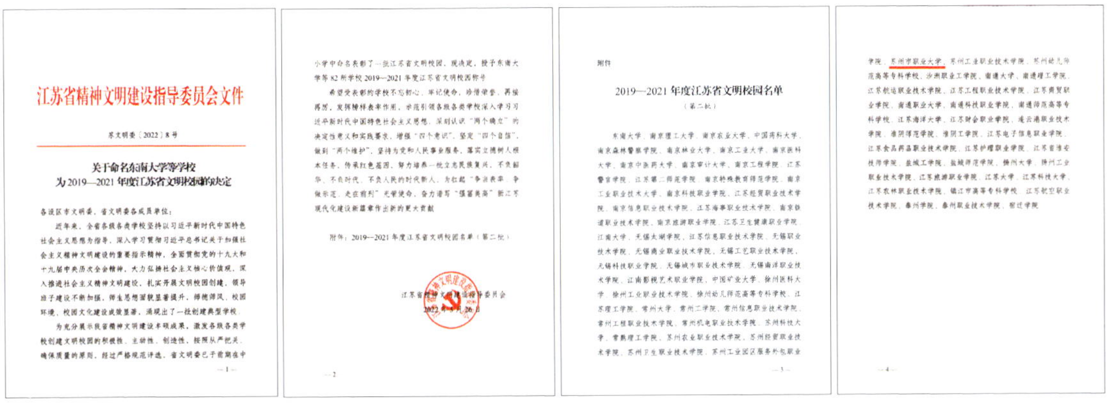

5月，学校获评2019—2021年度江苏省文明校园

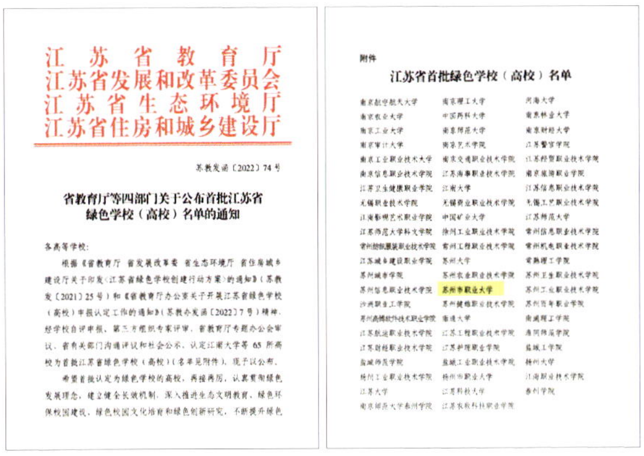

9月，学校获评首批江苏省绿色学校（高校）

11月，《苏州市职业大学学报》获评2022年度中国高校科技期刊建设示范案例库优秀科技期刊

5月，学校管理学院获评江苏省五四红旗团委（团工委）

6月，学校获评全国高职院校美育工作先进单位

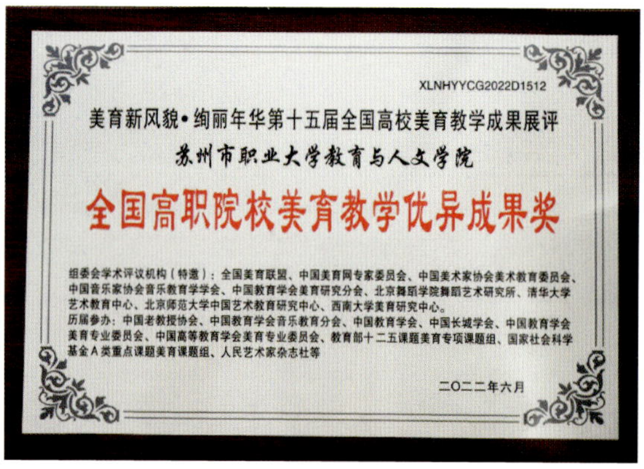

6月，学校教育与人文学院获评全国高职院校美育教学优异成果奖

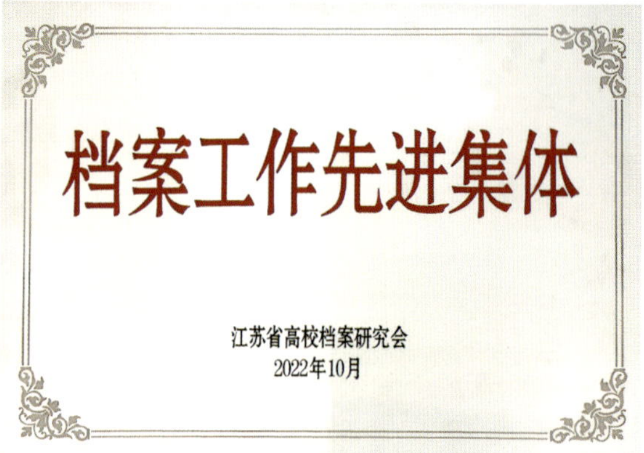

10月，学校档案馆获评2018—2022年江苏省高校档案工作先进集体

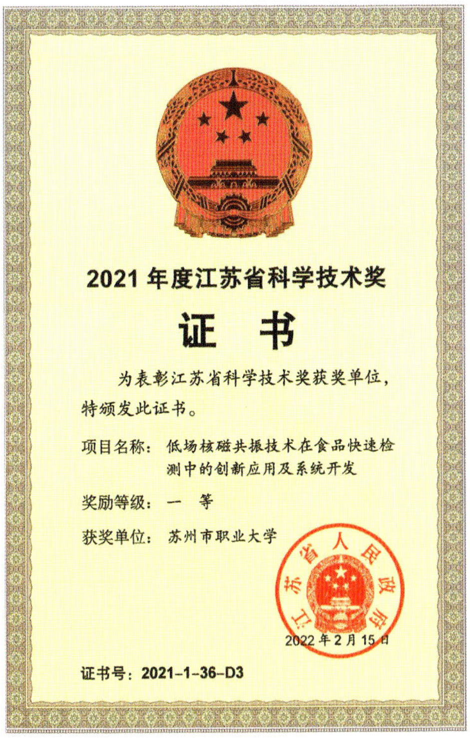
2021 年度江苏省科学技术奖

证　书

为表彰江苏省科学技术奖获奖单位，特颁发此证书。

项目名称：低场核磁共振技术在食品快速检测中的创新应用及系统开发

奖励等级：一　等

获奖单位：苏州市职业大学

2022 年 2 月 15 日

证书号：2021-1-36-D3

2 月 15 日，学校参与项目获 2021 年度江苏省科学技术奖一等奖

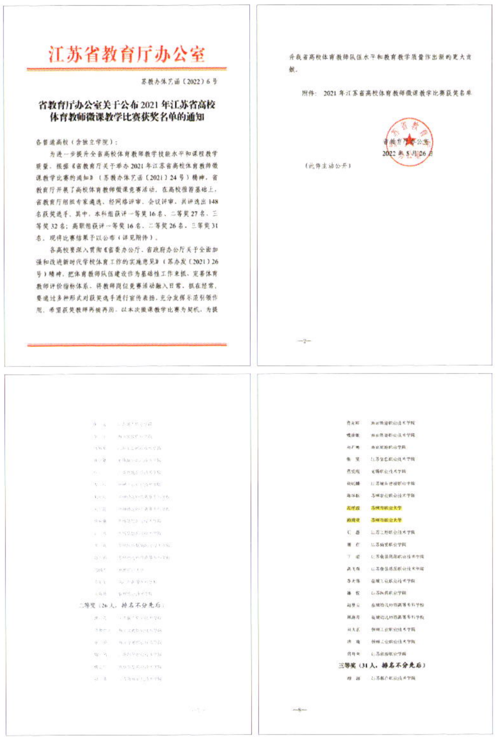
江苏省教育厅办公室

苏教办体艺函〔2022〕6 号

省教育厅办公室关于公布 2021 年江苏省高校体育教师微课教学比赛获奖名单的通知

各普通高校（含独立学院）：

为进一步提升全省高校体育教师教学技能水平和课程教学质量，根据《省教育厅关于举办 2021 年江苏省高校体育教师微课教学比赛的通知》（苏教办体艺函〔2021〕24 号）精神，省教育厅开展了高校体育教师微课竞赛活动。在高校推荐基础上，省教育厅组织专家遴选，经网络评审、会议评审，共评选出 148 名获奖选手。其中，本科组获评一等奖 16 名、二等奖 27 名、三等奖 32 名；高职组获评一等奖 16 名、二等奖 26 名、三等奖 31 名。现将比赛结果予以公布（详见附件）。

各高校要深入贯彻《省委办公厅、省政府办公厅关于全面加强和改进新时代学校体育工作的实施意见》（苏办发〔2021〕26 号）精神，把体育教师队伍建设作为基础性工作来抓，完善体育教师评价指标体系，将教师岗位竞赛活动融入日常，抓在经常，要通过多种形式对获奖选手进行宣传表扬，充分发挥示范引领作用。希望获奖教师再接再厉，以本次微课教学比赛为契机，为提升我省高校体育教师队伍水平和教育教学质量作出新的更大贡献。

附件：2021 年江苏省高校体育教师微课教学比赛获奖名单

2022 年 5 月 26 日

（此件主动公开）

—2—

5月26日，学校教师在2021年江苏省高校体育教师微课教学比赛（高职组）中获二等奖

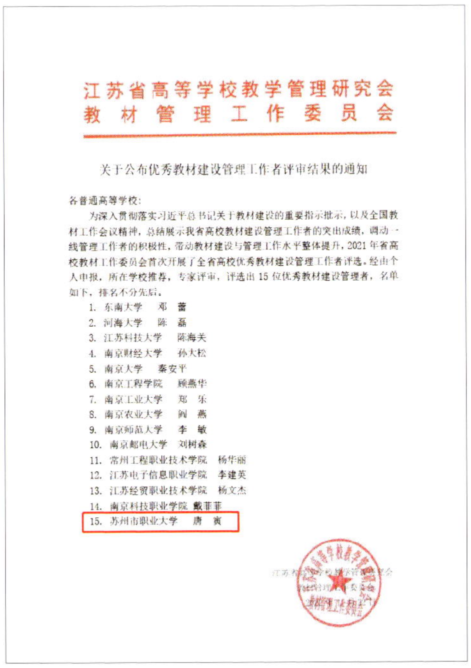
江苏省高等学校教学管理研究会
教材管理工作委员会

关于公布优秀教材建设管理工作者评审结果的通知

各普通高等学校：

为深入贯彻落实习近平总书记关于教材建设的重要指示批示，以及全国教材工作会议精神，总结展示我省高校教材建设管理工作者的突出成绩，调动一线管理工作者的积极性，带动教材建设与管理工作水平整体提升，2021 年省高校教材工作委员会首次开展了全省高校优秀教材建设管理工作者评选。经由个人申报，所在学校推荐，专家评审，评选出 15 位优秀教材建设管理者，名单如下，排名不分先后。

1. 东南大学　邓　蕾
2. 河海大学　陈　磊
3. 江苏科技大学　陈海关
4. 南京财经大学　孙大松
5. 南京大学　秦安平
6. 南京工程学院　顾燕华
7. 南京工业大学　郑　乐
8. 南京农业大学　阎　燕
9. 南京师范大学　李　敏
10. 南京邮电大学　刘树森
11. 常州工程职业技术学院　杨华丽
12. 江苏电子信息职业学院　李建英
13. 江苏经贸职业技术学院　杨文杰
14. 南京科技职业学院　戴菲菲
15. 苏州市职业大学　唐　寅

11月22日，学校教师获评江苏省高校优秀教材建设管理工作者

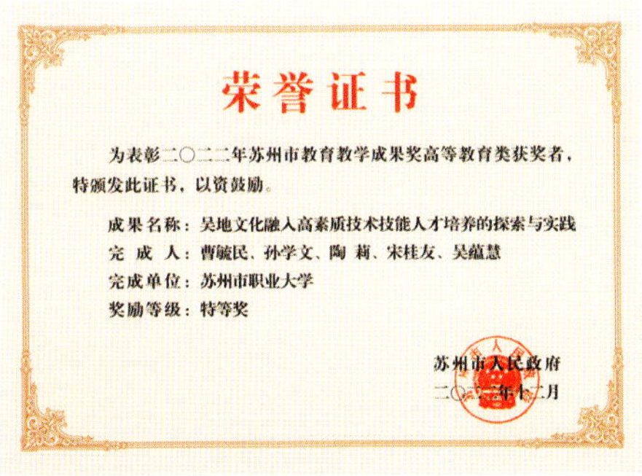
荣誉证书

为表彰二〇二二年苏州市教育教学成果奖高等教育类获奖者，特颁发此证书，以资鼓励。

成果名称：吴地文化融入高素质技术技能人才培养的探索与实践

完 成 人：曹毓民、孙学文、陶　莉、宋桂友、吴蕴慧

完成单位：苏州市职业大学

奖励等级：特等奖

苏州市人民政府

二〇二二年十二月

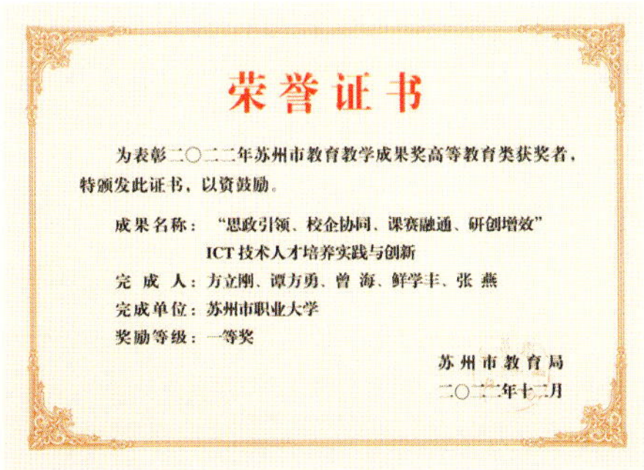
荣誉证书

为表彰二〇二二年苏州市教育教学成果奖高等教育类获奖者，特颁发此证书，以资鼓励。

成果名称：“思政引领、校企协同、课赛融通、研创增效”ICT 技术人才培养实践与创新

完 成 人：方立刚、谭方勇、曾　海、鲜学丰、张　燕

完成单位：苏州市职业大学

奖励等级：一等奖

苏州市教育局

二〇二二年十二月

12月16日，学校获2022年苏州市教育教学成果奖特等奖、一等奖

4月23日，学校学生在第四届商务秘书专业知识竞赛中获特等奖3项，学校获优秀组织奖

4月，学校师生在第四届BETT全国商务英语翻译大赛中分获特等奖、优秀辅导教师奖

5月28日，学校学生在第二届“外教社·词达人杯”全国大学生英语词汇能力大赛中分获特等奖、二等奖、三等奖

5月，学校在2022年全国职业院校技能大赛“大数据技术与应用”赛项（高职组）获团体二等奖

6月28日，学校学生在第十七届“振兴杯”全国青年职业技能大赛（学生组）专项赛（创新创效竞赛）决赛中获银奖

7月17日，学校学生在第十二届全国大学生电子商务“创新、创意及创业”挑战赛跨境电商实战赛综合赛（国赛）中获二等奖

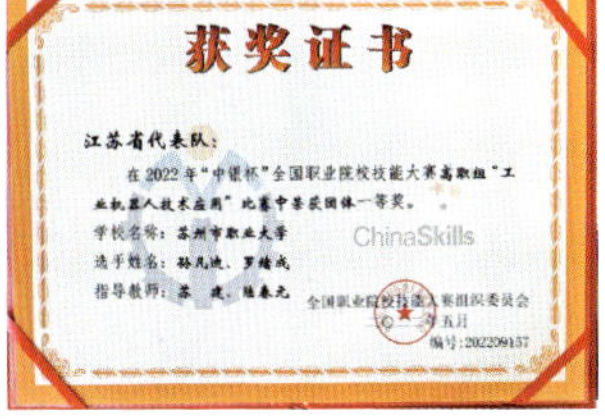

8月23—26日，学校学生在2022年“中银杯”全国职业院校技能大赛（高职组）“工业机器人技术应用”赛项中获团体一等奖

11月，学校学生在2022年金砖国家职业技能大赛（决赛）“协作机器人”赛项中获三等奖

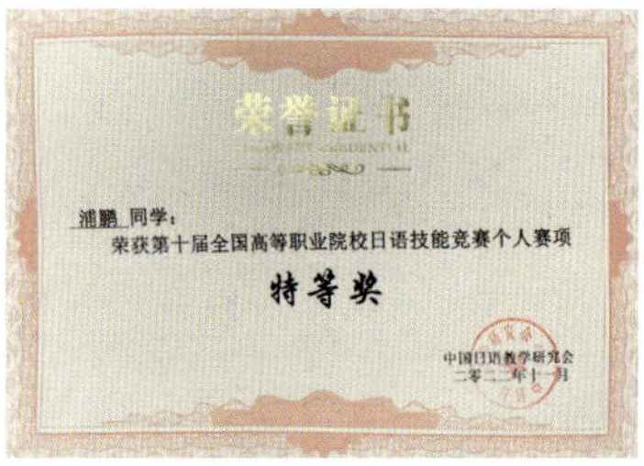

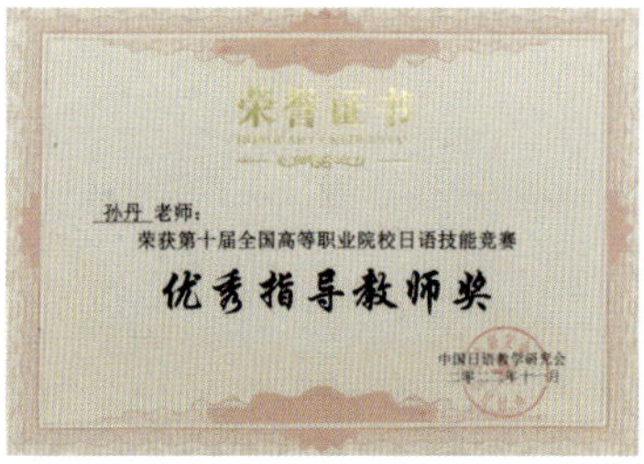

11月，学校学生在全国高等职业院校日语技能竞赛中获个人赛项特等奖（排名第一）、团体赛项一等奖，教师获优秀指导教师奖

教育部高等学校图书情报工作指导委员会高职高专院校分委员会、高等教育文献保障系统管理中心

第四届全国高职高专院校信息素养大赛

评奖结果通报

由教育部高等学校图书情报工作指导委员会高职高专院校分委员会、高等教育文献保障系统（CALIS）管理中心主办的第四届全国高职高专院校信息素养大赛（本次大赛命名为“2022年‘中文在线杯’全国高职高专院校信息素养大赛”）于12月4日落下帷幕。学生个人赛、教师微课赛、优秀讲师、最佳组织奖、先进工作者的评奖结果如下：

1. 学生个人赛。全国30个省、自治区、直辖市（以下简称“各省”）共计714所院校76000多名学生参加了本区域组织的选拔赛，其中577所院校1013名学生入围了全国赛学生个人赛的决赛。通过全国赛学生个人赛决赛客观题赛段、主观题赛段及答辩赛段的比赛，评选出学生个人赛特等奖10名、一等奖20名、二等奖30名、三等奖37名；学生个人辩手一等奖5名、二等奖10名、三等奖15名。

2. 教师微课赛。各省通过选拔向大赛组委会推荐了139个作品，经专家评审，评选出教师微课赛一等奖10名、二等奖15名、三等奖26名。

3. 优秀讲师。根据大赛讲师团讲师在全国启动会和各省动员会上的表现，经大赛组委会综合评定，评选出7位优秀讲师。

4. 最佳组织奖、先进工作者。根据各省组委会推荐，经大赛组委会审定，评选出最佳组织奖221个，先进工作者150名。

现对评奖结果予以通报，对获奖单位和个人表示祝贺！

附件：1．2022年“中文在线杯”全国高职高专院校信息素养大赛学生个人赛获奖名单
2．2022年“中文在线杯”全国高职高专院校信息素养大赛教师微课赛获奖名单
3．2022年“中文在线杯”全国高职高专院校信息素养大赛优秀讲师获奖名单
4．2022年“中文在线杯”全国高职高专院校信息素养大赛最佳组织奖获奖名单
5．2022年“中文在线杯”全国高职高专院校信息素养大赛先进工作者获奖名单

高校图工委高职高专院校分委员会（武汉职业技术学院代章）　高等教育文献保障系统管理中心

2022年12月12日

12月12日，学校师生在2022年全国高职高专院校信息素养大赛中获得佳绩

学园驾校
花卉房
篮球场3
网球场
四五食堂
学生公寓21-22幢
学生公寓19-20幢
体育场
学生公寓17-18幢
天风楼
曲玉楼
奎文楼
疏香楼
图书馆
国际教育园体育中心
思和楼
小花园
学生公寓1-2-3幢
学生公寓4-5幢
学生公寓6-7幢
第一/二食堂
学生公寓8-9-10
大学生活动中心
苏州学院运动俱乐部
流韵楼
网球中心
信知楼
归耕楼
运动场
篮球场1
学生公寓14-15-16
学生公寓11-12-13
同济楼
体育馆
篮球场2
学园大厦
学园饭店/第三食堂
吴中大道

石湖校区

苏州市职业大学校区立体图

干将路校区

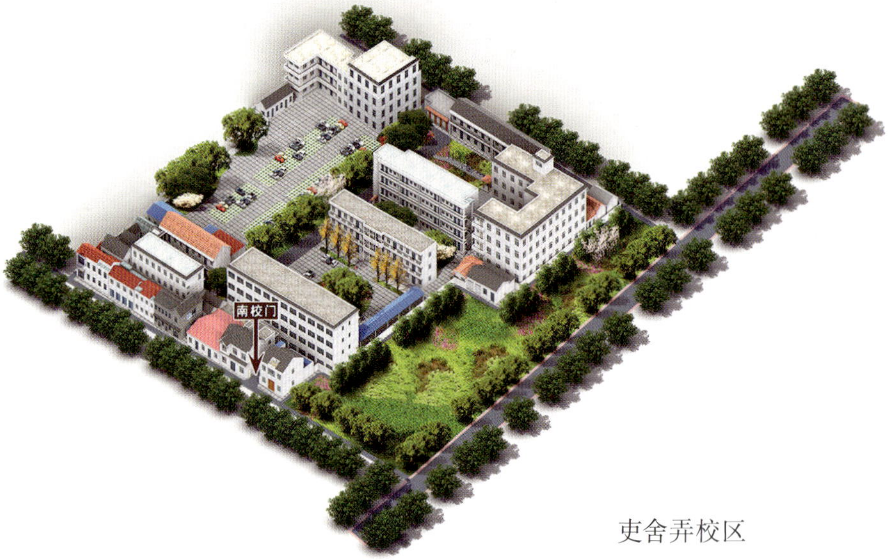

吏舍弄校区

潭山校区

编辑：刘　萍

苏州市职业大学机构沿革示意图（1911—2022）

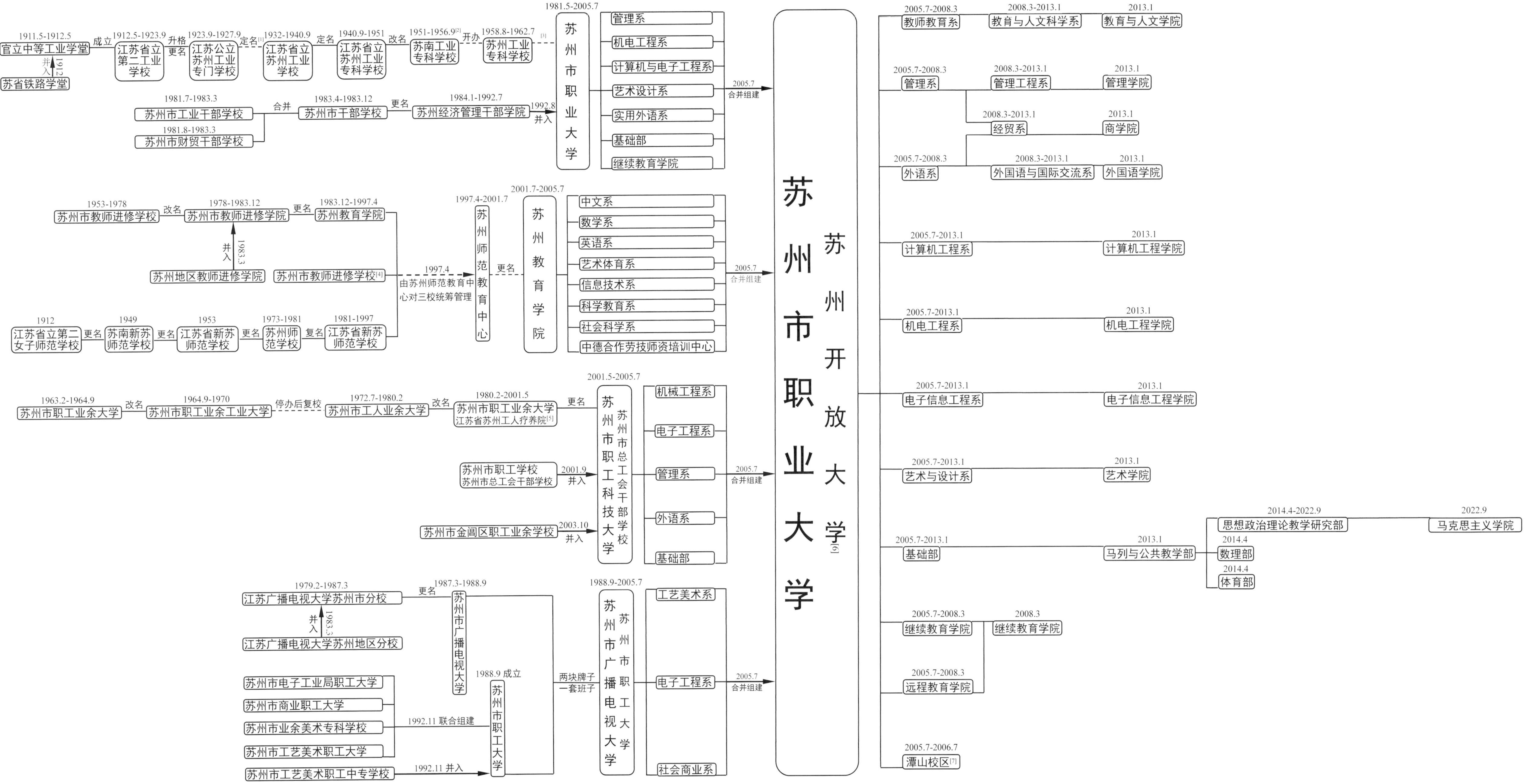

[2] 1951年，更名为"苏南工业专科学校"；后历经全国高等学校布局调整，学校于1956年9月停办。（苏州工专八十周年纪念刊）

[3] 1979年9月，苏州市工业专科学校筹备处成立；1981年5月，与苏州市职业大学合并，实行两块牌子一个机构，工专学生结业后，工专筹备处即行撤销。（苏宣发〔1979〕29号、苏府发〔1981〕60号）

[4] 1984年4月重建，2001年8月撤销建制。（《苏州市志》第三册第四十四卷、苏教人〔2001〕33号）

[5] 2000年7月，苏州市职工业余大学与江苏省苏州工人疗养院实施"两块牌子，一套班子"。（苏工〔2000〕第43号）

[6] 2014年11—12月，苏州市职业大学副牌"苏州市广播电视大学"更名为"苏州开放大学"。（苏办抄〔2014〕字第6号、苏编发〔2014〕16号）

[7] 2006年7月，撤销潭山校区。（苏职大委〔2006〕57号）

苏州市职业大学年鉴
编纂委员会

苏州市职业大学年鉴
审稿人员

（按姓氏笔画排序）

丁　虎　王　琼　王　赟　王大纲　王俪燕　叶　军
朱剑刚　刘　伟　汤晓军　孙　赢　李　羽　杨晓华
杨静波　吴　倩　吴　隽　吴文英　吴建英　沈新艺
张　芬　张　震　张红兵　陈　刚　陈雪芳　茆　琦
金　霁　周传勇　孟利琴　胡　宾　俞建伟　姚金凤
顾慧琴　陶　莉　黄　萍　鲜学丰　戴涵莘

苏州市职业大学年鉴
组稿人员

（按姓氏笔画排序）

王　彤　王　喆　王乃寒　王志刚　史丰南　汤　剑
许凌雯　李　琦　杨　雪　宋现山　张　培　张红兵
张辰婕　张晓宇　陈　伟　陈　欢　陈　越　周　赐
项　丹　胡　清　皇甫志芬　顾　伟　顾澍嘉　钱成科
钱丽娟　徐爱芳　淮文军　蔡　骏　潘　燕　戴子喧

目　录

第一章　学校概况

第二章　会议文献

第三章　要闻特辑

第四章　专题活动

第五章　组织机构与人员

第六章　师资队伍

第七章　院(部)简介

第八章　教育教学

第九章　学术科研

第十章　国际交流与合作

第十一章　校园文体活动

第十二章　团学教育与学生管理

第十三章　表彰与奖励

第十四章　大事记

第十五章　附　录

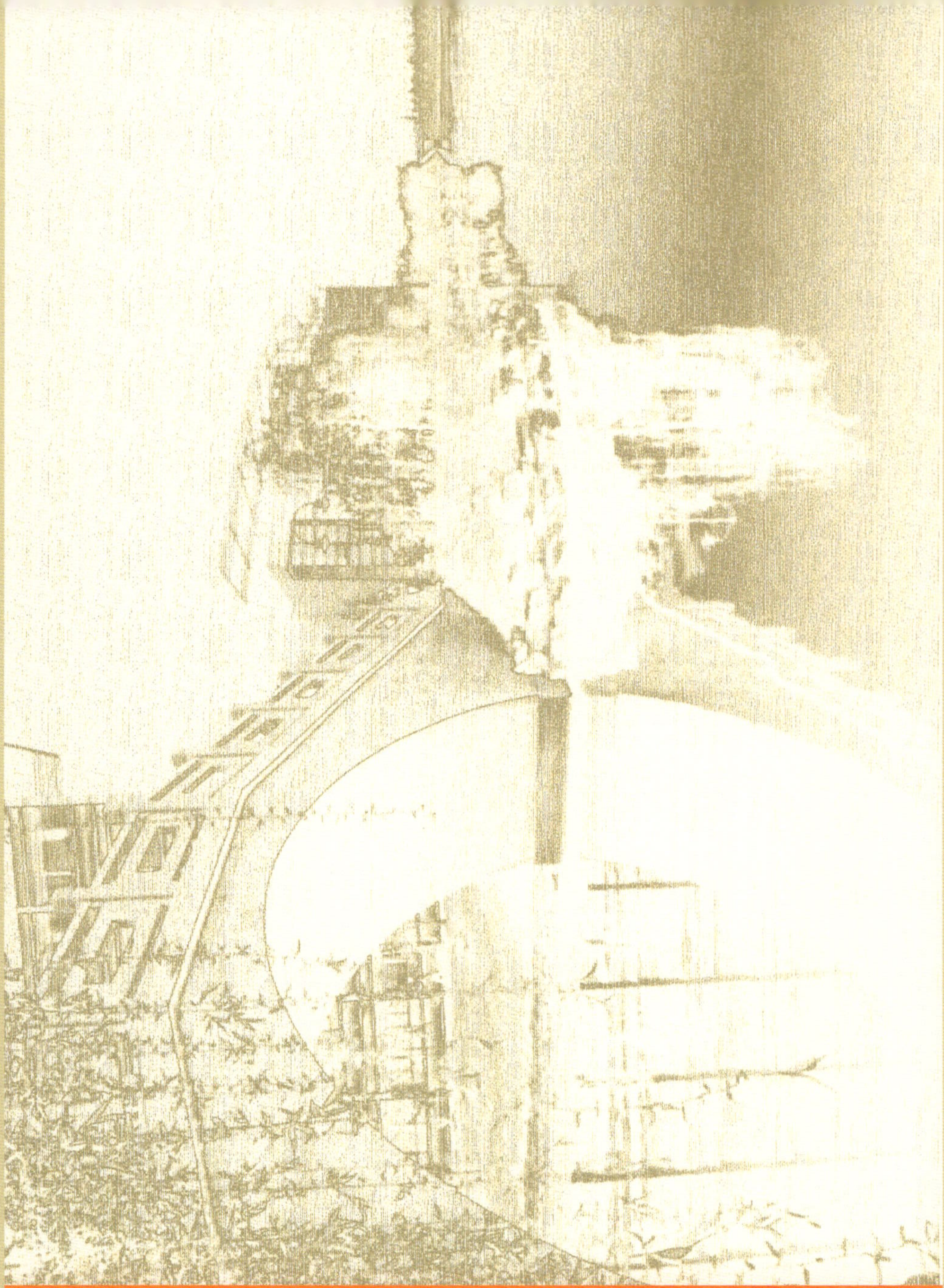

SUZHOU VOCATIONAL UNIVERSITY

第一章 学校概况

学校简介

苏州市职业大学是经江苏省人民政府批准、教育部备案，由苏州市人民政府主办的全日制普通高职院校，前身为创办于1911年的苏州工业专科学校。自1981年成立以来，秉承“勤勇忠信”的校训，赢得了显著的社会声誉，成为区域品牌院校。学校牢牢把握社会主义办学方向，不忘立德树人初心，牢记为党育人、为国育才使命，努力成就教师、成就学生。坚持质量为先，坚定精准发展，大力培养“高品德、高技能、高适应”的人才队伍，推动学校发展与地方经济社会协同创新、融合共赢，积极建设全国一流品质院校。

学校现有石湖、干将路、潭山和吏舍弄4个校区，占地面积1262余亩。设有12个学院（部），现有涵盖理工、文史、艺术、师范、体育等科类共50个招生专业，普通全日制在校生1.5万余名。专任教师806名，其中正高职称者82名、副高以上职称者399名、具有硕士以上学位的教师占专任教师的83.1%。有省级以上高层次人才82人，其中，享受国务院政府特殊津贴1人，江苏省有突出贡献中青年专家2人，江苏省有突出贡献高级技师1人，全国技术能手1人，省“六大人才高峰”培养对象3人，省“双创博士”4人，省“333高层次人才培养工程”培养对象23人，省高校“青蓝工程”培养对象46人，省级教学名师1人；省级优秀教学科研团队9个；省职业教育“双师型”名师工作室1个，培育建设省职业教育技艺技能传承创新平台1个。

学校以培养高素质技术技能人才为己任，围绕地方产业发展重点和社会对紧缺人才的需求，深入推进教育教学改革，打造人才培养特色。现有教育部重点专业和教改试点专业3个，省高等职业教育高水平专业群2个，省高校品牌专业建设工程一期A类项目1个，省高水平骨干专业3个，省级品牌特色专业9个。国家级职业教育专业教学资源库1个。省级优秀/精品课程8门次，省级优秀课程群1个，省高等学校精品教材9部，省重点教材20部，入选国家“十三五”规划教材7部，入选江苏省“十四五”规划教材7部，教师主参编各类教材400余部。

学校大力拓展校地、校企合作，建有集教学、培训、服务于一体的校内综合实训基地90个，其中教育部职业教育实训基地建设项目1个、省级实训基地5个；积极与地方政府和部门开展人才培养、技术服务、文化研究等方面的合作，与上海华夏经济发展研究院、上海交通大学苏州人工智能研究院、同济人工智能研究院（苏州）、江苏长江产业经济研究院等大院大所合作项目10个；牵头成立苏州市现代装备制造、现代光电、人工智能3个职业教育集团，与苏州一批著名企业和行业组织建有企业（行业、产业）学院24个，挂牌校外实训基地142个。全方位、全领域、全过程校地合作、产教融合，呈现良好发展态势。

学校致力技术技能的积累与服务，坚持将科技创新与培养造就创新型科技人才紧密结合，坚持知识创新、技术创新与成果转化、社会服务协同推进。学校建有1个国家级协同创新中心，以及3个省级工程中心、6个省级研究所（基地）、10个市级重点实验室（平台）。近5年，承担市厅级及以上科研项目387项，其中国家级项目4项、省部级项目23项；获省、市两级科研成果奖104项，其中省科学技术奖2项、省哲学社会科学优秀成果奖3项；获授权发明专利224项，实用新型专利657项。

学校积极服务地方经济社会发展，建有吴文化传承与创新研究中心、大运河（江苏段）文旅融合研究协同创新基地、苏州石湖智库等研究院所，在多个领域为地方经济建设、政府决策和行业企业发展提供决策咨询并承担课题研究，为吴地文化传承保护、丝绸工艺传承与创新、苏州古城墙恢复重建、城市旅游竞争力评价、模具特色小镇创新发展等做出重要贡献。

学校主动融入国家教育对外开放和江苏经济国际化战略，为区域经济发展和企业“走出去”提供人才支持。现有中外合作办学项目3个，其中中澳机电一体化技术和会计专业项目是江苏高校中外合作办学高水平示范性建设工程项目。入选江苏省“十四五”高校国际化人才培养品牌专业建设项目2项，以及江苏外国留学生优才计划、江苏德国职业教育合作联盟、江苏高校外国留学生英文授课精品课程等省级品牌项目。成立中巴经济走廊文化交流中心、东南亚职业教育产教融合联盟、南非亨通智能制造学院、马来西亚工业机器人学院，开展中外职业教育交流，校企共育海外技能人才做法在国内多所院校推广应用。开展意大利威尼斯市、刚果（布）黑角市、拉脱维亚里加市等友城项目，助力中外友城友谊。

学校先后获国家级节约型公共机构示范单位、江苏省文明单位、江苏省文明校园、江苏省平安校园建设示范高校、江苏省职业教育先进单位、江苏省科技工作先进高校、江苏省模范教工之家、江苏省高校毕业生就业工作先进集体、江苏省红十字示范学校、江苏省高校档案工作先进集体、江苏省高校教育信息化先进集体、苏州市职业教育服务经济转型升级先进学校、江苏省智慧校园示范校、江苏省高等学校信息化建设先进单位等称号，连续获评中国高等职业院校教学资源50强、中国职业院校智慧校园50强、全国高职院校“创新创业100强”，入选江苏省中国特色高水平高职学校培育单位。

（数据截至2022年10月）

编辑：陆怡静

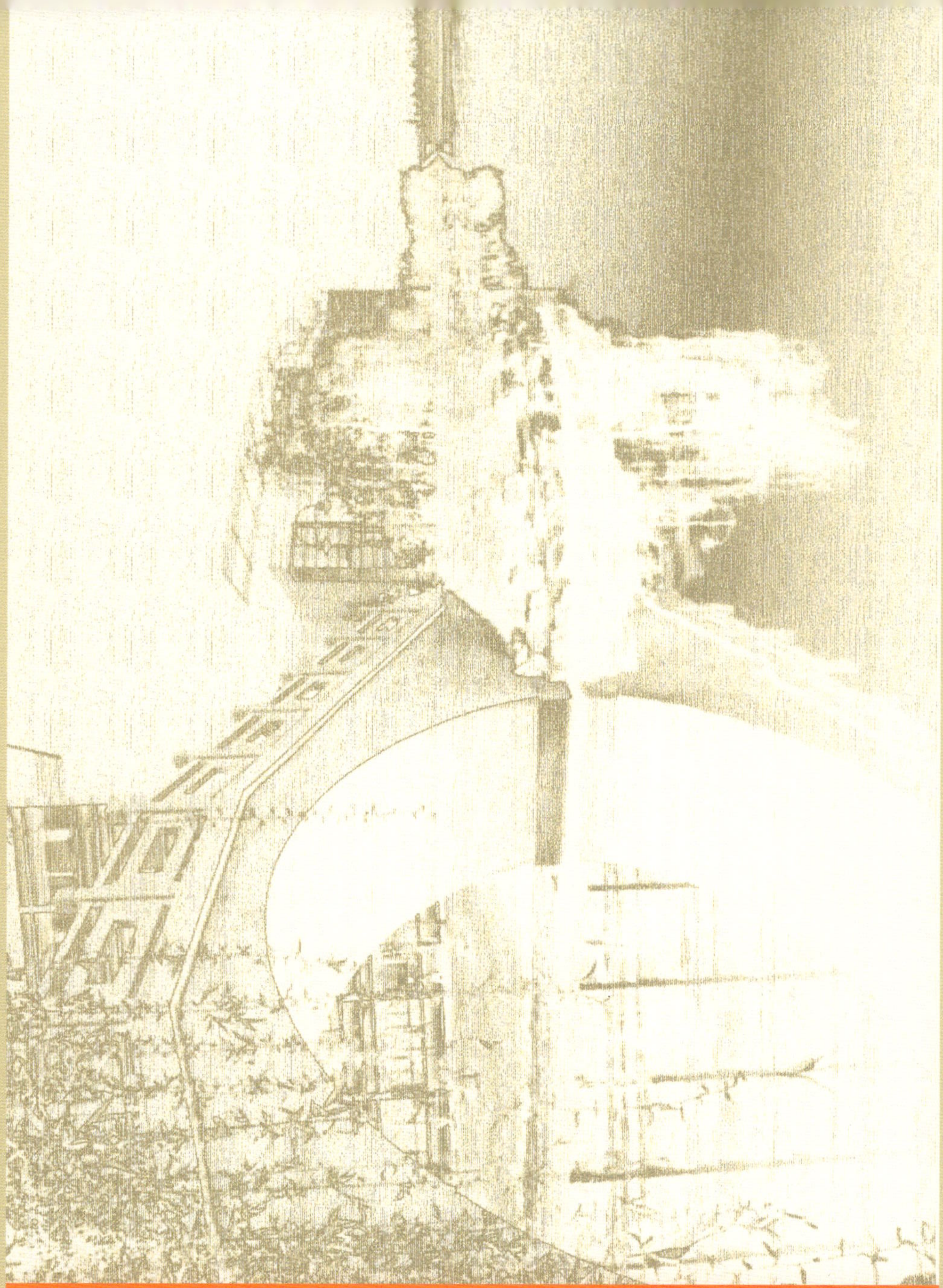

SUZHOU VOCATIONAL UNIVERSITY

第二章 会议文献

工作要点

苏州市职业大学2022年度工作要点

2022年学校工作的总体思路：全面贯彻习近平新时代中国特色社会主义思想，认真贯彻党的十九大和十九届历次全会精神，深入落实习近平总书记关于教育的重要论述，加强党对学校工作的全面领导，落实立德树人根本任务，坚持维护校园安全稳定，着力推进政治建设高品质、奋力提进内涵发展高质量、聚力拓进社会服务高贡献的“一稳三进”工作总要求，扎实实施专业数字化改造融合化转型发展重点建设年工程，积极争取标志性成果，持续增强办学活力和核心竞争力，办好人民满意的教育，以优异的成绩迎接党的二十大和学校第三次党代会的胜利召开。

一、聚神政治统领，更高水平加强党的建设

1.加强思想理论武装，突出党委全面领导。始终把政治建设摆在首位，坚决贯彻落实党中央各项决策部署，捍卫“两个确立”，增强“四个意识”，坚定“四个自信”，做到“两个维护”。坚持和完善党委领导下的校长负责制，加强工作的统筹规划、整体推进，充分发挥党委在管党治党、办学治校中的领导核心作用。强化理论武装，制订党委理论学习中心组学习计划，全年完成集中学习不少于12次，各学院（部）党总支开展理论中心组学习不少于8次。巩固拓展党史学习教育成果，不断深化“四史”教育，推动建立常态长效机制。认真做好党的二十大胜利召开迎接工作和学习宣传贯彻。精心筹备和开好学校第三次党代会，确保党政领导班子换届工作顺利进行。

2.加强党建质效引领，突出多方融合发展。构筑高质量“大党建”工作格局，着力强化党建引领推动作用。做强党建特色品牌，激发党建创新活力。持续开展“校内校外共结对，融合党建育英才”活动，进一步加强校地、校企党建共建交流，拓展与教学、科研、管理、社会服务等方面融合的深度和广度，争取校内外党组织结对共建达到135对。深入开展特色主题党日活动评选等，加强“领航者工程”建设。做强“书记项目”，推进“双带头人”培养工作。做优“党建+特色工作”品牌，有效发挥“先锋论坛”等党建平台的示范引领作用。深入学习贯彻《中国共产党普通高等学校基层组织工作条例》，发挥基层党支部战斗堡垒作用。推进“党徽亮·先锋强”活动，激发广大党员的先锋模范作用。加强日常教育管理，严把党员发展质量。着手开展学校党建馆的筹备工作。

3.加强意识形态工作，突出思政工作实效。全面落实意识形态工作责任制，坚持舆情月报制度、校园宣传阵地巡查制度，定期开展意识形态领域突出问题及风险点防控排查工作，牢牢把握意识形态工作领导权、话语权、主动权。组织召开思想政治工作年会和学院（部）党总支书记年终述思政、意识形态工作汇报会，加强工作落实、考核。推进思政教师队伍建设，力争达到1:350的要求。深化思政课教学创新，开展以社会主义核心价值观为引领的“行走中的思政教育”实践活动，持续打造“思政金课”，获取一批高层次团队、项目。落实“课程思政”要求，深入推进习近平新时代中国特色社会主义思想进校园、进课堂、进师生头脑。认真开展“三全育人”综合改革，强化“数字化思政沉浸式交互体验中心”、33个“数字化宣传思政融媒学习驿站”等建设，推动数字化思政教育创新发展。加强网络阵地管理，多渠道、新形式向师生传播正能量。加大对外宣传的整体谋划力度，扩大学校影响力。深入推进文化育人工作，建设吴文化园当代馆。

4.加强干部队伍建设，突出干事创业活力。按照高校人员总量管理改革要求，做好管理部门和教辅单位的设置工作。坚持“德才兼备、以德为先”标准，完善干部储备、培养锻炼和选拔使用的全链条机制，增强选人用人的系统性、前瞻性。精心做好学校党政领导班子换届工作，认真开展干部考核考察和选拔任用，积极启用年纪轻、专业强、善开拓、敢担当、作风好的干部，大力优化干部队伍结构，营造更加浓烈的干事创业氛围。实施《年轻干部素质能力培养提升计划》，举办各级、各类干部能力提升培训班，完成5个专题培训，推荐年轻干部到地方、企业挂职锻炼。

5.加强统战群团工作，突出凝聚办学力量。进一步落实好学校党委班子成员联系服务专家、党支部、学生班级制度，通过实施“对话苏职大发展”等活动，多维度听取一线教师的意见建议。完善党建带群团建设工作机制，推进工会“劳模工作室”建设、团委“青马工程”和妇联工作，关心关怀困难教职工。加强党对统一战线工作的领导，坚持和完善学校民主党派人士双月座谈会制度，增强“为侨服务工作站”效能。进一步做好离退休老同志工作，发挥老同志的独特优势和作用。深化学校董事会、基金会、校友（联谊）会工作，为推动学校事业发展凝聚强大合力。

二、聚焦内涵建设，更高水平提升人才培养质量

6.狠抓专业建设，推动全校“数字化改造、融合化转型”。紧扣苏州打造“数字经济时代产业创新集群发展”契机，大力实施2022专业数字化改造融合化转型发展重点建设年工程，加强数字化赋能，全面推行专业数字化改造提升。优化专业集群布局，打造一批具有学校优势与特色的专业群，建设省高水平专业群2个、校高水平专业群4个。推动学校专业集群创新链与苏州经济发展产业链“双向融合”，提高职业教育适应性和人才培养契合度。促进各学院（部）专业相互交叉融合，建设一批融合交叉专业。鼓励品牌、骨干专业差异化竞争、错位发展、特色建设，形成“一院一品牌”，打造出自身的优势品牌专业。实施专业群长制和定期例会协调机制，加强专业集群课程体系、团队平台、实训基地、教学资源等教学要素之间的协同建设，促进各专业教学、师资、实训与科技创新平台等资源的重组重塑、融合共享。

7.狠抓对标对表，实现重点突破。推动校、院（部）两级全面对照《本科层次职业学校设置标准（试行）》、国家“双高计划”、教育部提质培优行动计划建设任务、江苏省高水平高职学校遴选建设要求、《整体推进苏锡常都市圈职业教育改革创新实施意见》任务、江苏省高职院校年度综合考核指标体系等50项指标，以及学校“十四五”规划中的60项指标，强化对标对表，检视差距不足，剖析问题存在的原因，研究指标项遴选要求，立足高标准、严要求，创新工作思路，狠抓任务落实。着重在教师综合素质、专业内涵建设、团队平台发展等高质量发展方面，探寻瓶颈突破和跃升路径，补缺补弱补短，着力提升核心指标以增强学校核心发展能力，以优异成绩迎接江苏省中国特色高水平高职学校建设培育单位验收。

8.狠抓工科拓进，推动质量提升。学校出台实施方案，积极开展“工科高水平拓进”工作，服务“苏州制造”品牌建设，培养适应苏州制造业转型升级需要的复合型、创新型技术技能人才。加快整合工科优势资源，以建设“工业互联网产教融合集成平台”“虚拟仿真实训基地”等为重要抓手，打造工科人才培养高地、技术技能创新服务基地和区域共享型社会培训基地。建立上下联动的良好机制，跨校界、跨院部、跨专业组建各类平台和团队，全力争取省级、国家级项目、奖项，着力打造标志性成果。

9.狠抓“三教”改革，创新教学模式。坚持以学生为中心，注重德技并修、工学结合，推广线上、线下混合式教学、理实一体教学等新型教学模式。开展职业教育“课堂革命”典型案例征集活动，体现人才培养过程的“教、学、做”合一。推动课证融通，新增1+X证书制度试点专业4个，专业覆盖率达70%。加强教学资源数字化建设和在线课程建设，年内评选8~10门校级精品在线课程，重点打造13门省级在线开放课程，获评12门在线精品课程、课程思政示范课程，力争获国家精品在线开放课程1门以上。校企共编新形态一体化教材，2022年力争获得省级重点教材及规划教材10部，国家级规划教材6部。推进人工智能技术应用专业申报新一轮资源库建设项目。持续优化、调整专业设置，瞄准苏州产业发展筹划一批新专业。规范教学运行管理，坚持线上、线下“推门听课”，严格把控课堂质量。加强体育、美育、劳动实践课建设，持续构建“五育并举”育人体系，培养德、智、体、美、劳全面发展的时代新人。

10.狠抓评价质量，提高“三个满意”。围绕政府、社会、师生评价三个满意度，以培养“高品德、高技能、高适应”人才为出发点，高效精准开展招生宣传，继续提高生源质量和苏州生源占比。强化大学生职业生涯和就业指导教育，拓展校地合作单位对毕业生的吸纳能力，增强校园招聘会实效。进一步优化“智慧就业”平台，构建以“江苏大学就业信息服务平台”为主体，求职数据采集、供需信息对接、在线电子签约等功能完善的数字化、智能化、综合型就业服务平台。强化对家庭经济困难学生等群体的精准帮扶，精准做好毕业生跟踪调查、用人单位走访调研。

三、聚力高原筑峰，更高水平夯实核心竞争力

11.建设高素质师资队伍。学校将每年5月18日设立为“教授·博士日”，进一步优化人才政策，打响“才在职大乐发展”的工作品牌，激励高层次人才多做高质量贡献。持续“内培外引”，加快人才队伍建设。大力引进高层次专业人才，年内计划引进高层次师资15~20名，优化师资层次结构。列出学校2022年度的重点教学团队、科研平台，予以重点建设、培育。抓好省“333工程”、省高校“青蓝工程”和校“青蓝工程”等各层次人才的培养工作，加强人才梯队建设。争取1人入选省“333工程”第二层次培养对象，1个团队入选省高校“青蓝工程”优秀教学团队，2人入选省高校“青蓝工程”培养对象，积极申报国家“万人计划”教学名师。争取成功申报省“双师型”名师工作室，专任教师中“双师”素质教师比例达86.5%。继续扩展客座教授、兼职教授、产业教授和柔性引进人才的数量，年内新增这类人才25人左右，并充分发挥他们的作用。依托教师发展中心，开展多层次、全方位的教师培训。

12.打造高质量教学团队。出台教学团队管理制度，建立具有导向和激励功能的考核评价方式。遴选培育教师教学创新重点团队，建设8~12个校级课程思政示范教学团队，为申报国家级、省级团队打下基础。培育一批教学能力比赛团队，持续提升技能大赛指导教师团队和课程教学团队能力，年内新增省级教师教学能力竞赛奖6项，其中一等奖1项，力争入围国家级教师教学能力比赛并获奖。在学生技能大赛省赛好成绩的基础上，力争在国赛上取得新突破。开启新一轮校级教学成果培育团队遴选，为下一轮国家级、省级教学成果奖申报做好储备工作。

13.搭建高标准科研平台。确立一批重点发展的科研平台，促进各类高层次成果、项目的申报、获批。夯实自然科学类平台建设，推进江苏省现代企业信息化应用支撑软件工程技术研究开发中心、江苏省光伏发电工程技术研究开发中心、江苏省3C产品智能制造工程技术研究开发中心等3个省级平台团队建设，做好5个市级平台的建设工作，整合资源组建交叉学科研究方向，争取获评省发改委工程中心。保持和发扬学校在吴文化、大运河文化、太湖文化等方面的特色优势，做大做强吴文化传承与创新研究中心、大运河（江苏段）文旅融合研究协同创新基地等平台建设，发挥江苏长江产业经济研究院苏州研究中心、苏州数字经济产业研究院、江南文化研究院、财政绩效评价中心等研究机构的作用，力求产出高质量研究成果。

14.加速高效能成果转化。充分发挥学校现有研究平台的资源优势，在智能制造、人工智能、工业互联网、丝绸技术、区块链等领域进行重点攻关并实现突破，形成一批具有规模和聚集效应的科技创新项目。重点面向中小企业或与大企业配套进行应用性技术研究，聚焦产出、加大扶持，培育出一批高水平的科技成果。2022年力争获得省级以上重大科研成果4项以上，落实纵向科研项目到账经费超过500万元。加强对科技创新成果的管理与服务，开展专利转移转化前的价值评估工作，强化高价值专利的创造、运用和管理，推进科技成果转移转化。大力拓展横向技术服务项目，年内到账金额超过750万元。

四、聚推开放融合，更高水平实施资源共享布局

15.深化产教融合、校地合作。持续深化全方位、全领域、全过程的校地合作，以产教深度融合为方向，推动校地合作扩面、升级、增效。推进校地双主体育人模式，以订单班、学徒制等形式培养人才超过1000人，专业覆盖率超过90%。积极与大院大所、行业龙头企业合作，新增“专精特新”等创新型合作企业20家以上，紧密合作企业稳定在260家以上，其中深度合作企业超过100家。大力推动各学院（部）以项目为载体的校地融入式发展，持续推进“一院一镇”项目化合作，进一步在人才培养、科技创新等方面拓宽合作领域。持续更新“社会服务清单”，完善“产教信息平台”。积极拓展社会培训项目，年非学历社会教育培训人数达到在校生人数的2倍，校本部年非学历社会教育培训服务到款额超过600万元。

16.打响产业学院特色品牌。建设特色产业学院，打造校地合作新亮点。整合校内外资源，新建2~3个紧密对接高端产业的产业学院。围绕优质产教融合载体建设工程目标，大力推进现代装备制造、现代光电、人工智能等3个职教集团高质量发展。现代装备制造职教集团争取冲刺国家级职教集团，现代光电职教集团争取获评省级职教集团，人工智能职教集团培育省级职教集团。

17.推动继续教育提质增效。紧抓地方产业数字化转型发展机遇，稳步推进学历继续教育健康发展。加强校外教学点的质量管理，合理调整优化校外教学点布局。不断提升办学质量，2022年获评省级以上优质继续教育网络课程1门。全面提升社区教育服务水平，建立地域化、系统化、科学化和具有苏州特色的社区教育师资培训体系，提升区域内专兼职教师的科研与综合管理能力。推进游学项目、市民学习苑和老年教育赋能项目，做好省级以上社区教育基地申报工作。积极开展各类公益培训服务和社会考试业务，全面提升服务地方能力。筹建面向社会服务的老年大学，扩大和深化与贵州、陕西、广西等地的社区教育合作内涵。

18.拓展国际交流合作领域。发挥中外合作办学省级高水平示范专业引领作用，着力建设省“十四五”首批高校国际化人才培养品牌专业，完成项目中期考核。参与中外合作办学项目国家级质量评估并取得资格认证专业1个。深化中巴经济走廊文化交流中心、东南亚职业教育产教联盟工作，继续与“一带一路”沿线国家政府、高校及“走出去”企业联合开展来华留学教育订单培养项目。参与江苏职业教育“郑和计划”，与合作院校开展“中文+职业技能”培训项目，夯实校企共育海外人才、助力企业“走出去”的国际办学特色。建设双语课程4门以上，开展援外培训160人日以上，向“一带一路”沿线国家高校输出课程资源6件以上。

19.提高智力服务地方效能。围绕苏州高质量发展的战略需求，积极参与、承接党委、政府及社会组织的研究课题和服务项目，提供有针对性和操作性的决策咨询建议。继续举办好“智汇苏州”系列学术沙龙活动，围绕苏州文化保护创新、产业经济发展方面开展研究工作，进行高质量的献计献策。持续推进“智库+平台”“智库+基地”建设工作，建好苏州市非遗传承保护研究基地，做好“江南文化发展指数”“苏州市制造业景气指标体系”等研究。苏州石湖智库争取列入中国智库索引(CTTI)，成为苏州市重点培育智库，并在民办非企业单位考核评价中成为4A单位。

五、聚优发展机制，更高水平深化治理改革

20.严格依法治教、依法治校。学习贯彻中国特色社会主义法治体系建设内容，认真执行教育法律法规和学校章程，不断完善决策体系和监督机制。组织召开好学校七届五次教代会，充分发挥二级单位教代会作用，做好教代会提案征集、办理等相关工作。开展法治文化建设，深化普法宣传教育。不断健全依法办学的规章制度，积极推动“放管服”改革和校内体制机制优化完善。坚持党务、校务信息公开，加强保密和信访工作。提高每周三下午教师学习研讨的质量成效，促进教科研活动的长期健康开展。

21.增强激励、约束综合力度。注重体制机制发力，进一步加大正面激励和负面约束的政策力度。坚持师德师风负面清单制度，强化师德考评，把师德表现作为教师业绩考核、职称评聘、评优奖励的首要条件。坚持破除“五唯”，改革创新评价机制，持续优化绩效考核办法，完善“一张表”业绩考核管理系统，发挥考核的激励作用。进一步深化人事制度改革，开展新一轮岗位聘用和等级晋升申报评审工作，组织好职称自主评审，发挥职称的“指挥棒”作用。

22.强化校园安全稳定工作。深化落实“大安全”责任，持续做好校园常态化疫情防控工作，创建省高质量平安校园建设高校。强化治安防控，坚持全天候巡逻护校、24小时值守联动。加强实验实训室及危险化学品安全管理，强化问题隐患排查和治理，打好安全专项整治三年行动收官之战。进一步落实消防安全分级责任制，整改消除火灾隐患。建设“智能安防系统优化升级工程”，提高信息化管理水平。强化安全教育管理，持续推进反诈专项工作，努力实现案发数量、金额“双下降”。加强国防教育，高质量打造“戎耀之家”品牌。

23.优化办学支撑保障能力。组织实施好2022年度5个校级实事工程项目和一批重大、重点建设项目。筹建“智能制造产业高素质人才教学科技园”。加强预算管理，强化“过紧日子”意识，提高财政资源配置效率和财政资金使用效益。修订完善教学、科研项目及经费管理办法，出台预算绩效管理实施细则，进一步提升财务服务管理水平。扎实推进资产清查工作，加强督促整改，稳步实现资产管理科学化。提高后勤工作“网格化”管理水平，持续改善服务管理质量。继续拓展图书馆数字化服务能力，建设一批专题特色图书室。加强学术期刊质量建设，助力催生更多高质量学术论文。

24.提升校园信息化服务水平。切实服务教学、科研、管理，加速数字化改造，扩大“一网通办”覆盖面，通过流程再造，提高管理效能和服务便捷性，形成高水平智慧治理体系。提升基础网络服务品质，满足师生线上教学需求。加强多媒体教室集中改造，对多媒体教室所有教学设备设施进行统一物联管控。打造数字媒体制作中心，实现资源的集中管理和共享。加快教学管控平台（二期）项目建设，推进信息技术与教育教学的深度融合。提升网络安全防护技术水平，建立网络运行状态监测数据平台，及时处理网络安全漏洞。健全数字身份数据管理机制，进一步推进学校各类人员管理系统应用，提升智慧校园综合效能。

25.提高管理服务学生质量。出台加强辅导员队伍能力、提升建设专业化工作团队的专项文件，统筹推进辅导员工作室建设，进一步加强辅导员专业化、职业化建设。扩大辅导员队伍数量，实施辅导员年度人物培育梯队建设，做好省级大学生年度人物的遴选推荐工作，努力实现省级以上辅导员、大学生年度人物评选突破。深入构建教育教学、实践活动、咨询服务、预防干预、平台保障“五位一体”的心理健康教育工作格局，推进心理育人专业化、普及化。组织开展好大学生暑期“三下乡”社会实践活动，深入推进志愿者学院建设，加强志愿服务项目化、品牌化建设发展。深化创新创业教育，提高学生创新发展能力。在校生校级以上技能类、双创类、专业类、学术类、思政类等竞赛参赛率在85%以上，稳步提升竞赛成绩，力争实现获奖项目和层次的突破。

六、聚建清正生态，更高水平推进全面从严治党

26.压紧压实各级主体责任。召开学校党风廉政建设工作会议，制订出台学校2022年党风廉政建设工作要点，推进落实党风廉政建设责任制全覆盖，全面推动校内各级党组织主体责任、领导干部“一岗双责”压力的有效传导。做好校内巡审督查“后半篇文章”，切实加强对重点问题及群众反映强烈的突出问题的再督办，确保全部问题整改到位。开展党风廉政建设责任制落实情况年中、年末检查。选举产生新一届纪委委员，充分发挥专兼职纪检干部队伍作用。有效利用学校办学行为负面清单震慑作用，及时做好省市“两个责任”履责记实信息平台数据填报工作。

27.不断强化重点领域督查。紧盯基建修缮、设施设备招标采购验收、办公用房、“三公”经费使用等重点领域，持续做好校内招投标备案工作，推进廉政风险防控排查，加强日常监督抽查。切实加强对干部的教育、管理和监督，组织干部任职党纪党规考试，开展干部任职廉政谈话、提醒谈话、重点约谈等，强化对校内各级领导班子、领导干部和关键岗位人员的日常监督，对突出问题整改情况加强跟踪式督查。发挥学校审计委员会作用，推进离任、任中、专项审计，抓好领导干部经济责任审计和全年工程项目结算审计工作。做好案件、问题线索、信访接处、“寒山闻钟”便民答复等的处理。开展节假日期间“清风行动”专项督查，毫不松懈严查“四风”。

28.深入推进廉政教育工程。深化运用执纪监督“四种形态”，强化警示教育，抓早抓小、防微杜渐。推进实施“五个一”校本廉政文化教育工程，举办第十六届校园廉洁文化活动月系列活动，打造风清气正廉洁校园。深入挖掘吴地廉政文化资源，重点推进线上数字廉石馆建设。对接市纪委监委积极推进“况钟研究会”工作，将吴地廉政文化元素有机融入“江南廉洁文化”品牌建设，为苏州廉政教育贡献力量。

中共苏州市职业大学委员会
苏州市职业大学
2022年3月16日

工作总结

苏州市职业大学2022年工作总结

2022年是党的二十大召开之年，是学校第三次党员代表大会召开，全面实施学校“十四五”规划承上启下的重要一年。学校党委在市委、市政府、省教育厅的正确领导下，以习近平新时代中国特色社会主义思想为指导，深入学习宣传贯彻党的二十大精神，落实立德树人根本任务，积极争取标志性成果，增强学校发展竞争力，为地方经济社会发展提供人才保障和智力支持。

一、聚焦党建引领，学校高质量发展实现新突破

1.持续加强党的全面领导。学校党委严格履行管党治党、办学治校主体责任，始终把政治建设摆在首位，坚决贯彻落实党中央各项决策部署。坚持和完善党委领导下的校长负责制，认真执行民主集中制，严格落实“三重一大”制度。全年召开党委会25次，严格落实“第一议题”制度，举行党委理论学习中心组集中学习12次。年初制订出台年度工作要点，分解成60项任务，开展2次督查督办，推动工作落地见效。统筹抓好疫情防控和事业发展，全校上下合力完成2019级学生返校“专转本”考试工作。完成全校59个党支部的换届工作，党组织凝聚力、战斗力得到新的加强。

2.深入学习宣传贯彻党的二十大精神。学校把迎接党的二十大、学习宣传贯彻党的二十大精神作为贯穿全年的重大政治任务。校党委书记、校长带头为师生宣讲党的二十大精神，开设专题网站，优化校园环境，发挥线上、线下宣传阵地作用，营造浓厚学习宣传氛围。开展“青春献礼二十大，强国有我新征程”“职教生心中的二十大”等宣传教育活动，设立师生巡讲团，开设学习宣传贯彻党的二十大精神专题网络培训班，发放党的二十大精神学习教育指定用书1200多套。举办宣讲会、报告会、座谈会、党课15场次，覆盖学校师生8000余人，通过多维度发力、立体化推进，以党的二十大精神凝聚起干事创业的强大精气神。

3.努力打造党建工作特色品牌。深入推进“校内校外共结对，融合党建育英才”活动，与苏州市沧浪亭管理处党支部等11家单位开展党建共建，目前结对数达132对。“融合共建谱新篇，‘红色书房’润人心”项目获评苏锡常都市圈职业教育基层党建工作创新典型案例评选一等奖。持续强化“先锋论坛”品牌建设，开展师生抗疫一线先进事迹图片展等特色活动。举办示范开放主题党日活动10个，深入实施“领航者工程”，遴选学校第二批示范“基层党组织书记工作室”3个、“双带头人”教师党支部书记工作室4个，立项书记项目57个。评选“党员先锋示范岗”，营造学有先进、赶有目标的良好氛围。3个党支部被评定为“首批全省党建工作样板支部培育建设单位”。

4.切实加强思想政治和意识形态工作。成立马克思主义学院，出台《苏州市职业大学关于加强马克思主义学院建设的实施方案》，不断巩固马克思主义在意识形态领域的指导地位。认真落实意识形态工作责任制，修订、印发《中共苏州市职业大学委员会关于落实意识形态工作责任制的实施细则》《苏州市职业大学网络意识形态工作责任制实施办法》等文件，形成职责清晰、守土有责的联动格局。深入开展高校思想政治工作精品项目建设，获评省高校思想政治工作优秀案例评选二等奖1项，获批省级课程思政示范课程1门、省高校思政课教育教学改革创新示范点项目1项。有1项省级思政精品工程项目被推荐至教育部参评。完善“宣传思政融媒教育平台”建设，继续深入推进数字化思政“五个一融合工程”，推出“思政金课”30堂，8堂课入选“学习强国”慕课平台。

5.着力培优建强干部队伍。坚持以德为先、德才兼备用人标准，注重干部队伍梯队建设，本年度新提拔中层干部14人，调整交流中层干部19人次，完成任职试用期满中层干部考察14

人，任职试用期满内设科长考察16人，选派2名年轻干部赴地方挂职锻炼。认真执行“一报告两评议”制度，强化对干部选拔任用的监督。持续推进实施《苏州市职业大学年轻干部素质能力培养提升工作方案》，组织中层以上干部、副科职干部等参加各类培训，进一步提升党员干部履职能力。

6.奋力开启未来5年发展新征程。圆满召开学校第三次党员代表大会，选举产生学校新一届党委、纪委。会议统一思想、凝聚共识，客观分析学校发展面临的重要机遇，确定建设全国“双高计划”高职院校和职业本科院校的战略目标，汇聚起推动学校发展的强大合力。年内学校获得国家级标志性成果22项，省级标志性成果216项，以第一名的成绩顺利通过江苏省中国特色高水平高职学校建设培育单位验收，综合竞争力在金平果、GDI、武书连等各大高职院校排行榜中连连攀升。

二、聚焦数字赋能，人才培养质量再上新台阶

7.以数字化转型发展赋能专业建设。对接苏州数字经济产业发展需求，实施专业数字化改造融合化转型发展重点工程，对现有专业进行升级改造、融合转型。加强专业群建设，推行专业群“集群”管理模式。归纳产业数字化要素，重构专业课程体系，面向不同生源多样化学习需求，优化全校50个专业的人才培养方案。依托电气自动化技术、机电一体化技术2个省高水平专业群，大数据与会计、大数据技术、电子商务和应用电子技术4个校高水平专业群，全力提升专业群服务产业链能力。参与1+X证书试点项目，现有35个职业技能等级证书项目，覆盖47个专业，占学校专业总数94%。

8.以数字化资源建设推动“课堂革命”。学校牵头组织国内外21所院校、25家行业企业建成的国家职业教育智能控制技术专业教学资源库通过教育部验收，上线国家职业教育智慧教育平台。资源库素材总量25281条，标准化和个性化课程29门，职业技能等级培训案例资源29套，年资源更新率10.2%，实名注册用户36212人，年注册用户增长率63.4%。立项职业教育国家在线精品课程2门，获评江苏省“十四五”职业教育首批在线精品课程13门，是在苏高职院校中获评课程数量最多的学校。组织申报省级以上教改课题12项。全年校院两级督学线上、线下听课900余节。加快整合工科优势资源，建设集成电路虚拟仿真实训基地。

9.以数字化教学管理深化“三教”改革。系统梳理教育教学改革研究和教学实践中的优势特色，积极推进“互联网+”教学改革，持续提升教学质量，获评苏州市教育教学成果奖特等奖1项、一等奖1项，申报国家级教学成果奖2项。探索实施网络化、数字化、智能化、个性化的教育，促进专任教师的综合素质、专业化水平和教学研究能力的全面提升，获江苏省职业院校教学能力比赛一等奖2项、二等奖4项、三等奖6项，获省高校微课教学比赛一等奖2项、二等奖3项、三等奖3项，形成校级“课堂革命”典型案例25个。打造优质教材，7部教材获批江苏省“十四五”职业教育规划教材，其中3部教材入围“十四五”首批职业教育国家规划教材江苏推荐项目。

10.以数字化人才培养提升获奖层级。学校大力开展以赛促教综合育人，将产业、行业、企业的新技术、新工艺、新规范以及技能大赛标准纳入教学标准和教学内容，作为人才培养的依据和规范，使教学始终与职业技能大赛良性衔接、高度融合。2022年，学校获世界技能大赛奖项3项，获全国职业院校技能大赛一等奖1项、二等奖1项，获江苏省高职院校技能大赛奖46项，其中一等奖7项，团体总成绩位居江苏省前列，获职业院校技能大赛“先进学校”荣誉称号。895名学生参加省级以上创新创业竞赛，获得“振兴杯”国赛银奖1项，“挑战杯”省赛铜奖2项，省职业院校创新创业大赛一等奖1项、二等奖2项、三等奖3项。学生获市级以上文艺、体育竞赛奖项55项。学校获批立项建设全国大学生创新创业就业服务基地，首批入选全国高职院校“创新创业100强”，太湖众创获评苏州市A级创业孵化基地。

三、聚焦科教融汇，科研创新服务取得新成效

11.强化项目申报培育工作。组织开展国家级项目申报推进会、市级项目申报指南解读会，针对高层次项目，采取邀请专家到校面对面指导、线上一对一辅导、工作人员点对点服务等方式，提升服务精准度。申报市厅级以上各类项目255项，获批立项国家级项目3项、省（部）级项

目14项、市厅级项目84项，获批市重点实验室1项，获批市2022年度第十批科技发展计划——学科重点实验室绩效补助1项。学校牵头申报并获批苏州市首批知识产权运营引导计划项目。

12.建好科研平台创新矩阵。进一步夯实市级以上科研平台建设，对38个校级及以上科研平台进行重新认定，激发平台创新活力。整合资源，聚焦新能源领域，“分布式智慧能源系统平台”申报江苏省发改委工程研究中心，“苏州市智慧能源技术重点实验室”申报苏州市科技局重点实验室并成功立项。做好大运河（江苏段）文旅融合研究协同创新基地建设的中期考核、吴文化传承与创新研究中心和3C产品智能制造工程技术研究开发中心建设期满的验收准备工作，以高标准平台建设推动高质量研究成果产出。

13.加速成果转移转化。加强产学研对接，面向中小企业或与大企业配套进行应用性技术研究和产品升级服务，年内学校横向服务项目277项，到账经费1144.8万元。技术服务企业产生经济效益7.5亿元，合作成果获江苏省科学技术奖励一等奖、江苏省高校科学技术研究成果奖二等奖。推进知识产权创新创造，建立健全重大项目知识产权管理流程，加强专利代理公司服务质量考核。获发明专利授权30项，实用新型专利授权96项，外观设计专利7项。修改科技成果转化管理办法，与江苏省知识产权运营中心开展深入合作，提高学校科技成果转化率。完成专利转让16项，转让到账经费148.18万元。

四、聚焦“内培外引”，师资队伍建设焕发新风貌

14.坚持多措并举，着力做好人才引培工作。根据学校专业调整和专业群建设师资需求，组织开展专场招聘会6场，引进各类高层次人才42人，其中博士5人、正高1人、副高2人。柔性引智，选聘客座教授、兼职教授、产业教授等36人。实施“名师带徒”工作制，发挥名师对青年教师的“传、帮、带”作用，助力青年教师成长。依托专业带头人高端研修项目、省青年教师企业实践项目和灵活的校级访问研修项目，选派27人次开展高访研修，109人次参加国培、省培项目，组织1500多人次参加1+X技能等级证书、专业数字化改造及信息化素养提升、思政类论文写作与发表等专题培训，提高教师教科研能力。

15.加强培养考核，着力激发高层次人才队伍活力。坚持党管人才原则，将每年5月18日校庆日设定为“教授·博士日”，打造“人在职大尽其才”工作品牌。大力宣传和落实师资培养政策，鼓励教师申报各类省级人才项目。5人入选省“333高层次人才培养工程”培养对象，其中1人入选第二层次培养对象。入选省高校“青蓝工程”优秀教学团队1个，入选省高校“青蓝工程”培养对象3人，入选省“双创博士”（世界名校创新类）2人。深化职称改革，优化人才评价机制，66人职称晋升，其中正高4人、副高10人。持续推出“教授大讲堂”“‘博士天团’与你聊天”系列讲座活动20场。

16.搭建实践平台，着力提升双师双能水平。加强“双师型”教师队伍建设，新增校企共建“双师型”教师培养培训基地7家，总量达48家。入选江苏省职业教育“双师型”名师工作室立项建设单位1个，省职业教育技艺技能传承创新平台培育单位1个。新增3名基地企业导师入选省产业教授。学校推荐的3家企业入选省职业教育教师企业实践基地，学校与江苏亨通工控安全研究院有限公司共建的“‘双师型’教师培养培训基地建设”工作项目入选教育部产学合作协同育人优秀案例三等奖。选派149人赴企业开展实践锻炼，专任教师中“双师”占比达88%。实行校企人才互聘互用，聘用427名企业高技能人才担任兼职教师。

五、聚焦“三全育人”，成就学生成才彰显新作为

17.强化思想引领和理想信念教育。深入贯彻德、智、体、美、劳五育并举，充分体现立德树人鲜明导向。学校全面实施“三全育人”综合改革，成立工作领导小组，大力开展“三全育人”典型学校培育建设，获评江苏省高等职业院校“三全育人”工作典型案例2个。通过组织开展“学习二十大、永远跟党走、奋进新征程”等主题教育实践活动，举办“领航开学第一课”校级信仰公开课，涵养青年学子家国情怀。举行“云”毕业典礼和新生开学典礼，1996级校友、2022年“诚实守信”中国好人黄萍为2022级新生讲开学第一课，引发热烈反响。试点开展“一站式”学生社区建设，创新多方联动、协同育人的工作模式。

18.提升学生社会适应能力。深入推进在苏高校首家志愿者学院建设，学校获批全省首个江苏省青年志愿服务培训基地。积极组织暑期“三下乡”“返家乡”“博爱青春”等社会实践，6名学生入选江苏省大学生志愿服务乡村振兴计划，1个团队入选团中央“七彩假期”志愿服务示范团队，1个团队获评团中央2022年暑期“三下乡”社会实践活动优秀团队。建强苏州市大学生应急救护培训基地，融合生命教育平台，启动基地硬件升级改造。优化校红十字会管理机制，启动全校学生初级救护员培训，举办第5期师生应急救护竞赛。充分发挥学校全国首创大学生抗挫折教育体验馆的实践育人作用，开展四季引领心理健康教育活动，完善“学校—院部—班级—宿舍”四级危机预防体系，促进广大学生健康生活、快乐学习。

19.增强学生工作服务效能。推进班主任、辅导员队伍建设，加强学工队伍政治建设、思想建设、组织建设、作风建设和能力建设，完成线上和线下培训97人次，全面提升队伍的职业能力和育人实效。实施辅导员素质能力提升“立心”计划，组建由10名辅导员老师参与的“党的二十大精神”宣讲团，举办辅导员工作坊和辅导员年度人物评选，厚德秉烛辅导员工作室入选2022年度中国科协学风涵养工作室支持计划。落实学生工作品牌“立根”计划，推进项目化资助育人，获批江苏省精准资助长效机制改革试点单位，获评2021年度省学生资助绩效考核“优秀”等次。实施学生发展“立身”计划，举行先进集体评审会、大学生年度人物评选等活动，发挥正向引导优势，营造健康向上的校园氛围。师生作品获省网络文化节暨网络教育优秀作品二等奖3项、三等奖6项。

20.实现招就工作稳中有进。生源质量稳中有升，提前招生报录比近2:1，职教高考所有科目组投档线均居全省前二。普通高考省内、省外投档均一次性满足，除省外院校和医学定向外，专业组投档线在全省居前七，2022年共录取新生5259人，报到率超过95%，苏州生源超过千人，占比22.61%。普通类文科、理科录取分数线居苏州第一，分列全省第四、五。创新工作方法，纵深推进就创业服务，学校获评“2021年省高校毕业生就业工作量化督导A等高校”，毕业生整体就业率98.5%，留苏就业的有1882人。

六、聚焦开放办学，服务地方发展提升新能级

21.校地合作内涵不断深化。积极与大院大所、行业龙头企业开展合作，推动每个专业至少与2家行业领军企业开展全方位深度合作。新增合作企业154家、校外实习实训基地132家、校企合作开发课程276门、校企合作建设教材27部。政行企校多元主体开展学徒、订单等协同育人。开设订单班33个，培养1504人；开设学徒制班4个，培养270人。新建苏州市康养产业学院和机器人产业学院2个产业（企业）学院。博众·凡赛斯自动化学院校企合作示范组合获批江苏省职业教育校企合作示范组合培育项目；苏州市职业大学汇川产业联盟学院获评苏州市职业院校优秀产业（企业）学院。学校牵头建设的苏州现代装备制造、现代光电、人工智能3个职教集团获评2022年苏州市优秀职教集团，苏州现代装备制造职教集团获评省示范性职业教育集团（联盟）培育单位。学校联合江苏亨通工控安全研究院有限公司、苏州汇川技术有限公司、苏州华成集团有限公司等企业申报的“职业教育校外实训基地建设（遴选）与运行规范”入选地方标准立项推荐。学校获评第八届恰佩克奖“中国高校产教融合50强”。

22.服务地方能力不断提升。与市、区31个政府部门开展合作。面向社会开展职业培训60743人次，到账金额905.08万元，其中承接市、区15个政府部门的各类培训项目36个，培训7903人次。开展社会培训逾13万人次，社区培训服务及老年教育累计6247人次，面向村（社区）干部、农民等开展服务乡村振兴类培训3470人次。在机器人与智能制造、新一代信息技术、工业互联网、检验检测等领域，精准对接政府和企业需求，优化苏州市工业互联网产业学院、中检产业学院等建设。与苏州市吴中区共建机器人产业领域东吴高技能人才培育基地，服务吴中区打造机器人与智能制造产业全国创新集群“第一区”的目标。

23.建言献策水平不断提高。围绕苏州高质量发展的战略需求，举办7期“智汇苏州”学术沙龙；与苏州市姑苏区开展“姑苏·大家说”苏州历史文化系列讲座5场，为挖掘保护、传承创新古城文化献智献策，姑苏区四套班子参加讲座；深化建设大运河（江苏段）文旅融合研究协同创新基地，承担江苏省社科联基地研究重点项目2项、一般项目8项；发表决策咨询报告34篇，22篇获得省、市领导的肯定性批示；积极助推苏州公共文化服务建设，完成苏州部委办局委托、招标的研究和咨询任务21项，其中，与苏州市民政局合作共建苏州地名文化遗产研究院，并通过招标，中标苏州市立项目“苏州市第三批吴文化地名保护名录编纂”。苏州石湖智库入选中国智库索引来源智库名单，是国内首个高职院校入选智库，获评4A等级社会组织。

24.国际交流合作不断拓展。现有省级中外合作办学高水平示范性建设工程专业2个，省高校国际化人才培养品牌专业2个，专业数列在苏高职院校第一、全省第一方阵。深化中巴经济走廊文化交流中心工作，面向巴基斯坦高校开展中文教学、教材编写和文化交流。推进东南亚职业教育产教联盟工作，举办“英联邦职教体系暨创新教学模式与方法”研修班。向“一带一路”沿线国家高校输出职业教育课程标准14门，获金砖国家职业技能大赛国赛三等奖1项。学校获评2021年度江苏省涉外办学先进单位。国际化办学案例入选中国职业技术教育学会“职业教育共同体故事”。

25.继续教育质效不断增强。加强与中职院校、行业协会的对接，录取成教新生4379人。聚焦苏州经济社会发展人才需求，拓展开放教育招生，江苏开放教育在籍学生达1716人。有序推进老年教育赋能项目、市民学习苑、社区教育游学等项目。服务各类社会考试2831场，考试人数9.55万人次。强化社区教育品牌建设，形成高质量教育（教学）成果。“基于‘精准滴灌’理念的苏州社区教育模式构建与实践”参评国家级教学成果奖。“苏州市‘银铃智慧赋能教育’工作案例”获评教育部“智慧助老”优质工作案例。

七、聚焦服务品质，办学保障能力实现新提升

26.坚持依法治校，提升治理能力和水平。修订学校章程，强化制度建设，充分发挥学校党委会、校长办公会、教代会等民主科学决策作用，不断提升依法办学、依法治校水平。积极推动党务、校务信息公开，加强保密、档案、信访工作，档案馆获评2018—2022年江苏省高校档案馆（室）先进集体。开展“对话苏职大发展”活动2场，广泛听取一线教职员工的意见建议。实施“实事工程”项目，全面提高后勤保障能力和服务水平。切实优化预算管理机制，提高预算执行效率，为学校各项事业改革发展提供财力保障和管理支撑。以“红色书房”等活动为抓手，做好图书馆服务苏州城市发展与文化传承相关工作。发挥《吴文化研究》等特色栏目的品牌效应，《苏州市职业大学学报》《苏州教育学院学报》影响力不断增强。学校获评2019—2021年度江苏省文明校园、首批江苏省绿色学校。

27.提升信息化水平，推进智慧校园建设。做好网络和信息化运维保障，全年完成各类专项网络及设备保障60多场次。改造57间教室的多媒体终端，实现对教学设备设施统一集中物联管控。完成数字媒体制作中心、教学管控平台（二期）、线上巡课平台建设，助力教育教学数字化转型。完成教育部数字校园试点校建设工作，学校数据中台与教育部职教大脑完成对接，数据上报率达100%，同步打造校内中心数据看板。入选教育部信息化支撑职业院校校企合作专业共建项目首批共同体成员、工信部工业互联网产业人才基地、江苏省全民数字素养与技能培训基地等。

28.加强群团统战工作，发挥桥梁纽带作用。发挥好工会、妇联、共青团等群团组织联系广大师生的桥梁和纽带作用。组织召开学校第七届教职工代表大会第五次会议，确保广大教职工行使民主权利。落实离退休老干部政治待遇和生活待遇，定期举办离退休老干部学校情况通报会，组织老同志积极参加关心下一代工作。顺利召开校第十七次学生代表大会，不断提升共青团的引领力、组织力和服务力。深入推进统一战线工作，成立党外知识分子联谊会，坚持双月座谈会工作制度，推进校党委班子成员联系服务党外人士工作，获2022年全省高校统战工作实践创新成果三等奖。

29.做好安全生产工作，保障校园和谐稳定。认真贯彻落实上级关于疫情防控的决策部署和省、市安全稳定会议精神，密切关注新形势下政治安全、国家安全、生产安全、消防安全、教学安全、财产安全、师生人身安全等，坚持源头治理，建设平安校园。落实好节假日领导到校带班制度，进一步压紧压实责任、建强管好阵地、抓好风险管控，定期开展全面的校园安全大检查，做到安全工作人人有责任、层层有人抓、处处有人管、时时有人盯。建立健全安全应急机制，提高快速反应和应急处置能力，保障校园教育教学和生活秩序。全年举办各类安全教育讲座18场、防诈骗等警示教育47场次。开展专项安全检查11次，及时发现问题消除隐患。完成“智能安防系统优化升级”项目，优化平安智慧校园内涵质量建设，实施网络安全24小时应急值班。加强国防教育，高质量完成全年征兵工作，“五率”指标排在全市高校前列。

八、聚焦从严治党，廉洁校园文化展现新风采

30.纵深推进党风廉政建设。全面推动校内各级党组织主体责任、领导干部“一岗双责”压力的有效传导。全年党委会专题研究部署党风廉政建设工作6次，年初召开党风廉政建设工作会议，校党委与各学院（部）、各部门签订党风廉政建设责任书，并落实年末考核制。及时做好省、市两级履责记实信息平台数据填报工作。结合元旦、春节、端午、中秋、国庆等时间节点，组织开展全校范围的节假日清风行动。

31.持续加强重点领域督查。积极发挥监督保障职能，推进党风廉政建设工作抓常抓细抓长。紧盯“三重一大”决策，围绕基建修缮、设施设备招标采购验收、办公用房等重点领域，强化关键风险点的监督防控。发挥审计监督及审计建设性作用，完成33个工程项目的结算审计工作、1名中层正职干部的离任审计等。继续完善校内招投标备案工作，落实学校各类考试、疫情防控工作的督查。聚焦关键人、关键点、关键事、关键时，切实加强干部教育、管理和监督。完成问题线索、信访、“寒山闻钟”便民答复处理15件。制定工作提醒、典型案例等制度，不断扎紧制度“笼子”。

32.扎实开展廉洁文化建设。充分利用“石湖清波”网站、廉政文化长廊、支部活动等阵地，定期开展以案示警、以案释纪、政策学习等宣教工作。深入推进“五个一”廉政文化教育工程，组织编写党员干部读本，参与在苏高校编写大学生廉洁教育读本。积极推进况钟研究会工作，进一步强化学校廉洁文化品牌建设与实践特色研究。与苏州市纪委监委联合主办“任重道远：况钟与江南廉洁文化建设”第三届政德文化沙龙。以“厚植‘小家’清廉家风，助力‘大家’风清气正”为主题开展第十六届校园廉洁文化活动月活动。

苏州市职业大学

2022年12月

领导讲话

校党委书记钮雪林在2022年工作部署暨党风廉政建设会议上的讲话

2022年3月16日

同志们：

今天学校召开今年的工作部署暨党风廉政建设会议，对全年的工作做出整体安排。刚才，刘丹副书记宣读了学校2021年度考核表彰文件，2个部门、2个学院做了交流发言，蔡晓平书记对去年党风廉政建设进行总结、对今年工作进行了部署。学校2022年度的工作要点也发给了大家。希望各位对照全年工作任务，认真贯彻落实。

过去的2021年，在全校上下的共同努力下，学校隆重组织建党百年庆祝活动，圆满举行建校40周年暨办学110周年系列活动，大力开展党史学习教育，积极推进内涵质量建设，各项工作取得了新成绩。我们以改革创新为动力，释放发展潜能。加强党的建设和思想政治工作，深化“校内校外共结对，融合党建育英才”创新活动，全校各级党组织与地方结对党建共建127对，以全面校地融合党建引领推动各项事业发展。加强意识形态工作，开展数字化思政教学创新探索，已呈现出一定成效和对外影响力。制订出台学校“十四五”事业发展总规划和8个专项规划，积极实施质量文化重点建设年工程，推进职称评审、绩效考核、教学质量评价等改革举措，组织发动全员参与团队、平台、项目建设。我们以打造标志性成果为导向，提升教科研水平。2021年获得江苏省教育教学成果奖一等奖1项、二等奖4项，江苏省高职院校技能大赛一等奖6项、二等奖9项、三等奖14项，为历年最佳成绩。获评2021年江苏省科学技术一等奖（第三单位），立项国家社科基金项目1项、国家自科基金项目1项（第二单位）、省级项目25项、市级项目56项，获得省级奖励2项、市级奖励30项。学校首次牵头成功申报获批苏州市地方标准项目，首次获得省“挑战杯”大学生课外学术科技作品竞赛优胜杯，首次取得江苏省职业院校技能大赛“工业机器人技术与应用”和“大数据技术与应用”2个赛项的承办权，并于2022年1月圆满承办竞赛。在江苏省普通高校本专科毕业设计（论文）评比中，获得一等奖2个、二等奖6个、三等奖2个，优秀团队2个，创历年最好成绩。一教师团队的“高效快速光伏MPPT控制方法及应用”创新项目，获第25届全国发明展览会金奖。学生管理、招生就业取得新进展，苏州生源大幅增加。我们以加强校地全面合作为重点，服务地方发展。深入开展“全方位、全领域、全过程”校地合作，新增校企合作企业154家，新增2个产业学院，企业（行业）学院总数达23个。在苏州高校中首次发布《苏州市职业大学服务地方经济社会高质量发展资源汇编》（资源清单），向社会提供“菜单式”和“定制化”服务。电梯学院联合育人案例入选全国高等教育博览会“校企合作　双百计划”典型案例并获奖。成人学历教学、社区教育取得新成绩，学校本部的横向技术服务、社会培训项目扩面增效，收入首次超过1000万元。年内共有52篇决策咨询报告被各级内参刊载，其中17篇得到市委、市政府主要领导等批示。学校获评江苏省智慧校园示范校、省红十字示范学校、省大学生心理健康教育工作先进集体、省教育系统关心下一代工作先进集体、苏州市文明校园等，入选江苏省中国特色高水平高职学校培育单位。依法管校治校、党风廉政建设也取得新进展。财务管理、审计工作、后勤保障、校园安全稳定，以及图书馆、学术期刊、督学工作、创新创业、国际办学等，都有新进步。为此，学校党委、行政要感谢大家的努力和付出！

但是，在看到成绩的同时，我们也要清醒地认识到，学校在标志性成果和关键性指标方面仍然有着明显的缺项、弱处、短板，学校拥有的丰富资源与实际产出贡献不相匹配，高质量成果、高水平项目偏少，国家级教学成果奖、教师教学能力竞赛奖、教学科研创新团队等还没有理想成绩，校园安全隐患依然存在，廉政风险、工作作风不实问题还没有彻底消除。对此，我们要进一步警醒反思、对标找差、对症下药、奋力拓进，争取苏职大应有的荣光。

今年是党的二十大、学校第三次党代会召开之年，是全面落实省、市党代会部署的开局之年，也是学校跨过“培育”门槛、建设江苏省中国特色高水平高职学校的决胜之年。这一年工作好与差，关系到学校新一轮发展目标能否赢得主动、竞争优势能不能得到增强，任务很重，要求不轻，意义重大。在2022年工作要点中，学校党委提出了“一稳三进”工作总要求（切实维护校园全面安全稳定，着力推进政治建设高品质、奋力提进内涵发展高质量、聚力拓进社会服务高贡献），明确了“六个更高水平”发展的举措，并列出了具体项目和指标。希望大家以“志在必得、舍我其谁”的坚强斗志和“马上就办、干就干好”的过硬作风，逐条逐项抓好落实，务求取得预期成效。要精心筹备好今年下半年召开的学校第三次党代会，起草好党委、纪委报告，选好配强各级干部，高质量开好党代会，开启新一轮发展新征程。下面，我再强调四点意见。

一、把牢思想意识“总开关”，增强发展进步的政治自觉

发展是硬道理，发展是解决问题的根本途径。我们要自觉增强事业发展进步的政治意识和政治责任感，全面贯彻新发展理念，精准把握高等职业教育事业发展态势，提升服务地方发展水平，团结一致、齐心协力把工作干得更好。

一要持续把牢以稳定促发展的底线要求。安全稳定无小事。高校是青年学生集中学习和活动的地方，社会各界和千家万户非常关注，一有风吹草动，一不注意，就会引发震动。要密切关注新形势下政治安全、国家安全和广大师生的身心安全、财物安全，扎实做好疫情防控工作，严格执行地方党委、政府的防疫要求，严肃落实学校防疫的规章制度。要牢牢把握意识形态和思政工作主导权，筑造网络安全堤坝，加强涉稳舆情处置，及时做好风险预防、管控和化解，以更加坚定的政治自觉、更加强烈的责任担当、更加务实的工作作风，确保校园安全稳定，为学校内涵式高质量发展保驾护航。

二要持续把牢立德树人的根本任务。职业教育作为党和国家高度重视的领域，越来越受到社会的广泛关注。我们要全面贯彻党的教育方针，以坚定政治立场把牢人才培养方向。去年，中办、国办印发了《关于推动现代职业教育高质量发展的意见》，提出要坚持立德树人、德技并修，培养更多高素质技术技能人才、能工巧匠、大国工匠，为全面建设社会主义现代化国家提供有力人才和技能支撑。学校提出的培养“高品德、高技能、高适应”的技术技能型人才理念，与中央、国家要求高度符合。我们要进一步巩固党史学习教育成果，推进“四史”学习教育，引导青年学生树立正确的政治意识、民族意识、历史意识、大局意识，培养德、智、体、美、劳全面发展的社会主义建设者和接班人。

三要持续把牢内涵质量的重要责任。党中央、国务院反复强调高校要走内涵质量发展之路。对一所学校来说，内涵式高质量发展，不仅是一项业务工作，更是一项政治责任要求。我们的学校身在苏州这样一个思想解放、改革创新、示范引领的“最强地级市”办学，应该在创新争先、创优争光的成效方面走在前列。对此，我们要持续聚焦内涵式高质量发展，与时俱进加大政行企校产教融合、校地合作力度，为苏州发展贡献更多更好的人力资源和智力支撑，打造出一批与学校拥有的条件、资源相适配的成果、品牌，提升学校的显示度、贡献度、美誉度。要统筹抓好疫情防控和事业发展，工作要点中明确的任务，需要抓紧抓好，任务不松，目标不降，待疫情缓解后要把耽搁的时间抢回来。

二、提振干事创业“实干劲”，凝聚攻坚克难的强大合力

今年是农历虎年，习近平总书记指出，“虎是勇敢和力量的象征”。我们要拿出生龙活虎、龙腾虎跃的拼搏姿态，撸起袖子加油干，扎实做好各项工作。

一要振奋精神锐意进取。成事之要，关键在人。学校各级领导干部要带领广大教职员工，全面加强党的建设，创造喜迎党的二十大胜利召开浓厚氛围，并认真组织好党的二十大精神的学习贯彻。要大力传承弘扬苏州“三大法宝”精神，鼓足抢抓机遇、大有可为的勇气，涵养成竹在胸、善作善为的底气，激发勇往直前、奋发有为的锐气，推动学校上下时刻保持勇立潮头、勇争一流的奋斗姿态和良好氛围。要加大人才工作力度，设立“教授·博士日”，出台更加有力的正面激励和负面制约相结合的人才政策，打造“才在职大乐发展”的工作品牌，激励各类人才贡献高质量成果，推动学校事业大发展。

二要对标找差勇攀高峰。今年学校在明确了28项工作要点的同时，列出了“对标找差”指标和“十四五”事业发展内涵质量指标两张任务分解表，作为工作要点附表，把重点任务进行量化、细化，有目标、有责任、有考核，有关部门、各学院（部）也积极主动认领了指标、项目、奖项。接下来我们要聚精会神、聚焦目标、聚力攻坚，真抓实干、埋头苦干、紧张快干、勤奋巧干，一步一个脚印把既定工作任务变为现实。

三要以身作则当好表率。习近平总书记强调，有多大担当才能干多大事业，尽多大责任才会有多大成就。在座各位领导干部作为学校事业发展的“领头雁”，如果不在状态、不善作为、不敢担当，蓝图再清晰、方向再明确，也都是镜中花、水中月。希望大家切实增强奋发有为、敢闯敢试、开拓进取的精神，时刻将事业放在心上，将责任牢牢扛在肩上，拿出“明知山有虎，偏向虎山行”的胆魄和“功成不必在我，功成必定有我”的定力，一级带着一级干，真正做到“身教胜于言传”，夺取工作新胜利。

三、练就狠抓落实“真本领”，激发改革创新的发展动能

一分部署，九分落实。美好蓝图的实现不是喊出来、等出来的，而是干出来、拼出来的。我们必须坚持不懈狠抓落实，一着不让干出最优结果。

一要在团队平台建设上狠抓落实。高质量成果、高水平项目的呈现，关键在于有一批基础好、竞争力强的团队、平台。我们要瞄准产业发展方向、社会进步需求，实施整体规划部署，强化校院两级联动。学校2022年将重点建设、培育一批跨专业、跨院部、跨校界的团队、平台，突出重中之重，积极向省级、国家级拓展，取得高层次奖项。要对团队、平台实施分层、分级、分类管理，形成宝塔型状态，建立优胜劣汰的考核机制，实施校领导挂钩制度，着力推动高质量、高水平成果的产出，切实提高学校核心竞争力。

二要在标志成果获取上狠抓落实。大力实施专业数字化改造融合化转型发展重点建设年工程，全面推进与苏州数字经济新时代产业创新集群发展的融合对接，力争在专业及专业群建设上取得新成绩。积极开展“工科高水平拓进”工作，建设好工业互联网产教融合集成平台、虚拟仿真实训基地、人工智能协同创新中心等项目，努力在服务苏州新兴产业发展和学校教学、科研方面获取标志性成果。加强对各类申报项目、师生竞赛的支持力度，对高层次的特别是国家级的奖项，予以重点奖励，对校级层面项目的奖励要缩面降标。要层层传导责任压力，坚决打通“最后一公分”。各位校领导要负责好分管领域的督办工作，党委办公室、校长办公室要加强督查督办，确保各项工作真正落地见效。

三要在关键指标突破上狠抓落实。各单位要把年度工作与相应的指标要求结合起来，倒排工期、挂图作战，拿出真抓的实劲、敢抓的狠劲、善抓的巧劲、常抓的韧劲，有针对性地解决存在的指标缺项问题，勇于自加压力、补缺补弱补短，力争取得实效。要进一步优化完善绩效考核办法，发挥好“一张表”业绩考核管理平台的作用，切实实行“基础要求指标、提升进取指标、创新突破指标”三大块考核，不达标的要扣减奖励额度，降低评先评优比例，真正考核出成果来、考核出拼搏进取心来、考核出同行领先水平来。要继续履行好社会培训法定职责，强化横向技术服务规模和实效。

四、紧抓廉洁自律“压舱石”，营造风清气正的生态环境

干事创业，既要想干事、能干事、干成事，还要不出事。全校各级、各单位要深入学习贯彻十九届中央纪委六次全会精神和省、市纪委二次全会精神，严格落实党风廉政建设“主体责任”和“一岗双责”，把严守政治纪律和政治规矩放在首位，作为底线、红线、高压线去遵循。要从严加强对各级干部的日常监督管理，充分发挥专兼职纪检干部队伍作用，运用好监督执纪“四种形态”，特别是前两种形态，抓早、抓小、抓常，及时主动地纠正、解决问题，管好、保护好干部。要着重抓好重点领域和关键环节的权力制约和监督，做好校内巡审督查“后半篇文章”，切实加强对重点问题及师生群众反映强烈的突出问题进行再督查、再整改，敢于亮剑、从严从实、警钟长鸣、防微杜渐，确保全部问题整改到位，筑牢正风肃纪的防火墙。

同志们，借用今年北京冬奥会的主题口号“一起向未来”。让我们凝心聚力、乘势而上，只争朝夕、真抓实干，以起步就是冲刺、开局就是决战的姿态，一起蓄劲求突破、开创新局面，以优异成绩迎接党的二十大和学校第三次党代会的召开。

校长曹毓民在学校2022年安全工作暨平安校园建设工作会议上的讲话

2022年4月29日

各位领导，同志们：

2021年，在学校党委的坚强领导下，学校常态化疫情防控与平安校园建设工作取得了良好成效，为学校各项事业高质量发展提供坚实保障。下面，和大家一起回顾总结平安校园建设的主要情况。

一、压实责任机制，全面落实安全管理目标

学校牢固树立以师生为中心的安全发展理念，健全“党政同责、一岗双责、齐抓共管、失职追责”的责任体系。校党委会多次听取专项汇报，召开专项会议进行统筹部署。各专项委员会和安全工作领导小组发挥专业优势，健全安全管理制度和应急预案；各单位逐级落实安全责任，对照安全责任书、任务清单、工作台账完成综合考评。

二、落实意识形态工作责任制，确保学校政治安全稳定

贯彻学校思想政治、意识形态工作要点，逐级分解任务、层层压实责任，形成职责清晰、守土有责的意识形态工作联动格局。将意识形态领域工作成效作为校内巡审督查内容，列入从严治党主体责任评价体系，定期开展突出问题及风险点防控排查，积极参与全省高校意识形态领域固本强基专项行动，保证学校意识形态领域的政治安全。

三、拓展宣传教育渠道，开展丰富多彩安全教育活动

结合国家安全日、防灾减灾日、消防安全日等宣传节点，集中组织教育活动；结合疫情防控要求，大力推广安全“云教育”。组织“3·20”心理健康周、“5·25”心理健康节系列活动，加强预警网络建设，对重点学生及时干预、随访。面向学校师生及社会广泛开展应急救护知识普及和宣传培训工作，2021年学校获评江苏省红十字示范学校。

四、持续推进综合治理，维护校园安全稳定

一是开展校园安全专项整顿。全年组织全校性和专项安全检查13次，定期开展实验室自查自纠和安全督查。全面购买学生顶岗实习保险，实践教学综合平台新增企查查功能，杜绝学生实习安全隐患。

二是“预防为主、防消结合”开展消防安全工作。做好日常检查维护保养，完成学校建筑物电气安全线路检测、图书馆火灾报警终端和主机更新，更换全校4500个到期烟感报警器电池和1700具过期灭火器。组织“119”消防安全宣传教育月活动，开展疏散演练和消防器材技能实操培训。

三是严格遵循各项安保维稳规章制度。认真落实24小时保卫值班和巡逻巡查制度，规范学生行为，纠正各类违章。抓好三支队伍特别是保安队伍建设，做好大型活动交通疏导和安全保障；完成学生电动车清理整治，利用智能安防系统监测校内机动车超速行驶，确保校内交通安全。

四是坚持“全员参与、防范为主、源头防治、务求实效”原则，狠抓防范电信网络诈骗专项工作。成立反电信网络诈骗工作领导小组，制定《苏州市职业大学关于开展防范电信网络诈骗工作实施方案》。紧密联系属地公安部门，开展线上、线下精准警示教育。

五是全力保障校园网络信息安全，提高师生网络安全意识。全年召开四次专项会议，出台《苏州市职业大学网络安全管理办法》《苏州市职业大学网络安全应急响应预案》。完成重要时期网络安全保障任务，做好重要信息系统的等保测评和备案工作。

六是落实疫情常态化防控措施，做好各项后勤保障服务。及时出台疫情防控制度文件，做好校园防控和校门管控；全面开展新冠病毒疫苗接种和核酸检测工作，全校学生、教职工疫苗接种率分别达84.4%、98%；为278名隔离观察人员提供医疗和生活服务。

过去一年，在学校党委的正确领导下，校园安全稳定形势持续稳中向好，广大师生安全感稳步提升。接下来，我们要以更加清醒的头脑、更加务实的举措，从严、从实、从细抓好学校安全稳定各项工作。

2022年，学校安全工作的总体要求是：以习近平新时代中国特色社会主义思想为指导，深入学习贯彻习近平总书记关于安全生产的重要论述，全面落实全省教育工作会议精神，坚持“三个必须”原则，防范校园安全稳定风险，高质量开展平安校园建设，着力保障“一稳三进”总要求，全力筑牢校园安全防线，为迎接党的二十大和学校第三次党代会的召开保驾护航。

为此，要重点做好以下四方面工作：

一、学好《安全生产法》，贯彻落实“三管三必须”总要求

全校各级领导干部、广大师生员工要切实增强使命意识，认真学习新修订的《安全生产法》，积极把握新时代高校安全稳定工作的新形势和新要求，进一步明确安全责任主体，厘清安全管理职责，营造党委领导、部门联动、齐抓共管、人人参与的安全稳定工作新格局。

二、强化细化工作措施，从严从紧做好校园疫情防控

各级党员干部要充分认识疫情防控形势的复杂性、艰巨性、反复性，服从大局坚决扛起疫情防控政治责任，统一思想、统一行动。严格落实上级部署要求，严格校园管控、摸清人员底数、提高检测能力，在防护物资储备、后勤服务保障、隔离设施准备、常态化疫情防控等方面补短板、强弱项。避免疫情向学校扩散，坚守校园“疫情防控”和“安全防范”两道关口。

三、深入风险隐患排查，确保安全整治成效

要紧紧围绕省教育厅安全专项整顿方案和协调机制，开展常态化安全检查。学校安全管理委员会和各条线专项安全管理机构牵头，落实全校性检查和每月重点部位筛查；各单位要细化、实化措施，建立问题隐患和整改措施“两个清单”，形成自查报告，督查落实整治措施和整改成效，形成工作闭环。

四、加强管理服务，高质量提升安全治理工作效能

坚持“以人为本、服务师生”的理念，克服疫情带来的负面影响，在服务中强化管理水平，在服务中提升管理效能。

一是加强宣传教育。不管疫情如何发展，安全教育始终不能放松。各学院（部）、各条线部门要充分利用线上平台，把安全教育纳入网络教学，结合疫情防控开展防范电信网络诈骗、生命安全、心理健康、应急避险等专题教育。

二是强化综合管理。密切关注师生思想动态，加强政治思想教育。配合公安机关加强涉疫、涉外等重点人群管理，探索建立外来人员动态信息管理系统。全面实行24小时巡逻护校，校园“110”和监控中心24小时联动值守，各单位专兼职安全联络员和广大师生员工形成防范合力。

三是加强应急处置。相关职能部门要进一步扩大分管业务领域应急预案覆盖面，广泛普及应急知识教育和开展预案演练。完善工作机制，畅通信息报送渠道。尤其在疫情防控中，特别强调要完备预案，强化演练，及时报告，进一步提高协同作战和应急处置能力。

四是提高防控能力。充分利用校园智能安防平台，加强人员密集场所、公共区域和重点部位的检查摸排，做好建筑物电气线路和消防管网检测，保证消防设施设备完备有效、运行良好；强化宿舍管理，坚持卫生、安全联合检查制度，引导学生自我教育、自我管理。

各位领导、同志们，无危则安，无缺则全，面对疫情反复肆虐等各种不确定因素，创建高质量平安校园任重道远。各级党员干部要敢于直面风险考验，勇于战胜困难挑战，增强做好安全稳定工作的思想自觉和行动自觉，不断巩固和提升学校安全稳定工作水平，为迎接党的二十大、为推进学校各项事业高质量发展努力奋斗！

谢谢大家！

凝心聚力　履职尽责　进一步推动学校高质量发展、高水平拓进

——校党委书记钮雪林在学校第七届教代会第五次会议闭幕式上的讲话

2022年6月8日

各位代表，同志们：

在全体与会代表的共同努力下，苏州市职业大学第七届教职员工代表大会第五次会议圆满完成了预定的各项议程，即将顺利闭幕。在此，我代表学校党委，向大会的成功召开表示热烈祝贺！向全体与会代表和工作人员，并通过你们向全体教职员工和离退休老同志，表示衷心感谢和崇高敬意！

会上，曹毓民校长代表学校做了工作报告，对去年的工作进行了回顾总结，对今年的工作重点进行了部署安排，大家要认真加以贯彻落实。同时，听取和审议了学校财务工作报告、关于设立“教授·博士日”的提议，通报了教代会提案工作情况。借此机会，就学校当前及今后一段时间的工作，我再讲三点意见。

一、凝聚共识，发挥教代会在办学兴校中的重要作用

一是切实支持教代会依法履行职权。学校党委全力支持教代会依照有关法律和制度，积极地开展工作，为教代会履行职责创造良好条件。凡是涉及全局的重大发展规划、重大改革方案、重大决策举措，都要严格履行民主决策程序，向教代会报告，听取广大教职员工意见，提升民主管理水平，切实保障广大教职员工知情权、表达权、监督权的有效落实，让重大事项在广大教职员工的监督下阳光运行。

二是切实强化教代会的自身建设。要不断提高教代会工作的科学化、民主化、规范化水平，不断增强代表的思想政治素质和履职议事能力。要持续完善、落实校院两级教代会制度，进一步提升提案办理成效，加强提案办理督查督办，做到件件有答复、件件有落实。同时，学校将继续坚持每年办成一批实事、好事，打造最优“营教”“营学”“营研”环境，把“成就教师、成就学生”落到实处，为大家的事业发展提供优质服务和有力支持。

三是切实加强对教代会工作的领导。学校各级党组织要充分认识新时代教代会的重要地位和作用，及时总结近年来教职员工参与学校民主管理和监督工作取得的成果与经验，研究学校改革发展新形势、新任务对教代会的新要求，将成果、经验转化为指导和推进教代会建设的政策和制度，在开创教代会工作新局面的同时，以高质量的提案、建议，推动党委、行政更加精准决策，更好地凝聚共识、汇聚合力，促进学校长远发展。

二、示范引领，画出学校高质量发展的最大同心圆

一是发挥好凝心聚力的作用。千斤重担人人挑。开创新时代学校事业发展新局面，不是哪一个人、哪一个部门个别的事情，而是每一位师生的共同事业。近几年，学校推出了一系列改革举措，在职称评审、绩效考核、教学质量评价、团队平台建设、产教深度融合、服务社会发展等方面高质量释放潜能，收到了一定的效果，广大教职员工的活力得到新的激发。各位代表要深入宣传本次会议精神，动员全校师生自觉把思想和行动统一到学校工作部署上来，为学校持续更好、更快发展提供可靠保障。

二是发挥好示范表率的作用。各位代表都是学校各方面的先进分子，是全体教职员工推选出来的，是带着嘱托和期盼来参加大会的。在今后工作中，大家要以身作则，带头贯彻落实会议精神，发挥好排头兵、先锋队、“领头雁”的作用，争当教学先进、科研先锋、服务表率，团结带动广大师生干事创业。我们要树立大局意识，凡事以学校大局为重，为学校整体利益着想，为学校发展想办法、出主意，带动身边师生不断增强集体荣誉感、归属感，爱校荣校，共同为推动学校不断取得新成绩、实现新突破贡献力量。

三是发挥好桥梁纽带的作用。我们要密切

联系师生，多与他们沟通交流，多听取他们的意见建议，发挥好上传下达的作用；要尊重师生主体地位，尊重他们的首创精神，善于组织师生、发动师生，从师生中汲取更多智慧和力量；要坚持一切为了师生、一切依靠师生，为师生做出一些实实在在的事情，把广大师生的积极性、主动性、创造性充分激发出来。相信通过大家的共同努力，全校广大干部师生心往一处想、劲往一处使，人人都行动起来，学校的发展就一定会迎来更加灿烂美好的明天。

三、对标对表，提升学校高水平拓进的核心竞争力

一是必须集聚一流人才。习近平总书记强调："让事业激励人才，让人才成就事业。"推进事业、谋划发展，归根结底要依靠雄厚的人才实力。经学校党委研究，并广泛征求全校教职员工意见，我们把5月18日校庆日设定为"教授·博士日"，努力打造"人在职大尽其才"工作品牌，今天各位代表也审议通过这项制度安排。今后，我们要继续以"引进、培养、激励、提升"为原则，加强学校大师、名师及优秀团队的培育，打造一支德才兼备、结构优化、精干高效、充满创新活力的高素质师资队伍，充分激发广大教师攻坚克难、勇攀高峰的热情，实现更多标志性成果和关键性突破。

二是必须培养一流学生。人才培养质量是学校知名度、影响力的重要体现。近年来，学校提出了培养高品德、高技能、高适应技术技能人才的理念，注重提升职业教育服务地方发展的贡献度，努力做到政府、社会、师生"三个满意"，进一步提升学校的知名度、影响力；始终关心学生思想政治上的成长进步，把思想政治工作融入教育教学、管理服务各方面、各环节，积极推进全员、全过程、全方位育人。我们要持之以恒继续做好各项工作，促进学生全面发展，更好服务学生成长成才。

三是必须打造一流文化。在过去5年里，学校连续两轮获评江苏省文明校园（单位）荣誉称号，今年又入选新一轮省文明校园公示。文明校园（单位）不仅是一块牌子，更是一种气质、一种氛围、一种文化。我们作为学校的主人翁，应该有文明校园的精气神。希望广大教职员工鼓足干事劲头、焕发奋斗激情，提高对学校改革发展各项事业的参与度，主动监督、积极献策。希望各位代表紧盯师生身边事、常听师生心里话，以重任在肩、舍我其谁的担当意识，使各项决策更加科学民主、务实管用，切实做到与学校党委和广大师生员工在思想上同心、在目标上同向、在行动上同行。

各位代表、同志们，让我们和全校师生一道并肩奋斗、砥砺前行，奋力夺取疫情防控和事业发展"双胜利"，大踏步走向充满希望的未来，以更加优异的成绩迎接党的二十大和学校第三次党代会的召开！

谢谢大家！

旗帜鲜明讲政治　守正创新争一流
凝聚强大合力高质量推动思想政治工作创新发展
——校党委书记钮雪林在2022年思想政治工作年会上的讲话

2022年6月15日

同志们：

今天我们在这里召开2022年思想政治工作年会，总结一年以来学校思想政治和意识形态工作，思考在新形势下如何守正创新做好新时代思想政治工作。

刚才宣传统战部副部长刘伟汇报了2022年我校大学生政治意识调查问卷数据统计分析情况，艺术学院党总支书记陈刚、电子信息工程学院分团委书记陶静分别做了交流发言。各学院（部）提供了书面交流材料，结合各自实际工作，回顾总结了一年以来在思想政治工作方面的实践探索和特色亮点。

一年来，全校上下认真学习贯彻习近平新时代中国特色社会主义思想，全面落实党的教育方针，坚持社会主义办学方向不动摇，加强思想政治建设，严守意识形态主阵地；精心组织开展党史学习教育，盛大举行建党百年庆祝活动，以及学校建校40周年暨办学110周年校庆活动；积极探索思想政治工作的新发展，创新实施数字化思政建设改革创新，形成了“五型组合联动”高质量推进思政课建设创新发展的工作格局。借此机会，我再谈三方面内容。

一、坚持政治统领，牢牢掌握意识形态工作领导权和主动权

一是强化理论学习，筑牢思想根基。要旗帜鲜明讲政治，坚持不懈将学习贯彻习近平新时代中国特色社会主义思想作为首要任务，巩固拓展党史学习教育成果，把做好思想政治工作放在突出位置，与学校改革发展工作一起规划、一起部署。2021年至今校党委理论学习中心组已举行专题学习21次，每次学习坚持理论联系学校发展实际，指导实践、推动工作。学院（部）党总支理论学习中心组全年集中学习均达到10次，校党委对学院（部）理论学习中心组开展巡学旁听；每学期制定教职工政治理论学习计划，实行周三学习情况专项打卡，评选最佳“政治理论学习日”和优秀理论学习笔记，取得了明显成效。

二是注重问题导向，层层压实责任。近年来，学校党委成立了思想政治工作、意识形态工作、宗教工作、网络安全和信息化等领导小组，将加强和改进大学生思想政治教育定位为“一把手”工程，党政齐抓，建立完整、系统的工作网络，责任到学院、系、室、部门、人，在年终绩效考评中体现检查考核机制。校党委和学院（部）领导班子将思想政治、意识形态工作作为民主生活会和述职汇报重要内容，接受监督和评议。我们坚持问题导向，每年制定思想政治、意识形态工作要点，定期研究部署思想政治和意识形态工作，通过签订工作责任书等形式，层层压实责任。校领导每年多渠道开展校园调研，以解决实际问题为出发点，及时掌握学生思想动态，切实增强思想政治工作的针对性，不断凝聚思想政治工作的合力。

三是加强制度建设，建立长效机制。2020年起，学校相继出台关于美育、思想政治理论课教师队伍建设、新媒体建设与管理、课程思政建设等方面的规范性制度文件10份，规范工作流程12项，进一步完善意识形态工作制度体系。按照“谁主办、谁负责，谁审批、谁监管”原则，明确各类阵地管理。实行各类报告会、研讨会、讲座、论坛、横幅、展架、微信公众号等的电子化审批监管制度，以制度管人、管事。定期开展意识形态领域突出问题及风险点防控排查工作，召开校院两级意识形态领域情况分析研判联席会议，实行舆情即时即报和月报制度、校园宣传阵地巡查制度等，加强对倾向性、苗头性问题的正面引导。今后我们要继续健全完善长效机制，确保学校意识形态安全万无一失。

二、强化创新实践，推进思想政治工作特色化、品牌化高质量发展

一是打造阵地创新载体，深入推进阵地建设。学校积极落实党委“三结合”思政工作目标，开展思政特色载体创新实践探索。利用惠和楼党建、廉政、思政宣传文化长廊，思政文化墙与学校抗挫折教育体验馆、应急救护体验中心、健身步道—人文长廊、安全通道廊桥宣传文化长廊等，运用师生喜闻乐见的话语方式，讲好苏职大故事、中国故事，进行社会主义核心价值观宣传教育。学校获评2018—2020年度苏州市文明校园和2019—2021年度江苏省文明校园。

二是推动数字思政创新，构建“大思政”育人格局。面对“流量一代”“网络原住民”当代大学生的思想特征，学校对思政课教学方式进行创新，引入数字化技术，建设数字型思政课。近年来投入300多万元重点建设“数字化思政教学平台”和一批思政课数字化教学载体，创建数字化思政教学体系。目前学校建有融媒管理中心，形成100多名师生组成的新媒体服务团队，支撑数字化思政建设；建立200多项信息组成的思政教育资源库，设立“数字化思政沉浸式交互体验中心”，通过教师数字化授课和学生利用扫码提问、即时互动、探讨交流等方法和途径，增强学生学习的自主性、理解性；建成遍布学校公共区域、随处可学的数字化宣传思政融媒学习驿站33个，实行人机、人人自动体验学习。同时，将思政课程与课程思政有机结合起来，使教师努力做精于“传道授业解惑”的“经师”和“人师”的统一者。近2年来学校组织举办了41场“教授大讲堂”、30场“‘博士天团’与你聊天”线上专业课程思政，深受学生的欢迎。我校数字思政创新项目获2021年江苏省教学成果二等奖和2021年度苏州市宣传思想文化工作创新成果奖，是获得苏州市宣传思政文化创新奖的唯一高校。被中宣部“学习强国”学习平台、中共江苏省委教育工作领导小组《教育工作动态》《教育简报》作为经验典型推广；时任江苏省委常委、苏州市委书记许昆林，市委副书记、市长吴庆文考察现场并给予肯定；人民网、中国教育电视台、苏州电视台和《光明日报》《新华日报》《江苏教育报》《苏州日报》等52家媒体进行了专题报道和推介。

三是创建融合团队，创新思政教学。我校在加强思政课教师队伍建设的同时，拓展思路，拓宽视野，引入校外资源，组建“思政+专业”融合型思政课教学团队，将校内的思政课教师、专业课程教师与校外的专业人士（专家学者、企业CEO、技能大师、非遗传承人等）组合起来，形成校地“双主体”的思政课师资团队，共上“精彩一课”，取得了可喜成效。目前学校将30多名思政教师、27名专业课程教师与校外12名专业人士，组成融合型教学团队，协同研究思政课的改革创新，共同承担思政课教学任务，已形成30多堂“思政精品课”，其中8堂课入选“学习强国”慕课平台。25讲精品示范公开课，植入校园“数字化宣传思政融媒学习驿站”和“数字化思政沉浸式交互体验中心”。

三、落实育人任务，推动思政和意识形态工作再上新台阶

立德树人是高校的根本任务，为党育人、为国育才是学校的重要使命。我们要在守正创新中实现思想政治工作入脑、入心、入行，不断推进我校思想政治和意识形态工作再上新台阶。对于下一阶段学校的思想政治和意识形态工作，要做到以下三点。

一是落实好学校思想政治工作主要任务清单，切实强化责任担当。学校于近日出台了“苏州市职业大学2022年思想政治工作主要任务清单”，全校上下要积极加以落实。要以习近平新时代中国特色社会主义思想为指导，切实用马克思主义中国化最新成果武装全校党员，通过扎实有效地开展理想信念教育、革命传统教育、典型示范教育、警示教育等，让每名党员都做到在党爱党、在党言党、在党为党。要把迎接党的二十大、学习宣传贯彻党的二十大精神作为贯穿全年的重大政治任务，大力开展“青春献礼二十大，强国有我新征程”主题宣传教育活动，营造良好氛围。要配齐建强思政工作队伍，扎实开展心理健康教育，加大对各类学生社团文化活动的监管力度，不断提升青年学生对社会主义意识形态的认同感和对西方错误思潮的辨别力和抵抗力。要营造风清气正的高校政治生态，加强底线思维系统观念，通过人防物防技防网防相结合，在校园生活各层面筑起一道道“防火墙”。

二是落实好学校思想政治理论课教学改

革，切实发挥课堂教学主渠道作用。要按照习近平总书记在学校思想政治理论课教师座谈会上提出的“六要”标准，做好思想政治理论课教师培训和教育，引导教师以德立身、以德立学、以德施教，争做“四有”好老师，积极推进“三全育人”综合改革，培养德、智、体、美、劳全面发展的社会主义建设者和接班人。要结合学校数字化改造融合化转型发展重点建设年任务，引导教师利用现代化技术手段开展思政教学，推动党史教育、校史教育、社会主义核心价值观教育等进课堂进网络。在抓好思想政治理论课的同时，还要做好“课程思政”工作，各类专业课程教师都要守好一段渠、种好责任田，在传授专业知识的同时，教授大学生做人做事的道理，引导广大学生学好专业，以卓越的学识建功新时代。

三是落实好学校新一轮文明校园建设各项要求，切实提高以文化人水平。要注重思想引导、环境育人、文化渗透，结合党史学习教育，依托苏州深厚的吴地文化积淀，发挥苏州“三大法宝”重要作用，继续发展弘扬校园质量文化，开发吴文化课程，讲好校史红色人物故事，进一步激发广大师生的革命斗志和进取精神。要推动优秀网络文化建设，以“学习强国”学习平台、“数字化宣传思政融媒学习驿站”以及各类新媒体建设为抓手，持续打造一批导向正确、格调高雅、贴近师生的网络文化产品和品牌。要强化实践导向，对接优秀企业文化，培养工匠精神，发挥社会实践、社会活动和社团活动、志愿服务的积极作用，让大学生在社会熔炉中淬炼精神，加深对世情、国情、党情、社情、民情的了解和把握，增强中国特色社会主义道路自信、理论自信、制度自信和文化自信。

同志们，做好思想政治和意识形态工作责任重大、使命光荣。让我们紧密团结在以习近平同志为核心的党中央周围，深刻领会习近平新时代中国特色社会主义思想，认真落实全国、全省高校思想政治工作会议精神，紧紧围绕立德树人根本任务，真抓实干，勇于担当，奋力开创学校思想政治工作新局面，为建设全国一流品质院校汇聚强大力量，以优异成绩迎接党的二十大和学校第三次党代会顺利召开！

校长曹毓民在2022届“云上”毕业典礼上的讲话

2022年6月22日

亲爱的2022届毕业生同学们，尊敬的各位老师：

你们好！

六月蝉鸣又起，青衿之志可期。毕业季如约而至。今天，我们通过网络连接彼此，举行“云上”毕业典礼，以这样一个特别的方式为大家的大学生涯画上句点，我们都会有许多别样的心绪。

首先，我要代表学校向完成了3年学业、圆满从苏职大毕业的你们致以热烈的祝贺！向辛勤培养你们的老师们表示衷心的感谢！尽管我们不能像往常一样，与你们一一握别，面对面地道一声珍重。但是母校对每一位毕业生的祝福与期待，没有丝毫的减弱！

与往届相比，你们是非常特别的一届毕业生，从2019年到2022年，你们经历了更多的重要时间节点，也面对了更多的考验。我们共同庆祝新中国成立70周年，心潮澎湃地观看国庆大阅兵的盛况，我们共同迎接党的百岁生日，在回望百年奋斗历史的过程中，坚定初心与使命。我们学校也迎来了建校40周年暨办学110周年校庆。学校获省文明校园、省智慧校园示范校，连续获评中国高等职业院校教学资源50强、智慧校园50强，入选江苏省中国特色高水平高职学校培育单位。

与此同时，新冠肺炎疫情也给同学们的大学生活带来了很大影响，让各位同学的校园生活时间缩减了很多，给大家的大学生活留下了一些遗憾：很多丰富多彩的校园活动没有来得及参与，很多苏州的美景没有来得及去探寻，很多苏州的美食没有来得及去尝试。蓦然回首时，同学们已经与母校说再见了。但正如每一段青春岁月一样，虽有遗憾，但更多的是值得铭记的精彩瞬间。3年来，你们取得了优异的成绩，为自己的青春留下了浓墨重彩的一笔！有217名同学光荣地加入了中国共产党，713名同学在各类省级及以上竞赛中获奖，2479名同学获评校级及以上三好学生、优秀学生干部、优秀毕业生等。还有更多的成长和进步是无法用奖项来量化的，你们不负青春，成就了自我，也让苏职大变得更好，母校由衷地为你们感到高兴和骄傲！

当前，我们正处在一个快速变化的世界之中，疫情改变了我们的学习和生活，也带给我们太多的思考与感悟。但无论时代如何变迁，苏职大“成就师生”的初心使命没有变，“勤勇忠信”的精神内核不会变。生逢盛世、何其有幸，不负时代、你我之责。在你们即将奔赴山海、逐梦千里之际，我有几点希望，与你们共勉！

一、坚定理想信念，做人生的追光者

坚定的理想信念是我们克服困难、不断从一个胜利走向另一个胜利的法宝。追随信仰之光，内心才够厚重，人生才有方向。希望同学们立志民族复兴，以信仰之光照亮前行之路，忠实践行“请党放心　强国有我”的青春誓言。在身份角色的转换过程中，牢记时代赋予的使命，传承红色基因、胸怀“国之大者”，拓展人生格局，将个人奋斗的“小目标”融入党和国家的“大蓝图”，把工作实绩写在祖国大地上，在青春的赛道上跑出新时代青年的优异成绩，矢志追求更有高度、更有境界、更有品位的人生。

二、坚守工匠精神，做时代的奋斗者

奋斗创造历史，实干成就未来。希望你们始终保持昂扬的奋斗姿态，用汗水浇灌收获，以实干笃定前行，磨炼意志、提升本领、服务人民。同时，无论将来从事什么职业，工匠精神都应当成为你们的价值追求。只有以“干一行专一行”的精益求精，“偏毫厘不敢安”的一丝不苟，才能在平凡岗位上干出不平凡的业绩，让你在职业生涯的发展道路上走得更长久。

三、坚持守正创新，做自己的孤勇者

志不求易、事不避难，唯有刚毅执着、担当有为，才能创造卓越未来。此去经年，前路漫漫，你们或多或少都会产生一些迷茫和困惑，一时看不见诗和远方。但就像最近特别火的那首歌《孤勇者》里唱的：“谁说污泥满身的不算英雄？”“谁说站在光里的才算英雄？”所有不凡都来自平凡中勇敢的改变，孤独之前是迷茫，孤独之后便是成长。希望同学们以踔厉奋发的姿态迎接每一轮朝阳，坚持守正创新，不驰于空想、不骛于虚声，面对强大的对手、实现远大的目标，要善于“结硬寨、打呆仗”，敢于当“笨小孩”，一步一个脚印地朝着梦想的方向前进。

各位同学，习近平总书记在庆祝中国共产主义共青团成立100周年大会上的讲话中说：“时代各有不同，青春一脉相承。”如今，历史的接力棒交到你们手里，梦想之舟在石湖之畔解缆，向着星辰大海乘风破浪。从今天开始，你们的身份将从“最资深”的苏职大学生转变为“最年轻”的苏职大校友。但请大家记住，苏职大永远是你们温暖的港湾。在此，我向各位同学承诺，往后任何一届毕业典礼，你们都有参加的特权，随时欢迎大家回母校看看！

最后，衷心祝愿各位2022届毕业生梦想成真，前程似锦！愿你们活成自己想要的模样！

谢谢大家！

校党委书记钮雪林在2022年上半年离退休老同志情况通报会上的讲话

2022年6月29日

各位老领导、老同志：

大家上午好！

今天，我们在这里欢聚一堂，召开离退休老同志通气会，通报学校近期工作情况，听取大家对学校建设发展的意见和建议。按照学校的优良传统，我们每年要召开两次离退休老同志座谈会，这也是请老同志进一步参与学校的改革和发展的重要途径。看到各位老领导、老同志个个精神焕发、神采奕奕，我感到非常高兴。在这里，首先要向一直以来关心、支持学校事业发展的老领导、老同志致以崇高的敬意和衷心的感谢！

2022年是党的二十大、学校第三次党代会的召开之年，是全面落实省、市党代会部署的开局之年，也是学校跨过“培育”门槛建设江苏省中国特色高水平高职学校的决胜之年。2022年学校以习近平新时代中国特色社会主义思想为指导，确定切实维护校园全面安全稳定，着力推进政治建设高品质、奋力提进内涵发展高质量、聚力拓进社会服务高贡献的“一稳三进”工作总要求，统筹抓好疫情防控和事业发展，持续增强办学活力和核心竞争力，办好政府满意、社会满意、师生满意的教育，以优异的成绩迎接党的二十大和学校第三次党代会的顺利召开。下面我就2022年上半年工作，向在座的老领导和老同志做一个简要汇报。

一、强化政治建设，突出党委全面领导

坚持政治引领，加强思想理论武装。学校深入学习贯彻习近平总书记重要讲话指示精神，认真落实党中央和省委、市委决策部署，推动党史学习教育常态化、长效化，进一步加强爱党、爱国、爱社会主义教育，制定《苏州市职业大学“青春献礼二十大，强国有我新征程”迎接学习宣传党的二十大主题宣传教育活动工作方案》，明确把迎接党的二十大、学习宣传贯彻党的二十大精神作为贯穿全年的重大政治任务，营造良好氛围。2022年上半年，党委理论学习中心组组织6次集中学习，围绕习近平总书记系列重要讲话精神、全国两会精神、迎接学习宣传党的二十大主题宣传教育活动、《职业教育法》等重要主题开展学习研讨。

坚持党建创新，突出多方融合发展。持续推进“校内校外共结对，融合党建育英才”活动，拓展党建与教学、科研、管理、社会服务等方面融合的深度和广度。积极发挥“先锋论坛”、“追随者号”理论学习社团等品牌效应，持续开展优秀党日活动评选示范“基层党组织书记工作室”建设、基层党务工作者能力提升计划和教师党支部书记“双带头人”培育工程，以“党徽亮、先锋强”活动为抓手，切实提升服务师生实效，进一步激发党建发展活力。

坚持思政育人，推进特色品牌工作。制订“苏州市职业大学2022年思想政治工作主要任务清单”，召开思政工作年会，加强工作落实、考核。推动“三全育人”综合改革，开展以社会主义核心价值观为引领的“行走中的思政教育”实践活动，持续打造“思政金课”。发挥“数字化思政沉浸式交互体验中心”、33个“数字化宣传思政融媒学习驿站”等的作用，推动数字化思政教育创新发展。学校获2019—2021年度江苏省文明校园称号。

坚持严格管理，统筹抓好疫情防控与事业发展。学校党委一贯高度重视校园新冠疫情防控工作，将师生员工生命健康放在首位，把学期末放假前、暑假放假期间、下学期开学之前、开学报到之时、开学报到之后等各个环节常态化疫情防控进行无缝衔接、统筹部署。特别是2022年上半年苏州连续突发疫情，学校党委、行政将防疫工作作为头等大事，主要领导靠前指挥，坚决根据上级要求和疫情态势，提升全校疫情防控等级，暂缓春季线下开学，通过信息化手段，对全校师生员工疫情防控相关信息全部摸清、按时上报，按要求做好在校师生核酸检测等工作，制定应急处置预案，顺利完成3287名“专转本”考生的返苏、隔离、封闭管理、送考、考试、离校等一系列任务。疫情防控

期间，我们很多老同志也积极参加社区的防疫志愿活动，这都彰显了苏职大人的凝聚力和责任担当。

二、聚焦内涵建设，提升人才培养质量

着力实施2022专业数字化改造融合化转型发展重点建设年工程。学校紧密对接苏州数字经济产业发展态势，积极筹备推进数字经济相关新专业的设置，并对现有专业进行整合归并、升级改造、融合转型，将人才培养链与产业创新链更好地对接起来。依托重点建设年工程，加强专业群建设，推行专业群“集群”管理模式。加强省级、校级品牌专业、高水平骨干专业建设，提高示范带动能力。江苏省高等职业教育产教融合集成平台“智能+高端装备制造产教融合集成平台”建设项目通过省教育厅中期检查。

着力提升教育教学质量。实施“互联网+教学”，探索“教、学、做、研”一体化，深化“三教”改革。上半年立项校教育教学改革项目35项，其中重点项目5项、一般项目30项，含课程思政专项教改课题15项。申报推荐苏州市教育教学成果奖3项。由于疫情，今年上半年实施全程线上教学，通过学校两轮的检查反馈，学生在教学平台的签到率达100%，教学质量持续提升。

着力培育优质教学资源。充分发挥国家级职业教育智能控制技术专业教学资源库服务师生、服务社会、服务企业的作用，推进人工智能技术应用专业教学资源库建设，2门课程入选国家智慧教育公共服务平台，逐步形成国、省、校三级课程资源的共享体系。打造优质教材，7部教材获批江苏省“十四五”职业教育规划教材，其中3部教材入围“十四五”首批职业教育国家规划教材江苏推荐项目。

着力提高师生竞赛获奖层次。今年学校首次承办江苏省职业院校技能大赛“工业机器人技术与应用”赛项、“大数据技术与应用”赛项，取得圆满成功。打造高水平结构化教师教学创新团队，举办2022年江苏省职业院校教学能力比赛校内选拔赛。加大师生参加比赛的激励力度，目前获得2022年江苏省职业院校技能大赛一等奖7项、二等奖11项、三等奖28项，团体总成绩位居江苏省前列，为历年最佳成绩。其中“工业机器人技术与应用”和“大数据技术与应用”2个赛项将代表江苏省出征国赛。

三、强化激励导向，推动科研服务地方发展

加速建好科研平台创新矩阵。通过修改科研平台管理办法，理顺各级各类平台，进一步夯实市级以上科研平台的建设，对已有38个校级及以上科研平台进行重新认定，激发平台创新活力。启动新一轮校级科研平台建设，整合资源组建交叉学科研究方向，聚焦打造“分布式智慧能源系统平台”，积极申报江苏省发改委工程研究中心。做好大运河（江苏段）文旅融合研究协同创新基地建设的中期考核、吴文化传承与创新研究中心和3C产品智能制造工程技术研究开发中心建设期满的验收准备工作，以高标准平台建设推动高质量研究成果产出。

加速推进成果转移转化。精心组织项目申报，申报国家级项目18项、省部级项目24项、市厅级项目115项、江苏省科学技术奖1项、苏州市重点实验室（苏州市智慧能源技术重点实验室）1项。上半年获得省（部）级项目立项1项，市厅级项目立项41项。重点面向中小企业或与大企业配套进行应用性技术研究，上半年共申请专利59项，其中发明专利30项、实用新型专利28项、外观设计专利1项。学校首次牵头申报并入选公示苏州市首批知识产权运营引导计划项目。

加速增强智力服务地方效能。围绕苏州高质量发展的战略需求，积极参与、承接党委、政府及社会组织的研究课题和服务项目，提供有针对性和操作性的决策咨询建议。今年上半年共刊发建言献策报告19篇，获市委主要领导等批示11篇。继续举办好“智汇苏州”系列学术沙龙活动，围绕苏州文化创意产业、产业经济发展等方面开展研究工作，进行高质量献计献策。持续建好苏州市非遗传承保护研究基地，做好“江南文化发展指数”“苏州市制造业景气指标体系”等研究。

四、搭建多维平台，全力服务师生成长成才

全面提升高层次人才引育力度。学校将每年的5月18日校庆日设定为“教授·博士日”，打造“人在职大尽其才”工作品牌。发挥好“一张表”业绩考核管理平台的作用，实施更加有力的正面激励和负面制约相结合的人才政策，充分激发广大教师的主动性和积极性。2022年上半年共引进各类高层次人才4人，其中正高1人、副高2人、博士2人；柔性引智，选聘客座教授、兼职教授等10人。5人入选省“333高层次人才培养工程”培养对象，其中1人入选第二层次培养对象；1个团队入选省高校“青蓝工程”优秀教学团队，3人入选省高校“青蓝工程”培养对象。加强“双师型”教师队伍建设，新增校企共建“双师型”教师培养培训基地7家，学校与江苏亨通工控安全研究有限公司共建的“‘双师型’教师培养培训基地建设”工作项目入选教育部产学合作协同育人优秀案例三等奖；成功入选省职业教育“双师型”名师工作室立项建设单位1个，省职业教育技艺技能传承创新平台培育单位1个。

全面提升学生工作服务能力。出台加强辅导员队伍能力提升的专项文件，统筹推进辅导员工作室建设，进一步加强辅导员专业化、职业化建设。建设学生管理工作业绩“一张表”信息化系统，积极构建以学工管理、教学服务、社团活动为主要内容的“三位一体”的工作体系。充分发挥学校全国首创大学生抗挫折教育体验馆、苏州市大学生应急救护培训基地的积极有效作用，全力保障学生身心健康。深入推进在苏高校首家志愿者学院建设，开展价值塑造榜样引领教育活动。加强创新创业教育，学校获评全国高职院校创新创业教育100强。提前招生实现报名2552人，录取1551人；全力做好毕业生就业工作。

全面提升校园服务管理品质。学校持续开展法治宣传教育，不断提高依法治教、依法办学、依法治校水平。坚持每年召开教代会，注重民主决策、科学决策。加强财务管理，推进财务信息化建设。进一步加强学校后勤保障服务工作，深化学校网格化管理体系。积极推进2022年度实事工程项目，改善师生学习、生活条件。不断完善管理制度体系建设，积极推动党务、校务信息公开，加强保密、档案、信访工作。提升“一网通办”智慧校园服务质量，强化管理功能信息化建设，并取得明显成效。今年学校入选教育部第一批职业院校数字校园建设试点名单。

五、推动资源共享，积极推进融合开放发展

持续深化产教融合、校地合作。持续深化全方位、全领域、全过程的校地合作，以产教深度融合为方向，推动校地合作扩面、升级、增效。稳步推进苏州市康养产业学院和数字文化企业学院2个产业（企业）学院的建设工作，推进校地“双主体”育人模式。围绕优质产教融合载体建设工程目标，大力推进苏州现代装备制造、现代光电、人工智能3个职教集团的高质量建设，有计划地推进现代光电、人工智能省、市两级示范性职教集团的建设与申报工作。持续推进“一院一镇”项目化合作，进一步在人才培养、科技创新等方面拓宽合作领域。

持续推动继续教育提质增效。紧抓地方产业数字化转型发展机遇，稳步推进学历继续教育健康发展。全面提升社区教育服务水平，建立地域化、系统化、科学化和具有苏州特色的社区教育师资培训体系，提升区域内专兼职教师的科研与综合管理能力。推进游学项目、市民学习苑和老年教育赋能项目，做好省级以上社区教育基地申报工作。积极开展各类公益培训服务和社会考试业务，全面提升服务地方能力。

六、全面从严治党，打造风清气正廉洁校园

扎实做好党风廉政建设工作。学校党委切实压紧压实“两个责任”，年初印发《苏州市职业大学2022年度党风廉政建设工作要点》，认真开展党风廉政建设责任制考核，全面推动校内各级党组织主体责任、领导干部“一岗双责”压力的有效传导。坚持问题导向，抓住重点领域和关键环节进行专项整治，认真做好全面从严治党“两个责任”履责记实平台的实时维护。

扎实做好日常监督管理。在实现学院（部）巡审督查全覆盖基础上开展“回头看”和“再回头看”，进一步深化巡审督查整改和成果运用。制定《苏州市职业大学关于开展整治形式主义官僚主义为基层减负专项行动的实施方案》，上下一体联动，深度推进校、院、系三级党风廉政建设责任制落实。

扎实做好廉政文化教育。建立预防约束的有效机制，把正风肃纪与深化改革、完善制度、促进治理贯通起来，持续有效地开展内容丰富、主题鲜明、形式多样的廉政文化创建活动，深入推进“五个一”廉政文化教育工程，发挥况钟研究会作用，将吴地廉政文化元素有效融入

江南廉洁文化建设过程，构建多位一体的校园廉政教育一体化新格局。

七、完善离退休工作，进一步提高服务能力

2022年上半年，学校继续认真落实离退休干部政治、生活待遇，平稳有序地推进离退休干部工作开展。按时召开学校工作情况通报会，1月份邀请离休干部、老领导、专家劳模们参观学校电梯实训基地、自动化学院、云计算与大数据实训室等现场教学点。上半年邀请老领导参加新一届党委、行政及纪委领导班子的换届考察大会和2022年教代会，就学校各项工作的开展向老领导征询意见。积极推进离退休干部党支部建设，坚持走访慰问制度，关心离退休老同志疫情防控期间的健康、生活情况，构筑全校离退休人员疫情防控安全防线。加强活动中心建设，开设绘画、舞蹈线上课程，为老年大学线下课程的开班做好准备工作。对干将路校区老年活动中心内活动室、会议室、教室及公共区域进行环境卫生大扫除和消毒杀菌，做好恢复开放工作。

各位老领导、老同志，以上是学校上半年主要工作情况，在下一阶段工作中，学校将一如既往地做好离退休老同志工作，努力提升服务水平，珍惜老同志们的热情和智慧。继续统筹好疫情防控和事业发展，开好学校第三次党代会，全力以赴实现学校各项事业更高质量发展、更高水平拓进。老同志是学校的宝贵财富，衷心希望各位老领导、老同志，能够在保重身体、保持健康的前提下，继续发挥好参谋作用，为学校发展增添力量；继续发挥好纽带作用，关注学校大局，引领群众知晓、理解和支持学校工作；继续发挥好监督作用，促进我们各项工作的高质量、高效率开展。

真诚祝愿老领导、老同志身体健康、平安快乐、阖家幸福！谢谢大家！

校党委书记钮雪林在庆祝中国共产党成立101周年暨第十六届“先锋论坛”总结表彰大会上的讲话

2022年6月29日

同志们：

今天，我们召开会议，共同庆祝中国共产党成立101周年，总结学校第十六届“先锋论坛”活动，表彰2021年度学校优秀共产党员，为示范“基层党组织书记工作室”、“双带头人”教师党支部书记工作室、“党员先锋示范岗”等授牌，还聆听了照片背后感人的战“疫”故事，再次感受全校师生绽放战“疫”青春、彰显使命担当的精神力量，极大鼓舞了我们职大人干事创业的昂扬斗志。在此，我代表学校党委，向辛勤工作在教学、科研、管理、服务等各条战线上的全体党员，致以节日问候。借此机会，我讲几点意见。

一、加强组织建设，不断夯实基层党建坚强堡垒

一要扎实推进基层党组织建设。基层党组织是党的全部工作和战斗力的基础，具有党建带群建的优势。我们经常讲“基础不牢、地动山摇”，必须充分认识加强学校基层党建工作的重要意义，贯彻落实新时代高校党建工作总要求，在思想上高度重视，在工作上统筹谋划，在实践中创新探索，推进实施“党建+育人”模式，凝聚“向心力”，汇聚“精气神”，切实提高党组织的凝聚力和战斗力。

二要全面提升党员素质。持续推进党支部书记“双带头人”培育工程，建设高素质党务工作队伍。继续深入实施融合党建工作和“党徽亮、先锋强”活动，引导教师党员带头投身教育创新实践，不断提高业务能力和教育教学质量，始终保持创新争先、创优争光的精神状态。提高党员发展质量，加强培训教育管理，广泛开展服务实践活动，教育引导大学生党员坚定理想信念，练就过硬本领，锤炼高尚品格。

三要切实落实管党治党主体责任。学校各级党组织和党员领导干部要把管党、治党责任切实放在心上、扛在肩上、抓在手上，大力开展整治形式主义、官僚主义为基层减负专项行动，坚持以问题为导向，着力提升党建工作成效。广大党务工作者要积极履职尽责，不断提高工作能力水平，把全面从严治党各项工作落细、落实、落到位，共同营造风清气正的校园政治生态。

二、坚持思想引领，显著增强奋发向上的精神动力

一要提高政治站位，抓好思想政治工作。高校思想政治工作是一项战略工程、固本工程、铸魂工程。习近平总书记强调，思想上松一寸，行动上就会散一尺。青年是祖国的未来、民族的希望，高校作为青年人才集聚地，发挥着吸收新鲜血液的重要作用。要旗帜鲜明讲政治，落实好学校“思想政治工作主要任务清单”，用好思政理论课的课堂教学主渠道，创建融合团队，推动数字思政创新，提升思想政治教育的亲和力和针对性，坚持不懈传播马克思主义理论，弘扬社会主义核心价值观，培育优良党风、校风、教风、学风和作风，造就社会主义的建设者和接班人，确保学校办学的正确方向。

二要增强阵地意识，加强意识形态工作。要牢牢把握意识形态工作的领导权和主动权，着力构建意识形态建设的有效载体，以“学习强国”学习平台、我校的“宣传思政融媒驿站”以及各类新媒体建设为抓手，教育引导广大师生坚持和捍卫“两个确立”，树牢“四个意识”，坚定“四个自信”，坚决做到“两个维护”，始终在思想上、政治上、行动上同党中央保持高度一致，将维护好社会主义意识形态的安全稳定贯穿于人才培养、科学研究、社会服务和文化传承的全过程，做到守土有责、守土负责、守土尽责。

三要强化以文化人，落实立德树人任务。高等教育是一项神圣的事业，高校立身之本在于立德树人。要切实解决好“培养什么人”“如何培养人”以及“为谁培养人”这一社会主义教育

事业的根本问题，把立德树人作为中心环节，把思想工作贯穿教育教学全过程，把人才培养作为工作重点，围绕学生、关心学生、服务学生，努力实现全员育人、全过程育人、全方位育人。要依托苏州深厚的吴地文化积淀，推进“吴文化园当代传承馆”建设，发挥苏州“三大法宝”作用，讲好校史红色人物故事，进一步激发广大师生的革命斗志和进取精神。

三、凝聚智慧力量，充分激发推动学校发展的合力

一要深入开展迎接学习宣传党的二十大主题宣传教育活动。今年是党的二十大召开的重要之年，学校明确把迎接党的二十大、学习宣传贯彻党的二十大精神作为贯穿全年的重大政治任务。要组织开展好“青春献礼二十大，强国有我新征程”“喜迎二十大、永远跟党走、奋进新征程”“小我融入大我，青春献给祖国”“党的二十大和我的人生路”等系列教育活动，做到师生全覆盖。要将喜迎党的二十大与学校第三次党代会相关工作结合起来，激励全校师生攻坚克难、开拓奋进，用实际行动不断推动学校更高质量发展、更高水平拓进。

二要持续加强党建引领群团建设。抓好中国共产主义共青团成立100周年契机，以党建引领共青团和青年工作实现新发展。采取灵活形式，办好才艺大赛、主持人大赛、社团巡礼等学生活动。以实施“第二课堂”成绩单制度为牵引，加强班团文化、社团文化建设，打造丰富多彩的校园文化。以志愿者学院为载体，持续开展大学生志愿服务乡村振兴计划、暑期“三下乡”、“返家乡”等社会实践和志愿服务。组织青年学生表彰、“中国大学生自强之星”等评选，选树青年先进典型，构建多层次、多维度的青春榜样引领体系，切实发挥榜样示范效应，激励青年努力成为堪当民族复兴重任的时代新人。

三要积极打造党建工作品牌。这些年学校在党建工作方面创造了一些有特色、有成效的经验和做法。要持续推进“校内校外共结对，融合党建育英才”活动，拓展党建与教学、科研、管理、社会服务等方面融合的深度和广度。积极发挥“先锋论坛”“追随者号”等“党建+特色工作”品牌效应，开展党建“一院一品”建设，遴选新一批“行动支部”，评选“优秀党日活动”，推动党建工作实现“学校有品牌、学院有特色、支部有项目”。要逐步把好的做法和经验上升为机制创新的优势，用制度巩固成功经验，用制度规范各项工作。

会后，希望大家进一步统一思想、凝神聚力，增强责任感、使命感，强化党建引领，积极担当作为，统筹抓好事业发展和疫情防控各项工作，推动党的建设事业和学校建设事业更好、更快发展，以优异成绩迎接党的二十大和学校第三次党代会的顺利召开！

谢谢大家。

校长曹毓民在老科协、人大常委会领导到校调研时关于苏州市职业大学工作情况汇报

2022年8月6日

尊敬的齐会长、李会长、刘会长，各位领导、各位来宾：

七夕刚过，立秋将至，夏长秋收，万物荣华。今天我们满怀喜悦之情，迎来了老科协和人大常委会的各位领导到我校调研指导。首先，我代表苏州市职业大学全体教职员工，向各位领导、各位来宾表示热烈的欢迎和衷心的感谢！

苏州市职业大学前身为创办于1911年的苏州工业专科学校和创办于1912年的江苏省立第二女子师范学校，至今已有110多年的办学历史。在我校知名学者校友中，有7名院士。

创设了我校前身苏工专的建筑科、中科院院士、与梁思成并称“南刘北梁”的建筑学家刘敦桢；在苏工专就读，之后考入清华大学的中科院院士、物理化学家张大煜；考入清华大学的中科院院士、化学工程学家时钧；在苏州女师就读，之后考入清华大学并担任过清华大学学术委员会主任的中国工程院院士钱易；中科院院士、数学家程民德；中国工程院院士、通信系统工程专家陈太一；中科院外籍院士、核物理学家吴健雄，他们都是我校校友。

值得一提的是，清华大学钱易院士的姨甥女顾梅老师在我校任教，其亦为国学大师钱穆先生后人。2011年，我校顾梅老师家庭成功入选首批全国教育世家，江苏共有5个家庭入选。

院士校友激励着全校教师和学生，践行“勤勇忠信”校训，努力奋进、积极拼搏、争创一流！

学校现有石湖、干将路、澶山和吏舍弄4个校区，占地面积1262余亩；设有12个学院（部），包括理工、文史、艺术、师范、体育等科类共51个专业，普通全日制在校生1.5万余名，专任教师812名，其中正高职称者80名、副高以上职称者395名，具有硕士以上学位的教师占专任教师的82%。学校连续获评江苏省文明单位（校园），连续入选中国高等职业院校教学资源50强、中国职业院校智慧校园50强，获国家级节约型公共机构示范单位、首批全国高职院校“创新创业100强”、首批江苏省平安校园建设示范高校、省智慧校园示范学校、省红十字示范学校等荣誉称号。近年来，学校在科技创新、服务地方、国际交流等方面持续发力，取得了显著成效。

一、以打造标志性成果为导向，高质量提升科研能力

一是科技创新载体建设有新发展。学校党委高度重视科技创新，把这项工作放在学校发展全局谋划，抓住苏州打造先进制造业基地和产业科技创新高地的机遇，扎实开展科技创新重点建设年工程，充分发挥科技创新矩阵功能倍增作用，收到良好效果。5年来学校获批国家级平台2项：智能制造共享创新服务平台获批教育部协同创新中心，太湖众创获批国家级大学生众创空间备案；获批省级平台3项：吴文化传承与创新研究中心获批江苏省高校哲学社会科学重点建设基地，3C产品智能制造获批江苏高职院校工程技术研究开发中心，大运河（江苏段）文旅融合研究协同创新基地获批江苏省高职院校社科应用研究协同创新基地。吴文化园、苏州市大学生应急救护培训基地、绿色新能源科普园获批苏州市科普基地。与行业协会、学会联建平台9个。

二是科研成果获奖有新突破。5年来学校立项主持国家社会科学基金项目2项，参与国家自然科学基金项目2项，立项省部级科研项目22项、市厅级科研项目316项。对比近3年国家社科基金项目全国高职院校立项情况，我校是江苏省高职院校中唯一立项2项的学校。学校获得省部级综合性成果奖5项，市级科研奖项99项。其中，科研成果“中小功率光伏逆变电源系统关键技术及应用”获2018年度江苏省科学技术二等奖，学校合作项目“低场核磁共振技术在食品快速检测中的创新应用及系统开发”获2021年度江苏省科学技术一等奖；学术著作《园冶多维探析》（上、下卷）获江苏省第十五届哲学社会科学优秀成果二等奖。

三是科研服务地方产出有新成效。学校号

召广大教师将论文写在苏州大地上，把科研成果根植在苏州土壤中，学校的科研服务水平走在全国同类高校前列。5年来授权发明专利219项、实用新型626项，实现知识产权成果转化82项，发明专利较上一个5年增长了12.3%。学校积极落实国家关于“职业院校实施学历教育与培训并举的法定职责”政策要求，社会培训和横向技术服务项目、到账金额均大幅提升，实现历史性突破。推动文化传承基地、科普教育基地、职业体验中心等面向社会开展公益培训，获批苏州市非物质文化遗产分类保护示范基地。

二、以强化校地全面合作为重点，高质量服务地方发展

一是突出两种资源循环共享促进发展。学校党委积极落实党中央关于资源“开放共享”的新发展理念、“双循环”的新发展格局要求，推动校内资源与校外地方资源循环共享、互用互利、实现双赢。将产教融合、校企合作提升到“全方位、全领域、全过程”的校地全面合作，同市级机关、区镇政府、院校单位、科研机构、行业组织、各类企业等推行广泛合作，组建“双主体”融合型教学团队，共创协同创新中心，共建实验实训室，资源循环共享的领域越来越宽广，取得的成效越来越明显。目前学校与苏州市级机关近20个部门、2个区级政府、20个镇（街道）、554家企业进行合作，与全国的大院大所合作项目达10个。

二是突出校地协同育人体系建设。注重提升职业教育服务地方发展的贡献度，致力于培养“高品德、高技能、高适应”技术技能人才队伍。学校牵头组建了现代装备制造、现代光电、人工智能等3家市级职业教育集团，建设企业（产业）学院24个。积极探索和开展现代学徒制、工学交替、双元制、订单式等培养模式，根据企业、产业的需求，为学生定制个性化的教育目标、教育计划、教育培训方法、辅导方案。5年来开设现代学徒制班24个、订单班182个，联合培养学生共6438人；新增校企合作开发课程402门，校企合作开发教材263部。电梯订单班项目入选2020年中国高等教育博览会“校企合作 双百计划”典型案例。

三是突出与地方发展同频共振。在苏州高校中首次发布服务地方发展资源清单，向社会提供“菜单式”和“定制化”服务。顺应苏州地方经济发展需要，成立苏州数字经济产业研究院、江南文化研究院、财政绩效评价中心等，在智能制造、人工智能、丝绸技术、区块链、大运河文化建设、吴文化研究和财税绩效评估等领域进行重点攻关并形成突破，服务“苏州制造”和“江南文化”品牌建设。设立了在全国高职院校中不多见的经民政局注册的新型智库（苏州石湖智库），为苏州发展献计献策，自2018年成立以来共发表决策咨询报告138篇，获省、市领导肯定性批示47篇，入选苏州市首批新型智库。2021年，苏州石湖智库与国家级智库——南京大学长江产业经济研究院开展合作，成立了苏州研究中心，为打造长三角一体化发展新高地、加快构建现代产业体系、增创对外开放新优势等提供强大支持和高效服务。

三、以拓展国际交流为窗口，高质量构筑开放办学格局

一是主动融入“一带一路”。注重多领域加强对外合作交流，不断加大融入国家教育对外开放和江苏经济国际化的步伐，持续拓展国际化办学能力。学校与巴基斯坦基尔吉特地区教育厅合作共建中巴经济走廊文化交流中心，得到了外交部、国务院新闻办的肯定支持。大力开展南非大学生实习实训项目，入选江苏省外国留学生优才计划高技能人才项目，南非高教部工业和制造业培训署授予我校“南非高技能人才培养示范基地”称号。牵头成立东南亚产教融合联盟，并当选理事长单位。5年来累计培养中外合作办学学生1100余人，全日制一年期以上留学生300余人。

二是积极打造国际交流品牌亮点。学校与亨通集团、南非开普敦学院、南非中国文化和国际教育交流中心四方合作共建“南非亨通智能制造学院”，开展南非技能人才培养和苏州“走出去”企业海外员工培训。创新开展中外合作办学项目，学校与澳大利亚启思蒙学院合办的机电一体化技术、会计专业是江苏省中外合作办学高水平示范性建设工程项目；机电一体化技术、电气自动化技术专业是江苏省高校国际化人才培养品牌专业；先进制造技术国际化人才培养项目是江苏省外国留学生优才计划高技能人才培养项目；入选教育部中外人文交流中心首批智能制造领域中外人文交流人才培养基地项目。3个办学案例入选《江苏高等职业教育质量年度报告》。对外输出职业教育课程等资源50件。

三是大力开展文化育人。文化育人不仅体现在让留学生了解中国的基本国情和文化，而且体现在通过课程思政建设让学生体会专业课程中蕴含的中国元素，以及让学生走进“走出去”企业，在学习中国最新科技成果和生产技术的同时，切身感受企业文化和企业精神。学校为留学生开设“中国文化概况”“吴文化”“文化体验”等课程，依托吴文化园和校地合作企业，帮助留学生更好感知中国，了解苏州，让来华留学生成为中外人文交流的重要使者。近年来，学校组织留学生参加教育部“留动中国——在华留学生阳光运动文化之旅”、iCity在苏州国际友人才艺盛典、“阅读非遗——文化之旅”等100余项活动，学生获校级以上荣誉60余项。

各位领导、各位来宾，今天大家到我校调研指导，对我们既是一种鼓励，更是一种鞭策。同时也要感谢苏州市老科协发挥技能优势和经验优势，多年来对我校科技工作进行指导，营造科技创新浓厚氛围。市老科协的办公地点就设在我校干将路校区，学校有很多教授，例如我们以前分管科技工作的姜左副校长，他退休后热心于苏州老科协工作，还有以学校二级教授、著名丝绸科技与文化研究专家李世超教授为代表的很多老师，都积极投身老科协工作，在促进科技人才成长进步、搭建学术交流平台、服务经济社会发展等方面继续发挥力量。这是学校的优良传统。我们将继续发扬光大，通过多种途径为地方发展贡献力量，也诚挚欢迎各位领导、来宾今后常来我校做客，指导学校工作。

祝各位领导、各位来宾工作顺利、身体健康，阖家欢乐！谢谢大家！

校党委书记曹毓民在2022年教师节庆祝大会上的讲话

2022年9月9日

各位老师、同学，同志们：

今天我们欢聚一堂，共同庆祝第38个教师节。刚才，温校长做了热情洋溢的教师节致辞，我们为（省“333高层次人才培养工程”、省双创人才、省高校“青蓝工程”培养对象、省职业教育“双师型”名师工作室、省技艺技能传承创新平台培育单位、市优秀教育工作者等）取得优异成绩的教师、单位颁发了证书，对“双师型”教师培养培训基地进行了授牌，观看了相关视频，各位老师、同学都做了很好的发言。在此，我代表学校党委、行政向受到表彰的各位老师表示热烈的祝贺！向辛勤耕耘在教学、科研一线的全体教师，向默默奉献在各个岗位上的工作人员，致以节日的祝福和崇高的敬意！

习近平总书记指出：“一个人遇到好老师是人生的幸运，一个学校拥有好老师是学校的光荣，一个民族源源不断涌现出一批又一批好老师则是民族的希望。”国以人立，教以人兴，有好老师才有好学校，可以说，学校的事业发展，基础在老师，主体是老师，关键还要靠老师。今天参加会议的老师，都是我们学校的中流砥柱，借此机会，我提四点希望：

一、坚持立德树人，践行“为党育人、为国育才”的初心使命

立德树人是高校的立身之本。今年，习近平总书记在庆祝中国共产主义青年团成立100周年大会上指出：“要立足党的事业后继有人这一根本大计，牢牢把握培养社会主义建设者和接班人这个根本任务，引导广大青年在思想洗礼、在实践锻造中不断增强做中国人的志气、骨气、底气，让革命薪火代代相传！”

我们要牢牢守住“为谁培养人、培养什么人、怎样培养人”的初心和立场，把迎接党的二十大、学习宣传贯彻党的二十大精神作为重大政治任务，进一步推动习近平新时代中国特色社会主义思想进教材、进课堂、进头脑，将社会主义核心价值观融入教育教学全过程，不断推进思政课程和课程思政建设，切实担当为党育人、为国育才的光荣使命，教育引导广大学生扣好人生的第一颗“扣子”，坚定理想信念，增强“四个自信”，在全面建设社会主义现代化国家新征程中勇当开路先锋、争当事业闯将，培养德、智、体、美、劳全面发展的社会主义建设者和接班人。

二、涵养师德师风，秉持“学为人师、行为世范”的高尚品格

教师的师德师风深刻而持久地影响着青年学生，对学生人格塑造、成长成才起着至关重要的作用。教师是崇高的职业，教育是崇高的事业，老师应当学为人师，行为世范。一名好的教师应该带头弘扬社会主义道德和中华民族传统美德，坚持教书和育人相统一、言传和身教相统一、潜心问道和关注社会相统一、学术自由和学术规范相统一，以身作则、以德立身、以德施教；一名好的教师应该有高尚的情操和深厚的修养，面对是非、曲直、善恶、得失等问题时，心中有原则，坚守人格底线，守望精神家园；一名好的教师应该把教好书、育好人作为自己的责任和追求，把心放在学生身上，把根扎在三尺讲台，把责任落实到平凡、普通、细微的教学与管理之中，为广大学生铸就圆梦基石。

多年来，学校高度重视师德师风建设工作，坚持将师德师风建设贯穿于教师职业生涯发展全过程，呈现出了良好态势。前不久，由中央文明办组织开展的2022年第二季度“中国好人榜”揭晓，我校1996级校友黄萍榜上有名。回想起美好的求学生涯，她由衷地表示：“学校培养了我，为我播下了爱的种子。”教师的工作是塑造灵魂、塑造生命、塑造新人，希望我们每一位老师都能以自己的人格魅力影响学生，以“勤勇忠信”的校训精神为学生埋下理想和爱的种子，真正成为学生为学修身的楷模。

三、努力勤修内功，保持“学而不厌、诲人不倦”的进取精神

习近平总书记指出，在信息时代做好老师，自己所知道的必须大大超过要教给学生的范围，不仅要有胜任教学的专业知识，还要有广博的通用知识和宽阔的胸怀视野。过去我们说，要给学生一碗水，教师要有一桶水，现在看，这个要求已经不够，要给学生一碗水，教师应该要有一方江河湖海。知识储备不足、视野不宽，就会影响到教学科研的效果。我们每个人都要牢固树立崇尚知识、终身学习的理念，培养较强的自我更新、自我换血能力，潜心钻研业务，勇于探索创新，不断提高专业素养和教育教学水平。

今年是学校的专业数字化改造融合化转型发展重点建设年，我们要积极响应苏州市数字经济时代产业创新集群发展要求，充分发挥人才、团队在重点建设年中的关键作用，将人才培养链与产业创新链更好地对接起来，全面增强社会服务能力。我们期待广大教师紧扣标志性成果和关键性指标，主动作为、大显身手，在教书育人、校地合作、服务社会中实现个人与学校的不断成长和发展。

四、提升荣校意识，激发“校兴有我，校强在我”的责任担当

学校是我们学习工作、幸福生活的港湾，是我们挥洒汗水、收获希望的家园。学校的一草一木、一砖一瓦都需要我们悉心呵护，学校的发展成果和社会声誉都需要我们倍加珍惜。今年是全面落实省、市党代会部署的开局之年，也是学校跨过“培育”门槛、建设江苏省中国特色高水平高职学校的决胜之年。党的二十大将在10月16日召开，学校第三次党代会将在9月26日召开，时间很紧，任务很重，要求很高，意义很大。今年上半年，在苏州抗击新冠肺炎疫情的阻击战中，我们全校上下勠力同心，合力完成了2019级3000多名学生返校“专转本”考试工作，充分彰显了学校各级党组织和广大党员的战斗堡垒和先锋模范作用，展示了广大教职员工携手同心、无私奉献的抗疫精神和奋进力量，集中展现出了苏职大人的担当与风采。

老师们、同志们，广大教职员工的创新智慧、实干担当，是学校发展的源头活水和坚强保证。我们要牢固树立爱校、荣校意识，做到“校兴有我，校强在我”，以良好业绩，落实到兴校、强校的具体行动之中。学校党委、行政将多措并举、精准施策，坚持立足成就教师，为广大教师提供更好、更优的工作条件和发展平台，进一步推动学校内涵式高质量发展。让我们凝心聚力，同向同行，以优异的成绩迎接党的二十大和学校第三次党代会胜利召开！

最后，我代表学校党委、行政，再次向在座的各位老师，并通过你们向全校教职员工表示最衷心的节日祝贺，祝大家身体健康、工作顺利、家庭和美，祝大家节日愉快！

谢谢大家！

校长温贻芳在2022级新生开学典礼上的讲话

2022年9月14日

各位领导、各位老师，亲爱的2022级同学们：

大家上午好！

暑退九霄净，秋澄万景清。在这个晨曦染露、银杏渐黄的美好季节，我们满怀喜悦地迎来了苏州市职业大学2022级4860名新同学。首先，请允许我代表全校教职员工向你们表示热烈的欢迎和衷心的祝贺！向支持你们成长成才的父母、师长和亲友，表示诚挚的感谢和崇高的敬意！

2022年是不平凡的一年，我们见证了盛大的北京冬奥，感受到了国际局势的风云变幻。同时，新冠疫情也深深地影响了你我的生活。上半年的苏州就刚刚经历了一场与新冠病毒的艰苦遭遇战，因此，学校上半年没有安排线下返校开学。偌大的校园没有了同学们，变得十分寂寥。但是，难熬的酷暑终究离我们远去，伴随着你们的到来，苏职大再次恢复了完整阵容，校园里重新洋溢起盎然的生机，处处闪烁着青春的光芒。今年的新生报到环节，你们要经历严格的健康监控，父母也无法在送你们报到时停留太久。但这正是你们成为大学生后，迈向独立的第一步，希望每一位同学尽快适应身份的转变，迅速融入大学的学习生活中。

苏州市职业大学是一所历史悠久的大专院校，学校的前身可以追溯到创办于1911年的苏州工业专科学校，是一所名副其实的“百年老校”，就在去年，学校刚刚迎来了办学110周年校庆。110多年来，从我们学校走出了众多的国家栋梁，其中有我们党的早期主要领导人之一的秦邦宪，有著名建筑学家刘敦桢，有《中国少年先锋队队歌》的作曲者、著名“红色音乐家”寄明，还有世界著名物理学家吴健雄，他们为中华民族的崛起做出了不可磨灭的卓越贡献。改革开放后，苏职大为苏州的发展培养了大批优秀人才，他们中很多人成长为各行各业的精英。近年来，学校在高质量发展的新征程上取得了丰硕成果，办学条件也更加优越。学校先后获得江苏省文明校园、江苏省平安校园建设示范高校、江苏省智慧校园示范校、江苏省红十字示范学校等一系列荣誉，连续获评中国高等职业院校教学资源50强、中国职业院校智慧校园50强、中国高校产教融合50强、全国高职院校“创新创业100强”，入选江苏省中国特色高水平高职学校培育单位。应当说，无论是物质条件还是精神文明，苏职大都为大家提供了丰富的资源，就像一份珍贵的宝藏，等待着你们在未来3年里去深入挖掘。

青春孕育无限希望，青年创造美好未来。习近平总书记寄语大家要在青春的赛道上奋力奔跑，争取跑出当代青年的最好成绩。生逢其时，重任在肩，我们要接过一代代苏职大人赓续奋斗的接力棒，既要做“勤勇忠信”的职大学子，更要成为堪当重任的时代新人。借此机会，我想对同学们提几点希望：

一是期望你们常怀奋进之心，将“小我”融入“大我”，成为胸怀家国的苏职大人。

“大学之道，在明明德，在亲民，在止于至善。”作为大学培养的时代新人，首要的就是“明德立志”，把学习的目标和民族复兴的伟大目标结合起来，勇担“为中华崛起而读书、为民族复兴而学习”的使命，才能成长为有识有志、有恒有为的国之栋梁。对于个人来说，读书仍然是改变命运的有力途径。就像感动中国年度人物、七一勋章获得者张桂梅老师，她十几年如一日的奉献和付出，让众多来自贫困山区的女孩获得了接受教育的机会，能够走出大山，改变自己的人生。一个个女孩从张桂梅身上汲取精神力量、展翅高飞，考上了心仪的大学，走上了理想的工作岗位，在建设祖国的各条战线施展才华。对于各位同学来说，能够来到苏州这座人杰地灵的城市，来到苏职大接受高等教育，这是非常值得大家珍惜的人生际遇。希望同学们将家国情怀和人生理想转化为大学里自觉学习的动力，擘画大有可为的人生新篇章。

二是期望你们永葆奋斗之姿，将“技术”融入“技能”，成为技能报国的苏职大人。

苏职大是一所高等职业院校，这意味着在未来的3年里，你们将开始专业学习，接受职业教育，除了学习知识，还要掌握技能。因此，无论同学们将来是否有进一步提升学历的打算，都希望大家能正确认识职业教育，树立应有的信心。大力发展职业教育，是党中央做出的重要决策部署，新《职业教育法》明确职业教育是与普通教育具有同等重要地位的教育类型。职业教育有很多特点和优势，特别是在培养技术技能、促进就业创业方面。教育部数据表明，近10年来高职学生就业率均超90%，高于普通高校就业率的平均值。这是因为职业教育培养人才的针对性强，特别是通过深度产教融合、校企合作，按照企业岗位的要求精准培养人才，所以我们的毕业生深受企业的欢迎，实现了高质量的就业。就在不久前，我校同学斩获2022年全国职业院校技能大赛国赛一等奖，实现了历史性的突破，这也是我校同学高水平、高技能素养的重要体现。所以，希望同学们在大学期间，充分利用好学校各类实训实践、创新创业的平台，通过参加各类专业竞赛不断增强自己的眼力、脑力、笔力，在锤炼技术技能的道路上精益求精、追求卓越，成长为一名合格的大国工匠。

三是期望你们砥砺奋发之行，将“专业”融入“事业”，成为筑梦强国的苏职大人。

大学是全新的开始，与中学很不一样。以前是老师教什么就学什么，考试考什么就学什么。而大学的学习更加注重学生的自主性，老师是引路人，重在启发思维，帮你打开一扇门，之后要靠你们自己去探索和实践。因此同学们有了更大的学习自主权，可以根据兴趣去选择深入钻研的方向。大学也不再是“唯分数”，评价也更加多元化。在课堂之外，科研实验、技能竞赛、证书考试、企业实践、创新创业，都是你们展现能力和风采的舞台。这些特点决定了同学们要实现从他律到自律的转变，培养良好的学习习惯。条条大路通罗马，人生有各种各样出彩的机会和途径，就怕没有目标和方向，在躺平中蹉跎了岁月。希望同学们好好思考，3年后走出校门时，你想成为什么样的人？希望在苏职大收获什么？为了实现这些目标，你愿意付出多少的努力？采取什么样的行动？做好生涯规划，怀着一份使命感，把大学的专业学习融入未来的事业中。

同学们，大学的时间说长也长，说短也很短，大家一定要珍惜，把自己的成长和进步放在心上、落在行动上。苏州是一座有着悠久历史和独特文化魅力的城市，值得大家去用心品味。我是今年8月来到苏职大担任校长的，你们是我来到苏职大后迎来的第一批新生，我们有着特别的缘分。在此，我想和各位大一新同学做一个3年的约定，让我们彼此勉励，在各自的角色和岗位上不懈努力，待到3年后，在你们的毕业典礼上送别你们时，我来告诉你们苏职大取得了哪些成绩，你们来告诉我你们获得了哪些成长。

最后，衷心祝福同学们在未来的学习生活中幸福顺利！

谢谢大家！

苏州市职业大学年鉴 2023

校党委书记曹毓民在全校中层干部会议上的讲话

（节选）

2022年9月16日

同志们：

高质量发展考核不仅是衡量学校发展成效和工作水平的重要标志，也是提振教职工精气神、激发干事创业斗志的重要抓手。会后，各部门、各单位要进一步深化认识、凝心聚力，扎实推进下半年工作落实，认真落实综合考核要求，切实把思想和行动统一到学校党委决策部署上来，确保各项工作都取得实实在在的成效，圆满完成今年学校工作任务。一分部署，九分落实，围绕抓好工作落实问题，我再强调三点意见。

一、统一思想、凝神聚力，提高站位抓落实

一要在政治建设上提高站位。要旗帜鲜明讲政治，坚持以习近平新时代中国特色社会主义思想为指导，深刻领悟“两个确立”的决定性意义，增强“四个意识”、坚定“四个自信”、做到“两个维护”。深入贯彻党的教育方针，全面落实立德树人根本任务，做到胸怀“两个大局”、牢记“国之大者”，坚定政治忠诚，不忘初心使命。要按照今年上半年曹路宝书记在苏州高校思想政治工作座谈会上的要求，以高度的政治责任感、使命感，不断巩固学校思想政治工作的主阵地、主渠道，以建好马克思主义学院为契机，在提高教学、科研、管理水平的同时，引导师生自觉把个人的理想追求融入国家和民族的事业中，扎根人民、奉献国家，培养可靠的社会主义事业建设者和接班人。

二要在思想认识上提高站位。成事之要，关键在人。中层干部是学校发展的中坚力量，大家要心无旁骛、排除干扰，把思想认识进一步集中到学校事业发展大局上。有人说，一代人有一代人的使命，一代人有一代人的担当。只要我们手里握着苏职大的接力棒，就要时刻保持一种强烈的责任感、紧迫感和使命感，积极发挥主观能动性和创造性，只争朝夕、踔厉前行，奋力跑好、跑赢这一棒，不在赛场上留下任何遗憾。要进一步强化抓落实的政治自觉，拿出抓落实的鲜明态度，切实把抓落实内化于心，在全校上下形成狠抓落实的强烈意识、浓厚氛围、工作常态，努力把学校发展稳定的各项任务完成好。

三要在标准要求上提高站位。在学校第三次党代会报告中，我们将未来5年的发展目标定位为建设全国“双高计划”高职院校和职业本科院校。圆梦升本是苏职大人近20年的美好夙愿和奋斗目标。习近平总书记强调，“职业教育前途广阔、大有可为”。当前，党和国家关于职业教育的决策部署，为学校举办特色鲜明的职业本科教育提供了难得的发展机遇。我们要高处着眼，吃透上情，掌握外情，高站位、高标准、高要求推进工作，绝不能得过且过、顺其自然，也不能犹豫徘徊、等待观望。在日益激烈的竞争环境里，我们要咬紧牙关、滚石上山，用硬措施落实硬任务，争取早日建成“双高计划”高职院校，实现职业本科院校建设目标，更好服务苏州地方经济社会发展。

二、追求卓越、真抓实干，担当作为抓落实

一要聚焦标志性成果和关键性指标。抓落实就好比在墙上敲钉子，钉不到点上，钉子就要打歪、打斜。我们要对照学校第三次党代会确立的目标任务，对标对表优秀职业本科院校，深刻认清与标兵的差距在哪里，集中力量和资源，在标志性成果和关键性指标方面奋起直追。有付出就有收获，前不久，学校斩获了全国职业院校技能大赛一金一银，让我们备受鼓舞。“小河有水大河满”，只有每个单位都把自己的目标任务完成了，学校发展的总体目标才能实现。希望各部门、各学院（部）都敢于啃硬骨头、敢于接烫手山芋，围绕目标任务，敢闯敢试、敢于突破，创造性地推动工作，坚持不懈、一着不让抓好工作落实。

二要把握工作节奏和节点。各部门、各学院（部）要按照部署、对照进度抓落实，做好任务的分解细化。每项工作，都要有分项目标；每个阶段，都要有阶段性目标，做到环环相扣、闭环运行。要把任务落实到岗位、量化到个人，做到一级抓一级、层层抓落实，推动工作项目化、项目目标化、目标节点化、节点责任化，以时间倒逼任务，保证重点，突出亮点。要及时调度掌握工作进展情况，及时发现问题、排除障碍、解决困难，做到难题一个一个突破，任务一项一项落实，脚踏实地向前进。

三要发扬真抓实干的作风。我们要出实招出硬招，力戒投机取巧、华而不实，对亟待破解的问题要坚持打破砂锅问到底，一竿子插到底，沉下心来研究解决问题的措施和办法，把工作往深里做、往实里做，追求实实在在的效果。要大力弘扬我来办、找我办、马上办的精神，养成雷厉风行的作风。事情定了就办、办就办好，不能拖拖拉拉、半途而废。无论是推进工作，还是服务师生，该办的事坚决办，决不拖；能办的事马上办，决不等；难办的事想办法办，决不放；需要部门协调的事合力办，决不推。要发扬抓铁有痕、踏石留印的韧劲，一以贯之抓落实，力戒虎头蛇尾。要坚持经常抓、反复抓、持久抓，以“钉钉子”的精神抓到底，咬定青山不放松，不达目的不罢休。

三、安全第一、稳中求进，守牢底线抓落实

在昨天的党委会上，我们传达学习了全市高校意识形态工作研判会、全省教育系统网络安全专题会议、全省教育系统维护安全稳定专题工作会议等会议精神，大家要将会议精神贯彻落实到日常工作之中，做到警钟长鸣，确保校园安全万无一失。

一要增强风险意识，强化底线思维。正所谓安全重于泰山，稳定压倒一切，没有安全和稳定，一切都无从谈起。今年是政治大年，要密切关注新形势下政治安全、国家安全、广大师生身心安全、财产安全，增强“时时放心不下”的责任感，进一步压紧压实责任、建强管好阵地、抓好风险管控，准确研判各种风险、精准应对新老问题，在意识形态工作、师德师风建设、学生心理健康、网络安全风险等方面做到抓早、抓小、抓苗头，未雨绸缪、防患未然。“凡事预则立，不预则废。”广大干部要带头强化扛旗冲锋意识，落实好节假日领导到校带班制度，守好责任田，做到守土有责、守土负责、守土尽责，及时稳妥应对处置可能出现的各种突发情况。国庆节之前，要进行全面的校园安全大检查，排查实验实训室危险化学品隐患，关注消防、燃气、用电、食品等安全。

二要坚持源头治理，建设平安校园。要在全面梳理排查学校各类安全隐患风险点基础上，坚决落实隐患整改工作。要切实做到党政同责、一岗双责、失岗追责，管好自己的人，看好自己的门。各单位把安全工作的责任和措施层层分解落实到每个部门、每个班级、每栋楼、每个岗位、每个人，定岗、定责、定人，做到安全工作人人有责任、层层有人抓、处处有人管、时时有监控，压实责任，分级负责。要强化问题导向，充分提高师生的网络安全意识，引导广大师生树立网络安全观、筑牢网络安全防线、增强网络安全防御能力。同时也要加强校园网络舆情监测，密切关注师生思想动态和网上舆论热点，筑造网络安全堤坝，加强涉稳舆情处置，进一步完善研判预警、应急响应、协调联动等各项工作机制，努力从源头上消除各种不安全、不稳定因素。

三要弘扬抗疫精神，激发奋进力量。9月3—4日、12日，大二、大三学生和大一新生先后返校，全校上下严格按照疫情防控工作预案要求，积极应对、合理处置，通过大家的共同努力，开学工作有序推进。前天（9月14日）学校召开了2022级新生开学典礼，温校长做了致辞，我校校友黄萍讲了“开学第一课”，在新生中引起了良好反响。新学期已经步入正轨，我们要继续落实好新冠肺炎疫情的防疫工作，坚决克服麻痹思想、厌战情绪和侥幸心理，严格执行常态化疫情防控政策，切实提高疫情防控工作执行力，例如加强进出校门的严格管理，做好人员分类用餐，规范防疫消杀等。在当前做好线上教学的同时，也要精心做好大学英语四、六级考试，英语AB级考试和线下教学相关工作。以学校上半年组织“专转本”考试的抗疫精神，激发团结一致、携手同心、顽强拼搏的奋进力量，为学校事业高质量发展提供坚强保障。

同志们，行百里者半九十。希望我们全校上

下一条心、拧成一股绳，既要有强烈的危机意识和抢抓机遇、抢争赛道的进取精神，也要有“功成不必在我”的精神境界、“功成必定有我”的责任担当，通过我们这一棒，不断把学校事业推向新高度、新境界。让我们以更加坚实的步伐、更加高涨的干劲，以优异成绩迎接党的二十大和学校第三次党代会的顺利召开！

谢谢大家！

校长温贻芳在全校干部大会上的工作布置讲话

2022年9月16日

各位领导，各位老师：

今天我们召开全校中层以上干部大会，对下半年的重点工作进行布置和推进。2022年以来，学校各部门、各学院（部）在校党委的领导下，统筹疫情防控和学校改革发展，扎实实施专业数字化改造融合化转型发展重点建设年工程，积极争取标志性成果，持续增强办学活力和核心竞争力，各项年度主要工作任务和重大、重点项目建设进展顺利。主要体现在以下几方面：

党的领导进一步加强。不断坚持和完善党委领导下的校长负责制，2022年上半年共召开校长办公会14次。认真做好迎接党的二十大工作，营造学习宣传党的二十大的浓厚氛围。持续做强党建特色品牌，校地、校企党建共建交流得到进一步加强。认真开展干部考核考察和选拔任用，大力优化干部队伍结构，形成了更加浓烈的干事创业氛围。上半年至今，已提拔中层干部4人，交流调整中层干部4人。加强思政建设，成立马克思主义学院。学校获2019—2021年度江苏省文明校园称号。

人才培养质量进一步提高。大力实施2022专业数字化改造融合化转型发展重点建设年工程，加强数字化赋能。打造教学创新团队，2022年江苏省职业院校教学能力比赛中，我校12支团队获奖，获奖数量及等级为我校历年来最好成绩。持续提升学生竞赛获奖层次，获2022年江苏省职业院校技能大赛一等奖7项、二等奖11项、三等奖28项，团体总成绩位居江苏省前列，为历年最佳成绩。其中“工业机器人技术与应用”和“大数据技术与应用”赛项代表江苏省出征国赛，获1金1银。打造优质教材，7部教材获批江苏省“十四五”职业教育规划教材，其中3部教材入围“十四五”首批职业教育国家规划教材江苏推荐项目。我校主持的国家级职业教育智能控制技术专业教学资源库项目顺利通过验收。学校获批江苏省精准资助长效机制改革试点单位、大学生核心就业能力培训点。

核心竞争力进一步提升。我校上半年共引进高层次人才10人，选聘客座教授、兼职教授和产业教授等33人。5人入选省“333高层次人才培养工程”培养对象；1个团队入选省高校“青蓝工程”优秀教学团队，3人入选省高校“青蓝工程”培养对象；2人入选省“双创博士”；5人获苏州市优秀教育工作者称号。新增校企共建“双师型”教师培养培训基地7家，学校与江苏亨通工控安全研究院有限公司共建的“‘双师型’教师培养培训基地建设”工作项目入选教育部产学合作协同育人优秀案例三等奖；获评省职业教育“双师型”名师工作室立项建设单位1个，省职业教育技艺技能传承创新平台培育单位1个。科研方面，持续推进制度改革释放活力，增加服务供给，上半年立项省部级项目3项、苏州市首批知识产权运营计划项目1项；专利转化11项，到账经费35.78万元；横向服务项目117项，到账经费424.62万元。全面梳理科研平台，重新认定已有校级及以上科研平台30个。

资源共享格局进一步拓展。学校合作知名企业新增23家，紧密合作企业达到263家，深度合作企业达89家，校企双主体联合培养学生337人。在市发改委、民政局等部门指导下，新建苏州市康养产业学院。开展培训项目42项，培训人数7011人次，培训规模43704人天，签约培训经费735.95万元，已到账236.45万元。苏州石湖智库积极参与承接党委、政府及社会组织的研究课题和服务项目，提供有针对性和操作性的决策咨询建议，2022年至今，共刊发建议献策27篇，获市委主要领导等批示16篇，举办6期“智汇苏州”学术沙龙。持续推进大运河（江苏段）文旅融合研究协同创新基地、江苏长江产业经济研究院苏州研究中心等平台建设。稳步推进学历继续教育健康发展，合理调整优化校外教学点布局。我校申报项目入选教育部职成司“智慧助老”优质工作案例。学校挂牌江苏省青年志愿服务培训基地（苏州），并承办首期培训。

此外，学校不断深化治理改革，坚持依法治校。上半年成功召开七届五次教代会。持续强化校园安全稳定工作。提升校园信息化服务水平，学校入选教育部职业教育数字校园试点校。做好疫情防控，特别是"专转本"考试期间，工作人员付出了巨大努力，保障了我校考生顺利完成考试。加强党风廉政建设，打造风清气正的政治生态。其他各条线也认真履职尽责，为学校发展做出了贡献。

同志们，学校上半年各项工作成效是全体教职工共同努力奋斗的结果。但同时我们也要看到，当前已经是9月份，新的学期已经开始，对照年初校党委制订的工作要点和各项工作计划，还有很多重要任务等待我们去完成，时间紧、任务重。为此，希望全体教职工以更加昂扬的工作状态，全力投入新学期的工作中来，特别要做好以下几项重点工作：

一是积极迎接党的二十大和学校第三次党代会。迎接学习贯彻党的二十大，是贯穿今年党和国家全局工作的主线，也是学校政治生活中的头等大事。因此要全力营造平稳的校园环境和喜迎二十大的浓厚氛围。党的二十大顺利闭幕后，要深入开展宣传宣讲工作，迅速掀起学习宣传贯彻的热潮，提升谋划工作的思路、推动发展的举措，引导全校师生坚定捍卫"两个确立"，进一步增强"四个意识"、坚定"四个自信"，把"两个维护"贯彻到学校发展的全过程，推动党的二十大精神在学校落地生根、开花结果。学校第三次党代会即将于9月底召开，大会将全面总结第二次党代会以来学校工作，确定今后一段时间的奋斗目标和主要任务，选举产生中共苏州市职业大学第三届委员会和纪律检查委员会。党代会对于学校今后一个阶段的发展有着十分重要的意义，因此要充分细致做好各项筹备工作，保障大会成功召开。党代会结束后，全校教职员工要在新一届党委的领导下，贯彻落实好党代会报告的各项规划部署，推动学校高质量发展更上一层楼。

二是全力跨过高水平高职学校"培育"门槛。建设江苏省中国特色高水平高职学校，是学校发展道路上的重要一步，也是以后建设国家"双高计划"院校、职教本科的重要基础。我校目前仍是培育单位，今年年底，为期1年的培育期就要到期，学校将迎来省教育厅的考核验收。因此，学校必须通过考核，跨过"培育"门槛，除此之外别无退路，只许成功，不许失败。高水平高职学校包含党建、思政、教学、科研、管理、服务等多方面的要求，学校每月开展"对标找差"督查督办，有关建设任务都明确了责任部门。希望各部门、各学院（部）认真对照建设方案、建设计划任务书，全力以赴推动我校中国特色高水平高职学校建设，特别是产出更多高水平标志性成果。学校层面也将进一步强化协同推进机制，加强项目实施管理，落实经费投入，为各项建设任务高效开展提供最有力的保障。此外，在建设中国特色高水平高职学校的过程中，上级部门对学校进行考核，很多指标都来源于人才培养状态数据、高基报表等系统。这些数据也同样是职教本科学校建设、国家"双高计划"院校建设、省高职院校高质量绩效考核的重要依据。2022年人才培养状态数据采集工作已经启动，今年是系统全新调整的一年，平台变了，数据项变了，计算指标变了，基础工作量大增。希望各部门、各学院（部）务必高度重视，共同做好状态数据采集填报工作。

三是大力推进专业数字化改造和数字校园建设。紧扣苏州打造"数字经济时代产业创新集群发展"契机，大力实施2022专业数字化改造融合化转型发展重点建设年工程，加强数字化赋能，全面推行专业数字化改造提升。这既是大势所趋，又是当务之急，也是学校发展的重要机遇。学校上半年制定了重点建设年实施方案，并细化了任务清单。下半年，要继续在数字化改造融合化转型发展上下真功夫，不断提升专业（群）竞争力，服务地方经济社会高质量发展。要积极调整专业布局，推进数字经济相关新专业的设置，并对现有专业进行整合归并、升级改造、融合转型。要深化教学资源数字化建设，争取在国家职业教育精品在线课程等方面有新的突破。要重点打造智能制造技术综合应用的专业虚拟仿真实训中心，力争获评江苏省职业教育示范性虚拟仿真实训基地。同时，教育部数字校园试点校建设也是学校下半年的重要任务，与专业数字化改造密切相关。各责任部门、学院（部）要提高站位，实施好五大方面的任务，即扩大优质数字化教学资源供给、加强国家智慧职教平台资源应用、拓展智慧教育应用场景、深化教育评价改革、提高数字化管理能力。充分发挥业务主体作用，凝心聚力推进建设。

四是统筹做好学校疫情防控工作。各部门、各学院（部）要把疫情防控作为一件大事抓细抓实，不折不扣落实好学校疫情防控各项政策和工作任务。要严格按照《新型冠状病毒肺炎防控方案（第九版）》《高等学校新冠肺炎疫情防控技术方案（第六版）》要求，加强组织领导、工作人员培训和学生管理，注重精准防控，落细落实举措。压实校园防控各方主体责任，有序落实常态化防控与应急处置措施。强化底线思维，筑牢安全屏障，守护广大师生生命安全和身体健康。

各位领导、各位老师，初心不改，继往开来。立足新起点，让我们团结在学校党委的领导下，凝心聚力、乘势而上，只争朝夕、真抓实干，以优异成绩迎接党的二十大和学校第三次党代会的顺利召开！

校长温贻芳在2022年校田径运动会开幕式上的讲话

2022年10月27日

各位运动员、裁判员，老师们、同学们：

大家上午好！

秋日暖阳温暖人心，校园盛会师生共庆。在这样美好的季节，我们盛大举行2022年校田径运动会，让广大同学在绿茵场上尽情挥洒汗水，展示青春的力与美。在此，我谨代表学校党委、行政，对运动会的举办表示热烈的祝贺！对精心筹备本次运动会的工作人员、裁判员表示衷心的感谢！对刻苦训练、积极备战的全体运动员致以亲切的问候！

体育承载着国家强盛、民族振兴的梦想。2022年，党的二十大胜利召开，中国人民在党的领导下，正昂首阔步走在中华民族伟大复兴的道路上；2022年，中国的体育事业蓬勃发展，我们的运动健儿在北京冬奥会摘金夺银的精彩瞬间还历历在目；2022年，学校也成功召开了第三次党代会，薪火相传，岁月如歌，一代又一代苏职大人秉承着“勤勇忠信”的校训，共谱发展主旋律，合奏时代最强音。

体育强则中国强，国运兴则体育兴。无论是社会主义现代化宏伟蓝图的实现，还是学校高质量发展的推进，都需要一个个拥有强健体魄的人去践行。同学们人生抱负的实现，更离不开健康的身体的有力支撑。一名优秀的大学生，无论在考场上还是在运动场上，都应当能不断超越自我、勇攀高峰。近年来，学校体育工作蓬勃发展，阳光体育活动开展得有声有色。2022年，我校承办了江苏省第二十届运动会高校部羽毛球（乙组）比赛，受到了主办单位、参赛院校的一致好评。我校代表队更是在比赛中取得了多项好成绩。在疫情防控常态化的背景下，学校组织开展了“喜迎二十大，体育嘉年华”系列活动，乒乓球赛、篮球赛、团体项目竞赛等活动精彩纷呈。此外，龙舟和江南船拳作为我校的特色项目，在各类比赛、活动中大展风采，成为学校靓丽的“宣传片”。

老师们、同学们，一年一度的校运动会是我校开展体育活动的重要大会，是对全校体育运动水平的一次检阅，更是广大师生积极参与全民健身活动“动员会”的良好契机。在疫情防控常态化的背景下，拥有强健的身体更具有重要的意义。希望全体同学积极参与，全体工作人员忠于职守，全体运动员奋力拼搏，全体裁判员执法公正，共同做到“友谊第一，安全第一，比赛第二”，实现运动成绩和精神文明的双丰收。

让我们一起砥砺意志，激发热情，享受比赛，创造光荣，把本届运动会办成一个精彩、热烈、文明、团结的盛会！

最后，预祝本次运动会圆满成功，预祝各位选手取得优异成绩！谢谢大家！

校党委书记曹毓民在“学习二十大　师心向党与党同行”座谈会上的总结讲话

2022年12月1日

各位老师，各位同学：

刚刚，我们一起学习了党的二十大精神，并进行了座谈交流。同学们不愧为未来全面建设社会主义现代化国家的主力军，大家的发言站位高、格局大，既有宏观上的对党的二十大科教兴国等国家战略的关注，又有微观上的结合自己所学专业对人生规划、学校生活等方面的所思所得，还有对未来职业理想方面的美好展望，充分展示了年轻人奋进新征程、建功新时代的朝气蓬勃的精神风貌，祝愿大家早日实现自己的理想和抱负。两位学前专业学生党员联系老师——江苏省作家协会儿童创研基地负责人、校儿童文学研究所负责人、一级作家王一梅老师，市书法家协会副主席、教育与人文学院副教授邱文颖老师也都做了很好的交流，她们的发言有情怀、有温度、有热情，释放出正能量、提振了精气神，既有学习领会党的二十大精神的深邃思考，又让我们深切感受到了她们对教育事业的深厚感情，我感到受益良多。借此机会，结合党的二十大精神学习，我提三点想法，与同学们共勉。

一要将学习贯彻党的二十大精神与树立远大理想紧密结合。当代中国青年生逢其时，施展才干的舞台无比广阔，实现梦想的前景无比光明。在座的各位同学生逢其时，又重任在肩，你们是中国式现代化的参与者、见证者，更是建设者、贡献者。希望大家树立远大理想，厚植家国情怀，从党的二十大精神中汲取营养，在党的二十大绘就的蓝图中看到自己成长发展的光明前景，让青春脉搏与时代脉搏同频共振，坚定理想信念，担当时代重任，为实现中华民族伟大复兴的中国梦不懈奋斗。

二要将学习贯彻党的二十大精神与练就过硬本领紧密结合。党的二十大指出，要培育“一流科技领军人才和创新团队、青年科技人才、卓越工程师、大国工匠、高技能人才”等国家战略人才力量。本周一，党的二十大代表、苏州市委宣讲团成员、张家港港务集团黄强在我校学术报告厅做了一次二十大精神宣讲，不知道在座的同学是否有人到场学习？他是张家港港务集团的一名司机，作为“要做就做最好”的工匠精神模范代表，他坚守“一生只做一件事，一生做好一件事”的信念，把自己的本领练就到了极致，他自创的一套“门机操作法”，成为企业门机操作的标准规程和新司机培训的标准教材；同时开展多项工艺技术攻关，累计为企业创效近千万元。同学们现在正处于好好学习练就本领的时期，希望大家把学习作为现阶段的首要任务，强化德、智、体、美、劳全面发展，少玩游戏多学习多锻炼。既要坚定文化自信，学习传承中华优秀传统文化，又要不断提升自身的专业技能，积极参加职业院校技能大赛、“挑战杯”、“互联网+”等比赛，做有理想、敢担当、能吃苦、肯奋斗的新时代好青年。

三要将学习贯彻党的二十大精神与学思践悟、知行合一紧密结合。党的二十大做出了很多新的部署、提出了很多新的要求，但是如果学做分离、知行脱节，就难以达到学习目的，学习也就失去了意义，更无从贯彻落实。我们学习党的二十大精神，最终要落脚在学思践悟和知行合一上。只有能够见之于行动的理论学习才是有价值的学习。因此，同学们学习二十大精神，要在全面学习、全面把握、全面落实上下功夫，不仅要学，还要会做。我们要积极做学习的先锋，主动做宣讲的能手，自觉做自律的表率。当前学校正在加快建设全国“双高计划”高职院校、实现职业本科院校办学目标，这是全体苏职大师生努力拼搏、开拓奋进的方向和动力，欢迎同学们积极贡献力量，做每一个最好的自己，爱校、荣校、兴校，共同推动学校高质量发展。习近平总书记在党的二十大报告中指出，广大青年要“坚定不移听党话、跟党走，怀抱梦想又脚踏实地，敢想敢为又善作善成”，十分形象地描摹出了当代青年应该有的奋斗姿态。我相信，我们苏职大学子，一定能让青春在全面建设社会主义现代化国家的火热实践中绽放绚丽之花。

谢谢大家！

校长温贻芳在党的二十大精神宣讲座谈会上的总结讲话

2022年12月8日

各位老师：

刚才苏建等几位老师，围绕学习贯彻党的二十大精神这一主题做了交流发言，各位老师的发言都围绕自身教学、科研以及学校的高质量发展展开，可以看出大家对于学习贯彻党的二十大精神都有着很深入的思考，听完后我也感触良多。为进一步推动全校教职员工学习贯彻党的二十大精神走深走实，借此机会，我想提以下三点要求：

一是要进一步提高政治站位，切实增强政治自觉。希望各位老师在学校党委的领导下，坚定为党育人、为国育才的初心使命，站稳政治立场，培养堪当民族复兴重任的时代新人。党员同志要发挥先锋模范作用，积极参加基层各级党组织的建设，营造风清气正的育人环境。以党的二十大精神为指引，深入践行新发展理念，以更高站位、更大格局、更宽视野投入学校高质量发展的新征程中，让党的二十大精神在苏职大落地生根、结出硕果。

二是要进一步把握精髓要义，切实增强思想自觉。习近平总书记所做的党的二十大报告思想深邃、视野宏阔、意蕴深远，是闪耀着马克思主义真理光芒的纲领性文献，是高举中国特色社会主义伟大旗帜的政治宣言，是实现中华民族伟大复兴的行动指南。其中关于职业教育的论述部分，更是我们职业院校今后推进改革发展的重要指引。希望各位老师认真研读、潜心思考、深刻领悟，准确理解和把握党的二十大报告的丰富内涵、精神实质和实践要求，自觉用党的二十大精神统一思想、统一意志、统一行动，形成开拓进取的强大合力。

三是要进一步强化使命担当，切实增强行动自觉。对党的二十大精神的学习贯彻，最终要体现在全体教师员工的实际行动和学校的高质量发展上。希望各位老师学深悟透，以学促行，在教书育人和科研服务方面练就过硬本领，积极投身学校省高水平高职学校、国家“双高计划”院校、职教本科的建设中来，破解学校发展中的重点难点问题，帮助学校实现标志性成果的突破。相信全校师生在学校党委的坚强领导下，一定能够凝心聚力，开拓创新，将学习贯彻党的二十大精神焕发出的政治热情转化为做好当前学校各项工作的强大动力，奋力书写苏职大职业教育高质量发展新篇章！

谢谢大家！

编辑：许立莺　陆怡静

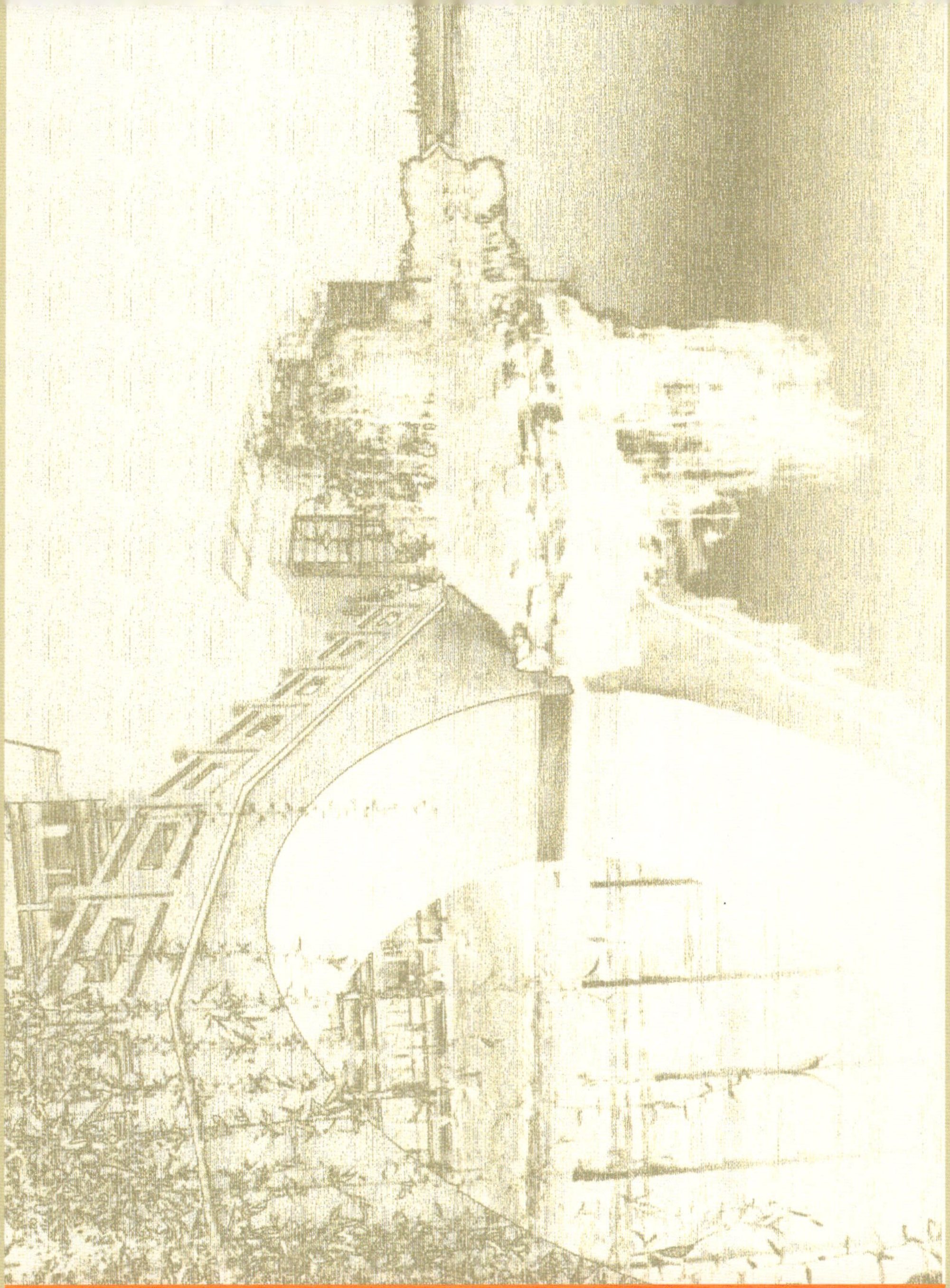

SUZHOU VOCATIONAL UNIVERSITY

第三章 要闻特辑

领导调研

苏州市政协副主席程华国到校走访调研国家级“顾星技能大师工作室”

1月28日下午，苏州市政协副主席程华国等一行4人到校走访慰问国家级技能大师顾星，并调研顾星技能大师工作室，校党委委员、副校长张健接待到访人员。

程华国一行参观国家级顾星技能大师工作室，听取工作室领办人顾星的工作汇报。一年来，工作室积极开展技术革新、人才培育和社会服务，共申请授权技术专利17项，完成企业技改项目9项，参与企业社会服务交流10余次。顾星表示，他将继续发挥技术技能优势，带领工作室团队，为高素质技术技能人才培养尽责尽力。张健代表学校向市政协一直以来关心支持技能人才工作表示衷心感谢！他向程华国介绍当前学校内涵式高质量发展工作情况，以及紧扣苏州地方产业发展需求的“工科高水平拓进”建设规划。

程华国向顾星送上节日的慰问，他指出，在过去的一年里，顾星带领技能大师工作室取得优异的成绩、产生良好的社会服务效应，希望工作室再接再厉，继续培育壮大高技能人才队伍，进一步发挥各级各类技能大师的专长，弘扬工匠精神，服务地方产业，为国家和地方培养出更多符合当前数字经济社会发展需求的智能制造高技能人才。他充分肯定学校在专业建设、人才培养、社会服务和技能大师工作室建设方面所开展的各项活动和取得的成绩，祝愿在新的一年，学校为地方经济社会建设做出新的更大贡献。

苏州市政协老委员活动中心副主任袁政清，苏州市人力资源和社会保障局职业能力建设处处长罗迪、副处长王飞，学校组织人事部副部长金霁、校长办公室副主任汤晓军，机电工程学院院长陈洁、党总支书记茆琦等学院班子成员陪同本次调研。

（机电工程学院 组织人事部）

苏州市政府研究室到校专题调研苏州石湖智库

7月19日上午，苏州市政府研究室主任陈震欧、四级调研员沈智清等一行到校专题调研苏州石湖智库。校长曹毓民，副校长、石湖智库理事长张健热情接待。石湖智库秘书长朱剑刚、咨询委员会副主任李政、副秘书长陈璇等参加调研座谈。

曹毓民代表学校及苏州石湖智库向市政府研究室表示衷心感谢。曹毓民指出，今年上半年学校在聚力抗击疫情的同时，继续推进科研工作，苏州石湖智库也取得丰硕成果，至今已举办4次“智汇苏州”学术沙龙，《调研通报》发文录用占比很高且多篇获得批示。学校苏州石湖智库发展取得的成果离不开市政府研究室长期以来的关心和指导，希望能进一步加深与市政府研究室的合作，形成良性循环，力求更高质量发展。

陈震欧对学校及苏州石湖智库支持市政府研究室工作表示感谢，充分肯定苏州石湖智库近期的工作成果。他指出，苏州石湖智库近年来向研究室递送一批有热度、接地气、高质量的调研报告，报告数量与质量均有显著提升。近期的报告选题扎实，围绕文化产业发展、苏州园林城市品牌打造等热点、难点问题展开深入研究，切实反映基层及行业发展现状和诉求，建议建言到位可行，对苏州市社会经济文化发展的相关政策制定有重要资政价值。苏州石湖智库之所以能够取得长足的进步，与学校领导重视、智库机制激励、研究基础扎实、持有开放的合作态度以及保持良好的沟通渠道密不可分。陈震欧结合2022年苏州市政府工作要点，分享“文化国际传播”“环阳澄湖国际都市圈建设”“增强文化遗产保护树立文化自信”“文化产业高质量发展与文化数字化”等热点话题，为苏州石湖智库专家的建言献策、以智力服务地方经济建设发展提供指导。

张健结合苏州石湖智库“一个品牌、两个基地、两个中心”的发展思路，介绍苏州石湖智库现阶段的发展成果。苏州石湖智库通过机制改革和思路创新积极促成学校科研团队转型，鼓励学校教师和苏州石湖智库专家将论文写在苏州大地上，推动科研成果转化，更好地服务地方经济文化发展。

依托学校高度重视和各方资源保障，苏州石湖智库将始终坚持“政府政策研究、应用理论创新、江南文化传承”的发展方向，立足地方优秀传统文化的创造性保护与创新性发展，不断争取新发展、新突破，持续发挥市属高职院校新型智库咨政建言、理论创新、服务社会的积极作用。

（苏州石湖智库）

中国老科协领导到校调研

8月6日上午，中国老科学技术工作者协会常务副会长、中国科学技术协会原党组副书记和副主席齐让，中国老科学技术工作者协会副会长、武汉大学原党委书记李健，中国老科学技术工作者协会副会长、江苏省人大常委会原副主任刘永忠等一行到校进行调研。校长曹毓民、副校长张健参加本次调研活动。

中国老科协领导先后实地查看学校教育部协同创新中心——智能制造共享创新服务平台、国家级大学生文化素质教育基地——吴文化园，与现场科技工作人员进行仔细交流，对学校科学研究、技术培训、职业体验、文化发展等方面进行专业指导。

曹毓民代表学校致欢迎词，介绍学校办学历史上的知名院士校友情况，详细汇报学校办学条件、科创载体、科研成果、校地合作、智库建设、国际交流、服务成效等方面具体工作情况。

齐让、李健、刘永忠等领导充分肯定学校的办学实力和人才培养能力，认为学校在职业精神、文化传承等方面特色明显，希望学校继续发挥职教优势，宣传本土文化，把学校建设发展得更美、更好。

中国老科协副秘书长张艳欣，江苏省老科协常务副会长王鲁宁、秘书长刘献理、副秘书长文勇，苏州市科协副主席顾志华、秘书长庞振，苏州市老科协常务副会长姜左，学校党委办公室、校长办公室、机电工程学院、管理学院相关负责人共同参加本次调研活动。

（党委办公室　校长办公室）

苏州市科协党组书记、主席程波一行到校调研

10月12日上午，苏州市科协党组书记、主席程波一行到校调研，市科协秘书长庞振、学会部部长陈嵘等陪同调研。校长温贻芳，校党委副书记、副校长、苏州石湖智库理事长张健，副校长王峰，校科协主席陶亦亦，校科协副主席兼秘书长姚金凤，苏州市汽车工程学会副理事长陈洁参加调研会。

程波一行首先现场考察学校汽车运用技术训练中心、智能制造共享创新服务平台和3D打印创新创业中心教学实验实训场地。

调研座谈会上，程波首先表达此次调研的主要内容是苏州市职业大学科协、苏州市汽车工程学会、苏州石湖智库近5年来的特色工作、未来5年工作打算和对苏州市科协相关工作建议。温贻芳对程波一行的到来表示热烈欢迎，对市科协多年来对学校工作的关心、指导和支持表示衷心感谢。王峰从学会组织建设、科普基地阵地建设、科学研究创新和科普服务工作4个方面汇报近5年校科协重点工作。陈洁从学会机制完善、学术特长发挥、深入企业合作、学术交流及技术培训等方面汇报汽车工程学会换届以来的工作。张健从建章立制、“智汇苏州”沙龙品牌打造、建言献策、服务地方和课题研究等方面汇报苏州石湖智库成立以来的工作。

随后双方就科协组织打造、科技资源集聚、科普活动开展、科学精神传播、科普书籍编撰等相关工作进行深入交谈，促进学校科协在以后的工作中进一步解放思想，调动学校资源开门合作，强化纵横向项目建设，切实提高服务社会和地方发展能力。

最后，程波讲话。她对此次学校的精心安排表示感谢，对学校的实训基地建设成果表示赞赏，并充分肯定职大科协、汽车工程学会和苏州石湖智库所取得的成绩。她希望双方以全国科普日、“赛先生说”、星火行动等活动为契机，在决策咨询、科学普及、人才引育、学术之都建设等方面加强对接交流，为服务产业创新集群建设贡献智慧力量。

（科技处）

苏州市人大吴中区代表团第二小组到校调研交流

10月12日下午，苏州市人大吴中区代表团第二小组莅临学校调研交流，苏州市人大常委会人事代表联络工作委员会主任戴玲芬，吴中区人大常委会主任方伟军、副主任史拥军等参加活动。苏州市人大代表、学校党委书记曹毓民，校长温贻芳，校党委副书记、副校长张健，副校长孙学文及相关部门负责人参加调研活动。

人大代表们实地视察学校大学生生命健康教育基地、智能制造共享创新服务平台、国家级大学生文化素质教育基地、苏州石湖智库，并与现场教师、学生进行亲切交流。

在学校办学情况汇报会上，温贻芳从办学概况、党建引领、创新发展、服务地方、发展思考等方面介绍学校的办学特色。她强调学校将进一步打造校地融合发展共同体，与吴中区政府各部门深化合作内涵，充分利用校地双方资源，继往开来，踔厉前行，建成与苏州城市地位相匹配的、特色鲜明的本科层次职业院校。

曹毓民对苏州市委、市政府和吴中区委、区政府一直以来的关心与支持表示感谢，他表示学校以习近平新时代中国特色社会主义思想为指导，深入学习贯彻党的十九大和十九届历次全会精神，牢记为党育人、为国育才使命，落实立德树人根本任务。学校将进一步加强与吴中区产业发展紧密联动，发挥人才培养服务地方、教研资源共享地方的办学优势，为苏州市和吴中区的社会经济发展做出应有的贡献。

人大代表们就吴文化资源共享、技能型人才输送等问题进行交流探讨。对学校建设发展取得的显著成就给予高度赞誉，充分肯定学校专业群建设与苏州经济发展相适应的培养方向，充分认可学校在关注学生生命安全和心理健康工作中蕴涵的以人为本理念，并表示吴中区人大代表将继续关注学校办学工作，共同携手推进内涵式高质量发展。

吴中区人大常委会主任、党组书记方伟军就学校发展提出三点建议：一是希望学校进一步关注吴中区人才培养，与吴中区企业建立长效人才输送机制；二是希望学校能进一步提高创新发展成果的社会服务水平；三是希望学校能与吴中区人大常委会建立更紧密的联系。市人大常委会、吴中区人大也将更加充分利用好学校宝贵的办学资源，合力推动学校实现职业本科院校的办学目标。

（宣传统战部）

重大活动

学校举行2021年度教职工荣休仪式

1月12日下午，学校干将路校区老年活动中心内暖意融融，笑语晏晏，分外温馨，这里正在举行学校2021年度教职工荣休仪式，校党委副书记、副校长刘丹出席活动并为荣休教职工颁发荣休证书。校党委委员、组织人事部部长魏影及有关职能部门和学院（部）党政主要负责人、荣休教职工参加荣休仪式。荣休仪式由工会主席吴建英主持。

魏影宣读荣休教职工名单，并向所有荣休人员致以敬意、送上祝福。刘丹为荣休教职工颁发荣休证书，献上鲜花，并与大家一起合影留念。荣休教职工在座谈中分享各自的工作经历和体会，畅谈今后的幸福生活愿景。质朴的语言中体现出大家对教育事业的热爱，甘守平凡岗位的默默付出。荣休老教师们参与见证学校几十年的发展变化，对学校充满无法割舍的深情厚谊，对学校的发展充满期待。大家现在虽然已经退休，但仍将继续关注学校的发展，仍会一如既往地为学校事业发展贡献各自的力量。大家表示，荣休仪式充分反映出学校领导尊师重教的情怀，全体荣休老教师十分感动并深表谢意。继续教育学院党总支书记薛铭、体育部主任王俪燕、财务处处长李羽作为在职教师代表发言，向所有荣休教职工致敬并送上美好祝愿。离退休干部处处长沈新艺介绍学校离退休工作情况以及离退休教职工活动安排。

刘丹在讲话中祝贺各位荣休教师光荣完成在职工作使命、开启新的生活天地，学校取得的成就得益于各位荣休老师的付出，学校通过教师荣休仪式，向所有为学校事业尽心竭力、长期奉献的教职工表达感激、感恩之情！学校未来的发展仍要仰赖大家的鼎力支持，希望各位荣休教师继续关心、关注、支持学校的改革发展，学校也会一如既往为大家做好服务，并衷心祝愿大家身心健康愉悦、退休生活充实多彩，同时代表学校党委书记钮雪林、校长曹毓民向各位荣休教师深表慰问和致敬。

多年来学校坚持实施教职工荣休制度，旨在进一步健全教师职业道德建设长效机制，弘扬退休教职工教书育人的高尚师德，表彰退休教职工为学校教育事业做出的长期贡献，鼓励退休教职工继续关心学校建设与发展。

（组织人事部　工会）

学校召开2021年度党委领导班子党史学习教育专题民主生活会

1月25日下午，学校召开2021年度党委领导班子党史学习教育专题民主生活会，校党委班子全体成员参加会议，苏州市委党史学习教育第十巡回指导组组长、市方志办一级调研员陈兴南，指导组成员、市委党史工办科研处副处长王艳艳到会指导，党委办公室、纪检监察室列席会议。会议由校党委书记钮雪林主持。

民主生活会上，钮雪林代表党委领导班子做对照检查，通报上年度民主生活会整改措施落实情况，报告2021年度学校党史学习教育开展的基本情况及主要收获，对照中央要求的5个方面查找问题，在深入查摆问题、深刻反思剖析的基础上，明确下一步整改的努力方向和主要措施。

钮雪林带头做个人对照检查，党委班子成员逐一进行对照检查，并开展批评与自我批评。大家以刀刃向内的勇气、自我革命的精神，实事求是查摆问题，鞭辟入里剖析根源，集中展现对党绝对忠诚、对人民高度负责的鲜明态度，充分展示党史学习教育取得的积极成效。每位同志发言后，其他同志都提出真诚、中肯、客观的意见建议，体现从严从实的要求、开诚布公的胸怀、提醒帮助的自觉，达到统一思想、凝聚共识、增进团结的目的。

陈兴南做指导点评，指出自党史学习教育开展以来，学校党委高度重视，聚焦主题主线，认真谋划，精心组织，推动学习教育向广度延伸、向纵深拓展，取得明显成效。这次专题民主生活会会前准备工作扎实充分，会上检视、剖析问题全面深入，批评与自我批评环节严肃认真，整改措施务实有效、可操作性强，达到预期效果。在做好下一步工作方面，他对学校党委提出四点建议：一是继续把党史学习教育引向深处，更好把握和充分运用党的百年奋斗历史经验；二是坚决捍卫“两个确立”，坚定“两个维护”，坚决做到对党绝对忠诚；三是深入推进全面从严治党；四是坚持真改实改，持续提高学校管理水平。

钮雪林代表学校党委班子做表态发言，他要求，各党委委员要进一步巩固深化这次专题民主生活会的成果，对照自己查摆的问题和同志们相互提出的批评意见，认真梳理，立行立改，抓好整改落实工作。围绕下一阶段的深化整改，他强调，一要以有力整改措施，持续推动党史学习教育成果的最大化；二要以积极进取精神，精准推动学校发展的高质化；三要以强烈的政治责任感，大力推动队伍建设优质化。要从百年党史中汲取奋进力量，推动学校事业高质量、高水平发展，以更加优异的成绩迎接党的二十大胜利召开。

（党委办公室）

学校召开党史学习教育总结会议

1月26日，学校在惠和楼317会议室召开党史学习教育总结会议，全面总结学校党史学习教育工作情况。校党委书记钮雪林做党史学习教育总结讲话，党委副书记、校长曹毓民主持会议。苏州市委党史学习教育第十巡回指导组成员唐慕尧到会指导。全体校领导、中层干部参加会议。

钮雪林从突出“五个紧抓”全面回顾学校党史学习教育启动以来的各项举措及主要成效。一是紧抓“三学带动”，全体开展“学党史”，强化高位推动；二是紧抓“四项工作”，全面深化“悟思想”，强化学在深处；三是紧抓“三个聚焦”，全力推进“办实事”，强化干在实处；四是紧抓“提质增效”，全速拓展“开新局”，强化谋在新处；五是紧抓“建立新功”，全员投身“两在两同”，强化持续发力。

钮雪林指出，学校党委认真按照中央和省、

市委部署要求，在市委党史学习教育第十巡回指导组的全面指导下，深入贯彻落实习近平总书记在党史学习教育动员大会和总结会议上的重要讲话精神，认真学习贯彻习近平新时代中国特色社会主义思想和党的十九届历次全会精神，以“两在两同”建新功行动为有效抓手，紧贴学校实际，坚持以上率下，注重铸魂育人，办好惠民实事，推动党史学习教育往深里走、往实里走，取得扎实成效。

钮雪林强调，通过党史学习教育，我们深刻体会到，只有中国共产党的领导，才让中国人民和中华民族实现站起来、富起来、强起来的伟大飞跃。回顾百年辉煌党史，结合学习理解，我们受到许多深刻的教育启示，成为我们的宝贵精神财富。一是中国共产党人始终不渝推进党的建设的理论创新，二是中国共产党人始终不渝探索国家建设发展的创新实践，三是中国共产党人始终不渝不忘初心、牢记使命，四是中国共产党人始终不渝面向世界规划未来发展，五是中国共产党人始终不渝进行自我革命、自我完善。

钮雪林指出，全校党史学习教育取得一定的成效，但还存在不平衡、不充分等问题。对照高标准、严要求，存在的不足主要有3个方面，一是形式表现还不够丰富，二是结合实际还不够紧密，三是特色成效还不够彰显。

钮雪林强调，下一步，要在4个方面下功夫：一是要在“深学”上下功夫，以习近平新时代中国特色社会主义思想为指导，持续扎实深化党史学习教育，原原本本学、扎扎实实学、反反复复学，不断巩固党史学习教育成果。二是要在“攻坚”上下功夫，对照职教本科、“双高计划”院校、提质培优、综合考核等建设标准，推动党史学习与总结经验、对标找差、促进工作紧密结合，深化“两在两同”建新功行动。三是要在“抓实”上下功夫，强落实、出实效，继续在学党史上用真功、悟思想上再深入、办实事上见行动、开新局上求突破，让市属高校的地方贡献度更加显著。四是要在“长效”上下功夫，全面梳理、提炼党史学习教育中成熟的经验和做法，转化为制度规范，形成良好机制，讲奉献、强服务，不断提高师生群众的获得感和幸福感。

钮雪林强调，全体师生要以党史学习教育为重要契机，从党的光辉历史中汲取奋进伟力，为苏州市加快建设“强富美高”新图景的社会主义现代化强市贡献苏职大力量，以优异成绩迎接党的二十大胜利召开。

曹毓民在主持会议时要求，学校各级党组织认真领会传达本次会议精神，把会议部署落到实处。要提高政治站位，深入学习贯彻习近平总书记关于党史学习教育的重要论述。要认真做好总结，持续巩固拓展党史学习教育成果。要勇于担当作为，切实把党史学习教育的成效转化为勇担新使命、奋进新征程的精神动力，以昂扬向上的姿态投入省高水平高职学校和全国一流品质院校建设中来，为推进学校高质量发展笃行不怠、再建新功。

（宣传统战部）

学校召开疫情防控专项工作会议

为深入全面做好当前疫情防控，学校在2月18日上午召开学校疫情防控专项工作会议。校党委书记钮雪林，校长曹毓民，副书记、副校长刘丹，副校长熊贵营，纪委书记蔡晓平，副校长孙学文及相关职能部门负责人参加本次会议。会议由曹毓民主持。

会前，校领导带领相关职能部门，对校园疫情防控应急指挥联动平台、校园疫情防控医疗人员物资中心进行现场检查。

会上，参会的职能部门逐一汇报本部门疫情防控工作开展情况。各位校领导结合日常分管工作对疫情防控进行具体部署。

曹毓民要求各职能部门、各学院（部）认真领会会议精神，把工作部署落到实处，打赢疫情防控阻击战，守护好全校师生的生命安全和身体健康，推动学校年度各项任务的高质量开展。

钮雪林进行总结发言，代表学校党委、行政向为学校和苏州市当前防疫工作辛勤奋战的教职员工表示感谢和慰问。他强调在接下来的工作中，学校要在做好自身防疫工作的同时，积极服务社会；要做好校园防疫工作的闭环，严格做好人员进出管理；要组织好线上教学，保障学校各项重要业务的正常开展；要及时掌握师生动态情况，做好疫情防控值班值守；要积极筹备学生线下开学返校工作，完善相关预案和物资储备。最后，他进一步要求全校上下在抓好疫情防控的前提下，毫不放松教学、科研等各项建设，以高标准、严要求完成年度工作目标任务，取得疫情防控和事业发展的全面胜利。

（疫情防控工作领导小组办公室）

学校党员抗疫志愿服务队“向社区报到、为抗疫助力”

苏州市委组织部、苏州市委市级机关工作委员会发出通告，要求进一步动员各级党组织和广大党员积极行动起来，共同打赢疫情防控战。学校接到通知，积极响应、迅速组建苏职大党员抗疫志愿服务队，组织党员领导干部向社区报到、为抗疫助力。

2月18日，学校党员抗疫志愿服务队迅速集结51名志愿者，由吴隽和茆琦分别带队，支援苏州市相城区北桥街道7个社区抗疫。志愿者们凌晨4:30出发，5:30到达支援地各点位，天色未亮便开始准备，贴“一米线”、搭防疫帐篷……志愿者们在抗疫一线，主动领任务、见行动，争当排头兵，冲在最前线。

2月20日，学校党员抗疫抗议志愿服务队37人志愿服务苏州市吴中区长桥街道4个社区，由张震、陈刚、鲜学丰、孙赢担任点位长，早上6:00到社区报到，做准备工作，寒风中有序开展志愿服务。一袭防护服，一颗炙热心。他们无畏危难，不惧寒风，各项志愿服务有序开展，用实际行动书写责任与担当。据学校安排，从2月21日开始，将以党总支为单位，持续进行志愿服务。

疫情就是命令，防控就是责任。一个支部就是一座战斗堡垒，一名党员就是一面鲜红的旗帜。在这场疫情防控战中，苏职大党员抗疫志愿服务队逆行而上，让党旗在一线飘扬，体现担当和奉献精神，主动作为，齐心战“疫”，为苏州市防疫工作奉献苏职大力量！

（组织人事部）

学校召开2022年工作部署暨党风廉政建设工作会议

3月16日上午，学校召开2022年工作部署暨党风廉政建设工作会议。校党委书记钮雪林，校长曹毓民，校党委副书记、副校长刘丹，副校长熊贵营、张健，纪委书记蔡晓平，副校长孙学文和各学院（部）党政主要负责人、各部门主要负责人参加会议。会议由曹毓民主持。

刘丹宣读学校2021年度考核表彰文件。教务处、科技处、机电工程学院、商学院分别围绕培育重点团队、打造重点平台、提高人才培养质量、专业数字化改造融合化转型发展等进行交流发言。

蔡晓平做学校党风廉政建设工作报告。对2021年学校党风廉政建设工作进行回顾总结，重点从推进政治监督具体化常态化、探索“三不”一体推进新路径、驰而不息纠治“四风”、推动各类监督贯通融合、高质量推进纪检监察队伍建设等5个方面，对2022年学校党风廉政建设工作进行布置。

钮雪林对2021年工作进行总结，对2022年主要工作进行部署。他明确指出，今年是召开党的二十大、学校第三次党代会的重要之年，是全面落实省、市党代会精神的开局之年，学校的发展任务重、要求高，希望各单位以“志在必得、舍我其谁”的坚强斗志和“马上就办、干就干好”的过硬作风，逐条逐项完成任务，务求取得预期成效。他进一步强调：一要把牢思想意识“总开关”，增强发展进步的政治自觉。要自觉增强事业发展进步的政治意识和政治责任感，持续把牢以稳定促发展的底线要求、立德树人的根本任务和内涵质量的重要责任。二要提振干事创业“实干劲”，凝聚攻坚克难的强大合力。要振奋精神锐意进取、对标找差勇攀高峰、以身作则当好表率，拿出生龙活虎、龙腾虎跃的拼搏姿态，扎实做好各项工作。三要练就狠抓落实“真本领”，激发改革创新的发展动能。要在团队平台建设、标志成果获取、关键指标突破等方面狠抓落实，一着不让干出最优结果。四要紧抓廉洁自律“压舱石”，营造风清气正的生态环境。筑牢正风肃纪的防火墙，汇聚管党治党、从严治党的强大合力，以优异成绩迎接党的二十大和学校第三次党代会顺利召开。

曹毓民要求，全校上下贯彻落实好此次会议精神，做到深刻领会、传达到位，结合实际、抓好落实，创优争先、奋进突破，确保年度各项工作任务圆满完成，并就学校疫情防控工作进行再强调，要求坚持不懈、从严从紧把学校疫情防控各项工作抓实、抓细、抓到位。

（党委办公室　校长办公室）

学校举行第8期"对话苏职大发展"活动

3月18日下午，学校第8期"对话苏职大发展"活动在惠和楼215会议室举行。本次活动主题为"'才在职大快发展'——高层次人才多做贡献之我见"。11名来自各学院（部）及管理、教辅部门的教师代表，围绕主题展开热烈讨论。校党委书记钮雪林，校长曹毓民，副书记、副校长刘丹，副校长熊贵营、张健、孙学文，相关部门主要负责人和各学院（部）院长（主任）参加本次活动。活动由钮雪林主持。

对话期间，参会老师围绕教学团队、绩效考核、政策落实、职称评定、成果培育、内培外引、队伍建设，以及学校研究设立"教授·博士日"、打响人才工作品牌等内容，提出对策与建议。参会校领导、相关部门负责人与老师们就相关话题进行回应与互动，共同探讨研究。

曹毓民对老师们的发言进行点评交流。他指出，学校的发展离不开教师的强力支撑，人才的发展也离不开学校提供的环境和条件，两者相辅相成。他祝愿广大教师在职大校园里愉快工作、勤奋工作，幸福生活、快乐生活，教书育人、潜心科研，多出成果、出好成果。

钮雪林在总结发言时提出，学校发展的根本标志是人才。他从学校和教师两个层面，提出具体要求。在学校层面，要出台更好的人才政策，要提供落实人才政策的支撑环境与服务质量，要制定更科学合理的考核制度。在教师层面，每位教师自身要努力、勤奋，要积极参加、领衔团队平台建设，要不断发扬创新进取精神，促进学校和自身的持续发展。他希望全校教师要将疫情防控与各项事业发展统筹起来，以优异的成绩、标志性成果迎接党的二十大和学校第三次党代会的顺利召开。

（党委办公室）

学校召开2021质量文化重点建设年总结暨2022专业数字化改造融合化转型发展重点建设年工作部署会议

4月29日上午，学校召开2021质量文化重点建设年总结暨2022专业数字化改造融合化转型发展重点建设年工作部署会议。学校党委书记钮雪林，校长曹毓民，党委副书记、副校长刘丹，副校长熊贵营、张健，纪委书记蔡晓平，副校长孙学文，各学院（部）、各部门主要负责人参加会议。会议由曹毓民主持。

刘丹首先做题为"发力五大重点　推动五个跃升　以质量文化推进学校高质量发展"的总结报告，围绕铸魂育人成效、人才培养质量、科研服务能力、办学运行效能、产教融合发展等五5个方面，回顾总结2021质量文化重点建设年工程取得的成绩。

孙学文结合《苏州市职业大学2022专业数字化改造融合化转型发展重点建设年实施方案》，阐述2022年重点建设年工程的背景、思路，对重点工作进行布置，要求将今年的重点建设年工程与学校年度工作任务、标志性成果产出、"对标找差"指标、"十四五"事业发展内涵质量指标等结合起来，以强势的专业、专业群、专业集群创新发展，形成多方面突破性成效。

钮雪林做题为"精神再振奋　行动再提速　奋力推动学校重点建设年工作再上新台阶"的总结讲话，充分肯定2021质量文化重点建设年取得的成绩，要求持之以恒抓好这项工作，把质量文化作为学校高质量发展最基础、最深厚、最持久的力量，凝聚"创新争先、创优争光"的奋进力量，为学校高质量发展、高水平拓进提供强有力的支撑。为进一步组织实施好2022专业数字化改造融合化转型发展重点建设年工程，他强调，一要紧扣数字经济发展和学校专业建设实效，在任务目标上再聚焦；二要紧扣融合创新转型发展，在工作推进上再聚神；三要紧扣标志性成果和关键性指标，在责任落实上再聚力。他指出，全校上下要拿出争创一流的志气、昂扬奋进的士气、开拓进取的锐气，以逢山开路、遇水搭桥的勇气和功成不必在我、功成必定有我的定力，对标找差、赶超跨越、奋勇拼搏，在2022年做出新进步、取得新突破，以优异成绩迎接党的二十大和学校第三次党代会的顺利召开。

曹毓民要求全校上下贯彻落实好此次会议精神，一要凝心聚气、勇于担当，切实组织实施好数字化改造融合化转型发展各项任务；二要强化落实、真抓实干，把责任再压实、工作再落实、措施再抓实；三要夺取"双胜利"，交出"新答卷"，落实好校党委的各项工作部署，推动学校高质量发展，夺取学校事业发展和疫情防控的"双胜利"。

（党委办公室）

学校召开审计委员会工作会议

4月29日下午，校党委书记、审计委员会主任钮雪林主持召开学校审计委员会工作会议，校长、校审计委员会副主任曹毓民，校党委副书记、副校长刘丹，纪委书记蔡晓平出席会议，校审计委员会全体成员参加会议。

会议学习传达新修订的《中华人民共和国审计法》，听取审计处关于2021年审计工作开展情况的汇报，讨论并审定学校2022年度审计工作计划，就领导干部经济责任审计述职报告模板征求与会委员的意见。各位委员充分肯定学校内部审计工作在规范管理、加强内控、防范风险、提质增效中发挥的重要作用，对模板的内容提出宝贵的修改建议。

蔡晓平指出，要高度重视审计发现问题的督查整改，不能“一审了之”，把问题整改作为审计工作的“生命线”，常抓不懈，推动审计整改到位，为学校各项事业健康发展保驾护航。

刘丹强调要依法依规加强对领导干部经济责任审计和建设工程项目的监督力度，对审计发现的问题要进行归类和总结，加强制度建设和长效机制的建立，将审计整改落到实处，为学校事业高质量发展提供有力保障。

曹毓民着重要求对工程审计从项目立项、现场监管、变更签证和现场验收等4个重要环节加强监督，有效规避风险，切实维护学校经济利益，确保学校经济活动健康有序进行。

最后，钮雪林对学校的审计工作提出四点要求：一是高质量开展好审计工作，二是高标准做好审计整改，三是高要求运用好审计结果，四是高水平建设好审计队伍。同时希望审计部门紧紧围绕学校高质量发展目标，进一步强化与纪检、财务等监督部门的联动，不断提升工作水平，为学校各项经济运行把好关，推动审计工作向更高水平迈进。

（审计委员会办公室　审计处）

学校召开2021年度综合表彰大会暨党委人才工作会议

5月25日，学校召开2021年度综合表彰大会暨党委人才工作会议，表彰过去一年学校在各方面工作中涌现出的优秀项目，全面总结、部署学校人才工作，对学校人才政策进行解读，持续增强广大教师干事创业的热情和担当有为的干劲，加快全国一流品质院校建设步伐。会议采取主会场加线上分会场的方式进行。校党委书记钮雪林，校长曹毓民，党委副书记、副校长刘丹，副校长熊贵营、张健，纪委书记蔡晓平，副校长孙学文，中层干部及省级以上高层次人才代表，在图书馆剧场参加会议，全体教职员工在线参会。

曹毓民宣读《关于公布2021年度综合表彰项目及内涵质量建设创新工作项目的决定》。学校对特别贡献项目“突出服务地方经济社会发展办好高职教育，人才培养、横向技术服务和社会培训得到扩面提质增效，为苏州产业升级做出积极贡献”，突破项目“合作项目‘低场核磁共振技术在食品快速检测中的创新应用及系统开发’获2021年度江苏省科学技术奖一等奖”，“学校获评江苏省智慧校园示范校”等7个创优项目，“学校顾梅老师家庭入选首批‘全国教育世家’”等5个特色项目进行表彰。

大会期间，电子信息工程学院院长邓建平结合工科高水平拓进、抓好平台建设发言；计算机工程学院院长鲜学丰结合创新发展、打造高质量团队发言；教育与人文学院院长吴隽结合注重激发教师积极性、获取高层次奖项发言；管理学院院长孟利琴结合自身资源，创建特色优势发言。

曹毓民做学校人才工作总结报告，从推进人才强校战略、深化人才发展机制、聚焦内涵质量提升、持续打造智力引擎等4个方面进行全面总结和部署。他指出，学校将继续深入推进以人才引领发展战略，以更高的站位、更宽的视野、更实的举措尊重人才、培养人才、成就人才、服务人才，打造与推进学校治理体系和治理能力现代化要求相适应的各类高素质专业化人才队伍，为学校事业高质量发展提供人才支撑和智力保障。

刘丹对学校最新人才政策做详细解读。强调当前形势下，做好人才工作的紧迫性和重要性。对最新出台的人才文件的指导思想、目标任务、保障措施等内容进行解释与说明。鼓励广大教师积极提升双师素质，参与团队建设，不断适应并推动学校内涵式高质量发展。

钮雪林代表学校党委和行政，向获得表彰的项目和单位表示热烈的祝贺，向为学校发展做出贡献的老师们表示由衷的敬意。他指出，过去一年，学校教学科研有了新突破、校地合作有了新发展、国际交流有了新亮点、服务地方能力有了新提升，这些成绩的取得，是广大教师干事创业、不懈追求的结果。

钮雪林强调，今年是学校建设江苏省中国特色高水平高职学校的决胜之年，任务重、要求高。学校要按照年度“一稳三进”工作总要求，统筹做好疫情防控和事业发展，在各方面都实现更高水平拓进。他提出3项要求。第一，要坚持建设全国一流品质院校。要直面学校发展中的不足，树立远大志向、坚强信心，以必争一流、锐意进取的志气和魄力，持之以恒将蓝图变成现实。第二，要坚持“打造高原、勇攀高峰”。全面建设适应高质量发展需要的人才队伍，设立“教授·博士日”，打造“人在职大尽其才”工作品牌；加快推动专业的数字化改造融合化转型发展，切实增强学校的核心竞争力和影响力；倾心尽力做优“营教”“营学”“营研”环境，更好“成就教师、成就学生”。第三，要坚持“只争朝夕、不负韶华”。要让“树标杆、求突破、争一流”蔚然成风，让“善创新、敢担当、勇作为”蔚然成风，让“抓落实、促实干、求实效”蔚然成风，切实把学校的资源优势转化为产出、贡献的成果优势，更好打造学校的特色品牌。

钮雪林号召全体教师，要迅速行动，振奋精神、盯紧目标，鼓足干劲、狠抓落实，在夺取疫情防控和事业发展“双胜利”的伟大斗争中冲在最前列，以优异成绩迎接党的二十大和学校第三次党代会顺利召开。

（党委办公室　校长办公室　组织人事部）

学校召开保密宣传教育工作会议

为深入贯彻落实中央对保密工作的决策部署和习近平总书记对保密工作的指示批示精神，按照苏州市委机要保密局加强保密宣传教育工作相关要求，普及保密知识，切实提高领导干部保密工作能力水平，做好学校保密工作，不断增强保密意识，增强保密观念，筑牢保密防线。5月25日，学校召开保密宣传教育工作会议，开展保密专题课活动。全体中层干部参加本次会议。

校党委副书记、副校长、保密委主任刘丹围绕保密工作优良传统、保密工作严峻形势、全国两会安全保密新话题等内容展开讲解，强调领导干部要认清严峻形势，牢记保密工作的责任使命，抓好服务党的二十大胜利召开这项重大政治任务，加快形成上下贯通、执行有力的保密工作格局，持续建设对党忠诚、胸怀大局的保密队伍，扎实推进保密工作，把各项保密工作落到实处。

（党委办公室）

学校第七届教代会第五次会议召开

6月8日下午，学校第七届教职工代表大会第五次会议在图书馆剧场举行。学校党委书记钮雪林，校长曹毓民，党委副书记、副校长刘丹，副校长熊贵营、张健，纪委书记蔡晓平，副校长孙学文出席会议。大会由刘丹主持。130余名代表（含特邀代表、列席代表）参加大会。

曹毓民在开幕式上做题为“聚力‘一稳三进’　建设高水平院校　以优异成绩迎接党的二十大和校第三次党代会胜利召开”的工作报告，全面回顾学校第七届教代会第四次会议以来的主要工作和取得的成绩，明确提出今后工作的思路和重点。曹毓民指出，自七届四次教代会以来，在校党委的正确领导下，学校认真贯彻党的路线、方针、政策，在突出政治建设、加强顶层设计、深化教学改革、强化激励导向、拓展育人平台、推动资源共享、增强保障能力等方面做出积极努力。下一步，学校将围绕“一稳三进”工作总要求，统筹好疫情防控和事业发展，用好时代机遇，建强平台团队，加快开放融合，提优发展环境，全力以赴实现学校各项事业更高水平拓进。

会上，财务处处长李羽做学校财务工作报告，总结学校2021年度主要财务工作和财务收支的基本情况，明确2022年财务工作要点。校党委委员、组织人事部部长魏影做设立“教授·博士日”的提议，旨在打造“人在职大尽其才”工作品牌，必将推动学校作风效能、师德师风、人才队伍建设，激发人才创新活力，持续汇聚强劲发展动能，为学校高质量发展提供人才支持。

开幕式结束后，参加会议的全体代表和列席代表分5个代表团，讨论审议学校校长工作报告、财务工作报告和设立“教授·博士日”的提议。与会代表以高度的使命感和责任感，认真履行民主权利，积极建言献策，体现出强烈的民主参与意识。

钮雪林在闭幕式上做题为“凝心聚力　履职尽责　进一步推动学校高质量发展、高水平拓进”的总结讲话，就学校当前及今后一段时间的工作，提出三点意见：一是凝聚共识，发挥教代会在办学兴校中的重要作用；二是示范引领，画出学校高质量发展的最大同心圆；三是对标对表，提升学校高水平拓进的核心竞争力。钮雪林强调，2022年是党的二十大、学校第三次党代会召开之年，是全面落实省、市党代会部署的开局之年，也是学校建设江苏省中国特色高水平高职学校的决胜之年，全校教职员工要在学校党委的坚强领导下，凝心聚力、乘势而上，只争朝夕、真抓实干，奋力夺取疫情防控和事业发展“双胜利”，大踏步走向充满希望的未来，以更加优异的成绩迎接党的二十大和学校第三次党代会的顺利召开。

（工会）

学校党委全面深化改革委员会召开第七次工作会议

6月9日上午，学校党委全面深化改革委员会召开第七次工作会议，听取学校教师、学生“一张表”信息化管理推进工作和学校思想政治工作任务清单落实情况汇报，讨论学校绩效考核优化方案和人员总量管理实施后内设机构部门职责。会议由学校党委书记钮雪林主持，党委副书记、校长曹毓民，党委副书记、副校长刘丹，副校长熊贵营，纪委书记蔡晓平，副校长孙学文以及相关部门、各学院（部）主要负责人参加会议。

会议肯定学校教师、学生“一张表”信息化管理工作取得的阶段性成果，要求以列入教育部第一批职业院校数字校园建设试点工作为契机，持续推进项目建设，优化完善系统功能，打造具有学校自身特色的数字管理系统。会议指出，数字化、信息化是大势所趋，推进信息化管理工作是促进学校内涵式高质量发展，提高学校治理能力，提升人才培养质量的重要保障，全校各部门、各学院（部）要加强联动配合、消除信息孤岛、注重资源整合、重视数据安全，统一思想、形成共力，协同推进信息化建设新发展。

会议强调，学校绩效考核要在原有基础上加以优化完善，减少一般性的、低水平项目的考核，加重对高质量成果、高水平奖项的奖励力度，突出高质量发展导向；要对量化考核的分数比例加以适当调整，实现精准考核、高质量考核，调动广大教职员工干事创业、创新发展的积极性、主动性，切实提高学校的教育教学质量、科研水平和社会服务能力。

会议指出，要按照上级要求并结合学校实际，进一步加强学校思想政治工作，优化完善任务清单，使任务清单具体化，更有操作性。根据会议讨论意见对任务清单修改完善后，由党委发文施行。要落实责任、定期督办，确保各项工作落实到位，扎实推进学校思想政治工作高质量发展。

会议认为，根据《江苏省高等学校人员总量内设机构领导职数管理办法（试行）》，学校内设机构部门职责要进一步加以梳理，内容要精简整合，表述要简练精准，部门之间的职责界定不能重复。同时要对科室设置、人员编制配备进行研究，从紧掌握。

（党委办公室）

学校召开2022年思想政治工作年会

6月15日下午，学校在惠和楼317会议室举行2022年思想政治工作年会。校党委书记钮雪林出席会议，会议由校党委副书记、副校长刘丹主持。党委办公室、宣传统战部、团委、教务处、学生工作处、保卫处、信息中心等部门主要负责人，各学院（部）党总支书记、副书记和学工办主任、团委书记以及思政教师代表参加本次会议。

会议播放学校《数字化赋能思想政治教育　多维度推进“三全育人”综合改革》视频，重点展现学校近年来在思政工作，特别是数字化思政工作方面的创新举措和积极成效。宣传统战部副部长刘伟汇报2022年苏州市职业大学大学生政治意识调查问卷数据分析情况。学校连续多年开展在校大学生思政调研，为思政工作的研判提供鲜活、有效的一手数据资料，及时掌握学生思想动态，增强思政工作的针对性和实效性。

艺术学院党总支书记陈刚以“大‘美’思政　育学生至‘美’青春”为题，围绕“助‘美’育人”“寓教于‘美’”“党建+美育”等3个方面，介绍艺术学院打造“大‘美’思政”的特色思政品牌，开拓美育载体、丰富美育内涵的特色思政教育之路。电子信息工程学院分团委书记陶静以“铸造‘五色育人’品牌 深化‘三全育人’改革”为题，从“建强队伍”“创新方法”“精业长技”“向阳携行”“筑牢底线”等5个方面，分享电子信息工程学院培养有本领、有担当的时代新人的思政教育举措。

钮雪林做题为“旗帜鲜明讲政治 守正创新争一流 凝聚强大合力高质量推动思想政治工作创新发展”的总结讲话，对下一阶段学校的思想政治和意识形态工作，提出三点要求。一是要落实好学校思想政治工作主要任务清单，切实强化责任担当；二是要落实好学校思想政治理论课教学改革，切实发挥课堂教学主渠道作用；三是要落实好学校新一轮文明校园建设各项要求，切实提高以文化人水平。

钮雪林强调，做好思想政治和意识形态工作责任重大、使命光荣，要紧密团结在以习近平同志为核心的党中央周围，深刻领会习近平新时代中国特色社会主义思想，认真落实全国、全省高校思想政治工作会议精神，紧紧围绕立德树人根本任务，真抓实干，勇于担当，奋力开创学校思想政治工作新局面，为建设全国一流品质院校汇聚强大力量，以优异成绩迎接党的二十大和学校第三次党代会顺利召开！

（宣传统战部）

学校举行第9期“对话苏职大发展”活动

6月24日下午，学校第9期“对话苏职大发展”活动在惠和楼215会议室举行。本次活动主题是“我为两委工作报告建言献策”。12名来自各学院（部）以及管理和教辅部门的教师代表，围绕主题展开热烈讨论。校党委书记钮雪林，校长曹毓民，党委副书记、副校长刘丹，副校长熊贵营、张健，纪委书记蔡晓平，副校长孙学文，相关部门主要负责人以及各学院（部）院长（主任）参加活动。活动由钮雪林主持。

对话期间，参会老师结合单位及个人工作实际，从不同视角和层面，回顾学校第二次党代会以来取得的主要成绩、特色亮点和成功经验，对今后5年学校的发展提出各自的意见建议和期待愿景。校领导，相关部门、学院（部）负责人与教师们进行互动与交流，共同总结成绩、展望未来。

曹毓民指出，教师们的发言充分表达出对学校的浓浓爱心，这不仅是对学校工作的积极肯定，更是对学校发展的鞭策和鼓励。教师们从不同角度提出的意见和建议，既实在又聚焦，为学校第三次党代会两委工作报告的起草，提供了很多思路、内容、素材和亮点。

钮雪林认为，本次会议效果好、质量高。“对话苏职大发展”活动是一个畅通交流的好平台。教师们向学校建言献策，是学校民主管理、民主治校的重要体现。他指出，教师是学校发展的第一资源，教师强、学校强，教师兴、学校兴。要以设立“教授·博士日”为契机，切实服务人才、推动成才，最大化发挥人才作用。过去5年，学校坚持“成就教师、成就学生”理念，出台一大批政策制度，鼓励名师大师、领军人物、高水平团队不断涌现，在许多方面、不少领域都取得历史突破性成果。

钮雪林强调，在看到成绩的同时，还要看到需要努力的方向，要将“双高计划”院校和职业本科建设工作整合推进，不断提升内涵质量，积聚力量，打造高质量团队、平台和领军人物。希望广大教师自觉扛起教书育人、科学研究、服务社会的重任，为自身事业进步和学校更好发展，贡献更多才智和力量，以优异成绩迎接党的二十大和学校第三次党代会的顺利召开。

（党委办公室）

学校举行庆祝中国共产党成立101周年暨第十六届“先锋论坛”总结表彰大会

6月29日下午，学校在图书馆剧场召开庆祝中国共产党成立101周年暨第十六届“先锋论坛”总结表彰大会。校党委书记钮雪林，校长曹毓民，党委副书记、副校长刘丹，副校长熊贵营、张健，纪委书记蔡晓平，副校长孙学文，各管理教辅部门负责人，各党总支书记、副书记，各学院（部）院长（主任），各党支部书记，2021年度优秀共产党员代表和各学院（部）教师党员代表共140余人参加会议。

坚持党建引领，弘扬先锋力量。大会首先由第十六届“先锋论坛”承办单位外国语学院党总支书记季宇平做活动总结报告。本届“先锋论坛”围绕“赓续红色血脉，喜迎二十大召开”主题，通过开展“感悟榜样力量，寻访校园里的红色故事”、“喜迎二十大·一起向未来”主题征文、“勇抗新冠疫情　勇当热血尖兵”抗击新冠疫情先进案例征集等系列活动，进一步巩固党史学习教育成效，拓展党建工作思路，凝聚师生员工奋进的力量。

曹毓民宣读在第十六届“先锋论坛”活动中取得优异成绩的先进集体表彰决定。钮雪林、曹毓民分别为活动优秀组织奖和组织奖单位颁发纪念铭座。管理学院党总支将承办第十七届“先锋论坛”，钮雪林、季宇平、管理学院党总支书记徐伟共同启动徽章交接。徐伟介绍第十七届“先锋论坛”活动方案。

聆听抗疫故事，弘扬抗疫精神。在今年的疫情阻击战中，学校党员教师主动领任务、见行动，争当排头兵。各党总支（直属党支部）党员志愿者代表倾情讲述照片背后的战“疫”故事。大会播放学校众志成城、一心抗“疫”的视频集锦，充分展现学校广大师生绽放战“疫”青春、彰显使命担当的精神力量，极大鼓舞职大人干事创业的昂扬斗志。

树立榜样标杆、激励勇毅前行。大会对2021年度校优秀共产党员进行表彰，对机电工程学院党总支“红色工匠”、管理学院党总支“知行致远”、图书馆直属党支部“承文启思”等3个示范“基层党组织书记工作室”，通信技术系党支部周燕工作室、体育部党支部曹湘工作室等4个“双带头人”教师党支部书记工作室，“红色文化传承”服务先锋岗、汪义旺同志科创先锋岗等8个“党员先锋示范岗”进行授牌。

忆党史颂党恩，书写青春答卷。在“我心目中的中国共产党”主题朗诵中，青年党员用激情昂扬的信仰之声，讲述中国共产党走过的漫漫历史征程，表达对党的无限热爱，展现新时代青年党员的使命担当。他们抒情道：不管是1921年，还是2022年，共产党是我们共同不变的初心。他们感恩道：我们心目中的共产党，朝气蓬勃、斗志昂扬，正领导着我们向着实现民族复兴的伟大目标奋勇前行。

钮雪林代表学校党委向受到表彰的基层党组织和党员表示热烈祝贺，向辛勤工作在教学、科研、管理、服务等各条战线上的全体党员，致以节日问候。同时，对今后的工作提出要求：一是要扎实推进基层党组织建设，全面提升党员素质，全校各级党组织和党员领导干部要切实落实管党治党主体责任，不断夯实基层党建坚强堡垒；二是要坚持思想引领，不断提高政治站位，抓好思想政治工作，牢牢把握意识形态工作的领导权和主动权，落实立德树人根本任务，增强奋发向上的精神动力；三是要凝聚智慧力量，深入开展迎接学习宣传党的二十大主题宣传教育活动，持续加强党建引领群团建设，积极打造党建工作品牌，充分激发推动学校发展的合力。

钮雪林号召全校师生进一步统一思想、凝神聚力，增强责任感、使命感，强化党建引领，积极担当作为，统筹抓好事业发展和疫情防控各项工作，以优异成绩迎接党的二十大和学校第三次党代会的顺利召开！

（组织人事部）

学校召开2022年发展研讨会

7月5日，为起草好学校第三次党代会两委工作报告，围绕“总结近5年工作，谋划后5年发展”主题，学校召开2022年发展研讨会。校党委书记钮雪林，校长曹毓民，党委副书记、副校长刘丹，副校长熊贵营、张健，纪委书记蔡晓平，副校长孙学文，各学院（部）党政主要负责人、各部门主要负责人参加会议。会议由钮雪林主持。

会上，各学院（部）、各部门围绕学校两委工作报告，回顾学校第二次党代会以来，近5年取得的主要成绩、特色亮点和成功经验，思考学校存在的短板、弱项和努力方向，谋划今后5年学校的发展重点、突破领域和创新举措。

各位校领导立足学校发展全局，围绕研讨主题，结合各自分管工作，对学校党组织建设、思政工作、人才培养、专业建设、校地合作、招生就业、师资队伍、信息化建设、党风廉政建设等方面进行深刻分析，就今后5年学校如何实现持续高质量发展提出思路、设想和要求。

曹毓民指出，过去5年，学校广大干部教师，众志成城、攻坚克难，取得一个又一个胜利。今后5年，在谋求发展进程中，要始终保持突围低谷、负重爬坡的心态和姿态，冷静分析需要克服的困难和问题。要接受当下，集中精力解决问题。要不惧失败，善于适时优化策略走出困境。要始终拥有乐观心态和长远眼光，推进各项工作。广大干部在工作中要以时时放心不下的责任感担当作为，求真务实、勤勉工作、履职尽责、干出实绩。

钮雪林做总结发言，指出过去5年，学校在许多领域取得办学历史上的突破性进步，这为今后5年的工作开启了良好势头。他强调，要持之以恒坚持改革创新，发挥政策机制的激励作用，打造特色鲜明的优势品牌，提升服务地方能力，强化现代治理能力建设，全面推进党的建设。要进一步完善好学校两委工作报告，确定学校今后5年的总体目标定位，制订行之有效的指标体系和重点建设项目规划。全校各级领导干部要以“功成不必在我，功成必定有我”的精神境界和历史担当，满怀强烈的事业心、责任感和荣辱感，调动主动性，激发进取心，以奋发向上的激情推动学校更高质量发展、更高水平拓进，以优异成绩迎接党的二十大和学校第三次党代会顺利召开。

（党委办公室　校长办公室）

学校召开干部大会宣布省委关于调整学校主要领导的决定

8月10日上午，学校在惠和楼317会议室召开全校干部大会，宣布江苏省委关于学校主要领导调整的决定。苏州市委常委、宣传部部长金洁，江苏省委组织部干部五处副处长滕凯，苏州市委组织部副部长、市公务员局局长沈玉明，学校全体校领导、中层干部，部分老领导，高级职称教师代表、区级以上“两代表一委员”、民主党派负责人参加会议。会议由钮雪林主持。

滕凯副处长首先宣读省委对学校主要领导调整的决定：曹毓民任苏州市职业大学党委书记，免去钮雪林苏州市职业大学党委书记、委员职务；温贻芳任苏州市职业大学校长（试用期一年），免去曹毓民苏州市职业大学校长职务。

金洁部长在会上讲话。她指出，近年来，苏州市职业大学领导班子在省委和市委的坚强领导下，团结带领全体师生员工，坚持以习近平新时代中国特色社会主义思想为指导，深入学习贯彻党的十九大和十九届历次全会精神，认真贯彻党的教育方针，围绕中心奋力拼搏，推动学校各项事业迈上新台阶。她充分肯定学校近年来所做的工作和取得的成绩，对钮雪林为苏州职业教育事业所付出的辛勤努力给予高度评价和衷心感谢，同时进一步就新领导班子建设和学校提质升级深化高质量发展提出三点要求。一是要把牢办学方向，坚决扛起苏州职业教育新使命；二是要着眼长远发展，奋力开创学校建设发展新局面；三是要激发活力动力，积极展现职大干部队伍新气象。她希望新领导班子集体在省委、省政府和市委、市政府的坚强领导下，坚持集思广益、科学决策，带领全体教职工凝心聚力、团结协作，为奋力谱写“强富美高”新苏州现代化建设新篇章贡献力量，以实际行动迎接党的二十大胜利召开。

新任校党委书记曹毓民表示坚决拥护省委、市委的决定，感谢组织的培养和信任，感谢学校历届领导班子为学校发展做出的贡献，特别感谢钮雪林的辛勤付出，并对温贻芳加入苏职大领导班子集体和担任校长职务表示热烈的欢迎。他表示将坚决落实上级关于建设高水平高职院校的工作部署，在新的岗位上在以下4个方面下功夫。一是坚持高站位、大格局、宽视野，努力做到信仰坚定、政治过硬；二是严格落实全面从严治党要求，压紧压实党建主体责任，聚焦党建主责主业，把中央、省委、市委各项决策部署真正落到实处；三是着力激发追求卓越、争创一流的干事热情，建设团结奋进的领导班子和充满活力的干部队伍，增强党员干部和教职员工的担当意识，以时不我待、只争朝夕的进取精神扎实推进学校事业发展；四是坚持慎独、慎微、慎初、慎终，做到严以修身、严以用权、严以律己，时刻做到自警、自省、自励，树立党员干部的良好形象。

新任校长温贻芳表示坚决拥护省委、市委的决定，并做3个方面表态。一是做好职大人。虚心向班子的同志请教，向职大的老领导学习，倾听师生员工的意见，用最短的时间了解学校，融入学校。二是担好职大事。在以曹毓民书记为班长的校党委领导下，贯彻好学校党委改革、发展、稳定的各项决策部署，瞄准“十四五”规划目标，落实立德树人根本任务，推动学校人才培养、科学研究、社会服务、文化传承创新等各方面工作再上新台阶，为苏州和全省经济社会高质量发展再做新的工作贡献。三是与职大共成长。秉承苏职大“勤勇忠信”校训，把时间用在学习上，把精力用在工作上，把心思用在发展上。带头恪守纪律规矩，廉洁自律，维护好班子的集体形象；带头强化责任担当，挂帅出征，敢闯敢试敢做敢当；带头凝聚团结力量，发挥集体智慧，汇聚起干事创业的强大正能量。

钮雪林表示坚决拥护省委、市委关于苏州市职业大学党政主要领导调整的决定。他深情回顾在学校用心、用情、用力工作的岁月，表示7年来和党委一班人团结共事，和谐相处；注重把握工作大局，以内涵式高质量发展为主线，建设全国一流品质院校；积极落实立德树人根本任务，立足培养“高品德、高技能、高适应”的社会主义建设者和接班人，将校企合作提升到“全方位、全领域、全过程”的校地全面合作；坚持践行“成就学生，成就教师”的理念；努力提升学校服务社会发展的贡献度，倡导将论文写在苏州大地上，把科研成果根植在苏州土壤中；高度重视党的建设和思想政治工作，创新推出“校内校外共结对，融合党建育英才”活动等，表达对学校的深切热爱之情。他诚挚感谢上级领导对学校的关心支持，以及学校党政班子和全体师生员工多年来的共同努力，并表示将继续关注和支持学校的发展，祝愿学校在新的领导班子的带领下取得新的更大发展。

干部大会前，学校在惠和楼215会议室召开学校领导班子见面会。苏州市委常委、宣传部部长金洁，江苏省委组织部干部五处副处长滕凯，苏州市委组织部副部长、市公务员局局长沈玉明出席会议。学校新老领导班子成员参加会议并做表态发言。

（党委办公室　校长办公室　组织人事部）

江苏省青年志愿服务培训基地（苏州）在学校揭牌成立

8月17日，2022年江苏省县级青年志愿者协会和骨干志愿者培训班开班仪式、江苏省青年志愿服务培训基地（苏州）揭牌仪式在苏州开放大学举办。江苏团省委二级巡视员施静芝，学校副校长熊贵营，苏州团市委副书记王超以及全省60余名县级青协骨干志愿者参加活动。

施静芝做动员讲话，希望学员能够在学习中自觉用习近平新时代中国特色社会主义思想武装头脑、指导实践，推动本次培训内容落地见效。熊贵营代表学校欢迎学员参加此次培训，表示将在培训过程中竭诚做好服务工作。施静芝、熊贵营、王超共同为江苏省青年志愿服务培训基地（苏州）揭牌。江苏省青年志愿服务培训基地（苏州）是由江苏团省委社会联络部指导成立，苏州团市委志愿者行动指导中心主管，由苏州市职业大学志愿者学院负责具体运营，旨在为全省青年志愿服务发展提供系统化、规范化服务的专业培训基地。

江苏省青年志愿服务培训基地（苏州）是上级团组织对学校青年志愿服务工作的肯定。学校将依托省青年志愿服务培训基地建设，创新工作举措、助力青年建功，为江苏青年志愿者事业发展贡献青春和力量。

（团委　志愿者学院）

2022年江苏省县级青年志愿者协会和骨干志愿者培训班在学校成功举办

8月16—18日，由江苏团省委主办、苏州团市委承办、学校团委协办的2022年江苏省县级青年志愿者协会和骨干志愿者培训班在学校成功举办。60余名来自全省各设区市团委青年志愿服务工作负责人、县级青年志愿者协会负责人参加线下培训班，1000多名青年志愿骨干参加线上培训。

本次培训班课程紧扣主题，安排集中培训、讨论交流、实践见学等环节，兼具理论性和实操性，帮助学员更好地理解县级青年志愿者协会建设的重要意义，在学习中增强服务意识、明确建设要求，提高工作效能。

集中培训中，苏州大学马克思主义学院院长田芝健教授以“青春赛道奋勇争先，民族复兴堪当重任”为题，带领学员们学习习近平总书记在庆祝中国共产主义青年团成立100周年大会上的重要讲话精神，讲授百年青年运动史和中国革命史，阐述共青团坚定不移跟党走、为党和人民奋斗的初心使命。

团中央青年志愿者指导中心组织培训处处长张帆以“县级青年志愿者协会运行、管理与活力提升”为题，介绍县级青年志愿者协会建设背景和意义、总体思路、方法路径，对如何做好县级青年志愿者协会工作提出具体的要求和理论实践。

南京理工大学李学斌副教授以“社区志愿服务理论与实践”为题，从社区志愿服务的概述、中国社区志愿服务的宏观实践和微观实践方面进行论述，为学员如何做好社区志愿服务指明方法。

实践见学中，学员们前往苏州市吴江区，走进“环长漾”青年乡村振兴线路，感受吴江区别样的乡村振兴青春气息；走进平望镇庙头村米约中心，体验农耕文化和稻作文化创意；走进后港镇特色田园乡村，在乡邻中心、318青年旅社、长漾里展板、长young·青年学习社等场地，近距离感受“酱心”独韵的吴江特色田园乡村，领悟现代产业升级和乡村振兴碰撞出的独特的青春元素。

本次培训班是团省委加强全省县级青年志愿者协会规范化建设的重要举措，也是展示学校志愿服务工作，提升学校社会化培训能力的一次检验。今后，学校将继续对外加强交流，积极整合资源，助力志愿服务工作更上新台阶。

（团委　志愿者学院）

学校召开疫情防控专项工作会议

为认真做好2022年秋季学期师生员工返校报到疫情防控工作，8月19日上午，学校召开疫情防控专项工作会议。校党委书记曹毓民，校长温贻芳，副校长熊贵营、孙学文，以及党委办公室、校长办公室、教务处、学生工作处、总务处、保卫处、信息中心、开放大学管委会、国际学院、学园公司等部门主要负责人参加会议。会议由熊贵营主持。

会上，熊贵营、孙学文进行工作部署。校疫情防控办汇报常态化防控和应急处置方案、教职员工返校报到方案，学生工作处汇报学生分批返校报到方案等有关工作，教务处汇报秋季学期英语、计算机考试考生和相关准备工作，总务处汇报教职员工有关情况和校园防疫物资等准备状况，继续教育学院汇报“专接本”学生有关情况，其他参会部门分别汇报各自条线的工作准备进展。

温贻芳指出，要高度重视学校疫情防控工作，认真贯彻落实上级要求，把师生返校开学、大学英语四六级考试、计算机考试的准备工作做得更加细致周到，加强人员信息摸排和提前预判，务必将准备工作前置，做到事项精准、人员精准、时间精准。

曹毓民强调，要认真领会上级疫情防控工作的最新精神和要求，高度关注疫情形势，加强对校园疫情防控工作研判，不断完善有关工作方案，各司其职、分工负责，严格按照规程办事，进一步提升应急处置能力，全力保障师生生命健康、教学秩序稳定和学校各项工作平稳推进。

（疫情防控工作领导小组办公室）

学校举行庆祝教师节大会

三尺讲台守初心，四季耕耘育桃李。9月9日下午，在第38个教师节到来之际，学校在惠和楼215会议室举行“匠心筑师魂，喜迎二十大”庆祝教师节大会。全体校领导，管理教辅部门负责人，各学院（部）院长（主任）以及师生代表欢聚一堂，共同庆祝这个属于教师的节日。校党委副书记、副校长张健主持会议。

会议播放学校年度师资队伍建设展示视频，重点展现一年来在校党委的坚强领导下，学校持续开展“内培外引”，致力于“聚大师、育名师、强团队”，学校师资队伍建设取得的可喜成绩。

校长温贻芳向辛勤耕耘在教学、科研一线的全校教育工作者致以诚挚的节日问候。她指出，教师是立教之本、兴教之源。广大职大教师牢记使命、不忘初衷，爱岗敬业、教书育人，为学校高质量发展做出重要贡献。当前国家空前重视职业教育的发展，学校也迎来改革发展的重要机遇。学校党委、行政将多措并举，为广大教师提供更好的工作条件，更广的发展平台，让教师们在岗位上更有幸福感、事业上更有成就感、社会上更有荣誉感。

校党委书记曹毓民为第六期省“333高层次人才培养工程”培养对象颁发证书，校长温贻芳为江苏省“双创博士”颁发证书，校党委副书记、副校长张健为2022年省高校“青蓝工程”培养对象颁发证书，副校长孙学文为省职业教育“双师型”名师工作室立项单位、省职业教育技艺技能传承创新平台培育单位颁发证书，校纪委书记庄剑英为苏州市优秀教育工作者颁发证书，副校长张军、王峰为“双师型”教师培养培训基地授牌。

随后，学生代表深情朗诵致敬信《寸草春晖，礼赞师恩》，向老师们送上最诚挚的节日祝福，感恩老师们的辛勤耕耘和默默奉献。同时表示在今后的学习生活中，一定不负师恩，不负韶华，挥洒青春，奋勇前行，用热情与智慧和敬爱的老师们一起续写苏职大的辉煌。

省“333工程”第二层次培养对象、电子信息工程学院教授汪义旺，省高校“青蓝工程”优秀教学团队带头人、商学院教授缪启军和苏州市优秀教育工作者、管理学院副教授王晓雪作为教师代表先后发言。他们结合自身的学习、工作和生活经历，畅谈作为苏职大教师的获得感、幸福感和使命感，并积极为学校未来发展建言献策。

最后，曹毓民代表学校党委再次向辛勤耕耘在教学、科研一线的全体教师致以诚挚的节日祝福和崇高的敬意，充分肯定学校近些年在人才队伍和教师团队建设方面取得的成绩。他指出，国以人立，教以人兴，学校的事业发展，基础在教师，主体是教师，关键还要靠教师。面向全校教师队伍，曹毓民提出四点寄语：一要坚持立德树人，践行“为党育人、为国育才”的初心使命；二要涵养师德师风，秉持“学为人师，行为世范”的高尚品格；三要努力勤修内功，保持“学而不厌、诲人不倦”的进取精神；四要提升荣校意识，激发“校兴有我，校强在我”的责任担当。

曹毓民强调，今年是全面落实省、市党代会部署的开局之年，也是学校跨过“培育”门槛建设江苏省中国特色高水平高职学校的决胜之年，希望广大教职工以高度的责任感和使命感，恪尽职守、奋发有为，凝心聚力，同向同行，进一步推动学校内涵式高质量发展，以优异的成绩迎接党的二十大和学校第三次党代会顺利召开。

（组织人事部）

学校举行2022级新生开学典礼

9月14日上午，学校如期举行2022级新生开学典礼。

此次开学典礼以主会场加分会场的形式进行，主会场设在南区体育馆，分会场设在各学院（部）多媒体教室。主会场与分会场之间通过网络直播进行连接互动。

上午10:00，开学典礼正式开始。校党委书记曹毓民，校长温贻芳，副书记、副校长张健，副校长孙学文，纪委书记庄剑英，副校长张军、王峰出席典礼并在主席台就座。开学典礼由张军主持。主会场的领导和嘉宾还有各学院（部）院长（主任），学校各职能部门主要负责人，教师代表，黄萍校友和新生代表。

出席分会场的有学院（部）领导，辅导员、班主任等教师代表和新同学。

典礼在庄严的国歌声中拉开帷幕。

温贻芳校长致欢迎词。她对同学们选择苏州、选择职大表示热烈欢迎和衷心祝贺。介绍学校悠久的办学历史并对同学们提出殷切期望。希望同学们恪守“勤勇忠信”校训，争做堪当复兴重任的时代新人。要常怀奋进之心，将“小我”融入“大我”；永葆奋斗之姿，将“技术”融入“技能”；砥砺奋发之行，将“专业”融入“事业”，努力成长为胸怀家国、技能报国、筑梦强国的新职大人。

电子信息工程学院薄岑同学作为在校生代表发言，他分享自己在校2年的成长经历，表达对母校和老师们的感激，鼓励学弟学妹们珍惜大学时光，树立远大志向，立身与立学同步，砥砺奋进青春，努力探索无穷的未知和无限的美好。他祝福学弟学妹们都能收获属于自己的无悔青春。

机电工程学院副教授、高级技师、江苏省技术能手苏建老师作为教师代表发言。他分享2位新生从专业学习“门外汉”到获得专业竞赛国赛一等奖的故事。用身边榜样激励同学们，争当新工匠，弘扬劳动精神，提高完善自己；找到新航向，画好路线图，挑战新知识、新技能；都有新收获，用好第一和“第二课堂”，努力学习、积极作为。并表示，将和全体教师一起，爱岗敬业、厚生乐教，和同学们一起奋发进取、共同成长。

商学院2022级法律事务1班的钱晓雯作为新生代表发言。她代表全体新同学向苏职大问好，并向全体新生发出倡议，希望大家向在重庆山火和泸定地震中挺身而出的“00后”榜样们看齐，在“红旗”下奋力奔跑，做一个爱生活的孩子，不忘葆有谦逊之美；做一个爱学习的学生，不断迸发自信之美；做一个爱奋斗的青年，时刻扛起责任之美。

“中国好人”黄萍校友为新生讲述开学第一课。黄萍现任张家港市林业站站长，先后获张家港市“优秀共产党员”、苏州时代新人、苏州市道德模范、江苏好人等荣誉称号。她以“用爱延续爱　用爱传播爱”为题，点滴回忆在母校的求学时光，感慨母校的巨大变化，感恩母校的悉心培养。她深情讲述与好友相识相知的美好岁月。在好友因癌症不幸离世后，她代好友尽孝，对2位失独老人以亲生父母相待，用18年的深情陪伴诠释了“老吾老以及人之老”的中华优秀传统美德，被中央文明办评选为“中国好人”。她高贵的精神催人奋进，大爱无疆的事迹润泽人心，是传播真善美、传递正能量的无愧使者。

校党委书记曹毓民为黄萍颁发“思政导师”聘书。期待黄萍为学校学生带来更多更精彩的思政课程。

最后，全体新同学在国旗下庄严宣誓。

祝福2022级同学们奋力追光、向阳生长，在复兴伟业中续写精彩华章，用骄人业绩喜迎党的二十大胜利召开。

（学生工作处）

学校举行马克思主义学院成立大会

9月14日下午，学校马克思主义学院成立大会暨揭牌仪式在惠和楼215会议室举行。校党委书记曹毓民、校长温贻芳以及相关职能部门负责人出席会议。会议由校党委副书记、副校长张健主持。

会上，校组织人事部副部长金霁宣读学校党委《关于成立苏州市职业大学马克思主义学院的通知》，校党委书记曹毓民、校长温贻芳共同为马克思主义学院揭牌，马克思主义学院教师代表张贺做发言。

最后，曹毓民指出，马克思主义学院的成立，是学校认真贯彻落实习近平总书记系列重要讲话精神，贯彻落实中办《关于加强新时代马克思主义学院建设的意见》的重要举措，也是坚持立德树人、努力践行和培育社会主义核心价值观，培养社会主义合格接班人的客观需要。就切实办好马克思主义学院，他提出四点要求。一是要坚持政治立院。牢固树立“四个意识”、坚定“四个自信”、做到“两个维护”，始终坚持“马院姓马、在马言马”的鲜明导向。二是要坚持质量建院。突出主渠道建设，持续打造思政“金课”，实施“名师”引育工程。三是要坚持科教强院。瞄准省示范马克思主义学院建设，对标找差、补齐短板、攻坚克难、加快发展。他相信，在学校党委的领导下，在马克思主义学院全体老师的共同努力下，马克思主义学院一定能够抓住时代机遇创造更多的发展成果，在教学、科研和社会服务等方面取得更为可喜的业绩，在学校高质量发展进程中做出更大的贡献！

（马克思主义学院）

学校召开全体中层干部会议

9月16日下午，学校在惠和楼317会议室召开全体中层干部会议。校党委书记曹毓民，副书记、副校长张健，副校长孙学文，纪委书记庄剑英，副校长张军、王峰，全体中层干部参加会议。会议由曹毓民主持。

曹毓民首先介绍学校新领导班子成员以及校领导分工、联系学院（部）情况。随后组织全体干部对副校长孙学文试用期满，进行述职考评投票工作。

受校长温贻芳委托，孙学文对近期工作任务进行部署。他指出，新的学期已经开始，全体教职工要以更加昂扬的工作状态，全力投入新学期的工作中来。对照年初校党委制订的工作要点和各项工作计划，推进4项重点工作：一是认真做好迎接党的二十大和学校召开第三次党代会的各项准备工作，二是全力跨过高水平高职学校“培育”门槛，三是大力推进专业数字化改造和数字校园建设，四是统筹做好学校疫情防控工作。

张健布置学校高质量发展综合考核工作。他介绍苏州市高质量发展综合考核政策的出台与背景，以及学校高质量发展综合考核初步方案的具体内容。同时就下一步工作提出相应要求：一是要树牢争先意识，力争优秀；二是要倒排时间，做好最后冲刺准备；三是要深挖潜力，聚力突破关键性指标。

曹毓民总结指出，全体干部和教职员工一是要统一思想、凝神聚力，提高站位抓落实。要在政治建设、思想认识、标准要求上提高站位，全面深入细致做好各项工作。二是要追求卓越、真抓实干，担当作为抓落实。要聚焦标志性成果和关键性指标，把握工作节奏和节点，发扬真抓实干的作风，坚持不懈、脚踏实地、攻坚克难，创造性地推动工作向前发展。三是要安全第一、稳中求进，守牢底线抓落实。要增强风险意识，强化底线思维；坚持源头治理，建设平安校园；弘扬抗疫精神，激发奋进力量。他强调，全校上下要团结一致、携手同心，既要有强烈的危机意识和抢抓机遇、抢争赛道的进取精神，也要有“功成不必在我”的精神境界和“功成必定有我”的责任担当，不断把学校事业推向新高度、新境界，以更加坚实的步伐、更加高涨的干劲，以优异成绩迎接党的二十大和学校第三次党代会的顺利召开。

（党委办公室）

中国共产党苏州市职业大学第三次党员代表大会开幕

9月26日下午，中国共产党苏州市职业大学第三次党员代表大会在图书馆剧场盛大开幕。

大会的主要任务是高举中国特色社会主义伟大旗帜，以习近平新时代中国特色社会主义思想为指导，深入学习贯彻党的十九大和十九届历次全会精神，牢记为党育人、为国育才使命，落实立德树人根本任务，认真总结学校第二次党代会以来的主要工作，研究确定今后5年的奋斗目标和主要任务，选举产生学校新一届党委、纪委，团结带领全校党员和师生员工，同心同德、开拓进取、真抓实干、担当作为，为建设特色鲜明的职业本科院校而努力奋斗。

出席大会开幕式的领导有江苏省委组织部和省委教育工委换届工作督导组组长、南京财经大学原党委书记陈章龙，苏州市人民政府副市长季晶，中共苏州市委组织部副部长、市公务员局局长沈玉明，苏州市委教育工委书记、市教育局局长周志芳，换届工作督导组其他同志、市委组织部、市纪委有关同志也出席开幕式。正式代表139人、列席代表10人参加大会。开幕式由学校党委书记曹毓民主持。

大会在雄壮的《中华人民共和国国歌》中正式开幕。

校长温贻芳首先致开幕词。她指出，学校第二次党代会以来，学校各项事业稳步发展，教育质量不断提高，呈现出良好的发展势头，为学校跨越式发展打下坚实的基础。她强调，此次大会是在学校加快创建江苏省中国特色高水平高职学校、职业本科院校的关键时期召开的一次大会，是学校政治生活中的一件大事，希望全体与会代表以高度的政治责任感和使命感，认真行使代表权利，履行代表职责，以改革创新、科学严谨的精神，以追求卓越、勇于担当的情怀，共商改革大计，共绘发展蓝图，努力把这次大会开成一次民主团结、务实奋进的大会。

副市长季晶在讲话中对过去5年来学校取得的显著成绩予以充分肯定，并提出三点希望和要求：一要聚焦学习贯彻党的二十大精神，着力加强党的全面领导，切实为学校事业发展提供坚强政治保证。希望新一届党委切实加强思想政治建设和办学治校能力建设，努力成为政治坚定、作风优良、团结进取、务实高效、勤政廉洁的坚强领导集体。二要聚焦立德树人根本任务，着力强化思想政治引领，切实培养担当民族复兴大任的时代新人。希望学校强化全国“双高计划”高职学校、职业本科院校建设，彰显办学特色和品牌优势，打造一流品质人才培养高地。三要聚焦高质量发展要求，着力推进学校内涵提升，切实为服务苏州发展贡献更大力量。希望学校始终把内涵质量提升作为学校发展最核心、最紧迫的任务，高质量推动校地融合发展，把人才、技术优势转化为现实的生产力优势，持续增强服务社会和地方发展能力。

开幕式上，九三学社苏州市职业大学支社主委孙春华代表学校各民主党派致辞。

校工会主席、妇联主席吴建英代表群团组织致辞，向大会的召开表示祝贺。

在大会开幕式前举行预备会议，听取大会筹备工作情况报告，审议并通过代表资格审查报告，大会主席团、大会秘书长名单，学校党费收缴、使用和管理情况报告以及大会议程，全体党代表还观看警示教育片。

预备会议后，召开主席团第一次会议，会议明确大会主席团的主要职责，通过大会执行主席建议名单、大会副秘书长名单、各代表团组成及团长建议名单，讨论决定列席人员建议名单，通过大会日程安排。

开幕式后将召开中国共产党苏州市职业大学第三次党员代表大会第一次全体会议。

（党委办公室）

中国共产党苏州市职业大学第三次党员代表大会召开第一次全体会议

9月26日下午，在开幕式后，中国共产党苏州市职业大学第三次党员代表大会举行第一次全体会议。

党委书记曹毓民向大会做题为“继往开来　踔厉前行　为建成职业本科院校而努力奋斗”的报告。

报告共分4个部分，分别为过去5年工作的回顾，发展机遇与我们的任务，今后5年的重点工作，加强和改善党的领导。

曹毓民在报告中回顾和总结学校过去5年取得的各项成就和宝贵经验。他表示：

苏州市职业大学自1981年正式成立以来，筚路蓝缕，栉风沐雨。2003年，原苏州市职业大学、苏州教育学院、苏州市广播电视大学、苏州市职工科技大学四校合并，组建成为新的苏州市职业大学，苏职大人弦歌不辍，薪火相传。学校在第一次党代会后，紧紧抓住"大楼、大师、大品牌"办学主线，励精图治，改革创新，努力开创跨越式发展新局面。学校第二次党代会以来，全校上下坚持质量为先，坚定精准发展，勠力同心，奋力拼搏，为建设全国一流品质院校而不懈奋斗，在许多方面获得新进展、取得新突破，学校事业得到全面发展。

过去5年，我们党建引领坚强有力，不断开创学校事业发展新局面；创新动能有效释放，在创新发展思路、创新工作举措、创新服务师生等方面取得新突破；综合实力整体攀升，教育教学、师资队伍、人才培养、国际交流、文化育人等成果丰硕、成绩喜人；保障能力持续增强，实现依法治校有序推进、治理水平明显提升、办学条件全面改善、疫情防控与事业发展统筹推进；服务社会成效显著，突出两种资源循环共享促进发展、校地协同育人体系建设、科研创新服务能力提升、与地方发展同频共振。5年来取得的成绩令人鼓舞、催人奋进。实践证明，学校的事业发展必须强化党的领导、内涵发展、人才强校和价值引领。

立足新起点，曹毓民强调，今后5年是学校全面提升综合实力、加快建设全国"双高计划"高职院校、实现职业本科院校办学目标的攻坚时期。我们必须准确把握发展形势，抢抓机遇、科学谋划，开启新征程，实现新崛起。未来5年学校工作的指导思想和发展目标是高举中国特色社会主义伟大旗帜，坚决贯彻党的教育方针，牢牢把握社会主义办学方向，紧紧抓住立德树人根本任务，以职业教育高质量发展为主题，以产教深度融合、校地全面合作为主线，实行全国"双高计划"高职院校和职业本科院校建设目标同步推进，努力培养高素质技术技能人才、能工巧匠、大国工匠，为苏州地方发展提供有力人才和技术技能保障。

曹毓民指出，为实现全国"双高计划"高职院校和职业本科院校建设目标，今后5年，全校上下要坚定不移抓内涵，锐意进取促发展，着力做好8个方面的重点工作。一是推进教育教学改革，全面提高育人质量；二是实施人才强校战略，全面增强师资优势；三是激发科研发展潜力，全面促进成果转化；四是推动校地融合发展，全面增强社会服务能力；五是提升开放办学水准，全面拓展国际合作；六是深化数字化治理体系建设，全面激发办学活力；七是彰显特色文化成果，全面坚持价值引领；八是强化办学服务保障，全面优化发展环境。

曹毓民强调，党的领导是学校各项事业发展的根本保证。完成好未来5年各项工作任务，关键在于加强和改善党的领导。一是坚持政治统领，把牢社会主义办学方向；二是坚持党建引领，推动融合创新发展；三是坚持党管干部，打造高素质干部队伍；四是坚持从严治党，营造风清气正生态；五是坚持群众路线，凝聚改革发展合力。

最后，曹毓民满怀激情地号召，全校共产党员、全体师生员工要更加紧密地团结在以习近平同志为核心的党中央周围，在省委、市委的正确领导下，振奋精神、凝心聚力，继往开来、踔厉前行，为建设全国"双高计划"高职院校和职业本科院校做出新的更大贡献，更好助力打造产业发展与教育发展紧密联动、城市能级与人才层级全链契合的新时代教育现代化"苏州样板"，以优异的成绩迎接党的二十大胜利召开！

中共苏州市职业大学纪律检查委员会向大会提交书面工作报告。

根据大会日程安排，9月27日上午，代表们将对中国共产党苏州市职业大学第三次党员代表大会党委报告和纪委工作报告进行分组讨论审议。

（党委办公室）

中国共产党苏州市职业大学第三次党员代表大会顺利闭幕

9月27日上午，中国共产党苏州市职业大学第三次党员代表大会举行第三次全体会议及闭幕式。在圆满完成各项预定任务后，大会顺利闭幕。会议由校长温贻芳主持。

闭幕会议表决通过《中国共产党苏州市职业大学第三次党员代表大会关于中共苏州市职业大学委员会工作报告的决议》和《中国共产党苏州市职业大学第三次党员代表大会关于中共苏州市职业大学纪律检查委员会工作报告的决议》。

关于党委工作报告的决议指出，报告高举中国特色社会主义伟大旗帜，全面贯彻落实党的十九大和十九届历次全会精神，深入学习贯彻习近平新时代中国特色社会主义思想，认真落实党的教育方针，实事求是地全面总结上一次党代会以来砥砺奋进的主要成绩和经验体会，客观分析当前形势下学校发展面临的重要机遇，科学确定建成全国“双高计划”高职院校和职业本科院校的战略目标，明确提出今后5年学校事业发展和党的建设的主要任务和措施，是指导学校今后5年发展的纲领性文件。

校党委书记曹毓民在闭幕词中表示，大会确定的今后5年的主要任务，是基于职业教育发展趋势、苏州经济发展大局和学校发展实际提出的，也是学校广大党员干部群众的共同心愿和殷切期盼，更是新一届党委的重大责任和光荣使命。对此，学校新一届党委和纪委要自觉肩负起“为党育人、为国育才”的初心使命，牢记全体代表、党员和师生员工的重托，充分发挥党委的领导核心作用，一心一意谋发展、聚精会神抓工作，把全国“双高计划”高职院校和职业本科院校作为核心任务抓实抓好，在职业教育“大有可为”的广阔前途中“大有作为”，把苏州市职业大学这所具有光荣传统和历史传承的学校办得让党放心、让人民满意。

曹毓民指出，大会确立的加快建设全国“双高计划”高职院校、实现职业本科院校办学目标，是全体苏职大师生努力拼搏、开拓奋进的方向和动力。未来5年，全校上下要坚定不移抓内涵，锐意进取促发展，以更加强烈的历史责任感和时代紧迫感，振奋精神、同心同德、埋头苦干、勇毅前行，努力培养高素质技术技能人才、能工巧匠、大国工匠，为苏州地方发展提供有力人才和技术技能保障，推动学校实现跨越式发展。

曹毓民强调，大会结束后，首要任务就是传达学习、宣传贯彻好大会精神。学校各级党组织要迅速行动起来，积极宣传大会精神，贯彻执行大会决议，自觉地把全校党员、广大师生的思想和行动统一到大会确定的发展目标和主要任务上来，凝聚起共担新使命、共谱新篇章的强大合力。

曹毓民提出，这次大会是一次不断进取、再创辉煌的工作动员会，也是一次继往开来、团结奋进的接力传递会，更是一次鼓舞斗志、加快发展的出征誓师会。山再高，往上攀登总能登上顶峰，路再长，走下去定能到达。这是苏职大初心不改、历久弥坚的精神和品格，是历代苏职大人历经艰难、永不言弃的信念和坚持。未来我们要秉持精神、接续奋斗，踔厉前行、再谱新篇，以“舍我其谁”的担当作为，完成新时代赋予我们的历史重任。

最后，曹毓民满怀激情地号召全校共产党员、全体师生员工要以学校第三次党代会的成功召开为新的起点，在新一届党委的领导下，勠力同心，乘势而上，为把学校早日建设成为与苏州城市地位相匹配的中国特色高水平高职院校、特色鲜明的本科层次职业院校而努力奋斗，以实际行动迎接党的二十大胜利召开。

大会在雄壮的《国际歌》中顺利落幕。

闭幕会议前，进行大会选举，代表以无记名投票的方式，分别选举产生中国共产党苏州市职业大学第三届党委和纪委。

闭幕会议后，中国共产党苏州市职业大学第三届纪律检查委员会举行第一次全体会议，选举产生第三届纪委书记、副书记。

随后，中国共产党苏州市职业大学第三届委员会举行第一次全体会议，选举出第三届党委书记、副书记。当选的全体校纪委委员参加本次会议。

江苏省委组织部、省委教育工委换届工作督导组有关同志和苏州市委组织部、市纪委有关同志全程参加第三届党委和纪委第一次全体会议。

（党委办公室）

校长温贻芳参加2022年苏州高校新生开学季活动启动仪式暨苏州大学未来校区启用仪式

9月27日下午，“苏写青春，放飞梦想”2022年苏州高校新生开学季活动启动仪式暨苏州大学未来校区启用仪式在苏州市吴江区举行。

江苏省委常委、苏州市委书记曹路宝，苏州市委副书记、市长吴庆文，江苏省教育厅副厅长、党组成员、省委教育工委委员顾月华，苏州市委常委、秘书长潘国强，苏州市政府秘书长陈羔，苏州市吴江区委书记李铭，苏州市吴江区委副书记、区长王国荣等领导出席活动。

曹路宝寄语广大学子不负青春韶华、努力增长本领，成为奔腾于伟大时代的“千里马”，邀请大家根植于这片热土、心系浩瀚征途，与苏州双向奔赴，共同为未来拼搏。

致辞时，曹路宝代表苏州市委、市政府和1600万名苏州人民，向来自全国各地的同学们表示诚挚欢迎，希望大家在课后闲暇，充分去感受诗意江南、苏式美食和城市脉动，感受苏州的热情，从中找到家的感觉。他指出，大学是人生成长的重要阶段，也是苦练本领、增长才干的黄金时期。希望大家践行“强国有我”的誓言，坚持用习近平新时代中国特色社会主义思想武装头脑、指导学习，自觉做“两个确立”的忠实信仰者和坚定践行者，把人生理想融入国家和民族事业当中，坚定不移听党话、跟党走。希望大家砥砺“学无止境”的追求，始终保持对探索未知世界的渴望，不断刷新人生的高度和厚度。希望大家以先辈为榜样，发奋学习、相互激励、共同成长。

曹路宝表示，当前苏州正围绕电子信息、装备制造、生物医药、先进材料等优势领域，大力推进数字经济时代产业创新集群建设，一大批创新型企业蓬勃发展，一大批顶尖高校、科研院所落户苏州，为大家施展才华、成就梦想提供广阔舞台、创造无限可能。苏州已经设立超20亿元姑苏人才直投基金，推出国内最高授信额度的人才贷，率先出台“本科直接落户”“租房落户”等政策，拿出10万套人才公寓供优惠居住，并将持续加码、迭代升级，切实解决好各类人才创新创业的后顾之忧。选择苏州，就是选择更美好的未来。

为了让每一位来到苏州的学子快速了解苏州的文化、融入苏州的生活，爱上这座城市，苏州也非常贴心地为学子们准备了一份新生礼包。苏州市委副书记、市长吴庆文上台，启动2022苏州高校新生开学季活动，并向全体新生发放礼包。礼包里面包括地铁乘车券、公交乘车券、园林游览券、文旅体验红包、数字人民币红包、书店优惠券、乐游苏州指南以及通信数据优惠包。

活动现场，学校党委副书记、校长温贻芳给学校选派的新生代表、电子信息工程学院学生郑泉颁发校徽，并通过视频短片寄语来苏求学的新同学，希望同学们常怀奋进之心，将“小我”融入“大我”，成为胸怀家国的时代新人；砥砺奋发之行，将“专业”融入“事业”，成为筑梦强国的时代新人；脚踏实地，一步一个脚印朝着梦想前行。

学校在各学院（部）设置分会场，采取集中和分散相结合的方式，组织动员2022级新生线上观看直播。同学们纷纷感谢苏州市委、市政府精心准备的开学季活动，发放的礼包周到贴心，让大家感受到苏州的浓浓关怀，表示将勤于学习、勇于拼搏、忠于祖国、信于理想，让青春更加绚丽多彩。

（学生工作处）

学校召开2022年校运会筹备工作会议暨校体育运动委员会工作会议

10月5日上午，学校在惠和楼318会议室召开2022年校运会筹备工作会议暨校体育运动委员会工作会议。副校长、校体育运动委员会副主任孙学文出席并主持会议，校体育运动委员会全体成员参加会议。

会上，体育部主任王俪燕梳理2021年学校各项重点体育工作，就2022年学校体育工作计划实施情况进行汇报。体育部副主任、群体竞赛管理中心负责人叶捍军介绍2022年校田径运动会规则及注意事项。校体育运动委员会各位委员就阳光体育工作、校运会筹备工作等进行沟通交流。

孙学文在总结讲话中指出，各学院（部）、各职能部门要积极沟通、团结一致，从严、从细落实校运会筹备工作的各个细节，把学校2022年田径运动会办得精彩、有趣。通过校运会的成功举办，使越来越多的同学能在体育运动中享受乐趣、增强体质、健全人格、锤炼意志。

（校体育运动委员会）

学校师生认真收听收看党的二十大开幕会

10月16日上午，中国共产党第二十次全国代表大会在北京人民大会堂开幕，全世界的目光聚焦于此。习近平代表第十九届中央委员会向大会做报告。学校师生满怀喜悦的心情，通过电视、广播、网络频道、微信平台等渠道踊跃收听、收看开幕盛况，认真聆听、学习习近平总书记所做的重要报告。

在收看党的二十大开幕盛况后，学校广大师生倍感振奋、深受鼓舞。大家一致认为党的二十大是在全党全国各族人民迈上全面建设社会主义现代化国家新征程、向第二个百年奋斗目标进军的关键时刻召开的重要会议，将科学谋划未来5年乃至更长时期党和国家事业发展的目标任务和大政方针，事关党和国家事业继往开来，事关中国特色社会主义前途命运，事关中华民族伟大复兴，具有非常深远的历史意义和现实意义。习近平代表第十九届中央委员会所做报告思想深刻、内涵丰富、凝聚人心、催人奋进，适应时代新要求和人民群众的新期盼，提出具有全局性、战略性、前瞻性的行动纲领，是党团结和带领全国各族人民在新时代继续奋勇前进的宣言书和指南针。

学校将把学习宣传贯彻党的二十大精神作为当前和今后一个时期的首要政治任务抓紧抓实，深刻领悟“两个确立”的决定性意义，增强“四个意识”、坚定“四个自信”、做到“两个维护”。通过组织党委理论学习中心组集体学习、开展专题讲座、座谈研讨等多种形式，全面做好党的二十大精神学习宣传贯彻工作。

（宣传统战部）

首届苏州高校青年志愿者骨干培训班在学校成功举办

为深入学习宣传贯彻党的二十大精神，加强苏州高校青年志愿者交流，有效提升苏州高校青年志愿服务团队的引领力、组织力、服务力和大局贡献度。11月12日、19日，由苏州市职业大学团委、苏州市志愿者行动指导中心联合主办的2022年苏州高校青年志愿者骨干培训班在学校成功举办。来自苏州18所高校的100名青年志愿者骨干代表通过线上、线下相结合的方式参加培训。

苏州团市委副书记王超、学校纪委书记庄剑英、苏州市志愿者行动指导中心副主任白天柱出席开班仪式。庄剑英代表学校致辞，表达对学员的热烈欢迎，表示学校将依托江苏省青年志愿服务培训基地（苏州），为苏州高校青年志愿者骨干提供赋能提升、交流学习的平台。王超做开班动员讲话，勉励高校大学生将学习宣传贯彻党的二十大精神作为当前和今后一个时期的首要政治任务，坚定不移听党话、感党恩、跟党走，坚持以习近平新时代中国特色社会主义思想为行动指南，在培训学习中做到深学、重思、勤悟、笃行，将理论学习转化为提升青年志愿服务专业化水平，助力苏州青年发展型城市建设。

本次培训班以学习宣传贯彻党的二十大精神为主线，设计专题授课、实践教学、交流分享等兼具理论性、实践性和针对性的培训内容。

专题授课环节，中共苏州市委党校副教授田坤以“为全面建设社会主义现代化国家而团结奋斗”为主题，紧扣党的二十大报告原文，重点围绕实践基础、思想引领、使命任务、政治任务、主体力量等5个方面，进行系统阐述和深入解读。苏州市志愿者行动指导中心副主任白天柱以“青春志愿校园行　建功奉献新时代”为题，从志愿服务的文化内涵和志愿服务项目的开发与管理等方面进行分享交流。苏州市艺术学校副校长、苏州市“垃圾分类小蜜蜂宣讲团”讲师朱静华主讲“高校垃圾分类青年志愿服务创新实践”，传授垃圾分类专项志愿服务项目在校内培育、落地的宝贵经验。常熟理工学院团委书记吕玉以“高校青年志愿者协会运行、管理与活力提升”为题，就高校青年志愿者协会职能设置、制度建设和规范化管理等相关内容进行专题授课。

实践教学环节，学员们前往苏州市高新区狮山横塘街道市民服务大厦，参观便民服务中心志愿服务岗、27℃善谷空间、“芝兰学堂”青年学习社（青年之家），与苏州市虎丘区团委副书记、青年志愿者协会负责人、社会组织代表和学员进行志愿服务与公益创业的经验交流。

本次培训班是学校获批江苏省青年志愿服务培训基地（苏州）以来首次面向高校青年志愿者的一次联合活动，旨在全面宣传贯彻党的二十大精神，系统性培育大学生青年志愿者骨干队伍，为助力苏州建设文明典范城市、打造青年发展型城市贡献青春力量。

（团委）

再学习　再动员　推动学习宣传贯彻党的二十大精神走深走实

11月14日上午，全省教育系统学习贯彻党的二十大精神省委宣讲团宣讲报告会举行。党的二十大代表、江苏省教育厅厅长、党组书记、省委教育工委书记葛道凯开展宣讲。全体校领导、相关部门主要负责人、各党总支（直属支部）书记等在惠和楼317会议室参加本次线上报告会。

葛道凯从党的二十大的基本情况、深刻领会党的二十大精神、奋力为教育强国贡献江苏力量3个方面进行宣讲。报告联系实际，内容丰富，催人奋进。葛道凯要求，各地党委教育工作领导小组、各高校党委要深刻领会党的二十大在教育、科技、人才方面做出的重大决策部署，着力在全面学习、全面把握、全面落实上下功夫，通过战略谋划、科学研究确定新时代新征程教育改革发展的重要战略行动和政策举措，着力将党的二十大做出的重大战略部署转化为政策、细化为措施、实化为行动，坚定不移把党的二十大提出的目标任务落到实处，以新思路、新举措开辟发展新领试、新赛道，以新作为、新突破塑造发展新动能、新优势，不断强化教育对全面建设社会主义现代化国家的基础性、战略性支撑。

报告会一结束，学校随即召开会议，传达学习贯彻“全省教育系统学习贯彻党的二十大精神省委宣讲团宣讲报告会”精神。校党委书记曹毓民做题为“踔厉奋发　勇毅前行　深入学习宣传贯彻党的二十大精神　凝聚起建成职业本科院校的磅礴力量”的主题讲话，对学习宣传贯彻好党的二十大精神做进一步动员和工作布置。

曹毓民指出，学习宣传贯彻党的二十大精神，要政治站位再提升，任务推进再抓实，学习成效再提升，切实增强学习的政治自觉、思想自觉和行动自觉，高质高效统筹好学校事业发展，对标学校第三次党代会制定的目标任务和年度综合考核各项要求。

曹毓民要求，认真落实立德树人根本任务，把握社会主义正确办学方向，全面落实“三全育人”各项要求，在坚定理想信念上下功夫，在厚植爱国主义情怀上下功夫，培养学生为国为民的担当精神、精益求精的工匠精神，着力培养德、智、体、美、劳全面发展的社会主义建设者和接班人。要强化人才支撑，培养高素质“双师型”教师队伍，鼓励教师以服务区域经济社会发展为己任。

曹毓民强调，要强化党建引领，坚持党对学校工作的全面领导，推动全面从严治党走深走实。认真贯彻落实党委领导下的校长负责制，进一步优化完善内部治理结构，坚持党管干部原则，把优秀人才汇聚到党组织来，把党的声音传播到教学科研管理一线。持续深化作风建设，真正把“严”的纪律和“实”的作风落实到学校事业发展的具体行动和工作中，营造风清气正的政治生态。

深入学习宣传贯彻党的二十大精神，是当前和今后一个时期学校广大师生员工的首要政治任务。学校党委将认真落实上级关于学习宣传贯彻党的二十大精神各项要求，在已有的工作基础上，进一步创新学习途径和方式方法，确保学习贯彻党的二十大精神在全校落地落实、终端见效，把学习成效转化为做好本职工作推动事业发展的强大动力，凝聚建成职业本科院校的磅礴力量。

（宣传统战部）

学校举行职业院校高质量发展的对策与探索座谈会

11月14日下午，学校在惠和楼举行职业院校高质量发展的对策与探索座谈会。校党委书记曹毓民，校长温贻芳，副书记、副校长张健，副校长孙学文、张军、王峰出席会议；相关职能部门及各学院（部）主要负责人参加会议。座谈会由曹毓民主持。

本次座谈会邀请教育部第二届教育信息化专家组成员、教育部“双高计划”项目建设咨询委员会委员、南京信息工程大学原副校长邓志良教授做专题报告。报告介绍南京信息工程大学的基本情况，分析职业教育的发展形势，特别是党的二十大后，国家对于职业教育的定位和规划；从职业本科教育的探索历史、政策演变、类型定位、专业设置、取得成绩、存在问题、责任使命等方面进行深入阐释；在提问互动环节，邓志良与学校教师就横向科研项目建设、教师成长激励、学校信息化建设等话题进行积极深入的互动。

温贻芳感谢邓志良教授所做的分享，介绍

学校校地合作、数字化、国际化办学和智库建设取得的成绩，并诚挚邀请邓志良教授今后进一步为苏职大“双高计划”院校建设和职教本科建设“把脉”指导。

曹毓民在讲话中指出，邓志良教授在报告中分享了很多他从事职业教育多年来办学治校方面的生动经验，可谓干货满满，值得反复学习消化。希望参会人员将学习的心得体会与自身工作紧密结合，进一步提升学校办学水平、推动学校高质量发展，为将学校建设成为职业本科院校而不懈奋斗。

（校长办公室）

继往开来担使命　踔厉前行谱新篇——学校召开第十七次学生代表大会

11月30日，学校第十七次学生代表大会在图书馆剧场召开。校党委委员、副校长张军，学生工作处处长王琼，校团委副书记胡宾，苏州市学联主席王潇苒，各学院（部）党总支副书记、团委书记，兄弟院校学生会主席团代表以及144名正式代表出席大会开幕式。

张军在开幕式上讲话。他充分肯定自第十六次学生代表大会以来学生会的工作。他指出本次学代会是在全校师生学习宣传贯彻党的二十大精神的热烈氛围中，在全校上下围绕校第三次党代会提出的建成职业本科院校目标迈进的新阶段召开的一次重要会议。为此，他对参会学生代表提出希望。一是坚定理想信念，提高政治站位，当好思想引领的“带头人”，要把学习宣传贯彻党的二十大精神作为当前和今后一个时期首要的政治任务，推动党的二十大精神入脑入心。二是践行铸魂育人，引领青年成长，争做服务同学的“贴心人”，坚持为同学服务的根本宗旨，聚焦主责主业，更好地发挥联系同学、服务同学、引导同学的作用，尽心尽力为同学们办实事、办好事。三是坚持从严治会，提升组织形象，成为自身过硬的“打铁人”，要提高自身综合素质，强化责任担当，锤炼品德修为，加强政治历练，修炼德行，增强定力。

胡宾致大会开幕词，王潇苒代表苏州市学联致贺词，苏州城市学院学生会主席团执行主席汪朝烨代表兄弟院校学生会致贺词。

会议选举阶段，杨家远同学代表第十六届学生会委员会向大会做题为“继往开来担使命　踔厉前行谱新篇——为推进学校高质量发展贡献青春力量”的报告，董金艺同学向大会做提案工作报告。随后，会议审议通过大会选举办法，审议通过选举工作人员名单，选举第十七届学生会委员会和主席团。

分组讨论期间，各代表团深入学习宣传党的二十大精神，认真审议学生会工作报告和提案工作报告，并对青年大学生如何助力学校高质量发展建设提出建议和意见。

闭幕式阶段，全体会议代表表决通过学生会工作报告决议和提案工作报告，选举产生校第十七届学生会委员会委员和主席团成员。王琼在大会闭幕式上讲话，寄语全校各级学生会组织持续深化改革，强化大局意识，践行服务宗旨，团结带领全校学生，踔厉奋发，勇毅前行，在学校创建职业本科院校的新征程中贡献青春力量。学校第十七次学生代表大会在《我们在这里》的嘹亮歌声中落下帷幕。

（团委）

党委书记曹毓民深入班级为青年学生宣讲党的二十大精神

为深入学习宣传贯彻党的二十大精神，12月1日下午，校党委书记曹毓民到教育与人文学院学前教育专业，为青年学生宣讲党的二十大精神。党委办公室、党委宣传部相关负责人，教育与人文学院党政主要负责人，2021级学前教育（4）班全体同学、班级党员联络教师参加活动。宣讲会由教育与人文学院院长吴隽主持。

曹毓民围绕党的二十大主题和主要成果、过去5年的工作和新时代10年的伟大变革、开辟马克思主义中国化时代化、以中国式现代化推进中华民族伟大复兴、全面建设社会主义现代化国家的目标任务、坚持党的全面领导和全面从严治党、以顽强斗争应对风险挑战等7个方面，和青年学生面对面地宣讲党的二十大精神，分享自己的学习感悟和体会。曹毓民强调，学习宣传贯彻党的二十大精神是学校当前和今后一个时期的首要政治任务，广大青年学生要深刻学习领会党的二十大精神，坚定不移听党话、跟党走，让青春在全面建设社会主义现代化国家新征程上绽放绚丽之花。

宣讲会后，曹毓民与师生代表进行深入交流。同学们纷纷踊跃发言，结合专业学习、职业理想、人生规划等，畅谈学习心得体会，座谈现场气氛热烈。

这既是一场专题宣讲会，也是一堂生动活泼的思政课。大家表示，作为新时代大学生，一定要奋进新征程、建功新时代，努力成长为堪当民族复兴重任的时代新人，为全面建设社会主义现代化国家贡献力量。班级党员联络教师也进行发言。王一梅老师结合专业建设，从提升道德修养、增强专业素养、培养学生兴趣爱好等方面交流学习体会。邱文颖老师围绕党的二十大报告中“教育”“青年”“文化”等关键词，勉励青年学生不负时代、不负青春。

曹毓民对大家的发言给予充分肯定，同时对青年学子提出三点希望。一要将学习贯彻党的二十大精神与树立远大理想紧密结合。要树立远大理想，厚植家国情怀，担当时代重任，为实现中华民族伟大复兴的中国梦不懈奋斗。二要将学习贯彻党的二十大精神与练就过硬本领紧密结合。把认真学习作为现阶段的首要任务，不断提升专业技能，强化德、智、体、美、劳全面发展。三要将学习贯彻党的二十大精神与学思践悟、知行合一紧密结合。要在全面学习、全面把握、全面落实上下功夫，积极做学习的先锋，主动做宣讲的能手，自觉做自律的表率，以实际行动推动党的二十大精神在苏职大校园落地生根。

（党委办公室）

校长温贻芳为一线教师宣讲党的二十大精神

为深入学习贯彻党的二十大精神，12月7日下午，校长温贻芳为各学院（部）一线教师宣讲党的二十大精神。宣讲会由校长办公室主任叶军主持。

温贻芳与一线教师面对面，首先围绕党的二十大主题和主要成果、过去5年的工作和新时代10年的伟大变革、开辟马克思主义中国化时代化、以中国式现代化推进中华民族伟大复兴、全面建设社会主义现代化国家的目标任务、坚持党的全面领导和全面从严治党、以顽强斗争应对风险挑战等7个方面，带领大家原原本本读报告，逐字逐句学精神，深刻领悟关于党和国家事业发展大政方针和战略部署的历史逻辑、理论逻辑、实践逻辑。

座谈交流阶段，参会教师聚焦党的二十大报告中关于高职教育的内容，结合自身教学、科研、技能大赛等工作实际和学院、学校高质量发展，畅谈心得体会。大家纷纷表示，要自觉用党的二十大精神统一思想和行动，坚守为党育人、为国育才的初心，心往一处想、劲往一处使，把学习贯彻党的二十大精神转化为建成职业本科院校的强大动力。

温贻芳表示，参会教师的发言可圈可点、认识深刻，既讲自身情况，也讲团队建设，既立足专业、学院，也表达出对学校的深厚感情，反映出学校教师的大情怀、大格局、大视野、大勇气、大融合。广大教师要立足教书育人，教科研工作中要向“七个一”上发力：有一个紧密合作的企业，有一门引以为傲的课程，有一本团队编写、企业合作、数字化结合的教材，争取一个高水平的项目，发表一篇核心期刊论文，申报一个教改课题，参加一项高水平的竞赛并带出一批高技能的学生。

最后，温贻芳提出三点要求：一是要进一步提高政治站位，切实增强政治自觉；二是要进一步把握精髓要义，切实增强思想自觉；三是要进一步强化使命担当，切实增强行动自觉。要凝心聚力、开拓创新，将学习贯彻党的二十大精神焕发出的政治热情转化为做好当前学校各项工作的强大动力，奋力书写苏职大职业教育高质量发展新篇章。

（校长办公室）

听宣讲　抓落实　促发展　全力推动党的二十大精神在学校落地生根

为进一步推动学习贯彻党的二十大精神走深走实，不断丰富学习形式，全力推动党的二十大精神在学校落地生根，12月8日上午，学校党委理论学习中心组举行2022年第9次集体学习会，围绕党的二十大精神，结合党的二十大代表、苏州市委宣讲团成员、张家港港务集团黄强在学校做学习贯彻党的二十大精神专题宣讲报告，谈体会、抓落实、促发展。中心组全体成员参会学习，校党委书记曹毓民主持会议。

校党委副书记、副校长张健表示，要深刻把握党的二十大精神的丰富内涵、精神实质和核心要义，黄强代表的宣讲报告主题鲜明、内涵丰富、深入浅出，对于深入推进学校学习贯彻党的二十大精神具有积极的指导意义。就如何将学习贯彻党的二十大精神工作不断引向深入，他指出，一要坚持学深悟透，推动党的创新理论进校园、进课堂、进头脑；二要坚持讲好讲活，利用好学校红色资源，构建解说体系，凝聚思想共识；三要坚持见行见效，加快推动学校高质量发展，推动党的二十大精神在学校形成生动实践。

校纪委书记庄剑英结合黄强代表的宣讲报告会学习体会，立足纪检工作，围绕党的二十大报告中关于“坚定不移全面从严治党，深入推进新时代党的建设新的伟大工程”的论述，从4个方面谈了自己的体会：一是要坚决捍卫“两个确立”、做到“两个维护”；二是要增强两个“永远在路上”的政治自觉；三是要围绕“全面”“从严”“治党”6个字践行党的自我革命；四是要以更高标准推进纪检监察队伍建设，坚定不移推进全面从严治党，为学校高质量发展保驾护航。

副校长张军从新时代十年取得巨大深刻的发展成就、新时代十年取得伟大成就的制胜法宝、在学校新征程中贯彻党的二十大精神3个方面做交流发言。他认为在学校新征程中贯彻党的二十大精神，要贯彻落实“六个必须坚持”，就要具体做到“坚持学生至上、坚持勤勇忠信、坚持发展创新、坚持指标导向、坚持有机联系、坚持学校全局”，彰显苏职大人的坚守和初心。

副校长王峰结合党的二十大报告中关于科技创新的重要论述，谈了三点体会：一是要强化理论武装，坚守为党育人、为国育才初心，把握科技创新的重大意义；二是要深化科研机制改革，激活科技创新人才和团队引育机制，更好发挥人才“第一资源”作用，激发科技创新发展动能；三是紧密结合苏州发展战略，打造苏职大创新技术“应用场景”，全面提升服务地方能力。

最后，学校党委书记曹毓民做学习小结。他充分肯定学校党委理论学习中心组近阶段的学习成效：一是学习组织严密，坚持统筹安排，确保学习的常态化、长效化；二是学习交流质量高，坚持理论联系实际，交流发言有深度、有广度；三是坚持方法创新，在用好常规学习形式的同时，积极探索学习新形式。他指出，学校将持续把学习宣传贯彻党的二十大精神，作为当前和今后一个时期的首要政治任务来抓，坚持不懈用习近平新时代中国特色社会主义思想武装头脑、指导实践、推动工作，知行合一、抓好落实，切实把学习成果转化为推动学校高质量发展的不竭动力，让党的二十大精神在学校落地生根、开花结果。

（宣传统战部）

教育教学

学校召开高职与普通本科分段培养项目研讨会*

为进一步加强高职与普通本科分段培养项目管理，提高人才培养质量，学校于2021年12月28日在惠和楼215会议室召开“3+2”分段培养项目研讨会。校党委副书记、校长曹毓民，校党委委员、副校长孙学文，苏州科技大学教务处副处长刘志强、孙静芳出席，两校教务处、学生工作处相关人员及以二级学院领导和专业负责人参加此次会议，孙学文主持会议。

曹毓民对苏州科技大学与会人员表示欢迎，对苏州科技大学给予学校的一贯支持表示感谢。其后两校二级学院领导和专业负责人对合作专业的情况进行汇报，对转段方案做充分研讨并共同确认；刘志强强调规范实施《苏州科技大学“3+2”分段培养试点项目转段升学考核方案》的意义，要求落实以学生为中心，稳定持续推进“3+2”项目。孙静芳对方案细则进行详细解读。

最后，孙学文对“3+2”分段培养项目给予高度的评价，并要求学校相关学院进一步提高教学质量，主动对接本科段的人才培养方案，在专科阶段充分发挥学生的优势特长，做好专科与本科的衔接工作，提升“3+2”分段培养项目的转段升学率。

（教务处）

学校领导看望慰问2022年江苏省职业院校技能大赛及“挑战杯”备赛师生

1月4日下午，学校党委书记钮雪林、校长曹毓民、副校长孙学文一行现场看望慰问2022年江苏省职业院校技能大赛及“挑战杯”备赛师生。党委办公室、校长办公室、教务处、学生工作处、校团委等负责人陪同慰问活动。

校领导一行至流韵楼、归耕楼、禹济楼、天风楼及奎文楼各个备赛实训室，亲切看望认真备赛的师生，深入交谈，了解备赛情况，并前往体育馆查看学校承办的“工业机器人技术与应用”赛项前期准备工作。

钮雪林代表学校对指导教师和参赛选手一直以来的刻苦训练表示肯定与赞赏。他仔细询问指导教师备赛情况和选手们的生活、学习情况，叮嘱师生们一定要劳逸结合，鼓励选手们增强信心、沉着应战，表达新年祝愿，送上节日慰问品。

曹毓民指出技能大赛比的是学生团队观、自信心、意志力、荣誉感，是职业素质和综合职业技能的比拼，勉励同学们要磨炼意志、锤炼心理素质，规范操作要领，通过奋力拼搏实现自己的职业技能梦想，并预祝选手们在比赛中取得优异成绩。

校领导的关怀和鼓励使紧张备赛的师生深受鼓舞，纷纷表示将以扎实的技能和饱满的状态迎接比赛，再创佳绩，为学校再添光彩。

（教务处）

学校召开中高职“3+3”分段培养项目研讨会

为加强学校中高职“3+3”分段培养项目管理，提高人才培养质量，学校于1月5日召开中高职“3+3”分段培养项目研讨会，校党委委员、副校长孙学文，学生工作处副处长傅中山，江苏省吴中中等专业学校教务处处长王玲玲、分段部主任赵云峰，吴江中等专业学校现代制造部主任沈建华，2022年有转段专业的二级学院领导和专业负责人参加此次会议，教务处副处长胡明主持会议。

孙学文对两所中职合作院校与会人员表示欢迎，对中高职合作项目给予高度的评价，并要求各专业进一步加强合作和交流，不断提升人才培养质量。王玲玲、沈建华分别代表合作院校介绍“3+3”分段培养前段学生培养情况，学校计算机工程学院、商学院、管理学院和电子信息工程学院分别针对本学院负责的合作专业做情况汇报。学校4个专业负责人及相关教师与合作院校就人才培养方案以及转段考核安排进行深度研讨。

（教务处）

学校召开2022年春季学期教材选用工作会

为贯彻落实国家教材委员会印发的《习近平新时代中国特色社会主义思想进课程教材指南》和江苏教育厅印发的《江苏省职业院校教材管理实施细则》等文件精神，进一步加强教材选用工作的规范管理和监督，1月11日上午，学校在惠和楼318会议室召开2022年春季学期教材选用工作会议。学校教材选用工作小组成员参加，会议由副校长孙学文主持。

孙学文强调课程教材是育人载体，集中体现党和国家意志，要进一步提升课程教材铸魂育人价值。进一步强调教材选用工作的重要性，落实“凡选必审”的要求，严格把关教材价值观和意识形态。无论是教材选用还是教材建设，都要符合职业院校人才培养要求，要选用适合学校和学生的教材，要始终把教材工作作为教育教学的重要工作来抓紧、抓牢。会议听取教务处教学科相关工作负责人关于苏州市职业大学2022年春季学期全校教材选用及审核情况的汇报，听取各学院（部）党总支书记对学院（部）教材选用具体情况的补充说明。会上，教材选用工作小组经过充分讨论，审议通过2022年春季学期全校的教材选用。

近年来，学校不断做好教材选用工作，提高教材选用标准，严格教材选用程序，严把教材质量关，确保高质量的新版教材成为教材选用主体。

（教务处）

2022年江苏省职业院校技能大赛高职装备制造类“工业机器人技术与应用”赛项在学校圆满落幕

1月12日，为期5天的2022年江苏省职业院校技能大赛高职装备制造类“工业机器人技术与应用”赛项在学校图书馆顺利落下帷幕。本次比赛由江苏省教育厅、江苏省发展和改革委员会等单位联合主办，江苏省职业技术教育学会、苏州市职业大学承办，来自全省26所高职院校的代表队同场竞技、各展风采。

江苏省职业院校技能大赛是以全省职业院校学生为参赛对象的规模最大、项目最全、水平最高的综合性专业技能大赛。“工业机器人技术与应用”赛项今年首次由学校承办，在校党委的统一领导、各部门的通力合作之下，在做好疫情防控相关工作的同时，详尽筹备，圆满完成赛项的准备、服务和保障工作，确保大赛平稳有序进行。

本次大赛结合工业机器人实际工作应用场景，对接智能制造产业发展需求，大赛分为工业机器人系统安装、模块化测试、综合编程调试3个模块，比赛历时6个小时，综合考察选手工业机器人、机器视觉等周边系统的现场编程与调试能力，同时考察选手工匠精神、团队协作、学习创新等职业素养能力，对于职业院校以赛促教、以赛促学，加快工业机器人专业人才培养模式转变发挥重要作用。

比赛期间，裁判员认真严谨、执裁公正严明、后勤赛项保障到位，各参赛队沉着冷静、发挥水平。经过2天的激烈角逐，学校代表队岳高、孙凡迪2位选手在机电工程学院苏建、王仁忠老师的指导下，以第一名的优异成绩获一等奖。

在工业4.0的大背景下，工业机器人技术与应用和当前互联网、云平台等大技术交相辉映、蓬勃发展。苏州市职业大学近年来也以致力培养多样化人才、传承技术技能为职教使命，以此次承办省赛为契机，促进学校技能竞赛水平的跃级式提高，坚定为国家培养智能制造高素质技术技能人才、大国工匠的初心使命，向成为引领改革、高质量发展、具有中国特色的高职院校不断迈进。

（机电工程学院）

做好“三度”文章，圆满完成承办工作——2022年江苏省职业院校技能大赛“大数据技术与应用”赛项在学校落幕

1月16日，2022年江苏省职业院校技能大赛高职电子与信息类“大数据技术与应用”赛项在学校圆满收官。

2022年，学校首次承办江苏省职业院校技能大赛，为办好赛事，学校高度重视，成立以党委书记、校长为组长的竞赛领导小组，计算机工程学院与全校各部门通力协作，在“精度、高度、温度”方面做足文章，把承办比赛作为展现学校办学质量、管理水平、学校形象的重要平台和契机，获得参赛师生一致好评。

精益求精做方案。2022年江苏省职业院校技能大赛高职电子与信息类“大数据技术与应用”赛项，共有42支参赛队，126名选手同台竞技，是本赛项历年来规模最大、参赛人数最多的一次。作为承办校，学校认真细致做好办赛方案。方案从报到接待、赛场布置、疫情防控、后勤保障、氛围营造方面全方位、全过程着手，仔细推演，力求无一错漏。

高标准、高要求筹备比赛。学校以“零差错、零失误、零投诉”为标准，要求全体工作人员做好赛事各项筹备工作。计算机工程学院积极与相关部门沟通，按照办赛方案，稳步推进赛事筹备各项进程。筹备期间，学校层面召开3次协调会，校长曹毓民、副校长孙学文、教务处副处长顾苏怡2次深入比赛场地，实地查看并指导赛项筹备工作；计算机工程学院召开备赛协调会3次，实地模拟彩排5次，涉及每一个步骤、每一个环节、每一个细节。

热情接待，温馨服务。比赛期间，全体工作人员以饱满的热情接待来自全省各地的219名参赛师生。学校与周边酒店协商，保证参赛队饮食与休息；合理编排车辆接送参赛队；有序组织核酸集采；精心布置比赛观摩室，贴心准备赛场点心，让参赛师生无后顾之忧。竞赛现场，选手鏖战；竞赛场外，工作人员时刻紧绷一根弦，协调解决各类问题。

1月16日晚21:30，在图书馆剧场召开赛项成绩发布会，学校计算机工程学院选派的魏靳昊、李世润、黄俊杰3名选手在陈珂、叶良老师的精心指导下，以总分第一名的优异成绩获2022年江苏省职业院校技能大赛“大数据技术与应用”赛项一等奖。

比赛不仅考验选手，更是考验承办方、考验所有工作人员，学校在大赛期间组织有序，服务精准，赢得参赛师生的一致好评，受到组委会高度认可。

（计算机工程学院）

学校2022年春季学期首日在线教学平稳有序

为切实做好苏州市新型冠状病毒感染的疫情防控工作，根据《苏州市职业大学关于2022年春季学期暂缓返校报到的紧急通知》精神，学校制定2022年春季学期开学后教学工作方案。各学院（部）制订线上授课计划、教学方案，建设在线课程，经过近一周的紧张准备，在线教学工作如期正常开展。

2月21日线上教学首日，学校共开出257门课程，涉及583个教学班308名教师，覆盖师生28751人次。教师通过学习通、中国大学MOOC等平台，使用腾讯会议、QQ群课堂、腾讯课堂、学习通超星直播等方式进行线上教学。线上、线下相融合的教学理念深入人心，教师在课件准备、平台建设、教学方式等方面积极守正创新，重构教与学的新模式。随着线上"开学"的敲门声，学生已恢复正常的学习生活作息，用满满的仪式感开启新学期第一课。从听课到笔记一样不落，如同置身校园一般，以饱满的精神面貌迎接新学期到来。

为保障线上教学质量，教务处、校院两级督学、各学院（部）领导对线上课程进行全覆盖巡课，多层面督导教学活动，以全面保障"云上开学"的教学质量。开课当天全校累计巡课354门次，其中，校级督导巡课101门次，学院（部）领导巡课186门次，院级督导巡课67门次。线上巡课反馈，学校线上教学网络运行通畅，教师准备充分、教学认真，学生到课率高、学习状态好，师生互动充分，整体效果良好。

（教务处）

学校召开2022年秋季学期教材选用工作会议

6月21日上午，学校在惠和楼318会议室召开2022年秋季学期教材选用工作会议。学校教材选用工作小组全体成员参加，会议由副校长孙学文主持。

会上，孙学文传达教育部、国家新闻出版署、国家互联网信息办公室、文化和旅游部、市场监管总局联合印发的《关于教材工作责任追究的指导意见》文件精神，强调要始终把教材工作作为教育教学的重要工作来抓紧、抓牢，各学院（部）一定要重视教材选用工作，选用的教材应符合人才培养方案、培养目标和课程标准的要求，符合技术技能人才成长规律和学生认知特点，要关注学生对教材质量的意见，及时了解教材使用情况，确保高质量教材进课堂。

教务处教学科相关工作负责人汇报学校2022年秋季学期全日制学生教材选用情况，并对教材定期摸排检查、本学期教材邮寄等工作做简要汇报。会上，教材选用工作小组经过充分讨论，审议通过2022年秋季学期全校的教材选用。

（教务处）

第十六届"西门子杯"中国智能制造挑战赛（华东二赛区）在学校成功举行

9月3日，由学校电子信息工程学院承办的第十六届"西门子杯"中国智能制造挑战赛（华东二赛区）正式开赛，来自35所本、专科高校的140多个代表队参加此次比赛。

"西门子杯"中国智能制造挑战赛受教育部国际合作与交流司指导，由中国仿真学会和西门子（中国）有限公司联合主办，以选拔培养生产规划、品质控制、系统优化等各个领域懂技术、懂管理、懂商业和具备高级人文素养的高端人才为目标，至今已成功举办16届，大赛已经成为目前国内智能制造领域规模最大、影响力很大的学生类竞赛之一，学校是第9次承办该项赛事。

今年学校成功获批"流程行业自动化方向""离散行业运动控制方向""离散行业自动化方向（逻辑算法）"3个赛项的分赛区，"离散行业自动化方向（工程实践）""信息化网络化方向"2个赛项的线下比赛赛点。学校高度重视本次大赛各项工作，迅速组织落实竞赛场地及竞赛设备，认真培训竞赛负责人、裁判、志愿者等，部署承办竞赛流程，确保比赛顺利开展。

此次，学校获批中国智能制造挑战赛（华东二赛区）的承办资格并顺利承办，将进一步推动学校双创活动迈上更高台阶，扩大学校在智能制造领域的影响力。

（电子信息工程学院）

国家职业教育示范性虚拟仿真实训基地专家组莅临学校调研指导

11月14日，学校举行职业教育示范性虚拟仿真实训基地建设项目调研会。国家职业教育示范性虚拟仿真实训基地专家成员兰淑贤、田秀萍、刘志国等一行5人莅临指导。学校党委书记曹毓民、校长温贻芳、副校长孙学文，信息中心主任杨静波、电子信息工程学院院长邓建平以及虚拟仿真实训基地建设相关成员出席专家指导会。

温贻芳对专家组的到来表示热烈欢迎。她在致辞中介绍学校的基本情况、办学特色和在数字校园试点校方面的工作成效，并重点介绍智能控制技术、集成电路技术等智能制造类专业在专业数字化转型、产业学院建设、数字化教学资源建设等方面进行的有益探索和取得的良好成效。杨静波介绍学校职业教育数字校园试点校建设工作推进情况，邓建平向专家组详细汇报学校集成电路虚拟仿真实训基地建设方案和工作进展。

随后，双方就学校的虚拟仿真实训基地建设进行深入的交流。刘志国指出虚拟仿真基地建设应从顶层设计出发，结合学校的办学愿景、人才培养定位、专业建设、社会服务等方面，边建设、边运行、边检验，拓宽建设思路，充分整合学校现有资源，以集成电路技术专业为依托，辐射全校相关专业建设，推动“三教改革”。田秀萍对学校虚拟仿真基地建设提出三点要求：一是要利用好专业教学资源库，赋能虚拟仿真实训基地建设；二是要以资源建设与开发为核心，加大校企合作力度，提升教师服务社会能力；三是建设成果要尽快对接教育部云平台，实现资源共建共享。兰淑贤提出在虚拟仿真实训基地建设过程中，要做好规划，要解决与教学融合的问题，虚拟仿真实训基地要服务好教学，注重实训基地的实用性及实效性，既要管远还要管用。

本次调研座谈，与会专家们为学校虚拟仿真实训基地建设提供实质性指导意见，下一步，学校将按照国家职业教育示范性虚拟仿真实训基地建设要求，进一步加强虚拟仿真实训资源的开发和实训基地的建设。

（教务处）

学校举行第五届师生应急救护技能竞赛

12月7日，由学校团委、校工会联合主办的第五届师生应急救护技能竞赛暨学校大学生初级救护员培训全覆盖启动仪式在天风楼剧场举行。苏州市红十字会副会长、党组成员张献忠，校党委副书记、副校长张健，校工会主席吴建英，学生工作处处长王琼以及各学院（部）师生代表参加活动。

现场，主持人介绍学校生命教育平台和学生初级救护员培训全覆盖行动方案，举行校2023年大学生初级救护员培训全覆盖启动仪式。张健做动员讲话。他指出，近年来，学校紧密依靠苏州市大学生应急救护培训基地，利用专业特长，长期为全校师生和社会各界普及应急救护知识，培训急救技能，获得广泛赞誉。他强调要进一步弘扬“人道、博爱、奉献”的红十字精神，推进校大学生生命健康教育课程建设，丰富“第二课堂”项目资源，做好大学生初级救护员培训全覆盖工作，提升广大师生防灾避险意识和自救互救技能，共建安全、健康、和谐的美丽校园。启动仪式上，张健、张献忠共同按下苏州市职业大学2023年大学生初级救护员培训全覆盖行动启动按钮。

比赛环节，共有9支团队参赛，分为单人徒手心肺复苏、创伤急救操作2个项目，比赛通过抽签决定项目和顺序。参赛师生面对模拟的突发意外事件，充分应用所学的应急救护知识，进行意识判断、胸外按压、人工呼吸、评估呼吸、创口清理、消毒包扎等系列操作，参赛师生动作精准、安全高效，展现了团队精诚合作的风采。经过激烈的角逐，管理学院获得一等奖，商学院、艺术学院分获二等奖，教育与人文学院、外国语学院、机电工程学院分获三等奖，电子信息工程学院、计算机工程学院、体育部分获优秀奖。

自从今年10月启动本届应急救护竞赛以来，学校团委加强宣传动员、组织协调、备赛培训工作，邀请苏州市应急救护培训师资到校开展10余场专题培训，提升师生竞技水平和青年大学生应急自救、互救意识和能力。

（团委）

奋进新征程　青春勇担当——学校举行2022年大学生年度人物评选活动

12月7日，学校在图书馆剧场举行以“奋进新征程　青春勇担当”为主题的2022年大学生年度人物评选活动。此次活动由学生工作处和学校团委联合主办、商学院承办，副校长张军出席活动并致辞，学生工作处、校团委有关负责人及各学院（部）党总支副书记和辅导员参加本次活动。

评选活动自11月开展以来，经过宣传动员、院部推荐、学校遴选、排练指导等阶段，最终确定17名候选人进入评选环节。活动现场邀请兄弟高校、企业、地方人力资源和社会保障局部门领导，学校优秀班主任代表和马克思主义学院教师等7名专家组成评审团，30名师生代表作为大众评审同时参与现场投票。活动同步开通线上直播，覆盖全体在校学生，共同见证优秀学子的蓬勃风貌与榜样力量。

张军为评选活动致辞，寄语同学们要胸怀远大理想，做志向远大的追梦人、逐梦者；要牢记使命在肩，做勇往直前的奋斗者、开拓者；要勤于学习实践，做民族复兴的拼搏者、筑梦者；要坚守自强不息，团结协作，用团结奋斗去描绘最动人的青春画卷。

活动现场，17名优秀学子依次登台演讲，以幻灯片演示和实物展示等方式分享自己的经历与收获。他们或成绩优异，勤勉刻苦；或技能突出，精于探索；或热心公益，乐于奉献……用一张张沉甸甸的荣誉证书、一串串惊人的服务数字、一幅幅精彩的活动画面、一个个感人的心动故事向评委和同学观众讲述他们的追梦和奋斗故事，用亲身经历完美诠释“奋斗的青春最美丽”的丰富内涵，赢得现场观众阵阵掌声。

最终，结合专家评委打分和现场评审团打分结果，计算机工程学院彭颂喆、管理学院许雨博、艺术学院丁康帅等10名同学获学校2022年大学生年度人物荣誉称号。

苏州工业职业技术学院学工处处长贾虹对本次活动进行点评。她对同学们的现场表现和活动组织给予高度评价，就大学生年度人物的展示形式和特色提炼等方面给出宝贵建议，并勉励同学们要努力成长，认真完成学业规划，在逐梦路上挥洒青春力量，砥砺报国之志，绽放青春色彩，争做有志气、有骨气、有底气的新时代青年。

榜样是一面旗帜，汇聚着梦想的力量，引领青春的航向。本次评选活动的举办，充分展示学校学子昂扬向上的精神面貌，他们的成长故事将激励广大同学一起向优秀迈进，向进步出发，为学校优良学风打造、榜样精神引领以及申报江苏省大学生年度人物打下坚实的基础。

（学生工作处　商学院）

科研学术

学校召开苏州市高职高专院校首批产学研合作示范基地建设期满验收会*

2021年12月31日下午，学校召开苏州市高职高专院校首批产学研合作示范基地建设期满验收及第二批示范基地建设中期检查会议。会议邀请来自沙洲职业工学院、苏州农业职业技术学院和苏州工业职业技术学院的3位教授担任专家。会议由校科技处处长姚金凤主持。

“物联网可信智能计算产学研合作示范基地”项目负责人方立刚教授首先做建设中期检查汇报。专家组肯定基地的成绩，特别是在与龙头企业、高校联合技术攻关方面成绩突出，产生较好的经济效益与明显的社会效益。建议基地加强建设，产出更高层次的成果，并把成果反哺到学校人才培养中。

“智慧能源装备产学研合作示范基地”项目负责人汪义旺教授对基地2年来的建设情况、产学研合作、取得科研成果及荣誉等方面做详细汇报。专家组认为，项目组提交的验收资料齐全、规范，同意通过验收。该基地注重产学研合作，已完成各项建设任务，建议进一步追加投入，发挥基地示范效应。

姚金凤表示作为苏州市教育局批准建立的首批产学研合作示范基地承担单位，学校会按照专家们的建议，在示范基地的建设过程中加强监管，进一步完善基地建设机制和管理体系，实现技术成果高效、高质量转化和应用推广，共同努力把基地建成苏州高职院校中的示范。

（科技处）

争做江南文化传播的典范窗口——吴文化园推出“读懂江南文化”系列线上活动

吴文化园作为苏州市未成年人社会实践体验基地，2022年度计划推出“读懂江南文化”系列活动。从1月初开始，截至2月底，教学团队以江南园林系列、江南名胜系列、江南状元系列等为主题，开展12期线上讲座活动，吸引来自全市各个中小学2600名以上学生积极参加。

2022年度吴文化园体验基地活动将以非遗体验制作为主题，充分考虑疫情防控工作要求，以线上、线下相结合的方式开展。教学团队拓展教学思路，灵活切换活动形式，积极拓展并丰富江南文化传播展示方式，精选课程主题，推出“读懂江南文化”系列线上小课堂。

“读懂江南文化”系列线上活动从1月4日起拉开帷幕，是2021年度“走进吴文化园”系列的姊妹篇，更是管理学院在其深耕的吴文化研究领域的延续。本次系列活动由长期致力于吴文化研究的教师担任主讲，从多角度对江南文化进行详细解读，精选可以代表江南文化的风景名胜、江南名人及其思想，以通俗易懂的短视频授课模式，引领中小学生汲取江南文化的丰厚滋养，坚定文化自信。

（管理学院）

学校召开校级科研平台和创新团队集中考核验收会

1月5—6日，科技处组织校外专家，对2018年立项建设的11个校级科研平台、21个创新团队进行集中考核验收。

本次集中考核验收是在各平台和团队自查的基础上进行的，为了能够精准推进平台和团队建设，考核验收分为5组进行，分别邀请来自苏州大学、苏州科技大学及高职同行15位专家为平台、团队把脉会诊。会前，副校长张健到场对专家们百忙之中为学校科研发展建言献策表示感谢。

考核验收会上各平台和团队负责人分别围绕项目研究情况、目标任务完成情况、建设难点和下一步解决方案等做汇报，专家们与各负责人一一做交流指导，对平台、团队存在的问题提出建设性意见。而后专家组结合查阅验收报告材料情况对平台和团队进行考核评议。

专家们对学校实施科研平台、团队三年行动计划表示赞赏，对平台和团队在建设期内取得的成绩表示肯定。建议加强科研平台研究方向的聚焦度、创新团队成员学科的关联度。希望学校继续支持平台和团队建设工作，汇聚学校优质力量，在服务地方经济发展上加强协同攻坚，产出更多的高质量成果，支撑学校新一轮的发展。

（科技处）

学校领导带队调研学校科研平台团队建设工作

为进一步提升学校科研平台、团队建设水平，推进学校内涵式高质量发展，1月10—17日，副校长张健带领科技处人员走访学院（部），分5组召开调研座谈会，听取学院（部）科研平台、团队建设工作汇报，与学院（部）党政领导班子、平台团队负责人座谈交流。

调研座谈会上，各学院（部）认真回顾总结学校2018年科研平台、团队三年行动计划本单位所取得的成绩，剖析存在的问题与不足，并汇报下一步工作思路和工作重点。各平台、团队负责人纷纷围绕学院（部）和学校平台团队建设谈了各自的想法，他们表示近年来学校对科研工作的重视、对科研人员的尊重，极大程度地鼓舞了教师们的士气。大家将继续秉持执着、严谨、务实、创新的学术态度，为学校高质量发展贡献才智与热情。同时希望学校可以结合科研规律，在考核机制及教科研任务分配上予以统筹，保障教师们科学研究时间和精力。

科技处处长姚金凤、科长方立刚分别对学校三年行动计划科研平台团队的建设工作做总结，并将专家验收意见进行反馈。姚金凤在平台系统规划和研究方向聚焦、团队凝聚力和“传—帮—带”、学术规范性和科研精神的引领等方面与学院（部）共勉，希望科技处、学院（部）共同努力，在平台人才队伍、载体建设、经费支持、政策支持等方面做好保障。接着与学院（部）对现在平台团队又一次进行分析、解剖，学校重点打造3~5个有特色、有亮点、有竞争力的大平台，在标志性成果和服务地方经济发展方面做出学校的特色。

张健首先转达党委书记和校长对科研一线教师们的关心和问候，对科研平台和团队在建设期内取得的成绩表示肯定。他表示学校将继续推进平台和团队建设工作。各学院（部）要找准重点，明确目标，做好资源整合和优化配置，争取更大发展；对于学校已有的省级平台，要“擦亮金字招牌”，做好宣传，继续做大做强；各平台、团队要凝练研究方向、集中攻关。学校层面一是策划重大平台，加强智库建设，提升解决重大问题的能力；二是探索学科交叉的新型评价体系，推动校内大交叉、院内小交叉，围绕标志性成果打造高水平平台和团队；三要大力推进科技成果转化。推动学科、学院交叉融合，实现学校特色发展、内涵发展。

（科技处）

赓续前行　创新打造地方新型智库建设新格局——苏州石湖智库召开2021年年会暨江南文化发展指数（2021）发布会

1月14日下午，苏州石湖智库召开2021年年会暨江南文化发展指数（2021）发布会。苏州市社科联领导，《江南文化蓝皮书》编纂专家团队，南京大学出版社相关负责人，苏州石湖智库理事会、监事会成员以及苏州石湖智库特约研究员参加会议。

智库聚力服务苏州高质量发展。年会上，副校长张健做《苏州石湖智库2021年工作报告》。他从人才组织架构、决策咨询成果、打响学术品牌、厚植科研积累以及基层服务共建5个角度总结汇报2021年智库的总体工作以及取得的不俗成绩。校党委副书记、副校长刘丹宣读苏州石湖智库理事会关于调整学术委员会部分成员聘任、关于新一轮智库研究员聘任、关于调整石湖智库有关经费及奖励规定的系列决议。副校长孙学文宣读关于表彰优秀特约研究员的决定。

市社科联领导王明国和校长曹毓民分别为苏州石湖智库新任学术委员会主任颁发聘书，并为优秀特约研究员颁发奖励证书。优秀特约研究员代表、高教研究所教授李勇结合2021年服务地方撰写决策咨询报告的经验和体会做发言。

会上，苏州市委宣传部副部长、市社科联主席刘伯高做讲话。他对苏州石湖智库2021年取得的成果给予了充分肯定，希望今后在政府政策咨询、产业发展研究和江南文化传承研究等方面不断取得新突破，做出新成绩。

校党委书记钮雪林在讲话时表示，苏州石湖智库坚持深耕“智汇苏州”品牌，去年聚焦新时代苏州发展中的有关热点、难点、痛点问题举办6期学术沙龙，社会影响力显著提高。特别与南京大学长江产经院合作成立苏州研究中心，积极开展课题研究，获批苏州市非遗传承保护研究基地，并获评“优秀”，为苏州经济社会发展贡献智库力量。

本次会议邀请《江南文化蓝皮书》编纂专家团队进行江南文化发展指数（2021）发布，张健就蓝皮书的编纂进度、统稿情况和阶段性成果做详细汇报。上海交通大学城市科学研究院院长、苏州石湖智库咨询委员会主任、《江南文化蓝皮书》总主编、教授刘士林做主旨演讲。南京大学出版社古籍部主任李亭介绍南京大学出版社的主要业务及成绩，同时重点交流《江南文化蓝皮书》的编纂进展情况。随后，同济大学教授王国伟，苏州石湖智库咨询委员会副主任、教授居易，国务院发展研究中心副研究员张晓欢，苏州石湖智库特约研究员、教授李世超分别就蓝皮书的选题内容发表主旨演讲。在线上、线下互动研讨环节，各方专家共同探讨长三角一体化背景下挖掘好、利用好丰富的江南文化资源，持续推进区域文化交流交融和文化协同发展，提升区域文化软实力的有效途径。

（苏州石湖智库）

学校召开中华职业教育社重点课题开题报告会

3月4日上午，中华职业教育社第一届黄炎培职业教育思想研究规划重点课题“黄炎培职业教育思想视野下高技能人才培养模式创新研究”开题报告会在苏州石湖智库会议室召开。江苏省中华职业教育社秘书长倪南，苏州大学副教授冉云芳，江苏省中华职业教育社研究员袁旭、江波，南京师范大学博士郝天聪，武汉职业技术学院教授彭振宇，校高教研究所教授李勇，苏州农业职业技术学院博士郭泉担任指导专家进行开题论证，校长曹毓民、副校长张健，特聘教授、苏州远志科技有限公司总经理顾德仁出席会议，学校课题组全体成员参加会议。受疫情影响，部分专家通过腾讯会议平台线上参会。

第一阶段由副校长张健主持。校长曹毓民

致辞，他对各位领导、专家的莅临指导表示欢迎，向课题的成功立项表示祝贺。他介绍学校的办学概况，提及学校和我国职业教育先驱黄炎培先生及中华职业教育社的历史渊源，指出黄炎培职业教育思想的深刻内涵及其当代价值，要在挖掘传承其博大精神的基础上为现代职业教育改革与高质量人才发展认真谋划，切实为地方经济社会发展贡献职大智慧，并表示将全力支持项目工作的开展，同时希望课题组精心设计，早出成果，把高质量人才培养的研究成果写在祖国大地上。

第二阶段由江苏省中华职业教育社秘书长倪南主持。张健代表课题组从课题研究背景、研究现状、研究价值、研究内容、研究计划等5个方面进行汇报。各专家相继提出意见和建议。专家们对学校获得首届中华职业教育社重点课题立项表示祝贺与充分肯定，认为选题具有很好的时代价值和应用前景，团队实力较强，研究目标明确、方法恰当、框架合理，可行性强，同意开题。专家组也向课题组建议：研究的过程中，还需进一步聚焦和解题，围绕高技能人才培养内涵、目标、方法等核心要素，挖掘历史、剖析现实、提炼典型经验、破解当前职业教育之难题，以期为构建高质量人才培养建言献策。

中华职业教育社是由我国著名教育家、爱国民主人士黄炎培先生等人创立，提出职业教育的目的是“谋个性之发展，为个人谋生之准备，为个人服务社会之准备，为国家及世界增进生产力之准备”，目标是“使无业者有业，使有业者乐业”，至今成立105周年，为职业教育发展做出重要贡献。

此次中华职业教育社的第一届黄炎培职业教育思想研究规划课题，全国共57项，学校获得重点立项。课题开题报告会的圆满举办，是学校开展黄炎培职业教育思想研究的起点，将进一步推动学校职业教育高质量发展的研究、实践和探索。

（苏州石湖智库）

苏州石湖智库“姑苏·大家说”苏州历史文化讲座第2期学习会于苏州国家历史文化名城保护区、苏州市姑苏区举办

为深入学习领会习近平总书记关于文化自信的重要论述，加强对苏州历史文化保护研究与创新利用，坚定文化自信，讲好姑苏故事，苏州石湖智库与苏州国家历史文化名城保护区、苏州市姑苏区深入对接、研讨交流，携手成立苏州文化保护传承与创新研究中心并开展“姑苏·大家说”苏州历史文化系列讲座。3月12日，“姑苏·大家说”苏州历史文化讲座第2期学习会举行。苏州石湖智库副秘书长、大运河研究院苏州分院副院长、教授陈璇受邀参会做题为“三吴之水皆为园：大运河与苏州园林”的精彩授课。

根据疫情防控相关规定，此次学习会采用“主会场+分会场”的形式举行。保护区、姑苏区四套班子全体领导，区人大常委会各工委、区政协各专委部分领导，各部委办局、各人民团体、各直属单位主要负责人，区委巡察组各组长在主会场参加学习会。

陈璇现为中国商业史学会中国大运河专业委员会委员、苏州市人民政府研究室特约研究员，主持江苏文脉工程《江苏民歌史》撰写工作，主要著述有《苏州运河十景》等，擅长明清古典文学、江南文化与文学研究及大运河文化带建设方面研究。

陈璇从追溯吴文化的诞生和发展讲起，阐述苏州“百园之城”的概念演绎和理念传承，梳理苏州大运河水系脉络的前世今生，介绍苏州园林发展与苏州城水系尤其是大运河的关系，带着与会干部一起感受苏州园林和苏州大运河“世界文化双遗产”的魅力，并对下一步保护区、姑苏区文化建设工作提出建设性的想法和建议。陈璇的授课对保护区、姑苏区如何进一步利用千年造园历史、百座典雅园林，生动讲好属于“百园之城”特有的大运河故事、姑苏故事，做大、做强文旅融合品牌具有重要意义。

首批“姑苏·大家说”苏州历史文化系列讲座课程共分20讲，初步计划循序开展，讲座涵盖江南文化、园林文化、运河文化、城墙及水系文化、街巷文化、红色文化、名人文化等丰富主题，上海交通大学、华东师范大学、苏州大学及学校多位在各自行业领域具有资深造诣的专家教授作为授课讲师参与教学。苏州石湖智库也搭建课程评价体系，不断改进授课方式，提高课程质量。

此次大讲堂的设立，是苏州石湖智库依托苏州文化保护传承与创新研究中心建设深化同

保护区、姑苏区的全方位合作，立足服务地方经济社会文化发展理念的生动体现。未来，苏州石湖智库将充分发挥理论创新、建言献策、服务地方的智库力量，助力保护区、姑苏区贯彻苏州市委关于“以更高视野、更大格局重塑江南文化”以及“建设大运河文化带‘精彩苏州段’”的部署要求，为推动苏州文化更多、更好地“走出去”，推动大运河文化带姑苏段建设工作取得明显突破、收获显著成效献计献策。

（苏州石湖智库）

吴文化传承与创新研究中心举办“江南文化中的尚武传统”学术研讨会

3月19日下午，由吴文化传承与创新研究中心、江南文化研究院和管理学院主办的“江南文化中的尚武传统”学术研讨会在学校石湖书院举行。充分考虑疫情防控工作要求，本次研讨会精简现场规模，采用腾讯会议实时直播的方式，吸引近200名学者、师生积极参加。此次研讨会邀请教育部体育行业教指委委员、苏州市职业大学教授李勇，西安交通大学教授王锋，苏州大学体育教育系主任、教授杨敢峰，苏州市武术协会副会长李国强等4位专家做主旨报告。管理学院副院长、吴文化传承与创新研究中心副主任陶莉出席会议。研讨会由吴文化传承与创新研究中心执行主任、江南文化研究院院长、教授宋桂友主持。

李勇以“文武并行打造江南文化新高地”为题，从“文化、文明、知识”之辨出发，结合太仓实地调研结果，剖析苏州传统文化内涵中的尚武元素和苏州体育文化优势品牌建设的现状及其问题。在此基础上，他还分析了吴殳、耿橘、周虎等几位历史人物的传世武术著作及其在战争中的顽强精神。最后，他就江南文化品牌建设，建议充分挖掘传统文化中的尚武人物、事件及其人文精神，文武并行打造江南文化新高地。

王锋分享报告《江南武术与尚武精神》，按照历史的脉络，分4个阶段考察江南武术的历史发展，从“剑文化”的兴起到抗倭战争与军旅武艺，再到明清鼎革与民间武艺，最后到南京国术馆与“国术”。他指出，江南是编撰古代武术典籍最多的地方，这无疑为挖掘江南文化的尚武传统提供了丰富的文献资料。

杨敢峰的报告《国际化视阈下苏州武术的发展》，侧重于苏州武术的当代发展和国际化传播。从苏州武术的发展现状、发展优势、发展困境和未来展望等4个方面分析当代苏州武术的发展。对江南船拳、唐手拳和太极拳为代表的苏州武术现状及发展困境进行探讨，提出苏州武术具有三大优势。同时提出苏州打造“国际体育文化名城”，要树立国际传播意识，积极开展武术国际化传播。

李国强的报告《武术学习与研究中的几个问题》，从实践的角度进行武术习得分享。他在多年武术学习及实践的基础上，指出武术健身对个人及社会的益处，并对武术的三要素进行阐释。李国强及其弟子王金龙通过视频展示，分别表演武术套路燕青枪、燕青刀、青萍剑和太师鞭。

最后，陶莉对本次学术研讨会进行总结发言。本次学术研讨会不仅有专家的学术交流，还可以观摩武术名家的精彩表演，内容深刻、形式丰富。研讨会多角度、全方位地探讨江南文化中的尚武传统，这对更加深入全面地厘清江南文化内涵提供新思路，有助于更好打响苏州江南文化品牌。

（管理学院）

疫情当下　修炼内功：苏州石湖智库“智汇讲坛”云上开讲

4月14日下午，苏州石湖智库“智汇讲坛”云上开讲。讲坛第1讲邀请苏州市政府研究室科研处处长成涛林做题为“如何撰写决策咨询报告”的精彩讲座。苏州石湖智库秘书长朱剑刚，特约研究员，学校相关学院（部）、部门的老师以及部分校外专家学者近90人在腾讯会议室出席并聆听讲座。讲座由苏州石湖智库副秘书长陈璇主持。

成涛林结合自己5年来在研究室编纂《调研通报》的切身经验和体会，从撰写决策咨询（调查研究）报告的重要性和写作技巧两方面展开讲述。他认为一篇好的决策咨询报告首先要有家国情怀，要有使命感和责任感，并且要紧密围绕所服务的地方社会经济文化展开。其次是要有好的选题和扎实的调研工作。选题宜聚焦，不宜过于宏大和宽泛；调研务必真实，一篇好的咨询报告不是材料的堆砌和数据的罗列，要扎实调研，在取得一手资料的前提下发现问题、分析问题，最终提出切实有效的咨政举措。成涛林结合今年获得市领导肯定性批示的相关文章指出决策咨询报告的3种写作模式和内容构成。同时提出“疫情受困行业现状、扶持建议”“产业创新集群发展”等当下苏州市委、市政府关心的热点、难点问题，鼓励研究员们选择自己擅长的领域多多练笔，写出高质量的咨政报告。本次讲座思路清晰、干货满满，与会教师纷纷表示受益匪浅。

目前，苏州正处于一个特殊的时期。全市上下勠力同心、严防死守，要坚决打赢疫情防控战。苏州市委、市政府及全市各部门正全力以赴守护苏州这座2500多年历史的古城和全市人民，为守住江苏的东大门而奋战。苏州石湖智库作为地方新型智库，在这一特殊的时期，邀请政府研究室指导写作技巧，是为了充分践行学校党委提出的“要将最优秀的论文写在苏州大地上”的智库发展理念，提高研究员写作素养，修炼内功，从而可以更好整合学校内外专家学者的研究专长和领域，为抗疫和后疫情时期苏州地方经济社会发展提供思路清晰、举措可行的高质量成果。

当前，疫情让很多工作按下了暂停键，是危机亦是生机。对苏州石湖智库而言，可以充分利用好这一段时间来修炼内功，提升自我。未来，苏州石湖智库还将邀请文化产业、数字经济、大运河、非遗保护等相关领域的专家学者为研究员们授课。副校长、苏州石湖智库理事长张健表示，要科学合理利用好这段静默期，用好云上平台，调动一切智库资源，打造内容精彩、形式多样的“智汇讲坛”，聚焦热点、难点、痛点，形成品牌，做好研究员梯队的培养和打造工作，为历史文化名城苏州提供智库的智力支持。

（苏州石湖智库）

苏州石湖智库“智汇讲坛”第2讲开讲

4月20日下午，苏州石湖智库“智汇讲坛”第2讲如约而至。讲坛邀请苏州市文化创意产业发展中心主任、苏州石湖智库特约研究员王斌做题为“文化产业生态体系和文旅融合”的精彩讲座。

副校长、苏州石湖智库理事长张健，苏州石湖智库秘书长朱剑刚，教育与人文学院院长吴隽，艺术学院院长、苏州石湖智库特约研究员沈新艺，学校相关学院、部门的师生以及部分校外专家学者近170人在线参加讲座。本次讲座由苏州石湖智库副秘书长陈璇主持。

王斌深耕文化产业领域多年，熟悉苏州文化产业发展状况，撰写的决策咨询报告多次获市委、市政府主要领导的肯定性批示，也具有多年文化IP打造的实践经验。王斌的讲座分为6个方面：一是文化产业的内涵，讲述文化内容是文化资源的价值化成果；二是文化产业的外延，阐述文化产业体系建构；三是文化资源产品化，主要围绕文化资源内容化、文化内容产品化以及文化内容IP化展开；四是文化产业数字化，提出数字创意产业创新集群建设的相关问题；五是关于创意产业的概念、构成和文旅产业领域的系统策划等相关命题；六是文旅融合的概念、外延等。整整2个小时的讲座，既有宏观政策的解读，又有中观概念和理论的分析，还有微观案例的讲解。讲座思路清晰、生动风趣，尤其对于文化产业发展过程中的一些易错概念做了辨析，使与会的师生对于文化产业知识体系的构建有了系统了解。

当下以及后疫情时代，苏州经济发展需要新的举措和路径。苏州石湖智库作为政府和学校、科研院所的“旋转门”，利用线上技术，将继续组织专家就当前苏州发展过程中的热点、难点、痛点问题展开学习和讨论，形成关注，促进思考，聚集智库全体研究员的智慧和才能，真正写出观点鲜明、操作性强、具有实际应用价值的“华彩文章”。

（苏州石湖智库）

2022“智汇苏州”学术沙龙两期连开 助力后疫情时期苏州经济发展

4月29日下午2:00，由苏州市职业大学主办，苏州石湖智库承办的2022“智汇苏州”第1期沙龙如期举行。会议采用线上、线下相结合的模式开展，就“新时期苏州文化创意产业高质量发展”这一主题展开研讨。会议由副校长、苏州石湖智库理事长张健主持。中国传媒大学文化发展研究院院长、教授、博士生导师范周，华中师范大学国家文化产业研究中心副主任、教授、博士生导师谈新国，苏州市政府研究室副主任蒋忠友，南京大学城市科学研究院副院长、江苏城市智库副理事长兼秘书长胡小武，苏州石湖智库特约研究员、苏州市文化创意产业发展中心主任王斌，苏州石湖智库特约研究员、苏州市职业大学教授李勇，苏州石湖智库副秘书长、苏州市职业大学教授陈璇等专家学者围绕国内外文化产业发展经验以及政策措施，讨论新时代苏州构建文化创意产业集群如何赋能文化产业高质量发展的命题，共有近180名听众在线听取沙龙报告。

第1期沙龙引发热烈反响的同时，结合苏州目前发展中“太湖地区建设和发展”的问题，5月3日，2022“智汇苏州”第2期沙龙邀请大家再度相约线上会议室，共同探讨“打造世界级科创湖区的苏州使命”。本次会议由苏州市政府研究室、市社科联、市新型智库建设办公室指导，苏州市职业大学主办，苏州石湖智库承办。副校长、苏州石湖智库理事长张健主持会议，江苏省城市经济学会副会长、南京大学教授、博士生导师李程骅受邀出席并担任特约主持。

江苏省战略与发展研究中心主任孙志高以“顺时顺势，谋深谋实，切实提升太湖世界级科创湖区建设水平”为题发表演讲，为太湖建设世界级科创湖区提出战略性建议；江苏省政府研究室原副主任、国研智库首席专家沈和做题为“以未来产业发展先导区引领世界级科创湖区建设”演讲，带来前瞻性、全球性的视角；江苏省社科联研究室主任刘西忠以“跨区域协同发展视角下的环太湖世界级创新湖区”为题，提出把环太湖世界级科创湖区作为长三角一体化的一个重点任务来打造；上海交通大学城市科学研究院院长、教授、博士生导师刘士林以“加强世界级科创湖区的基础理论和战略定位研究”为题发表演讲，提出环太湖世界级科创湖区建设需重视生态、科技产业、江南文化三要素；华东师范大学中国现代城市研究中心教授、博士生导师宁越敏以“苏州建设世界级科创湖区的思考”为题，结合苏州科创产业现状分析提出建设性意见。随后，苏州大学东吴智库执行院长、教授、博士生导师段进军，苏州科技大学教授王世文，南京大学城市科学研究院执行院长、江苏城市智库副理事长兼秘书长胡小武，苏州石湖智库特约研究员胡艺博士分别就苏州打造环太湖世界级科创湖区的理论研究与建设路径及政策建议发表各自的真知灼见。

李程骅总结认为，苏州作为世界级科创湖区的引领者，面对这一建设命题仍处在破题阶段。为助推苏南地区在长三角一体化发展进程之中发挥示范引领作用，苏州瞄准世界一流城市和科创湖区建设的创新实践过程中需要注意4个方面：空间格局功能性释放的延伸、发挥苏州雄厚产业基础和沪苏同城化优势、多方协同形成合力共创世界级创新湖区建设、围绕创新引领在人才招引方面采取更有成效的措施。

2022“智汇苏州”学术沙龙第1、2期的成功举办正值苏州抗疫攻坚的决胜关键期。面对后疫情时期苏州产业复苏发展的新形势、新挑战，苏州石湖智库将紧抓围绕产业创新集群打造等重点难点问题，深耕理论研究与创新，积极建言献策，集聚智库力量助力后疫情时期苏州经济新腾飞。

（苏州石湖智库）

苏州石湖智库聚焦“智改数转”举办2022年第3期学术沙龙

5月20日下午，在市委宣传部和市社科联、市新型智库建设办公室指导下，由学校主办，苏州石湖智库与江苏长江产业经济研究院苏州研究中心共同承办的2022“智汇苏州”第3期（总第17期）学术沙龙在学校石湖校区顺利召开。会议采用线上、线下相结合的模式展开，以“智改数转推动苏州工业高质量发展”为主题，邀请南京、苏州等地校、政、企的数十位专家共同讨论数字经济背景下苏州工业新腾飞的路径及发展策略问题。沙龙由副校长、苏州石湖智库理事长张健主持，南京大学长江产业经济研究院苏州分中心主任、苏州石湖智库特约研究员徐天舒教授作为特约学术主持人；南京大学长江产业经济研究院理事长、院长，南京大学博士生导师，教育部首批特聘文科长江学者刘志彪教授出席会议并讲话。

刘志彪表示，“智改数转”是当前国家在高质量发展过程中最关注的一个问题。其最主要的原因在于中国经济发展已经从高速度发展经济转向高质量发展的阶段，因此，要用新发展理念实现新发展要求。“智改数转”是一个非常重要的途径和措施，是下一阶段中国是否能够更好发展的途径和方法。他认为“智改数转”有两方面的内容，即数字产业化和产业数字化。目前，需要寻找一种路径解决数字产业化和产业数字化的相关问题。在当今世界开放经济的条件下，中国需要形成全球产业链集群来进行全球化竞争。他充分肯定苏州发展“数字产业集群”的战略是非常准确的。建议要进一步加大数字产业集群的开放度，同时加强产业链内部的联系，形成紧密的链式关系。

随后，江苏省企业信息化协会会长闫浩，江苏省战略与发展研究中心主任孙志高，苏州大学东吴智库执行院长、博士生导师段进军，苏州市职业大学副校长孙学文，江苏汇誉通数据科技有限公司董事长周连生分别以“江苏制造业数字化转型分析”“突出重点，精准突破，切实提供高质量智改数转方案”“信息时代苏州制造业发展新理念”“智改数转赋能苏州制造业专精特新企业高质量发展”“企业如何应对数字化转型”等为题，围绕国内外“智改数转”实施的经验以及政策措施，讨论新时代苏州“智改数转”推动工业高质量发展的命题。

与以往不同的是，此次沙龙还邀请苏州市工信局信息化推进处处长汪晓亮、南京大学长江产业经济研究院副院长徐宁、苏州市发展规划研究院院长李湛、中国500强企业协鑫集团控股的协鑫集成科技公司信息管理部副总经理张舸以及“世界灯塔工厂”美的公司的智改数转服务商、苏州美云智数科技有限公司智能制造解决方案首席专家夏青等常年深耕在数字经济和数字化发展领域的专家作为对话嘉宾，从各个方面深入探讨这一话题。会议结束前，专家嘉宾还与参与人员进行互动问答。

2022年1月，苏州市数字经济时代产业创新集群发展大会召开，在新年第一会上，提出全市上下加快形成具有国际竞争力和全球影响力的创新集群，推动产业经济向创新经济跃升、产业大市向创新强市迈进，全力打造全国“创新集群引领产业转型升级”示范城市。此次沙龙旨在围绕新时代苏州发展的关键问题集智献策，通过沙龙活动为专家学者提供交流学术、碰撞思想的平台，同时能够引起社会关注与讨论，促成共识，形成发展规划和未来发展战略，更好推动苏州工业在新时期的高质量发展腾飞。张健表示，今年的“520”是长江产业经济研究中心所在单位南京大学120周年校庆的日子，本次沙龙在这个特殊的日子举办，也正好是苏州石湖智库和以刘志彪教授领衔的江苏长江产业经济研究院苏州研究中心合作共建的一个生动例证，期待苏州石湖智库探索的地方高校“智库+平台”的发展理念能够有更多成果落地，深耕理论研究与创新，集聚更广泛的社会力量助力后疫情时期苏州经济新腾飞。

（苏州石湖智库）

苏州石湖智库理事会一届七次会议顺利召开

6月1日上午，苏州石湖智库理事会一届七次会议在惠和楼215会议室召开，苏州石湖智库全体理事、监事等参与此次会议，本次会议由副校长、苏州石湖智库理事长张健主持。

会议首先由张健做“苏州石湖智库2022年工作安排和工作进展情况”的报告，苏州石湖智库将继续做好建言资政、打造好“智汇苏州”学术沙龙品牌、加强智库党建、建立与市内外研究机构交流合作机制、开展社科人文交流、加强对外传播能力和话语体系建设、持续推进“智库+平台”“智库+基地”建设以及上半年的重要合作和活动等各方面工作。全体理事对工作报告进行审议并一致通过。

苏州石湖智库秘书长朱剑刚向与会理事和监事宣读修改《苏州石湖智库章程》的相关说明，会议一致通过修改《苏州石湖智库章程》的决议。随后，会议按照议程通过关于苏州石湖智库理事会延期换届和新增聘任苏州石湖智库特约研究员等决议。全体理事、监事填写苏州石湖智库工作评价调查表。

（苏州石湖智库）

学校举办2022“智汇苏州”第4期学术沙龙：聚焦城市更新与苏州“园林之城”品牌打造

6月7日，2022“智汇苏州”第4期（总第18期）学术沙龙在耦园举行。本次学术沙龙聚焦“城市更新与苏州‘园林之城’品牌打造”，重点围绕苏州园林保护与传承、更好提升古典园林的当代价值等开展深度交流研讨。

本次学术沙龙在市社会科学联合会的指导下，由学校与苏州市园林和绿化管理局主办，苏州石湖智库、苏州市世界文化遗产古典园林保护监管中心和苏州市耦园管理处共同承办。特邀苏州资深文博研究员魏嘉瓒、同济大学资深教授王国伟、苏州大学文学院教授曹林娣、苏州市非物质文化遗产保护管理办公室原主任龚平、苏州石湖智库咨询委员会副主任居易、苏州市产业园协会秘书长沈源、学校艺术学院副教授朱元吉和副教授沈罗兰等多位专家出席。以本次活动为契机，苏州市世界文化遗产古典园林保护监管中心与苏州石湖智库签订战略合作协议。双方将围绕苏州古典园林文化遗产的保护传承等方面开展全方位合作，助力建设举世闻名的“园林之城”。

学校校长曹毓民在致辞中说，“耦园住佳耦，城曲筑诗城”诠释了本次沙龙的含义——精诚合作，共献良策，努力保护好苏州这座诗一般的“园林之城”。近年来，为认真贯彻落实市委关于加强历史文化遗产保护传承的部署要求，推动建设“园林之城”，苏州市园林和绿化管理局开展了一系列相关课题研究。今后，苏州石湖智库将进一步集中研究力量，开展联合攻关，汇众智聚合力，继续为推进苏州古典园林文化遗产保护传承贡献力量。

苏州市园林和绿化管理局副局长周达指出，苏州是举世闻名的“园林之城”，中国四大名园中，苏州的拙政园和留园就占两席。苏州园林历史绵延2000余年，拥有108座古典园林，9座古典园林先后被列入世界遗产名录。可以说，园林是历史留给苏州的宝贵文化遗产。

魏嘉瓒从“未来苏州园林的走向”的角度，建议应首先厘清“园林城市”“生态园林城市”“风景园林城市”“公园城市”等概念的界定，“园林城市”和“城市园林”的不同发展侧重。他认为，苏州园林已经成为世界文化遗产，其品牌不需要打造。但就苏州“园林之城”的建设而言，还应从城市绿化覆盖率等多个方面着手落实落细。一要保护好现有历史遗存园林；二要从公园城市建设的角度多下功夫；三要顺势利导，鼓励营造私家园林，使之成为现代城市生态空间构成要素之一。

王国伟认为，园林是世俗与精神生活的复合体。园林是社会大众对城市历史、地理现实高度认知的核心对象物，因此苏州打造“园林之城”具有得天独厚的优势。风景高度现实化的象征主义已成为苏州身份的独特标志物。苏州在建设“园林之城”的当今社会实践中，要挖掘好、保护好历史文化遗存，“收复失去的风景”；注重从技术、美学的角度为苏州园林“塑形”，以文化和价值为其赋能，使之成为当下和未来的文化恒产。

曹林娣从“读懂苏州园林”“文化保护”“园林文脉的延续性”“文化建设”等4个方面展开分析。她表示，苏州园林是中华文化的“博物志”，从中可以读出古人的社会理想、人格价值、宇宙观、审美观等文化内容，唤起古老的文化记忆。苏州园林不仅是苏州的、江南的，也代表东方文化。其价值内含厚德载物的人格精神、天人合一的生态范本、诗意栖居的“生活最高典型”和国匠精神的物质载体等四层深意。

龚平表示，城市更新要在城市的活态发展中处理好形态、生态与业态的关系。紧扣苏州“园林之城”的城市更新路径探寻，他建议汇聚各方资源力量科学规划，高水平做优苏州古典园林形态，特别是要保持好苏州古典园林作为“私家园林”的本义初衷。同时在城市更新中有计划地推进“口袋公园”建设，使其成为古典园林的一种延伸，给“园林之城”品牌注入时代底色。要在城市有机更新中重视生态融合，多用文创开发的方式激活苏州园林的美学之风。

沈源以“城市更新时，处处见园林”为题，指出苏州的城市更新过程就是在城市发展中继承发扬园林文化内涵的过程。苏州园林将江南地区的自然风水融入建筑中，既体现了地方风俗特色，具备集美观价值与居住作用的“宅园合一”的特色，也是人类依恋自然、追求与自然和谐相处、美化和完善自身居住环境的一种创造。

居易认为，苏州“园林之城”的品牌创建、品牌塑造和品牌推展是一个系统工程，需要一致的理念、具体的方案、务实且与时俱进的可持续运作。他从苏州园林的品牌提升工程、城市形象工程和宜居情调工程的“三个工程”建设切入，提出“建立健全国际化、时代感的符合现代传播和推展体系的‘苏州园林’的品牌发展战略”“重视城市绿化，倡导实施城市绿化立体化”“引导和张扬全域性、整体性的唯苏州所特有的宜居情调”等对策建议。

朱元吉分享城市更新与苏州“园林之城”的品牌打造的经验与方法：首先要全面开展城市设计工作，加强建筑设计管理，优化城市空间和建筑布局；其次要筑牢文物遗产堡垒，以园林城市为主线，尝试开展智慧园林建设部署，依托互联网技术，建立起全天候、动态响应、实施联动的文物健康监测体系；再次要充分发挥企业、文化艺术团与高校以及多方社会资源的传播合力，与时俱进地实现品牌推广的精准化、高效化。

沈罗兰结合他国旅游经济发展现状与特点，提出四点建议：一是在文化和旅游高质量发展的新时期，苏州可以借助PPP市场化的经营理念和专业化运作模式，推动园林非遗文化价值在更广范围的弘扬与传播；二是可以以临近园林分片划区“步行化”为抓手，实现城市功能再造和交通模式转型以及从“苏州园林”到“园林苏州”的延伸；三是可以在“沉浸式”旅游开发模式下，以园林为载体，强化民族节庆活动创新开发，促进园林文化与旅游事业的良性发展；四是可以借助数字化技术，用“艺术+科技”的方式，给静止的文物赋予生动的内涵，满足公众对历史艺术的审美需求。

（苏州石湖智库）

学校与中国大地出版传媒集团大运河文化研究中心举行合作签约仪式

为进一步加强大运河文化研究，为大运河文化带建设贡献力量，6月13日，学校与中国大地出版传媒集团大运河文化研究中心签署合作协议，“大运河文化研究基地学校”同时揭牌。市政协副主席曹后灵出席活动。中国大地出版传媒集团大运河文化研究中心首席代表、《中国大运河文化》总编辑周伟苠，市文联二级巡视员陆玉方，大运河文化研究中心苏州代表、江苏省书法院研究部主任陆衡，大运河文化研究中心代表、四级调研员陈庆祖，学校党委书记钮雪林，校长曹毓民，副书记、副校长刘丹，副校长张健参加活动。活动由刘丹主持。

钮雪林致欢迎词，表示在学校扎实稳步推进高质量内涵建设的过程中，双方携手共建大运河文化研究基地，将充分利用各自优势，依托基地平台，进一步深挖大运河文化，讲好大运河故事，用好大运河资源，让苏职大校园成为传承大运河文化的热土，共同推进苏州大运河文化保护传承利用和经济社会高质量发展。

周伟苠介绍大运河文化研究中心情况。研究中心隶属由国家自然资源部主管、财政部代表国务院出资的中央文化企业——中国大地传媒出版集团。周伟苠结合中国作家运河行、中国大运河十景评选等2022年研究中心重点工作，期待双方将教育与文化融合、研究与实践结合，在大运河文化的挖掘、传承与创新等方面结出丰硕成果。

曹毓民从科学研究服务地方经济发展、发挥地方高校育人职能、基地建设反哺人才培养等方面介绍学校开展大运河文旅融合研究工作情况，希望以此次签约及揭牌为契机，充分利用基地平台进一步深化科学研究、人才培养等工作，力争多出高质量成果。

交流发言后，教育与人文学院院长吴隽与中国大地出版传媒集团大运河文化研究中心苏州代表陆衡代表双方签约。校长曹毓民与研究中心首席代表周伟苠共同为“大运河文化研究基地学校”揭牌。

（教育与人文学院）

学校获得中国科协2022年度学风传承行动项目立项

6月24日，中国科学技术协会网站公布2022年度学风传承行动项目立项名单，学生工作处指导、机电工程学院组建的厚德秉烛辅导员工作室申报的《“我眼中的顾诵芬”优良学风弘扬系列作品集》获批精品资助项目立项，以“共和国的脊梁——科学家精神进校园”为主题申报的优良学风传承教育实践项目入选学风涵养工作室支持计划。厚德秉烛辅导员工作室2022年度学风涵养工作由学生工作处傅中山老师负责，机电工程学院辅导员张彩艳老师主持。

申报项目立足实际，以立德树人为根本任务，围绕学风建设的思想理论教育与价值引领、优良学风氛围塑造等方向，以科学家精神和工匠精神弘扬为重点，计划开展优良学风涵养教育实践活动，以师生共习方式，引导学生开展科学家精神和工匠精神传播研究活动，讲述身边学风故事。工作室成员在前期学习借鉴基础上，多次召开申报研讨会议，确定项目建设目标和建设举措，精心撰写申报书，经资格审核、专家评审等程序，从全国高校和科研院所531个申报项目中脱颖而出、获批入选。

学风传承行动项目的立项入选是对学校长

期以来高度重视学风建设的肯定。接下来，工作室将聚焦高素质技术技能人才培养，围绕科学家精神和工匠精神宣传，开展系列优良学风涵养活动，精心组织实施，扎实推进落地，创作更多精良主题产品，强化成果转化运用，加强资源共享与学习交流，创新“第二课堂”人才培养方式，切实把项目融入学校学风建设工作中。

为深入贯彻落实《关于进一步弘扬科学家精神加强作风和学风建设的意见》精神，加快推进优良学风培育，中国科协文化宣传部根据中国科协办公厅、教育部办公厅、共青团中央办公厅、中国科学院办公厅、中国工程院办公厅联合实施的“共和国的脊梁——科学大师名校宣传工程”工作安排，于2020年开始面向高校和科研院所开展学风建设资助活动，着力培育和弘扬社会主义核心价值观，大力宣传新时代中国科学家精神，深入推进高校优良校风、学风建设，理论研究与实践育人结合，发挥广大青年学生主体作用，引导其以实际行动做优良学风传承人。

（学生工作处　机电工程学院）

学校召开科研工作推进会

为推动学校科研工作稳步开展，保证年度科研工作任务如期完成，7月1日上午，科技处组织召开科研工作推进会，各学院（部）分管科研工作负责人参加会议，会议由副校长张健主持。

会上，科技处副处长方立刚剖析科研目标责任上半年完成情况，介绍校级科研平台认定及立项情况。科技处处长姚金凤通报横向技术服务上半年完成情况和2022年科研管理制度修订情况，并就下一步科研重点工作做出安排。

张健强调要把落实党委对科研任务目标的决策部署作为全年工作的重中之重，并就下一步科研工作推进情况提出三点要求：一是以结果为导向，明确任务；二是主动对标对表，狠抓落实；三是加强政策宣传，强化服务，确保年度任务目标保质保量完成。

（科技处）

学校教师入选2022年江苏省科技副总项目

7月25日，江苏省委人才办、江苏省科技厅公布2022年江苏省科技副总项目入选对象名单，学校方立刚博士、王仁忠博士入选。本次入选的校企合作单位分别是江苏亨通工控安全研究院有限公司、江苏上欧阀门有限公司。

科技副总项目是江苏深化科技体制改革、推进产学研紧密合作、引进高层次科技人才服务企业的一项创新举措。通过政府立项的形式，鼓励支持高校院所专家、教授到企业兼任“科技副总”，充分发挥个人和所在高校院所的综合优势，在开展产学研合作、推进科技成果转化、解决关键技术难题等方面，助力江苏企业科技创新和产业高质量发展。

近年来，学校大力推进产学研工作，鼓励教师积极深入企业一线，在共同开展关键技术研究、人才联合培养、产教融合基地建设、创新成果产出等方面取得一定成果。江苏亨通工控安全研究院有限公司是江苏亨通光电股份有限公司投资企业，是国家中小型科技企业、高新技术企业，也是学校深度校企融合企业和“双师型”教师培养培训基地。江苏上欧阀门有限公司是集科研、产品开发、制造、销售、服务于一体的科技创新企业，也是学校“一院一镇”重点合作企业。本次“科技副总”的入选是学校校企合作的重要创新成果，学校将以此为契机，全力推进教师创新成果建在产业链上，努力推进内涵式高质量建设。

（科技处）

2022年“江南文化”系列公益培训走进昆山巴城

7月29日下午，2022年“江南文化”系列公益培训第3场“苏州大运河文化——水韵古城的魅力”在昆山市巴城镇社区教育中心举行。培训由苏州开放大学、苏州市社会教育服务指导中心主办，昆山市巴城镇终身教育促进委员会办公室、巴城镇社区教育中心、巴城镇文学艺术界联合会协办。巴城镇各村、社区的社区教育工作联络员，2022年江苏省社会教育规划课题“基于大运河文化的社区教育发展现状比较研究”课题组成员，巴城镇文学艺术界联合会骨干会员参加本次培训。

学校教育与人文学院副教授、苏州石湖智库研究员蔡斌应邀为培训学员带来一场精彩的大运河文化魅力讲座。他从世界文化遗产和国家战略高度介绍大运河自隋唐时期演变发展的前世今生，结合城市的变迁对京杭大运河苏州段的历史概况做详尽的展示，清晰勾勒出滋养吴地文化千年的淙淙潺潺、四通八达的苏州水脉特质，指出大运河水系为中国历史文化名镇和民间艺术之乡的巴城文化建设提供源源不断的动力源泉和发展空间。

本次培训展示大运河文化的深厚内涵和时代价值，宣传大运河文化保护传承的重要意义，使学员深入体会到江南苏州水韵古城的历史文化底蕴。

（苏州开放大学管理委员会）

学校举办2022“智汇苏州”第6期学术沙龙

8月23日下午，苏州石湖智库与苏州市姑苏区侨联共同举办的2022“智汇苏州”第6期学术沙龙暨姑苏侨文化品牌建设助力古城保护与发展专题研讨活动在过云楼顺利举行。学校副校长、苏州石湖智库理事长张健，苏州国家历史文化名城保护区党工委委员、苏州市姑苏区委常委、组织部部长、统战部部长王瑜，区人大常委会副主任沙亚萍，区侨联主席李静，苏州石湖智库秘书长朱剑刚等参加此次活动。

活动现场，苏州石湖智库与苏州市姑苏区侨联签订共建协议。双方商定共同开展姑苏侨文化调研，挖掘古城深厚名人文化资源以及侨文化底蕴，凝练侨文化及古城文化特色，开展系列研究，助力苏州国家历史文化名城的保护、传承和发展。

张健指出，在“十四五”规划蓝图下，无论是江南文化三年行动计划，数字经济时代产业创新集群发展，还是大运河、长江国家文化公园建设，苏州一直是世界读懂江南的“最美窗口”。姑苏区历来以文化著称，也必将以高度的文化自觉和使命担当与其他各个板块一起迈进，向世界展示中华优秀传统文化的魅力之光。张健期待苏州石湖智库能够与姑苏区一起，为苏州在下半年奋勇夺取双胜利贡献力量。

王瑜指出，要以此次活动为契机，深入推进侨文化研究工作，把长期以来广大侨胞和家乡人民开展的精神活动、积淀的文化成果、创造的文明财富充分挖掘、继承和弘扬起来。充分发挥统一战线人才荟萃、智力密集、联系广泛的优势，做大做强姑苏侨文化品牌，不断加强侨文化的研究和运用，始终坚持做到围绕中心、服务大局，讲好姑苏故事、推介姑苏发展，以实际行动迎接党的二十大胜利召开。

沙龙环节由苏州石湖智库副秘书长、教授陈璇主持。在研讨环节，与会的专家学者围绕如何深入挖掘古城名人文化资源，利用侨文化、发挥侨界力量助力江南文化传播、海外宣传等主题开展交流。

苏州市档案馆原副馆长、研究馆员沈慧瑛提出，全面梳理姑苏区古城范围名人资源，广泛宣传名门望族良好家风，精心勾勒姑苏区名人老宅线路图，有序开展名人文化研究。民革苏州市委会原副主委章念翔、苏州市文广旅局非遗和工艺美术（丝绸）促进处处长李红、苏州市华侨文化促进会会长张继堂、苏州协同医疗健康基金会理事长喻敏毅、复育智库合伙人刘晓婕、苏州石湖智库研究员居易等嘉宾，针对侨文化品牌建设助力古城发展的主题分享各自的真知灼见。

苏州石湖智库此次走进过云楼，邀请专家学者畅谈古城保护和姑苏侨文化品牌建设，进一步深化与姑苏区以及姑苏区侨联等多个部门多维度全方位的合作，致力于高质量的学术报告与研究成果的产出，勇担助力苏州国家历史文化名城保护传承和发展的文化自觉与使命担当。

（苏州石湖智库）

苏州石湖智库“智汇讲坛”第3讲开讲

8月26日上午，“智汇讲坛”第3讲在苏州石湖智库开讲。本次学术报告邀请南京大学博士生导师、南京大学智库研究与评价中心主任、教授李刚交流新时代地方高校智库建设的经验和路径。学校党委书记曹毓民出席本次报告会，对李刚莅临学校指导智库建设表示热烈欢迎和衷心感谢。活动由学校副校长、苏州石湖智库理事长张健主持，部分苏州石湖智库研究员受邀参会。

张健首先汇报苏州石湖智库的发展概况以及目前的工作重点，指出今年以来，苏州石湖智库研究员共发表决策咨询报告22篇，获省、市主要领导肯定性批示13篇。以苏州石湖智库名义承担课题近10项。截至8月底，苏州石湖智库共举办6期“智汇苏州”学术沙龙、4期“智汇讲坛”。同时，与各个部委办局展开紧密合作。表明苏州石湖智库想在现有发展的基础上寻求更高突破的愿望。

李刚首先肯定石湖智库的发展思路，认为苏州石湖智库立足地方经济社会文化，积极对接市委、市政府以及各职能部门，为地方提供智力支持的经验值得推广。随后，他针对苏州石湖智库的发展现状，提出很多有效建议。他认为智库的发展，与实体化运作、研究员队伍充足、机制健全以及成果丰厚息息相关。因此，苏州石湖智库要在做好内功修炼的同时，积极扩大社交网络，与国内重要的大院大所进行经常性的、非正式的情报交流，结合国家“十四五”发展规划，苏州石湖智库可以着力做好文化的国际传播工作，助力苏州向世界讲好最精彩的江南故事。

（苏州石湖智库）

“文化软实力与城市现代化战略”学术报告会在学校顺利召开

8月26日下午，“智汇讲坛”第5期在苏州石湖智库开讲。本次学术报告采取线上、线下的形式进行，邀请苏州石湖智库总顾问、《群众》杂志副总编、南京大学博士生导师李程骅做题为“文化软实力与城市现代化战略”的报告。校长温贻芳出席讲座，对李程骅莅临学校指导表示热烈欢迎和衷心感谢。活动由副校长、苏州石湖智库理事长张健主持，苏州石湖智库研究员以及相关专业教师受邀参会。

李程骅首先梳理城市软实力的概念与核心要素认知，提出软实力就是强实力。同时，结合进入新时代以来，习近平总书记对提升文化软实力发表的一系列论述，畅谈新时代背景下提高国家软实力的意义和重要性。李程骅结合目前“文明典范城市”创建工作，从大历史观的角度，提出探索中国特色社会主义现代化城市软实力构建的基本原则及各个城市结合自己的城市品格和城市精神提升城市软实力的策略和路径。

张健对李程骅所带来的精彩报告表示衷心感谢。张健表示，李教授学殖深厚，此次学术报告会议结合《习近平谈治国理政》第四卷的内容，阐述新时代文化建设和文化自信的重要性，使与会者对城市软实力的概念和内涵特色有了更加全面的认识，对苏州石湖智库研究员政策理论水平的提高大有助益。苏州，一直是世界读懂江南的“最美窗口”，历来以文化底蕴深厚著称，也必将以高度的文化自觉和使命承担起向世界展示中华优秀传统文化的重任。对于学校而言，更应当整合好各方资源，结合专业特长，打造平台优势，“凝心聚力促发展，真抓实干挑重担”，以社会主义核心价值观引领学校“十四五”期间的高质量发展。

（苏州石湖智库）

“姑苏·大家说”苏州历史文化讲座第4期学习会顺利举行

讲好苏州城墙和水系故事，展现古城文化自信。为深入学习领会习近平总书记关于文化自信重要论述，切实履行高校智库服务地方经济社会文化发展职能，加强对苏州历史文化保护研究与创新利用，8月27日，苏州石湖智库与苏州国家历史文化名城保护区、苏州市姑苏区共同开展的“姑苏·大家说”苏州历史文化系列讲座第4期学习会顺利举行。保护区、姑苏区四套班子全体领导，名城保护集团、区人大常委会各工委、区政协各专委主要负责人及区各部门、街道主要负责人参加学习会。

苏州城墙和水系不仅是苏州悠久历史的见证，更是古城人民生活中不可或缺的一部分。苏州石湖智库秘书长朱剑刚做主题为“苏州城墙及水系文化”的讲座。朱剑刚同时担任苏州市地学会副理事长、中国地理学会会员，长期从事地理教育及基于苏州的区域地理及文化研究，参与完成苏州城墙现状的调查与测绘，近年来完成苏州水乡主要水系的摄影调查，担任《苏州地理》主编、《苏州城墙》《苏州水城》副主编，著有《苏州水乡图鉴》。

朱剑刚以苏州古城的城墙、城河、城内水系为核心，分析苏州古城赖以发展的由太湖为源头，以通江达海河道为脉络的典型江南水乡环境，介绍由苏州古城城墙、水陆城门、内外城河所构成的古城城池系统现状及与之相关的文化现象，对苏州古城发展的自然与人文环境基础做详细讲解，让大家深刻地感受到姑苏古城承载的千年文脉。

本次授课主题鲜明、内涵丰富、重点突出，

得到一致好评。随着苏州石湖智库与保护区、姑苏区合作共建不断深入，苏州石湖智库下一步将依托苏州文化保护传承与创新研究中心建设，继续认真贯彻落实好习近平总书记关于城市历史文化遗产保护的重要讲话精神，深入挖掘阐释苏州城墙及水系所承载的人文内涵和精神价值，助力保护区、姑苏区打造全国古城保护的“样板区”，以实际行动迎接党的二十大胜利召开。

（苏州石湖智库）

学校召开江苏省3C产品智能制造工程技术研究开发中心验收会

9月7日下午，学校受江苏省教育厅委托对江苏省3C产品智能制造工程技术研究开发中心建设进行验收。验收会邀请来自苏州高校、合作企业等单位的5位同行专家担任项目验收专家。校科技处、相关学院院长及平台成员参加此次会议。会议由副校长王峰主持。

校长温贻芳出席会议，对专家们莅临学校指导表示热烈欢迎和衷心感谢，并希望专家们在平台后续建设工作上给予更多指导。她指出，平台建设要在苏州市产业集群创新大背景下，深入推进学校专业服务于苏州产业发展，科研反哺教学、服务于人才培养的办学理念。

专家组听取平台负责人建设情况汇报，审阅平台验收材料。经过质询和讨论，认为学校高度重视平台建设，在硬件和经费投入上给予充分保障。平台成员在压电俘能器和超声电机、低阻高速电机、基于机器视觉柔性上料、生产智能管控等工程化应用方面，取得显著研发成果，形成特色。达到预期建设目标，同意通过验收。

最后王峰讲话，感谢专家们对平台建设工作的肯定和指导，希望平台根据专家建议，强化与工程产品对接，提升成果转化能力和科技服务能力，要求科技处一如既往做好管理和服务工作，继续深化校企合作，对外争取资源，对内做好支撑。

（科技处）

苏州石湖智库“智汇讲坛”第6期开讲

10月8日，“智汇讲坛”第6期在苏州石湖智库如期开讲。本次主讲嘉宾是苏州石湖智库咨询委员会主任、上海交通大学城市科学研究院院长、教授、博士生导师刘士林。他的主讲题目是“文化产业园区治理与城市更新融合发展”。苏州石湖智库研究员以及相关学院的部分教授代表参加此次活动。讲座由学校党委副书记、副校长、苏州石湖智库理事长张健主持。

刘士林首先以上海田子坊等为例指出“商业魔咒”是我国文化产业园区应治理的主要问题；提出要正确认识和把握城市化进程与文化产业园区发展的内在关系，在新时代和新征程中，要充分认识文化产业园区和新型城镇化建设的内在联系，更多地从人文城市发展的整体角度做好文化产业园区的定位，要自觉地把文化产业园区发展和新型城镇化建设紧密结合起来。他向与会研究员和教师们提出，要在城市更新背景下，开拓文化产业园区发展的新空间。

苏州石湖智库于今年6月接受苏州市文广旅局的委托，开展苏州市文化产业示范基地的复核考评工作。6~8月，苏州石湖智库项目团队冒着高温酷暑先后走访调研苏州大市范围内的30个园区，随后，撰写《苏州市文化产业示范基地复核报告》《苏州市文化产业园区考评报告》《苏州市文化产业园区调研报告》。团队圆满完成项目的建设工作，在文化产业发展方面积累了一定的经验。此次，刘士林的报告数据清晰、案例丰富，站在国家战略层面厘清文化产业园区的发展现状及问题，为苏州石湖智库未来立足“文化产业”发展指明方向，也为苏州市“十四五”期间文化产业高质量发展与古城保护更新提供了扎实的学理支撑。

（苏州石湖智库）

苏州市第三批吴文化地名保护名录编纂项目专家论证会在学校召开

10月12日下午，苏州市第三批吴文化地名保护名录编纂项目专家论证会暨吴文化地名保护传承利用研讨会在学校召开。市民政局副局长严强、区划地名处处长莫俊洪，学校党委副书记、副校长、苏州石湖智库理事长张健出席此次论证会。出席此次论证会及研讨会的专家有上海交通大学城市科学研究院院长、教授、博士生导师刘士林，学校原吴文化研究所所长、教授吴恩培，苏州大学特聘教授、文化学者柯继承，学校原吴文化研究院院长徐静。该项目负责人、苏州石湖智库副秘书长陈璇主持论证会。

会上，张健首先对莅临的领导和专家学者表示热烈的欢迎和衷心的感谢。苏州市吴文化地名保护名录编纂项目自2012年开始至今已是第三批。张健指出，此次项目的获批与学校积淀深厚的吴文化建设和苏州石湖智库致力于江南文化的保护传承利用研究密不可分。他表示，感谢市民政局领导对于苏州石湖智库的厚爱和信任，对于这样一个苏州市立项的重大项目，学校将举全校之力保障项目的如期高质量完成。随后，严强、张健为刘士林、吴恩培、柯继承、徐静颁发项目顾问聘书。

研讨环节，陈璇首先汇报该项目自6月获批以来所做的工作。蔡斌就编纂思路、杜祯彬就项目组前期整理的近450条吴文化地名的入选原则做详细汇报。之后，莫俊洪、刘士林、吴恩培、柯继承、徐静分别就该书的编纂提出富有见解的意见和建议。

最后，严强指出，该项目在前两批编纂项目的基础上进行，难度确实很大。但他相信此次借助苏州石湖智库专业、开放、成果丰硕的平台，强大的专家顾问团队，一定能如期圆满完成任务。同时，希望该项目在未来的建设过程中出新、出彩，能够利用AR等现代科学技术手段反映吴文化地名的时代变迁，通过名录的编纂培养一批热爱吴文化地名保护传承并从事该项工作的专家团队，形成良好的学术研究梯队。

地名，是历史文化的重要组成部分。此次苏州石湖智库获批该项目，是学校长期以来注重文化立校、文化育人办学理念的生动诠释和体现，也是苏州石湖智库秉承“江南文化传承”宗旨的有力例证。未来，在老、中、青三代吴文化研究专家学者的共同努力下，该项目一定能够保质保量圆满如期完成。

（苏州石湖智库）

党的二十大精神指引智库构建新发展格局：苏州石湖智库举行党的二十大报告学习研讨会

10月17日，苏州石湖智库举行党的二十大报告学习研讨会。会议由学校党委副书记、副校长、苏州石湖智库理事长张健主持。苏州石湖智库学习小组成员参加此次会议。

首先，张健带领大家认真研读党的二十大报告，尤其是第八部分关于“推进文化自信自强，铸就社会主义文化新辉煌”的内容。张健指出，根据党的二十大报告精神，苏州石湖智库要认真贯彻“全面建设社会主义现代化国家，必须坚持中国特色社会主义文化发展道路，增强文化自信，围绕举旗帜、聚民心、育新人、兴文化、展形象建设社会主义文化强国”的要求，继续深入执行苏州石湖智库自成立以来“政府政策咨询、产业发展研究、江南文化传承”的建设理念，全体智库人要深刻领会报告蕴含的新思路、新战略和新举措，自信自强、守正创新、踔厉奋发、勇毅前行，坚决服从学校“十四五”期间建设实现职业本科院校的办学目标，践行石湖智库发展服务地方经济文化的方针，继续做好江南文化的保护和传承工作，以“文化产业发展”为未来建设的重要抓手，主动有为扛起新使命、谱写发展新篇章。

随后，小组成员热议报告。报告通篇彰显心系中华、放眼世界的伟大格局，是一个系统性、纲领性的报告。大家纷纷表示要立足本职、服从大局，为学校未来的高质量发展贡献智库力量。

（苏州石湖智库）

学校召开国家自然科学基金项目申报推进会

10月19日下午，学校2023年度国家自然科学基金项目申报推进会在惠和楼召开。校科技处主要负责人，相关学院分管负责人及骨干教师共20余人参加会议，会议由副校长王峰主持。

会议邀请苏州科技大学科技产业处副处长李华一为大家做专题讲座。李华一结合自己多年的基金管理工作经验以及近2年挂职国家基金委的工作收获，从“2022年度NSFC申请和资助情况”“2023年度NSFC申报动员”“如何撰写申请书”等3个方面进行阐述。他强调，申报书质量是根本，创新思路是关键，项目申报人要提高认知、增强信心、早做规划、厚积薄发。

学校科技处副处长、教授方立刚作为主持完成国家自然科学基金青年项目、省青年基金项目负责人，和青年博士们分享自己的科研成长经历，并表示科技处将一如既往地做好项目申报服务工作，在对外联系合作单位、同行专家咨询等方面予以支持。

王峰对专家的到来表示感谢。他指出各学

院要切实做好项目申报保障工作，充分调动学院各种资源，保证项目申报人有充足的科研时间和实验条件，要组织邀请本学科专家进行多轮辅导，提高申报质量，同时希望各项目申报人尽快调整状态，全力投入申报书的打磨，加强同行同门之间的交流学习。

会后李华一与申报2022年度国家自然科学基金项目的年轻博士们进行一对一交谈，针对申报书及专家评审意见，从基金选题、学部选择、撰写技巧等方面给予精准辅导。

（科技处）

苏州石湖智库举办“智汇讲坛”第7期学术讲座暨江苏长江产业经济研究院苏州研究中心成立1周年学术活动

10月25日上午，苏州石湖智库举办“智汇讲坛”第7期学术讲座暨江苏长江产业经济研究院苏州研究中心成立1周年学术活动。本次活动采用线上形式进行，邀请南京大学长江产业经济研究院院长、产业经济研究方向首席专家、教授刘志彪做题为“如何撰写好国家级决策咨询报告”的讲座。学校党委副书记、副校长、苏州石湖智库理事长张健出席并致辞。活动由江苏长江产业经济研究院苏州研究中心主任、教授徐天舒主持，苏州石湖智库研究员及相关专业教师受邀参会。

张健首先对刘志彪一直以来对苏州研究中心的关心支持表示感谢，同时肯定苏州研究中心成立1年以来取得的成绩，并勉励全体研究员继续努力取得更多更优秀的成果，学校也将继续全力支持苏州研究中心的各项工作。

讲座中，刘志彪围绕国家级决策咨询报告的特点、选题原则、撰写要求与模式、对策建议及注意事项等5个方面进行梳理，结合研究员们在撰写决策咨询报告中遇到的共性问题及短板，通过2个选题和6种写作方式的案例进行有针对性的讲授，再次强调做好理论研究、关注国家政策动向、注重数据资料积累对于撰写国家级决策咨询报告的重要性。整场报告既有理论高度又有实操指导，大家受益匪浅。

最后，研究员们还就撰写中遇到的个性化问题与刘志彪进行交流互动。苏州研究中心成立1年以来，在学校领导和南京总院关心指导下，全体研究员共同努力，有多篇决策咨询报告上报国家、省、市等部门，并获得国家级采用及省、市主要领导批示。未来，苏州石湖智库将继续发挥好“一个品牌、两个基地、两个中心”的智库建设理念，苏州研究中心也将继续致力于为苏州、江苏及国家社会经济发展建言献策，争取更多高质量研究成果产出。

（苏州石湖智库）

苏州石湖智库与苏州市民政局签署战略合作协议

10月31日下午，苏州市举办“贯彻新发展理念　传承吴文化地名”——苏州市地名文化遗产宣传周启动仪式暨地名文化建设十年成果发布会。苏州市人大常委会党组成员杨知评，市政府副市长查颖冬，市政协副主席程华国，市政府机关党组成员张剑，市民政局局长陈正峰，学校党委书记曹毓民，副书记、副校长、苏州石湖智库理事长张健等出席活动。

活动上，苏州石湖智库与苏州市民政局签订战略合作协议，揭牌成立苏州地名文化遗产研究院，共建相关科研平台，共同策划研究课题、编纂相关刊物，形成并刊发相关研究成果。

近年来，苏州市委、市政府高度重视地名文化保护和宣传工作，着力完善制度规划，建立吴文化地名保护名录制度，着力建强保护载体，传承优秀传统文化。苏州石湖智库将深入学习贯彻党的二十大精神，借助共建平台，持续推进成果研究，进一步深化苏州地名文化建设，推动苏州地名文化保护传承工作，从而助推苏州经济社会的高质量发展。

（苏州石湖智库）

苏州石湖智库举办2022“智汇苏州”第7期学术沙龙

11月19日下午，由苏州石湖智库与苏州市养老产业联合会、苏州市康养产业学院共同举办的2022“智汇苏州”第7期学术沙龙暨“养老服务人才培养创新、实践与发展”专题研讨活动在苏州国际博览中心于“第二届长三角国际健康养老产业交易会”期间举行。市社科联副主席王明国、学校副校长孙学文、市民政局养老服务处处长罗林、市养老产业联合会会长徐冈、苏州石湖智库秘书长朱剑刚、市康养产业学院院长吴隽以及来自联合会会员单位代表等100余人参加此次活动。

孙学文在致辞中指出，养老服务人才肩负着守护最美“夕阳红”的重要使命。党的二十大报告强调“实施积极应对人口老龄化国家战略”，为发展养老事业和养老产业提出更高要求。此次活动聚焦当下养老服务人才培养所面临的难点和痛点，面向未来探索新时代养老服务人才的高质量发展之道，竭力解决养老服务产业发展与人才的供需矛盾，努力为苏州养老服务人才培养提供智力支持。

学术研讨环节，省内外相关专家学者对养老服务人才培养及创新实践进行深入交流。市康养产业学院名誉院长郑利江重点探讨建设养老人才的多元服务机制，指出要重视养老人才的扶持政策、培养培训、就业交流、组织服务、生活服务、市场环境等，更好地积极应对人口老龄化工作。北京大学汇丰商学院高龄社会创研所所长赵宛秋分享日本养老人才培养的经验借鉴与创新之举，指出企业培养养老服务人才时，需要注意区分管理人才和一线人才的培训方法。在后疫情时代，需要善用线上工具来提升培训效率。深圳健康养老学院院长倪赤丹以“创新养老服务人才培养的深圳实践”系统分析深圳在中央赋予“老有颐养”先行示范的政策要求下，确立以人才为突破口的重要发展路径。他指出，破解养老服务人才队伍建设难题，还有很长的路要走。苏州大学医学院护理学院院长李惠玲探讨应对养老产业队伍人才短缺的策略研究。她指出，建立一支专业的长期照护人员队伍对于提高失能老人生活质量具有重大意义，需要打造专职人员的专业素质、吸纳志愿者补充长期照护力量、多元化照护银行推动养老产业可持续发展。苏州石湖智库研究员孙丹通过借鉴发达国家养老服务人才队伍的发展启示，提出定制养老人才发展规划、拓展养老人才供给、建立人才培训体系、营造养老人才成长环境等若干加快苏州养老服务人才队伍的建设举措。

活动现场，养老服务人才培养“苏州共识”正式发布。共识内容主要包括：一是贯彻国家战略，加快推进中国式现代化养老人才培养体系建设；二是打通人才培养的“立交桥”和“高速路”；三是建立人才培养、考核、评价、激励、流动制度；四是动员社会力量参与养老服务人才培养；五是完善政策法规体系，解决养老人才待遇问题。

此次，苏州石湖智库邀请专家学者从优结构、扩规模、精技艺、拓通道、增收入、提地位、强保障、聚合力等8个方面进一步为苏州养老服务人才队伍建设建言献策。未来，苏州石湖智库也将进一步聚焦养老服务高技能人才职业化、专业化、规范化建设，聚力养老服务人才培养，着力实现提质增效，助力实现人民对美好生活的向往。

（苏州石湖智库）

学校首次牵头编制苏州市地方标准

11月22日，经苏州市市场监督管理局批准，学校教师牵头编制的《江南文化特色酒店建设评价规范》（DB3205/T1055-2022）苏州市地方标准正式发布。

该标准由学校教育与人文学院教授方向阳领衔的科研团队编制。该标准2021年立项后，团队多次召开讨论论证，听取行业领域专家的意见，形成比较详尽的调研方案。团队成员克服疫情影响困难，重点围绕酒店江南文化展示、展演和体验项目的开发和建设等，深入调研东太湖大酒店等17家有特色的酒店，形成征求意见稿，经多方听取意见和论证，形成送审稿。标准评审专家认为，该标准的制订和发布实施，非常及时，填补了苏州市江南文化特色酒店建设和评价标准的空白，为创建特色鲜明的江南文化酒店提供了参照依据。

该标准是学校首次作为牵头单位承担编制的苏州市地方标准，标准的实施将进一步完善苏州市酒店业标准化体系，充分发挥标准化对经济社会发展的技术支撑和引领作用，更好地服务苏州市经济社会发展。

（科技处　教育与人文学院）

学校参加黄炎培职业教育思想研究第十二次学术年会并做大会发言

11月22日，由中华职业教育社和湖南省中华职业教育社主办、长沙财经学校承办的黄炎培职业教育思想研究会2022学术年会通过线上、线下结合形式举行，会议主题为“职业教育高质量发展与社会充分就业”。学校党委副书记、副校长、苏州石湖智库理事长张健受邀出席并做第十二次学术年会专题发言。

全国人大常委会副委员长、中华职业教育社理事长、黄炎培职业教育思想研究会会长郝明金出席并做主旨讲话。中共湖南省委统战部副部长廖建华致辞。湖南省教育厅副厅长、省中华职业教育社副主任王仁祥，湖南省就业服务中心党委书记、主任李日新分别介绍湖南省职业教育高质量发展和职业能力建设有关情况。中华职业教育社党组书记、总干事方乃纯主持开幕会。中华职业教育社副总干事、党组成员付强、李英爱、王松涛参加会议。

会上，人力资源和社会保障部中国劳动和社会保障科学研究院就业创业研究室主任陈云，中华职业教育社常务理事、南京工业职业技术大学党委书记吴学敏，中华职业教育社常务理事、吉林省职业教育研究中心主任于志晶，浙江工业大学教育科学与技术学院副院长刘晓分别做专题报告。全国共有10所院校代表进行主题发言。

张健做主题为“黄炎培职业教育思想下高职院校工匠精神培育改革探索”的线上发言。他从学校与黄炎培和中华职业教育社的历史渊源谈起，提到原江苏省立第二女子师范学校与黄炎培的众多渊源。围绕习近平总书记提出的“要培养更多高素质技术技能人才、能工巧匠、大国工匠”以及今年党的二十大报告中提到的“人才是第一资源、创新是第一动力”给予挖掘和发扬创新黄炎培职业教育思想培养工匠精神的思路。围绕一要倡导“敬业乐群、劳工神圣”，培根铸魂，养人文匠心；二要坚持“大职业教育主义”，社会化办学，提多元匠能；三要秉承“手脑并用、做学合一”，校企协同，促精湛匠艺；四要聚焦“谋个性之发展”目标，改革评价，育创新匠才4个方面给出工匠人才培育的改革对策与学校实践，引发与会代表的共鸣与思考。

黄炎培职业教育思想研究学术年会已连续举办十一届，是全国黄炎培职业教育思想研究领域层次最高、水平最高的学术年会，通过协调各方力量深入开展思想研究和传承，助推当代中国职业教育理论体系建设，受到职业教育理论和实践领域专家、学者们的广泛关注。学术年会已成为学习宣传黄炎培职业教育思想的阵地、探讨职业教育理论的平台、展示职业教育实践成果的窗口。

（苏州石湖智库）

学校举行江苏省高校哲社重点建设基地验收会

12月12日，受江苏省教育厅委托，学校在吴文化园举行江苏高校哲学社会科学重点建设基地吴文化传承与创新研究中心项目验收会。本次验收会的专家组由来自南京大学、江南大学、苏州大学等单位的5位业内知名专家组成。校科技处负责人、管理学院院长及平台核心骨干成员参加验收会。会议由副校长王峰主持。会前，校党委书记曹毓民热情接见验收专家。

校长温贻芳出席会议并致辞，她对专家们莅临学校指导表示热烈欢迎和衷心感谢，并希望专家们对吴文化传承与创新研究中心工作给予更多指导。她指出，多年来学校高度重视吴地文化的研究，产出一批科研成果，吴文化业已成为学校人才培养的特色。研究中心立项以来，取得丰硕的教科研成果，特别是在吴文化传播方面取得显著成绩，为学校赢得荣誉。她希望，研究中心要深入学习贯彻党的二十大精神，围绕学校第三次党代会提出的建成职业本科院校的目标，聚焦吴文化应用研究，聚力文化育人特色，争取产出系列高层次教科研成果。

专家组听取研究中心负责人宋桂友的建设情况汇报，审阅验收材料并察看现场。经过提问和讨论，专家组一致认为研究中心立足吴文化教科研，聚焦吴文化、大运河文化带等方向，取得显著研究成果，形成较强影响力，研究中心完成建设任务书所规定的所有建设任务，达到预期建设目标，同意通过验收。专家组建议进一步整合资源优势，做大、做强吴文化教科研品牌，提高学术成果质量和层次，增强吴文化的传播力。

最后，王峰讲话，感谢专家们对平台建设工作的肯定和指导，希望研究中心根据专家建议，在后续建设过程中，融汇人才资源，多出高质量学术成果，做大、做强学校吴文化教科研品牌和影响力。

（科技处　管理学院）

招生就业

学校举办2022年“互联网+”大学生创新创业大赛培训讲座

为引导更多学生了解创业知识，培养创新意识，树立创业精神，提高学校2022年度“互联网+”大学生创新创业大赛质量，4月3日上午，学校邀请苏州链接力区块链科技有限公司总经理、“互联网+”大学生创新创业国省赛资深评委江洪涛，为学校师生在线开展一场以“‘互联网+’大学生创新创业大赛比赛流程和项目指导”为主题的培训讲座，创新创业学院常务副院长王赟、学生工作处副处长范晓鹤、机电工程学院党总支副书记钟鸣、各学院（部）项目指导教师及学生共同出席，讲座由机电工程学院毛湘文老师主持。

江洪涛从大赛的政策解读、比赛流程介绍、项目案例指导等多个方面入手，重点从赛道特点、商业计划书的亮点与痛点问题、PPT制作、团队组建等几个方向做详细介绍，着重以一个国赛金奖项目为例深入剖析，生动而直观地阐述一个参赛作品想要脱颖而出应具备的亮点和特色。整场讲座内容丰富，案例翔实，节奏紧凑，不仅为大家解答疑问，还为同学们带来制作创业计划书的新思路、新方向，更为学校师生备战2022年“互联网+”大学生创新创业大赛打下坚实基础。

本次培训讲座拉开学校以“逐梦青春　智创未来”为主题的第十六届职业生涯节的序幕，进一步加深师生对“互联网+”大学生创新创业大赛的理解和认识，增强师生敢闯会创的勇气和信心，营造良好的参赛氛围。参与培训讲座的师生表示受益良多，会后将学以致用，进一步修改完善参赛作品，争取在后续的比赛中脱颖而出。

（学生工作处　创新创业学院　机电工程学院）

学校成功举办2022年春季学期“送岗直通车”直播荐岗活动

为深入贯彻习近平总书记关于做好“六稳”“六保”工作的重要指示精神，抢抓毕业生就业应聘的“窗口期”，强化推进、切实做好2022届毕业生就业指导服务，学校于4月29日至5月27日开展苏州市职业大学2022年春季学期“送岗直通车”直播荐岗活动暨“春生夏长职向未来”校园系列招聘活动。

活动按照专业类别分成5个专场，邀请苏州佳世达电通有限公司、莱克电气股份有限公司、瑞萨半导体（苏州）有限公司、博众精工科技股份有限公司、新希望双喜乳业（苏州）有限公司、苏州金螳螂家家居科技有限公司等98家知名企业参加此次活动，共募集就业岗位1910个。活动通过募集优质岗位信息，采取线上直播荐岗和“一对一”面试的形式，面向学校毕业生特别是低收入家庭毕业生提供就业岗位推荐、求职面试和就业观引导等就业服务。企业校招负责人化身线上主播，依次介绍企业的基本情况、发展规划、培养体系、岗位需求等信息。直播活动结束后，毕业生根据个人意愿向企业进行线上投递简历，相关企业与应聘者进行线上面试交流。活动吸引学校近3000名应届毕业生参加。

本次直播荐岗活动由学生工作处、校团委及二级学院联合举办，是深入推进学校“访企拓岗促就业”的重要活动内容，是深入贯彻落实党中央、国务院稳就业保就业决策部署的举措之一。活动通过搭建线上、线下校招岗位发布与对接平台，深度挖掘优质就业资源，强化助推2022届学生顺利满意就业。活动为受疫情影响不能线下招聘的企业和不能实地应聘的毕业生搭建了快速的沟通平台，帮助毕业生了解当前就业环境，找准自身职业发展方向，助力毕业生实现更高质量和更加充分的就业。

（学生工作处　团委）

学校2022年大学生核心就业能力培训工作圆满结束

6月24日，学校2022年大学生核心就业能力培训工作圆满结束。作为今年全省54所培训点高校之一，学校严格按照省高校招生就业指导服务中心要求，面向2020级学生开展专题培训。本次培训由学生工作处主办，教育与人文学院承办，来自9个学院（部）的113名同学报名参加此次培训。

江苏省大学生核心就业能力培训由省招生就业指导服务中心和省学生资助管理中心共同组织实施，主要针对家庭经济困难大学生开展，旨在贯彻落实国家和江苏省关于做好大学生就业工作的要求，切实提升高校大学生核心就业能力。培训内容紧紧围绕大学生思维、创新、沟通、自我管理和实践五大核心就业能力展开，设计职业探索、求职、人际沟通、生产力工具、创新与自我管理等6个培训主题。培训采取体验式、参与式的教学方式，寓教于乐，在互动活动中让同学们有所悟、有所得。

本次培训自5月启动以来，学校努力克服疫情影响，精心组织，积极发动，同学们踊跃报名，教师们认真备课，学生骨干热忱服务，通过“直播云课堂”线上方式，为分布在全国15个省份的同学带来精彩纷呈的专项培训和技能指导。培训课程创新设计，精打细磨，成效显著，同学们拓宽求职视野，提升求职技能和职业素养，为接下来的求职就业打下良好基础。

作为学校发展性资助特色项目，本次培训在保留原有课程特色基础上，进一步整合校内外优质师资，为同学们量身定制课程，由6位主讲教师、5位实践导师、3位企业导师共同完成，创新授课形式，丰富课程内容，突出成果导向，有效提升学生从“校园”到“职场”，从“学生”到“职场人”的适应和转变能力，对于提升学生就业能力，帮助学生顺利、高质量就业提供能力储备。

（学生工作处　教育与人文学院）

学校开展2023届毕业生秋季校园招聘月活动

为贯彻落实教育部关于2023届毕业生就业工作的总体部署，深入开展就业育人工作，持续推进毕业生与用人单位精准供需对接，10月19日至11月30日，学校开展2023届毕业生秋季校园招聘月活动。

本次招聘月活动场次频繁、覆盖广泛，包括1场全校性综合招聘会及17场学院（部）专场招聘会，共吸引包括莱克电气股份有限公司、飞利浦医疗（苏州）有限公司、苏州希尔顿酒店、苏州市会议中心集团有限公司、英格索兰（中国）工业设备制造有限公司、苏州汇川技术有限公司等知名企业在内的519家优质用人单位参加，主要分布在机械制造、软件信息、通信技术、文化旅游、教育传媒等行业，现场共提供9577个就业岗位，基本涵盖学校所有专业。毕业生们求职热情高涨、踊跃求职，入场参会毕业生共计7216人次，现场共投递简历3520份，达成就业意向1837人，当场签约144人。

今年，面对疫情反复和防控政策动态调整给毕业生就业带来的新变化、新要求，校大学生就业服务中心携手各学院（部）提前筹备、精心部署，全力做好2023届毕业生就业各项保障和服务，促进毕业生更充分、更高质量就业。一方面，主动对接行业领军品牌企业、优质大学生就业实习基地等，着力拓宽招聘渠道、深度挖掘就业机会。另一方面，采取“线上线下相结合”办法、突出“小规模、多频次”、强调“分行业、重特色”，通过精确匹配专业结构与市场人才需求、严格遴选入场单位、控制单场30家规模，实现单场现场招聘会“小而美”、参与企业“精而优”、提供岗位“准而好”，使得毕业生求职期望与企业用人需求高度匹配、无缝对接，全心全力助推2023届毕业生“足不出校”安全、高效、满意求职。

（学生工作处）

学校党委书记钮雪林、校长曹毓民带队深化访企拓岗促就业

为认真贯彻落实中共中央、国务院关于高校毕业生就业工作的决策部署，扎实做好书记、校长访企拓岗促就业，深化产教融合，拓宽毕业生就业渠道，7月4日，校党委书记钮雪林，校长曹毓民，副校长熊贵营、孙学文带领党委办公室、校长办公室、学生工作处、机电工程学院、计算机工程学院、电子信息工程学院、管理学院、商学院、教育与人文学院、外国语学院等部门主要负责人，分两队实地走访8家学校深度合作企业，为应届毕业生开拓就业岗位，慰问企业在岗校友。

钮雪林和曹毓民一行在企业领导陪同下参观苏州凯尔博科技股份有限公司、苏州太美逸郡酒店、苏州舞之动画股份有限公司、苏州华成

集团有限公司、大宇宙商业服务（苏州）有限公司、苏州独墅湖世尊酒店、苏州晶方半导体科技股份有限公司、苏州华星光电技术有限公司，并与企业负责人进行深入洽谈。

走访中，学校领导与用人单位进行热烈而诚挚的交流。钮雪林、曹毓民代表学校衷心感谢用人单位为学校学生提供的优质就业实习平台和广阔职业发展空间，并向企业负责人介绍学校发展近况、人才培养成果以及毕业生就业情况，认真听取企业对学校毕业生的工作评价，及时掌握行业最新趋势和人才需求。用人单位纷纷对学校学子爱岗敬业、勤勉钻研、积极上进的优秀职业精神表示充分肯定和高度赞赏。会谈中，校企双方就人才招聘、顶岗实习、课程开发、实验室共建、科研共创等方面达成诸多共识。企业在岗学生主动表达对学校师长培养的感恩之情，对企业的悉心指导表示衷心感谢，并表示将在工作岗位上再接再厉、创出佳绩，为企业增效、为母校添彩。

本次访企拓岗是学校落实2022届毕业生充分高质量就业的重要举措，也为2023届毕业生就业实习工作拉开序幕，进一步密切学校与苏州本地优质用人单位的联系与合作，对加强校企精准对接和深度合作，深入挖掘优质就业实习机会、提升人才培养和毕业生就业质量起到重要推动作用，为学校毕业生开拓更多就业岗位，加快人才供需对接，促进毕业生更充分、更高质量就业提供有力保障。

（学生工作处）

学校组织参加2023届全国普通高校毕业生就业创业工作网络视频会议

11月15日下午，教育部、人力资源和社会保障部召开2023届全国普通高校毕业生就业创业工作网络视频会议，全面部署2023届高校毕业生就业创业工作。教育部党组书记、部长怀进鹏，人力资源和社会保障部党组成员、副部长俞家栋出席会议并做讲话，教育部党组成员、副部长翁铁慧主持会议。学校在惠和楼215会议室设分会场，副校长张军，学生工作处相关人员，各学院（部）党总支副书记、毕业班辅导员参加视频会议。

会议指出，2023届全国普通高校毕业生规模预计达1158万人，比上年增加82万人。党的二十大对教育、科技、人才和就业工作进行系统部署，各地高校要深入学习贯彻党的二十大精神，深刻认识做好当前和今后一个时期高校毕业生就业创业工作的重大意义，准确把握2023届高校毕业生就业创业工作面临的形势，坚决扛起政治责任，聚焦重点任务，加强组织领导，压实工作责任，全力以赴做好高校毕业生就业创业工作。

会议强调，各地高校要千方百计促进市场化就业，支持自主创业和灵活就业。要用足、用好各类政策性岗位，积极拓宽基层就业空间，鼓励更多毕业生报考重点领域和一线岗位。要健全就业指导服务体系，有的放矢开展就业指导，用心、用情帮扶就业困难群体，做好离校未就业毕业生跟踪服务。要简化、优化求职就业手续，稳妥有序取消就业报到证，建立毕业去向登记制度，强化就业情况统计监测。要深入推进高等教育供给侧改革，强化学科专业布局调整，完善就业与招生培养联动机制。要落实就业“一把手”责任，注重配齐配强就业工作队伍，密切部门协同配合，加强宣传引导，营造全社会关心支持毕业生就业的良好氛围。教育部会同有关部门将进一步完善促进就业政策，更大力度拓宽就业渠道，实施就业创业促进行动。

据统计，学校2023届毕业生预计达5039人，本届毕业生就业工作于9月全面启动，2023届秋冬校园系列现场招聘活动正在分批有序举办，校园“云招聘”全年在线，实时推送优质就业岗位，困难生就业精准帮扶、应届生就创业求职补贴、大学生职业生涯节等各类就创业指导活动持续开展。下一步，学校将深刻学习领会本次会议精神，深入贯彻党的二十大精神、强化落实党中央、国务院“稳就业”“保就业”决策部署，高度重视、综合施策、积极开拓、深入推进2023届毕业生就业服务，全力确保毕业生更加充分、更高质量就业。

（学生工作处）

校地合作

谋划虎年新篇章，产学协同发力“智慧康养”新赛道

1月26日，苏州元澄科技股份有限公司总经理张君华、常务副总经理沈鸣飞及公司规划部、民生服务和城市治理条线负责人到学校开展主题为“大数据医养融合”的校企深化合作交流会，受到学校党委书记钮雪林、副校长孙学文、科技处处长姚金凤、计算机工程学院院长鲜学丰、校地合作办公室常务副主任张芬的热情接待，计算机工程学院、教育与人文学院部分专业教师参加交流会。

元澄科技是江苏省智慧健康养老领域重点企业，研发的“医养融合综合健康服务平台”获江苏省“腾云驾数”优秀产品，“医养融合综合健康信息化服务”获江苏省智慧健康养老领域优秀产品（服务）。多年来，苏州元澄科技股份有限公司与学校在信息化人才培养和智慧城市建设等领域开展多样化合作，总经理张君华是学校申报的江苏省产业教授，学校也是苏州智慧城市协同创新研究院成员单位。

交流会上，张芬首先对企业的到访表示欢迎，随后苏州元澄科技股份有限公司民生服务条线负责人顾亚军做题为“大数据医养融合服务平台案例分享”的发言，城市治理条线负责人蒋晓军做题为“智慧社区的探索与实践”的专题汇报。双方就智慧康养产业发展趋势、智慧康养领域技术技能型人才需求、智慧康养领域信息化项目建设等议题开展热烈讨论。双方拟合作共建苏州市职业大学康养产业学院，构建智慧康养新模式，培养智慧康养新人才，制定智慧康养新标准，在全市范围开展社区养老、居家养老、机构养老等试点示范，全面贯彻落实习近平总书记关于加快建设社会养老服务体系，推动老龄事业全面协调可持续发展的要求。

钮雪林在会议总结中指出，苏州元澄科技股份有限公司的医养融合产品在新的大健康赛道上已经做到先行一步，他希望在双方已有的合作基础上更进一步，发挥双方各自优势，从人才培养、技术服务和课题研究3个方面入手，在医养产业信息化、智慧化这一新兴产业领域走出校企合作的新路，形成校企合作的品牌效应。

（校地合作办公室　计算机工程学院）

学校召开苏州市康养产业学院建设推进会

3月7日下午，学校在惠和楼215会议室召开苏州市康养产业学院建设推进会。苏州市养老产业联合会、苏州元澄科技有限公司等单位受邀参会。苏州市职业大学党委书记钮雪林，副校长孙学文，校地合作办公室、教育与人文学院、计算机工程学院主要负责人及相关专业骨干教师参加会议，会议由孙学文主持。

首先，苏州市养老产业联合会专家委员会主任、苏州市民政局原副局长郑利江以“老龄事业与产业发展形势政策分析”为题进行精彩的发言。他生动、全面地阐述布局建设苏州市康养产业学院的重要社会价值和意义，特别强调老龄化事业未来需要向专业化、精准化的方向发展，并对学校建设产业学院提出富有建设性的宝贵意见和建议。

教育与人文学院院长吴隽详细介绍学校建设苏州市康养产业学院的初步规划与方案，苏州元澄科技有限公司协同创新研究院院长陈良介绍与学校共建康养大数据中心和康养产业大脑的设想与方案。随后苏州市养老产业联合会副秘书长蒯伟敏、苏州元澄科技股份有限公司常务副总经理沈鸣飞、苏州市职业大学计算机工程学院院长鲜学丰等参会领导进行热烈交流与探讨。苏州元澄科技股份有限公司总经理张君华、苏州市养老产业联合会会长徐冈分别介绍企业、联合会的发展情况，以及在养老产业中的前期积淀和努力，并表达与学校深入合作共建苏州市康养产业学院的意向与期许。

钮雪林在讲话中指出，党中央对人口老龄化工作高度重视，先后出台多个文件，初步形成以社区居家养老为主体、以机构养老为补充的养老模式。苏州市康养产业学院的建设，一方面要做好管理人员和技术人员等的技术技能

培训，另一方面还要提前关注、布局智慧养老领域，努力将现代信息技术引入养老产业，通过大数据平台建设，将数字化、信息化延伸到养老的各个环节，以期打造可复制、可运作、可推广的智慧养老模式。

（校地合作办公室）

校企合作共话“中国女足精神”

3月29日，学校与苏州太美逸郡精品酒店开展校企合作共话“中国女足精神”交流活动。苏州太美逸郡精品酒店副总经理张磊、销售总监杨浩楠专程到校，学校党委副书记、副校长刘丹出席活动。校宣传统战部、教育与人文学院、英凯睿智国际旅游管理学院、全国技能竞赛备赛团队等师生代表参加交流。

2022年2月，中国女足亚洲杯夺冠，时隔16年重返亚洲之巅。作为学校英凯睿智国际旅游管理学院的合作伙伴之一，凯莱酒店集团管理旗下的苏州太美逸郡精品酒店承担了中国女足国际赛事后返回国内的防疫隔离服务重任。学校教育与人文学院2018届毕业生史瑞、2019届学生宋梦娟和李真真全程参与女足隔离期间的接待服务工作。中国女足为表示对隔离酒店服务团队的感谢，向酒店方赠送中国女足全体签名球衣。同时，酒店管理团队基于校企合作的显著成效和学校实习学生的出色表现，决定将这件珍贵的礼物转赠学校。

座谈交流期间，酒店方介绍中国女足到苏集训情况。在接到女足队员入住的通知后，酒店服务团队开启了细致入微的布置。为了让女足队员更好地休整，专门配备客房、餐饮、工程、维修保障等方面的人力，保证女足团队的正常生活和训练需求，全力做好服务保障工作。

英凯睿智国际旅游学院副院长王慎分享学校实习学生们的心得感受。在近距离的服务中，学生们感受到女足队员们的友善和温暖。与女足朝夕相处的20天，对学生们来说是一段非常难忘的时光，尤其是能近距离学习中国女足“永不言败、无私奉献、团结协作、敢于拼搏”的精神。

教育与人文学院院长吴隽表示，校企双方共话“女足精神”，正是校园文化与企业文化互为融合的集中体现。自2020年起，酒店方和企业学院承接学院旅游管理“双师型”师资培训以及学生顶岗实习工作，建立起深厚情谊。企业一流的人文环境和卓越的企业文化，与学校提倡的美育文化育人和“勤勇忠信”的校训文化高度契合。校企两种文化的融合，进一步密切学校与企业、育人与用人、学业与就业的联系。

刘丹在总结本次交流活动时指出，学校学生能有幸参与此次中国女足的服务接待工作，得益于酒店方的信任和支持。企业学院作为产教融合、校企合作的有效载体，希望通过共话“中国女足精神”等专题交往与交流，有效发挥企业文化对校园文化的激励和渗透作用、校园文化对企业文化的辐射与促进作用。活动最后，苏州太美逸郡精品酒店向学校正式转赠中国女足全体签名球衣。

（教育与人文学院）

苏州市康养产业学院成立大会在学校顺利举行

6月28日上午，苏州市康养产业学院成立大会在学校顺利举行。此次会议紧扣《苏州市“十四五”养老服务发展规划》文件精神，全力服务苏州康养产业发展。苏州市教育局副局长张可伟，市卫健委一级调研员卜秋，市发改委社会发展处处长朱建清，市民政局养老服务处处长罗林，市人社局职业能力建设处副处长王飞，市养老产业联合会会长徐冈、专委会主任郑利江，市健康养老产业发展集团有限公司董事长朱国文、副总经理吴奇，学校党委书记钮雪林、校长曹毓民、副校长孙学文出席会议。参加本次大会的嘉宾还有来自政府相关部门、行业内代表性企业、行业协会和兄弟院校等单位领导及负责人。成立大会由孙学文主持。

钮雪林对出席会议的各位领导、专家及企事业单位代表表示欢迎。他表示，学校作为产业学院成立发起单位之一，将努力加强院校、行业、企业、科研院所和其他社会组织在健康养老领域的多元化合作，对接职业人才培养与企业需求，推进校企深度融合发展。重点围绕“康养技能人才培养平台”“康养产教融合发展平台”和“长三角康养师资培训中心”开展建设，促进“大健康”产业转型升级，为苏州养老服务高质量发展做出贡献。

教育与人文学院院长吴隽代表筹备工作组做产业学院筹建工作报告，向与会嘉宾介绍产业学院成立的背景、前期准备工作以及定位与规划。产业学院成立后，将充分发挥“平台”与“中心”的主导、带动、示范和辐射作用，从人才培养、课题与项目申报、服务区域产业发展、创新创业孵化等4个方面开展工作，助力苏州康养产业发展。

曹毓民与徐冈、朱国文作为共建发起单位代表，签署苏州市康养产业学院合作共建框架协议。张可伟、卜秋、朱建清、罗林、王飞等代表政府相关部门，共同为产业学院成立揭牌。

成立大会为苏州元澄科技股份有限公司、苏州技师学院、友达颐康信息科技（苏州）有限公司、苏州互联金秋健康管理有限公司、江苏盖睿健康科技有限公司、苏州耀盛集团有限公司、苏州银行股份有限公司、骞腾会展（苏州）有限公司、东吴人寿保险股份有限公司、康辉医疗科技（苏州）有限公司、泰康之家吴园（苏州）养老服务有限公司、苏州市居家乐养老服务管理有限公司、江苏澳洋优居壹佰养老产业有限公司、苏州喜马拉雅文化科技有限公司、苏州市姑苏区智慧城市协同创新研究院等15家理事成员单位授牌。同时，15家单位代表参加理事会工作会议，审议通过《苏州市康养产业学院章程（草案）》《苏州市康养产业学院理事会选举办法（草案）》，推荐产生理事长、副理事长单位和理事单位，集体审议产业学院组织架构及工作机构，为苏州市康养产业学院名誉院长郑利江、执行院长吴隽以及副院长陈锋、蒯伟敏、曾海等颁发聘书。

苏州市康养产业学院的成立，标志着该领域产教融合人才培养的充分共识。学校将携手联合各方，进一步引导建立政（府）—行（业）—企（业）—校（职业院校）—研（研究机构）“五方携手”的合作机制和产业—行业—企业—职业—专业“五业联动”的运行机制，将职业教育资源和全国康养产业优秀企业进行对接，为苏州养老服务业提供资源整合与交流平台，促进职业教育和继续教育、老年教育协同发展，实现人才、智力、技术、设备等方面的资源共享。

（教育与人文学院）

学校与招商银行苏州分行举行合作签约仪式

为深化产教融合，推动校企协同发展，进一步建设高质量院校，7月21日，校党委书记钮雪林、校长曹毓民、副校长孙学文带领党委办公室、校长办公室、学生工作处、财务处、信息中心、校地合作办公室、商学院等部门走访招商银行苏州分行，受到行长崔家鲲、副行长戴承华的热情接待。

招商银行是中国境内第一家完全由企业法人持股的股份制商业银行，也是国家从体制外推动改革的第一家试点银行，现已发展成为沪港两地上市，拥有商业银行、金融租赁、基金管理、人寿保险、境外投行等金融牌照的银行集团。招商银行苏州分行成立于2000年，是总行直属的一级分行，在苏州市区及各县（市）共设有34家支行网点，正式员工1300余人，总资产达1800亿元，多次获系统内“优秀分行”的荣誉。

交流中，崔家鲲介绍招商银行苏州分行概况，就双方战略合作中的校企合作共建专业、信息化建设、“第二课堂”共享师资合作提出设想，分析金融业发展的最新趋势和对人才的数字化需求。钮雪林、曹毓民代表学校介绍学校发展近况、人才培养成果以及毕业生就业情况。双方在随后的交流中就人才招聘、顶岗实习、课程联合开发、新生入学专项教育等方面达成诸多共识。

交流结束后，双方签署战略合作框架协议并举行揭牌仪式。本次走访活动进一步密切学校与苏州本地优质用人单位的联系与合作，对加强校企精准对接和深度合作，提升人才培养质量、深入挖掘对口优质实习机会起到重要推动作用。

（商学院）

校企携手举办“党建引领产业创新集群建设”开放主题党日活动

为深入贯彻落实苏州市委关于推进数字经济时代产业创新集群发展的战略部署，围绕“党建引领产业创新集群建设”2022先锋行动月主题，7月28日下午，学校教育与人文学院党总支、计算机工程学院党总支携手苏州元澄科技股份有限公司党支部共同举办“党建引领产业创新集群建设”开放主题党日活动。校党委副书记、副校长刘丹，党委委员、组织人事部部长魏影和苏州元澄科技股份有限公司党支部书记、董事长薛晨洋，董事会秘书张君华，党支部副书记、副总经理沈鸣飞等出席活动。学校各党总支书记、校企双方党员代表120余人以线上、线下相结合的方式参加此次活动。

活动由教育与人文学院党总支副书记、院长吴隽主持，围绕党建引领、数字经济、创业创新集群、校企共建等关键词展开。教育与人文学院旅游与文化传播党支部书记顾伟通过两段视频围绕数字经济、创业创新集群等内容，带领大家一起学习习近平总书记关于数字经济的重要讲话精神和国家“十四五”数字经济发展规划，以及苏州市委关于数字经济时代产业创新集群发展的新部署、全力打造“创新集群引领产业转型升级”示范城市的新要求。

薛晨洋分别从党建引领、数字化养老、数字化企业等领域，介绍元澄科技党建引领数字科技创新和产业集群建设，脚踏实地服务苏州发展的生动实践。他期待校企双方在党建引领下通过产学研合作助力产业创新集群建设，推动苏州市康养产业学院建设等方面的共同探索。沈鸣飞介绍企业在数字政府的探索与实践。苏州元澄科技股份有限公司民生事业部部长顾亚军分享元澄人在数字化疫情防控中勇于担当、奋发拼搏的生动案例。学校信息中心主任杨静波就学校数字化校园建设服务育人、服务学校高质量发展取得的成效进行分享。

活动现场，学校计算机工程学院院长鲜学丰为张君华颁发江苏省产业教授证书。魏影、薛晨洋共同为校企党建共建揭牌。

在随后的交流环节，校企双方党员代表围绕“我为产业创新集群做什么”主题开展热烈交流。学校计算机工程学院教师贾震斌从“为什么”“怎么做”“做什么”3个方面谈了自己的思考与认识，提出作为党员教师在校企合作、产教融合上服务苏州养老服务产业的发展，为产业创新集群提供人才培养职教资源，打造产业创新共享空间，带领学生开展创新创业孵化工作等方面不断探索，为产业创新集群做贡献。学校教育与人文学院教师高杨表示，要将产业链与创新链深度融合。以生物医药产业创新集群为例，探索构建党建引领下生物医药产业的“创新联合体”，同时提出具体路径。苏州元澄科技股份有限公司交付一部部长刘少梁认为，当下正是“数字人”张开双臂拥抱机遇的黄金时期，要充分发挥党员在产业创新集群发展中的先锋模范作用。

刘丹在最后的总结点评中表示，此次党日活动内容丰富，让党员们深受教育和启发。校企双方通过党建“协同畅链”和产教“深度融合”，共同助力数字经济时代苏州产业创新集群建设。同时强调要把握方向，强化政治领航；促进融合，强化产教优势；再续后劲，强化人才效应。通过校企共建“红色引擎”，持续发挥放大、叠加、倍增作用，从而源源不断地为苏州数字经济时代产业创新集群发展提供强劲驱动力。

（组织人事部　教育与人文学院　计算机工程学院）

学校入选为教育部信息化支撑职业院校校企合作专业共建项目首批共同体成员

9月1日，中央电化教育馆公布教育部信息化支撑职业院校校企合作专业共建项目首批共同体成员名单，学校积极提交申报书，经院校申请、省级电教机构审核推荐、专家评议，成功入选信息化支撑职业院校校企合作专业共建项目首批共同体成员。该项目得到全国职业院校积极响应，经过专家初审和终审，最终遴选出全国120所职业院校。

本次学校成功入选教育部信息化支撑职业院校校企合作专业共建项目首批共同体成员，既是教育部教育信息化主管部门对学校信息化应用环境的充分肯定，也对学校在校企合作专业建设模式和人才培养模式上提出新的挑战和要求。学校将积极开展职业教育数字化升级，加大投入，推动学校在新时代背景下应用信息技术开展“三教改革”，为社会培养专业技能人才。

（信息中心）

学校成功协办第三届中国机器人产教融合发展论坛

9月3日，由中国机械工业联合会、工业和信息化部教育与考试中心指导，中国机械工业联合会机器人分会、上海电器科学研究所（集团）有限公司主办，苏州市职业大学、江苏汇博机器人技术股份有限公司等单位协办的第三届中国机器人产教融合发展论坛圆满落幕。学校校长温贻芳，校党委副书记、副校长张健，副校长孙学文与来自全国机器人行业和教育领域的100多位嘉宾齐聚一堂，共同探讨机器人产教融合的发展和未来。会议由中国机械工业联合会机器人分会教育培训工作组办公室副主任李子方主持。

中国机械工业联合会秘书长、中国机械工业联合会机器人分会（中国机器人产业联盟）执行副理事长、秘书长宋晓刚，工信部教育与考试中心副主任左仁贵，苏州市职业大学校长温贻芳分别为大会致辞。

温贻芳在致辞中介绍学校的基本情况、办学特色和在产教融合方面的工作成效，并重点介绍工业机器人技术、智能控制技术等智能制造类专业在校企共谋专业发展、共建产业学院、共建实训基地、共建课程资源、共享师资队伍等方面进行的有益探索和取得的良好成效。表示在国家纵深推进智能制造发展过程中，学校愿意与产业界开展深入合作，把产教融合、协同育人理念贯穿人才培养全过程，为行业发展培养更多创新型、复合型、应用型人才，为助推中国职业教育创新发展做出更多探索与贡献。

张健围绕数字化技术如何深入课堂、赋能教学，如何建设高质量数字化校园等方面做题为“职业院校数字化建设实践分享”的专题报告。

下午，与会嘉宾参观学校数字校园运维中心、智能制造共享创新服务平台和汇博展厅、汇博学院等处，并举行产教融合赋能院校智能制造专业和数字化建设实践经验茶话会，就智能制造领域教学资源、实训资源、教学管理等方面进行深度交流与探讨。

本次论坛紧紧围绕机器人工程专业建设与机器人产教融合进行深入研讨，交流分享在探索与实践应用中取得的丰硕成果。报告形式多样、内涵丰富，贴近机器人人才培养与产教融合的实际情况，为相关领域的研究者、参与者提供交流互动的平台，对推动国家产教融合战略进一步发展起着积极作用。

（机电工程学院）

苏州市现代装备制造职业教育集团2022年工作会议暨换届大会在学校顺利召开

9月28日下午，苏州市现代装备制造职业教育集团2022年工作会议暨换届大会在学校顺利召开。本次会议分为集团常务理事会议、集团换届大会、专家报告会3个阶段，会议由学校副校长孙学文主持。

在苏州市政府、市教育局的大力支持下，苏州市现代装备制造职业教育集团于2015年3月由学校牵头组建。经过7年运行发展，集团在各成员单位的大力支持下，抓住制造业产业转型升级机遇，在健全组织机构、加强基础建设、深化校企合作、专业对接产业、培养制造业人才方面做了大量工作，取得一定成效。在集团常务理事会会议上，审议集团章程修订稿、常务理事会成员变动、理事单位变更情况及工作报告。一致通过由苏州市职业大学校长温贻芳担任集团第二届理事长。

职教集团主管单位苏州市教育局，集团成员单位苏州市工业职业技术学院、苏州市信息职业技术学院、苏州大学工程训练中心、常熟理工学院机械工程学院、苏州市机械工程学会、苏州市汽车工程学会、苏州市机器人产业协会、江苏汇博机器人技术股份有限公司、苏州汇川技术有限公司、莱克电气股份有限公司等60多家会员单位出席换届会议。集团秘书长陈洁宣读集团章程修订说明和集团第二届理事会理事长、常务副理事长、副理事长、副秘书长、理事单位名单。新当选的常务副理事长、江苏汇博机器人技术股份有限公司总裁王振华做表态发言。

苏州市职业大学党委书记曹毓民在会上致欢迎词，他表示，“十四五”是我国职业教育的又一个春天，苏州现代装备制造职业教育集团必须以高质量的教育应变局、破困局、开新局，推动职业教育在促进就业、适应产业、服务行业、引领业态中发挥关键作用。希望集团能借此东风，大胆创新、勇于实践、积极探索、与时俱进，建立新型的产教结合纽带，为现代装备制造行业、为苏州经济建设做出更大贡献。

最后，新任理事长温贻芳做《第一届职教集团理事会工作报告》和《下阶段工作计划》。报告总结第一届理事会在搭建信息系统平台、深化专业建设平台、建立合作育人平台、搭建创新创业平台、建设科技交流平台、搭建社会服务平台和搭建师资培养平台方面的具体措施和所获成绩。提出集团下一阶段工作中，将不断扩大集团内职业院校、行业企业合作规模，深化合作内容，创新合作形式，增强合作成效，实现互利共赢。进一步完善集团机制建设，增强集团凝聚力；进一步加强集团教学改革，提升育人品质；进一步推动集团人才培养，提供智力支撑；进一步实现集团资源共享，组织师资双向兼职；进一步做好集团探索与创新，发挥示范作用。

在专家报告会上，苏州大学相城机器人与智能装备研究院副院长、机器人与智能装备检测中心主任、苏州市机器人产业协会秘书长瞿卫新做题为“当前机器人十大前沿技术与典型应用热点”的报告，江苏汇博机器人技术股份有限公司技术总监陈强做题为“数字孪生技术赋能机器人相关专业虚拟仿真基地建设”的报告。

本次大会的召开将对苏州现代装备行业的发展以及职业教育的改革起到积极推动作用。

（校地合作办公室　机电工程学院）

学校召开教育部信息化支撑职业院校校企合作专业共建项目启动会

10月12日上午，教育部教育技术与资源发展中心（中央电化教育馆）信息化支撑职业院校校企合作专业共建项目启动会在惠和楼召开，教务处、校地合作办公室、信息中心及参与该项目的相关学院负责人参加会议，会议由副校长王峰主持。

会上，王峰介绍学校获批教育部教育技术与资源发展中心（中央电化教育馆）信息化支撑职业院校校企合作专业共建项目的情况，强调项目的重要意义，并提出项目建设的要求。

会议期间，相关学院就对任务的理解、需要的资源和支持及如何根据建设任务推进工作展开交流讨论。各部门从课程资源建设、实训平台建设、虚拟教研建设等方面可提供的服务支持进行说明。

会议最后，王峰做总结讲话并强调，教育部教育技术与资源发展中心（中央电化教育馆）信息化支撑职业院校校企合作专业共建项目意义重大，责任重大，相关部门和学院要高度重视，明确任务，结合实际情况有计划地推进建设任务，努力推动学校在新时代背景下应用信息技术促进产教融合，为社会培养专业技能人才。

（信息中心）

校地融合展书画　共同献礼二十大

翰墨迎盛会，丹青展华章。为迎接党的二十大胜利召开，10月12日下午，由学校主办，校党委组织部、工会、书画协会承办，吴文化博物馆，苏州市吴中区越溪街道、香山街道等融合共建单位协办的“喜迎二十大，奋进新征程”校地书画作品展在学校图书馆展厅成功开幕，全体校领导、融合共建单位领导、书画家代表以及学校师生代表参加此次活动，副书记、副校长张健主持开幕式。

校党委书记曹毓民在开幕致辞中代表学校向积极参与此次展览的校地各界书画创作者们表示衷心的感谢，向各融合共建单位成功合作举办书画展表示热烈的祝贺，希望以举办这次书画展为契机，一起及时跟进学习宣传贯彻党的二十大精神，在融合中寻求最大公约数，在共建中画出最大同心圆，扛起新使命、谱写新篇章，以融合共建中结出的丰硕成果迎接党的二十大胜利召开。

融合共建单位越溪街道人大工委主任吴荣、香山街道党工委委员谢诗意在开幕式上发表热情洋溢的讲话，对书画展的如期举办表示祝贺，对校地各党建单位的精诚合作表示赞赏，对今后的进一步融合共建充满期待。

此次书画展得到学校和地方书画家们的积极响应，创作者们以红色精神、美丽校园、青春奋斗、融合共建、防疫抗疫等为创作题材，创作的作品紧扣时代脉搏，以浓墨重彩描绘出党的十八大以来学校和融合共建的吴中大地进入高质量发展的新时代，校地合作谱写出一曲曲奋进追梦伟大征程的壮美诗篇。

作为共建单位崇文重教的突出体现，在当天活动现场，吴文化博物馆的郑伟先生和香山街道的朱墨春先生将他们精心创作的2幅优秀作品无偿捐赠给学校。校长温贻芳代表学校接受捐赠并为2位创作者颁发捐赠证书。

开幕式结束后，学校师生和社区代表一起进入展厅观展。在参观作品时大家感受到，展出的这些作品主题鲜明、寓意深刻，创作者们用自己特有的视角和不同的表现方式，抒发迎接党的二十大胜利召开的喜悦之情，也是广大创作者对弘扬红色传统、奋进新时代的美好期盼。大家纷纷表示将在今后的融合共建中砥砺前行，共同谱写新时代奋进的“写意诗”，合力绘就高质量发展的“工笔画”。

（组织人事部　工会）

学校举行机器人产业学院合作签约仪式

11月6日上午，学校机器人产业学院合作签约仪式在惠和楼215会议室举行。苏州市吴中区人民政府副区长张伟、苏州市工业和信息化局四级调研员徐国良以及苏州市教育局高等教育与职业教育处副处长张量以及吴中区人民政府相关部门负责人，中国机械工业联合会机器人分会、苏州市机器人产业协会和江苏汇博机器人技术股份有限公司、苏州绿的谐波传动科技股份有限公司、苏州汇川技术有限公司、博众精工科技股份有限公司等行业协会企业代表，学校党委书记曹毓民、校长温贻芳、副校长孙学文和其他职能部门领导、二级学院代表参加。

本次签约仪式由温贻芳主持，曹毓民致欢迎词。学校机电工程学院院长陈洁汇报机器人产业学院筹建情况。江苏汇博机器人技术股份有限公司总裁王振华发表讲话，对校地合作、校企融合共育人才表示大力肯定。孙学文与张伟及中国机械工业联合会机器人分会李鹏飞、江苏汇博机器人技术股份有限公司总裁王振华、苏州绿的谐波传动科技股份有限公司人事总监张宜花等政校行企代表共同签订《机器人产业学院合作共建框架协议》。张伟、徐国良、李鹏飞与曹毓民一起为机器人产业学院揭牌。

签约仪式结束后，与会领导和嘉宾共同观摩“汇机智造杯”第六届“吴中技能状元”职业技能竞赛工业机器人赛项。竞赛由苏州市吴中区人民政府主办，苏州市吴中区人力资源和社会保障局承办，学校机电工程学院协办。来自吴中区的66名优秀选手共同角逐工业机器人技能状元。

机器人与智能制造产业作为吴中区重点打造的“3+3+3”现代产业集群之一，目前已集聚规上企业超300家，覆盖关键零部件、本体制造、系统集成、终端产品的完整产业链。2022年，吴中区已确定打造机器人与智能制造产业全国创新集群“第一区”的目标，成立机器人与智能制造产业创新集群联盟，汇聚一大批行业内的优质企业。本着服务地方区域经济、促进行业发展的宗旨，学校与吴中区政府、行业协会、龙头企业共建机器人产业学院，以推动机器人产业“产学研用”协同，搭建机器人产业合作共赢平台，服务地方机器人产业创新集群发展。

（机电工程学院）

学校博士入站苏州元澄科技股份有限公司博士后创新实践基地

11月18日下午，苏州元澄科技股份有限公司博士后创新实践基地揭牌仪式暨博士后入站启动会顺利举行，苏州市人社局副局长谭国明、姑苏区人社局副局长邓仕海等市、区级人社领导莅临活动现场。学校党委委员、副校长孙学文，党委委员、计算机工程学院院长、组织人事部副部长鲜学丰，校地合作办公室常务副主任张芬，计算机工程学院副院长曾海等参加启动会。

苏州元澄科技股份有限公司是学校深度合作企业，校企双方共建康养产业学院，在产学研多个领域开展多样化合作，董事会秘书张君华与学校合作成功申报江苏省产业教授。本次入站的博士为学校计算机工程学院教师刘刚。刘刚毕业于南京理工大学，是学校计算机网络技术专业带头人、苏州市青年岗位能手。经校组织人事部、校地合作办公室前期与企业深度沟通，刘刚入站后将聚焦智慧康养领域，与企业合作开展数字化康养AIoT解决方案及其关键技术等研究。

苏州元澄科技股份有限公司董事长薛晨洋希望入站博士能快速融入企业文化，真正实现“把论文写在大地上”，校企双方共同研发新技术、新方案和新标准，助力苏州经济实现数字化转型。谭国明表示，政府愿为企业和人才做好桥梁和服务工作，他希望充分发挥博士后专业特长和校企双方的平台优势、技术优势，在学术研究和技术创新领域早出成果、多出成果。

孙学文对博士后工作站的建立和博士们的进站表示热烈祝贺。他表示，本次合作是实现专业链与产业链对接、专业深入服务地方产业和培养“双师型”师资队伍的重要举措。他希望博士们发挥自身专业特长，助力企业技术创新和应用落地，科研反哺教学，进一步提升学校的人才培养水平，形成可复制、可推广的师资培养新模式。

（计算机工程学院）

国内交流

江苏开放大学到校开展办学系统调研座谈会

7月19日上午，江苏开放大学党委常委、副校长罗逾兰一行10人到校开展办学系统调研座谈会。学校副校长孙学文，苏州市、县开放大学领导，苏州开放大学管委会部门负责人、校友代表参加座谈会。会议由苏州开放大学管委会党总支书记薛铭主持。

孙学文致欢迎词并介绍办学情况，苏州开放大学将社会教育与学历教育列为两大教育发展方向，依托江苏开放大学整合优质教育资源，采用灵活多样的教学手段，通过教育与技术的深度融合，提供高质量的教育服务，不断满足社会成员多样化、个性化的继续教育和终身学习需求。刘萍、强晏红和奚伟国分别代表吴中开放大学、苏州工业园区开放大学、太仓开放大学介绍学校的教学建设、组织结构及办学特色。

江苏开放大学设计学院党总支书记邹佳对形象识别系统（UIS）文化进行主题宣传贯彻宣讲。随后与会人员就UIS宣贯、访企拓岗促就业、招生、就业、校企合作、校友发展以及推动体系办学等方面进行交流。朱元吉、王敏2位校友分享在江苏开放大学的学习经历，用各自的职业发展充分体现江苏开放大学的校训精神——“知识改变生活，学习完美人生”。

罗逾兰总结发言，充分肯定在苏各开放大学的办学情况，提出江苏开放大学必须要有办学自信，在办学道路上要找准定位，以效果彰显人才培养质量；江苏开放大学将在招生、就业、校企合作、校友发展等方面给予支持。

展望未来，在江苏开放大学的带领下，省、市、区三级开放大学携手共进，依托开放体系的大平台，为苏州市民提供更加灵活、便捷、公平、开放的学习方式和多层次、多样化的教育服务，为构建全民终身教育体系、促进苏州学习型城市建设做出应有贡献。

（苏州开放大学管理委员会）

安庆医药高等专科学校到校考察交流

8月4日，安庆医药高等专科学校党委书记叶林霞、副校长朱庆丰及有关部门负责人到校考察交流。学校党委委员、副校长孙学文，苏州市养老产业联合会会长徐冈、专家委员会主任郑利江，学校相关部门、学院负责人接待并座谈交流。

座谈会上，孙学文对安庆医药高等专科学校一行的到来表示热烈欢迎，介绍学校办学的基本情况。他希望两校加强康养产业领域的互动交流，实现共赢发展。

叶林霞对学校的热情接待表示感谢，介绍安徽省安庆市社会经济、文化概况，安庆医药高等专科学校基本情况及近期发展规划，希望借鉴苏职大在苏州市康养产业学院建设的成功经验助力学校筹建康养学院。

学校教育与人文学院院长吴隽重点介绍苏州市康养产业学院的建设情况。产业学院汇集政府、行业、企业、院校、研究机构等多方力量，推动康养师资及人才培养，校地教科研成果培育，康养数据中心建设等。徐冈对与学校进行的校企合作情况进行介绍。郑利江提出，当前康养领域最大的缺口是专业人才，建议安庆医药高等专科学校可以充分发挥学校优势，差异化筹建康养学院。

座谈会前，叶林霞一行在校地合作办公室常务副主任张芬等陪同下实地考察学校吴文化园、大学生应急救护培训基地。

（校地合作办公室　教育与人文学院）

学校参加2022年职业教育数字化校长论坛并做交流发言

8月9日，2022年职业教育数字化校长论坛在贵州省贵阳市成功召开。会议由高校毕业生就业协会、中国智慧工程研究会指导，高校毕业生就业协会机器人专业委员会、中国智慧工程研究会智能创新教育工作委员会、贵州省教育装备行业协会主办。来自全国各地的100余位专家学者、职业院校领导和教师代表参加，论坛以“聚焦数字校园、构建未来学校”为主题，共同探讨数字化时代下职业教育发展大趋势以及智慧教育落地实践经验。

学校副校长张健参加会议，并在线上做题为“用‘新’育人，以‘数’增效——‘六全’智慧校园赋能高质量发展”的主题报告。从理念与目标、建设与成效、特色与创新、应用与推广、管理与保障等5个方面分享学校智慧校园建设实践经验。数字化教育的发展离不开教育工作者以及教育科技企业的研究与探索，此次论坛研讨“聚焦数字校园、构建未来学校”，汇聚教育专家和高校领导的智慧，共同探讨数字化与职业教育创新发展融合之道，强化学校间的交流与分享。

学校历来高度重视信息化建设，努力促进信息技术与人才培养核心任务深度融合，学校的智慧校园建设取得一定成效，形成自身特点，获批江苏省智慧校园示范校、中国职业院校智慧校园50强，入选中央电教馆“智慧校园”成果案例，成为教育部首批职业院校书数字校园建设试点校。学校将在坚持数字化转型赋能的同时，博采众长，不断提升，做出特色、做出示范。

（信息中心）

校长温贻芳在全省高校领导干部暑期学习培训班上做交流发言

8月15—17日，江苏省委教育工委、省教育厅在南京举行2022年全省高校领导干部暑期学习培训班。江苏省委常委、省纪委书记、省监委主任王常松到会做专题报告，省委常委、省委宣传部部长、省委教育工作领导小组组长张爱军出席会议并做开班式讲话，副省长、省委教育工作领导小组副组长马欣主持开班式并讲话。江苏省政府副秘书长刘建参加开班式。

学校党委书记曹毓民、校长温贻芳参加本次培训。温贻芳作为全省高职院校唯一代表做交流发言，从“问题提出”“破解思路”“实践探索”“工作展望”4个层面，介绍关于“三教”改革的探索经验和思考。她指出，针对高等职业教育“三教”领域的共性问题，高职院校应画好“整体规划图”“运行框架图”“具体施工图”。以产教融合、校企合作、工学结合、知行合一为主线，将“三教”改革置于产教融合大体系中进行设计和推进。用“三个平台”夯实改革的基石底座，用“两个强化”撑起改革的四梁八柱，用“三个关键”打造改革的样板间。发言得到与会领导和兄弟院校同仁的充分肯定。

（校长办公室）

学校校友、“诚实守信”中国好人黄萍回校交流

8月25日，学校校友、2022年“诚实守信”中国好人黄萍到访学校。校党委书记曹毓民，副校长熊贵营，纪检监察室、宣传统战部、学生工作处、教育与人文学院等部门负责人及相关人员热情接待并座谈交流。

黄萍是原苏州教育学院1998届毕业生，现任张家港市林业站站长。在2022年第二季度“中国好人榜”中，被评为“诚实守信”中国好人。黄萍深情回忆在校求学时光，讲述工作及成长经历，感谢母校的培养。

黄萍以“大事讲原则、小事讲风格”作为座右铭，从一名小学老师成长为林业站站长。坚守“真情与爱心”，18年来始终信守承诺，照顾昔日大学同学的父母。成为邻家女孩的“妈妈”，用爱呵护其成长。同时先后资助多名贫困生，为白血病患儿筹集善款10多万元等，用自己的行动诠释好人的真谛。

座谈现场，曹毓民代表学校赠送黄萍在校期间的学籍档案。熊贵营邀请黄萍参加学校2022年新生开学典礼，为全体新生讲授“开学第一课”。

曹毓民表示，黄萍的故事十分感人，是鲜活的思政教育素材。“诚信”“友爱”等特质贯穿她的工作、生活，这与在校期间人生底色打造有着密切联系。希望通过多种形式，传播正能量故事，更好地促进学校大学生的成长。

（教育与人文学院）

江苏省中华职业教育社到苏州石湖智库调研

9月14日下午，江苏省委统战部二级巡视员、省中华职业教育社秘书长倪南一行到苏州石湖智库调研。学校党委副书记、副校长、苏州石湖智库理事长张健陪同调研。

倪南一行先后参观学校电梯实训基地、新能源汽车实训基地、校史馆、吴文化园，随后至苏州石湖智库进行座谈。学校党委宣传统战部

副部长王大纲、电梯学院院长顾德仁、苏州石湖智库秘书长朱剑刚以及中华职业教育社第一届黄炎培职业教育思想研究规划课题重点项目"黄炎培职业教育视野下高技能人才培养模式创新研究"课题组成员参加此次座谈。

张健首先介绍近4年来苏州石湖智库建设取得的相关成果，并提出希望与省中华职业教育社保持良好的合作关系，以黄炎培思想为指导，以地方高职院校智库建设为新样本，共同服务地方高技能人才的培养。倪南表示，看了学校的实训基地以及展示馆，大为惊叹。他指出，看一个地方的发展，博物馆、展示馆是最有力的见证。苏州市职业大学十分重视地方文化建设，并且取得富有成效的建设成果，是地方高职院校文化建设的佼佼者。他表示苏州石湖智库能在短短4年发展期内，在建章立制、决策咨询、服务地方、文化传承、人才培养等方面取得如此丰硕的成果，需要好好总结经验并复制推广。同时，他也提出，希望双方紧密合作，充分挖掘黄炎培职教思想与苏州人才培养的理论内核，搭建智库与统战部、侨联等的合作平台，深入做好中华优秀传统文化的传播工作，并最终为地方人才培养和引进提供智力支持。

（苏州石湖智库）

苏州市吴中区委研究室副主任张纯纯一行到学校调研交流

10月14日下午，苏州市吴中区委研究室副主任张纯纯一行莅临学校调研交流，区科技局副局长李琪等陪同调研。校长温贻芳、副校长王峰，校长办公室、教务处、科技处、校地合作办公室、机电工程学院、电子信息工程学院、计算机工程学院等部门主要负责人参加调研活动。

座谈会上，温贻芳对张纯纯一行的到来表示热烈欢迎，对吴中区多年来对学校工作的关心、指导和支持表示衷心感谢。温贻芳从产业背景、服务产业、建设成效和建设规划等方面，对专业（群）服务机器人与智能制造产业创新集群发展的情况及未来规划进行总体汇报。随后，双方就机器人产业学院建设等相关工作进行深入交谈。

温贻芳表示学校将结合自身建设和吴中区重点产业集群发展需求，不断完善功能定位，调优学科专业布局，加强相关专业（群）建设和人才培养，充分发挥人才资源等优势在地方经济社会发展中的重要作用，合力推动区域产业创新。

张纯纯对此行的精心安排表示感谢，并充分肯定学校近年来所取得的成绩。他希望学校专业（群）建设与吴中区产业密切相接、与区内企业深化合作、为企业精准培养人才，进一步全面提升专业服务产业发展能力，赋能地方经济社会高质量发展。

（科技处）

苏州城市学院到校调研交流

10月19日下午，苏州城市学院党委常委、副校长周高一行6人到校调研交流。校党委书记曹毓民，副书记、副校长张健，副校长张军，相关职能部门负责人参加本次调研并座谈。

周高一行现场考察校图书馆、档案馆、保卫处，详细了解学校图书、档案、智慧安防工作的建设和运行情况。

座谈会上，曹毓民对周高一行表示热烈欢迎，介绍学校的办学历史、办学特色以及近期的工作概况，重点介绍图书馆、档案、审计、保卫等工作条线的特色做法。有关部门负责人分别做工作介绍和经验分享。

周高介绍苏州城市学院的办学情况，对苏职大悠久的办学历史、显著的办学成就和鲜明的办学特色表示高度赞赏，并对学校的热情交流表示感谢。

随后，双方就图书馆建设现代化、档案馆建设规范化、智慧安防建设标准化等内容进行深入交流。

通过此次交流，双方达成共识，今后将全面深化各领域的互学互鉴，在相关项目建设方面加强合作，进一步提升各自学校管理和服务水平，共同为苏州教育高质量发展贡献智慧和力量。

（党委办公室）

苏州工匠园到校交流学习

10月25日，苏州工匠园负责人、苏州启源文化管理咨询有限公司总经理肖薇薇一行到校交流学习。校党委书记曹毓民，副书记、副校长张健，校长办公室、党委宣传部、学生工作处、教育与人文学院、艺术学院、苏州石湖智库相关人员参加座谈会。

会上，与会人员观看学校宣传片。肖薇薇从苏作文化的传播者、手艺人的经纪人、宣传推广和取得成绩等4个方面详细介绍苏州工匠园工作开展情况，并表达与学校进一步加强合作的意愿。与会人员从不同角度提出与苏州工匠园进行资源优势互补、加强合作的途径。

曹毓民表示，苏州工匠园的工作体现了形式与内容的统一，在形式上具有移动、生动、联动的特点，在内容上兼具广度、深度和温度。校企双方要发挥各自优势特点，加强资源要素的组合优化，在大学生地域文化教育、创新创业、美育等方面探索新方法、新途径，为提高学校人才培养质量、提升企业文化品质、增强服务地方文化产业发展能力做出新的贡献。

座谈会前，肖薇薇一行参观学校智能制造共享创新服务平台、吴文化园、艺术学院服装设计实训室、苏州石湖智库。

（宣传统战部）

苏州市美术家协会主席团到校调研交流

10月27日，苏州市美术家协会主席团到校调研暨张继馨艺术奖学金颁发仪式在吴文化园举行。苏州市美术家协会主席、苏州美术院院长陈危冰带领苏州市美术家协会主席团全体成员到校调研交流。校党委书记曹毓民，校长温贻芳，校党委副书记、副校长张健出席此次活动。党委办公室、校长办公室、宣传统战部、艺术学院相关人员参加座谈交流。

首先，在吴文化园举行2021—2022学年张继馨艺术奖学金颁发仪式。张健主持颁发仪式，他表示，张继馨先生是学校艺术学院教授，是吴门花鸟画的领军人物，是一位优秀的教育工作者，2018年在学校出资50万元设立张继馨艺术奖学金，每年资助10名艺术设计类专业品学兼优且家庭经济困难的学生，德艺双馨，令人非常感动和钦佩。由于张继馨先生年事已高，其女儿张小芹女士受其委托，为本学年10名获奖学生进行颁奖。学生获奖代表发表感言，表达感恩之心，表示要勤奋钻研、成长成才、感恩社会、报效祖国。

座谈会上，苏州市美术家协会主席团成员踊跃发言，从美术人才培养、艺术学科建设、美育建设、校企合作等方面提出切实可行的意见建议，为学校的发展献计献策。陈危冰代表苏州市美术家协会感谢学校热情的接待和周到的安排，表达苏州市美术家协会与学校加强合作的意愿，建议学校充分挖掘张继馨先生宝贵的艺术价值，整理其艺术理论体系。

温贻芳表示，通过本次交流，真切感受到艺术家们对学校人才培养深厚的情怀，学校重视艺术家们提出的意见建议，希望苏州市美术家协会发挥专业优势，助力学校打响“顾野王”和“张继馨”这两块牌子，将其传承好、发扬好。

曹毓民代表学校欢迎苏州市美术家协会主席团全体成员到学校调研交流，他表示大家的发言对学校艺术专业人才培养和文化建设具有很强的针对性，一代人有一代人的任务，要只争朝夕，做大做强“顾野王”和“张继馨”这两个品牌，抢救性挖掘和整理张继馨先生宝贵的艺术价值和理论体系，推动学校艺术人文素养特色创建。

座谈会前，陈危冰一行参观学校智能制造共享创新服务平台、顾野王园、艺术学院和吴文化园。

（宣传统战部）

扬州市职业大学到校调研交流

11月18日，扬州市职业大学校长林刚、副校长吴书安及相关部门负责人一行到校调研。学校党委书记曹毓民，校长温贻芳，副校长孙学文、王峰，相关部门负责人接待并座谈交流。

座谈会上，温贻芳介绍学校的基本办学情况，对林刚一行到访表示热烈欢迎，希望两校加强合作交流，为江苏职业教育提质培优和服务区域经济社会发展贡献力量。林刚介绍扬州市职业大学的基本情况及近期发展规划，并对学校的热情接待表示感谢。

双方就省高水平院校建设、教学成果奖培育、产教融合、产业学院建设等方面进行探讨与交流。学校组织人事部、教务处、科技处等部门负责人就“双师型”教师队伍建设、教学改革、科技与社会服务等内容做分享。

座谈会前，林刚一行参观考察学校智能制造共享创新服务平台、数字校园运维中心、国家级大学生文化素质教育基地、大学生生命健康教育基地。

（校长办公室）

国际交流

学校与巴基斯坦国立科技大学举行线上交流会

1月10日，学校与巴基斯坦国立科技大学（National University of Sciences and Technology,Pakistan）合作交流会暨中巴经济走廊文化交流中心工作推进会在线上举行。学校党委委员、副校长张健，巴基斯坦国立科技大学副校长Osman Hasan，巴基斯坦国立科技大学中国研究中心主任相杨参会交流。

会上，张健简要介绍学校的办学历史与对外合作交流工作，特别是中巴经济走廊文化交流中心成立以来，学校培养巴基斯坦留学生以及中巴双方开展的人文交流活动等。Osman Hasan介绍巴基斯坦国立科技大学的办学历史和实力，指出巴基斯坦国立科技大学高度赞同学校的办学优势，将积极探索与学校合作，助力巴中高等教育间的交流和巴中友谊。两校就开展合作办学、师生互访交流、面向巴基斯坦学员开展中文教学及编写教材、联合实施技能人才培养等方面进行深入交流，并就探讨事宜达成初步合作意向。

中巴经济走廊项目是“一带一路”的旗舰项目，并已取得阶段性成果。目前，中巴经济走廊项目已进入第二阶段。相杨指出，中国研究中心将发挥中巴深度合作枢纽性平台作用，切实助力中巴院校之间开展教育、文化合作，推动中巴两国人民文化相融、民心相通。

巴基斯坦国立科技大学是一所涵盖工程、理学、商学、管理、社会科学等多学科的综合性大学，拥有19个学院及7个校区，每年约有3500名毕业生，在巴基斯坦国内高校排名第1，2020年QS世界大学排名全球前400，位居亚洲第83。

校企合作单位巴基斯坦圣福林集团总经理李文钰、学校外事办公室副主任汤晓军、机电工程学院副院长陆春元、机电一体化技术专业负责人付春平参会交流。

（外事办公室　国际学院）

南非工业与制造业培训署到访亨通南非AMHT公司和南非亨通智能制造学院

2月17日，南非高等教育与培训部工业与制造业培训署（MerSeta）署长乔治·韦恩·亚当斯（George Wayne Adams）、南非中国文化和国际教育交流中心（CCIEEC）主任陆志雷一行到访亨通集团南非AMHT公司和南非亨通智能制造学院，了解工业与制造业培训署和南非中国中心合作项目派往中国留学后返回南非工作的学生情况，并调研企业在用工方面对特定教育培训背景学生的需求以及南非亨通智能制造学院建设情况。

学校2019级应用电子技术专业学生艾玛（Emma）和杜哲（Griffiths）陪同亚当斯和陆志雷一行参观了公司，艾玛作为在华留学后在亨通集团南非AMHT公司就业的代表介绍学员们在公司的工作情况。交流会上，亨通集团南非ABERDARE总经理王申竹和AMHT总经理刘德厚对学校南非毕业生的表现给予高度评价，他们表示，有中国留学和培训经验的学生对中国管理模式更加熟悉、对自身工作职责有更深入的理解，相对于本地员工表现出更强的文化融合能力与管理配合度。亚当斯和陆志雷表示，希望能够进一步通过南非学生赴华文化交流与技能培训项目、南非亨通智能制造学院开展本地技能人员培训等措施向南非企业，包括在南非投资的中资企业输送更多文化通、能力强、层级高、专业精的培训学员，为南非的经济发展和中国、南非的经济合作与交流做出贡献。

自2018年学校开展南非项目以来，学校与亨通集团有限公司、通祐电梯有限公司等“走出去”企业合作培养南非技能人才近百人。学校对接南非政府“职业技术院校五年提升计划”，与亨通集团、开普敦学院、南非中国中心共建南非亨通智能制造学院，开展中国、南非两国职业教育合作与交流，促进两国职业教育共同发展和构建中非命运共同体。近年来，学校来华留学育人成效得到南非、巴基斯坦等国政府、合作院校和“走出去”企业的肯定，学校服务中外人文交流和助力企业“走出去”的能力进一步增强。

（外事办公室　国际学院）

学校与巴基斯坦国立科技大学举行面向巴基斯坦学员的汉语教学交流会议

2月22日，学校与巴基斯坦国立科技大学举行面向巴基斯坦学员的汉语教学交流会，巴基斯坦国立科技大学中国研究中心副主任Zamir Awan、项目专员Nawal Rai，学校外事办公室副主任汤晓军，教育与人文学院院长吴隽、副院长冯清，苏州石湖智库副秘书长陈璇及学校汉语教师代表参会交流。

会上，Zamir Awan介绍巴基斯坦国立科技大学的概况及中国研究中心近期开展的主要工作。他表示，在当今世界，汉语是非常重要的语言。随着巴中两国的交往日益密切，巴基斯坦的年轻人学习汉语的热情越发高涨，他希望两校借助中巴经济走廊文化交流中心的平台，合作开发针对零基础巴基斯坦学员的汉语教学资源，帮助他们学习汉语。

汤晓军从培养海外技能人才、开展中巴文化交流、搭建对外交流桥梁3个方面介绍学校中巴经济走廊文化交流中心近年来的主要工作。他提到，学校有一支经验丰富的对外汉语教学队伍，已累计培养一年期以上来华留学生300余名（含学历巴基斯坦留学生70余名），学历留学生毕业时至少达到汉语三级水平，学生毕业后在中国高校继续深造或被海外中资企业录用，学校育人成效得到相关高校和企业的认可。他建议对外汉语教学团队依据巴方学员汉语学习的诉求，结合自身对外汉语教学的经历，建设较为贴合巴基斯坦学员汉语学习特点的语言学习资源，进一步提升学校开展对外汉语教育和推广汉语语言文化的水平。

陈璇提到，汉字是象形文字，在编写教学资源时应注重字的部首、发音，可以将字的起源、发展、演变作为教学切入点，加入中华文化的背景介绍。教育与人文学院郑红勤、伍荣华，苏州石湖智库李超逸等教师结合自身对巴基斯坦学生的教学经历，从教学内容选择、教学方式改进等方面提出相关建议。冯清认为可以在原有的纸质教材基础上加入立体化教材，增强教材的趣味性、可看性，结合学生的专业方向分门别类地制作不同板块的教材。吴隽从校企合作的角度提出，可以与校外企业合作，借助喜马拉雅平台，通过配音打分等方式创新学生的学习方式，做到寓教于乐，同时提升教师的工作效率，极大程度地发挥科技的教学辅助功能。

本次交流会上，两校在面向巴基斯坦学生汉语教学及教学资源建设方面开展交流，并就探讨事宜达成合作意向。今后两校将加快后续项目的实施步伐，推动中巴院校间的沟通交流，助力中巴友谊，同时提升学校对外汉语教学和中国文化教育教学水平，推动来华留学教育和国际化办学提质增效。

（外事办公室　苏州石湖智库　教育与人文学院）

学校召开江苏省高校国际化人才培养品牌专业机电一体化技术专业建设推进会

4月12日，学校江苏省国际化人才培养品牌专业机电一体化技术专业2022年第二次建设工作推进会在腾讯会议平台召开，校党委委员、副校长张健，机电工程学院院长陈洁，信息中心主任杨静波，外事办公室副主任汤晓军，教务处副处长顾苏怡，机电工程学院副院长陆春元，国际学院相关人员和机电一体化技术专业团队骨干教师代表线上参会。

推进会上，陆春元根据项目建设任务汇报项目阶段推进情况，就2022年度第一次推进会提出的专业网站和资源库建设做方案介绍，陈述专业建设中遇到的困难和下一阶段的工作重点。汤晓军介绍第二批省高校国际化人才培养品牌专业申报的要求以及首批项目中期评价验收的重要事项，就疫情防控时期如何补足专业建设中的薄弱环节做说明。杨静波、顾苏怡分别就专业信息化建设、课程建设和课题申报提出建议，表示将全力支持省高校国际化人才培养品牌专业的建设。项目负责人陈洁表示，学院建设团队将对照建设指标，认真落实学校提出的指导意见，有计划、有重点地推进各项建设任务，确保项目建设中期验收目标圆满完成。

张健从中外合作办学、中外课程共建、国际化人才培养等方面对项目的进展和计划提出建议，要求团队尽快完成品牌专业网站搭建，加快双语课程建设进度，按照学校“工科高水平拓进”的要求，加强工科学院间合作，夯实专业优势，补足发展弱项，打造国际化品牌专业建设新亮点。除此之外，他要求建设团队严格依照时间节点，高质量完成各项建设任务，以优良的成绩迎接江苏省教育厅在下半年开展的项目中期考核。

此次推进会的召开梳理当前专业建设中存在的困难，通过研讨提供解决思路，对疫情防控背景下加强专业建设统筹规划，压实专业建设团队职责，有序推进建设工作有着重要意义。

（机电工程学院　国际学院）

东南亚职业教育产教融合联盟“英联邦职教体系暨创新教学模式与方法”研修班开班

4月18日，东南亚职业教育产教融合联盟举办的“英联邦职教体系暨创新教学模式与方法”研修班开班仪式在线上举行，马来西亚国际文化交流中心总顾问、拿督萧进平，理事长白妮丝出席开班仪式，学校党委委员、副校长张健作为联盟理事长单位代表出席开班仪式并致辞。

在致辞中，张健介绍学校和东南亚职业教育产教融合联盟的概况。他表示，国际化师资培训是提高院校国际化办学水平的重要举措，此次联盟举办的英联邦职业教育研修班旨在加强中外职教合作，互相借鉴各国职业教育理念，为推动我国职业教育内涵建设和高质量“走出去”夯实基础。他希望通过此次培训，各位学员能与马来西亚马来亚大学授课团队深入交流，吸收和借鉴国外先进的职业教育教学方法和人才培养模式，探索英联邦职教体系的本土化应用，促进自身职业成长和院校职业教育国际化发展。

本次研修班由马来西亚国际文化交流中心、东南亚职业教育产教融合联盟、马来西亚马来亚大学联合主办，研修聚焦英联邦国家职业教育（TVET）体系发展、TVET教育创新与科技创业、TVET职业教育弹性学分制管理等主题，来自广州城市职业学院、贵州水利水电职业技术学院、宁夏工商职业技术学院、辽宁经济职业技术学院、苏州市职业大学等院校的100名一线职业教育教师参加培训。

2019年10月，东南亚职业教育产教融合联盟在学校成立，马来西亚国际文化交流中心、国内外的50余家院校和“走出去”企业共同见证联盟成立仪式，学校当选理事长单位。成立至今，联盟各院校和企业已组织面向马来西亚、柬埔寨等东南亚国家的职业教育交流活动百余次，开展对外培训3万余人次，招收来华留学生200余人，积极助力我国和东南亚国家之间的职业教育资源共享、协同创新、合作共赢。

（国际学院）

校长曹毓民线上为巴基斯坦国立科技大学端午晚会致辞

6月10日，巴基斯坦国立科技大学举办主题为“共襄盛世　端午安康”的庆祝晚会，活动由巴基斯坦国立科技大学中国研究中心主办，中巴经济走廊文化交流中心、中国长江三峡集团公司驻巴办事处协办。苏州市职业大学校长曹毓民代表学校和中巴经济走廊文化交流中心线上为活动致辞。

曹毓民提到，端午节是中华民族的传统节日之一。值此佳节，巴基斯坦国立科技大学中国研究中心、中巴经济走廊文化交流中心等共同举办端午晚会，是促进中巴两国文化互融互通的一次盛会。曹毓民表示，近年来，学校与巴基斯坦吉尔吉特·巴尔蒂斯坦政府、巴基斯坦国立科技大学等合作，取得丰硕的办学成果。学校将持续与巴基斯坦国立科技大学、中资在巴企业等深入推进合作，加强中巴经济走廊文化交流中心建设工作，增进中巴职业教育与人文交流，为深化中巴友谊做出贡献。

活动上，巴基斯坦国立科技大学的巴基斯坦学生展示中国的端午文化，表演服装秀，唱起《朋友》《万疆》等耳熟能详的中文歌曲，在巴基斯坦学习的中国学生演唱乌尔都语歌曲，表现出中巴之间坚如磐石的兄弟友谊。原巴基斯坦驻华大使马苏德·哈立德说，很高兴看到巴中两国青年积极开展教育和文化交流合作，希望巴中之间的友谊纽带更加牢固。

2017年3月，学校与巴基斯坦吉尔吉特·巴尔蒂斯坦教育厅共建中巴经济走廊文化交流中心。5年来，中心培养近百名巴基斯坦来华留学生，开展中巴青年艺术家交流联展、中巴职业教育留学生项目研讨等活动，办学成果得到时任巴基斯坦驻华大使纳格玛娜·哈什米女士（2019—2020年在任）、巴基斯坦吉尔吉特·巴尔蒂斯坦省长哈菲兹·雷赫曼的肯定，办学经验在《中国教育报》《中国科学报》等重要媒体上发表，并在国内多所院校推广应用。在此基础上，2021年11月，学校与巴基斯坦国立科技大学中国研究中心、圣福林集团共同成立中巴技能人才培养中心，助力巴基斯坦企业和中资在巴企业对技术技能人才的需求，积极为中巴交流做出贡献。

巴基斯坦高等教育委员会总干事萨法达·阿里沙，巴基斯坦国立科技大学校长布哈利中将、中国研究中心主任相杨，圣福林集团总经理李文钰，以及10余家中资在巴基斯坦企业代表参加活动。

（外事办公室　国际学院）

学校举行2022届刚果（布）留学生毕业典礼

6月24日，学校举行2022届刚果（布）留学生毕业典礼。苏州市职业大学校长曹毓民，苏州市外事办公室副主任俞峰，市外事办公室欧非处人员，学校相关职能部门、学院领导及教师代表，2022届刚果（布）留学生参加典礼。刚果（布）黑角市副市长乐维塞尔·米萨图、对外合作交流处主任齐卡亚及学生家长代表线上参加典礼。典礼由副校长、国际学院院长张健主持。

2016年7月，在国家主席习近平和刚果（布）总统萨苏的见证下，苏州市和刚果（布）黑角市签署结好协议，缔结为友好城市。结好以来，两市政府高度重视友城交往，双方在教育、卫生、农业等多个领域开展交流与合作，青年技术人才培养是合作的重要内容之一。2019年9月，黑角市选派的4名学生在副市长米萨图的带领下来到苏州，入读学校机电一体化技术专业。经过3年的刻苦学习，同学们掌握了扎实的中文表达能力和机电专业技能，圆满完成学业。

典礼上，学生哈雷德、贝尼奥、何伟和金库感谢两市政府提供的学习机会，感谢学校领导和老师对他们的关爱。今后，他们会带着所学建设自己的国家，为增进苏州市与黑角市的友谊而努力。他们不会忘记在苏州成长的点点滴滴，祝愿刚果（布）与中国的友谊地久天长！

米萨图首先祝贺同学们顺利完成学业，衷心感谢苏州市对刚果（布）青年技能人才培养项目的关心和学校在学生培养上付出的努力。他表示，自结好以来，黑角市与苏州市已在多个领域取得显著的合作成果，近期，黑角市正计划签署新的协议加强与苏州市的合作。俞峰向同学们和家长表示祝贺，对学校扎实开展友城合作项目表示感谢。她表示，苏州市外事办公室将继续支持和推动两市在职业教育领域的友好合作，总结经验，密切联系，为疫情后重启合作做好准备。她希望同学们回国之后能够利用在苏所学积极服务黑角市发展，为促进黑角市与苏州市的友好交流做出贡献。

曹毓民代表学校向完成学业、即将步入人生新征程的同学们表示祝贺，向辛勤付出的教师和关心同学们的家人及朋友表示感谢。他希望同学们学以致用，积极参与友城合作的项目，服务家乡的建设与发展。同时将在中国的所学、所见和所闻分享给家人和朋友，让更多的人了解苏州、了解中国，做中国和刚果（布）友谊的使者。希望大家常回来看看，关心学校的发展。学校永远是同学们的家，是大家坚强的后盾和温暖的港湾。

在隆重而欢快的气氛中，曹毓民给全体同学颁发毕业证书，张健和俞峰给全体同学颁发学校纪念品，出席典礼的人员合影留念。

近年来，学校与刚果（布）黑角市、拉脱维亚里加市、意大利威尼斯市等友城在技能人才培养、中外文化交流等方面开展多项合作，得到苏州市外事办公室的肯定。今后，在市外事办公室的指导下，学校将继续加强与友城在职业教育、人文交流等方面的合作交流，充分发挥职业教育在促进中外民心相通和经济发展上的重要作用，助力友城发展，以实际行动服务构建人类命运共同体。

（国际学院）

文艺体育

学校团委举办“喜迎二十大　书写新篇章”主题征文比赛

4月15—24日，学校团委举办“喜迎二十大　书写新篇章”主题征文比赛，号召广大青少年忠诚于党、紧跟党走，坚定唱响“请党放心，强国有我”的青春强音。

本次主题征文比赛累计收到参赛作品224件。参赛作品内容丰富，立意深刻，涵盖赞美祖国成就、记录成长历程、描述生活体验等多项内容。其中管理学院傅诗雅同学的《百年序章启　喜逢二十大》记录中国百年巨变，让我们坚信东方的巨龙定会腾飞翱翔，参天的古树必能遮天蔽日。商学院刘超男同学的《谁说站在光里的才算英雄》赞美无私奉献的国防卫士林俊德、扎根基层的“第一书记”黄文秀，向我们证明青年力量是党和国家发展不可或缺的力量。计算机工程学院殷琦辉同学的《奋进新征程，书写新篇章》讲述他的祖父抗美援朝，他自己参与抗疫志愿服务的动人故事。

本次比赛由校团委组织评审，从审题立意、内容、结构、语言等4个方面定出分值，再根据作品的整体是否丰富、深刻、文采、创意等4个方面进行最终评定，本次活动评选出一等奖3名、二等奖5名、三等奖7名、优秀奖10名。相关作品将通过校团委相关平台进行择优展示。

泱泱华夏，一撇一捺皆是脊梁。本次主题征文比赛的成功举办，进一步激发青年的活力，增强青年的历史光荣感、责任感、使命感，为迎接党的二十大胜利召开营造良好氛围。

（团委）

学校2022年职业生涯规划大赛赛前培训圆满结束

为了让2022年职业生涯规划大赛更加精彩纷呈，进一步提升就创业“第二课堂”的吸引力、影响力和辐射力，学校学生工作处积极筹划、计算机工程学院精心组织举办3场赛前深度辅导，讲座内涵丰富、生动翔实，吸引全校各学院（部）2000余人次参加。

5月4日，机电工程学院专职辅导员顾嘉以“面对职涯，你究竟想解决什么样的问题”为切入点开展职业生涯规划书撰写辅导，全面介绍自我认知、环境认知、职业探索等环节的撰写重点、难点，强调规划书撰写是系列探索的过程，引导学生在全程探索、主动探索的基础上积极思考、合理规划。

5月11日，智联招聘苏州市场部负责人、苏州科技大学就创业导师钱盈开展主题为“生涯筑梦，智赢未来”的辅导讲座，围绕萌新——职场新秀的成长路线，从树立正确的就业观、认真规划职业生涯、进入职场的身心准备等3个方面携手学生走进萌新研究所，共同探讨职业生涯对人生的意义，帮助学生培养良好的心态，积极拥抱职场。

5月18日，苏州经贸职业技术学院招生与就业创业处副处长吴进华开展主题为“职业规划大赛的进阶之旅”的辅导讲座。吴进华长期从事就创业指导工作，多次指导学生参加职业规划大赛并获奖，有扎实的理论功底和丰富的大赛指导经验。此次讲座，吴进华从职业规划书撰写、生涯人物访谈、职业体验报告、幻灯片制作及现场展示等方面和学生分享实战经验。

大学生职业规划大赛旨在全面普及大学生职业规划知识，传播生涯成长理念，提高大学生的创新能力、实践能力和就业创业能力。学校高度重视职业生涯普及教育和备赛工作，将职业规划大赛作为学校“职业生涯教育主题月”系列活动的重点项目。3场赛前辅导从理论和实践2个方面为学校学子参加2022年职业生涯规划大赛提供专业指导，在校园内营造良好的参赛氛围，更大程度提升学生们职业生涯规划能力，更好地丰富学校第十六届职业生涯节活动内容，参训师生表示收获颇丰，将在接下来的比赛中明确目标、挖掘潜力、赛出风采。

（学生工作处　计算机工程学院）

学校2022年“互联网+”创新创业大赛圆满落幕

5月14日下午，学校2022年“互联网+”创新创业大赛决赛在腾讯会议平台顺利举行。本次大赛由学生工作处、创新创业学院主办，机电工程学院承办，邀请业界5位“互联网+”资深专家担任评委，进行现场评审。校创新创业学院常务副院长王赟、学生工作处副处长范晓鹤和各参赛团队成员、指导教师共同参与此次活动。

本届赛事启动以来，各学院（部）充分挖掘，积极参与，踊跃报名，经过前期培训和初赛、复赛选拔，共有13支队伍脱颖而出顺利进入决赛环节。决赛采用书面评审、线上幻灯片演示和评委问答的方式进行，各参赛队伍紧扣创业计划书内容，重点从项目来源、作品展示、市场对比、财务分析等方面做详细汇报，并逐一回答评委提问。最后，评委李德才对此次大赛进行总点评，对各参赛团队的表现给予高度的评价，同时对项目的打造和提升也提出一些宝贵的建议。经过专家组的评审打分，机电工程学院“一种孔内环形沟槽高效加工装置”项目、艺术学院“幼儿园环境创意设计”项目和机电工程学院“新型立式冲击夯——工程地基夯实者”项目分别获得前3名。

2022年“互联网+”创新创业大赛是学校“逐梦青春，智创未来”第十六届职业生涯节的重要赛事，活动的成功举办，充分展现学校师生对“互联网+”创新创业大赛的高度关注，以及敢于主动创新、积极创业的信心和能力。学校将再接再厉，加强培育，不断磨砺，争取在后续的大赛中再创佳绩。

（学生工作处　创新创业学院　机电工程学院）

学校举办“感恩有你，拥抱诚信”主题演讲比赛

为进一步弘扬诚信的光荣传统，营造健康向上、明礼诚信的校园文明之风，6月1日晚，由学生工作处主办、教育与人文学院承办的以“感恩有你，拥抱诚信”为主题的演讲比赛决赛以腾讯会议形式顺利举行，来自全校8个学院的17名选手同台竞技，共话诚信。活动邀请省级普通话测试员、教育与人文学院教师朱逸冰，思想政治理论教学研究部毛泽东思想概论教研室主任张贺，校团委教师刘诗琪担任现场评委。

管理学院杨梦锐同学以综合总分最高获得一等奖，教育与人文学院李鑫云同学、机电与工程学院唐昊辰同学和电子信息工程学院宋来奇同学分获二等奖，祁榕、刘佳文等6名同学分获三等奖，蔡先赐、杨密等7名同学分获优秀奖。

本次演讲活动是学校诚信主题教育月系列活动之一，旨在通过活动丰富学校学生的诚信教育、感恩教育、励志教育，提高他们的诚信意识和感恩意识，引导同学们树立正确的价值观，增强当代大学生的使命意识和责任担当。

（学生工作处　教育与人文学院）

学校举行2023年“挑战杯”大学生课外学术科技作品竞赛立项评审会

6月10日，学校2023年“挑战杯”大学生课外学术科技作品竞赛立项评审会在腾讯会议平台顺利举行。本次大赛由校团委、创新创业学院主办，校第十八届“挑战杯”竞赛项目培育立项评审组专家、项目指导老师和参赛学生参加本次评审会。

经各学院（部）组织动员、选拔推荐，共有23个项目参加评审答辩。评审答辩采用项目组成员线上幻灯片汇报和评委问辩的方式进行。各项目组围绕作品的创新点和可行性分析、当前国内外同类课题研究现状等方面进行汇报。各项目组在老师的指导下，结合当前社会热点和专业特色，开展系列研究，积累一些成果，获得评委老师们的一致好评。

经评审，电子信息工程学院“脑电波控制的形状记忆合金仿生手”、电子信息工程学院“柔性多位一体康复训练装置”、计算机工程学院“疫情下的数字文旅开拓者——‘环太湖1号公路’主题乐园”、机电工程学院“多支异形型材的夹具”、机电工程学院“一种孔内环形沟槽高效加工装置”、电子信息工程学院“智能巡检机器人”、商学院“大数据征信服务小微企业融资研究”、教育与人文学院“协商民主视角下封闭式小区社工协同治理创新调研——以苏州市蝴蝶妈妈社工服务社为例”等8个项目被确定为2023年第十八届“挑战杯”大学生课外学术科技作品竞赛校级培育项目。

经学校立项的项目，校团委将对其给予“挑战杯”竞赛专项研究经费支持，进行项目研究中期考核，纳入年底“挑战杯”选拔赛中进行复赛选拔。

自今年4月启动第十八届“挑战杯”大学生课外学术科技作品竞赛培育项目申报以来，得到各学院（部）的大力支持，广大师生积极参加，敢于创新，涌现出一批具备竞争实力的项目，在校园内营造了创新实践的良好氛围。

（团委　创新创业学院）

学校举行2022届毕业生“云上”毕业仪式

6月22日上午10:00，学校通过网络直播平台举行苏州市职业大学2022届毕业生“云上”毕业仪式。在这个被疫情影响的毕业季里，以特殊的方式为身处祖国四面八方的毕业生们送上隔屏的祝福与祝贺。

校长曹毓民对同学们圆满完成学业表示热烈祝贺。他回顾与同学们共同走过的重要时间节点，肯定同学们取得的优异成绩和为学校做

出的积极贡献，对未能与同学们一一握别表示非常遗憾。他为全体毕业生送上三点希望：希望同学们坚定理想信念，做人生的追光者；坚守工匠精神，做时代的奋斗者；坚持守正创新，做自己的孤勇者。同时特别强调，往后任何一届毕业典礼，同学们都有参加的“特权”。

商学院朱凌宇同学作为毕业生代表，分享在苏职大生活的点点滴滴，由衷表达对同学们的不舍、对老师们的感激和对母校的眷恋。

教育与人文学院朱莹莹老师作为教师代表，带领大家回看“专转本”学生返校期间，全校师生合力抗疫、护航考试的温暖瞬间，希望同学们可以正确积极地面对人生的不确定性，勇敢迎接各项挑战；希望同学们保持终身学习的能力，坚持做追梦少年。

校党委书记钮雪林对同学们顺利毕业表示热烈祝贺，对培育同学们的老师和养育同学们的家长表示衷心感谢。他讲到，同学们是大有可为的新时代青年，躺平不可取、躺赢不可能。带着离别的遗憾，他为同学们送上真诚的祝愿，愿同学们胸怀家国，牢记使命在肩；厚德载物，创造幸福明天；学无止境，谱写壮丽诗篇；行胜于言，书写奋斗画卷。

学生工作处精心制作“奋斗正青春，建功新时代”主题视频，通过“相遇”“成长”“离别”3个片段，从不同视角回顾同学们3年的大学生活，展示毕业生们奋力追光、向阳生长的心路历程，表达同学之间、师生之间美好深厚的情感。14名省级优秀学生干部、优秀毕业生和三好学生围绕初遇职大、拥抱职大、告别职大3个不同时期的不同经历，讲述走出迷茫、坚定信心、奋力拼搏、收获硕果的成长历程，表达对母校的感恩、对老师同学的祝福和对学弟学妹们的期待。

最后，仪式在毕业生们倾情演绎的歌曲《这世界那么多人》中结束，寄托在歌曲MV中的祝福和深情溢满屏幕。衷心祝福2022届全体毕业生毕业快乐、未来可期！祝福大家在新的航程中拿出最佳的状态，拼出最好的自己！

（学生工作处）

“青春礼赞新时代　青年追梦复兴路”主题宣讲在学校举行

传递青年态度，讲述青春故事，展现青春风貌，7月28日下午，“青春礼赞新时代　青年追梦复兴路”主题宣讲暨“青春苏州说”选拔赛高校团组织分赛区海选在学校图书馆报告厅顺利举行，本次活动由中共苏州市委宣传部、中共苏州市委教育工作委员会、共青团苏州市委员会、苏州市广播电视总台联合主办，共青团苏州市职业大学委员会承办。本次海选得到主办单位和在苏各高校的高度重视和大力支持。苏州市委党校科研处副处长季丽、苏州市教育局团委书记王超、苏州团市委学少部副部长李俊逸、苏州广电总台主持人肖楠、苏州市朗诵协会理事惠晓婷担任比赛评委。活动开通网络直播，近3000人线上观看。

经选拔推荐，共有12名在苏高校的优秀青年教师参加本次海选。选手们以5分钟为限进行主题宣讲，用简练流畅的语言、动人心弦的感情，讲述一个个激动人心、积极向上的青春故事。选手们的宣讲主题鲜明、立意深刻、情绪激昂，深深打动评委老师和现场观众，赢得阵阵掌声。点评环节，评委们从宣讲内容、语言表达、综合效果等方面对宣讲者的表现做点评，肯定宣讲效果，鼓励大家要不断学习、总结经验，继续用声音传播青春正能量。最终，学校羌坚等5名选手晋级复赛。

时代各有不同，青春一脉相承。本次活动有助于广大青年教师彰显青春风采，讲好党的创新理论，振奋精神、凝聚力量，引导广大青年为谱写“强富美高”新苏州现代化建设新篇章贡献青春力量，以实际行动迎接党的二十大胜利召开。

（团委）

学校心理健康指导中心开展系列团体辅导

为更好地服务学生的心理健康成长需求，9月19日至12月7日，学校心理健康指导中心陆续开展“向阳而生”生命教育团体辅导、“学会爱的表达”人际交往团体辅导等16场412人次参与的线下系列团体辅导活动。

聚焦需求，服务学生心理发展。心理健康指导中心定制生命教育主题团体辅导，公开招募和入组访谈后，最终确定15名成员参加“了解生命—珍惜生命—感恩生命—探索生命”4期主题探索，让学生更好地了解生命的独特性与有限性。人际矛盾，尤其是宿舍人际矛盾成为当下大学生在校生活的难题之一，人际交往团体招募海报一经发布，报名人数就超过200名，通过入组访谈最终确定成员30名。通过热身与破冰、人际沟通之自我认识、人际沟通之换位思考、学会爱的能力，学生们在一次次的活动中，体验与他人亲密交流、彼此信任，并学会表达自我及关注他人。

部门联动，助推学生骨干成长。9月中下旬，心理健康指导中心与校团委合作，将团体辅导融入"青马工程"培训项目。可自愿选择的菜单式主题、体验式的互动参与，全校120名学团骨干通过培训学会更好地了解自我和他人，提升心理健康素质。11月18日至12月7日，面向大一全体心理委员开展"向阳携行　共创未来"系列团体辅导，既是心理骨干群体的专业技能培训，也是一次自我心理探索与成长。

精心部署，重视师资团队建设。优良的师资队伍是有效开展团体心理辅导工作的前提。心理健康指导中心分3批选派心理辅导员参加清华大学樊富珉教师团队的线上团体心理辅导培训，做到全覆盖式的专业技能提升。通过集体备课、示范观摩等线下实操的方式，进一步提升团队素养和团队力量。本学期继续聘请西交利物浦大学心理咨询师李敏作为校外兼职教师。目前，学校形成12名的团体心理辅导师资队伍，为全校团体心理辅导的开展奠定坚实基础。

多面开花，收获学生一致好评。团体心理辅导被称为"神奇的圆圈"，在成员的倾听、分享、反馈中，会有觉察，甚至是觉醒，也许改变就从那一刻开始。期待团体心理辅导为职大学子带来更多的心理成长体验、更好的青春绽放时光。

（学生工作处）

学校举办"喜迎二十大、永远跟党走、奋进新征程"国庆节主题团日活动

为热烈庆祝中华人民共和国成立73周年，喜迎党的二十大胜利召开，10月1日上午，学校举办"喜迎二十大、永远跟党走、奋进新征程"国庆节主题团日活动。校党委副书记、副校长张健，学生工作处处长王琼，保卫处（人民武装部）、总务处处长丁虎，校团委全体成员、学院（部）团委书记、国旗护卫队，以及学生干部、团员青年、退役军人代表参加本次活动。活动由苏州市"红色青年讲师团"成员、外国语学院团委书记林卉主持。

此次活动在庄严的国歌声中拉开帷幕。

在场青年学生代表同升国旗、同唱国歌，坚守爱国之情，恪守爱国之志，实践报国之行，为实现中华民族伟大复兴的中国梦贡献青春力量。

学校马克思主义学院张贺博士为团员青年们上题为"平凡中的伟大"的主题微团课，激励和引导广大青年学生大力弘扬以爱国主义为核心的伟大民族精神，不忘初心、牢记使命，勤奋学习，努力进取。

团员青年代表朗诵《礼赞中国》，他们声情并茂、斗志昂扬，以饱满的姿态展现当代青年与祖国同呼吸、与时代共奋进的爱国主义情怀和昂扬精神风貌。

学校优秀退役军人、体育部范小雨同学分享自己的军旅成长故事。两年来，她用青春的光和热，用生命的血和汗，在比武场上奋勇拼搏，摘金夺银，谱写军旅生涯的无尽荣光。

校国旗护卫队和退役老兵带来合唱《祖国不会忘记》。服役时，他们把青春和热血融进祖国的大地，守护着国家安宁，做到大好河山，寸土不让；退役后，他们投身学校建设，勇往直前，敢于攀登。

活动最后，全体人员齐唱《歌唱祖国》，表达对祖国的热爱和美好祝愿，歌声将现场气氛推向高潮。

本次国庆节主题团日活动，通过沉浸式的仪式教育，为同学们搭建展现青春激情的平台，丰富校园文化的建设，营造积极向上的氛围，以实际行动为祖国庆生、喜迎党的二十大胜利召开。

（团委　学生工作处　保卫处〈人民武装部〉）

"敢打敢'乒'　团结奋进"学校举办2022年校园乒乓球大赛

为庆祝新中国73周年华诞，喜迎党的二十大胜利召开，丰富学校学生文化体育生活，引导学生以更好的精气神投入学习和生活中，10月3日，由校团委、学生工作处、体育部联合主办的"喜迎二十大　体育嘉年华"系列活动之2022年校园乒乓球大赛在校乒乓球室举行。学校纪委书

记庄剑英出席活动并为获奖选手颁奖。

赛事设置团体混合赛、男子单打、女子单打，来自各学院（部）的60余名同学参加比赛。经过激烈角逐，管理学院、机电工程学院、计算机工程学院分获团体混合赛前三名；管理学院田崇乐、计算机工程学院陆英杰、外国语学院李可凡分获男子单打前三名；商学院陈星、管理学院冯爽、计算机工程学院李潇分获女子单打前三名。

本次赛事，为学校热爱乒乓球运动的青年大学生提供互相切磋、成长锻炼的平台，增进同学们之间的合作意识和凝聚力，弘扬敢打敢拼、团结奋进的体育精神。

（团委　学生工作处　体育部）

“迎篮而上　竞向未来”学校举办2022年校园3V3篮球赛

为庆祝新中国73周年华诞，喜迎党的二十大胜利召开，10月2日，由校团委、学生工作处、体育部联合主办的“喜迎二十大　体育嘉年华”系列活动之2022年校园3V3篮球赛决赛在南区体育馆拉开帷幕。学校党委书记曹毓民、副校长张军到决赛现场为同学们加油鼓劲并为获奖团队、个人颁奖。

此次比赛共有来自各学院（部）的22支队伍报名参赛。经过淘汰赛、半决赛的层层选拔，最终有4支队伍进入决赛阶段。决赛现场按照随机抽签顺序展开激烈竞争，最终角逐出冠、亚、季军和优胜奖。同时，根据冠亚军争夺赛中的综合表现，评选个人得分王。

最终，易天扬队获得本次比赛冠军，郝晨洋队获亚军，单意博队获季军，郝晨洋和李佳恒获评个人得分王。

本次赛事的成功举办，为学校爱好篮球学生搭建切磋技艺、展示形象的平台，丰富苏职大学子的校园文化生活，充分展示青年学生团结协作、奋勇争先的精神面貌，进一步激励全体团员青年以更加昂扬的姿态迎接党的二十大胜利召开。

（团委　学生工作处　体育部）

学校成功举办2022年团体项目体育竞赛

为丰富学生国庆假期生活，营造浓厚的校园文化氛围，10月3日下午，由校团委、学生工作处、体育部联合主办的“喜迎二十大　体育嘉年华”系列活动之2022年团体项目体育竞赛在南区田径场举行。副校长孙学文出席活动并致辞。

孙学文指出，阳光体育活动产生强大的凝聚力，激发同学们参与体育运动的热情，推动学校体育工作的开展。他鼓励同学们积极踊跃地参与到阳光体育系列活动中来，热爱体育、参加锻炼。

本次团队项目体育竞赛以趣味运动为主，共设6个考验团队协作的项目：履带战车、跳长绳、蜈蚣赛跑、八仙过海、大脚板、动感颠球。全校共9个学院（部）代表队1000余名运动员参加比赛。最终艺术学院获得团体第一名的好成绩，电子信息工程学院、管理学院分列团体第二名和第三名。

此次团体项目体育竞赛为同学们搭建一个挥洒汗水、释放能量的平台，有效促进学生的团队合作精神，增进各学院（部）之间的交流。同学们在运动场上团结协作、奋勇争先，充分展现苏职大青年的青春风采。

（团委　学生工作处　体育部）

学校成功举办2022年田径运动会

10月31日至11月1日，学校在南区体育场成功举办2022年田径运动会。校党委书记曹毓民，校长温贻芳，副书记、副校长张健，副校长孙学文，纪委书记庄剑英，副校长张军、王峰，各学院（部）、各部门主要负责人以及师生代表参加开幕式。开幕式由孙学文主持。

运动会在庄严的国歌声中拉开序幕。

暖场节目《“船”承与腾飞》舞动青春，上下翻腾的中国龙、彩带龙舞出和合团结的中华民族精神，传统武术江南船拳表演者手握红旗，一招一式轻灵圆活、刚柔并济，共同演绎出苏职大青年的昂扬斗志。随后，国旗护卫队、校旗队、校徽队、鲜花队、彩旗队迈着铿锵有力的步伐依次入场。来自各学院（部）的方阵各出新意、大展风采，用响亮的口号与精心设计的表演展现着对这场体育盛会的期待与热爱。

温贻芳致开幕词，对本届运动会的举办表示热烈的祝贺，对精心筹备的组委会工作人员、裁判表示衷心的感谢，向刻苦训练、积极备战的全体运动员致以亲切的问候。她指出，一年一度的校运会是学校开展体育活动的重要大会，是对全校体育运动水平的一次检阅，更是广大师生积极参与全民体育健身活动的良好契机。希望同学们积极参与到体育运动中来，积极锻炼、终身运动、塑造坚强的品质和强健的体魄。

曹毓民宣布苏州市职业大学2022年田径运动会正式开幕。

赛场上，各项比赛精彩纷呈，来自8支参赛队伍的440余名运动员同场竞技，赛出风格，赛出水平。裁判员恪尽职守，文明裁判，圆满完成裁判工作；各学院（部）的志愿者们坚守岗位，热情服务，为运动会的顺利进行保驾护航。运动会期间，曹毓民多次亲临现场，为运动员们加油鼓劲，作为颁奖嘉宾为获奖运动员颁奖，亲切问候裁判员及工作人员。

经过两天的激烈角逐，11月1日下午，运动会完成各项赛事议程，圆满落幕，计算机工程学院、电子信息工程学院、机电工程学院代表队分获团体总分前三名。副校长张军出席此次运动会闭幕式并致闭幕词，各学院（部）相关负责人参加闭幕式并为获奖个人和集体颁奖。

本次运动会既是对学校体育工作的集中展示，也是对学校师生精神风貌和综合素质的全面检阅。近年来，学校高度重视体育育人工作，阳光体育活动开展得有声有色。田径运动会作为学校一年一度的体育盛会，是落实立德树人根本任务、提升学生综合素质的基础性工程，充分展现苏职大人努力拼搏、超越自我、追逐卓越、勇于开拓的精神，为培养德、智、体、美、劳全面发展的时代新人贡献力量。

（体育部）

学校开展2022年“全民健身月”系列活动

为全面落实全民健身、健康中国国家战略，倡导文明健康生活方式，促进全民健身与全民健康深度融合，推动广大教职员工行动起来，加快形成人人健身、天天健身、科学健身的良好局面。11月16日，校工会联合体育部共同开展的第五届“全民健身月”系列活动在初心广场拉开帷幕，校党委书记曹毓民致辞，活动由副书记、副校长张健主持。

学校800余名教职工参加“踔厉奋发　勇毅前行”美丽校园健步行活动。健步行是一种简单轻松的体育锻炼活动，活动旨在倡导教职工“迈开腿、走起来”，在行走中收获健康与快乐，以强健的体魄、充沛的精力、旺盛的热情投入工作中去，为学校事业发展做出新贡献。

健步行活动结束后，教职工趣味运动会在南区体育馆开展。各学院（部）将近300名教职工参加比赛。与传统运动会不同，趣味运动会将竞技与娱乐相结合，注重教职工的参与和交流。比赛趣味十足，合作性强，活动分为大丰收、合力建塔、动感颠球3个项目。活动中参赛的教职工展现出极强的团队精神与良好的精神面貌。有趣的项目使每个人的身心都得到放松，同时提高教职工的团队意识，增强团队精神，促使大家以更好的精神面貌、更饱满的热情投入今后的工作中去。

（工会）

德艺继馨香　美育添新品

为进一步发挥德艺双馨老艺术家对学校美育工作的引领带动作用，11月16日，校党委副书记、副校长张健带队，宣传统战部、艺术学院负责人及苏州吴门花鸟画研究院相关人员，赴张继馨艺术馆拜访学校校友、现代吴门花鸟画的传承人张继馨先生。

已过耄耋之年的张老热情接待张健一行。在张老及其女儿张小芹的带领下，张健一行参观张继馨艺术馆。参观过程中，一幅幅吴门花鸟画的艺术精品让人啧啧称叹，一个个创作背后的故事让人回味无穷，参观者领略到吴门花鸟画的精髓和神韵。

访谈过程中，张老向拜访人员深情讲述自己艺术成长路上的酸甜苦辣，做人做事的方圆行止，将来访者一下子带回到张老始而学艺时的艰难困苦，继而为求艺术突破时的孜孜以求，终而寻得艺术之道时的豁然澄澈，来访者无一不被张老的淡定从容的人生态度和以苦为乐的拼搏精神深深感染和打动。

张健提出，希望张老继续发挥德艺双馨老艺术家的示范带动作用，学校将成立“继馨讲堂”，让老一辈艺术家的精神和作品惠及更多到校工作求学的师生。张老非常高兴，现场挥毫题写“继馨讲堂”4个字，并寄语学校师生，求学求艺之路上一定要时刻保持永不止步的探索精神和不服输的拼搏精神，多做好事善事，为社会和国家多做贡献。

老一辈艺术家的人格魅力和优秀作品是学校开展美育工作的宝贵财富。学校将进一步传承发扬张继馨等老一辈艺术家的艺德，激励更多师生为学校美育工作做出更大贡献，拓展学校美育工作新局面。

（宣传统战部）

“天工苏绣”姚惠芬刺绣艺术作品展亮相学校

11月16日，“非遗大师进校园”——“天工苏绣”姚惠芬刺绣艺术作品展在学校拉开帷幕。学校党委书记曹毓民、校长温贻芳、苏州市美术家协会主席陈危冰、苏州市高新区文化体育和旅游局局长周晓明、苏州市非物质文化遗产保护管理办公室副主任张岚、苏州市工艺美术行业协会秘书长沈慧芳等出席活动。活动由校党委副书记、副校长、苏州石湖智库理事长张健主持。

本次展览由学校主办，姚惠芬艺术刺绣研究所、苏州石湖智库承办，苏州市高新区文化体育和旅游局、苏州市工艺美术行业协会、苏州市工艺美术学会为艺术指导单位，中国艺术人类学学会刺绣艺术专业委员会为学术指导单位。这是姚惠芬获批国家级工艺美术大师后的第一次大型作品展览，共计展出姚惠芬刺绣作品61幅，其中包括姚惠芬和她的绣娘团队创作的当代苏绣作品“骷髅幻戏图”系列。这组作品曾参加第57届威尼斯双年展中国馆的展览，开创当代苏绣进入世界顶级艺术展览的先河。

苏绣是国家级非物质文化遗产，也是江南文化中不可或缺的一个组成部分。此次苏州石湖智库联合姚惠芬艺术刺绣研究所共同将非遗大师的展览办在大学校园里，充分践行非遗保护“见人见物见生活”的理念，旨在让一流的作品走入当代大学生的心里，让他们接受美和艺术的熏陶，培养审美能力和审美情趣，从而激发大学生未来创新创业的能力。

张健表示，未来，苏州石湖智库将联合苏州市非遗办以及各位工艺美术大师，借助“智汇苏州”学术沙龙的品牌和平台，共同探讨非物质文化遗产的创造性保护和创新性发展，使得文化要素转变为生产要素，为苏州市文化产业高质量发展提供智力支持。

（苏州石湖智库）

奋力“乒”搏　勇于争先——学校在江苏省第29届高校“校长杯”乒乓球比赛中勇创佳绩

11月18—20日，由江苏省教育厅主办，南京工业职业技术大学、南京信息职业技术学院承办的江苏省第29届高校“校长杯”乒乓球比赛在南京工业职业技术大学举行，共有来自全省122所高校以及省教育厅、省教育考试院、省建行等的127支代表队参加比赛。比赛按普通本科高校院校和高职高专院校分为甲、乙组进行团体赛，乙组共有71支队伍。

曹毓民、张健、王峰、熊贵营、陶亦亦5位校领导代表学校参加比赛，并获得乙组第10名，熊贵营获“优秀运动员”称号。

（校长办公室）

荣誉表彰

《苏州市职业大学学报》首次被SCD数据库收录*

科学引文数据库公布2021年SCD期刊目录，《苏州市职业大学学报》首次被收录其中。

科学引文数据库（*Science Citation Database*，简称SCD）是我国第一个涵盖自然科学、工程与技术、农林科学、医药科学、人文科学、社会科学等全部非保密学科的大型引文数据库。该数据库可用于评价中国普通本科高校和以创新为主的科研机构的群体创新能力，是中国管理科学研究院《中国大学评价》《中国大学研究生院评价》课题源期刊数据库。

学校以习近平新时代中国特色社会主义思想为指导，坚持质量立刊、特色兴刊、开放办刊，不断深化内部管理，持续拓宽对外交流，通过多种途径积极组织优质稿件；学报的稿件质量、编校水平和综合影响因子连续多年获得大幅提升，学术影响不断扩大。

此次《苏州市职业大学学报》被SCD数据库收录，表明学校学报迈上新的台阶，实现新的跨越，对扩大学术成果传播范围、提升期刊学术影响力具有重要意义。学校将以此为契机，再接再厉，开拓创新，科学办刊，不断提高期刊的质量与水平，更好地服务教学科研，服务苏州地方经济社会的发展。

（学术期刊中心）

《苏州市职业大学学报》两篇经济管理类论文被人大复印报刊资料全文转载、索引收录*

2021年8月，从中国人民大学书报资料中心获悉，在人大复印报刊资料转载统计数据中，学校《苏州市职业大学学报》2021年第1期刊发的丁俊、张涛、汪伟的论文《社会审计服务国家治理：理论基础、困境分析与保障机制》由《人大复印报刊资料·审计文摘》（2021年第8期）全文转载；2021年第2期刊发的周雷、施程鑫、柳亚迪的《金融科技平台服务小微企业融资研究——基于WD平台252户小微客户的调查》由《人大复印报刊资料·金融与保险》索引收录。

《人大复印报刊资料》是我国社会科学领域公认的权威性刊物，其转载的论文是从国内公开出版的4000多种报刊中精选出来的社科类研究成果。它已成为评价人文社会科学期刊学术影响和人文社会科学研究成果水平的重要参考依据之一，其转载量（率）被学界和期刊界普遍视为人文社科期刊领域中的重要评价标准。

学校以习近平新时代中国特色社会主义思想为指导，坚持质量立刊、特色兴刊、开放办刊，不断深化内部管理，继续拓宽对外交流。通过多种途径积极组织优质稿件，学报的稿件质量、编校水平和综合影响因子连续多年获得大幅提升，学术影响不断扩大。学校学报已成为展示学校教学科研成果与学术交流的重要平台。

今后，学校将再接再厉，开拓创新，精准办刊，更好地服务教学科研，服务苏州地方经济社会发展。

（学术期刊中心）

学校在2022年江苏省职业院校技能大赛中喜获佳绩

1月5—18日，由江苏省教育厅主办的2022年江苏省职业院校技能大赛于近日落下帷幕，大赛共设15个类别53个赛项。学校参加其中10个类别40个赛项的角逐，共获得一等奖7项、二等奖11项、三等奖27项。其中，电子信息工程学院的“电子产品设计及制作”，机电工程学院的“工业机器人技术与应用”“数控机床装调维修及智能化改造”，计算机工程学院的“虚拟现实（VR）设计与制作”“软件测试”“大数据技术与应用”，商学院的“货运代理”获得一等奖，实现一等奖获奖数量历史性突破。大赛获奖既展现学校学生精湛的操作技能和优良的职业素养，又体现专业教师过硬的教学水平。

学校历来重视技能大赛，学校多部门协同配合，为学生提供完善的后勤保障机制，充分利用学校现有资源，为技能竞赛提供软件和硬件方面的支持。同时，加大技能竞赛实训基地建设、实训设备的投入，为学生营造良好的竞赛训练环境。专门成立技能大赛指导教师团队，打造一支高水平、高技能的优秀教师团队，提高竞赛对学生的核心吸引力。校领导到场慰问备赛师生，各参赛队指导教师深入研究赛项规程，制订详细的训练方案和工作计划，对参赛选手进行精心指导与训练，有利于选手的稳定发挥、取得优良成绩。

近年来，学校充分发挥技能大赛对教学改革和专业建设的引领作用，以赛促教、以赛促学、以赛促改、以赛促建，打造职业教育技术技能人才培养高地，提升专业建设水平和人才培养质量。下一步，学校将以此次比赛为契机，持续贯彻落实国家职业教育改革方案，不断提高学生的实践与创新能力，为地方经济社会高质量发展提供强有力的智力支撑与人才保障。

（教务处）

学校获第五届“我心中的思政课”全国高校大学生微电影展示活动优秀奖

1月6日，第五届“我心中的思政课”全国高校大学生微电影展示活动评审揭晓，学校管理学院张希文、颜洁、陆锋明老师指导，黄知峰、王思森、吴诗妍同学主讲，赵紫健、李梦绮、张宇同学参与制作的《百年薪火交汇千年文化

‘三大法宝’领航筑梦之旅》微电影作品获优秀奖。

此次活动自2021年4月初启动，由教育部高校思政课教学指导委员会主办，武汉大学马克思主义学院承办，旨在深入贯彻落实习近平总书记关于深化思想政治理论课改革创新和加强“四史”教育的重要指示精神，坚持用习近平新时代中国特色社会主义思想铸魂育人，引导学生在“大思政课”中受教育、长才干、做贡献，坚定不移听党话、跟党走。

为全面落实工作要求，确保活动实效，学校整合资源优势，由学生工作处牵头，与宣传统战部、校团委、思想政治理论教学研究部联合，统筹开展“青春向党——这就是党员”“百年辉煌路 奋斗正当时”学生思政公开课和“我心中的思政课”微电影展示征集系列活动。其中“我心中的思政课”鼓励引导学生用微电影的方式展现学生心目中理想的思政课，呈现思政课学习过程中的精彩故事。

微电影征集在全校得到积极响应和大力支持，作品被推荐参与省级评比。该作品选取《中国近现代史纲要》第十一章第三节——夺取新时代中国特色社会主义伟大胜利相关知识点，以百年党建、三大法宝、文化自信、城市精神为关键词，用10分钟短视频呈现美丽中国梦的苏州篇章，展示苏职大学子传承革命薪火、砥砺奋进新征程的昂扬风貌。

经过团队成员精心打磨，作品在省级评比中脱颖而出，作为江苏省十佳作品参评终审展示，经由全国各高校几百名大学生评委初评和专家评委复评，最终获优秀奖。

（学生工作处 管理学院）

学校信息化成果入选全国职业院校信息化建设与应用成果案例

1月20日，中央电化教育馆公布全国职业院校信息化建设与应用成果案例征集结果，学校报送的信息化治理与服务案例“数‘治’苏职大，打造‘六全’智慧校园”成功入选。此次案例征集得到全国职业院校积极响应，经过专家初审和终审，最终遴选出全国108个（江苏7个）典型案例。

本次学校教育信息化成果案例的成功入选，既是教育部教育信息化主管部门对学校信息化建设成果的充分肯定，也对学校信息化建设提出新的目标与要求，学校信息化工作将在学校“数字化改造，融合化转型”发展中积极发挥作用，赋能学校内涵式高质量发展。

（信息中心）

学校获2021年度苏州市宣传思想文化工作创新成果奖

1月28日，学校宣传统战部报送的“‘数字思政’教育为坚守意识形态主阵地赋能”项目，获2021年度苏州市宣传思想文化工作创新成果奖，并获得表彰。学校也是获得宣传思政文化创新奖的唯一高校。

近年来，学校创新开发数字化思政融媒体平台，自主开发数字思政“五个一工程”建设，即一批随时随地随处可见数字化融媒学习驿站、一个融媒管理中心、一个数字化思政沉浸式交互体验中心、一系列可以不断更新充实的数字化资源库、一套“云思政”考核平台，打造全体学生宣传思政教育的主阵地，为坚守意识形态主阵地赋能。被中宣部“学习强国”学习平台、中共江苏省委教育工作领导小组《教育工作动态》《教育简报》作为经验典型推广；江苏省委常委、苏州市委书记许昆林，市委副书记、代市长吴庆文考察现场并给予肯定；苏州市委常委、宣传部部长金洁参加在苏高校（苏州国际教育园）思政课创新联盟成立仪式暨在苏高校数字思政教育观摩会，指导项目辐射大、中、小学；人民网、中国教育电视台、中国共青团网、中国法治视窗、苏州电视台、《光明日报》《新华日报》《江苏教育报》《苏州日报》等52家媒体专题报道和推介。

（宣传统战部）

学校获批江苏省精准资助长效机制改革试点单位

3月15日，江苏省教育厅发布《省教育厅关于公布精准资助长效机制改革试点单位名单的通知》（苏教助函〔2022〕2号），学校获批江苏省精准资助长效机制改革试点单位。

建立精准资助长效机制改革试点，旨在推动全省学生资助工作高质量发展，实施周期为2年。省教育厅于2021年11月印发《关于开展建立家庭经济困难学生精准资助长效机制改革试点的通知》(苏教助函〔2021〕14号),学校高度重视,对改革试点申报方案进行认真研讨,积极组织申报,最终成功确定为试点单位。

多年来,学校高度重视学生资助工作,坚持以立德树人为根本,始终围绕物质帮扶、道德浸润、能力拓展、精神激励等方面建立家庭经济困难学生精准认定帮扶机制。下一步,学校将以此次试点为契机,认真研究试点方案,努力打造学校资助育人品牌,细化分工,落实责任,关注家庭经济困难学生的个性化需求,制定配套政策措施,聚合多方资源,有针对性地引导、提升家庭经济困难学生的综合素质,实现资助育人的功能,全方位激励家庭经济困难学生更好成长成才。

(学生工作处)

学校获2021年江苏省高校毕业生就业工作量化督导考核A等次

3月17日,江苏省教育厅发布《关于2021年全省高校毕业生就业工作量化督导情况的通报》(苏教学函〔2022〕6号),对2021年度全省高校认真贯彻执行国家和省促进高校毕业生就业的各项决策部署、扎实做好就业指导服务、圆满完成就业工作目标任务的高校进行通报表扬。学校获评2021年江苏省高校毕业生就业工作量化督导A等高校。

2021年,学校认真贯彻落实党中央、国务院和江苏省关于高校毕业生就业创业工作的决策部署和有关会议精神。学校高度重视,将就业工作列为"一把手工程",综合研判、精心部署,带队走访大学生就业实习基地,密切校企沟通合作、深度挖掘优质就业机会。全校蓬勃开展校园线上与线下招聘会、深度实施困难学子就业精准帮扶、强化落实就创业指导和升学支持,全面推进毕业生充分、优质、满意就业。

2022年学校继续坚持"成就学生",把高校毕业生就业工作放在突出位置,以更强决心、更优举措、更大力度助力2022届毕业生扬帆未来、启航梦想!

(学生工作处)

学校7部教材获批江苏省"十四五"职业教育规划教材

3月28日,江苏省教育厅公布江苏省"十四五"首批职业教育规划教材名单,全省共确定636部教材为江苏省"十四五"首批职业教育规划教材,其中高等职业教育教材482部。学校共有7部教材获批江苏省"十四五"职业教育规划教材,3部教材入围"十四五"首批职业教育国家规划教材江苏推荐项目,为学校内涵式高质量发展提供有力支撑。

为做好本次"十四五"首批职业教育规划教材申报,学校进行教材遴选与申报、专家评审、申报材料的审核及报送、网站展示等工作,确保本次规划教材申报工作顺利完成。

教材是推进"三教"改革的重要基础,近年来,学校严格执行国家教材委员会《习近平新时代中国特色社会主义思想进课程教材指南》、教育部《职业院校教材管理办法》和《江苏省职业院校教材管理实施细则》,修订出台《苏州市职业大学教材建设与选用管理办法》,组建校教材建设与选用工作委员会,进一步明确教材管理机构,持续规范教材选用、培育、建设、评审等机制,规范和加强教材建设和选用管理。学校通过重点教材建设培育机制,鼓励教师编写更多更好更优的新形态活页式教材、数字化特色教材,不断提升职业教育教材建设水平,落实立德树人根本任务。

(教务处)

苏州石湖智库获2022年联合国中文日暨中央广播电视总台第二届海外影像节突出贡献奖

为表彰苏州石湖智库在2022年联合国中文日暨中央广播电视总台第二届海外影像节期间的优异表现,4月18日,联合国教科文组织和中央广播电视总台(CMG)授予苏州石湖智库突出贡献奖。

作为2022年联合国中文日暨中央广播电视总台第二届海外影像节预热,欧洲总站与清华大学社科院、苏州当地政府文旅部门和苏州石湖智库合作,请苏州当地非物质文化传承人提供远程教学,邀请联合国中文日青年文化使者远程学艺,感受非遗文化魅力。

1月25日,欧洲总站与清华大学社科院、苏州石湖智库联合召开联合国中文日暨中央广播电视总台第二届海外影像节预热苏州项目线上见面会,苏州当地传承人、老师,清华大学团队、欧洲总站团队、学员和志愿者们在网上见面，苏州石湖智库副秘书长陈璇介绍苏州文化的丰富内涵，会上发布苏扇制作、昆曲、苏绣技艺、苏州方言与美食的课程主题并确定具体在线课程安排。在循序开展的课程中，联合国中文日青年文化使者菲比·海恩斯（英国女中音歌唱家）跟随学校教育与人文学院副教授、苏州山塘街昆曲馆馆长冷桂军和昆曲传承人毛伟志，在学唱昆曲《牡丹亭》的过程中感受600年水磨腔的婉转悠扬；联合国中文日提名奖获得者魏无瑕（法国“网红”）在苏州苏扇协会会长丁海军耐心细致的指导下领略巧夺天工的苏扇工艺，自制创意苏扇。

4月20日，2022年联合国中文日暨中央广播电视总台第二届海外影像节成功举办，晚间10:00全球首播的1小时特别节目中，苏州石湖智库参与的非遗传承“偶像养成记”记录短片成为第一个分享故事。法国“网红”魏无瑕跟随苏州石湖智库特约研究员、苏州苏扇协会会长丁海军领略巧夺天工的苏扇工艺，自制创意苏扇的过程，让观众沉醉于非遗文化瑰宝及其底蕴深厚的中华文明。

联合国中文日一直致力于鼓励文化多样性，促进多种语言使用，并视其为推进联合国议程和可持续发展目标的重中之重，在带动更多的外国朋友了解中国、喜爱中国文化、关注中国发展过程中发挥窗口和桥梁作用，为促进各国文化交流、民心相通发挥积极作用。苏州石湖智库今后将持续致力于江南文化、非遗文化的传承保护与创新利用，积极推进中华优秀传统文化走出国门，为共同推进构建人类命运共同体贡献力量。

（苏州石湖智库）

学校电气自动化技术专业入选江苏高校国际化人才培养品牌专业建设第二批项目

4月27日，江苏省教育厅公布2022年江苏省“十四五”高校国际化人才培养品牌专业建设第二批项目名单，学校电气自动化技术专业获批立项。江苏省高校国际化人才培养品牌专业建设项目是“十四五”期间江苏省教育对外开放质量提升工程最重要的项目，于2021年4月启动。首批立项高职类品牌专业15个，第二批立项高职类品牌专业41个，两批次共立项品牌专业56个，学校是全省14所院校中获批立项2个项目的院校之一。

4月，江苏省教育厅启动“十四五”高校国际化人才培养品牌专业第二批项目申报工作。学校成立项目申报工作组，工作组基于学校和专业已有的国际化办学实践和经验，多次召开申报研讨会议，确定国际化人才培养的建设目标和建设举措，精心组织答辩，最终成功获批项目。项目的立项既是上级教育主管部门对学校现有国际化办学成绩的认可，更是对学校“十四五”期间提升国际化合作内涵和水平提出的新要求。

此次立项的电气自动化技术专业是江苏省品牌专业建设工程A类专业，也是省高水平专业群核心专业。依据项目建设要求，电气自动化技术专业将进一步拓宽专业国际化办学思路，丰富专业建设内涵，深化产教融合育人，力争使专业达到省国际化人才培养品牌专业建设一流水平。学校将着力支持品牌专业国际化建设，充分发挥品牌专业的示范引领作用，提升学校国际化办学水平。

（外事办公室　电子信息工程学院　国际学院）

学校入选首批全国高职院校“创新创业100强”名单

5月9日，“高职院校‘双百强’评选活动”组委会公布全国高职院校产教融合、创新创业“双百强”评选首批入选名单，学校成功入选全国高职院校“创新创业100强”，是首批入选的30所高职院校之一，综合排名位列全国百强第21。

本次评选，根据《国务院办公厅关于深化高等学校创新创业教育改革的实施意见》《国务院关于印发国家职业教育改革实施方案的通知》和《中国特色高水平高职学校和专业建设计划项目遴选管理办法（试行）》等，面向全国高职院校，重点围绕创新创业的“重要举措”“显著成效”和“典型经验”展开。据悉，今年下半年，第三届“双高论坛”将在广东举行，届时将举行颁奖仪式，并在后续高职高专及专业评价中给予加分奖励。目前，由高校毕业生就业协会组织的“大学生创新创业就业服务基地”评选已公示，学校名列其中。

“十三五”以来，在校党委的高度重视下，

学校将创新创业教育作为人才培养模式改革的重要突破口，注重顶层设计，持续加强内涵建设，不断深化改革创新。实施创新创业重点建设年工程，创建“三五五创新创业教育体系”，组建实体运行的创新创业学院，积极致力于推动苏州高职院校创新创业教育的协同发展。学校太湖众创获批国家级备案众创空间，学生在国家级和省级“互联网+”“挑战杯”等双创大赛中屡获佳绩，服务苏州大学生创新创业获得多方赞誉。此次入选全国高职院校首批“创新创业100强”，充分肯定学校在人才培养、深化改革和社会服务等方面所取得的成绩和做出的贡献。

（创新创业学院）

学校获2019—2021年度江苏省文明校园称号

5月15日，江苏省精神文明建设指导委员会公布2019—2021年度江苏省文明校园评选结果，学校再次获江苏省文明校园称号。

学校始终坚持以习近平新时代中国特色社会主义思想为指导，深入学习贯彻习近平总书记关于精神文明建设的重要论述，全面贯彻党的十九大和十九届历次全会精神。学校党委高度重视文明校园创建工作，秉承“勤勇忠信”的校训，坚持立德树人根本任务，牢记为党育人、为国育才使命，努力成就教师、成就学生，大力弘扬社会主义核心价值观，深入推进社会主义精神文明建设，围绕文明校园创建“六个好”标准，广泛深入开展文明校园创建工作。学校领导班子团结有力，思想政治教育入脑入心，阵地管理和舆论引导卓有成效，师德师风学风建设成果显著，校园文化建设扎实推进，校园生态环境和谐优美，全校师生思想觉悟、道德水准、文明素养和文明程度持续提升。学校聚焦内涵建设，聚力特色打造，不断巩固文明创建成果，推动学校高质量发展。

学校将以此次获评江苏省文明校园为契机，深化文明校园创建成果，持续深入开展社会主义核心价值观教育，精心打造思想政治工作高地，提升特色鲜明校园文化，不断优化育人环境，全力建设全国一流品质院校，以优异的成绩迎接党的二十大和学校第三次党代会顺利召开。

（宣传统战部）

学校获第十七届“振兴杯”全国青年职业技能大赛（学生组）创新创效专项赛决赛银奖

6月28日，由共青团中央、人力资源和社会保障部主办的第十七届“振兴杯”全国青年职业技能大赛（学生组）创新创效专项赛决赛在线上成功举办，专项赛共评出金奖32项、银奖63项、铜奖92项。江苏省高职院校共有18个项目参加全国决赛，学校机电工程学院张永康、王锋老师指导，王贺、赵坤权等同学参与的项目“‘穿戴式’步距自适应辅助行走装置”经过激烈的角逐，最终斩获全国银奖。这也是学校首次参加“振兴杯”创新创效竞赛并获得国家级奖项。

“振兴杯”全国青年职业技能大赛是以企业青年职工、学生为参赛主体，为青年提升职业技能水平和创新创效能力搭建平台，引导青年树立技能成才、科创报国的志向的重要赛事。自2005年举办以来，历经十七届，在青年职工和职业院校技能人才中覆盖面不断扩大，影响力逐步增强，是全国行业职业技能大赛的重要组成部分。该赛事于2021年首次增设学生组创新创效专项赛。

（团委　学生工作处　创新创业学院）

学校在全国职业院校技能大赛中喜获二等奖

7月28—31日，全国职业院校技能大赛（高职组）“大数据技术与应用”赛项在重庆工商职业学院成功举行，学校计算机工程学院魏靳昊、李世润、黄俊杰3名同学（指导老师陈珂、叶良）组队参加的“大数据技术与应用”赛项获国赛二等奖。

全国职业院校技能大赛（高职组）“大数据技术与应用”赛项今年在重庆工商职业学院举行。该赛项有60支队伍参加，学校参赛队沉着应战，充分发挥训练水平，统一协调，不畏强手，冷静思考，顽强拼搏，通力合作，取得国赛第9名的佳绩，获评二等奖。

学校历来高度重视技能大赛，2019年起建设能文（讲授）善武（操作）、能上（课堂）能下（企业）、既专（专业技能）又博（理论知识）的“双师型”技能大赛指导教师教学团队，做好技能大赛指导训练工作。

国赛备赛期间，校领导及各职能部门克服

疫情带来的不利因素，为备赛团队创造合适的训练环境；各级领导多次到训练场地看望和慰问备战师生，鼓舞士气。比赛期间，指导教师精心指导，认真研究比赛规程和细则，制定科学合理的比赛方案，为比赛做好充分准备。学生团结合作，努力拼搏，最终取得国赛二等奖的好成绩，为学校赢得荣誉。

技能大赛能够反映当前企业的技术方向和发展水平，检验教师教学效果和学生的技能素质，以赛促教是高校人才培养的重要环节。学校将继续做好技能竞赛工作，打造更多数量标志性成果，提高学校在职业教育中的核心竞争力，培养高素质技术技能人才。

（教务处　计算机工程学院）

学校喜获2022年全国职业院校技能大赛“工业机器人技术应用”赛项一等奖

8月23—26日，全国职业院校技能大赛（高职组）“工业机器人技术应用”赛项在山东职业学院举行，学校教师苏建、陆春元指导的工业机器人技术专业学生孙凡迪、罗绪成代表江苏省参赛，表现出优良的竞技状态、专业技能和职业素养，高质量完成历时10个小时的高强度比赛，获国赛一等奖。该赛项共有29个省（区、市）的59支参赛队参加，学校参赛队成绩位列全国第一，苏建、陆春元2位老师获得优秀指导教师称号，学校在该赛项上取得历史性突破。

“工业机器人技术应用”赛项设计依据工业机器人制造、系统集成和应用等企业岗位的迫切需求，结合高等职业教育人才培养定位，着重考核与培养学生的机械设计与安装调试、电气控制系统设计与安装调试、视觉系统调试、工业机器人操作、编程、工作站安装调试、系统集成以及现场维护等能力，考察参赛队组织管理、团队协作、工作效率、质量与成本控制及安全意识等职业素养。

这次优异成绩的取得，是学校人才培养质量、高水平专业群建设、“岗课赛证”融通、综合育人成效的充分体现。这将进一步激发广大师生投身职业技能训练和专业课程学习的兴趣与热情，培养更多有理想、有本领、有担当的新时代大学生，为经济建设和社会发展贡献智慧与力量。

（教务处　机电工程学院）

学校获首批江苏省绿色学校称号

9月9日，江苏省教育厅、江苏省发展和改革委员会等四部门发布《省教育厅等四部门关于公布首批江苏省绿色学校（高校）名单的通知》（苏教发函〔2022〕74号），学校获首批江苏省绿色学校（高校）荣誉称号。

长期以来，学校深入学习贯彻习近平生态文明思想，将生态文明教育纳入学校育人全过程，大力推进绿色环保校园建设，培育绿色校园文化，加强绿色创新研究，“绿色校园”建设取得明显成效。

学校将以此为契机，进一步完善绿色学校创建制度、运行机制和管理体系，总结创建经验，巩固创建成果。加强宣传引导，优化育人环境，认真贯彻绿色发展理念，深入推进生态文明教育、绿色环保校园建设。积极探索“绿色校园”“美丽校园”建设新理念、新思路，努力营造一流的绿色生态校园环境，不断提升绿色学校建设质量和水平。

（校长办公室　总务处）

学校2022年暑期社会实践活动获全国表彰

10月11日，共青团中央青年发展部公布2022年全国大中专学生志愿者暑期文化科技卫生“三下乡”社会实践活动总结表彰结果，经校团委申报、省级团委审核推荐、组织评议等环节，学校机电工程学院逐梦服务队获评2022年“三下乡”社会实践活动优秀团队。这是在学校学生2021年首次获评全国“三下乡”社会实践活动优秀个人后，首次有实践团队获全国荣誉。

作为2022年全国“七彩假期”志愿服务示范团队，苏州市职业大学机电工程学院逐梦服务队主动结合苏州团市委主办的暑期爱心暑托班行动，面向苏州市吴中区木渎镇随迁子女对象，策划爱心暑托班行动，组织开展七彩课堂、安全教育、反诈宣讲、应急自护等多类服务内容，为当地随迁子女带来不一样的暑期生活，志愿服务时长达500小时，累计服务200人次，相关实践活动得到《江南时报》、紫牛新闻、《现代快报》、《苏州日报》、引力播等多家媒体的宣传报道。

2022年暑期，校团委以“喜迎二十大、永远跟党走、奋进新征程”为主题，坚持以实践项目为抓手，围绕目标导向，按照“就近就便、灵活多样、注重实效”的工作原则，组织全校5000余名大学生在全国各地开展红色足迹寻访、乡村振兴、疫情防控、社区报到、政务实习等实践活动，引导学生在革命圣地、基层一线经风雨、见世面、长才干、练本领，让青春在全面建设社会主义现代化国家的火热实践中绽放绚丽之花。

（团委）

学校档案馆获评江苏省高校档案馆（室）先进集体

10月18日，江苏省高校档案研究会发布了《关于表彰2018—2022年江苏省高校档案馆（室）先进集体和优秀馆长、优秀馆员的决定》，学校档案馆获评2018—2022年江苏省高校档案馆（室）先进集体，刘萍获评江苏省高校档案馆（室）优秀馆员。

学校认真履行为党管档、为国守史、为民服务的档案工作职责，对接苏州地方经济社会发展要求，立足110多年办学历史，深入挖掘办学历程中的丰富档案资源，加快数字化转型和提档升级，持续将校园档案工作打造成为优质服务窗口和特色文化阵地。

（党委办公室）

学校师生在2022年江苏省高职院校信息素养大赛中获得佳绩

10月22日，由江苏省高校图工委、省高职高专图书馆专业建设委员会主办的2022年江苏省高职院校信息素养大赛决赛圆满落幕。本次大赛分为学生检索技能比赛与教师微课比赛两部分，来自全省55所高职高专院校的近300名师生参与此次比赛。

由于疫情，本次比赛采取线上方式进行。经过激烈角逐，学校外国语学院邓子涵、管理学院白云鹭分获江苏省高职院校信息素养大赛（学生组）特等奖和一等奖，并获得参与全国总决赛的资格；计算机工程学院王靖仪、刘子豪以及外国语学院邵怡美获学生组二等奖。图书馆于亚莹老师获教师微课赛特等奖，幸娅、于亚莹、罗金增老师获优秀指导教师称号。学校获本次大赛最佳组织奖荣誉称号。

高职院校信息素养大赛是师生展示信息素养、切磋信息技能、分享教学成果的重要平台。自9月大赛正式启动以来，校领导高度重视，图书馆积极组织，认真备赛，参赛师生克服疫情防控期间的备赛压力，稳扎稳打，反复演练，最终为学校争得荣誉。此次比赛，充分展示苏职大师生的风采，达到以赛促学、以赛促教的目的，为推动学校信息素养教育水平再上新台阶打下坚实基础。

（图书馆）

学校教师获江苏省高等学校优秀教材建设管理工作者称号

11月22日，江苏省高等学校教学管理委员会下发《关于公布优秀教材建设管理工作者评审结果的通知》，公布2022年江苏省高校优秀教材建设管理人员名单，全省共有15位教师获得此项荣誉。学校教务处唐寅获江苏省高等学校优秀教材建设管理工作者荣誉称号。

唐寅始终坚持以精心、精细、精准服务好师生为宗旨，认真落实每一部教材的选用和审核，确保教材质量符合学校规定，按时将每一部教材发到学生手中、送到老师手中。为教师教材出版做好服务，准确做好学生教材结算。2022年春季学期，为保障教学，为未返校的万名学生邮寄近8万册教材，深受师生好评。

本次表彰是江苏省教育厅、高等学校教学管理研究会教材管理工作委员会对学校教材建设管理工作的高度肯定，是学校所有教务工作者的共同荣誉，增强学校所有教务工作者的荣誉感和使命感。

学校将深入学习贯彻党的二十大精神，落实立德树人根本任务，持续完善教材管理体制机制，推进教材建设改革创新，构建高质量教材建设体系，增强教材育人功能，使学校教材建设管理工作再上新台阶。

（教务处）

学校在2022年江苏省高等学校微课教学比赛中喜获佳绩

11月24日，江苏省高等学校微课教学比赛组委会公布2022年江苏省高等学校微课教学比赛获奖名单。学校组织推荐的8件参赛作品全部获奖，共获一等奖2项、二等奖3项、三等奖3项，学校首次获得优秀组织奖。

本届江苏省高等学校微课教学比赛共吸引

来自全省160所院校的教师参加，旨在全面提升高校教师专业化水平和创新能力，加快推进高校教育数字化转型和智能化升级，做好国家智慧教育平台的江苏试点。

（教务处）

学校国际化办学案例入选中国职业技术教育学会“职业教育共同体故事”征集活动

为深入学习贯彻党的二十大精神，中国职业技术教育学会、教育部职业教育发展中心于11月24—25日举办2022年“一带一路”职业教育国际研讨会。会议同期启动“职业教育共同体故事”征集活动，举办“一带一路”职教故事展，共有来自全国24所职业院校的27个职教故事入选。

学校报送的国际化办学案例《为非洲青年提供职业技能培训，服务中非命运共同体建设》入选“职业教育共同体故事”征集活动。案例从开展中非友城合作，增进友城友谊；校企共育海外技能人才，服务苏州“走出去”企业等方面记录学校在助力职业教育共同体构建方面所做的探索与实践。

2017年以来，学校积极响应服务中非命运共同体的倡议，充分调研苏州在非制造业企业的海外用人需求，与亨通集团有限公司、通祐电梯有限公司等“走出去”企业合作开展南非大学生实习实训、刚果（布）友城等项目，累计为百余名非洲青年提供职业技能培训。人才培养、文化交流等工作得到南非工业与制造业培训署署长、南非文体艺培训署署长、刚果（布）黑角市市长、南非开普敦学院校长等外方领导的肯定。

今后，学校将继续深化校企合作培养国际化人才工作，打造高质量国际化办学成果，为职业教育“走出去”和中资“走出去”企业培养技术技能人才，推动共建“一带一路”高质量发展，展现职业教育为“一带一路”沿线国家更好融入国际产业分工体系提供人才基础的作为与担当。

（校长办公室）

学校获评2022年苏州市职业院校技能大赛先进学校

11月25日，苏州市教育局在江苏省吴江中等专业学校召开苏州市职业教育高质量发展推进会暨2022年苏州市职业院校技能大赛总结会，苏州市政府副市长季晶、苏州市教育局局长周志芳出席会议，学校党委副书记、校长温贻芳参加会议。

会议表彰2022年苏州市职业学校技能大赛获奖师生、先进个人、先进团体和高职院校技能大赛先进学校。2022年，学校获全国职业院校技能大赛一等奖1项、二等奖1项，获江苏省职业院校技能大赛一等奖7项、二等奖11项、三等奖28项，被授予“高职院校技能大赛先进学校”称号。会议期间，全国、全省职业院校技能大赛金牌选手带来精彩的技能展示。

（教务处）

学校入选苏州市“木兰讲师团”创新基地

为进一步助力在苏高校女大学生思想政治教育工作，创新推动党的二十大精神进高校，11月25日，由苏州市妇联、市委党校和市教育局共同举办的“学习贯彻二十大　巾帼奋进新征程”“木兰讲师团”走进在苏高校主题活动启动仪式在苏州大学举行。学校妇联副主席、工会副主席李琦代表学校接受苏州市“木兰讲师团”创新基地授牌。李琦、赵京娟、史艳芳3位教师受聘成为新晋“木兰讲师团”成员。

活动现场，全市13所高校挂牌成立苏州市“木兰讲师团”创新基地，学校作为苏州市“木兰讲师团”创新基地之一，将为进一步推进女大学生思想政治工作搭建优质教育资源。会上还发布“木兰讲师团”党的二十大精神精品课程清单，内容涉及理论阐释、高质量发展、国际关系、依法治国、碳达峰碳中和、社会主义核心价值观、传统文化、亲子教育、大学生职业规划等各个方面，全市各级妇联组织和在苏高校都可以根据自身需求，从清单中挑选合适的、喜欢的课程，进行“点单”。学校报送的“明大德，守公德，严私德——学习二十大　践行在职场”（李琦）、“开放共创繁荣　创新引领未来——深入解读创新驱动发展战略”（赵京娟）、“人民立场到人民共享——对二十大报告‘人民就是江山’的解读”（史艳芳）3堂课入选60堂精品课程清单。

近2年来，学校为扎实做好高校女大学生思

想政治引领工作，深入推进“巾帼大宣讲”，进一步擦亮“木兰讲师团”宣讲品牌，做出积极努力。下一步，学校将以此为契机，以学习宣传贯彻党的二十大精神为主线，围绕立德树人这一根本任务，聚焦女大学生现实需求，通过组织联合、活动联动、资源联通，进一步探索女大学生思想政治引领新模式，为推进创新在苏高校女大学生思想政治引领工作积极贡献职大力量。

（工会）

《苏州市职业大学学报》获2022年度中国高校科技期刊建设示范案例库“优秀科技期刊”

11月30日，中国高校科技期刊研究会公布“2022年度中国高校科技期刊建设示范案例库·杰出/百佳/优秀科技期刊”的评选结果，学校《苏州市职业大学学报》获评“优秀科技期刊”。学校学报的成功入选，表明《苏州市职业大学学报》在同类期刊中，其编辑出版质量和学术影响力都处于前列。

近几年，学校学报的办刊水平不断提升。今年上半年，科学引文数据库公布2021年SCD期刊目录，《苏州市职业大学学报》首次被收录其中，是江苏省高职院校学报被收录的3家之一。

10月27日，职教领域的第三方观察，知名公众号“聚焦职教”，发布推文《全国职校学报排名出炉！期刊影响力指数排行榜发布》。在该排行榜中，《苏州市职业大学学报》影响力指数位列职业院校类学报综合性人文、社会科学类全国第2名，影响力指数CI值为8.596。

11月，江苏省科技期刊学会“科技创新智库基地”发布子智库建设名单，《苏州市职业大学学报》编辑部获评“‘一带一路’商贸智库”基地，系入选单位中唯一的高职高专学报编辑部。

今后，学术期刊中心将继续坚持正确的办刊导向，坚决把住意识形态关。以“弘扬先进文化，倡导学术争鸣”为宗旨，遵循学术规范，追踪学术前沿，促进学术交流，推动学术创新。严格执行“三审三校”制度，坚守“学术质量，是立刊之本；凸显特色，是办刊之路；扩大影响，是强刊之基”，使学校学报办刊质量更上一层楼。

（学术期刊中心）

学校在全国高等职业院校日语技能大赛获佳绩

11月27日，第十届全国高等职业院校日语技能大赛在山东外事职业大学圆满落下帷幕。本次比赛由中国日语教学研究会职业教育分会主办，教育部职业院校外语类专业教指委等协办，共有来自全国17个省（区、市）的50余所高职院校的200多名选手参加。经过预赛、复赛、决赛的角逐，学校外国语学院施晔、孙丹老师指导的浦鹏同学获个人赛特等奖，排名第一；由李子怡、赵舜华、陆高樱姿、浦鹏等同学组成的团队获团体赛一等奖。此次获奖是学校历年来取得的最好成绩。

该项赛事是国内唯一面向高等职业院校学生的全国性专业大赛，由个人赛项（命题演讲与即席演讲）和团体赛项（影视配音）组成。个人赛项重点考察学生的日语表达及应变能力，团体赛项重点考察学生日语综合运用水平、职业素养和团队协作能力。从7月初开始，在近5个月的备赛过程中，学校师生团队充分发扬团结合作、刻苦拼搏、不懈进取的精神，反复排练、精益求精，磨炼技能。在个人赛中，参赛学生因流畅的日语表达、灵活的应变能力、敏锐的时事分析和优秀的心理素质赢得本次大赛的最高奖；团体赛紧扣职业主题，突出时代特征，参赛学生以扎实的日语基本功、丰富的表现力和良好的综合素质获得一等奖。

全国高等职业院校日语技能大赛是目前中国高等职业院校日语技能最高水平的竞赛。赛事的宗旨是以赛代练、以赛促教、以赛促学，这对进一步加强学校日语专业学生日语口语表达能力和职业素养的培养，推动教育教学改革，促进学生日语应用能力的整体提升有着宝贵的价值和意义。

（外国语学院）

学校在2022年江苏省高职高专院校足球教学成果展示暨体能大赛中获得佳绩

11月27—29日，2022年江苏省“省长杯”大学生足球联赛系列高职高专院校足球教学成果展示暨体能大赛在常州信息职业技术学院举行。此项赛事由江苏省学生体协高校工作委员会支持，江苏省高职高专院校体育指导委员会、江苏省学生体协高校工作委员会足球分会主办，自2015年创办以来已连续举办7届，本届共有来自全省的43所高校73支比赛队伍参赛。

学校健儿在赛场上奋勇争先，发挥出色，吴君杰、何金鑫、范小雨、秦素婷、穆畅、陈环如、余洋和、朱俊峰8位队员在教练员金彤、孟祥波的带领下获得体能大赛团体一等奖，范小雨同学获女子2000米第一名、女子全能第四名，吴君杰、何金鑫同学并列男子三级蛙跳第三名。程心宇、廖嘉骏、王翔、黄哲宇、苏保鸣5位队员在周正、胡阳2位老师的带领下，取得足球教学成果展示大赛团体二等奖。

此次优异成绩的取得，得益于学校和体育部的高度重视、教练员的高效指导、运动员的刻苦训练和赛场上的拼搏向上。今后，学校将继续贯彻落实习近平总书记在全国教育大会上的讲话精神，进一步推动校园足球活动及各项各类体育运动的开展，帮助学生在体育锻炼中享受乐趣、增强体质、健全人格、锤炼意志。

（体育部）

学校学生获评2022年度苏州市“十佳青年志愿者”

11月30日，苏州市共青团、苏州市青年志愿者协会联合公布2022年度苏州市“十佳青年志愿者”“优秀青年志愿者”“优秀青年志愿服务组织”评选结果。学校教育与人文学院一人同学获苏州市“十佳青年志愿者”荣誉称号。

一人同学自入学以来不断提升专业服务技能，积极投身社区公益服务事业，志愿服务时长达1000余小时。他参与苏州市残联、教育局等组织的“为爱发声”残疾儿童家庭亲子朗诵会大型活动，完成“幸福港湾——困境儿童提升计划项目”，给予特殊儿童特别的关爱；假期空闲，他就会走进社区老人家中，开展陪护、清洁、理发等为老服务，做空巢老人的贴心人。此外，一人同学在家人的支持下，主动在市立医院做医务社工，帮助精神障碍患者做康复训练。2022年暑期，一人同学参与苏州市人大部门组织的国内著名高校暑期社会实践活动，参与项目“全过程人民民主促进基层治理现代的苏州探索”，相关研究成果获得十三届全国人大常委会副委员长陈竺、丁仲礼肯定性批示。

2022年，校团委聚焦志愿者学院建设，成功挂牌江苏省首家青年志愿服务培训基地（苏州），承办江苏省县级青年志愿者骨干培训班、苏州市大学生志愿服务乡村振兴计划志愿者培训班、苏州市高校青年志愿者骨干培训班等活动。1个团队获评全国“三下乡”社会实践活动优秀团队，1个团队入选团中央“七彩假期”志愿服务示范团队，6名学生入选江苏省大学生志愿服务乡村振兴计划，学校志愿服务工作取得较大提升。

（团委）

学校在2022年全国高职高专院校信息素养大赛中获得佳绩

12月4日，在2022年全国高职高专院校信息素养大赛上，学校邓子涵同学表现出色，获学生个人赛二等奖，图书馆于亚莹老师获教师微课赛二等奖，张学梅老师获评优秀讲师，幸娅、于亚莹、罗金增3位老师获评全国赛优秀指导教师，学校获全国赛最佳组织奖。

全国高职高专院校信息素养大赛由教育部高校图工委高职高专院校分委员会、高等教育文献保障系统（CALIS）管理中心联合举办，来自全国30个省、自治区、直辖市共计577所院校的1013名学生入围全国赛决赛。学校在此项赛事中连续多年取得优异成绩，获奖层次及数量在全国高职院校中始终名列前茅。

（图书馆）

学校在第八届“外教社杯”江苏省高校外语教师翻译大赛获得佳绩

12月4日下午，第八届“外教社杯”江苏省高校外语教师翻译大赛在南京落下帷幕。本次大赛由江苏省翻译协会、江苏省高等学校外国语教学研究会和上海外语教育出版社联合主办，南京审计大学外国语学院承办，来自江苏各大高校的59名外语教师参加本次比赛。经过3个多小时的比赛，外国语学院孙娴老师获得高职组二等奖。

“外教社杯”江苏省高校外语教师翻译大赛作为翻译教学与研究及学科同仁交流学习的一个重要平台，已经在江苏省高等教育学会的指导下成功举办8届。本次大赛以《习近平谈治国理政》中、英文版为蓝本，基于其中文化、政治核心概念进行多渠道文本选择、拓展。汉译英赛题选材围绕“中国梦”主题，内容富含中国传统文化底蕴，考察儒家和道家等典籍原文和传统思想的核心内容以及当代“新中国精神”的内核，引导高校英语教师在教学中注意“翻译中国”能力的积累与培养。英译汉赛题围绕“大国外交”主题，突出外国人眼中的中国外交这一独特视角，考察参赛者在翻译中如实呈现不同声音，形成中国立场，传播“人类命运共同体”思想的能力，引导教师在立德树人过程中要厚植爱国主义情怀和培养学生的文化认同能力。本次大赛在全球化迅猛发展，中外交流日益加深的背景下举行，大赛使外语教学及研究者对翻译教学与研究面临的机遇与挑战有了更加充分的认识，以赛促学、以赛促译，有力推动翻译学科的发展，用外语架起文明互鉴之桥，“译”起向未来。

（外国语学院）

苏州石湖智库成功入选中国智库索引（CTTI）来源智库名单

12月17日，由南京大学与江苏省社会科学院共同主办的2022新型智库治理论坛在南京举办。本次论坛聚焦“学习贯彻党的二十大精神，提升新型智库咨政服务能力”主题。论坛中，南京大学中国智库研究与评价中心、光明日报智库研究与发布中心公布2022年度CTTI来源智库增补名单，本次增补工作经专家严格审议和评定，在187份申请材料中遴选出86家，学校苏州石湖智库成功入选，为江苏省新增入选的四家之一，同时，也是CTTI来源智库名单中唯一的地方高职院校入选智库。

学校党委副书记、副校长、苏州石湖智库理事长张健受邀出席本次论坛，并做《地方高职院校新型智库建设赋能苏州社会经济高质量发展》的主题线上发言，分享苏州石湖智库成立以来的经验与做法。他从苏州石湖智库成立的背景谈起，分享智库的发展成果，围绕一要精准定位，服务区域经济社会发展，为区域高质量发展提供强大动力；二要精准施策，探索新型智库建设路径，挖掘基础资源，注重平台搭建；三要精准发展，注重科研成果积累转化，聚焦地方发展需求，提供精准对策研究；四要精准服务，打造市属高职智库品牌，举办特色品牌活动，强化对外交流与传播4个方面总结苏州石湖智库的实践经验，引发与会代表的共鸣与思考。

2022年度CTTI来源智库增补工作在以往来源智库入围标准的基础上细化评审指标，对智库的基础建设、课题与项目、决策咨询、理论创新和舆论引导、内部治理、个性特色等指标均做出更高要求，拟收录建设时间不低于3年、发挥实际作用、产生较大影响力、具有较高能见度的新型智库。

苏州石湖智库的成功入选，是对苏州石湖智库成立以来发展成果的充分肯定，也充分践行了2021年江苏省社科联主席曲福田到智库指导工作时所提到的“小名字瞄准大课题”“小名字解决大问题”的要求。未来，苏州石湖智库也将继续秉持沉心静气打基础的耐力和高瞻远瞩画蓝图的魄力，坚定步伐，在苏州加快建设社会主义现代化强市，奋力谱写“强富美高”现代化新篇章过程中，充分展示地方高职院校新型智库建设的“为智之道”和责任担当。

（苏州石湖智库）

编辑：许立莺　邱悦文

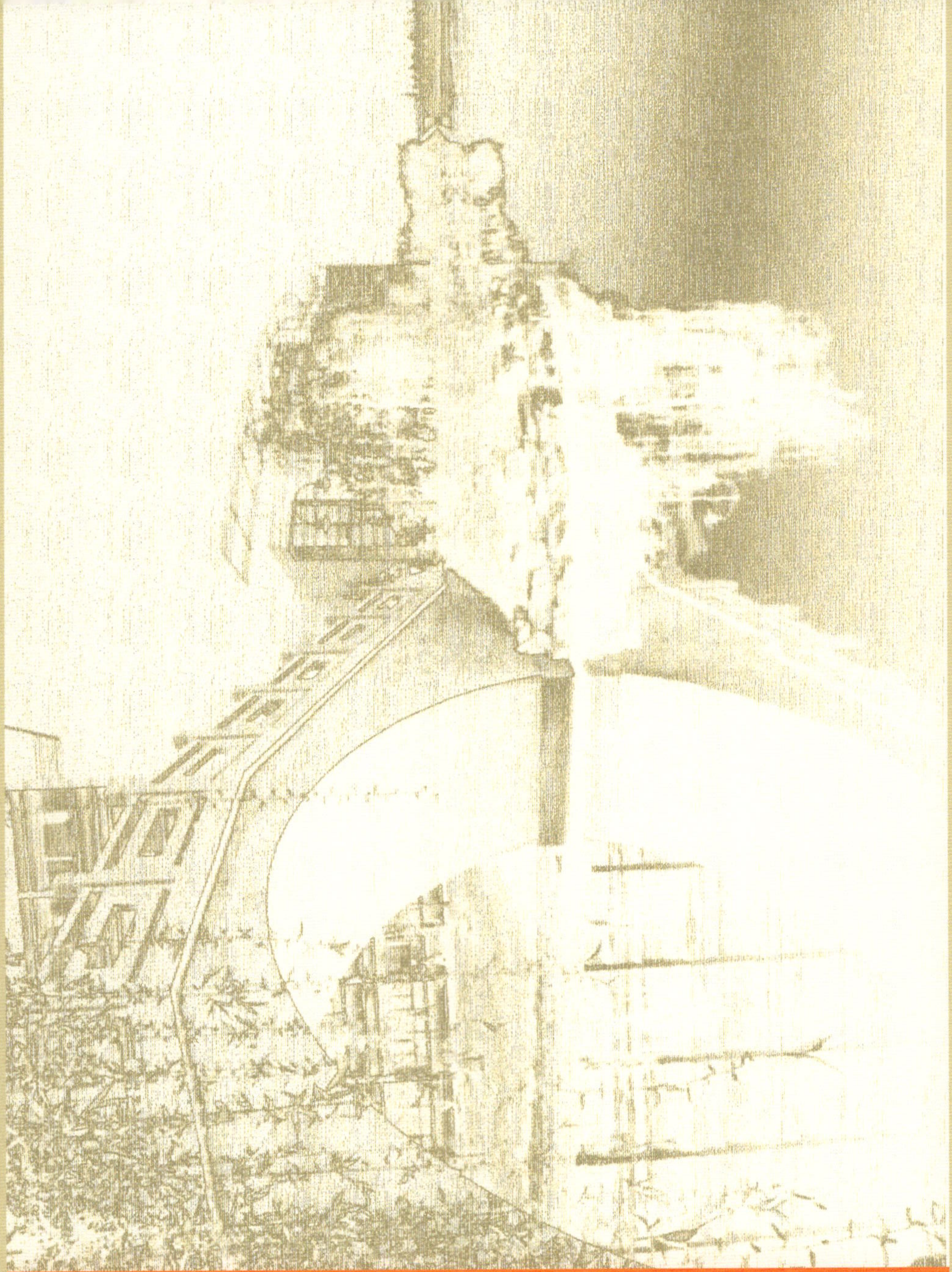

SUZHOU VOCATIONAL UNIVERSITY

第四章 专题活动

特载

苏州市职业大学“十三五”事业发展规划实施情况

“十三五”时期，在苏州市委、市政府和教育主管部门的正确领导下，学校党委、行政带领全体师生员工，自觉践行习近平新时代中国特色社会主义思想，坚定贯彻党的教育方针，在“十二五”发展的基础上，按照“一个目标定位、两个基本立足点、三个全面提升”的发展思路，统筹全局，系统谋划，创新工作举措，在师资队伍建设、教学改革与人才培养、科学研究与社会服务、基础设施建设和校园管理等事业发展各方面取得可喜成绩。

这5年，学校一批重要成果获得突破。立项建设国家级职业教育专业教学资源库1个，获得职业院校技能大赛国家级奖7项、“互联网+”和“挑战杯”大赛国家级奖5项，太湖众创获批国家级备案众创空间，立项建设省级高水平专业群2个、省级高水平骨干专业3个，获得江苏省教学成果一等奖、科学技术二等奖、哲学社会科学优秀成果二等奖等奖项。

这5年，学校办学特色优势得到显现。持续深化产教融合，将校企合作提升到校地合作，牵头成立苏州市职业教育集团（联盟）3个，建设企业学院21个；建成全国第一条自动化教学生产线，在全国同类高校中率先建成抗挫折教育体验馆；设立在全国高职院校中为数不多的新型智库（苏州石湖智库），创新打造“智汇苏州”学术沙龙品牌；国际交流合作迈出新步伐，全日制一年以上留学生达到273人。

这5年，学校发展实力明显增强。努力强化内涵质量建设，“双师型”素质教师占比从“十二五”末的73%提高到2020年的85%，教师获授权发明专利数量是“十二五”期间的3.2倍，省级以上科技成果奖数量是“十二五”期间的2倍，学生在高职院校技能竞赛中获得省级以上奖项数量是“十二五”期间的1.5倍，在“互联网+”“挑战杯”系列竞赛中获省级以上奖项数量是“十二五”期间的17倍；科技服务收入、成果转化和非学历培训大幅增加，生均教学科研仪器设备值从1.36万元提高到2.9万元，生均馆藏纸质图书从96.8册提高到114.2册。

这5年，学校社会影响力不断提升。连续入选中国高等职业院校教学资源50强，入选中国职业院校智慧校园50强；2020中国高职高专院校人才培养和科学研究产出排行榜上，学校综合实力全国排名第35位，科学研究排名第11位；招生分数线在全省高等职业院校中名列前茅，本地生源逐年递增；学校获评国家级节约型公共机构示范单位、首批江苏省平安校园建设示范高校。

这5年，学校政治生态持续趋好。坚持全面从严治党，大力推进党的建设、党风廉政建设、思想政治和意识形态工作创新发展；加强干部队伍能力建设，激励干事创业、担当作为；积极改进工作作风，坚持每年办实事、做好事，努力成就教师、成就学生。

“十三五”期间，学校党委统筹全局、系统谋划，盯准“三个全面提升”的发展主线，坚持每年开展一个重点建设年工程，从2016年的校企合作、2017年的创新创业、2018年的科技创新、2019年的专业竞争力提升，到2020年的智慧校园重点建设年，每年瞄准一个发展主题重点建设，并在此之后持续推进，筑牢办学基础，提升办学实力。学校在每年暑假、寒假放假后第一天召开学校发展研讨会、工作务虚会，聚焦学校发展的重点、难点，集思广益，出思路、出举措，激励广大干部担当作为。

2017年学校召开第二次党代会，明确提出以建设全国一流品质院校为目标，“坚持质量为先、坚定精准发展”两大举措，并提出“八个精准”、24项工作任务。创新性地提出思政工作“三结合”（理想信念教育与基本道德教育相结合，有形载体教育与无形渗透教育相结合，办实事感召教育与树先进典型教育相结合）的思路。从2017年开始，每年实施5个“实事项目”，为师生营造良好的工作、学习、生活环境；在全校范围内评选“我最喜爱的老师”“教学名师”，已举行2届；每年年初举行全校年度综合表彰大会，对在上一年度重点建设年工程和教学、管理、服务领域表现突出的集体和个人进行表彰。

2018年，学校党委审时度势，提出开启内涵式高质量发展新时代的新征程。制订学校内涵质量指标体系（简称“861”指标体系，包含8个一级指标、60个二级指标、100个三级指标），出台12项苏州市职业大学“三年行动计划”，涵盖学校党建、人才、专业建设、教学、校地合作、科技创新、就业等，全面系统地推动学校内涵式高质量发展。创新校地合作思路，加强与地方全方位、全领域、全过程合作。加强政治巡察和审计联动，开展校内巡审督查，已完成对全校12个学院（部）的专项督查，并及时进行“回头看”，确保整改落实到位，为学校事业发展保驾护航。

2019年，学校党委高标准推进“不忘初心、牢记使命”主题教育，全面推动学校党的建设高质量发展，实现“理论学习有收获、思想政治受洗礼、干事创业敢担当、为民服务解难题、清正廉洁做表率”的目标。出台推进“放管服”改革总体要求文件，成立党委全面深化改革委员会，统筹学校改革发展工作。

2020年，学校开展“五个专项整治行动”，全面提升营教、营学环境。开展融合党建活动，推动校地校企全面结对，实现党建工作与业务工作、党务工作与育人工作的全面融合，构建党建工作融入并引领教学、科研、管理、服务等各个领域相互促进、相得益彰的良好局面。举行“对话苏职大发展”活动，重点听取一线教师对学校内涵式高质量发展的意见建议。

苏州市职业大学“十三五”期间主要指标数据

类型	指标项	“十二五”期间数据	“十三五”期间数据
师资队伍	专任教师数（人）	786	806
	高级职称教师占比	45%	48%
	硕士博士学位教师占比	72%	81%
	“双师型”素质教师占比	73%	85%
	省级以上高层次人才数（人）	50	70
	省级以上教学名师数（人）	1	1
	省级以上教学科研团队数（个）	3	6
人才培养	全日制学生规模（人）	13835	15172
	行业企业学院数（个）	0	21
	校企合作课程数（门）	235	413
	校企合作教材数（部）	222	316
	校企共建校内实训室数（个）	48	90
	牵头成立职教集团（联盟）数（个）	0	3
	省级以上品牌、特色专业数（个）	15	19
	省级以上高水平专业群数（个）	0	2
	开展1+X证书制度试点的专业数（个）	0	28
	省级以上实训基地数（个）	3	6
	省级以上重点教材和规划教材（部）	12	20
	省级以上专业教学资源库（项）	0	1
	省级以上教学成果奖项（项）	7	3
	省级以上教师教学能力大赛奖项（项）	35	31
	省级以上学生技能大赛奖项（项）	79	116
	省级以上“互联网+”“挑战杯”大赛奖项（项）	2/0	14/20

续表

类型	指标项	"十二五"期间数据	"十三五"期间数据
科学研究与社会服务	科研平台数（国家级/省级/市级）（个）	0/1/5	2/5/12
	重大科研项目数（国家级/省级）（项）	16/22	4/21
	科研总经费（万元）	3084	3938.1
	三大检索论文数（篇）	348	138
	核心期刊论文数（篇）	535	228
	学术著作数（部）	34	57
	授权发明专利数（项）	96	310
	授权实用新型专利数（项）	704	646
	省级以上科技成果奖项数（项）	8	16
	新增科技服务项目数（项）	246	354
	科技服务经费和成果转化金额（万元）	661.6	995
	发表市级以上决策咨询报告数（篇）	0	57
	年非学历培训到款额（万元）	113.75（2015年）	455（2020年）
	全日制一年以上留学生数（人）	0	273
基础设施	生均教学行政用房面积（平方米）	21.9	20.3
	生均教学科研仪器设备值（万元）	1.36	2.9
	生均馆藏图书（册）	96.8	114.2
	校园网总带宽（G）	31	89

苏州市职业大学"十四五"事业发展规划

（节选）

"十四五"时期（2021—2025年）是国家全面推进教育现代化建设、彰显类型教育特征的重要时期，也是学校提质升级、深化高质量发展、建设全国一流品质院校的关键攻坚期。学校以习近平新时代中国特色社会主义思想为指导，全面贯彻党的教育方针，深入学习领会党的十九大及历届全会精神和江苏省第十四次党代会精神，严格遵照全国、全省职业教育大会要求，认真落实《国家职业教育改革实施方案》《职业教育提质培优行动计划（2020—2023）》《教育部　江苏省人民政府关于整体推进苏锡常都市圈职业教育改革创新打造高质量发展样板的实施意见》，坚持立德树人根本任务，以学校《章程》为统领，以高质量发展为主题，以产教融合、校地合作为主线，以高水平高职院校、本科层次职业院校的质量目标为标准，打造高素质技术技能人才培养和创新服务高地，增强服务社会发展的贡献程度，增强依法治校的能力水平，增强管党治党的从严力度，奋力谱写"争当表率、争做示范、走在前列"的苏职大新篇章。

一、规划组成

学校"十四五"事业发展规划包括1个总规划、8个专项规划和12个学院（部）规划。8个专项规划是党的建设专项规划、思想政治教育与校园文化建设专项规划、内部治理专项规划、师资队伍建设专项规划、专业（群）建设与人才培养专项规划、科技创新专项规划、学生发展与管理服务专项规划、开放合作与社会服务专项规划。

二、发展思路

"十四五"时期，学校以"一个目标方向、三个最优环境、三个满意成效、一个坚强保障"（简称"1331"）为新发展布局，大力推进质量文化建设，着力培育高品德、高技能、高适应人才队伍，不断提升核心竞争力，努力将学校建设成为立足苏锡常都市圈、服务长三角、辐射全国，以工为主、多学科协调发展的高水平、高层次职业院校。

一个目标方向：坚定推进学校内涵式高质量发展，持续推动专业数字化改造、融合化转型，建设高水平高职学校和全国一流品质院校。

三个最优环境：创建最优“营教”环境，打造优质师资队伍，让教师最舒心，精心教书育人；创建最优“营学”环境，打造优质教学设施，让学生最安心，用心成长成才；创建最优“营研”环境，打造优质科研成果，让教师最专心，潜心创新服务。

三个满意成效：力求达到让政府满意、社会满意、师生满意的成效，大力增强学校服务地方的贡献度、社会对学校的认可度、师生在学校的获得度。

一个坚强保障：加强党的建设和思想政治工作，全面从严管党治党。

三、主要目标

“十四五”期间，学校要树立新发展理念，开创新发展阶段，构建新发展格局，建成省级高水平高职院校。学校党的建设推进更加坚强有力，“融合党建”“三全育人”“五育并举”呈现新格局。质量文化氛围全面形成，并成为全员共识、价值追求和行动自觉。校地合作、产教融合赋能驱动效应凸显，内部治理、队伍建设、人才培养、科学研究、社会服务及国际合作水平得到进一步提高，办学质量大步迈进。高层次、高等级标志性办学成果取得重大突破，办学成效显著提升。学校教育改革创新“攀上高峰”，服务地方发展的力度明显增强。到2025年，学校“双师型”素质教师比例达95%，拥有一批省级、国家级名师、大师和教学科研创新团队；建成高水平产教融合平台、虚拟仿真实训基地和协同创新中心，“三教”改革、高水平专业群建设成效显著，实现1+X证书全覆盖；教师教学水平、学术水平、实践能力和服务能力明显提升，学生每年参加校级以上各类竞赛、社会实践实现全覆盖，技术技能积累和综合素养迈上新台阶；纵向科技项目达到450项，科研总经费突破5000万元；建成示范性职业教育集团、继续教育基地和职工培训基地，实现年社会培训人次达全日制在校生规模的2倍以上，年均技术服务、技术转移和非学历培训到账经费超过1000万元；国际教育“鲁班工坊”“郑和计划”立项实施，输出优质国际职业教育服务。

学校“十四五”事业发展内涵质量主要指标

类别	主要指标项	[“十四五”期间总目标] 2025年目标
师资队伍	▲1.专任教师总数（人）	860
	▲2.高级职称教师率/正高职称教师数（人）	50%/100
	▲3.硕士以上学历教师占比/博士学历教师占比	85%/18%
	■4.海外学习工作累计满1年的教师比例	10%
	■5.产业教授、兼职教授数（人）	100
	★6.省级/国家级高层次人才数（人）	80/1
	★7.省级/国家级名师、大师工作室（个）	4/3
	★8.“双师型”素质教师占比/校企共建省级以上双师培训基地数（个）	95%/1
	★9.省级/国家级教学科研创新团队数（个）	10/1
人才培养	▲10.全日制普通在校专科生/本科生规模（人）	15000/1500
	▲11.招生专业数（个）	51
	▲12.跨学院融合交叉建设的专业数（个）	5
	■13.开展1+X证书制度试点的专业数（个）	51
	■14.兼职教师专业教学课时占专业总课时的比例	20%
	■15.省级以上专业（群）教学资源库建设（项）	2
	★16.省级/国家级高水平专业群数（个）	2/1
	★17.省级/国家级产教融合、虚仿实训基地数（个）	4/1
	★18.省级/国家级精品在线开放课程数（门）	16/4
	★19.省级/国家级教学成果奖（项）	[6/1]
	★20.省级/国家级教师教学能力竞赛奖（项）	[35/2]

续表

类别	主要指标项	[“十四五”期间总目标] 2025年目标
人才培养	★21.省级/国家级大学生职业技能大赛奖(项)	[120/3]
	■22.在校生每年校级以上技能类、双创类、专业类、学术类、思政类等竞赛参赛率	100%
	★23.省级/国家级校企双元合作开发立体化规划教材、示范教材(部)	40/35
	▲24.高质量企业学院/产业学院数(个)	25/5
	■25.订单班、学徒制培养人数(人)	[5000]
	★26.省级以上职教集团(联盟)数/建设总数(个)	1/4
	★27.省级/国家级“挑战杯”系列竞赛奖(项)	[12/3]
	▲28.年社会招生数(人)	100
	■29.毕业生就业率/创业率	96%/1%
	■30.学生论文专利作品等科技文化成果数(项)	[200]
	★31.省级/国家级“互联网+”双创大赛奖(项)	[12/3]
	▲32.院级/校级创新创业团队建设数(个)	[50/20]
科学研究	▲33.市级/省级/国家级科研平台数(个)	15/6/2
	■34.科研总经费/纵向项目到账经费(万元)	[5000/2500]
	■35.授权实用新型/发明专利数(项)	[300/100]
	■36.发表论文总数/核心期刊论文数(篇)	[3000/350]
	■37.公开出版学术著作数(部)	[70]
	★38.市级/省级/国家(部委)级科研项目数(项)	[350/90/8]
	★39.市级/省级/国家(部委)级科研成果奖(项)	[90/20/1]
社会服务	■40.协同创新服务平台数(个)	15
	■41.横向技术服务项目数/到款额(项/万元)	[500/2500]
	■42.转移转化技术成果数/到款额(项/万元)	[100/340]
	■43.发表市级以上决策咨询报告数(篇)	[100]
	▲44.年社会学历教育人数(人)	9500
	■45.省级以上示范性继续教育、社区教育基地数(个)	2
	▲46.合作企业数/合作服务项目数(个)	[400/800]
	▲47.合作乡镇(街道)数/合作服务项目数(个)	[20/40]
	▲48.年社会公益性培训服务人数(人次)	35000
	★49.年非学历培训人数(人次)	32000
	★50.年非学历培训到款额(万元)	500
国际合作	▲51.校内中外合作办学专业数(个)	4
	▲52.外籍专任教师数(人)	8
	■53.全日制一年以上留学生数(人)	[300]
	■54.非全日制境外人员培训量(人次/人天)	[80/800]
	★55.海外办学机构项目数/“鲁班工坊”“郑和计划”(个)	3/1
办学条件	▲56.办学经费总投入(亿元)	[35]
	▲57.教学科研行政用房总面积(万平方米)	35.8
	▲58.教学科研仪器设备总值(亿元)	4.6
	▲59.馆藏图书/电子图书(万册)	188.2/1.2
	▲60.校园网总带宽(G)	100

说明:1.表中所列是学校“十四五”发展总规划的60个主要内涵质量建设指标。“▲”表示基础性约束指标,21个;“■”表示提升性约束指标,20个;“★”表示突破性预期指标,19个。

2.“/”表示前后指标分别填写;“[ ]”内的数据表示规划5年期的总数,无“[ ]”的数据表示年度数据。

(张红兵)

苏州市职业大学专业数字化改造融合化转型发展重点建设年工作方案

苏州市职业大学2022专业数字化改造融合化转型发展重点建设年实施方案

为实现学校"十四五"事业发展总规划提出的"一个目标方向、三个最优环境、三个满意成效、一个坚强保障"的新发展布局，建设全国一流品质院校，建成江苏省中国特色高水平高职学校。根据中共中央办公厅、国务院办公厅印发的《关于推动现代职业教育高质量发展的意见》，学校专业建设要在数字化改造融合化转型发展上下真功夫，不断提升专业竞争力，培养高素质技术技能人才，服务经济社会高质量发展。经学校党委、行政研究决定，实施2022专业数字化改造融合化转型发展重点建设年工程，具体方案如下：

一、指导思想

以习近平新时代中国特色社会主义思想为指导，坚持立德树人，深入贯彻落实习近平总书记关于教育的重要论述和全国、全省职业教育大会精神，主动对接学校"十四五"规划，以系统化思维推进专业数字化改造融合化转型发展，提高职业教育适应性。服务苏州数字经济和数字化发展，以专业建设为抓手，以数字化改造为重点，以融合化转型为核心，拓宽学生知识技能边界，提高可持续发展能力，培养适应数字经济时代需要的复合型技术技能人才。

二、推进思路

当前，数字经济成为区域经济增长的新引擎，以数字经济为代表的新经济，对人才的素质结构、能力结构、技能结构提出全新要求。教育数字化既是大势所趋，又是当务之急，给职业教育的变轨超车带来历史性的发展机遇。按照"需求牵引、应用为王、成熟先上、技术保障"的工作理念，以平台升级、资源开发为内容，以应用优化、质量强化为目标，对接区域经济社会发展，持续提高人才培养质量，开创专业数字化改造融合化转型发展新局面。

专业数字化改造融合化转型发展建设要坚持以下原则：

一是坚持对标对表。严格按照中央教育工作领导小组、教育部有关要求，全面系统、按时按质推进专业升级和数字化改造，服务职业教育高质量体系建设。

二是坚持产教融合。创新职业院校与行业企业融合发展模式，推动专业与产业对接、课程内容与职业标准对接、教学过程与生产过程对接，切实提升职业院校专业人才培养适应性。

三是坚持特色发展。扎根区域，融入地方，紧密对接苏州数字经济时代产业创新集群发展需求，打造与区域经济社会发展相匹配的职教专业体系。结合学校发展目标，建立科学的监督考核和保障机制，形成"人无我有，人有我优，人优我特"的专业建设新格局。

三、实施内容

以数字化为逻辑起点，坚持场景导向，形成专业和课程改造方案，进行多方面的融合改革创新，从而提升人才培养质量和服务产业发展能力，完成专业升级和数字化改造。

（一）专业调整协同化，建立数字产业发展对接机制

1.推进调整专业布局

服务苏州数字经济发展，深入对接苏州数字产业化和产业数字化，积极推进数字经济相关新专业的设置，并对现有专业进行整合归并、升级改造、融合转型，进一步提升智能制造、工业互联网、软件及大数据、数字贸易、数字金融、数字文旅、数字媒体等相关专业建设，将人才链培养与产业链、创新链拓展更好地对接起来，形成与数字经济协同发展的专业调整升级格局。推动学校招生、就业、人才培养联动机制建设，推进专业群竞争力发展与师资引进、

教学资源投入、招生计划分配等的联动，形成良好的专业设置与动态调整协调机制。

责任单位：教务处、组织人事部、学生工作处、校地合作办公室、各学院（部）（列第一的为牵头单位，下同。）

2.推进1+X证书制度试点

紧密对接地方数字经济产业发展态势，优先关注新职业、新业态、新技术所涉及的领域，围绕苏州数字经济产业对复合型技术技能人才提出的新需求，相关专业要结合自身办学实际，自主选择产业契合度高、用人企业认可度高的X证书开展试点工作。充分调动企业参与1+X人才培养改革，优化专业人才培养方案，实现职业技能等级标准与专业教学标准相互对接；实现X证书的培训内容与专业人才培养方案的课程内容相互融合；实现X证书培训过程与专业教学过程统筹组织、同步实施；实现X证书的职业技能考核与专业课程考试统筹安排，同步考试与评价。2022年开展1+X证书制度试点的专业数达39个。积极参与苏州国际教育园“学分银行”试点区建设。以特色优势专业群的核心专业为主体，有序开展学历证书和职业技能等级证书学习成果的互认与转换，形成可复制的“学分银行”应用模式和典型案例1个。

责任单位：教务处、校地合作办公室、各学院（部）

3.推进校企协同育人

支持学院（部）根据自身特点和人才培养需要，主动与具备条件的企业在人才培养培训、技术创新、就业创业、社会服务、文化传承等方面开展合作。优化校企合作、工学结合的人才培养模式，联合政府、行业协会、企业、高校、研究机构，建立跨地区、学校、专业的合作机制，加大资源整合和共享力度，发挥专业群的辐射力，实现资源共享。2022年新增高质量产业学院2个、培育建设省级以上示范性职业教育集团（联盟）1个。

责任单位：校地合作办公室、教务处、各学院（部）

（二）专业改造数字化，建立持续提升创新机制

1.课程体系数字化改造

结合教育部发布的《职业教育专业目录（2021年）》配套专业简介、教学标准、公共基础课程标准、实训教学条件建设标准和岗位实习标准，从已明确涉及的商学院的大数据与会计、大数据与财务管理、大数据与审计3个专业，以及近年来建设的一批人工智能、工业互联网等专业入手，通过大数据挖掘，新型企业、典型企业的调研，重点调研新技术岗位、新职业岗位、新业态岗位的知识结构和能力组成。厘清传统专业和现代专业岗位能力上的差异，重点分析本专业与5G、“互联网+”、大数据、“人工智能+”等新技术的关联。遵循“认知规律”和“职业成长规律”，归纳产业数字化的要素，分类汇总知识点与技能点，重构专业课程体系，对人才培养方案进行优化。积累经验，逐步向全校所有专业推开。

责任单位：教务处、各学院（部）

2.课程教学数字化改造

一是打造数字思政，创新思政教育新手段。继续实施数字思政“五个一融合工程”，借力现代技术实现载体创新、教改创新和评价创新，“活”化思政课程教法。新增“双主体”思政精品示范公开课4堂，新增建设数字思政课程资源20项，努力提升思政铸魂育人实效。二是深化教学资源数字化建设。建设数字化教学平台，发挥教育部立项的智能控制技术专业教学资源库作用，进一步拓展一批支撑数字化教学的资源库，进一步完善国家、地方、学校三级课程资源的共享体系，扩大应用覆盖面。2022年所有课程实现教学内容数字化，每门课程都有自己的线上授课平台，以线上授课平台为中心，实现教学五件套（教学志、教学进度表、课程教案、试卷分析表、课程小结）以及教学过程数据（作业成绩、实训成绩、测验成绩、考勤情况等）可视化，推荐建设优质的专业课在线开放课程。校企共编新形态一体化教材，按需开发活页讲义和工作手册，推动建设数字化、融媒体教材。2022年新增省级立体化规划教材、示范教材、重点教材10部，国家级规划教材6部。

责任单位：教务处、宣传统战部、信息中心、各学院（部）

3.实践教学数字化改造

继续推进智慧校园建设，建设5G技术网络，积极推进“互联网+教育”，坚持信息技术与教育教学深度融合。通过以上（学校）为主、上下［学院（部）］结合，规划建设一批综合性、数字化教学实训室。开展专业数字化改造及信息化素养提升专项师资培训，普及新技术条件下的混合式、合作式、体验式、探究式等新型教学方式。优化实践教学管理平台，将实践教学纳入网上巡课系统，实现线上教学督导全覆盖。

重点打造工业互联网产教融合集成平台和虚拟仿真实训基地。以电子信息工程学院为主体，与苏州工业互联网相关行业企业合作，打造高水平、高层次“产、教、研、服”一体化的工业互联网产教融合集成平台。以机电工程学院为主体，建设智能制造技术综合应用的专业虚拟仿真实训中心，开发以虚拟工厂为核心的数字化资源、新形态教材，提升教学体验，创新教学模式。

持续推进江苏省高等职业教育产教融合集成平台“智能+高端装备制造产教融合集成平台”建设，聚焦区域高端装备制造领域，构建工科专业群高质量协同发展支撑体系，完善平台运行机制，创建教学与生产相融的高水平教学队伍，推动专业标准化建设，完善专业集群课程资源，创设与技能证书对应的实训教学环境，构筑产学研用技术创新高地，提升国际化建设水平，力争以高质量建设完成验收，促进工科专业群人才培养与产业需求有机衔接，提升专业服务社会能力。

责任单位：教务处、信息中心、组织人事部、校地合作办公室、科技处、总务处、各学院（部）

4.教学管理数字化改造

提升现有信息化教学管控系统的数字化水平，继续开发服务于师生的线上教学相关服务，将信息技术和智能技术深度融入教学管理全过程。通过分析学生的教学状态，精准推送教学过程中的状态数据和学业预警信息。通过网络教学平台，实现课堂教学数字化点名全覆盖。通过数据积累（2016年至今），在教学管控系统中形成教师教学业绩“一张表”，在“一张表”上呈现教师每年的教学工作量、教学质量评价与考核情况、教学项目及成果等情况。通过推进各专业教学业绩“一张表”数字化管理，打破学校部门、院部之间的“信息孤岛”现象，实行大数据互通互联、整合利用。

责任单位：教务处、信息中心、各学院（部）

5.教学评价数字化改造

贯彻落实中共中央、国务院《深化新时代教育评价改革总体方案》，探索建立科学的符合时代要求的学校教学质量评价机制。一是建立数字教学质量督导中心，用信息化手段促进教学质量评价改革。通过智慧校园建设，逐步推进教学活动场所监控视频全覆盖，对课堂秩序、教室安全、突发事件进行过程性监管。建立推门听课和网络巡课相结合的机制，并逐步扩大网络巡课的比例。二是完善数字化在线评教系统功能，完善适合“网络原住民”当代大学生的线上即时评价系统，实行教师与学生双向自主评价，调动学生自主学习的主动性、积极性。三是开展教学全过程数据实时采集工作，运用大数据应用技术，构建教育教学数据分析决策平台，为师生精准画像、能力建模、多元评价和智能预警，赋能人人成才。

责任单位：督学室、信息中心、教务处、保卫处、各学院（部）

（三）专业转型融合化，建立资源优化配置机制

1.强化专业融合

文科专业之间、文科与工科专业、工科专业之间，都要以数字技术为纽带，推进专业间的交叉融合。对于传统专业，要用新技术改造提升，进行融合化升级创新，使其焕发青春，适应时代发展。2022年将推动工业互联网技术、跨境电子商务、大数据与会计、学前教育、旅游管理5个专业进行跨学院融合交叉建设，要充分发挥集群效应，有机整合课程资源、教师资源与实训资源，实现资源整合和共享效益最大化，使原本“小”而“散”的单体专业相互支撑，形成人才培养合力。

责任单位：教务处、各学院（部）

2.强化团队融合

组建一批跨界融合的高水平教学团队，使融合化工作能落地、见实效。依托跨学院交叉专业建设，立项5~10个与数字经济相关的融合化课程教学团队，根据跨界融合式教学需要，采用“走出去”“请进来”的方式，为教师搭建更多的学习培训平台，组织教师教学能力专项培训，提升教师跨界融合教学创新的能力和水平。以建设省级以上精品在线开放课程为目标，开发数字教材、融媒体教材、立体化教材和工作手册，联合组队参加教师教学能力比赛。

责任单位：教务处、各学院（部）

3.强化校地融合

要充分发挥职业教育产教融合、校企（校地）合作的特性和优势，在推行校内资源循环融合共享的同时，积极实施“借船出海、借梯上楼”，大力利用地方资源，融入学校建设发展。一是共育师资队伍。专业建设的升级创新，关键是教师能力的转型发展。校内教师要积极步入企业实践锻炼，了解掌握数字经济发展态势，拓宽视野，增长才干，培育“双师型”的数字化教师队伍；通过聘任产业教授等途径，引入地方专家学者进校教学，构建“双主体”校地融合教师团队。争取成功申报省“双师型”名师工作室，专任教师中“双师型”素质教师比例达到86.5%，年内新增客座教授、兼职教授、产业教授和柔性引进人才25名左右，并充分发挥他们的作用。二是共建校外实习实训基地。利用学校和企业的各自优势，建好一批学生校外实习实训基地，建立覆盖主要专业领域的教师企业实践基地，为“成就学生、成就教师”创造条件。进一步优化“智慧就业”平台，构建以“江苏大学就业信息服务平台”为主体，求职数据采集、供需信息对接、在线电子签约等功能完善的数字化、智能化、综合型就业服务平台。三是共享校内实训资源。继续实施《关于学校资源整合利用问题专项整治行动方案》，学校的实验实训室，既为学生服务，又面向企业开放，为企业员工技能提升提供培训服务。持续更新“社会服务清单”，完善“产教信息平台”。积极开展社会培训项目，年非学历社会教育培训人数达到在校生的2倍，校本部年非学历社会教育培训服务到款额超过600万元。

责任单位：校地合作办公室、组织人事部、学生工作处、教务处、各学院（部）

4.强化专创融合

推进创新创业教育与专业教育相融合，构建多层次、分类别的专业教育体系，建立跨院系、跨专业交叉培养创新创业人才的新机制。开设创新班，实施“六个一”工程，培养拔尖创新人才。完善学生技能竞赛管理办法，在校生2022年校级以上技能类、双创类、专业类、学术类、思政类等竞赛参赛率达85%，加大对有竞争实力的技能竞赛项目的扶持。新增学生论文专利作品等科技文化成果数35个，毕业生就业率达96%以上，创业率达0.5%。获得省级“挑战杯”系列竞赛奖2项，国家级获奖1项，获省级“互联网+”双创大赛奖4项，力争国家级“互联网+”双创大赛获奖1项。

责任单位：教务处、团委、学生工作处、创新创业学院、各学院（部）

四、保障措施

（一）加强组织领导。责任单位由第一牵头部门负责，各部门、各学院（部）要将专业数字化改造融合化转型发展作为2022年的重要工作，聚焦目标任务，确保按时保质完成。

（二）加强督查考核。从数字经济发展对人才培养的高质量需求出发，精心设置考核指标，坚持成果导向，形成科学合理的考核体系。教务处列出任务清单，对工作任务进展情况进行督查。

（三）落实经费保障。加大经费支持力度，对于专业数字化改造融合化转型发展重点建设年涉及的项目优先予以经费支持，确保建设经费落实到位，保证建设项目顺利推进；对于无法列入当年预算的项目，优先列入2023年预算。

工作部署

精神再振奋　行动再提速　奋力推动学校重点建设年工作再上新台阶

——校党委书记钮雪林在学校2021质量文化重点建设年总结暨2022专业数字化改造融合化转型发展重点建设年工作部署会议上的讲话

同志们：

今天，我们召开2021质量文化重点建设年总结暨2022专业数字化改造融合化转型发展重点建设年工作部署会议。

文化的影响是潜移默化、深远持久的。高校质量文化是大学文化的核心，是一个学校在长期办学历史中形成，与办学定位、办学水平、办学特色相适应，以质量为核心的物质、行为、制度和精神表现的总和，需要常态化、长效化加以推进。今后，我们要紧紧围绕创建全国一流品质院校的目标愿景，继续把质量文化作为学校高质量发展最基础、最深厚、最持久的力量，持之以恒做好这项工作，凝聚“创新争先、创优争光”的奋进力量，打造最优“营教”“营学”“营研”环境，为学校高质量发展、高水平拓进提供强有力的支撑。

刚才，孙学文副校长做了2022专业数字化改造融合化转型发展重点建设年工作布置，这个实施方案已经印发给大家。为进一步组织实施好专业数字化改造融合化转型发展重点建设年工程，我再强调三点意见。

一、紧扣数字经济发展和学校专业建设实效，在任务目标上再聚焦

党的十九大报告指出，我们要建设网络强国、数字中国、智慧社会，推动实施国家大数据战略，加快建设数字中国，更好服务人民。近年来我国互联网、大数据、云计算、人工智能、物联网、5G技术、区块链等数字产业经济，发展速度快、辐射范围广、影响程度深。2021年苏州市出台《苏州市推进数字经济和数字化发展三年行动计划（2021—2023年）》，瞄准建设“具有世界影响力的国际数字之都”，明确提出要率先建成全国“数字引领转型升级”标杆城市。2022年1月5日，苏州市召开新年第一个重要会议——数字经济时代产业创新集群发展大会，强调要积蓄昨日之功，勃发今日之力，用数字经济的蝶变催生创新集群的聚变，全面提升苏州高质量发展的核心竞争力。

我们学校今年的重点建设年共有3个关键词，分别是专业、数字化改造、融合化转型发展。在加快数字经济发展的大背景下，我们的专业建设和专业群布局，必须因时而谋、因事而动、因势而新，紧密对接地方数字经济产业发展态势，专业调整与产业发展协同，积极推进数字经济相关新专业的设置，并对现有专业进行整合归并、升级改造、融合转型，将人才培养链与产业创新链更好地对接起来，形成与数字产业协同发展的专业升级创新整体格局。

为此，我们必须进一步提高站位、拓宽视野，深刻认识今年学校重点建设年的意义、目标和任务。教育数字化既是大势所趋，又是当务之急，给职业教育的变轨超车带来历史性的发展机遇。形象地来说，学校的高质量发展如同乘风之舟，数字化赋能改造就像鼓风之帆，专业的融合化转型发展就是创新浪潮，积聚起建设全国一流品质院校乘风破浪的强大动能，托载着我们学校这艘巨轮又快又稳驶向未来、再创辉煌。

二、紧扣融合创新转型发展，在工作推进上再聚神

随着数字经济的不断发展壮大，各种新经济、新技术、新业态对人才的素质结构、能力结构、技能结构提出全新的要求。对此，高职院校在人才培养上面临着危机挑战和发展机遇，这要求我们对各专业的课程进行重组，教学内容实行融合化转型，打破原来的分割定势，以市场化需求为导向，实行大范围、大幅度的跨界融合，优化配置校内外资源，着力培养复合型、创新型、适应型人才。在具体举措上，要抓紧实行三个融合。

一是专业相互融合。文科专业之间、文科与工科专业、工科专业之间，都要以数字技术为纽带，推进交叉融合，拓展知识面，增加知识量。特别对传统专业，更迫切需要进行融合化升级创新，使其焕发青春，适应时代发展。融合化转型的有效途径和有力抓手，是规划建设好专业群和专业集群，组建一批跨界融合的高水平教学团队、科研平台，使融合化工作能落地、见成效。

二是线上、线下融合。除了线下课堂教学相互融合之外，数字化教学为线上、线下融合发展创造良好的条件。我们要加快推进所有课程线上、线下的融合教学，打造一批线上精品课程，提高线上教学质量，并及时进行“线上督学”。在疫情防控常态化情况下，要抓住机遇，使线上教学成为新时代教学的有效提升形式。

三是校地深度融合。要充分发挥职业教育产教融合、校地合作的特性和优势，在推行校内资源循环融合共享的同时，积极实施“借船出海、借梯上楼”，大力利用地方资源，融入学校建设发展。要与校外资源进一步共育师资队伍、共建社会实践基地、共享校内实训资源，以教师能力的转型发展助推专业建设的升级创新，建好一批学生社会实习基地、教师技术服务基地，做到既为学生服务，又面向企业开放，为企业员工技能提升提供服务。

三、紧扣标志性成果和关键性指标，在责任落实上再聚力

专业数字化改造融合化转型发展是一个长期的过程，不可能一蹴而就，需要系统规划、久久为功。要将今年的重点建设年工程与学校年度工作任务、标志性成果产出、“对标找差”指标、“十四五”事业发展内涵质量指标等结合起来，明确工作职责、强化担当作为，以强势的专业、专业群、专业集群创新发展，带动多方面成果、成效的显现。

一是科学管理、提高效能。进一步完善工作机制，形成统筹全局、上下联动、共同推进的工作局面。要构建教学管理数字化体系，提高学校部门、学院（部）之间的大数据互通互联、整合利用。要做到全面覆盖、分步推进，首先从教育部《职业教育专业目录（2021年）》涉及商学院的大数据与会计、大数据与财务管理、大数据与审计等3个专业，以及近年来建设的一批“新工科”专业入手，积累经验，逐步推开。要将数字化引入管理和服务各条线，继续发挥“一张表”业绩考核管理系统作用，实行智慧管理，使学校发展步入数字化时代。

二是强化创新、主动作为。要以专业数字化改造融合化转型发展重点建设年为契机，以平台升级、资源开发为内容，进一步凝聚改革共识、激发创新活力。创新之道，唯在得人。习近平总书记强调，“创新的事业呼唤创新的人才”，“人才越多越好，本事越大越好”。要充分发挥人才、团队在专业数字化改造融合化转型发展中的关键作用，设立“教授·博士日”，建立持续提升创新保障机制，更好成就教师、成就学生，让各类人才创新活力充分迸发，推动学校高质量、高水平发展再上新台阶。

三是协同发力、狠抓落实。学校的发展没有局外人，各单位要按照建设年工作方案积极行动起来，做到全校上下“一盘棋”，加强协作配合、凝聚工作合力，坚持持续推进、狠抓工作落实。要找准专业数字化改造融合化转型发展的着力点和适合途径，以逢山开路、遇水搭桥的勇气和功成不必在我、功成必定有我的定力，勇立时代潮头，真抓实干、奋勇拼搏，在2022年实现新进步、取得新突破。

同志们，一分部署，九分落实。让我们拿出争创一流的志气、昂扬奋进的士气、开拓进取的锐气，对标找差、赶超跨越，奋力夺取疫情防控和事业发展“双胜利”，以优异成绩迎接党的二十大和学校第三次党代会的胜利召开！

谢谢大家！

（顾　伟）

苏州市职业大学2021年度综合表彰大会

表彰决定

关于公布2021年度综合表彰项目及内涵质量建设创新工作项目的决定

苏职大委〔2022〕14号

各学院（部），各部门：

2021年，全校以习近平新时代中国特色社会主义思想为指导，全面贯彻党的十九大和十九届历次全会精神，紧抓立德树人根本任务，以高质量发展为主题，切实增强学校发展竞争力，涌现出一批对学校事业发展推动作用显著的项目。

为表彰先进，发挥先进典型的示范带动作用，进一步增强广大师生员工干事创业的热情和担当有为的干劲，加快江苏省中国特色高水平高职学校和全国一流品质院校建设步伐，校党委、行政研究决定：

1.授予“突出服务地方经济社会发展办好高职教育，人才培养、横向技术服务和社会培训得到扩面提质增效，为苏州产业升级做出积极贡献”项目为特别贡献项目。授予合作项目“低场核磁共振技术在食品快速检测中的创新应用及系统开发”获评2021年度江苏省科学技术奖一等奖为突破项目。授予学校获评江苏省智慧校园示范校等7个项目为创优项目。授予学校顾梅老师家庭入选首批“全国教育世家”等5个项目为特色项目。

2.对在2021年度学校内涵质量建设中，有效提升管理服务能力，有力推动内涵式高质量发展的6个创新工作项目予以公布。

希望受表彰的集体和个人，珍惜荣誉、总结经验，再接再厉、再创佳绩。全校各部门、各学院（部）和广大师生员工要以受表彰的集体和个人为榜样，学习先进、勇当标兵，在“争当表率、争做示范、走在前列”建设中担当作为，着力贡献标志性成果，推动全校各项事业再上新台阶！

附件：

1.2021年度综合表彰项目

2.2021年度内涵质量建设创新工作项目

中共苏州市职业大学委员会

苏州市职业大学

2022年3月3日

附件1：

2021年度综合表彰项目

一、特别贡献项目

1.突出服务地方经济社会发展办好高职教育，人才培养、横向技术服务和社会培训得到扩面提质增效，为苏州产业升级做出积极贡献。［教务处、科技处、校地合作办公室、各相关部门、各学院（部）］

二、突破项目

1.合作项目“低场核磁共振技术在食品快速检测中的创新应用及系统开发”获评2021年度江苏省科学技术奖一等奖（教育与人文学院、科技处）

三、创优项目

1.学校获评江苏省智慧校园示范校（信息中心）

2.学校获评江苏省红十字示范学校（团委）

3.学校再获国家社会科学基金项目立项（教育与人文学院、科技处）

4.学校获第十七届江苏省大学生课外学术科技作品竞赛“挑战杯”全国竞赛江苏省选拔赛决赛优胜杯（团委、创新创业办公室）

5.“智慧城市安防关键技术及工程应用”项目获评2021年度江苏省高等学校科学技术研究

成果奖二等奖(计算机工程学院、科技处)

6.机电一体化技术专业获评“十四五”江苏省首批高校国际化人才培养品牌专业建设项目(机电工程学院、国际学院)

7.“电梯工匠涵养班，订单培养新探索”项目入选2020年中国高等教育博览会“校企合作双百计划”典型案例(机电工程学院)

四、特色项目

1.学校顾梅老师家庭入选首批“全国教育世家”(教育与人文学院、组织人事部)

2.融合党建“领航者工程”提升党务品牌影响力(组织人事部)

3.创新“数字化思政”赋能党史学习教育(宣传统战部、学生工作处)

4.学校获评江苏省高校心理健康教育先进集体(学生工作处)

5.学校获评江苏省省级中小学生职业体验中心(机电工程学院、教务处)

附件2:

2021年度内涵质量建设创新工作项目

1.打造“一张表”业绩考核管理系统。深化绩效体系改革，赋能高质量发展，创新开发建设“一张表”业绩考核信息化管理系统，构建可视化质量监控考核评价体系，形象展示内涵质量考核与绩效评价数据，更好地发挥绩效考核激励作用。(组织人事部、信息中心)

2.成立全市首家高校志愿者学院。按照“提升服务水平、注重教学实践、服务地方发展”原则，推进志愿服务高质量发展。承接团省委“青马工程”社会组织班项目。累计指导全校122个团队，1600余名师生深入基层开展志愿实践活动。1个团队入选团中央示范团队，10个团队入选省级暑期社会实践重点团队。相关活动获《中国青年报》等20余家新闻媒体关注报道。(团委)

3.实施辅导员队伍建设“立心”计划。打开“向外看”的新路径，开启“向前看”的新引擎，注入“向上看”的新动能，全面提升辅导员队伍精神面貌，激发新作为。2021年，全校辅导员申报立项课题14项，发表论文31篇，受省、市级表彰7人，指导“我心中的思政课”主题视频入选全国300强评审，辅导员主讲的“就业核心能力培训”获评省级优秀。(学生工作处)

4.建立横向技术服务“一项目三服务环”模式。创建合同订立服务环、经费预算及使用服务环、结题及材料归档服务环，配备专人负责、专人指导，提升服务效能。2021年度学校横向技术服务实现突破性增长，横向服务项目242项，到账经费同比增长355%。(科技处)

5.推进全市首个高校“戎耀之家”建设。突出党建引领，促进国防教育与退役军人管理服务融合发展。整合各类国防教育资源，精心打造以退役大学生为主体的“国旗护卫队”“退役军人志愿者服务队”品牌，开展志愿服务，有效维护校园安全稳定。(保卫处)

6.发布全市首份高校校地合作“资源服务清单”。做优社会服务质量，做大社会服务总量，着力提高学校服务社会贡献度。与社会共享学校人才、技术、信息、仪器设备等优势资源，为提高产业工人整体素质、企业转型升级、成果转化及项目孵化等提供“菜单式”“定制化”服务。校本部2021年度完成服务社会培训项目67项，到账经费大幅增长。(校地合作办公室)

项目介绍

一、特别贡献项目

1.突出服务地方经济社会发展办好高职教育，人才培养、横向技术服务和社会培训得到扩面提质增效，为苏州产业升级做出积极贡献[教务处、科技处、校地合作办公室、各相关部门、各学院(部)]

学校以技能竞赛和教学能力比赛为抓手，在2021年省技能大赛中获奖25项，其中一等奖5项，获奖率达72%，总成绩位居全省同类院校第四名。声乐表演获国赛三等奖。学校积极实施苏州市职业大学教师教学能力比赛提升专项行动计划，教学能力比赛获省二等奖3项、三等奖5项。学校积极向社会争取资源，2021年横向服务项目立项242项，到账经费746.48万元，科技成果转移转化13项，到账经费65.38万元，到账经费实现300%以上的突破性增长。学校发布全市首份校地合作“资源服务清单”，与社会共享人才、技术等优势资源，为提高产业工人素质、企业转型升级提供“菜单式”“定制化”服务。完成服务社会培训项目67项，到账经费大幅增长。

二、突破项目

1.合作项目“低场核磁共振技术在食品快速检测中的创新应用及系统开发”获评2021年度江苏省科学技术奖一等奖（教育与人文学院、科技处）

学校顺应苏州地方经济发展需要，携手大院大所高端资源，提升合作层次，为师生提供优质的营教营学营研环境，打造高端、突破性成果。2021年，学校朱莹莹博士参与的“低场核磁共振技术在食品快速检测中的创新应用及系统开发”项目获江苏省科学技术一等奖，学校是唯一完成单位排名前三的高职院校。该项目创新性地应用低场核磁共振技术，研发出品质控制技术和食品掺假快速筛查方法，产生显著的经济和社会效益。这是学校继2019年获江苏省科学技术进步奖二等奖后的又一佳绩，是学校推进与大院大所合作共建的又一标志性成果。

三、创优项目

1.学校获评江苏省智慧校园示范校（信息中心）

学校高度重视智慧校园建设，积极推进“互联网+教育”。自2020年实施智慧校园重点建设年工程以来，全方位、多层次、宽领域实施建设任务，打造特色“六全”智慧校园暨全网感知的基础环境、全类共享的数据资源、全域融合的应用集群、全时泛在的教学实训、全员惠及的智慧服务、全程协同的治理体系，形成自身的特色和优势，取得显著成效。近年来，学校先后获评2019—2020年度省高校教育信息化先进集体和2021年江苏省高等学校信息化建设先进单位，并于2021年被江苏省教育厅、江苏省工业和信息化厅审核认定为江苏省智慧校园示范校。

2.学校获评江苏省红十字示范学校（团委）

2021年12月，江苏省红十字会、江苏省教育厅公布第七批江苏省红十字示范学校名单，学校作为全省3家高职院校之一成功入选。自启动江苏省红十字示范学校创建工作以来，学校全面加强对红十字会工作的组织领导，扎实推进苏州市大学生应急救护培训基地师资队伍、校地共建、融合服务，强化红十字精神宣传教育、健康教育、志愿服务等核心工作，推进学校红十字工作高质量发展。江苏省红十字示范学校荣誉既是对学校红十字会整体工作的充分肯定，也是对学校深化精神文明建设和建设和谐美丽校园的高度评价。

3.学校再获国家社会科学基金项目立项（教育与人文学院、科技处）

学校秉承厚植文化研究，服务地方社会经济发展的理念，依托江苏省大运河（江苏段）文旅融合研究协同创新基地，借力华中师范大学国家文化产业研究中心及上海交通大学城市科学研究院等平台，2021年，学校陈璇教授团队申报的“明清以来中国大运河流域民歌搜集整理与研究”获批国家社会科学基金项目，是当年度江苏省高职院校唯一获批项目。项目通过开展民歌非遗的挖掘、整理、保护及创新利用研究，为推进大运河的文化传承与创新提供重要支撑。国家社会科学基金项目的再次获批，是学校长期以来坚持高质量发展理念，注重科研平台和基地建设，推动智库建设的生动体现。

4.学校获第十七届江苏省大学生课外学术科技作品竞赛暨“挑战杯”全国竞赛选拔赛决赛优胜杯（团委、创新创业办公室）

在第十七届江苏省大学生课外学术科技作品竞赛中，学校报送的4件作品首次全部晋级决赛。在决赛中，4件作品全部获奖，学校首次实现3件作品获得一等奖。学校以“挑战杯”竞赛历史最好成绩首次获江苏省“挑战杯”大学生课外学术科技作品竞赛优胜杯，成为获此荣誉的全省7所高职院校之一，实现新突破。在备赛周期中，学校整体谋划，高位推动，校团委、创新创业办公室统筹推进竞赛的组织发动、立项培育、项目遴选、培训辅导、校赛选拔、省赛组织等各项工作，进一步提升学校在“挑战杯”竞赛体系建设和创新人才培养中的质量和水平。

5.“智慧城市安防关键技术及工程应用”项目获评2021年度江苏省高等学校科学技术研究成果奖二等奖（计算机工程学院、科技处）

项目依托国家自然科学基金、国家重点研

发计划和企业委托项目，经过10年的技术攻关和成果积累，在智能终端安防关键技术、无线传感器网络链路安全与优化以及跨平台协同感知与推理等安防关键技术和工程推广应用方面取得重大突破。技术成果满足神舟十号工程、上海世博会、南京青奥会等重要项目及活动对跨网数据安全交换的严苛需求。近3年，直接经济效益超22亿元，成果先后获得中国技术市场协会金桥奖二等奖、中国发明创业成果奖二等奖和2021年江苏省高等学校科学技术研究成果奖二等奖。

6.机电一体化技术专业获评"十四五"江苏省首批高校国际化人才培养品牌专业建设项目（机电工程学院、国际学院）

机电一体化技术专业是江苏省高等职业教育高水平专业群核心专业，专业国际化合作办学早，合作办学成效突出，先后获批省留学江苏优才计划项目、省中外合作办学高水平示范性建设工程项目、省高校外国留学生英文授课省级精品课程。2021年，立项"十四五"江苏省首批高校国际化人才培养品牌专业建设项目。专业积极开发国际化课程教学资源、打造双语教学团队，联合"走出去"企业开展海外技术技能人才培养，人才培养质量高，获得巴基斯坦、南非等国政府机构和境外合作院校的高度肯定，国际合作办学经验在《中国教育报》《新华日报》等重要媒体上发表。

7."电梯工匠涵养班，订单培养新探索"项目入选2020年中国高等教育博览会"校企合作　双百计划"典型案例（机电工程学院）

2021年，学校与苏州远志科技有限公司联合申报的"电梯工匠涵养班，订单培养新探索"入选中国高等教育博览会"校企合作　双百计划"典型案例。项目得到中国高等教育学会组织的"校企合作　双百计划"双走访活动专家组的充分肯定。电梯工匠涵养班项目理念有创新，实践有成效。经过工匠涵养班洗礼的学生，专业技能扎实，同时积极参加各级技能大赛、行业竞赛，市级以上获奖10余项，学生毕业后在企业中同样发挥骨干作用，取得卓越成绩，在"电梯工匠"的道路上不断向前迈进。项目将进一步总结凝练，形成校企合作育人的新模式，进行推广辐射，争取取得更大成效。

四. 特色项目

1.学校顾梅老师家庭入选首批"全国教育世家"（教育与人文学院、组织人事部）

校党委坚持以习近平新时代中国特色社会主义思想为指导，深入开展"五个一"工程，突出全员、全方位、全过程师德养成。大力挖掘宣传师德典型，教育引导全校教师坚守立德初心，牢记育人使命。经学校推荐，教育与人文学院顾梅老师家庭入选教育部首批100个教育世家，是江苏省5个"教育世家"之一。顾梅老师深受其外祖父钱穆大师和家庭的影响，选择了教师职业；学校给予她潜心教书育人的环境和氛围，鼓励她致力推动"人"的教育。多年来，顾梅老师坚持"中国文化与儿童教育"实践研究，主持"梅子时间"和"融融堂"活动，获省、市优秀阅读推广人，校"我最喜爱的老师"等称号。

2.融合党建"领航者工程"提升党务品牌影响力（组织人事部）

学校各级基层党组织坚持以融合党建为引领，通过"全面结对、全面过硬"，将党建与各项工作联动发展，与立德树人同向同行，与教学科研相辅相成，以高质量党建赋能学校内涵式高质量发展。全校结对党组织达127对。依托融合党建平台，打造"领航者工程"品牌，创新教育培养方式，推出"书记工作室""书记项目""红色沙龙""党务干部能力提升计划"等系列针对性举措，促进党务干部的党务业务能力双提升。2021年，学校有4位党务干部获得省、市级表彰。放眼未来，学校将持续加强"领航者工程"建设，为学校高质量发展护航。

3.创新"数字化思政"赋能党史学习教育（宣传统战部、学生工作处）

学校党委认真全面开展党史学习教育，瞄准基层、对准一线，推出"我为群众办实事"校级项目20个，聚焦志愿活动、人才培养、民情民意办实事办好事，苏州市委党史学习教育领导小组办公室积极肯定学校学习成效。学校重视加强技术赋能，探索校园宣传思政"中央厨房"建设，创新党史学习教育方式。33个"数字化宣传思政融媒学习驿站"多点传播党史知识，数字化思政沉浸式交互体验中心党史融入思政课程。4堂"双主体"思政示范公开课入选"学习强国"学习平台。学校获2021年江苏省教学成果二等奖、江苏省高校思想政治工作优秀案例二等奖、苏州市宣传思想文化工作创新成果奖，获评2018—2020年度苏州市文明校园。

4.学校获评江苏省高校心理健康教育先进集体（学生工作处）

多年来，学校心理健康指导中心致力于打造集教育教学、实践活动、咨询服务、预防干预和平台保障“五位一体”的心理健康教育工作格局，不断寻求心理健康教育的创新之路。在全省高校中率先打造大学生抗挫折教育体验馆，通过抗挫折心理教育课程与现实空间体验相结合的方式，加强大学生抗挫折教育。依托“互联网+”实时追踪学生心理动态，确立危机等级并纳入系统，实施精准干预。自成立以来，中心各项工作取得显著的工作成效，获得江苏省教育厅各级领导的认可与肯定，获2019—2021年度大学生心理健康教育工作先进集体称号。

5.学校获评省级中小学生职业体验中心项目（机电工程学院教务处）

学校高度重视中小学生职业体验教育。学校结合办学特色，整合优势资源，开发了一系列与智能制造相关的课程和职业体验项目，为中小学生提升动手能力和职业意识提供优质平台和资源，是学校服务地方的重要举措。

2021年7月，学校申报的先进制造类智能制造职业体验中心以排名第一的成绩获评苏州市中小学生职业体验中心，12月被认定为江苏省中小学生职业体验中心，是学校首次获得中小学职业体验省级认定项目。依托体验中心开发的“聚焦中小学职业体验，打造智能制造启蒙教育新课堂”劳动教育工作案例入选江苏省职业院校劳动教育典型案例。

（顾　伟）

中国共产党苏州市职业大学第三次党员代表大会

会议通知

关于召开中国共产党苏州市职业大学第三次党员代表大会的通知

各党总支、直属党支部：

经苏州市委批准，中国共产党苏州市职业大学第三次党员代表大会预定于2022年9月26—27日在校图书馆召开。现将有关事宜通知如下。

一、学校第三次党代会报到时间、地点：9月26日下午12:30在图书馆大厅报到。

二、参加党代会的代表共编为6个代表团。每个代表团设团长1人，副团长1至2人，按照大会统一安排，由各代表团推举产生。

三、为了保证党代会的顺利召开，请各代表所在单位不要在会议期间安排代表参加其他与出席党代会时间冲突的活动。如有特殊情况，需报校党委审批。

四、请全体代表、列席人员着正装出席会议，全体代表请佩戴好党员徽章。

五、全体代表、列席人员、工作人员应严格遵守疫情防控有关规定，7天内无中高风险地区旅居史，进入会场须持48小时内核酸检测阴性证明且健康码、行程卡均为绿码，并配合测量体温。除发言外，全程佩戴口罩。

六、9月26日会议结束后，请全体代表、工作人员在图书馆中厅统一进行核酸检测。

中共苏州市职业大学委员会
2022年9月18日

代表名册

党代会主席团建议名单（22人）（经大会预备会议审议通过）

丁　虎　王　峰　叶　军　庄剑英　孙学文　吴建英　吴　倩　沈新艺　张　军　张　健
张　震　茆　琦　孟利琴　胡　宾　钮雪林　俞建伟　徐　伟　曹毓民　温贻芳　鲍寅初
鲜学丰　薛　铭

党代会主席团秘书、副秘书长建议名单（经大会预备会议、主席团第一次会议分别审议通过）

秘书长：张　健
副秘书长：鲜学丰　叶　军

大会执行主席建议名单（7人）（经大会主席团第一次会议审议通过）

曹毓民　温贻芳　张　健　孙学文　庄剑英　张　军　王　峰

党代会组成及团长名单（经大会主席团第一次会议审议通过）

第一代表团（含机关党总支第一、第二、第四、第五、第八党支部）（正式代表20人、列席人员3人）

团　长：沈新艺

副团长：李弈诗

联络员：张明雷

第二代表团（含机关党总支第三、第六、第七、第九党支部和退休第一、第二、第三党支部）（正式代表23人、列席人员3人）

团　长：丁　虎

副团长：沈密婷

联络员：魏　刚

第三代表团（含计算机工程学院、商学院、思政数理体育联合党总支）（正式代表27人、列席人员3人）

团　长：张　震

副团长：郎建华　曹继平

联络员：郑洪静

第四代表团（含电子信息工程学院、管理学院、外国语学院党总支）（正式代表26人、列席人员3人）

团　长：徐　伟

副团长：王　赟　季宇平

联络员：陆　英

第五代表团（含机电工程学院、教育与人文学院、艺术学院党总支）（正式代表30人、列席人员2人）

团　长：茆　琦

副团长：苏　涛　陈　刚

联络员：顾澍嘉

第六代表团（含继续教育学院党总支、图书馆直属党支部、离休干部直属党支部）（正式代表14人、列席人员2人）

团　长：薛　铭

副团长：周承东

联络员：俞海香

党代会各代表团分组（经大会主席团第一次会议审议通过）

第一代表团（含机关党总支第一、第二、第四、第五、第八党支部）（正式代表20人、列席人员3人）

讨论地点：图书馆522室

团　长：沈新艺(女)

副团长：李弈诗

代　表：王　琼(女)　王　喆(女)　方　毅　叶　军　许立莺(女)　许　吉　孙　赢
李　羽(女)　杨卫东　张　芬(女)　张雅晖(女)　陈乳燕　林休休　金　霁(女)
胡　明(女)　胡　宾　顾苏怡(女)　曹毓民

列席人员：冯逸庭　朱剑刚　陆春妹(女)

第二代表团（含机关党总支第二、第六、第七、第九党支部和退休第一、第二、第三党支部）（正式代表23人、列席人员3人）

讨论地点：图书馆403室

团　长：丁　虎

副团长：沈密婷(女)

代　表：王大纲　庄剑英(女)　刘　伟　刘承忠　杨静波(女)　时　新(女)　吴佩华　吴建英(女)　宋现山　张惠玲(女)　陈祥林　周建伟　郑培英(女)　赵　苏(女)　胡洪新　俞建伟　姚金凤(女)　顾慧琴(女)　黄　达　黄　萍(女)　蒋莲华(女)

列席人员：陈庆羊　李　文　陈雪芳(女)

第三代表团（含计算机工程学院、商学院、思政数理体育联合党总支）（正式代表27人、列席人员3人）

讨论地点：图书馆404室

团　长：张　震

副团长：郎建华　曹继平

代　表：于晓晶(女)　王俪燕(女)　许　旻(女)　孙继云(女)　李东华　李亚琴(女)　杨　娟(女)　吴文英(女)　吴彩燕(女)　张　贺　尚鲜连(女)　项　丹(女)　钮雪林　徐　峰　徐丽华(女)　高　盼　曹　湘(女)　梁　淼(女)　傅济锋　蔡晓平(女)　鲜学丰　谭方勇　缪启军　潘荣英(女)

列席人员：陈湘源　齐　红(女)　张红兵

第四代表团（含电子信息工程学院、管理学院、外国语学院党总支）（正式代表26人、列席人员3人）

讨论地点：图书馆506室

团　长：徐　伟

副团长：王　赟(女)　季宇平

代　表：王　峰　王红梅(女)　邓建平　孙雯丽(女)　李媛媛(女)　杨　康　吴　倩(女)　吴蕴慧(女)　何　慧(女)　汪义旺　张　军　张　虹(女)　张　健　陈广宇　周　娜(女)　周　燕(女)　孟利琴(女)　练稳山　赵　成　赵　阳(女)　俞兴明　钱国林　淮文军

列席人员：曾宗祥　孙春华(女)　杨晓华

第五代表团（含机电工程学院、教育与人文学院、艺术学院党总支）（正式代表30人、列席人员2人）

讨论地点：图书馆401室

团　长：茆　琦

副团长：苏　涛(女)　陈　刚

代　表：丁俊锋　于　莉(女)　王静娟(女)　朱　洁(女)　孙存国　孙学文　严　淑(女)　苏　建　李耀辉(女)　吴　怡(女)　吴　隽　张　丽(女)　张永康　张颖娉(女)　陆建康　陈　洁(女)　赵　争　赵宏平(女)　赵海燕(女)　钟　鸣(女)　顾　伟　高　颖(女)　浦　江　曹乃玲(女)　童李君(女)　温贻芳(女)　熊贵营

列席人员：蔡梅荣　黄丹荔(女)

第六代表团（含继续教育学院党总支、图书馆直属党支部、离休干部直属党支部）（正式代表14人、列席人员2人）

讨论地点：图书馆102室

团　长：薛　铭（女）
副团长：周承东
代　表：朱亚伟　刘　丹　刘富博　刘谦忠　陈　钰（女）　施汝生　施培根
　　　　陶亦亦　宿瑞芳（女）　鲍寅初　薛仪祥　戴涵莘（女）
列席人员：毛根民　徐建中

党代会列席人员名单（16人）

老领导：毛根民　冯逸庭　陈庆羊　陈湘源　徐建中　曾宗祥　蔡梅荣
部门负责人：朱剑刚　杨晓华　张红兵　陈雪芳
民主党派负责人：陆春妹　李　文
市、区人大代表：齐　红
市、区政协委员：孙春华　黄丹荔

领导讲话

在苏州市职业大学第三次党代会开幕式上的讲话

苏州市副市长　季晶
2022年9月26日

各位代表，同志们：

今天，中国共产党苏州市职业大学第三次党员代表大会隆重开幕了，这是全校广大师生政治生活中的一件大事。在此，向大会的召开表示热烈的祝贺！

自上届党代会以来，苏州市职业大学党委深入学习贯彻习近平新时代中国特色社会主义思想，坚持党的教育方针和社会主义办学方向，在人才培养、科学研究、社会服务、文化传承创新、国际交流等各个方面都取得了可喜的成绩，学校事业得到全面发展，综合实力和社会影响力不断提升，为苏州建设展现“强富美高”新图景的社会主义现代化强市提供了有力支持。学校先后获江苏省文明单位、江苏省文明校园、江苏省职业教育先进单位、江苏省科技工作先进高校、江苏省高校毕业生就业工作先进集体、江苏省平安校园建设示范高校、江苏省智慧校园示范校等称号，连续获评中国高等职业院校教学资源50强、中国职业院校智慧校园50强、全国高职院校“创新创业100强”。市委对市职业大学所取得的办学成绩是充分肯定的。当前，苏州市正围绕省第十四次党代会和市第十三次党代会的工作布局，深入学习贯彻习近平总书记视察江苏重要讲话指示精神，自觉扛起“争当表率、争做示范、走在前列”重大使命。在新的时代背景下，苏州对高等职业教育和高素质技术技能人才的需要，比以往任何时候都更加迫切。苏州市职业大学作为市属高职院校，肩负着为苏州经济社会发展提供人才保证和智力支持的重任。借此机会，我提三点要求：

一、要聚焦学习贯彻党的二十大精神，着力加强党的全面领导，切实为学校事业发展提供坚强政治保证

2022年是新时代新征程中具有特殊重要意义的一年，迎接学习贯彻党的二十大，是贯穿今年党和国家全局工作的主线，学校各项工作的开展也要聚焦这条主线，全力营造稳定和谐的校园环境，积极营造喜迎党的二十大的浓厚氛围。党的二十大胜利闭幕后，要深入开展宣传宣讲工作，迅速掀起学习宣传贯彻的热潮，丰富提升谋划工作的思路、推动发展的举措，引导全校师生坚定捍卫“两个确立”，进一步增强“四个意识”、坚定“四个自信”，把“两个维护”贯彻到学校发展的全过程，推动党的二十大精神在学校落地生根、开花结果。当前，我国已经迈上了全面建设社会主义现代化国家、向第二个百年奋斗目标进军的新征程，在新的形势下，需要我们加强和改进党对高校的领导。希望新一届党委切实加强思想政治建设和办学治校能力建设，努力成为政治坚定、作风优良、团结进取、务实高效、勤政廉洁的坚强领导集体，把党对高校的领导落实到把好办学方向、深化综合改革、推进依法治校、促进内涵发展的全过程，为学校各项事业科学发展提供坚强有力的政治保证和组织保障。

二、要聚焦立德树人根本任务，着力强化思想政治引领，切实培养担当民族复兴大任的时代新人

高校肩负着学习研究宣传马克思主义、培养中国特色社会主义事业建设者和接班人的重大任务，职业教育承担着培养多样化人才、传承技术技能、促进就业创业的重要职责。在苏州打造教育现代化强市过程中，苏州市职业大学要始终成为培养高素质技术技能人才的先行军、排头兵。希望新一届党委把牢社会主义办学方向，深化“三全育人”综合改革，坚定理想信念教育，将社会主义核心价值观融入人才培养全过程，不断提升立德树人成效；立足职业教育类型特点，高质量推进教育教学改革，对接苏州产业发展需求，创新人才培养模式，促进学生德、智、体、美、劳全面发展。悠久的办学历史、丰富的办学资源为苏州市职业大学建设全国“双高计划”高职学校、职业本科院校奠定了坚实基础，希望学校抓住当前职业教育的重要发展机遇，围绕苏州经济社会发展和自身优势专业，进一步提升人才培养质量和专业建设整体水平，进一步彰显办学特色和品牌优势，积极打造一流品质的人才培养高地。

三、要聚焦高质量发展要求，着力推进学校内涵提升，切实为服务苏州发展贡献更大力量

未来5年，是国家全面推进教育现代化建设、彰显类型教育特征的重要时期，对于苏州市职业大学来说，也是提质升级、深化高质量发展，建设全国“双高计划”高职院校和职业本科院校的关键攻坚期。高等职业教育与区域经济发展紧密相连，主动对接经济发展和产业转型升级的需求，积极承接任务和项目，是高职院校使命所在和优势所在。近年来，苏州市职业大学扎根苏州，服务苏州发展，得到了地方政府、社会各界的高度评价。希望苏州市职业大学在新一届党委的领导下，始终把内涵质量提升作为学校改革发展最核心、最紧迫的任务，高质量推动校地融合发展，持续增强服务社会和地方发展能力。为苏州“打造国家级人才平台、建设中国人才发展现代化强市”培养高素质劳动者和技术技能人才，为苏州市委和政府决策、城市建设发展提供咨询服务和智力支持，把人才、技术优势转化为现实的生产力优势，以实际行动迎接党的二十大胜利召开！

各位代表、同志们，市政府将一如既往地关心和支持苏州市职业大学的各项工作，积极协调解决学校发展中遇到的难题，为苏职大提供优质服务、创造良好条件，共同推动美好愿景的早日实现。希望苏州市职业大学以本次党代会为契机，举旗定向、守正创新，科学规划今后5年以及更长一段时期的发展战略和目标任务，真正把党代会开成统一思想、谋划发展的大会，开成凝心聚力、继往开来的大会。希望全体代表以高度的政治责任感，严格按照党章和民主集中制原则，认真履行代表职责，严格遵守大会纪律，正确行使民主权利，以实际行动为营造风清气正的政治生态贡献力量，选举产生信念坚定、为民服务、勤政务实、敢于担当、清正廉洁的新一届党委、纪委领导集体。相信新一届领导班子一定能够不负众望、不辱使命，团结带领全体师生员工开创学校发展新局面。

最后，预祝苏州市职业大学第三次党代会圆满成功！

工作报告

继往开来　踔厉前行　为建成职业本科院校而努力奋斗

——在中国共产党苏州市职业大学第三次党员代表大会上的报告

党委书记　曹毓民

2022年9月26日

各位代表，同志们：

现在，我代表中共苏州市职业大学第二届委员会向大会做报告，请予审议。

大会的主要任务是高举中国特色社会主义伟大旗帜，坚持以马克思列宁主义、毛泽东思想、邓小平理论、“三个代表”重要思想、科学发展观、习近平新时代中国特色社会主义思想为指导，深入学习贯彻党的十九大和十九届历次全会精神，牢记为党育人、为国育才使命，落实立德树人根本任务，认真总结学校第二次党代会以来的主要工作，研究确定今后5年的奋斗目标和主要任务，选举产生学校新一届党委、纪委，团结带领全校党员和师生员工，同心同德、开拓进取、真抓实干、担当作为，为建设特色鲜明的职业本科院校而接续奋斗！

一、过去5年工作的回顾

苏州市职业大学自1981年正式成立以来，筚路蓝缕，栉风沐雨。2003年，原苏州市职业大学、苏州教育学院、苏州市广播电视大学、苏州市职工科技大学四校合并，组建成为新的苏州市职业大学，苏职大人弦歌不辍，薪火相传。学校在第一次党代会后，紧紧抓住“大楼、大师、大品牌”办学主线，励精图治，改革创新，努力开创跨越式发展新局面。第二次党代会以来，全校上下坚持质量为先，坚定精准发展，勠力同心，奋力拼搏，为建设全国一流品质院校而不懈奋斗，在许多方面获得新进展、取得新突破，学校事业得到全面发展。

（一）党建引领坚强有力

党的全面领导持续加强。学校党委严格履行管党治党、办学治校主体责任，围绕“把方向、管大局、作决策、保落实、抓班子、带队伍”职责，加强领导班子建设，坚持和完善党委领导下的校长负责制，认真执行民主集中制，健全党委会议事规则，严格落实“三重一大”制度。党组织建设成效显著。认真夯实基层党建工作，党支部标准化建设和教师党支部书记“双带头人”培育工程实现全覆盖。积极提升党建工作活力，持续办好“先锋论坛”等品牌项目，深入实施“领航者工程”，遴选12个基层党组织书记工作室，3个党支部入选首批全省党建工作样板支部培育建设单位。开设“红色党建沙龙”，开展亮党员身份、做先锋模范等实践活动，创新实施“结对、融合”等活动。5年来共发展新党员829名，6个基层党组织获得省、市表彰，4人次获得省、市优秀共产党员、优秀党务工作者荣誉称号。思想政治工作日益深化。牢牢把握意识形态工作领导权，认真开展“两学一做”“不忘初心、牢记使命”主题教育和党史学习教育，积极举行改革开放40周年、新中国成立70周年、中国共产党百年华诞等庆祝活动。加强思政教师队伍和思政课建设，推进数字化思政教学改革创新实践，打造思政“金课”，8堂思政课入选“学习强国”慕课平台。推进校园精神文明建设，连续3届获评江苏省文明单位（校园）。干部队伍建设不断推进。坚持“德才兼备、以德为先”标准选用干部，两次修订干部选拔任用工作制度，一批年纪轻、素质好、能力强的同志走上领导岗位；推进干部轮岗交流，对人岗不相适的干部进行调整。加大干部、教师培训力度，定期召开年度务虚会和研讨会，注重提高干部队伍的改革发展能力，营造浓厚的干事创业氛围。全面从严治党常抓不懈。压紧压实“两个责任”，认真开展党风廉政建设责任制考核，推动校内各级党组织主体责任、领导干部“一岗双责”压力的有效传导。创新开展对全校12个学院

（部）全覆盖的巡审督查工作，出台领导干部工作回避制度和办学行为负面清单。成立党委审计委员会，加强审计监督的常态化制度化建设。持续推进"五个一"廉政教育工程，与苏州市纪委监委联合成立况钟研究会，积极构建风清气正的校园政治生态。

（二）创新动能有效释放

创新发展思路。学校党委成立深化改革委员会、发展规划委员会，对全校工作进行统筹规划、整体布局，出台实施"十四五"事业发展规划和一批专项规划。建立内涵质量指标体系，实施量化绩效考核；推进职称评审制度、教学质量评价等改革，成就师生成长成才。着力培养"高品德、高技能、高适应"人才队伍，努力做到政府、社会、师生"三个满意"。要求教师将论文写在苏州大地上，把科研成果根植在苏州土壤中，更好服务地方发展。创新工作举措。建成全国第一条自动化控制教学生产线，在全国同类高校中率先建立大学生抗挫折教育体验馆，创新建立全国高职院校第一家经民政局登记注册的地方智库——苏州石湖智库，成立苏州高校首家志愿者学院。在全国高校中创新实施"共性与个性"负面清单相结合的师德师风诚信管理系统。开展"创新争先、创优争光"活动，每年召开综合表彰大会，激励教师多出标志性成果。创新服务师生。践行"成就学生，成就教师"理念，打造"营教""营学""营研"3个最优环境。按照"先学生，后教师，再行政"原则，每年推出5项校园实事工程项目，让教师、学生专心教学、科研、求学。

（三）综合实力整体攀升

教育教学成果丰硕。积极适应经济社会发展，优化完善专业调控机制，大力加强教育教学质量建设。5年来主持建设国家级专业教学资源库1个、省级高水平专业群2个、省级高水平骨干专业3个，获得省教学成果一等奖2项、省哲学社会科学优秀成果二等奖1项。完善课程体系，获得教育部和省级一批精品课程、精品教材、教改课题。实施"推门听课"，开展线上督学工作。学校连续入选中国高等职业院校教学资源50强、中国职业院校智慧校园50强、全国高职院校"创新创业100强"。2021年底列入江苏省中国特色高水平高职学校培育单位。师资队伍持续优化。5年来引进各类高层次人才184人，选聘客座教授、兼职教授、产业教授等108人。127人晋升高级专业技术职务，其中31人晋升正高职称。选派中青年教学科研骨干出国（境）研修，参加国培、省培项目。目前学校有省级以上人才82人，省级优秀教学团队5个，省级科技创新团队3个，省职业教育"双师型"名师工作室1个，"双师型"教师占比增至86.5%。人才培养质量稳步提升。坚持立德树人根本任务，加强德育、美育、体育、劳动、创新创业教育，推出专项实施计划，全面提升学生综合素质。5年来学生在市级以上竞赛获奖2401人次，其中国家级奖851项，分别比上5年增加31%、43%。太湖众创获批国家级备案众创空间。学校招生分数线、毕业生就业质量和就业满意度均居全省同类院校前列，成为家长和学生首选的苏州高职院校。国际合作交流深度拓展。加强同"一带一路"沿线国家的合作交流，成立中巴经济走廊文化交流中心和东南亚职业教育产教融合联盟。建设南非亨通智能制造学院，开展南非大学生实习实训项目，南非高教部授予我校南非高技能人才培养示范基地称号。2个中外合作办学专业获批江苏省高校中外合作办学高水平示范性建设工程，2个专业获评江苏省"十四五"高校国际化人才培养品牌专业建设项目。5年来，累计培养中外合作办学学生600余人，全日制一年期以上留学生300余人。对外输出职业教育课程等资源50件。文化育人水平显著提高。持续增强吴文化育人品牌效应，弘扬、培育工匠精神，建设校园质量文化，让"质量第一"成为贯穿各项工作的根本理念。发挥学校历史文化内涵作用，讲好校史红色人物故事，推动文化育人新发展。

（四）保障能力持续增强

依法治校有序推进。不断完善制度体系和监督机制，形成以制度管权、管事、管人的工作机制。坚持每年召开教代会，做到民主决策、科学决策。设立为侨服务工作站，支持民主党派发挥建言献策作用，统一战线工作彰显作为。校工会桥梁纽带作用充分发挥，获评苏州市教育系统"模范教工之家"，教师团队工作室被命名为"苏州市劳模创新工作室"。共青团凝聚青春力量，获评江苏省五四红旗团委（团工委）。校妇联以巾帼不让须眉的豪情，在学校事业发展中充分发挥了"半边天"的重要作用。广大老同志发挥余热，老有所为，获评江苏省教育系统关工委“先进集体”。治理水平明显提升。实施“放管服”改革，以现代信息技术提高管理服务能力。建成学生事务一站式服务中心，学校网上办事大厅发布各类办事服务220项，上线26个部门476项“三张清单”事项，“爱在苏职大”App年访问量超3000万人次。创新探索“一张表”业绩考核办法，激发教师工作的主动性、进取心。办学条件全面改善。财务、资产管理等工作制度更加健全，服务师生的效能明显提高。教学科研投入大幅增长，仪器设备、图书文献、信息化建设等投入加大，生均教学科研仪器设备值从1.36万元提高到3.2万元，生均馆藏纸质图书从97册提高到117册。学校图书馆的综合功能得到发挥，获评中国图书馆学会全民阅读先进单位。学报质量进一步提升，影响力有新的拓展。智慧校园建设成效明显，智慧安防系统走在全省高校前列。后勤服务得到改进，网格化管理体系日益完善。5年来学校获国家级节约型公共机构示范单位、首批江苏省平安校园建设示范高校、江苏省智慧校园示范校、江苏省红十字示范学校等荣誉称号。统筹做好疫情防控与事业发展。自新冠肺炎疫情发生以来，学校党委第一时间成立领导小组和工作专班，形成有效的内外联防联控机制，保证师生生命健康安全。充分发挥各级党组织和广大党员的战斗堡垒和先锋模范作用，以抗疫精神激发奋进力量。大力开展在线教学，保障师生“停课不停学，停课不停教”，创新推出“教授大讲堂”“‘博士天团’与你聊天”等活动。通过线上、线下相结合的方式，成功举办建校40周年暨办学110周年校庆活动。全校上下合力完成了2019级学生返校“专转本”考试工作，展示了苏职大人的担当与风采。

（五）服务社会成效显著

突出两种资源循环共享促进发展。将“开放共享”的新发展理念、“双循环”的新发展格局要求，引入学校管理和发展之中，推动校内资源与地方资源循环共享，实施“全方位、全领域、全过程”的校地全面合作，深度拓展产教融合。学校与苏州市级机关近20个部门、2个区级政府、20个镇（街道）、565家企业进行合作，与全国的大院大所合作项目达到10个。突出校地协同育人体系建设。牵头组建了现代装备制造、现代光电、人工智能等3家市级职业教育集团，建设企业（行业）学院24个，积极探索和开展现代学徒制、工学交替、双元制、订单式等培养模式。5年来开设现代学徒制班25个、订单班174个，新增校企合作开发课程402门，校企合作开发教材263部。突出科研创新服务能力提升。大力推进科研平台和团队建设，培育高水平科研成果，提高成果转化率。首次获得江苏省科学技术一等奖（第三单位）、二等奖各1项，立项主持国家社会科学基金项目2项，参与国家自然科学基金项目2项，立项省部级科研项目20项、市厅级科研项目319项；获批省级科研平台3个；科研成果获省部级奖5项、市厅级奖100项；获授权发明专利168项、实用新型608项，实现知识产权成果转化70件。与地方单位共建协同创新研究中心18个。横向技术服务、社会职业培训到账金额均大幅提升，实现历史性突破。突出与地方发展同频共振。在苏州高校中首次发布服务地方发展资源清单，向社会提供“菜单式”和“定制化”服务。成立苏州数字经济产业研究院、财政绩效评价中心、江南文化研究院、大运河文化研究中心等，分别与南京大学、华中师范大学合作成立江苏长江产业经济研究院苏州研究中心、国家文化产业研究中心苏州研究中心，服务“苏州制造”和“江南文化”品牌建设。苏州石湖智库举办“智汇苏州”学术沙龙20期，向省、市部委办局报送决策咨询报告145篇，获省、市领导肯定性批示53篇，入选苏州市首批新型智库，持续扩大建言献策的覆盖面、参与度和影响力。

5年来取得的成绩令人鼓舞、催人奋进。这些成绩的取得，离不开各级领导和社会各界的关怀支持，离不开全校广大党员和师生的团结奋斗，离不开历任领导班子的工作基础、老同志们的关心帮助。在此，我代表学校第二届党委，向上级领导、全校党员和师生员工，向老领导、老同志，向各民主党派、无党派人士，向所有关心支持苏职大建设发展的朋友们，表示崇高的敬意和衷心的感谢！

回顾过去，我们深刻体会到：

一是必须高举旗帜，坚持党的领导。学校要坚定社会主义办学方向，一定要把习近平新时代中国特色社会主义思想作为根本指引，确保党委对学校工作的全面领导，夯实基层党组织建设，充分发挥党员的先锋模范作用，使每位党员在党爱党、在党言党、在党为党。

二是必须内涵发展，坚持创新驱动。学校要高质量发展，一定要遵循高等教育发展规律，强化改革创新，坚持走内涵式发展道路，提高人才培养质量、科学研究水平、社会服务能力，真正举办面向未来和人民满意的高等职业教育。

三是必须以人为本，坚持人才强校。学校要增强核心竞争力，一定要坚定不移实施人才强校战略，充分尊重师生主体地位和首创精神，通过真心爱才、慧眼识才、以礼求才、大胆用才，激发师生员工的创业热情和创新活力，做到发展为了师生、发展依靠师生、发展成果由师生共创共享，共同推动学校事业发展。

四是必须依法治校，坚持价值引领。学校要高效有序运行，一定要依据国家法律法规和学校章程，建立规范、落实责任，全面推进依法治教、依法办学、依法治校，推动学校治理体系和治理能力现代化。要以社会主义核心价值观为引领，坚守意识形态主阵地，维护学校安全稳定，推动事业接续发展、健康前进。

在看到成绩的同时，我们也必须清醒地认识到，学校的工作，对照高职教育发展的要求、市委和市政府的期望、师生员工的期盼还有差距，还存在着不少困难和短板。主要有学校丰富的资源潜能尚未完全转化为高质量发展优势，创新意识还不够强，迎难而上的决心和干劲还不够足，高水平项目、标志性成果仍偏少，校内资源整合、校外资源利用方面还有很大空间，服务地方发展的贡献程度有待进一步提高，思想政治建设和反腐倡廉工作仍存在薄弱环节，多年追求的本科学校建设目标还未实现等。我们要高度重视这些问题，采取有效措施认真加以解决。

二、发展机遇与我们的任务

今后5年是学校全面提升综合实力、加快建设全国“双高计划”高职院校、实现职业本科院校办学目标的攻坚时期。我们必须准确把握发展形势，抢抓机遇、科学谋划，开启新征程，实现新崛起。

（一）发展机遇

党和国家对职业教育的高度重视，为学校高质量发展提供了战略机遇。近年来国家、省、市相继发布了推进职业教育改革发展的一系列重要政策文件，系统描绘了高职教育高质量发展的任务书、目标值、时间表和路线图。2022年5月，新修订的《中华人民共和国职业教育法》正式实施。我们要抓住机遇，把职业教育高质量发展作为主攻方向，打造亮点，做出特色。

社会对技术技能人才的旺盛需求，为学校跨越式发展创造了有利条件。国家实施制造强国、数字中国等发展战略，苏州全力打造“创新集群引领产业转型升级”示范城市，对高层次复合型技术技能人才的需求量明显加大。对此，我们要自觉将学校发展放到苏州市大局中去思考和谋划，早日实现职业本科院校建设目标，为地方和行业输送更多急需、紧缺的高素质劳动者和技术技能人才。

产教深度融合的任务要求，为学校开展职业教育与地方经济社会一体化推进注入了创新活力。进入新时代，国家对职业教育融入经济社会发展，提出了新的要求，释放了大量活力。我们要有效促进教育教学改革创新发展，加快推动科学研究与产业体系、社会体系深度对接、全面融合，为苏州经济社会发展做出应有贡献。

（二）指导思想

今后5年学校工作的指导思想是高举中国特色社会主义伟大旗帜，坚决贯彻党的教育方针，牢牢把握社会主义办学方向，紧紧抓住立德树人根本任务，以职业教育高质量发展为主题，以产教深度融合、校地全面合作为主线，融入区域发展、促进产业升级，努力培养高素质技术技能人才、能工巧匠、大国工匠，为苏州地方发展提供有力人才和技术技能保障，为学校实现跨越发展奠定坚实基础。

（三）发展目标

深入学习贯彻党的二十大精神和习近平新时代中国特色社会主义思想，全面遵循《中华人民共和国职业教育法》，认真落实国家和江苏《关于推动现代职业教育高质量发展的意见》要求，实行全国“双高计划”高职院校和职业本科院校建设目标同步推进，力争把学校建成与苏州城市地位相匹配的中国特色高水平高职院校、特色鲜明的本科层次职业院校，努力实现历代职大人孜孜以求的升本梦想。

为了推动上述工作目标落到实处，未来5年，学校将分别实施科研创新平台、校地资源循环共享、思想政治建设、师资人才建设、国际合作交流等重点建设年工程。

三、今后5年的重点工作

宏伟目标的实现，要靠脚踏实地延续性的不懈奋斗。学校第二次党代会提出了建设全国一流品质院校的美好愿景，“品质院校”本质上包含教育质量、办学层次、品牌效应等多方面内涵与外延。建设全国“双高计划”高职院校和职业本科院校，是全国一流品质院校结合国家当前和未来发展政策的具体体现。未来5年，我们要不懈怠、不松劲，坚定不移抓内涵，锐意进取促发展，接续奋斗、久久为功，以“舍我其谁”的担当作为，完成新时代赋予我们的历史重任。

（一）推进教育教学改革，全面提高育人质量

1.强化高水平专业群建设。提升专业（群）服务产业集群能力，顺应苏州数字经济时代产业创新集群发展战略布局，立足苏州高质量工业发展和现代服务业发展，建立专业动态调整机制和专业服务能力考核机制，形成以工为主，以“数字+”为手段，结构合理、特色鲜明的专业（群）体系。品牌专业群全部达到职教本科国家专业教学标准，专业内涵指标率先达到国内先进水平。培养25000名先进制造业和现代服务业高端技术技能人才，建设一批支撑苏州产业发展的专业（群），打造区域特色专业。力争建成本科专业10个。

2.提高人才培养质量。落实立德树人根本任务，贯彻“五育”并举，推进课程思政全覆盖。紧紧围绕苏州数字经济、先进制造业和电子信息产业创新集群、现代服务业和江南文化等产业对人才的需求，探索知行合一、学做创相融的“数字+”时代技术技能人才培养新模式。聚焦知识技术的综合应用和复杂工程实践能力，重构课程体系，重整课程内容，建设一批适应企业需求的国家级课程、教材与资源，培养适应现代化产业与创新型企业岗位需求的精于实操的技术技能人才。推动教师、教材、教法系统性改革，获国家级职业教育在线精品课程4门，国家职业教育规划教材12~15部，建设省级教学团队12个，力争获得国家级教学团队项目1个、国家级教材奖1项、国家级教学成果奖1项。实施教师教学能力和学生职业技能提升计划，全国职业院校教学能力比赛获奖3项，新增省级教学能力比赛一等奖35项、全国职业院校技能大赛一等奖5项、省级学生技能大赛一等奖40项。力争课程与教材、师生竞赛成绩均进入江苏省高职院校第一方阵。探索构建与苏州国际先进制造业基地、国家人才平台相适应的高素质复合型技术技能人才培养高地和企业家摇篮。

3.构建学生成长发展平台。加强招生工作，大力拓展高职专科与中职、本科的贯通培养，推进招生就业联动建设，年终就业率96%以上。高度重视思政课教师和辅导员队伍建设，培育辅导员工作室。完善学生发展工作体系，更好地指导学生科学规划学业生涯、职业生涯，培育造就一批以最美职校生、中国大学生自强之星等为代表的学生典型，力争实现省级辅导员年度人物和学生年度人物突破。深化精准资助长效机制改革试点工作，强化心理健康教育和生命教育，提升拓展学校大学生抗挫折教育体验馆功能，建强苏州市首个大学生应急救护培训基地。发挥“第一课堂”课程教学与“第二课堂”平台教育并联育人的作用，打造省级志愿服务品牌，推进校地共建志愿者学院。加强创新创业团队、课程和实践载体建设，深入构建“三五五”创新创业教育体系，进一步提升太湖众创培育孵化规模和效能。“互联网+”和“挑战杯”竞赛各获得省赛奖12项、国赛奖3项，完成学生论文专利作品等科技文化成果200项。推动国家级、省级大学生科技园、科普基地等建设。

（二）实施人才强校战略，全面增强师资优势

1.引培高端领军人才。实施“名师工程”和拔尖人才支持计划、柔性引智计划、博士倍增计划等，引培若干在学科专业领域、团队建设、人才培养、科研创新等方面起带头作用的高水平专家和一批青年教学科研生力军。今后5年，学校力争达到正高职称教师105人、博士220人、省级以上高层次人才85人左右，争取获评省级以上名师、技能大师、劳动模范和五一劳动奖章获得者5人以上。博士比例达到25%。

2.培养优秀师资队伍。实施青年教师全面发展和“双师双能”培养计划。重视人才梯队

建设，加强对青年教师的“传帮带”。举办“教授·博士日”等活动，保护和激发校内各类人才的积极性和创造性。开展“黄大年式教师团队”选育工作，形成杰出人才与优秀团队互促互进的人才队伍发展态势。建设省级“双师型”名师工作室1个，依托大型国企、民营企业，建设国家级示范性教师企业实践流动站1个、国家级职业教育教师企业实践基地1个。

3.完善人才评价体系。加强师德师风诚信管理系统建设，强化教学质量的全程监控和管理评价。深入实施以目标绩效管理为核心的收入分配制度改革，建立重能力、重实绩、重贡献的薪酬分配激励机制。深化职称制度改革，坚持以品德、能力和业绩为导向，建立评价科学、规范有序、竞争择优的职称制度，增强职称评审的透明度和公平性。优化岗位设置，建立分类管理和动态聘用机制，开展教师多元分类评价，助力教师队伍高质量发展。

（三）激发科研发展潜力，全面促进成果转化

1.以团队平台建设为重点提升科研质量。构建跨专业、跨学院的大团队，重点遴选打造团队强、基础好、有潜力的科研平台。大力提升应用研发水平，建设更为完善的技术技能创新服务体制机制。建成一批专业（群）交叉、研发服务融合、团队建设和人才培养一体，对苏州先进制造业和现代服务业发展具有重要影响力和贡献度的技术创新与服务平台，力争新增国家级项目10项，新增省部级技术创新服务平台10个，努力扩大科研竞争力在全国高职院校中的领先优势，科研综合实力迈入全省高校前列。

2.以标志成果获取为关键开展高原筑峰。鼓励教师多渠道、多方式开展科学研究，与本科院校、龙头企业、重点实验室加大合作，参与高层次项目研究。积极发挥学校学术期刊、学术组织在学术创新和成果发表等方面的重要作用。实施高质量科研方向培育引导计划，在光伏发电、智能制造、丝绸技术、新材料、人工智能、大数据、大健康等领域重点突破，开展基础前沿、关键技术、重大成果转化相结合的全链条综合研究，争取产出一批具有核心竞争力的成果。依托各类创新平台和团队，获科研成果奖国家（部委）级1项、省级20项、市厅级90项。

3.以成果转移转化为抓手加快创新驱动。深入推进与江苏省知识产权运营服务中心的全面协作，构建专业高效的知识产权运营和成果转化体系，激励科研人员面向企业开展技术开发、技术咨询和技术服务，与企业联合实施科技成果转移转化。职务成果转移转化收益归成果完成人及团队不少于80%。获授权实用新型专利300项，获授权发明专利100项，应用类科技成果转化率80%，争取横向科研项目到账经费3750万元以上。

（四）推动校地融合发展，全面增强社会服务能力

1.实现校地合作提速增量。推动各专业与相关领域优质企业建立稳定合作关系，其中每个专业合作企业数不少于10家，聚焦至少2家行业领军企业开展深度合作。力争全校常态化校企合作规模不低于500家，开展校企合作项目数不少于1000项。全面推广现代学徒制、订单班等双主体育人模式，专业覆盖率达90%以上，双主体联合育人数7000人以上。力争新增校企合作开发课程300门，合作建设教材120部。

2.实现校地合作提档升级。加强与地方政府、大院大所、大型企业、高科技企业、成长性企业等合作，提升合作层级。跨区域、跨学校、跨专业整合资源，与政府、行业、企业联合建设一批紧密对接高端产业的产教融合载体。围绕“苏州制造”“江南文化”两大品牌，推进已有3个职教集团的高质量建设，培育新建“江南文旅职教集团”，争取突破建成省级以上示范性职教集团（联盟）1个。建设高质量企业学院25个、示范性产业学院6个，牵头制定现代产业学院地方标准。

3.实现校地合作提质增效。实施共享资源信息化建设工程，推进资源信息校地共享，以项目成果对服务社会的贡献度作为评价导向，提升合作实际成效。推进示范性职工培训基地建设，与政府部门、乡镇街道共建干部培养基地，打造一批特色化、品牌化培训项目。力争社会培训到账经费3500万元以上，年均非学历培训人数33000人次。

（五）提升开放办学水准，全面拓展国际合作

1.拓宽继续教育服务渠道。挖掘苏州市技能人才培养和产业发展需求，重点面向一线从业人员，举办服务“知识更新、技术提升”的学历继续教育，力争建设优质学历继续教育网络课程20~30门。瞄准产业急需专业（工种）开展职业技能项目制社会培训工作。建设社区教育游学项目、学习体验基地等，拓展市民学习阵地。研究制定苏州市社区教育课程分类标准和建设规范，建设具有示范性、推广性的苏州市社区教育课程200门，建设省级以上示范性继续教育、社区教育基地3个，省级以上优质继续教育网络课程3门。

2.拓展国际交流合作领域。建好江苏省高校中外合作办学高水平示范专业、江苏省“十四五”高校国际化人才培养品牌专业。打造来华留学教育精品项目，与“一带一路”沿线国家政府、高校、“走出去”企业等联合开展来华留学“订单式”人才培养。实施办学“出海服务”项目，积极参与苏锡常“郑和计划”，深化中巴经济走廊文化交流中心、南非亨通智能制造学院工作，援外培训达2000人次。开展双语课程资源建设，对外输出课程资源20件。获世界技能大赛、“一带一路”国际技能大赛等国际赛事奖5项。

3.提高智力服务地方效能。推进“智库+平台”“智库+基地”建设，进一步扩大苏州石湖智库的晓誉度，力争列入CTTI名录。积极围绕地方、行业企业发展需求、社会热点难点和重大现实问题，开展全局性、战略性、前瞻性的综合研究，提出对策建议，参与决策咨询，充分发挥“思想库”“智囊团”作用，提升智库成果被采纳的层次和级别，争取出版智库研究员高质量专著4~5部，决策咨询报告突破110篇。

（六）深化数字化治理体系建设，全面激发办学活力

1.完善校内管理体制。深化落实党委“三重一大”制度，充分发挥党委会、校长办公会等议事决策制度作用。加强顶层设计和统筹规划，按照上级要求实施人员总量管理，全面优化内设机构设置和职能配置。完善校院两级办学管理机制体系，提升学院自主决策、自我管理的能力和水平。推动学校治理体系和治理能力现代化建设。优化预算管理制度，完善风险评估机制，增强审计监督效能，不断提升内控管理水平。

2.强化数字技术赋能。建设教育部职业院校数字校园试点校，以高水平“六全”智慧校园建设为抓手，打造职业教育信息化标杆学校。建成校本数据中心，深化产教融合信息化平台建设，推进教职员工与学生个人画像（“一张表”）建设。围绕人才培养的全过程形成数字化支撑保障，实现数据驱动的差异化教学、个性化学习、精细化管理和智能化服务，以数据助力师生发展，促进教育治理效能提升。全面建立学校内部教育教学资源互联互通格局。建设基于数据决策的学校事务大厅，实现80%以上的“审批事项”“服务事项”数字化改造，提升“一网通办”智慧服务质量，为学校工作开展提供更多数据分析与决策服务。

3.落实依法治校要求。修改完善学校章程，全面推进依法治校、照章办学。发挥校院两级党政联席会议作用，强化教代会、团代会、学代会、学术委员会、教学指导委员会等民主管理运作。鼓励各民主党派围绕学校改革发展及地方经济社会建设开展调查研究、民主协商、参政议政。加强法治宣传教育，推动法治建设不断取得新进展。

（七）彰显特色文化成果，全面坚持价值引领

1.厚植质量文化底蕴。持续在教学、科研、管理、服务等领域强化树立“质量为先、质量为本、质量为魂”的理念，使崇尚质量、提升质量、创新质量成为学校高质量发展最基础、最深厚、最持久的力量，强力打造质量为先的校园文化特色品牌。

2.丰富校园文化内涵。将文化建设融入教书育人全过程、办学治校各方面，彰显苏职大“勤勇忠信”校训文化的鲜明特质，凝聚事业发展的强大动力。持续开展服务师生实事工程，分阶段逐步优化现有教室、宿舍、公共空间环境，拓展校史馆、图书馆、档案馆等育人功能，提升校园景观、建筑等物质载体的精神内涵。

3.打造特色文化品牌。将创新精神、工匠精神融入吴文化、江南文化、大运河文化建设，强化传统文化、非物质文化遗产的传承育人与理论创新，建设吴文化当代研究平台，打造特色品牌，入选省级以上职业院校文化建设优秀案例1项，建成全国职业院校校园文化建设“一校一品”示范基地。加强红色文化、美育文化的宣传和教育，使之成为师生素质教育的生动教材，内化为师生的精神理念和行为准则。

（八）强化办学服务保障，全面优化发展环境

1.大力拓展办学空间。对接苏州支柱产业、战略性新兴产业和先导产业，结合学校专业集群和创新服务载体融合建设需要，利用石湖校区建设用地，建好苏州市职业大学智能制造产业人才教学科技园，加快培养高素质技术技能人才，更好服务国家“一带一路”、长三角一体化、苏锡常都市圈发展战略。

2.及时回应师生关切。进一步落实好学校党委班子成员联系服务专家、党支部、学生班级制度，通过实施“对话苏职大发展”等活动，多维度听取一线教师的意见建议。充分发挥二级单位教代会作用，做好教代会提案征集、办理等相关工作。开展党内关怀帮扶，关心师生身心健康，创设便捷舒适的学习、工作、生活条件，提高师生幸福指数。

3.建设平安和谐校园。统筹发展与安全职能，完善安全管理顶层设计，科学精准高效抓好校园疫情防控，实现疫情防控与事业发展“双胜利”。整合各校区技防网络资源，构建“一个中心”“两张网”“三道防线”，提升校园安全防控能力。持续提高后勤管理服务质量，不断满足师生需求。严格落实保密工作责任，提高保密工作管理水平。

四、加强和改善党的领导

党的领导是学校各项事业发展的根本保证。完成好未来5年各项工作任务，关键在于加强和改善党的领导。

（一）坚持政治统领，把牢社会主义办学方向

1.突出党委全面领导。始终把政治建设摆在首位，坚决贯彻落实党中央各项决策部署，捍卫“两个确立”，增强“四个意识”、坚定“四个自信”、做到“两个维护”。坚持和完善党委领导下的校长负责制，充分发挥党委在管党治党、办学治校中的领导核心作用。

2.突出意识形态工作。全面落实意识形态工作责任制，强化党性教育和政治理论教育，牢牢把握意识形态工作领导权、话语权、主动权。运用新媒体、新技术、新平台，加强宣传思想阵地建设。坚定理想信念教育，推进习近平新时代中国特色社会主义思想进课堂、进教材、进头脑，巩固马克思主义在意识形态领域的指导地位。

3.突出思政工作实效。全面推动立德树人制度化、课程化、平台化、项目化、场景化、生活化建设，申报建设“三全育人”典型学校。深化“数字化宣传思政融媒学习驿站”“数字化思政沉浸式交互体验中心”建设，全面推进思政课程和课程思政协同发展。建设马克思主义学院，培育名班主任工作室、思想政治课教学创新团队、思想政治课示范课堂。形成一批示范性强、可推广的思政研究与实践成果，彰显品牌效应。

（二）坚持党建引领，推动融合创新发展

1.强化党组织建设。实施党建效能提升行动，构筑高质量“大党建”工作格局。打造坚强有力的基层党支部战斗堡垒，争取创建国家级样板支部1个，获江苏省党建创新奖或最佳党日活动优胜奖5项。加强“领航者工程”建设，做强“书记项目”，推进“双带头人”培养工作。切实提高民主生活会、组织生活会质量，扎实做好基层党组织按期换届工作。

2.强化党员队伍建设。严格落实发展党员工作指导性计划，有力有序有效推进，保质保量保时完成。探索党员发挥先锋模范作用的有效机制，引导党员发挥主体作用。创新党员教育形式和方法，着力打造高素质党员队伍，关心和加强离退休干部职工党员的管理服务。

3.强化党建工作品牌。有效发挥“先锋论坛”等党建平台的示范引领作用，激发党建创新活力。持续打造具有鲜明时代特点和苏职大特色的党建工作载体和品牌，进一步加强校地、校企党建共建交流，拓展与教学、科研、管理、社会服务等方面融合的深度和广度。

（三）坚持党管干部，打造高素质干部队伍

1.加强领导班子和干部队伍建设。贯彻落实新时代好干部标准，统筹做好干部选育管用工作，不断创新激励干部制度，以正确用人导向更好引领干事创业。优化干部结构，注重选拔培养年轻干部、专业干部，建立学校、二级学院（部）干部人才梯队，着力培养选拔一批45岁以下的中层正职干部和40岁以下的中层副职干部。

2.加强干部素质能力培养。强化党员干部教育培训“供给侧结构性改革”，从严组织纪律和政治规矩教育，提升各级领导班子和干部的政治能力和专业能力，进一步加大品德好、年纪轻、专业强的干部培养力度，建强高素质专业化干部人才队伍，推进学校干部综合素质整体提升。

3.加强业绩考核结果运用。发挥考核“助推器”作用，激励干部履职尽责担当作为。将党建工作和中心工作同谋划、同部署、同检查、同考核，深入开展党组织书记述职评议工作，层层压实党建主体责任。推进高质量发展综合考核，充分发挥考核的引导、激励、促进、鞭策和约束作用，推动学校事业发展再上新台阶。

（四）坚持从严治党，营造风清气正生态

1.深化党风廉政建设。全面落实党委主体责任、纪委监督责任和班子成员“一岗双责”。在校内巡审督查学院（部）全覆盖的基础上，进一步深化整改成果运用，建立重点问题、重大项目跟进监督长效机制，把正风肃纪与深化改革、完善制度、促进治理贯通起来，全力推动体制性障碍、机制性梗阻、政策性创新方面问题的根本性解决。

2.深化日常教育监督。充分发挥纪委委员、党总支和支部纪检委员以及特邀监察员三支专兼职纪检干部队伍的作用，不断完善党内监督工作网络格局。构建多维度立体式廉洁教育体系，不断提升教育的针对性和有效性。有效强化对权力运行的全覆盖制约和高质量监督，促进党内监督与其他各类监督同步发力、贯通融合，积极推进党内监督向“上下一体联动、纵横深度推进”发展。

3.深化作风效能提升。巩固拓展落实中央八项规定精神成果，持之以恒纠“四风”，深化整治形式主义、官僚主义顽瘴痼疾，常态化开展“清风行动”专项督查，鼓励干部主动服务、靠前服务、精准服务和廉洁服务。

（五）坚持群众路线，凝聚改革发展合力

1.进一步加强和改进群团工作。完善党建带群建制度机制，推动工会、共青团、妇联等群团组织依法、依章程开展工作、发挥作用。深化群团改革，高质量开好教代会、工代会、团代会，党群联合建设苏州市劳模创新工作室。做好离退休和关心下一代工作，发挥老同志的独特优势和作用。

2.进一步巩固和强化统一战线工作。加强党对统一战线工作的领导，坚持和完善学校民主党派人士双月座谈会制度，增强“为侨服务工作站”等工作平台载体效能。鼓励和引导广大统战成员多渠道参政议政，积极建言献策。

3.进一步拓展和发挥“三会”作用。着力推进学校董事会、基金会、校友（联谊）会工作，增强与社会各界的联系协作，充分调动各方面积极性，不断为事业发展凝聚人心、积聚力量。

各位代表、同志们，圆梦升本是苏职大人近20年来的美好夙愿和奋斗目标。习近平总书记强调，“职业教育前途广阔、大有可为”。当前，党和国家关于职业教育的决策部署，为学校举办特色鲜明的职业本科教育提供了难得的发展机遇。我们有基础、有能力、有条件、有信心将学校建设成为高质量的职业本科院校，更好助力打造产业发展与教育发展紧密联动、城市能级与人才层级全链契合的新时代教育现代化“苏州样板”。山再高，往上攀登总能登上顶峰，路再长，走下去定能到达。这是苏职大初心不改、历久弥坚的精神和品格，是历代苏职大人历经艰难、永不言弃的信念和坚持。

继往开来启新程，踔厉前行谱新篇。立足新起点，让我们更加紧密地团结在以习近平同志为核心的党中央周围，在省委、市委的正确领导下，振奋精神，凝心聚力，开拓创新，为推动学校事业高质量发展做出新的更大贡献，以优异的成绩迎接党的二十大胜利召开。

提高政治站位 增强履职能力 为学校高质量发展提供坚强保障

——在中国共产党苏州市职业大学第三次党员代表大会上的报告

纪委书记 庄剑英

2022年9月26日

各位代表、同志们:

现在,我代表中共苏州市职业大学第二届纪律检查委员会向大会报告工作,请予审议。

一、过去5年工作回顾

第二次党代会以来的5年,是我校全面推动从严治党向纵深发展的5年,也是正风肃纪反腐持续强化的5年。5年来,在上级纪委和校党委的坚强领导下,校纪委坚持以习近平新时代中国特色社会主义思想为指导,忠实履行党章和宪法赋予的职责,紧紧围绕建设全国一流品质院校目标愿景,充分发挥全面从严治党的引领保障作用,积极协助党委落实主体责任,切实履行监督责任,较好地完成了上次党代会确定的各项任务。

(一)加强组织领导,深入推进全面从严治党

在上级纪委监委和校党委正确领导下,积极发挥监督执纪问责职能,全面推进党风廉政建设工作抓常、抓细、抓长。协助校党委认真落实党风廉政建设主体责任,制定并落实纪委监督责任清单。组织开展一年一度“党风廉政建设责任书”签订活动,全面深入推进校内各级党组织主体责任、领导干部“一岗双责”压力有效传导。分类建立并试行面向学院(部)及各部门的党风廉政建设责任制指标分解与考核明细,实行年中抽查和年终考核。严格按照上级要求,及时做好省“清风扬帆网”、市委“履责纪实信息平台”的履责纪实工作和市纪委监委派驻市教育局纪检组的材料报送工作。认真落实廉政谈心谈话制度,实践运用好监督执纪第一种形态,抓早抓小、防微杜渐。

(二)创新工作机制,推动校内巡审联动督查

以省、市巡察反馈问题为抓手,创新开展校内巡察审计联动督查,历时2年半,完成全校二级学院(部)全覆盖及其“回头看”工作。通过对学院(部)党组织、党员领导干部在“六大纪律”和落实党风廉政建设责任等方面的“政治体检”,以及对重点领域、重点环节、重点岗位、重点问题的全面督查,进一步强化基层党组织及党员领导干部的纪律意识和岗位责任,规范权力在阳光下的运行,推进党风廉政建设责任制的具体落实和有效执行。通过“回头看”,全面梳理权力清单、问题清单、责任清单,全面推进问题的整改,在破解制度障碍、弥补机制缺陷、堵塞管理漏洞等方面进行了很好的实践。校内巡审督查不仅填补了上级巡视监督盲区,切实推动了巡视工作向基层纵深发展,而且较好地破解了监督执纪问责缺乏有效手段的难题,深化了学校管理机制改革,推动了内涵式高质量发展。

(三)强化风险排查,切实做好重点领域监督

紧盯“三重一大”规范权责事项运行,坚持“事前、事中、事后”监督环环相扣。围绕物资采购、工程建设、招生考试、干部选拔、职称评审等重点领域和关键环节,持续做好廉政风险点排查和监督。对学校自主开展职称评审工作开展专项廉政风险点排查,有效推动评审制度、程序、机制的完善。对非学历继续教育培训项目开展自查与清理,进一步规范运行和管理;聚焦关键人、关键点、关键事,相继推出校内招投标事前、事后备案制度,进一步规范校内自行采购流程,印发《苏州市职业大学领导干部工作回避制度(试行)》《苏州市职业大学办学行为负面清单》,开展干部任职廉政谈话提醒109人次、提醒谈话23人次、诫勉谈话17人次。强化问题线索处置,认真做好案件调查审理、纪检监察信访接处、“寒山闻钟”便民答复等方面工作,共计92件次。严格执行党员干部操办婚丧

喜庆事宜报告、个人有关事项报告、述职述廉等监督制度。协助校党委开展“两学一做”“不忘初心、牢记使命”主题教育和党史学习教育，以及意识形态工作责任制落实监督、新冠肺炎疫情防控督查等，为各项工作的顺利开展提供强有力的政治与纪律保障。

（四）紧盯重要节点，毫不松懈纠治“四风”问题

认真贯彻省市委关于落实中央八项规定精神的要求，在传统节日等重要节点，积极开展作风建设自查自纠及“清风行动”专项督查，通过“纪委书记讲纪律”、廉政短信提醒、暗访检查等多种形式，全力整治形式主义、官僚主义。坚决纠正公务接待、办公用房、通信补贴、会议管理等领域存在的问题，特别是针对公务用车加油卡消费、校内财务凭证和假期公车使用情况，逐条对照自查，认真梳理制度和管理漏洞，坚决做到责任落实到位、整改措施到位、问题解决到位。积极配合市纪委完成“教育领域教师守法监督信息”涉案人员的核查处置工作；深入宣传《医疗保障基金使用监督管理条例》，认真做好就诊异常情况专项核查工作，维护医保基金安全，筑牢医保基金安全防线。

（五）分类警示教育，构筑反腐倡廉教育新平台

以领导干部为重点，紧盯关键少数、重点领域和关键岗位，利用“石湖清波”网站、廉政文化长廊、党内法规廉政文化教育宣传图片巡展、支部活动等阵地，通过干部警示教育、讲廉政党课、干部任职廉政谈话和党纪党规测试等多种形式，以案示警、以案释纪，强化党纪党规学习。组织观看《纪律——不可逾越的底线》《不可缺失的敬畏》等党风廉政警示教育片，组织参观苏州市姑苏区廉政文化基地、苏州市党风廉政警示教育基地、暴式昭纪念馆、况公祠、碑刻博物馆等廉政文化基地，开展“知敬畏、存戒惧、守底线”现场（江苏省第三监狱）警示教育、“强化内控监督管理”分层警示教育、党史学习教育专题警示教育等活动。组织“清廉中国·微视频”征集活动和年度校园廉洁文化活动月活动。通过廉石馆开馆、编写《吴地廉政文化读本》、吴地廉政文化微课赛、专兼职纪检干部微党课比赛、学报开辟《吴地廉政文化教育与研究》专栏、启动线上数字廉石馆建设等多种形式，持续推进“五个一”廉政教育工程建设。与苏州市纪委监委联合成立况钟研究会，进一步拓展我校廉洁文化品牌建设与实践研究。与苏州市纪委监委联合主办“任重道远：况钟与江南廉洁文化建设”第三届政德文化沙龙。

（六）落实“三转”要求，持之以恒加强自身建设

坚定政治站位，及时传达学习上级会议及文件精神，通报典型案件，务实开好校纪委全委会、总支纪检委员和特邀监察员工作会议。优化专兼职纪检监察队伍结构，出台《苏州市职业大学特邀监察员工作办法》《苏州市职业大学总支纪检委员工作实施办法》，完成校特邀监察员调整聘任工作，积极参加上级纪委监委举办的业务培训，定期组织校纪委委员、二级单位纪检委员、特邀监察员履职尽责业务培训，组织全校专兼职纪检干部赴枫桥铁铃关、蒋巷村和冯梦龙廉政教育基地开展“沉浸式”党史学习教育，切实加强纪检干部思想建设、能力建设和作风建设。认真开展江苏高校哲学社会科学研究项目（纪检监察专项）课题、江苏省教育纪检监察学会课题的研究工作。有效拓展工作视野，与省、市级有关单位和兄弟院校开展横向业务学习交流活动。落实纪检监察体制改革要求，不断完善层级监督和职能监督，不断提升纪检监察工作效能，切实推进更高水平、更深层次“三转”。

回顾5年来的工作，我们深切感受到，一切成绩的取得，离不开习近平新时代中国特色社会主义思想的科学引领，离不开省委、省纪委监委，市委、市纪委监委和校党委的坚强领导，离不开校内各级党组织的坚定支持，离不开全体纪检干部的辛勤付出。在总结成绩的同时，也应该清醒地看到，我们的工作与上级要求、师生员工期盼还有差距，主要表现在政治监督的质效还需进一步提升，斗争精神、斗争意识还有所欠缺，对腐败和作风问题新形势、新特征的分析研究还有待加强，一体推进“三不”的系统性还需提升，精准监督能力尚存短板，党风廉政教育活动的形式效果还需进一步加强，纪委“三转”工作需要进一步深化，纪检干部队伍的数量、结构及履职能力还有待继续提升等。以上问题，需要我们在今后的工作中，采取有效措施，认真研究，努力加以解决。

二、今后5年工作建议

今后5年，是学校全面提升综合实力、加快建设全国“双高计划”高职院校、实现职业本科院校办学目标的攻坚时期。开启新征程，实现新崛起，离不开风清气正、高效廉洁的发展环境。随着教育改革深入推进，各个领域都有可能会出现腐败现象滋生蔓延的机会。严峻的现实告诉我们，越是全面深化改革，越要加强党风廉政建设和反腐败工作。实现学校第三次党代会确立的目标，我们必须紧扣高职教育改革与发展大局，切实提高政治站位，充分发挥监督职能，坚持把正风肃纪反腐与深化改革、完善制度、促进治理贯通起来，坚持严管与厚爱相结合，为干事者“撑腰”，为担当者“担当”，为委屈者“正名”，努力取得更多制度性成果和更大治理成效，奋力推进学校事业高质量发展。

今后5年，加强党风廉政建设和反腐败工作的总体要求是坚持以习近平新时代中国特色社会主义思想为指导，全面贯彻落实党的二十大精神，捍卫“两个确立”，增强“四个意识”、坚定“四个自信”、做到“两个维护”，立足新发展阶段，贯彻新发展理念，构建新发展格局，坚定不移全面推进从严治党，忠实履行党章和宪法赋予的职责，不断提高政治站位，切实增强履职能力，充分发挥监督保障执行、促进完善发展作用，从建设全国“双高计划”高职院校和职业本科院校的办学目标出发，紧紧围绕职业教育高质量发展大局，持续深化不敢腐、不能腐、不想腐一体推进，奋力推动党中央、省委、省纪委监委和市委、市纪委监委决策部署有效落实，扎实推进纪检监察机关规范化、法治化、正规化建设，积极打造勤廉自律、风清气正的廉洁职大。

（一）立足“两个维护”，持续不断做深做实做细政治监督

深入学习贯彻党的二十大精神，聚焦“国之大者”推动政治监督具体化、常态化。坚守政治监督根本定位，紧紧围绕“两个维护”，不断做深做实做细政治监督。以迎接和学习贯彻好党的二十大为主线，将党的二十大精神的学习贯彻落实作为政治监督的重点任务，深入学习贯彻习近平新时代中国特色社会主义思想，推进党史学习教育常态化、长效化，确保领导干部在落实立德树人根本任务、营造良好政治生态中发挥积极作用。持续在学懂、弄通新思想上下功夫，围绕把握新发展阶段、贯彻新发展理念、构建新发展格局等重大战略，聚焦校党委高质量发展内涵指标等重大决策部署落实落地情况及时跟进监督，不断优化校院系一体抓落实的政治监督机制，从严推动各级责任落实，确保不偏向、不变通、不走样。科学谋划、周密部署全校党风廉政建设和反腐败工作，从严从实开展好党风廉政建设责任制检查与考核。紧盯“关键少数”，推动“两个责任”一体落实。以意识形态工作、新冠疫情防控、基建修缮、招标采购和“三公”经费使用等重点领域为监督重点，有效加强对“一把手”和领导班子落实全面从严治党主体责任、执行民主集中制、依规依法履职用权等情况的日常监督检查。

（二）贯通各类监督，全面构建党风廉政建设监督体系

促进落实管党治党政治责任，严肃党内政治生活，严格落实“三会一课”等党的组织生活制度。深化纪检监察体制改革，有效强化对权力运行的全覆盖制约和高质量监督，推动制度优势转化为治理效能。从目标职责、任务清单、运行机制等方面，推动工作重心下移，充分发挥校纪委委员、党总支及支部纪检委员以及校特邀监察员三支队伍的作用，不断完善全覆盖、无死角的党内监督工作网络格局。促进党内监督与其他各类监督系统集成、同步发力、协同高效，积极推进党内监督向上下一体联动、纵横深度推进发展，从而推动有形监督向更加有效监督的转化与提升。用好用活激励干事担当“1+5”制度体系，落实落细“三项机制”，努力营造风清气正的干事创业氛围。

（三）以问题为导向，高质量做好巡审督查“后半篇文章”

坚决贯彻中央巡视工作方针，在第一轮校内巡审督查取得初步工作成效的基础上，切实抓好成果运用，严格整改督办。从学校内涵质量发展、党风廉政建设过程中面临的新形势、新任务，以及重点、难点问题出发，坚持以案促改、以案促治，精准落实校内巡审督查整改要求，大力提升监督治理水平和效能。深入学院系部、深入师生员工，通过回访督查、专项检查等形式，积极开展巡察整改“回头看”，确保反馈的问题条条都整改、件件有着落。切实加强大

额资金等重大项目的廉政风险防控和重点环节监管，积极开展重点问题及群众反映强烈的突出问题再督办，积极探索整改促进长效机制的建立，切实做好校内巡审督查“后半篇文章”，全力推动体制性障碍、机制性梗阻、政策性创新方面问题的根本性解决。

（四）强化作风建设，在纠“四风”和树新风上下更大功夫

紧盯“四风”隐形变异，坚持纠“四风”和树新风并举，深入整治形式主义、官僚主义顽瘴痼疾。巩固拓展落实中央八项规定精神成果，有效强化常态化作风建设，积极推动化风成俗、成为习惯。坚守重要时点，紧盯薄弱环节，定期开展“清风行动”专项督查和延伸行动，坚定不移破除形式主义、官僚主义。层层压实领导干部党风廉政建设责任，有效推动二级单位内控制度建设，鼓励干部主动服务、靠前服务、精准服务和廉洁服务。建立重点问题、重大项目跟进监督长效机制，通过跟进监督、督促整改，切实发挥监督保障作用。把解决群众反映强烈的突出问题作为重中之重，群众反对什么、痛恨什么，就坚决防范和纠正什么，把工作做到群众心坎上。加强家教家风建设，弘扬清正廉洁的新风正气。

（五）培育特色品牌，一体化深入推进“五个一”廉政工程

把严的主基调长期坚持下去，精准开展警示教育，坚持惩治震慑、制度约束、提高觉悟一体发力。深入领会并践行习近平文化育人思想，充分挖掘并利用吴地廉政文化资源的独特性、区域性、稀缺性和亲和性，不断拓展学校“五个一”廉政工程的实施内涵，将吴地廉政文化元素有机融入学校廉政文化教育体系及“江南廉洁文化”品牌建设过程。开展“融廉于景”文化景观建设，常态化开展“沉浸式”“场景化”廉洁文化教育。在学校已建廉石馆的基础上，通过线上、线下有机结合，重点推进线上数字廉石文化馆建设。发挥况钟研究会政德文化研究的辐射作用，推进本土廉政教育在人生启迪、价值同构、信念引领过程中的独特教育功能，积极打造具有鲜明地方特色和学校自身特点的廉政文化教育平台体系。

（六）深化党史学习，更高标准推进纪检监察队伍建设

把讲政治作为第一要求，持续加强校纪委全委会自身建设，校纪委委员带头示范，加强纪检监察干部的党史学习和理论武装，用伟大建党精神滋养党性修养，培育许党许国、报党报国的境界情怀，强化铁面无私、铁腕反腐的斗争精神。通过书记领学、专题党课和现场教学等多种形式，把党史教育融入日常、抓在经常。立足纪检监察工作高质量发展建设干部队伍，切实加强纪检监察机关的规范化、法治化、正规化建设。按照新时代要求，强化思想淬炼、政治历练、实践锻炼、专业训练，分级分类实施全员培训、实战练兵，切实提升监督执纪执法水平。认真执行《中国共产党纪律检查机关监督执纪工作规则》《监察机关监督执法工作规定》等制度，切实推进专兼职纪检干部责任清单的落实，坚持组织授权，明确权力边界，完善内控机制，强化全过程监管。认真细致排查岗位职责、制度机制、工作流程风险，切实加大严管严治、自我净化力度，坚决防止“灯下黑”问题。靠前监督“我为群众办实事”长效机制的实施，助力解决好群众急难愁盼问题。开好校纪委全委会、纪检委员工作会议、特邀监察员工作会议，推进更高水平、更深层次“三转”。

各位代表、同志们，此次党代会绘制了学校未来5年的发展蓝图，也对学校党风廉政建设和反腐败工作提出了更高要求。走好赶考路，奋进新征程，纪检监察工作使命光荣，责任重大，任务艰巨。让我们在省、市纪委监委和校党委的坚强领导下，更加紧密地团结在以习近平同志为核心的党中央周围，聚焦政治统领，忠诚履职，开拓奋进，埋头苦干，砥砺前行，以一往无前的斗志和勇气推动全面从严治党、党风廉政建设和反腐败斗争向纵深发展，为奋力谱写学校事业高质量发展新篇章提供坚强的政治和纪律保障，以优异成绩迎接党的二十大胜利召开。

选举办法

中国共产党苏州市职业大学第三次党员代表大会选举办法

（2022年9月27日中国共产党苏州市职业大学第三次代表大会第二次全体会议通过）

一、根据《中国共产党章程》《中国共产党基层组织选举工作条例》和《中国共产党普通高等学校基层组织工作条例》，制定本选举办法。

二、中国共产党苏州市职业大学第三届委员会、中国共产党苏州市职业大学第三届纪律检查委员会均由中国共产党苏州市职业大学第三次党员代表大会选举产生。选举程序的确定等工作，由大会主席团负责。

三、大会选举采用无记名投票的方式。候选人按照姓氏笔画为序排列。党委委员和纪委委员候选人分别进行差额选举。

四、中国共产党苏州市职业大学第三届委员会委员应选名额为9名，中国共产党苏州市职业大学第三届纪律检查委员会委员应选名额为7名。党委委员候选人的差额为2名，纪委委员候选人的差额为2名。

五、党委委员和纪委委员候选人建议名单，由第二届苏州市职业大学委员会提出，经大会主席团审议，提交各代表团讨论。汇总各代表团的意见后，由大会主席团研究确定党委委员和纪委委员候选人名单，提交大会进行选举。

六、正式选举时，被选举人获得的赞成票超过应到会有选举权人数半数的，始得当选。获得赞成票超过半数的被选举人多于应选名额时，以得票多少为序，至取足应选名额为止；如遇票数相等不能确定当选人时，一般应就票数相等的被选举人再次投票，得票多的当选。获得赞成票超过半数的被选举人数少于应选名额时，不足的名额可以从未当选的得票多的被选举人中重新选举；如果接近应选名额，经半数以上选举人同意或者大会主席团决定，也可以不再选举。

七、党委委员和纪委委员的选举分两张选票，即党委委员、纪委委员各一张选票。在同一票箱投票，分别计票，一次宣布选举结果。

八、选举时，参加选举的代表人数不少于应到会人数的五分之四，方可进行选举。收回的选票数等于或者少于发出的选票数，选举有效；收回的选票数多于发出的选票数，选举无效，应当重新进行选举。

九、代表填写选票时，对所列候选人，赞成的在姓名上面的方格内画“○”，不赞成的画“×”，弃权的不画任何符号。投不赞成票者可另选他人。如另选他人，请在另选人栏内写上自己所要选的人的名字，并在其姓名上面的方格内画“○”。每张选票所选人数等于或者少于应选人数的有效，多于应选人数的无效。

十、大会宣布选举结果时，党委委员和纪委委员按姓氏笔画为序排列，报告所得赞成票、不赞成票、弃权票和另选他人等情况。

十一、会场设2个票箱。投票顺序：首先是监票人、计票人投票，接着主席团成员和代表依次投票。

十二、选举设监票人5名，其中总监票人1名。监票人由各代表团从不是候选人的选举人中推荐，经大会主席团和大会表决通过。总监票人由大会主席团从监票人中提出，经大会主席团和大会表决通过。已提名作为党委委员和纪委委员候选人不得担任监票人。监票人在大会主席团领导下，对选举全过程进行监督。计票工作人员由大会秘书处指定，在监票人的监督下进行工作。

十三、大会选举不设流动票箱。因故未出席的代表不参加投票。

十四、本选举办法由大会主席团提出，经党代表大会代表通过后生效。

选举结果

关于中国共产党苏州市职业大学第三届委员会及纪律检查委员会选举结果的报告

苏职大委〔2022〕66号

中共苏州市委：

根据苏州市委《关于同意召开中国共产党苏州市职业大学第三次党员代表大会的批复》（苏委复〔2022〕9号）精神，中国共产党苏州市职业大学第三次代表大会已于2022年9月26日至9月27日召开。2022年9月27日，第三次代表大会第二次全体会议召开，选举产生两委委员。随后第三届纪律检查委员会第一次全体会议、第三届委员会第一次全体会议召开，分别选举产生了第三届纪委书记、副书记，第三届党委书记、副书记。选举当选名单如下：

一、党委委员当选名单（9人）（以姓氏笔画为序）

王　峰　叶　军　庄剑英　孙学文

张　军　张　健　曹毓民　温贻芳

鲜学丰

二、纪委委员当选名单（7人）（以姓氏笔画为序）

庄剑英　李　羽　沈密婷　张　震

俞建伟　顾慧琴　徐　伟

三、纪委书记、副书记当选名单

纪委书记：庄剑英

纪委副书记：俞建伟

四、党委书记、副书记当选名单

党委书记：曹毓民

党委副书记：温贻芳　张　健

其中，纪委书记、副书记选举结果已经中共苏州市职业大学第三届委员会第一次全体会议审议通过。

专此报告。

中共苏州市职业大学委员会

2022年9月27日

关于选举产生中国共产党苏州市职业大学第三届委员会委员、书记、副书记及纪律检查委员会书记、副书记的批复

苏委复〔2022〕29号

中共苏州市职业大学委员会：

你委苏职大委〔2022〕66号报告悉。市委同意中共苏州市职业大学第三届委员会及纪律检查委员会选举结果：

曹毓民、温贻芳、张健、孙学文、庄剑英、张军、王峰、鲜学丰、叶军等9位同志为中共苏州市职业大学第三届委员会委员。曹毓民同志任党委书记，温贻芳、张健同志任党委副书记。

庄剑英同志任中共苏州市职业大学第三届纪律检查委员会书记，俞建伟同志任纪委副书记。

中共苏州市委

2022年10月9日

大会决议

中国共产党苏州市职业大学第三次党员代表大会 关于中共苏州市职业大学委员会工作报告的决议

（2022年9月27日中国共产党苏州市职业大学第三次代表大会第三次全体会议通过）

中国共产党苏州市职业大学第三次党员代表大会经过审议，决定批准曹毓民同志代表中共苏州市职业大学第二届委员会所做的工作报告。

大会充分肯定了中共苏州市职业大学第二届委员会的工作。过去5年，学校党委团结带领全体党员和广大师生员工，深入学习贯彻习近平新时代中国特色社会主义思想，认真落实党的教育方针，坚持质量为先，坚定精准发展，立足成就教师、成就学生，圆满完成了第二次党代会提出的各项任务，学校的各项事业取得长足进步，内涵质量水平、创新发展活力、服务地方能力不断提升，学校综合实力整体攀升，区域品牌效应更加显著，为学校进一步发展奠定了坚实基础。

大会一致赞同第二次党代会以来学校改革建设发展取得的经验和体会。实践证明，学校的高质量发展，必须高举旗帜，坚持党的领导；必须内涵发展，坚持创新驱动；必须以人为本，坚持人才强校；必须依法治校，坚持价值引领。这些成功经验必将继续对学校今后的工作发挥积极的指导作用。大会指出，在肯定成绩的同时，对工作中存在的问题与困难，要予以高度重视，认真加以解决。

大会认为，报告提出的学校今后5年工作的指导思想、发展目标：高举中国特色社会主义伟大旗帜，坚决贯彻党的教育方针，牢牢把握社会主义办学方向，紧紧抓住立德树人根本任务，以职业教育高质量发展为主题，以产教深度融合、校地全面合作为主线，实行全国“双高计划”高职院校和职业本科院校建设目标同步推进，努力培养高素质技术技能人才、能工巧匠、大国工匠，为苏州地方发展提供有力人才和技术技能保障，同时客观分析了当前形势下学校发展面临的重要机遇，体现了时代要求和职业教育发展方向，符合苏州市职业大学的实际，汇聚了全体师生的共同愿望。

大会指出，为了建成全国“双高计划”学校和职业本科院校，必须坚定不移抓内涵，锐意进取促发展，重点完成好八大任务：推进教育教学改革，全面提高育人质量；实施人才强校战略，全面增强师资优势；激发科研发展潜力，全面促进成果转化；推动校地融合发展，全面增强社会服务能力；提升开放办学水准，全面拓展国际合作；深化数字化治理体系建设，全面激发办学活力；彰显特色文化成果，全面坚持价值引领；强化办学服务保障，全面优化发展环境。

大会强调，党的领导是学校各项事业发展的根本保证，完成好未来5年各项工作任务，关键在于加强和改善党的领导。要坚持政治统领，把牢社会主义办学方向；坚持党建引领，推动融合创新发展；坚持党管干部，打造高素质干部队伍；坚持从严治党，营造风清气正生态；坚持群众路线，凝聚改革发展合力。切实为建设全国“双高计划”学校和职业本科院校提供强大动力和坚强保障。

大会号召，全校各级党组织、广大党员和全体师生，要紧密团结在以习近平同志为核心的党中央周围，在新一届校党委的坚强领导下，继承和发扬我校的优良传统，以此次大会为新的起点，继往开来，踔厉前行，为建成职业本科院校而努力奋斗，以昂扬的进取姿态和扎实的工作业绩，迎接党的二十大胜利召开。

中国共产党苏州市职业大学第三次党员代表大会 关于中共苏州市职业大学纪律检查委员会工作报告的决议

（2022年9月27日中国共产党苏州市职业大学第三次代表大会第三次全体会议通过）

中国共产党苏州市职业大学第三次党员代表大会经过审议，决定批准中共苏州市职业大学第二届纪律检查委员会工作报告。

大会充分肯定了学校纪律检查委员会的工作。5年来，校纪委坚持以习近平新时代中国特色社会主义思想为指导，全面贯彻落实党的十九大和十九届历次全会精神，坚定不移推进全面从严治党，忠诚履行党章和宪法赋予的职责，在常态化落实党风廉政建设责任制、推动校内巡审联动督查、做好重点领域风险排查与监督、毫不松懈纠治“四风”问题、构筑反腐倡廉教育新平台、持之以恒加强自身建设等方面做了大量富有成效的工作，推动了党风、政风、行风的持续向好，校园政治生态持续改善，为学校内涵式高质量发展提供了坚强的纪律作风保障。过去5年的工作经验，对今后的党风廉政建设和反腐败工作具有十分重要的指导意义。同时，也应该清醒地看到，纪委工作与上级的要求和广大师生员工的期盼还有一定的差距，当前乃至今后相当长一段时期反腐倡廉任务仍然艰巨。

大会同意纪委工作报告提出的今后5年深入推进党风廉政建设和反腐败斗争的建议。

大会强调，新一届纪委要按照上级纪委和学校党委全面从严治党的部署和要求，从建设全国“双高计划”高职院校和职业本科院校的办学目标出发，紧紧围绕职业教育高质量发展大局，持续不断做深、做实、做细政治监督，全面贯通党内监督与其他各类监督，精准落实校内巡审督查整改要求，坚持纠“四风”和树新风并举，一体推进“五个一”廉政工程，更高标准推进纪检监察队伍建设，不断取得党风廉政建设和反腐败斗争的新进展新成效。学校党委要进一步加强对纪委工作的领导，坚决支持纪委开展监督执纪问责，坚定不移推动全面从严治党向纵深发展。全校上下要以伟大建党精神凝神聚魂，不断完善一体推进不敢腐、不能腐、不想腐制度机制，扎实推进纪检监察机关规范化、法治化、正规化建设，为全面贯彻落实党的二十大精神、圆满实现学校第三次党员代表大会提出的各项目标任务做出新的更大贡献！

（顾　伟）

编辑：陆怡静　许立莺

SUZHOU VOCATIONAL UNIVERSITY

第五章　组织机构与人员

管理机构

2022年苏州市职业大学管理机构一览表

序号	部门名称	内设机构
1	党委办公室	秘书信息科
		档案馆（保密科）
		校地合作科
2	校长办公室（外事办公室）	秘书科
		行政接待科
		外事科
		创新创业管理科
3	组织人事部	干部管理科
		组织科
		师资管理科
		劳动工资科
4	宣传统战部	宣传与文化环境管理科
		统战科
		理论学习科
5	纪检监察室	—
6	离退休干部处	老干部科
		退休工作科
7	工会	工会办公室
8	团委	—
9	教务处	教务科
9	教务处	教学科
		考务科
		实践实训科
10	学生工作处	思想政治教育科
		招生办公室
		学生管理科
		就业科
		心理健康指导中心
11	科技处	设备管理科
		科技管理科
		人文社科管理科
12	财务处	会计核算科
		财务管理科
		资金管理科
13	审计处	—
14	总务处	后勤服务中心
		综合管理科
		卫生科
15	保卫处（人民武装部）	军事理论教研室（综合科）
		治安管理科

教辅机构

2022年苏州市职业大学教辅机构一览表

序号	部门名称	内设机构
1	图书馆	办公室
		文献信息部
		技术服务部
		期刊图书流通部
2	学术期刊中心	《苏州市职业大学学报》编辑部
		《苏州教育学院学报》编辑部
		高教研究室
3	信息中心	网管中心
3	信息中心	信息化管理科
		教育技术中心
4	继续教育学院	综合办公室
		学生工作科
		教务科
5	教师教学发展中心	办公室
		教学研究部
		资源部

2022年苏州开放大学管理委员会（干将路校区）一览表

序号	部门名称	内设机构
1	党政办公室	—
2	综合办公室	行政科
		设备科
3	招生与事业发展中心	外联科
4	教学管理中心	教学科
		教务科
5	网络教育中心	—
6	社区教育中心（苏州市社区大学）	培训科

（史丰南）

中层及以上干部名单

2022年苏州市职业大学中层及以上干部名单

1. 校党委

书　记：钮雪林（2022年7月免　苏委〔2022〕580号）
　　　　曹毓民（2022年7月任　苏委〔2022〕580号）
副书记：曹毓民（2022年7月不再担任）
　　　　温贻芳（2022年8月任　苏委人〔2022〕356号）
　　　　刘　丹（2022年6月免　苏委人〔2022〕248号）
　　　　张　健（2022年8月任　苏委人〔2022〕356号）
委　员：熊贵营（2022年7月免　苏委人〔2022〕313号）
　　　　张　健
　　　　蔡晓平（2021年12月免　苏委人〔2021〕627号）
　　　　孙学文
　　　　庄剑英（2022年8月任　苏委人〔2022〕356号）
　　　　张　军（2022年8月任　苏委人〔2022〕356号）
　　　　王　峰（2022年8月任　苏委人〔2022〕356号）
　　　　韩承敏（2022年9月　学校第三次党代会后不再担任）
　　　　魏　影（2022年8月　因职务调整不再担任）
　　　　鲜学丰（2022年9月　学校第三次党代会选举当选）
　　　　叶　军（2022年9月　学校第三次党代会选举当选）

2. 校行政

校　长：曹毓民（2022年7月免　苏委〔2022〕581号）
　　　　温贻芳（2022年7月任　试用期一年　苏委〔2022〕581号）
副校长：刘　丹（2022年6月免　苏委人〔2022〕247号）
　　　　熊贵营（2022年7月免　苏委人〔2022〕314号）
　　　　张　健
　　　　孙学文（2022年11月试用期满　苏委人〔2022〕444号）
　　　　张　军（2022年8月任　试用期一年　苏委人〔2022〕355号）
　　　　王　峰（2022年8月任　试用期一年　苏委人〔2022〕355号）

3. 纪律检查委员会

书　记：蔡晓平（2021年12月免　苏委人〔2021〕627号）
　　　　庄剑英（2022年8月任　试用期一年　苏委人〔2022〕356号）
副书记：俞建伟

4. 党委办公室

主　任：张　军（2022年12月免　苏职大委〔2022〕93号）
　　　　汤晓军（2022年12月任　试用期一年　苏职大委〔2022〕93号）
副主任：叶　军（2022年5月免　苏职大委〔2022〕30号）
　　　　谭　飞（2022年5月任　试用期一年　苏职大委〔2022〕30号）

机关党总支

书　记：张　军（兼）
副书记：李弈诗

5. 校长办公室（外事办公室）

主　任：叶　军（2022年12月免　苏职大委〔2022〕93号）
　　　　孙　赢（2022年12月任　试用期一年　苏职大委〔2022〕93号）
副主任：汤晓军（2022年12月免　苏职大委〔2022〕93号）
国际学院
院　长：张　健（兼）
副院长：汤晓军（2022年12月免　苏职大委〔2022〕93号）

6. 组织人事部

部　长：魏　影（2022年9月免　苏职大委〔2022〕53号）
　　　　鲜学丰（2022年12月任　苏职大委〔2022〕86号）
副部长：鲜学丰（2022年9月任　苏职大委〔2022〕53号）
　　　　金　霁
　　　　孙　赢（2022年12月免　苏职大委〔2022〕93号）
　　　　林休休（2022年12月任　试用期一年　苏职大委〔2022〕94号）

7. 宣传统战部

部　长：张　军（2022年9月免　苏职大委〔2022〕53号）
　　　　叶　军（2022年12月任　苏职大委〔2022〕86号）
副部长：叶　军（2022年9月任　苏职大委〔2022〕53号）
　　　　王大纲
　　　　刘　伟（2022年12月免　苏职大委〔2022〕94号）
　　　　蒋君毅（2022年12月任　试用期一年　苏职大委〔2022〕94号）

8. 纪检监察室

主　任：俞建伟
副主任：沈密婷

9. 离退休干部处

处　长：沈新艺
副处长：周　丽

10. 工会

主　席：吴建英
副主席：戴海峰
　　　　李　琦

11. 团委

副书记：胡　宾（2022年5月任　试用期一年　苏职大委〔2022〕30号）

12. 教务处

处　长：孙学文（2022年12月免　苏职大委〔2022〕93号）
副处长：陶　莉（主持工作）（2022年12月任　苏职大委〔2022〕92号）
　　　　胡　明（2022年12月免　苏职大委〔2022〕92号）
　　　　顾苏怡
　　　　吴　尘（2022年12月任　试用期一年　苏职大委〔2022〕94号）

13. 学生工作处

处　长：王　琼
副处长：傅中山
　　　　范晓鹤
　　　　张　芬

14. 科技处

处　长：姚金凤

副处长：吴佩华

方立刚（2022年5月任　试用期一年　苏职大委〔2022〕30号）

（2022年5月聘　聘期三年，含试用期一年　苏职大政〔2022〕35号）

15. 财务处

处　长：李　羽

副处长：陈乳燕

徐爱芳

16. 审计处

处　长：顾慧琴

17. 总务处

处　长：丁　虎（2022年1月聘　聘期三年　苏职大政〔2022〕3号）

副处长：胡洪新

陈祥林

18. 保卫处

处　长：丁　虎（2022年12月免　苏职大委〔2022〕93号）

周传勇（2022年12月任　试用期一年　苏职大委〔2022〕93号）

副处长：李亦工

人民武装部

部　长：丁　虎（2022年12月免　苏职大委〔2022〕93号）

周传勇（2022年12月任　试用期一年　苏职大委〔2022〕93号）

19. 图书馆

馆　长：叶　军（2022年12月免　苏职大委〔2022〕94号）

刘　伟（2022年12月任　试用期一年　苏职大委〔2022〕94号）

副馆长：胡　明（2022年12月任　苏职大委〔2022〕92号）

杜美萍

周承东（2022年12月免　苏职大委〔2022〕94号）

20. 学术期刊中心

主　任：黄　萍

副主任：时　新

21. 信息中心

主　任：杨静波

副主任：吕伟春

22. 苏州开放大学管理委员会（干将路校区）

开放大学管委会

副主任：戴涵莘（常务）（2022年12月免　苏职大委〔2022〕92号）

吴　隽（常务）（2022年12月任　苏职大委〔2022〕92号）

党政办公室

主　任：戴涵莘（2022年12月免　苏职大委〔2022〕92号）

吴　隽（2022年12月任　苏职大委〔2022〕92号）

综合办公室

副主任：周传勇（主持工作）（2022年12月免　苏职大委〔2022〕93号）

社区教育中心（苏州市社区大学）

副主任：高觐悦
教学管理中心
副主任：居丽英（2022年4月试用期满　苏职大委〔2022〕26号）

23. 继续教育学院

院　长：戴涵莘（2022年12月免　苏职大委〔2022〕92号）
　　　　吴　隽（2022年12月任　苏职大委〔2022〕92号）
副院长：周传勇（2022年12月免　苏职大委〔2022〕93号）
　　　　居丽英（2022年4月试用期满　苏职大委〔2022〕26号）
党总支
书　记：薛　铭（2022年1月试用期满　苏职大委〔2022〕1号）

24. 教师教学发展中心

主　任：魏　影（2022年9月免　苏职大委〔2022〕53号）
　　　　金　霁（2022年12月任　试用期一年　苏职大委〔2022〕94号）
副主任：孙　赢（兼）（2022年12月免　苏职大委〔2022〕93号）

25. 机电工程学院

院　长：陈　洁
副院长：陆春元
　　　　张国良
党总支
书　记：茆　琦（2022年12月试用期满　苏职大委〔2022〕90号）
副书记：钟　鸣（2022年12月试用期满　苏职大委〔2022〕90号）
　　　　陈　洁

26. 计算机工程学院

院　长：鲜学丰（2022年7月试用期满　苏职大委〔2022〕44号）
　　　　（2022年12月免　苏职大委〔2022〕92号）
副院长：曾　海
　　　　叶　良
党总支
书　记：张　震
副书记：任侃侠
　　　　鲜学丰（2022年12月免　苏职大委〔2022〕92号）

27. 电子信息工程学院

院　长：邓建平（2022年7月试用期满　苏职大委〔2022〕44号）
副院长：尚广庆
　　　　孙加存（2022年1月聘　聘期三年，含试用期一年　苏职大政〔2022〕4号）
　　　　（2022年12月试用期满　苏职大委〔2022〕90号）
党总支
书　记：王　赟（2022年12月试用期满　苏职大委〔2022〕90号）
副书记：范海建
　　　　邓建平

28. 管理学院

院　长：孟利琴
副院长：陈广宇
　　　　徐　伟

陶　莉（2022年1月聘　聘期三年，含试用期一年　苏职大政〔2022〕4号）
（2022年12月试用期满　苏职大委〔2022〕90号）
（2022年12月免　苏职大委〔2022〕92号）

党总支
书　记：徐　伟（2022年4月试用期满　苏职大委〔2022〕26号）
副书记：张希文
孟利琴

29. 商学院

院　长：吴文英
副院长：万　健
丁　俊（2022年5月任　试用期一年　苏职大委〔2022〕30号）
（2022年5月聘　聘期三年，含试用期一年　苏职大政〔2022〕35号）

党总支
书　记：曹继平
副书记：胡　珏
吴文英

30. 教育与人文学院

院　长：吴　隽（2022年12月免　苏职大委〔2022〕92号）
戴涵莘（2022年12月任　苏职大委〔2022〕92号）
副院长：冯　清
方向阳

党总支
书　记：苏　涛
副书记：赵　争
吴　隽（2022年12月免　苏职大委〔2022〕92号）

31.外国语学院

院　长：吴　倩
副院长：李　英（2022年12月免　苏职大委〔2022〕94号）
卞浩宇
王　怡（2022年12月任　试用期一年　苏职大委〔2022〕94号）

党总支
书　记：季宇平
副书记：姚　磊（2022年7月试用期满　苏职大委〔2022〕44号）
吴　倩

32. 艺术学院

院　长：沈新艺（兼）
副院长：胡志栋
周德富

党总支
书　记：陈　刚
副书记：浦　江

33. 马克思主义学院（2022年9月30日，思想政治理论教学研究部更名成立，苏编办复〔2022〕66号）

院长（主任）：王大纲

副主任：杨德山（2022年12月免　苏职大委〔2022〕94号）
副院长：傅济锋（2022年12月任　试用期一年　苏职大委〔2022〕94号）

34. 数理部

主　任：杨晓华（2022年4月试用期满　苏职大委〔2022〕26号）
副主任：梁　淼

35. 体育部

主　任：王俪燕
副主任：叶捍军（2022年1月聘　聘期三年，含试用期一年　苏职大政〔2022〕4号）
（2022年12月试用期满　苏职大委〔2022〕90号）

36. 思政、数理、体育联合党总支

书　记：郎建华
副书记：李树斌（2022年1月试用期满　苏职大委〔2022〕1号）

（陈　欢）

校工会委员会及各分工会组成人员名单

苏州市职业大学工会第九届委员会组成人员名单

主　席：吴建英
副主席：李　琦　戴海峰
委　员：朱　炎　薛　铭　刘文芝　姚　磊　徐　峰　王　平　沈利平　陆　峰　王志刚　王红梅　张辰婕　胡　珏　蔡　骏

苏州市职业大学工会第九届经费审查委员会组成人员名单

主　任：顾慧琴
委　员：孙继云　金文捷

苏州市职业大学工会第九届女职工委员会组成人员名单

主　任：李　琦
副主任：胡　珏
委　员：薛　铭　谭吟月　刘文芝　朱逸冰　孙昳昊　张辰婕　姚　磊　项　丹　陈　静　裴素华　路　冰

苏州市职业大学工会法律监督委员会组成人员名单

主　任：戴海峰
副主任：陆　峰
委　员：王　平　王大纲　刘文芝　陆　英　陈　越　孟利琴　蒋莲华

苏州市职业大学分工会主席名单

机关分工会	沈利平
机电工程学院分工会	路　冰
计算机工程学院分工会	刘文芝
电子信息工程学院分工会	张　晶（代理）

管理学院分工会	王红梅
商学院分工会	杨　娟
教育与人文学院分工会	高　杨（代理）
外国语学院分工会	裴素华
艺术学院分工会	张辰婕
思政、数理、体育联合分工会	王志刚
干将路校区分工会	薛　铭

校妇女联合会组成人员名单

苏州市职业大学妇女联合会第一届执行委员会组成人员名单

主　席：吴建英

副主席：李　琦

委　员：王　平　王红梅　杨　娟　汪　清　张辰婕　范晓鹤　项　丹　姚　磊　葛　翔　谢　艳　路　冰　裴素华　薛　铭　文婷婷（学生）　骆心怡（学生）

（李　琦）

校团委组成人员及各分团委书记名单

共青团苏州市职业大学委员会组成人员名单

副书记：胡　宾（2022年5月任　苏职大委〔2022〕30号）

挂职副书记：胡　宾

兼职副书记：朱书研

团委干事：刘诗琪　龙　蕊　周　赐

苏州市职业大学各分团委书记名单

机电工程学院团委	赵　健
计算机工程学院团委	刘　地
电子信息工程学院团委	陶　静
管理学院团委	孙　丹
商学院团委	施嘉逸
教育与人文学院团委	刘洋洋
外国语学院团委	林　卉
艺术学院团委	沈　龙
体育部团委	许　源

（周　赐）

校级领导机构、议事协调机构及人员名单

2022年苏州市职业大学新增、调整校级领导机构、议事协调机构及人员名单

一、成立中共苏州市职业大学第三次代表大会筹备工作领导小组

苏职大委〔2022〕7号　2022.3.4

组　长：钮雪林

副组长：曹毓民　刘　丹　熊贵营　张　健　蔡晓平　孙学文

成　员：党委办公室、校长办公室、组织人事部、宣传统战部、纪检监察室、离退休干部处、学生工作处、财务处、总务处、保卫处、工会、团委主要负责人

（一）综合秘书组

组　长：张　军　叶　军

组　员：党委办公室、校长办公室全体人员，纪检监察室、财务处有关人员

（二）组织组

组　长：魏　影　俞建伟

成　员：组织人事部、纪检监察室全体人员

（三）宣传组

组　长：韩承敏　张　军

成　员：宣传统战部全体人员

（四）后勤保障组

组　长：丁　虎

成　员：总务处、保卫处全体人员

二、调整苏州市职业大学安全管理委员会

苏职大委〔2022〕8号　2022.3.8

主　任：钮雪林　曹毓民

副主任：刘　丹　熊贵营　张　健　孙学文

委　员：党委办公室、校长办公室、组织人事部、宣传统战部、教务处、学生工作处、科技处、财务处、总务处、保卫处、信息中心主要负责人

安全管理委员会下设安全管理办公室作为安全管理委员会的日常办事机构。办公室主任由副校长熊贵营兼任；副主任由党委办公室主任、保卫处处长兼任。

三、成立苏州市职业大学进一步规范行政人员办公用房管理工作领导小组

苏职大委〔2022〕23号　2022.4.14

组　长：钮雪林　曹毓民

副组长：刘　丹　熊贵营　张　健　蔡晓平　孙学文

成　员：党委办公室、校长办公室、组织人事部、宣传统战部、纪检监察室、总务处主要负责人

领导小组办公室设在校长办公室，叶军兼任主任，俞建伟、丁虎兼任副主任。

四、调整中共苏州市职业大学第三次代表大会筹备工作领导小组

苏职大委〔2022〕55号　2022.9.6

（一）筹备工作领导小组

组　长：曹毓民

副组长：温贻芳　张　健　孙学文　庄剑英　张　军　王　峰

成　员：鲜学丰　叶　军　俞建伟　沈新艺　王　琼　李　羽　丁　虎　吴建英　胡　宾

（二）筹备工作组

1.综合秘书组

组　长：张　军　叶　军

成　员：谭　飞　汤晓军　沈密婷　陈乳燕　张明雷　许立莺　魏　刚　吴秋东　顾澍嘉　钱成科

2.组织组

组　长：鲜学丰　俞建伟

成　员：金　霁　孙　赢　沈密婷　林休休　陆　英　郑洪静　陈　欢　姚卫东　俞海香　沈中彦　史丰南　何佳应

3.宣传组

组　长：叶　军

成　员：王大纲　刘　伟　朱海祥　陈　越　赵京娟　吕华芹　魏赛男

4.后勤保障组

组　长：丁　虎

成　员：胡洪新　陈祥林　李亦工　陆雪元　胡敏舫　吴　玥　黄　达　钱建华

五、成立中国共产党苏州市职业大学第三次代表大会代表资格审查小组

苏职大委〔2022〕57号　2022.9.8

组　长：张　健

副组长：庄剑英

成　员：俞建伟　鲜学丰　孙　赢

六、成立苏州市职业大学现代职业教育高质量发展工作领导小组

苏职大委〔2022〕75号　2022.11.2

组　长：曹毓民　温贻芳

副组长：张　健　孙学文　庄剑英　张　军　王　峰

成　员：各学院（部）党政主要负责人、各部门主要负责人

七、成立苏州市职业大学“三全育人”综合改革工作领导小组

苏职大委〔2022〕76号　2022.11.10

组　长：曹毓民　温贻芳

副组长：张　健　孙学文　庄剑英　张　军　王　峰

成　员：党委办公室、校长办公室、组织人事部、宣传统战部、工会、团委、教务处、学生工作处、科技处、财务处、总务处、保卫处、图书馆、信息中心主要负责人，发展与评估办公室、校地合作办公室、创新创业办公室负责人，各学院（部）党总支、各直属党支部书记

领导小组的日常工作由张健负责，领导小组办公室设在党委宣传部，由党委宣传部部长兼任。

八、调整校网络安全和信息化领导小组

苏职大委〔2022〕77号　2022.11.10

组　长：曹毓民

副组长：温贻芳　张　健　王　峰

成　员：各部门主要负责人、各学院（部）院长（主任）

领导小组办公室主任由王峰兼任，副主任由宣传统战部、党委办公室、信息中心主要负责人兼任。

九、调整校信访工作领导小组

苏职大委〔2022〕77号　2022.11.10

组　长：曹毓民　温贻芳

副组长：张　健　孙学文　庄剑英　张　军　王　峰

成　员：各部门主要负责人、各学院（部）党政主要负责人

领导小组下设信访办公室，设在党委办公室，办公室主任由庄剑英兼任，副主任由党委办公室主任、校长办公室主任兼任。

十、调整校党务公开工作领导小组

苏职大委〔2022〕77号　2022.11.10

组　长：曹毓民

副组长：温贻芳　张　健

成　员：孙学文　庄剑英　张　军　王　峰

领导小组下设办公室。

主　任：张　健

副主任：党委办公室、校长办公室、纪检监察室主要负责人

成　员：组织人事部、宣传统战部、工会、团委、学生工作处主要负责人

十一、调整全面从严治党"两个责任"履责记实专项工作领导小组

苏职大委〔2022〕77号　2022.11.10

组　长：曹毓民

副组长：庄剑英

成　员：党委办公室、校长办公室、组织人事部、宣传统战部、纪检监察室主要负责人

十二、调整校档案管理和信息化工作领导小组

苏职大委〔2022〕77号　2022.11.10

组　长：温贻芳

副组长：张　健　孙学文　庄剑英　张　军　王　峰

成　员：各部门主要负责人、各学院（部）院长（主任）

领导小组办公室设在党委办公室，办公室主任由党委办公室主任担任。

十三、调整校档案鉴定小组

苏职大委〔2022〕77号　2022.11.10

组　长：温贻芳

副组长：张　军

委　员：叶　军　王　琼　姚金凤　李　羽　丁　虎　黄　萍　谭　飞　汤晓军　胡　明
　　　　许立莺　张　莹　陆怡静　刘　萍　盛　婷　邱悦文

十四、调整校保密工作委员会

苏职大委〔2022〕77号　2022.11.10

主　任：张　健

副主任：张　军

委　员：组织人事部、宣传统战部、校长办公室、纪检监察室、教务处、学生工作处、科技处、财务处、审计处、保卫处、信息中心、开放大学管委会主要负责人

委员会下设办公室，张军任办公室主任。

十五、调整校新型冠状病毒感染的肺炎疫情防控工作领导小组

苏职大委〔2022〕77号　2022.11.10

组　长：曹毓民　温贻芳

副组长：张　健　孙学文　庄剑英　张　军　王　峰

成　员：各学院（部）党政主要负责人，各部门主要负责人

领导小组下设办公室，张军兼任办公室主任，党委办公室、校长办公室、组织人事部、宣传统战部、教务处、学生工作处、总务处、保卫处、信息中心、开放大学管委会、国际学院、学园公司主要负责人兼任办公室副主任，负责做好学校防控应急处置工作。

十六、调整校党委外事工作委员会

苏职大委〔2022〕77号　2022.11.10

主　任：曹毓民　温贻芳

副主任：张　健　孙学文

成　员：党委办公室、校长办公室、组织人事部、宣传统战部、纪检监察室、离退休干部处、工会、团委、教务处、学生工作处、科技处、财务处、审计处、总务处、保卫处、信息中心、学术期刊中心、继续教育学院、国际学院主要负责人

委员会下设办公室，叶军任办公室主任，汤晓军任办公室副主任。

十七、调整校创新创业工作领导小组

苏职大委〔2022〕77号　2022.11.10

组　长：曹毓民　温贻芳

副组长：张　健　孙学文　庄剑英　张　军　王　峰

成　员：党委办公室、校长办公室、组织人事部、宣传统战部、教务处、学生工作处、科技处、财务处、总务处、团委、信息中心、继续教育学院、发展与评估办公室、学园公司主要负责人，各学院（部）主要负责人

领导小组下设办公室，办公室主任由孙学文兼任，常务副主任由王赟兼任。

十八、调整苏州市大学生众创空间管理委员会

苏职大委〔2022〕77号　2022.11.10

第一主任：曹毓民

主　任：温贻芳

副主任：孙学文

成　员：党委办公室、校长办公室、组织人事部、宣传统战部、团委、教务处、学生工作处、科技处、财务处、总务处、保卫处、图书馆、发展与评估办公室主要负责人及分管负责人

管理委员会下设办公室，办公室主任由孙学文兼任，办公室副主任由王赟兼任。

十九、调整校干部人事档案专项审核工作领导小组

苏职大委〔2022〕77号　2022.11.10

组　长：张　健

副组长：张　军　鲜学丰

成　员：金　霁　孙　赢　沈密婷　林休休　陆　英　许立莺

校干部人事档案专项审核工作领导小组下设办公室，设在组织人事部，办公室主任由鲜学丰兼任。

二十、调整校教师发展工作委员会

苏职大委〔2022〕77号　2022.11.10

主　任：温贻芳

常务副主任：张　健

副主任：鲜学丰

成　员：李　羽　戴涵莘　吴　隽　孙　赢　金　霁　胡　明

教师发展工作委员会日常工作由教师教学发展中心负责，鲜学丰兼任该中心主任。原校教师发展工作委员会有关人员的职务自行免除，不再另行发文。

二十一、调整校岗位设置与聘用工作领导小组、岗位聘用工作委员会

苏职大委〔2022〕77号　2022.11.10

（一）校岗位设置与聘用工作领导小组

组　长：曹毓民　温贻芳

成　员：张　健　孙学文　庄剑英　张　军　王　峰

领导小组下设办公室，设在组织人事部，具体负责岗位设置与聘用工作的组织和实施。

（二）岗位聘用工作委员会

主　任：温贻芳

副主任：张　健　孙学文　张　军　王　峰

岗位聘用工作委员会下设教师及专技岗位聘用工作组、管理及工勤岗位聘用工作组。

1.教师及专技岗位聘用工作组

组　长：温贻芳

副组长：孙学文　王　峰

成　员：鲜学丰　叶　军　姚金凤　丁　虎　杨静波　李　羽　黄　萍

2.管理及工勤岗位聘用工作组

组　长：温贻芳

副组长：张　健　张　军

成　员：鲜学丰　丁　虎　叶　军

（三）岗位设置与聘用工作申诉委员会

主　任：庄剑英

成　员：鲜学丰　俞建伟　吴建英

二十二、调整校党委人才工作领导小组

苏职大委〔2022〕77号　2022.11.10

组　长：曹毓民

副组长：温贻芳　张　健　孙学文

成　员：张　军　鲜学丰　叶　军　俞建伟　吴建英　姚金凤　李　羽　丁　虎

人才工作领导小组下设办公室，挂靠党委组织部，办公室主任由鲜学丰兼任，党委办公室、宣传统战部、教务处、科技处、财务处为办公室副主任部门。

二十三、调整校党委党校校务委员会

苏职大委〔2022〕77号　2022.11.10

主　任：曹毓民

副主任：张　健

成　员：张　军　鲜学丰　叶　军　俞建伟　王　琼　茆　琦　张　震　王　赟　徐　伟　曹继平　苏　涛　季宇平　陈　刚　郎建华　薛　铭　胡　宾

二十四、调整校意识形态工作领导小组

苏职大委〔2022〕77号　2022.11.10

组　长：曹毓民

副组长：温贻芳　张　健　庄剑英

成　员：孙学文　张　军　王　峰　鲜学丰　叶　军　俞建伟　吴建英　胡　宾　王　琼　姚金凤　丁　虎　杨静波　薛　铭　茆　琦　张　震　王　赟　徐　伟　曹继平　苏　涛　季宇平　陈　刚　郎建华　汤晓军

领导小组办公室设在党委宣传部，办公室主任由党委宣传部部长兼任。

二十五、调整校党委理论学习中心组成员名单

苏职大委〔2022〕77号　2022.11.10

组　长：曹毓民

副组长：温贻芳　张　健

成　员：孙学文　庄剑英　张　军　王　峰　鲜学丰　叶　军　俞建伟　谭　飞　汤晓军

根据专题学习需要，可扩大到相关部门和学院（部）：教务处、学生工作处、科技处、财务处、审计处、总务处、保卫处、工会、团委、发展与评估办公室、校地合作办公室、苏州石湖智库、高教研究所、有关学院（部）等。

学习秘书：王大纲

二十六、调整校思想政治工作领导小组

苏职大委〔2022〕77号　2022.11.10

组　长：曹毓民

副组长：温贻芳　张　健

成　员：孙学文　庄剑英　张　军　王　峰　鲜学丰　叶　军　俞建伟　吴建英　胡　宾　王　琼　丁　虎　杨静波　薛　铭　茆　琦　张　震　王　赟　徐　伟　曹继平　苏　涛　季宇平　陈　刚　郎建华

领导小组办公室设在党委宣传部，办公室主任由党委宣传部部长兼任。

二十七、调整校民族宗教工作领导小组

苏职大委〔2022〕77号　2022.11.10

组　长：曹毓民　温贻芳

副组长：张　健　孙学文　张　军　王　峰

成　员：鲜学丰　叶　军　俞建伟　胡　宾　王　琼　姚金凤　丁　虎　杨静波　薛　铭　茆　琦　张　震　王　赟　徐　伟　曹继平　苏　涛　季宇平　陈　刚　郎建华　汤晓军

领导小组办公室设在党委统战部，叶军兼任办公室主任。

二十八、调整校普法志愿者大队

苏职大委〔2022〕77号　2022.11.10

大队长：张　健

成　员：叶　军　王大纲　刘　伟　胡　宾　颜　娟　李　文　李东华　居　茜　杨晓石　吴　尘　钱建华　吕华芹　黄　达　傅济峰

二十九、调整校党风廉政建设领导小组

苏职大委〔2022〕77号　2022.11.10

组　长：曹毓民　温贻芳

副组长：张　健　孙学文　庄剑英　张　军　王　峰

成　员：党委办公室、校长办公室、组织人事部、宣传统战部、纪检监察室、审计处、财务处、工会、团委、学生工作处、保卫处主要负责人，各党总支、直属党支部书记

领导小组办公室负责党风廉政建设和反腐败的日常工作，办公室主任由庄剑英兼任。

三十、调整校关心下一代工作委员会

苏职大委〔2022〕77号　2022.11.10

主　任：张　健

副主任：毛根民　俞兴宝　刘谦忠

委　员：沈新艺　周　丽　李弈诗　刘　伟　傅中山　胡　明　戴海峰　金　霁　胡　宾　胡洪新　陈乳燕　薛　铭　杜美萍　曹继平　季宇平　苏　涛　茆　琦　张　震　王　赟　陈　刚　郎建华　徐　伟

秘书长：沈新艺

副秘书长：周　丽　傅中山

三十一、调整校教材建设与选用工作委员会

苏职大委〔2022〕77号　2022.11.10

主　任：曹毓民　温贻芳

副主任：张　健　孙学文

委　员：党委办公室、校长办公室、组织人事部、宣传统战部、教务处、继续教育学院、图书

馆、学术期刊中心主要负责人

教材建设与选用工作委员会下设教材建设工作小组和教材选用工作小组。

（一）教材建设工作小组

组　长：张　健

副组长：宣传统战部主要负责人

成　员：组织人事部、教务处、学生工作处、继续教育学院、图书馆、学术期刊中心、国际学院主要负责人

（二）教材选用工作小组

组　长：孙学文

副组长：教务处主要负责人

成　员：宣传统战部、图书馆、学术期刊中心、国际学院主要负责人，管理学院、商学院、外国语学院、教育与人文学院、机电工程学院、计算机工程学院、电子信息工程学院、艺术学院、马克思主义学院、数理部、体育部、继续教育学院党总支书记

三十二、调整校毕业生就业工作领导小组

苏职大委〔2022〕77号　2022.11.10

第一组长：曹毓民

组　长：温贻芳

副组长：张　健　孙学文　张　军

成　员：王　琼　丁　虎　李　羽　陈　洁　茆　琦　鲜学丰　张　震　邓建平　王　赟
孟利琴　徐　伟　吴文英　曹继平　吴　隽　苏　涛　吴　倩　季宇平　沈新艺
陈　刚　王大纲　杨晓华　王俪燕　郎建华　戴涵莘　薛　铭　胡　宾　胡　明

领导小组办公室设在大学生就业服务中心，王琼任办公室主任，范晓鹤任副主任。

三十三、调整校党委审计委员会

苏职大委〔2022〕77号　2022.11.10

主　任：曹毓民

副主任：温贻芳　张　健　庄剑英

委员由组织人事部、纪检委办公室（纪检监察室）、财务处、教务处、总务处、科技处、审计处、工会等部门主要负责人组成。

审计委员会下设办公室，负责日常工作，办公室主任由审计处处长兼任。

三十四、调整校垃圾分类工作领导小组

苏职大委〔2022〕77号　2022.11.10

组　长：曹毓民　温贻芳

副组长：张　军

成　员：各学院（部）党政主要负责人，各部门主要负责人

领导小组下设办公室，张军兼任办公室主任，丁虎兼任办公室副主任。

三十五、调整校安全管理委员会

苏职大委〔2022〕8号　2022.3.8

主　任：曹毓民　温贻芳

副主任：张　健　孙学文　张　军　王　峰

委　员：党委办公室、校长办公室、组织人事部、宣传统战部、教务处、学生工作处、科技处、财务处、总务处、保卫处、信息中心主要负责人

安全管理委员会下设办公室，作为日常办事机构。办公室主任由张军兼任，副主任由党委办公室主任、保卫处处长兼任。

三十六、调整校征兵工作领导小组

苏职大委〔2022〕77号　2022.11.10

组　长：曹毓民　温贻芳

副组长：张　军

成　员：宣传统战部、团委、人民武装部、教务处、学生工作处、财务处、总务处主要负责人，各学院（部）党总支书记

领导小组办公室设在人民武装部，承担具体征兵工作，办公室主任由人民武装部部长兼任。

三十七、调整校国家安全人民防线建设小组

苏职大委〔2022〕77号　2022.11.10

组　长：曹毓民

副组长：张　军

成　员：党委办公室、校长办公室、组织人事部、宣传统战部、科技处、保卫处、信息中心主要负责人

三十八、调整校国防教育工作领导小组

苏职大委〔2022〕77号　2022.11.10

组　长：曹毓民

副组长：张　军

成　员：党委办公室、校长办公室、组织人事部、宣传统战部、人民武装部、教务处、学生工作处、财务处、总务处主要负责人

领导小组下设办公室，设在人民武装部，人民武装部部长任办公室主任。

三十九、调整校双拥工作小组

苏职大委〔2022〕77号　2022.11.10

组　长：曹毓民

副组长：张　军

成　员：党委办公室、校长办公室、组织人事部、宣传统战部、团委、人民武装部、教务处、学生工作处、财务处、总务处主要负责人

工作小组下设办公室，设在人民武装部，张军兼任办公室主任，校长办公室主任、人民武装部部长兼任办公室副主任。

四十、调整校处置突发事件（维护稳定）工作领导小组

苏职大委〔2022〕77号　2022.11.10

组　长：曹毓民　温贻芳

副组长：张　健　孙学文　张　军　王　峰

成　员：党委办公室、校长办公室、组织人事部、宣传统战部、团委、教务处、学生工作处、财务处、总务处、保卫处主要负责人

四十一、成立苏州市职业大学“一站式”学生社区建设工作领导小组

苏职大委〔2022〕80号　2022.11.22

组　长：曹毓民　温贻芳

副组长：张　健　孙学文　庄剑英　张　军　王　峰

成　员：党委办公室、校长办公室、组织人事部、宣传统战部、团委、教务处、学生工作处、财务处、总务处、保卫处、信息中心主要负责人，各学院（部）党总支书记

领导小组下设办公室，设在学生工作处，张军兼任办公室主任，王琼任办公室副主任。

四十二、调整苏州市职业大学江苏省中国特色高水平高职学校建设领导小组

苏职大委〔2022〕82号　2022.12.4

组　长：曹毓民　温贻芳

副组长：张　健　孙学文　庄剑英　张　军　王　峰
成　员：各部门主要负责人，各学院（部）党政主要负责人
领导小组下设办公室，设在校长办公室（外事办公室）。

四十三、成立苏州市职业大学高等学历继续教育招生工作领导小组

苏职大委〔2022〕86号　2022.12.20
组　长：曹毓民　温贻芳
副组长：张　健　孙学文　张　军　王　峰　庄剑英
成　员：叶　军　俞建伟　李　羽　丁　虎　杨静波　戴涵莘　陈　洁　邓建平　鲜学丰
　　　　孟利琴　吴文英　吴　隽　吴　倩　沈新艺　王大纲　杨晓华　王俪燕
领导小组下设工作小组
组　长：王　峰
副组长：戴涵莘
组　员：周传勇　居丽英　吴云奇　吴　湘　邱　阳

四十四、调整校期刊编辑委员会

苏职大政〔2022〕2号　2022.2.12
《苏州市职业大学学报》编辑委员会
主任委员：曹毓民
副主任委员：刘　丹　张　健　孙学文
委员（按姓氏笔画排序）：
　　　　王俪燕　邓建平　刘　丹　孙学文　孙春华　李　华　李克清　杨晓华　时　新
　　　　吴　隽　吴文英　张　健　张红兵　陈　洁　陈伟元　尚　丽　周德富　姚金凤
　　　　陶亦亦　黄　萍　曹毓民　梁　淼　鲜学丰　戴涵莘
主　编：刘　丹
副主编：黄　萍（常务）　时　新
《苏州教育学院学报》编辑委员会
主任委员：曹毓民
副主任委员：刘　丹　张　健　孙学文
委员（按姓氏笔画排序）：
　　　　王大纲　王敏杰　卞浩宇　朱剑刚　刘　丹　齐　红　孙学文　时　新　吴　倩
　　　　吴　隽　吴文英　沈新艺　宋桂友　张　健　陈　璇　孟利琴　姚金凤　陶亦亦
　　　　黄　萍　曹毓民
主　编：刘　丹
副主编：黄　萍（常务）　时　新

四十五、调整校招生工作领导小组

苏职大政〔2022〕8号　2022.3.8
第一组长：钮雪林
组　长：曹毓民
副组长：刘　丹　熊贵营（常务）　张　健　蔡晓平　孙学文
成　员：张　军　叶　军　俞建伟　王　琼　李　羽　丁　虎　杨静波　戴涵莘　陈　洁
　　　　邓建平　鲜学丰　孟利琴　吴文英　吴　隽　吴　倩　沈新艺　王大纲　杨晓华
　　　　王俪燕　胡　明　傅中山
领导小组下设办公室，设在学生工作处，王琼兼任主任，傅中山兼任副主任。

四十六、调整学校其他系列职称评审委员会

苏职大政〔2022〕29号　2022.4.20

主　任：曹毓民
副主任：刘　丹　熊贵营　张　健　孙学文
成　员：魏　影　姚金凤　陈　洁　鲜学丰　李世超　赵宁燕　陈伟元　缪启军
秘　书：魏　影（兼）

四十七、调整校学术委员会

苏职大政〔2022〕62号　2022.10.18
主　任：温贻芳
副主任：王　峰
秘书长：姚金凤（兼）
委　员（按姓氏笔画排序）：
王　峰　王俪燕　王敏杰　方向阳　孙学文　吴　倩　吴文英　沈新艺　陈　洁
陈伟元　姚金凤　黄　萍　梁　淼　韩承敏　温贻芳　鲜学丰　戴涵莘

四十八、成立苏州市职业大学预算绩效管理工作委员会

苏职大政〔2022〕66号　2022.10.31
主　任：温贻芳
副主任：张　健　孙学文　张　军　王　峰
委　员：党委办公室、校长办公室、组织人事部、纪检监察室、教务处、学生工作处、科技处、财务处、审计处、总务处、信息中心、发展与评估办公室主要负责人
预算绩效管理工作委员会工作机构设在财务处，负责日常工作。

四十九、调整各学院（部）专业带头人及专业负责人

苏职大政〔2022〕75号　2022.11.23

各学院（部）专业带头人及专业负责人名单

序号	学院（部）	专业代码	专业名称	专业带头人	专业负责人
1	管理学院	530605	市场营销	李文丽	沈馨怡
2		530802	现代物流管理	何　慧	李　英
3		590401	现代文秘	吴蕴慧	管文娟
4		590206	行政管理	陆锋明	陈　静
5		590202	人力资源管理	王敏杰	赵艳玲
6		530702	跨境电子商务	徐　伟	陈　娟
7		530701	电子商务	包金龙	包金龙
8	商学院	530302	大数据与会计	汤　泉	汤　泉
			大数据与会计（中外合作）		陈　韬
9		530301	大数据与财务管理	丁　俊	缪启军
10		530303	大数据与审计	殷　红	刘淑春
11		530501	国际经济与贸易	陈丽红	缪鹤兵
12		530201	金融服务与管理	向　群	向　群
13		580401	法律事务	李东华	缪　岚
14	外国语学院	570201	商务英语	王　怡	赵　阳
15		570202	应用英语	顾　韵	陆　雷
16		570205	商务日语	马文波	孙　丹
17		570213	应用德语	黄　悦	吴悦茜
18	教育与人文学院	540101	旅游管理	刘昌雪	高丽红
19		560102	网络新闻与传播	胡武生	喻满意
20		570102K	学前教育	丁俊锋	丁俊锋
21		490104	食品检验检测技术	张　丽	张　丽
22		540112	会展策划与管理	顾　伟	戴　昕

续表

序号	学院(部)	专业代码	专业名称	专业带头人	专业负责人
23	机电工程学院	460701	汽车制造与试验技术	李克清	方　勇
24		460301	机电一体化技术	付春平	付春平
25		460104	机械制造及自动化	郭南初	杜　洁
26		460103	数控技术	董晓岚	董晓岚
27		460113	模具设计与制造	李耀辉	李耀辉
28		460206	电梯工程技术	陆春元	王　锋
29		460305	工业机器人技术	王仁忠	苏　建
30		460702	新能源汽车技术	李克清	胡忠文
31	计算机工程学院	510215	动漫制作技术	戴敏利	戴敏利
32		510202	计算机网络技术	方立刚	刘　刚
33		510201	计算机应用技术	过　怡	过　怡
34		510203	软件技术	尚鲜连	尚鲜连
35		510102	物联网应用技术	谭方勇	谭方勇
36		510209	人工智能技术应用	吴文庆	吴文庆
37		510205	大数据技术	陈　珂	陈　珂
38		510208	虚拟现实技术应用	金　益	金　益
39	电子信息工程学院	510301	现代通信技术	俞兴明	陈　杰
40		510101	电子信息工程技术	颜廷秦	史斌斌
41		510211	工业互联网技术	周　燕	王　峰
42		510103	应用电子技术	汪义旺	瞿　敏
43		510108	智能产品开发与应用	吴　尘	罗　伟
44		460306	电气自动化技术	赵　成	张　波
45		510401	集成电路技术	李建康	钱国林
46		460303	智能控制技术	刘　科	张　微
47	艺术学院	550204	表演艺术	郝思震	曾珠亚岚
48		550102	视觉传达设计	杨　光	蒋艳俐
49		550114	室内艺术设计	陆宇澄	罗跃华
50		550106	环境艺术设计	薄晓光	王　玫
51		550112	工艺美术品设计	徐　军	姚琴芳
52		480402	服装设计与工艺	雷兴武	张鸣艳
53	体育部	570110K	体育教育	王俪燕	孟祥波

五十、成立苏州市职业大学高等学历继续教育招生工作领导小组

苏职大政〔2022〕86号　2022.12.20

组　长：曹毓民　温贻芳

副组长：张　健　孙学文　张　军　王　峰　庄剑英

成　员：叶　军　俞建伟　李　羽　丁　虎　杨静波　戴涵莘　陈　洁　邓建平　鲜学丰
孟利琴　吴文英　吴　隽　吴　倩　沈新艺　王大纲　杨晓华　王俪燕

领导小组下设工作小组

组　长：王　峰

副组长：戴涵莘

组　员：周传勇　居丽英　吴云奇　吴　湘　邱　阳

（顾　伟　顾澍嘉）

学校教职工在各级人大、政协和各民主党派担任代表、委员名单

2022年苏州市职业大学教职工在各级人大任职情况一览表

类别	姓名	性别	所在部门	职务/职称
苏州市人大代表	曹毓民	男	校党委	党委书记
吴中区人大代表	齐　红	女	教育与人文学院	教授

2022年苏州市职业大学教职工在各级政协任职情况一览表

类别	姓名	性别	所在部门	职务/职称
苏州市政协委员	孙春华	女	机电工程学院	教授
吴中区政协常委	黄丹荔	女	商学院	副教授

2022年苏州市职业大学教职工在各民主党派任职情况一览表

民主党派	党内任职	姓名	性别	所在部门	职务/职称
民盟	校民盟总支主委	陆春妹	女	电子信息工程学院	副教授
	校民盟总支副主委	严　郁	男	商学院	副教授
民进	校民进总支副主委	李　文	男	商学院	讲师
	校民进总支副主委	雷兴武	男	艺术学院	副教授
九三学社	校九三支社主委	孙春华	女	机电工程学院	教授
	校九三支社副主委	李　华	女	学术期刊中心	编审
	校九三支社副主委	方立刚	男	科技处	教授

（陈　越）

学校教职工在校外机构（团体）任职名单

2022年苏州市职业大学教职工在校外机构任职情况一览表

所属部门	姓名	任职机构	职务
校党委	曹毓民	全国行业职业教育教学指导委员会、人力资源和社会保障职业教育教学指导委员会	委员
		全国行业职业教育教学指导委员会、人才培养与教学科研指导委员会	副主任委员
		江苏省人力资源和社会保障职业教育教学指导委员会	副主任委员
		苏州市社会科学联合会	副主席
		苏州市乒乓球协会	监事长
		苏州市第十七届人民代表大会	代表
	温贻芳	全国行业职业教育教学指导委员会、机械职业教育教学指导委员会	委员
		苏州市科学技术协会	副主席
		中国职业技术教育学会	理事
		中华职业教育社第十二届理事会、社会服务与办学指导委员会	委员
		江苏省职业教育行业指导委员会、机电职业教育行业指导委员会	副主任委员

续表

所属部门	姓名	任职机构	职务
校党委	张　健	苏州石湖智库	理事长
		中国高等教育学会职业技术教育分会	理事
	孙学文	江苏省财经商贸职业教育行业指导委员会	委员
		苏州市人民政府研究室	特约研究员
		苏州市电视台	特约评论员
	张　军	苏州石湖智库	监事
	王　峰	苏州市人工智能学会	副理事长
党委办公室	朱剑刚	苏州市地学会	副理事长
	谭　飞	江苏省高校档案研究会	常务理事
组织人事部	鲜学丰	江苏省人工智能学会	理事
宣传统战部	叶　军	苏州市图书馆学会	常务理事
工会	范　政	中国音乐文学学会	成员
		江苏省音乐家协会	成员
		江苏省流行音乐学会	常务理事
		苏州市音乐协会	副秘书长
		苏州市流行音乐学会	副会长、秘书长
	李　琦	苏州市妇联木兰心理咨询公益联盟	成员
		苏州市妇联木兰讲师团	成员
团委	胡　宾	苏州市青年志愿者协会	会长
		苏州市红十字会	理事
教务处	顾苏怡	江苏省力学学会	理事
		江苏省力学学会高职高专分委员会	委员
	吴　尘	江苏省电子信息职业教育行业指导委员会	委员
	陶　莉	江苏省文化旅游职业教育行业指导委员会文化服务类专业委员会	委员
		苏州市况钟研究会	副会长、秘书长
科技处	姚金凤	苏州市哲学社会科学界联合会	理事
		苏州市商业经济学会	常务理事
	方立刚	苏州市科学技术协会	委员
		江苏省计算机学会	理事
		江苏省高等学校知识产权研究会	理事
		苏州市青年联合会	委员
		苏州市青年科技工作者协会	理事
		苏州市计算机学会物联网专业委员会	秘书长
	周一红	苏州市东吴印社	副秘书长
财务处	李　羽	江苏省教育会计学会	理事
		中国教育会计学会高等职业院校分会	理事
学术期刊中心	黄　萍	江苏省期刊协会	理事
		江苏省科技期刊学会	理事
		苏州市出版物编辑学会	常务理事
		江苏省高校学报研究会	常务理事
	施建平	江苏科技期刊学会数字化工委会	副主任
	刘中文	中国陶渊明研究会	副会长
	吴井泉	中国高等教育学会	常务理事
		黑龙江省文艺评论家协会	常务理事

续表

所属部门	姓名	任职机构	职务
信息中心	杨静波	江苏省高等学校教育技术研究会网络信息专业委员会	理事
		苏州市网络安全和信息化专家库	专家
		中国职业技术教育学会教育数字化工作委员会	专家
		苏州市网络安全等级保护专家库	专家
机电工程学院	陈　洁	苏州市机械工程学会	常务理事
		苏州市汽车工程学会	常务理事长、法人
		陕西理工大学	硕士研究生导师
	陆春元	苏州市汽车工程学会	秘书长
		机械工业出版社	编委
	朱学超	苏州市汽车工程学会	副秘书长
	方　勇	苏州市汽车工程学会	副秘书长
	陆建康	苏州市汽车工程学会	秘书
	张文峰	西安工业大学	兼职教授、硕士研究生导师
	张义平	《现代制造工程》杂志	编委
		苏州新火花特种加工工程技术研究中心	技术委员会委员
		江苏省高校金工教学研究会	常务理事
	郭南初	中国机械工程学会工业设计分会	委员
	孙春华	陕西理工大学	硕士研究生导师
	李克清	中国计算机学会	会员
		江苏省计算机学会	监事
		苏州大学	硕士研究生导师
		中国矿业大学（徐州）	硕士研究生导师
	顾　星	苏州市先进制造业工程师学会	理事
	郭彩芬	辽宁工业大学	硕士研究生导师
	王仁忠	中国金属学会冶金设备分会	第八届专委会委员
		北京科技大学高效轧制国家工程研究中心	特聘专家
	刘　旭	江苏省高校工程训练教学研究会	理事
	朱学超	江苏省高校工程训练教学研究会	副理事长
计算机工程学院	李金祥	江苏省微电脑学会多媒体与图形学专委会	常务委员
		江苏省高校计算机基础教学工作委员会高职分会	副会长
		苏州市中文信息学会	理事
		苏州市计算机学会	理事
		苏州市技师协会计算机专业委员会	会长
		苏州市电子信息技工学校咨询委员会	委员
	吴文庆	黑龙江省计算机学会	理事
		齐齐哈尔市青年联合会	委员
电子信息工程学院	张　欣	江苏省教育学会新教育研究专业委员会	常务理事
	王　亚	苏州市心理学会	理事
	陈伟元	中国高等教育研究会	常务理事
		苏州市电子学会	常务理事
	李建康	江苏省电介质物理与材料专业委员会	理事
	俞兴明	中国通信光电缆专家委员会	委员
		苏州市光电缆业商会专家委员会	委员

续表

所属部门	姓名	任职机构	职务
管理学院	宋桂友	江苏省微型小说研究会	副秘书长
		苏州市评论家协会	理事
		苏州市茶学会	常务副会长
商学院	吴文英	苏州市统计学会	会长
	李东华	苏州市法学会	理事
教育与人文学院	王一梅	苏州市作家协会	副主席
		江苏省作家协会	理事
		中国儿童文学研究会	理事
	汝　骅	全国食品行业职业教育指导委员会食品安全与检测专业教学指导委员会	委员
		中轻食品工业管理中心技术专家委员会	委员
		江苏省家政学会	常务理事
		苏州市食品安全与营养学会	理事
		江苏省营养学会食品营养与安全专业委员会	副主任委员
		江苏省营养学会学生营养与健康促进专业委员会	委员
	李世超	江苏省茧丝绸产业技术创新战略联盟专家委员会	委员
		江苏省丝绸织绣功能检测试验基地	主任
		苏州专家咨询团	成员
		江苏省纺织工程学会丝绸专业委员会	委员
		苏州市丝绸工程学会	副理事长
		江苏省丝绸专家委员会	主任
		苏州镇湖苏绣发展研究中心	顾问
	马丁良	江苏省教师教育专业委员会	理事
		苏州市陶行知研究会	副会长
	王　平	江苏省陶行知研究会	理事
	胡武生	湖北省向阳湖文化研究会	理事
	方向阳	江苏省旅游学会	常务理事
		中国现场统计研究会统计综合评价研究分会	常务理事
	吴家新	江苏金宁达房地产评估规划测绘咨询有限公司苏州分公司	经理
	孟秀红	苏州市地学会	常务理事
	冷桂军	苏州市诗词协会词曲分会	副会长
		苏州兰芽昆曲艺术剧团	团长
	顾　梅	苏州市昆曲遗产抢救保护促进会	监事
	邱文颖	苏州市书法家协会	理事
	高　杨	江苏仁净环保科技有限公司	顾问
	陈　璇	江苏省地域文化研究会	监事
		苏州市历史文化研究会	副秘书长
		苏州大运河文化带建设研究院	副院长
	黄阳阳	江苏省纺织工程学会	委员
		全国丝绸标准化技术委员会	委员
外国语学院	卞浩宇	江苏省高校外语教学研究会高职分会	副会长
		江苏省职业院校应用外语研究会	常务理事
		世界汉语教育史研究学会	理事
		中国比较文学学会海外汉学研究分会	理事

续表

所属部门	姓名	任职机构	职务
艺术学院	朱元吉	苏州市青年平面设计师协会	秘书长
		苏州市青年联合会	副秘书长
	戴云亮	苏州市美术家协会	副秘书长
		苏州市文艺评论家协会	理事
	周德富	苏州漫画学会	理事
	任亚地	苏州市青年美术家协会	理事
		苏州市美术家协会	理事
	李海燕	苏州市钢琴学会	理事
	王占伟	苏州市装修装饰行业协会	会长
	张　萌	江苏省竹笛学会	理事
		淮安市竹笛学会	副秘书长
		苏州市笛箫文化研究会	副会长
	何园园	苏州平面设计师协会	理事
	郝思震	苏州市钢琴学会	副会长
		苏州市文化艺术培训业协会	副会长
	李　娜	吴中区音乐舞蹈家协会	理事
		苏州市舞蹈家协会	理事
	吴　桢	江苏省科教影视协会	理事
	张鸣艳	江苏省服装设计师协会	理事
马克思主义学院	杨德山	苏州市语言学会	副秘书长
	傅济锋	江苏省儒学学会	常务理事
数理部	杨晓华	苏州市数学学会	副理事长
	梁　淼	苏州市数学学会	常务理事
	王志刚	苏州市数学学会	理事
体育部	王俪燕	苏州市体育科学学会	理事
		江苏省高职高专体育教学指导委员会	委员
		苏州市乒乓球协会第七届理事会	理事
		江苏省大学生体育健康产业创新创业联盟	理事
		全国高等职业院校体育课程标准研制专家组	成员
		苏州市吴中区武术协会江南船拳研究会	副会长
		中国轮滑网	专家顾问
	梁　辉	苏州市游泳协会	监事长
	顾　莉	苏州市吴中区武术协会江南船拳研究会	秘书长
	仲慧慧	江苏省体操运动协会	调研组副组长

校董事会组成名单

苏州市职业大学第三届董事会成员名单

名誉董事长

李亚平　苏州市人大常委会党组书记、主任

董事长

盛　蕾　常州市委副书记、市政府市长

副董事长

顾月华　江苏省教育厅副厅长
王少东　苏州市人大常委会副主任
王鸿声　苏州市人大常委会副主任
陈雄伟　苏州市政协副主席
曹后灵　苏州市政协副主席
杨知评　苏州市人大常委会党组成员
张　曙　苏州市教育局局长
朱恩馀　香港实业家
曹毓民　苏州市职业大学党委书记
钮雪林　苏州市职业大学原党委书记（执行副董事长）

常务董事

张建康　江苏凤凰出版传媒集团有限公司董事长
吴卫国　南京市政协副主席
李　铭　苏州市吴江区代区长
唐晓东　苏州市吴中区区长
顾海东　苏州市相城区代区长
徐　刚　苏州市姑苏区区长
周旭东　苏州工业园区管委会主任
吴新明　苏州高新区管委会主任
张　旗　苏州市政府副秘书长、办公室主任
王新华　苏州市机构编制委员会办公室主任
吴菊铮　苏州市委市级机关工作委员会书记
凌　鸣　苏州市发展和改革委员会主任
周　伟　苏州市经济和信息化委员会主任
张东驰　苏州市科学技术局局长
黄　戟　苏州市自然资源和规划局党组书记、局长
吴　炜　苏州市财政局局长
朱　正　苏州市人力资源和社会保障局局长
吴维群　苏州市国土资源局局长
李　杰　苏州市文化广电新闻出版局局长
谭伟良　苏州市卫生和计划生育委员会主任
王庆煊　苏州市质量技术监督局局长
陈建民　苏州市食品药品监督管理局局长
张　彪　苏州市知识产权局局长
陈鼎昌　苏州市统计局局长
徐华东　苏州市外事办公室主任
杨　新　苏州市侨务办公室主任
黄涧秋　苏州市法制办公室主任
柏立云　苏州市国家税务局局长
唐晓鹰　苏州地方税务局局长
王　尧　苏州市文学艺术界联合会主席
程　波　苏州市科学技术协会主席
沈晋华　苏州市归国华侨联合会主席

蔡建军　苏州市残疾人联合会理事长
周　俊　苏州市公积金管理中心主任
高国华　苏州国际教育园管理办公室主任、苏州市教育局副局长
黄建林　苏州国际发展集团有限公司董事长
黄大鹏　苏州市会议中心集团有限公司董事长
金　羿　中国电信股份有限公司苏州分公司总经理
周建成　中国移动通讯集团江苏有限公司苏州分公司总经理
刘加旺　中国农业银行股份有限公司苏州分行行长
张伟煜　中国建设银行股份有限公司苏州分行行长
邓明华　苏州新华书店有限责任公司总经理
胡卫林　苏州开元集团有限公司董事长
吴念博　苏州固锝电子股份有限公司董事长
徐圭逊　苏州点通教育科技有限公司董事长
蒋元生　苏州华成集团有限公司董事长
张　浩　中亿丰建设集团股份有限公司副总裁
蔡　颖　凯莱国际酒店管理（北京）有限公司副总裁
王　莉　苏州市同策房地产经纪有限公司董事长
王友林　康力电梯股份有限公司董事长
任国强　江苏天创科技有限公司董事长
钱　锋　苏州欧瑞动漫有限公司董事长
喻春林　亨通集团有限公司副总裁
薛心怡　苏州市华东电网电气有限公司董事长
胡毓芳　苏州太湖雪丝绸股份有限公司董事长
时明生　苏州姑苏陆玖阁投资管理有限公司董事长
张宝顺　中国科学院苏州纳米技术与纳米仿生研究所所长助理
张　敏　大唐移动通信设备有限公司上海大唐副总经理
蔡志敏　博众精工科技股份有限公司副总经理
刘　泉　苏州唐人数码科技有限公司副总经理
张世林　用友网络科技股份有限公司江苏分公司经理
詹涵量　苏州福锐得礼品有限公司总经理
周学林　西门子工厂自动化工程有限公司教育合作华东大区经理
蔡　洁　苏州飞音艺术文化培训中心校长
蒋　辉　苏州高锐体育科技有限公司总经理
杨　坚　中国人寿保险股份有限公司苏州市分公司人力资源部经理
祝乃飞　苏州华星光电技术有限公司人事经理
孙　瑜　苏州汇川技术有限公司企业合作顾问

秘书长

熊贵营　苏州市职业大学党委委员、副校长

董事单位

苏州博物馆
苏州碑刻博物馆
苏州技师学院
苏州智库联盟
苏州禁毒委员会

苏州市电子信息技师学院
机械工业苏州高级技工学校
江苏科高教育科技有限公司
昆山巨林科技实业有限公司
江苏苏钢集团有限公司
苏州远志科技有限公司
江苏龙捷汽车服务有限公司
江苏江达机械制造有限公司
苏州明志科技股份有限公司
同程网络科技股份有限公司
上海尚强信息科技有限公司
深圳市讯方技术股份有限公司
江苏风云科技服务有限公司
力神电池（苏州）有限公司
苏州中科集成电路设计中心有限公司
通鼎互联信息股份有限公司
嘉环科技股份有限公司
友达光电（苏州）有限公司
苏州凡特斯测控科技有限公司
苏州镃升机器人科技有限公司
苏州汇博机器人有限公司
苏州汉达自动化设备有限公司
江苏环力科技发展股份有限公司
江苏天驰汽车销售集团有限公司
欧普照明股份有限公司
唯品会（昆山）电子商务有限公司
苏州新明阳投资顾问有限公司
苏州紫璟珠宝艺术品有限公司
莱克电气股份有限公司
江苏天宏华信会计师事务所有限公司苏州分所
苏州航天信息有限公司
江苏德邦物流有限公司
苏州工业园区中辰进出口有限公司
华林证券股份有限公司苏州分公司
苏州原创读行学堂文化旅游发展股份有限公司
苏州新源传媒集团有限公司
江苏省优联检测技术服务有限公司
苏州都好食品有限责任公司
苏州出入境检验检疫局检验检疫综合技术中心
如家酒店连锁（中国）有限公司
江苏远见文旅控股集团有限公司
苏州旭日装饰工程有限公司
苏州蓝德艺术设计有限公司
苏州创捷传媒展览股份有限公司

苏州市唐人营造建筑装饰工程有限公司
苏州市墨利印刷有限公司
苏州释放文化传播有限公司
苏州工业园区时代广告装饰设计有限公司
昆山伯瑞达交通器材有限公司
昆山立丰工艺品有限公司
苏州瑞兴源光伏科技有限公司
苏州中旅国际旅行社有限公司
苏州乔阳文教资讯有限公司
大宇宙商业服务（苏州）有限公司
苏州顺天建筑安装有限公司
苏州梵歌艺术培训有限公司
苏州群凯利精工股份有限公司

校友（联谊）会组成名单

苏州市职业大学校友（联谊）会第二届理事会成员

一、会长、常务副会长、副会长

会长

曹毓民　苏州市职业大学党委书记
钮雪林　苏州市职业大学原党委书记

常务副会长

熊贵营　苏州市职业大学原党委委员、副校长

副会长

张　健　苏州市职业大学党委副书记、副校长
孙学文　苏州市职业大学党委委员、副校长
刘　丹　苏州市职业大学原党委副书记、副校长
陶亦亦　苏州市职业大学原党委委员、副校长
蔡晓平　苏州市职业大学原党委委员、纪委书记

二、理事（以姓氏笔画为序）

丁　虎　苏州市职业大学总务处处长
马丁良　苏州市职业大学教育与人文学院原院长
王　琼　苏州市职业大学学生工作处处长
王俪燕　苏州市职业大学体育部主任
朱一军　苏州新港国际物流有限公司总经理
刘　丹　苏州市职业大学原党委副书记、副校长
刘家龙　搜狐城市频道苏州站主编
孙立峰　江苏旭日装饰工程有限公司苏州分公司总经理
孙学文　苏州市职业大学党委委员、副校长
李金祥　苏州市职业大学计算机工程学院原院长
吴　倩　苏州市职业大学外国语学院院长
吴文英　苏州市职业大学商学院院长

沈新艺　苏州市职业大学离退休干部处处长、艺术学院院长
张苾菁　苏州市敬文实验小学校长
张　悦　苏州乐志软件科技有限公司总经理
张　欣　苏州市职业大学电子信息工程学院原院长
张　健　苏州市职业大学党委委员、副校长
邹　敏　苏州伊恩依机电工程有限公司总经理
季玉兰　苏州基业生态园林股份有限公司董事长兼总经理
陈　洁　苏州市职业大学机电工程学院院长
陈卫忠　苏州市职业大学数理部原主任
钮雪林　苏州市职业大学原党委书记
费　新　苏州中国国际旅行社有限责任公司副总经理
姚金凤　苏州市职业大学科技处处长
陶亦亦　苏州市职业大学原党委委员、副校长
徐　卫　苏州市委教育工作委员会副书记
徐梦丹　常熟地税局人事教育科副科长
黄忆祖　原苏工专校友
黄　炜　苏州市职业大学总务处原处长
韩承敏　苏州市职业大学原党委委员、宣传统战部部长
曹毓民　苏州市职业大学党委书记
蔡晓平　苏州市职业大学原党委委员、纪委书记
熊贵营　苏州市职业大学原党委委员、副校长
潘　斌　新时代证券有限责任公司苏州营业部总经理
魏　影　苏州工业职业技术学院纪委书记
戴涵莘　苏州市职业大学教育与人文学院院长

三、秘书长

丁　虎　苏州市职业大学总务处处长

教育发展基金会组成名单

苏州市职业大学教育发展基金会第三届理事会及监事名单

一、理事会

理事长

钮雪林　苏州市职业大学原党委书记

副理事长

曹毓民　苏州市职业大学党委书记
熊贵营　苏州市职业大学原党委委员、副校长

理　事

张　健　苏州市职业大学党委副书记、副校长
孙学文　苏州市职业大学党委委员、副校长
张　军　苏州市职业大学党委委员、副校长
刘　丹　苏州市职业大学原党委副书记、副校长
陶亦亦　苏州市职业大学原党委委员、副校长

蔡晓平　苏州市职业大学原党委委员、纪委书记
韩承敏　苏州市职业大学原党委委员、宣传统战部部长
魏　影　苏州工业职业技术学院纪委书记
叶　军　苏州市职业大学宣传统战部部长
王　琼　苏州市职业大学学生工作处处长
姚金凤　苏州市职业大学科技处处长
李　羽　苏州市职业大学财务处处长
黄　炜　苏州市职业大学总务处原处长

秘书长

丁　虎　苏州市职业大学总务处处长

二、监事

俞建伟　苏州市职业大学纪检监察室主任
顾慧琴　苏州市职业大学审计处处长
沈密婷　苏州市职业大学纪检监察室副主任

（顾澍嘉）

编辑：许立莺　陆怡静　邱悦文

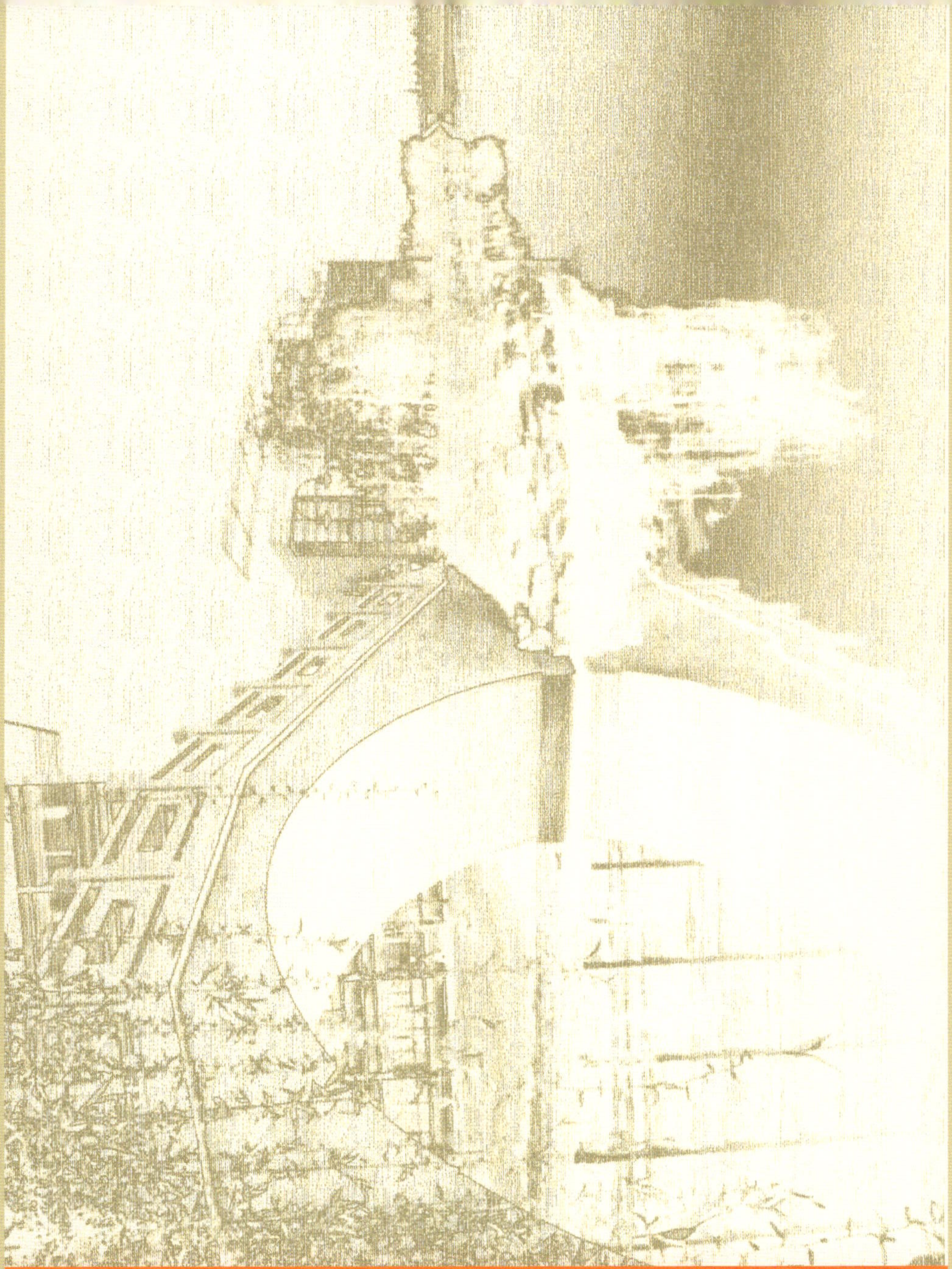

SUZHOU VOCATIONAL UNIVERSITY

苏州市职业大学年鉴 2023

第六章 师资队伍

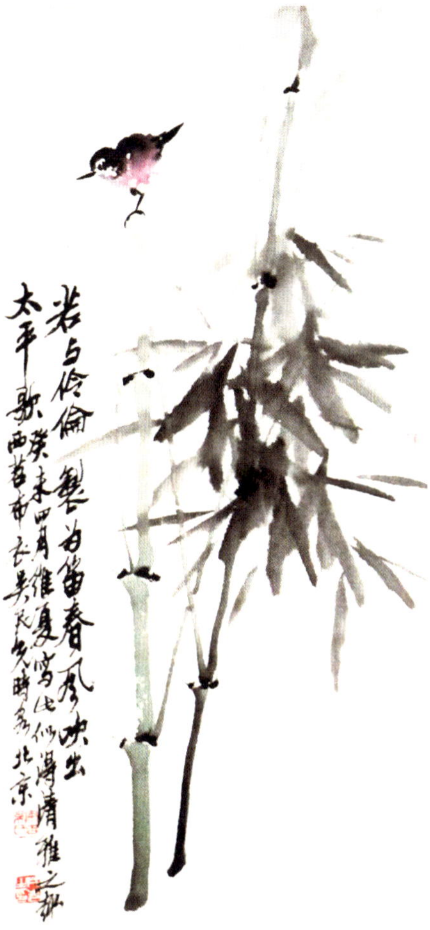

全校教职工情况

2022年苏州市职业大学教职工情况统计表

单位：人

类别	校本部教职工					另有其他人员	
	合计	专任教师	行政人员	教辅人员	工勤人员	聘请校外教师	离退休人员
合　计	1050	881	89	64	16	423	785
其中：女	591	488	49	54	0	136	325
正高级	86	85	0	1	0	7	34
副高级	341	333	5	3	0	41	302
中　级	495	413	39	43	0	45	—
初　级	62	30	17	15	0	6	—
无职称	66	20	28	2	16	324	—

全校专任教师职称、学历（位）情况

2022年苏州市职业大学专任教师职称、学历（位）情况统计表

单位：人

类别	正高级	副高级	中级	初级	无职称	合计	其中：女
博士研究生	31	51	25	1	2	110	50
硕士研究生	14	100	201	20	18	353	222
本　科	40	182	187	9	0	418	216
专科及以下	0	0	0	0	0	0	0
总　计	85	333	413	30	20	881	488

全校专任教师年龄情况

2022年苏州市职业大学专任教师年龄情况统计表

单位：人

年龄段		29岁及以下	30~34岁	35~39岁	40~44岁	45~49岁	50~54岁	55~59岁	60~64岁	合计
按职称分	正高级	0	0	1	18	11	16	38	1	85
	副高级	0	2	20	116	79	52	64	0	333
	中　级	6	65	55	147	84	39	17	0	413
	初　级	4	11	5	5	3	1	1	0	30
	无职称	13	7	0	0	0	0	0	0	20
按学历（位）分	博士研究生	0	9	16	32	24	13	16	0	110
	硕士研究生	23	74	52	128	47	22	7	0	353
	本　科	0	2	13	126	106	73	97	1	418
	专科及以下	0	0	0	0	0	0	0	0	0

全校各类专家、学术带头人、培养对象名单

苏州市职业大学各类专家、学术带头人、培养对象一览表

类别	姓名	性别	院系、部门	合计（人）
国务院政府特殊津贴	顾　星	男	机电工程学院	1
江苏省有突出贡献的中青年专家	李世超	男	教育与人文学院	2
	温贻芳	女	校党委	
江苏省有突出贡献高级技师	顾　星	男	机电工程学院	1
全国技术能手	顾　星	男	机电工程学院	1
江苏省“333高层次人才培养工程”培养对象	温贻芳	女	校党委	22
	李世超	男	教育与人文学院（1998年）	
	李世超	男	教育与人文学院（2003年）	
	李克清	男	机电工程学院	
	孙学文	男	校党委（2007年）	
	韩承敏	女	宣传统战部	
	孙学文	男	校党委（2011年）	
	尚　丽	女	电子信息工程学院（2011年）	
	张红兵	男	发展与评估办公室	
	聂福荣	男	机电工程学院	
	孙春华	女	机电工程学院	
	方立刚	男	科技处（2013年）	
	张永康	男	机电工程学院	
	方立刚	男	科技处（2016年，第二层次）	
	尚　丽	女	电子信息工程学院（2016年）	
	宋雅娟	女	计算机工程学院	
	顾　星	男	机电工程学院	
	汪义旺	男	电子信息工程学院	
	鲜学丰	男	计算机工程学院	
	王晓东	男	管理学院	
	陈　璇	女	教育与人文学院	
	梁　淼	女	数理部	
江苏省“六大人才高峰”培养人选	温贻芳	女	校党委	2
	李克清	男	机电工程学院	
江苏省“双创博士”	朱莹莹	女	教育与人文学院	4
	杨　丹	女	马克思主义学院	
	黄　博	男	电子信息工程学院	
	刘　坤	女	电子信息工程学院	
江苏省高校“青蓝工程”中青年学术带头人培养对象	吴蕴慧	女	管理学院	11
	郭彩芬	女	机电工程学院	
	刘　韬	男	电子信息工程学院	
	周昌雄	男	电子信息工程学院	
	李建康	男	电子信息工程学院	
	苏品刚	男	电子信息工程学院	
	周　燕	女	电子信息工程学院	

续表

类别	姓名	性别	院系、部门	合计（人）
江苏省高校“青蓝工程”中青年学术带头人培养对象	梁　森	女	数理部	11
	汪义旺	男	电子信息工程学院	
	方向阳	男	教育与人文学院	
	陶　莉	女	教务处	
江苏省高校“青蓝工程”优秀青年骨干教师培养对象	张红兵	男	发展与评估办公室	35
	齐　红	女	教育与人文学院	
	张晓春	男	艺术学院	
	俞兴明	男	电子信息工程学院	
	杜建红	女	机电工程学院	
	杨晓华	男	数理部	
	吴蕴慧	女	管理学院	
	祁春清	女	图书馆	
	汝　骅	女	教育与人文学院	
	童李君	女	教育与人文学院	
	汪义旺	男	电子信息工程学院	
	张永康	男	机电工程学院	
	刘　科	女	电子信息工程学院	
	尚　丽	女	电子信息工程学院	
	许　海	男	机电工程学院	
	苏品刚	男	电子信息工程学院	
	方立刚	男	科技处	
	陈广宇	男	管理学院	
	鲜学丰	男	组织人事部	
	陈建伟	女	教育与人文学院	
	梁　森	女	数理部	
	缪启军	男	商学院	
	刘昌雪	女	教育与人文学院	
	汪红兵	男	机电工程学院	
	丁　俊	女	商学院	
	陶　莉	女	管理学院	
	杨益飞	男	机电工程学院	
	孟祥波	男	体育部	
	朱元吉	男	艺术学院	
	王　庆	男	数理部	
	姜能涛	男	管理学院	
	俞　晟	男	教育与人文学院	
	俞祚明	男	数理部	
	张　量	男	党委办公室	
	王　敏	女	机电工程学院	
江苏省高校“青蓝工程”优秀教学团队带头人	周德富	男	艺术学院	3
	方立刚	男	科技处	
	缪启军	男	商学院	
江苏省高校优秀科技创新团队带头人	顾才东	男	计算机工程学院	2
	刘昭斌	男	计算机工程学院	

续表

类别	姓名	性别	院系、部门	合计（人）
江苏省高等职业教育教师教学创新团队负责人	陈　洁	女	机电工程学院	1
江苏省职业教育“双师型”名师工作室	汪义旺	男	电子信息工程学院	1
江苏省职业教育技艺技能传承平台培育项目	顾　星	男	机电工程学院	1

全校获副高及以上专业技术职务人员名单

苏州市职业大学获副高及以上专业技术职务人员名单

所在部门、院（部）	专业技术职务	
	正高级	副高级
校党委	曹毓民　温贻芳　孙学文　张　健　刘　丹　熊贵营　陶亦亦	张　军　庄剑英　王　峰　蔡晓平
党委办公室	汤晓军	谭　飞　张　量　朱剑刚
校长办公室（外事办公室）	—	孙　赢
组织人事部	鲜学丰	金　霁　陆　英　郑洪静
宣传统战部	韩承敏	蒋君毅　王大纲　叶　军
纪检监察室	—	俞建伟
离退休干部处	沈新艺	—
工会	—	范　政　李　琦　吴建英
教务处	傅小芳　陶　莉	顾苏怡　吴　尘　杨　平
学生工作处	—	汪　清　王　琼　颜　娟　叶红萍　张　芬
科技处	方立刚	吴佩华　姚金凤　张　培　周一红
财务处	—	陈乳燕　李　羽　谢丽健
审计处	—	顾慧琴　蒋莲华
总务处	陈祥林	丁　虎　葛莉萍　胡洪新　黄　炜　刘永红　马顺峨　钮庆红　吴　玥　张晓贤
图书馆	罗金增	曹慧芳　杜美萍　胡　明　刘　伟　潘　丽　祁春清　王丽宏　颜丙通　姚　莉　张学梅　周承东　周卫萍
学术期刊中心	李　华　李　平　施建平　吴井泉	黄　萍　时　新
教师教学发展中心	—	何　琳
信息中心	—	樊　凌　吕伟春　汤　剑　肖长水　杨静波
苏州开放大学管理委员会（干将路校区）	—	高觐悦　邱　阳　孙桂英　吴　隽　薛　铭
校督学室	陈雪芳　赵宁燕	董敏芳　沈利平
发展与评估办公室	—	张红兵
机电工程学院	陈　洁　杜建红　郭彩芬　郭南初　李克清　聂福荣　孙春华　汪红兵　王仁忠　张文峰　张义平　朱学超	董晓岚　董　志　杜　洁　付春平　盖立武　高　颖　顾丽亚　胡　清　黄　婷　金　芬　居　奇　李　潍　李耀辉　李振兴　刘　广　刘美娟　刘　旭　陆春元　茆　琦　宁海霞　任芸丹　宋飞舟　宋秦中　苏　建　万长东　王　敏　汪　浩　许春龙　许　海　杨　洪　易　飚　赵海燕　赵宏平　张国良　张永康　钟　鸣　朱　彤

续表

所在部门、院（部）	专业技术职务	
	正高级	副高级
计算机工程学院	顾才东 李金祥 李亚琴 刘昭斌 吴文庆	陈　静 陈　珂 戴敏利 董虎胜 顾成喜 郭翠珍 过　怡 华　英 姜真杰 金　益 李宏丽 刘　畅 刘文芝 刘　业 刘媛霞 牛　丽 尚鲜连 沈萍萍 宋雅娟 谭方勇 滕　刚 田凤秋 吴建平 徐丽华 徐卫英 许　旻 杨永娟 杨玉婷 杨元峰 叶　良 于晓晶 曾　海 张国华 张　苏 张　燕 张　震 周　莉
电子信息工程学院	陈伟元 李建康 刘　科 刘　韬 尚广庆 尚　丽 汪义旺 颜廷秦 俞兴明 周昌雄	陈　杰 成珏飞 崔　鸣 戴桂平 邓建平 丁金林 古玉年 淮文军 黄　艳 李　亮 刘淑芬 陆春妹 吕莉萍 齐美星 钱国林 史斌斌 宋　佳 苏品刚 孙加存 索　迹 陶文林 王　亚 吴清鑫 颜友钧 张　波 张进峰 张　晶 张　旭 张　愉 赵　成 赵志强 周文华 周　燕 朱彩红
管理学院	李文丽 宋桂友 王敏杰 吴蕴慧 祖国峰	包金龙 陈广宇 陈　娟 管文娟 何　慧 姜能涛 李耀华 李　英 李　勇 陆锋明 孟利琴 秦天程 王晓东 王晓雪 徐　伟 杨　靖 张　平 郑丽娟
商学院	丁　俊 缪启军 牛士华	曹继平 陈　婧 陈丽红 程　斌 戴　明 董　芸 葛柳燕 顾瑞鹏 黄丹荔 李东华 刘淑春 陆小虎 吕伟建 缪　岚 倪爱东 潘　婧 孙继云 孙昳昊 汤　泉 陶泽荣 万　健 王玉兰 翁雪琴 吴文英 向　群 徐　峰 严　郁 杨海波 杨艳玲 殷　红 张春梅 张　军 赵　扬 郑　洵
教育与人文学院	陈　璇 丁俊锋 方向阳 高　杨 李邦玉 李世超 刘　臣 刘中文 齐　红 汝　骅 童李君 王一梅	蔡　斌 陈白妹 陈建伟 陈一虎 戴涵莘 冯　清 顾　梅 顾　伟 胡武生 冷桂军 李士江 刘昌雪 马丁良 孟秀红 邱文颖 任文汇 沈雪华 孙宗广 童李君 汪渊之 王　平 吴家新 伍荣华 徐小云 于　莉 俞　晟 喻满意 张　丽 张文明 张　颖 郑红勤 朱逸冰
外国语学院	卞浩宇 吴　倩	卞桂秋 戴　莉 顾　韵 金亚芝 李　英 练稳山 廖　萍 刘　宁 马文波 王　怡 王　峻 吴广珠 徐　冰 杨　丽 赵　阳
艺术学院	郝思震 陆宇澄 张晓春 周德富	薄晓光 高　峰 胡志栋 雷兴武 李海燕 李　娜 李险峰 沈罗兰 王静娟 吴　玲 吴　薇 谢　丹 徐　军 薛伟明 严　淑 杨　芳 杨　光 杨海滨 张洁玉 朱　洁 朱元吉
马克思主义学院	石阶瑶 杨德山	曹文君 陈　民 陈　敏 傅济锋 高　盼 顾燕新 居　茜 李凤云 李　敏 卢　锋 刘　敏 綦玉帅 沈　洁 史艳芳 王　迅 张静芳
数理部	梁　淼 俞祚明	陈卫忠 潘荣英 孙信秀 王丽华 王　庆 王苏华 王志刚 徐　兰 徐亚娟 杨晓华
体育部	康厚良 吴恒晔	曹　湘 顾　莉 何　畅 金　彤 罗　晨 孟祥波 谭吟月 王俪燕 徐　芳 徐建国 许晓部 姚巧泉 叶捍军 仲慧慧 周建明

学校聘请校外专家名单

苏州市职业大学聘请校外专家情况一览表

类别	聘请院(部)	姓名	所属单位	职称(职务)
客座教授	电子信息工程学院	蔡宜寿	台湾逢甲大学纳米材料技术中心	主任
		周天丰	北京理工大学	教授、博士生导师、首席科学家
		汪　萌	合肥工业大学	教授、博士生导师
		陈小平	苏州大学	教授
	管理学院	苏久华	苏州高新区(虎丘区)文化体育和旅游局	副局长(主持工作)
	计算机工程学院	王公儒	西安开元电子实业有限公司	教授级高级工程师(董事长)
	艺术学院	邵　华	苏州市财政局、苏州市财政投资评审中心	高级会计师(党组成员、副局长,中心主任)
	教育与人文学院	周伟莨	苏州市虎丘区政协	高级工程师、研究员(副主席、党组副书记)
兼职教授	艺术学院	钟锦德	苏州市吴中区光福镇钟锦德紫檀艺术馆	研究员级工艺美术师(中国工艺美术大师)
		蒯惠中	苏州市吴中区文联、太湖画院	副主席、院长
		汝悦来	柳亚子纪念馆	副研究馆员(馆长)
		史志晔	苏州市明仕阁苏作红木家具有限公司	总经理
		周华民	苏州市吴中区光福翔艺轩红木家具厂	工艺美术师(总经理)
	教育与人文学院	宋子千	中国旅游研究院	研究员(首席战略研究员)
		刘士林	上海交通大学城市科学研究院	教授(院长)
		袁伟放	苏州市会议中心酒店管理有限公司、苏州市玉屏客舍会议中心有限公司	副总经理 总经理
	体育部	陈　健	苏州市吴中区体育教研室	正高级教师、特级教师(教研员)
	计算机工程学院	罗　训	天津理工大学	教授、博士生导师
	管理学院	唐　燚	苏州仁和中惠工程造价咨询有限公司	高级经济师、会计师
		钱　进	江苏省文化投资管理集团有限公司	副研究员(党委委员、副总经理)
	学术期刊中心	殷堰工	苏州高等职业教育研究所	正高级讲师(所长)
省产业教授	电子信息工程学院	韦　冬	亨通集团有限公司设备研发部	高级技师、工程师(经理)
		朱奇峰	苏州清睿智能科技股份有限公司	董事长
		钱建林	亨通集团有限公司	高级工程师、高级经济师(执行总裁)
		雷建设	通光集团有限公司	高级工程师(副总经理、总工程师)
		张宝顺	中国科学院苏州纳米技术与纳米仿生研究所	研究员(纳米加工平台主任)
		陈夏裕	江苏亨通信息安全技术有限公司、江苏亨通工控安全研究院有限公司	高级经济师、高级技师、工程师(总经理)
		孙勤良	通鼎互联信息股份有限公司设备管理部	技师
	计算机工程学院	陆春民	苏州思迪信息技术有限公司、苏州牛迪网科技有限公司	高级工程师(常务副总、董事长)

续表

类别	聘请院(部)	姓名	所属单位	职称(职务)
省产业教授	计算机工程学院	任国强	江苏天创科技有限公司	高级经济师、高级工程师(总经理)
		周伟达	苏州思必驰科技股份有限公司	副教授(首席技术官)
		高苏新	苏州云联智慧信息技术应用有限公司	研究员级高级工程师(总经理)
		沈伟平	苏州科达科技股份有限公司	高级工程师(软件技术开发、创新中心技术总监)
		李华康	苏州派维斯信息科技有限公司	高级工程师(总经理)
		张君华	苏州希格玛科技有限公司	高级工程师(总经理)
	机电工程学院	黄伟东	苏州安靠电源有限公司研究院	高级工程师(副院长)
	教育与人文学院	杨培强	上海纽迈电子科技有限公司、苏州纽迈分析仪器股份有限公司	董事长、总经理
校产业教授	电子信息工程学院	蔡志敏	苏州凡特斯测控科技有限公司	高级工程师(总经理)
		陈　斌	施耐德电气(中国)有限公司工业部	高级工程师
		孙勤良	通鼎互联信息股份有限公司设备管理部	技师
		张　敏	大唐移动通信设备有限公司上海子公司	副总经理
		袁湘军	苏州镃升机器人科技有限公司	总经理
		李　健	苏州市阿瑟顿新能源科技有限公司	博士
		赵　磊	苏州欧姆尼克新能源科技有限公司	创始人、董事长
		王　洁	中认英泰检测技术有限公司	首席科技官
		朱益新	中认英泰检测技术有限公司	高级工程师(副总经理)
		杜　娇	赛迪工业和信息化研究院集团(苏州)有限公司	总经理
		陈夏裕	江苏亨通信息安全技术有限公司、江苏亨通工控安全研究院有限公司	高级经济师、高级技师、工程师(总经理)
		曹　笈	江苏集萃智能传感技术研究所有限公司	副总经理、研发总监
		钱建林	亨通集团有限公司	高级工程师、高级经济师(执行总裁)
		张宝顺	中国科学院苏州纳米技术与纳米仿生研究所	研究员(纳米加工平台主任)
	机电工程学院	顾德仁	苏州远志科技有限公司	高级工程师(总经理)
		张建宏	康力电梯股份有限公司	高级工程师(副总工程师)
		王春光	苏州莱茵电梯股份有限公司	高级工程师(总监)
		阮一晖	江苏省特种设备安全监督检验研究院苏州分院	高级工程师(副主任)
		杨国平	苏州博赢精密模具有限公司	总经理
		陈启超	苏州金瑞阳模具有限公司	总经理助理
		刘志亮	上海长顺电梯电缆有限公司	高级工程师(运营总监)
		韩国震	深圳市汇川技术股份有限公司教育事业部	总监
		刘丽霞	苏州市产品质量监督检验院	高级工程师(材料检验部部长)
		杨夏喜	苏州市产品质量监督检验院	高级工程师(电学检验部部长)
		胡华亮	苏州汉特士视觉科技有限公司	总经理兼技术总监
		娄豫皖	苏州安靠电源有限公司	教授级高级工程师(研究院院长)

续表

类别	聘请院（部）	姓名	所属单位	职称（职务）
校产业教授	计算机工程学院	李星龙	苏州思必驰科技股份有限公司	业务部总经理
		陈国平	苏州百捷信息科技有限公司	总经理
	商学院	徐　钊	苏州恒丰进出口有限公司	高级经济师、高级国际商务师（总经理兼董事长）
	教育与人文学院	杨培强	上海纽迈电子科技有限公司、苏州纽迈分析仪器股份有限公司	董事长、总经理
		顾亦周	苏州锦顺文化传播有限公司	总经理

（史丰南）

编辑：陆怡静

SUZHOU VOCATIONAL UNIVERSITY

第七章　院（部）简介

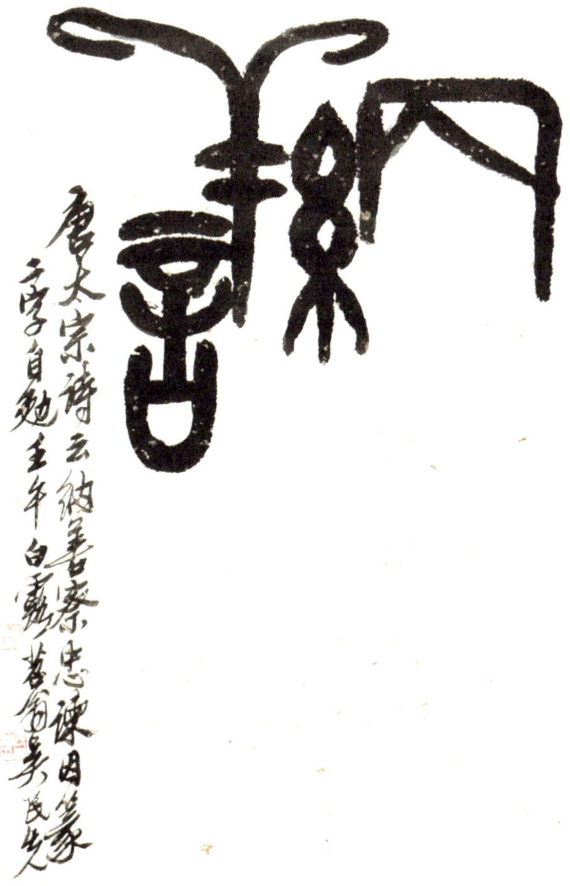

机电工程学院

概 况

机电工程学院成立于1981年，至今已有40余年的办学历史，是苏州市职业大学师资力量和科研能力较强、较具吸引力的学院(部)之一。办学以来，机电工程学院成绩斐然，近万名毕业生遍布江苏各地，许多毕业生已成为地方经济建设的中坚力量，以高就业率、高技能、高素质在社会上享有盛誉，近3年毕业生就业率在97%左右。学院被授予2007—2009年度江苏省文明单位称号，2016年获评江苏省教育工作先进集体。

机电工程学院现有在职教师94人，其中专任教师89人、行政人员5人。经过学校的培养和人才引进，机电工程学院师资力量得到加强，师资结构也渐趋合理。2022年，机电工程学院专任教师队伍中有正高职称14人、副高职称34人，高级职称教师占53.9%；中级职称32人，中级职称教师占35.96%。专任教师中，15人取得博士学位，58人取得硕士学位。“双师型”教师83人，占专任教师的93.3%。教师中省“333高层次人才培养工程”培养对象4人，省“六大人才高峰”培养人选2人，省高校“青蓝工程”中青年学术带头人1人，优秀青年骨干教师6人，科技创新团队培养对象1人，省、市级各类骨干及重点培养对象6人，兼任校外硕士研究生导师7人，特聘兼职(客座)教授11人。

机电工程学院现设有机械系、精密制造系、汽车工程系、工业控制系4个系，设有机械制造及自动化、机电一体化技术、数控技术、模具设计与制造、汽车制造与试验技术、电梯工程技术、工业机器人技术、新能源汽车技术8个专业。其中，机械制造及自动化专业为江苏省特色专业、江苏省重点专业群骨干专业，数控技术专业为江苏省特色专业，机电一体化技术专业为江苏省品牌专业、江苏省高等职业院校高水平骨干专业、央财重点支持建设专业。

机电工程学院建有23000余平方米的校内实践教学基地，设备总值11083万余元。学院建有省级数字化设计与先进制造技术实验实训基地，基地适应高职教育“就业导向、能力本位”的要求，坚持满足学生的“三基”训练，突出技术素质和创新能力的培养。学院建有苏州市数字化设计与制造技术重点实验室，此外还建有新型功能材料及其智能测试仪器研究中心、功率超声与振动研究中心2个研究所，智能电梯新技术实验室、现代集成制造技术重点实验室2个校级重点实验室，为教师从事教学科研创造良好的平台。

机电工程学院有在籍学生2362人，其中全日制专科生2217人、社招生24人。另有“专接本”学生121人。2022年普通全日制毕业生共772人，就业率为98.45%，毕业生受到用人单位的好评。

教学工作

办学特色

机电工程学院秉承“尚智崇文，务实求精”的大学精神，坚持“笃志厉行，厚德善技”的院训，以塑造高素质技术技能型人才为目标，坚持以学生为本、就业为导向，将科学实践创新与人文文化教育交融。以教学科研团队保障人才培养需要，以产学研结合搭建实践教学平台，以校企“双主体”导学探索创新培养模式，以人文科技活动贯穿素质教育主线，培养学生的职业岗位能力。

机电工程学院以专业建设为核心，以提高教学质量为抓手，加强师资队伍建设和课程改革力度，实现学院人才培养、教学科研、服务地方等方面的全面协调发展。

专业设置

2022年苏州市职业大学机电工程学院专业设置一览表

系名称	专业名称	专业带头人	职 称	学历(位)
机械系	机械制造及自动化	郭南初	教 授	研究生(博士)

续表

系名称	专业名称	专业带头人	职　称	学历(位)
精密制造系	数控技术	董晓岚	副教授	研究生(硕士)
	模具设计与制造	李耀辉	副教授	研究生(硕士)
工业控制系	机电一体化技术	付春平	副教授	本　科(硕士)
	电梯工程技术	陆春元	副教授	本　科(硕士)
	工业机器人技术	王仁忠	教　授	研究生(博士)
汽车工程系	汽车制造与试验技术	李克清	教　授	研究生(博士)
	新能源汽车技术	李克清	教　授	研究生(博士)

专业介绍

◎机电一体化技术——国家重点建设专业、江苏省品牌专业、江苏省高等职业院校高水平骨干专业

专业特色：本专业是江苏省品牌专业、江苏省高等职业院校高水平骨干专业、中央财政重点支持建设专业。设有国家高技能人才培训基地、国家职业技能鉴定所、全国现代制造技术机电一体化职业技能培训基地、江苏省数字化设计与先进制造实验实训基地。与苏州三星电子合作成立三星科技大学，与苏州汇川技术有限公司共建汇川产业联盟学院，开展新型学徒制人才培养项目。

培养目标：本专业培养面向先进制造业生产、管理、服务等一线需要，具有先进机电设备运用、安装调试、故障诊断与维修以及对机电设备自动控制技术的初步设计与改造等能力的高素质技术技能型人才。

主要课程：电机控制与调速技术、电气控制与PLC应用技术、工控组态与触摸屏技术、工业生产线控制与调试、工业机器人控制技术等。

◎机电一体化技术(中外合作办学)——江苏高校中外合作办学高水平示范性建设工程专业

专业特色：本专业是江苏高校中外合作办学高水平示范性建设工程专业，是苏州市职业大学和澳大利亚启思蒙学院合作开展的人才培养项目。学生毕业时可获得苏州市职业大学和澳大利亚启思蒙学院的2张毕业证书。学校与澳大利亚启思蒙学院签订合作协议，建立“学分互认”机制，学生在满足条件的情况下可申请去澳大利亚启思蒙学院留学，只需在国外完成一年学业即可取得本科文凭。

培养目标：本专业培养面向先进制造业生产、管理、服务等一线需要，具有先进机电设备运用、安装调试、故障诊断与维修以及对机电设备自动控制技术的初步设计与改造等能力的高素质技术技能型人才。

主要课程：电机控制与调速技术、电气控制与PLC应用技术、工控组态与触摸屏技术、工业生产线控制与调试等、液压原理与应用、工程材料应用、先进制造技术应用等。

◎机械制造及自动化——江苏省特色专业、江苏省重点专业群骨干专业、苏州市高职高专院校品牌专业建设点

专业特色：本专业是江苏省特色专业、江苏省重点专业群骨干专业、苏州市高职高专院校品牌专业建设点。设有智能制造共享创新服务平台、智能制造与控制工程训练中心，与莱克电气股份有限公司共建莱克学院，开展订单班、学徒班培养。

培养目标：本专业培养适应机械制造行业生产、管理、服务等一线需要，具备机械加工工艺编制及工装设计、数控加工编程与操作等专业技能，熟悉现代制造技术，能够对现代高新制造设备进行操作、检测与维修的高素质技术技能型人才。

主要课程：机械制造基础、工程力学、机械精度设计与检测、夹具设计与组装、机械零件精密检测、液压与气压传动技术、机械设计、金属切削原理与机床、机械制造工艺等。

◎数控技术——江苏省特色专业

专业特色：本专业是江苏省特色专业，设有智能制造数字化工程训练中心、数字化设计与制造中心、机械设计与制造基础实训室，与莱克电气股份有限公司合作开展数控技术专业“3+3”现代职教体系项目。

培养目标：本专业培养面向数控机床操作、数控加工工艺设计及编程、数控设备调试

与维护及生产制造管理等岗位的技能型、工匠型、创新型人才。

主要课程：机械加工基础、三维模型的数据采集与处理、数控机床控制系统的连接与调试、基于UG的产品设计与制造、数控加工工艺及编程、数控机床故障诊断与维修等。

◎模具设计与制造——全国CDIO试点专业

专业特色：本专业是全国CDIO试点专业，设有模具实训基地。与苏州莱恩精工合金股份有限公司、苏州宝联重工股份有限公司等企业开展订单班、学徒制培养。

培养目标：本专业主要培养面向模具设计、产品开发、数控编程、工艺编制、数控机床操作及生产管理等岗位，具备较强的模具CAD/CAE/CAM软件应用能力的高素质技术技能型人才。

主要课程：注塑模模流分析、三维模型的数据采集与处理、模具材料与表面处理技术、金属与塑料成型设备压铸模设计、塑料模具3D设计基础、模具制造技术、冲压模具设计、精密注塑模具设计等。

◎汽车制造与试验技术

专业特色：本专业是学校重点建设专业之一。与江铃汽车销售有限公司、江苏龙捷汽车服务有限公司、陆科思德合作共建汽车运用技术训练中心，建有东吴高技能人才公共实训基地，与江铃汽车销售有限公司联合开办江铃订单班。

培养目标：本专业培养面向汽车售后服务行业，能从事汽车检测、维修、安装调试、汽车鉴定与评估、汽车使用与管理及汽车销售等工作，且具备较强的汽车检测诊断应用能力的高端技术技能型人才。

主要课程：汽车发动机构造与检修、汽车电器与电控技术、汽车底盘构造与检修、汽车制造工艺、汽车试验技术、智能网联汽车技术、汽车单片机应用技术等。

◎电梯工程技术

专业特色：本专业开设于2017年，是学校的新兴发展专业。与苏州市电梯业商会共建电梯学院，设有电梯实训基地、智能电梯新技术实验室。与东南电梯股份有限公司、苏州远志科技有限公司联合开办订单班、学徒制培养。

培养目标：本专业培养面向电梯行业需要，具备行业职业资格，有一定的专业拓展和创新能力，能从事现代化智能电梯设计、制造、调试、检验、销售服务等工作，且适应电梯全产业链需求的复合型技术技能人才。

主要课程：电机控制与调速技术、电气控制与PLC应用技术、电梯电气构造与控制、电梯安装与维护、电梯调试与检验、自动扶梯调试与检验、电梯故障检测与维修等。

◎工业机器人技术

专业特色：本专业开设于2019年，是学校的新兴发展专业。与苏州市吴中区人民政府、中国机械工业联合会机器人分会、江苏汇博机器人技术股份有限公司、苏州绿的谐波传动科技股份有限公司等企业合作成立机器人产业学院。建有1+X工业机器人应用编程职业技能等级证书的省级考核管理中心、工业机器人与智能制造实训基地，与江苏汇博机器人技术股份有限公司联合开办订单班。

培养目标：本专业培养具有工业机器人安装、调试、维护方面的专业知识和操作技能，能从事工业机器人系统的模拟、编程、调试、操作、销售，工业机器人应用系统的维护维修与管理、生产管理及服务等工作的高素质技术技能人才。

主要课程：工业机器人应用系统三维建模、工业机器人编程与操作、工业机器人离线编程与仿真、机器视觉技术及应用、工业机器人应用系统集成、工控组态与现场总线技术等。

◎新能源汽车技术

专业特色：本专业开设于2020年，是学校的新兴发展专业。设有东吴高技能人才公共实训基地、汽车运用技术训练中心。

培养目标：本专业培养面向周边新能源汽车企业，能从事新能源汽车“三电”研发检测、安装调试、汽车性能检测、维护保养、汽车使用与管理及汽车销售等工作，具备较强新能源汽车技术综合应用能力的复合型技术技能人才。

主要课程：新能源汽车高压安全与防护、新能源汽车动力电池技术、新能源汽车电器设备与检修、新能源汽车底盘构造与检修、新能源汽车电控技术、新能源汽车理论与设计技术、智能网联汽车技术等。

师资介绍

名师风采

陈洁，女，1965年3月生，江苏无锡人。现任苏州市职业大学机电工程学院院长，教授，研究方向为机械制造与机电控制技术、机电设备故障诊断与维修。

主持省自然科学基金项目1项、省高校哲学社会科学研究重大项目1项、市研究项目6项，参与国家“863”项目1项、省市研究项目4项。发表论文40余篇，被EI收录8篇，被ISTP收录2篇。出版教材5部。获计算机软件著作权2项。获全国多媒体课件大赛二等奖1项，苏州市自然科学优秀论文三等奖1项。

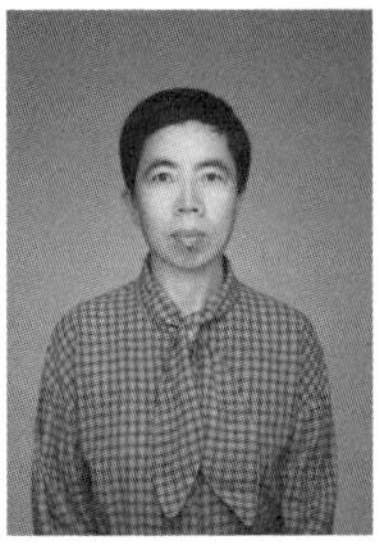

郭彩芬，女，1965年3月生，辽宁葫芦岛人，工学博士。现任苏州市职业大学机电工程学院教授，研究方向为先进制造技术、制造业信息化、制造系统智能控制。苏州市第十四届人民代表大会代表、苏州市吴中区信息化联盟专家组成员、苏州市职业大学“现代集成制造先进技术攻关与应用研究”校级创新团队带头人、江苏省高校“青蓝工程”中青年学术带头人培养对象。

主持在研江苏省自然科学基金项目1项，近3年主持完成苏州市科技计划项目3项、江苏省现代企业信息化应用支撑软件工程技术中心开放课题1项、江苏省大学生实践创新训练计划项目1项。发表论文30余篇，其中被EI收录10篇。获授权发明专利24项、实用新型专利50余项，获软件著作权8项。编写教材5部。获苏州市“讲理想、比贡献”技术创新“双杯奖”的“攻关杯”奖。

张义平，男，1964年2月生，江苏连云港人，毕业于南京航空航天大学机械制造工艺及设备专业。现任苏州市职业大学机电工程学院教授，研究方向为先进制造技术及材料、高职教育研究；兼任《现代制造工程》编委。江苏省连云港市“521新世纪高层次人才培养工程”首批培养对象。

主持并完成市厅级科研项目3项，主要参与国家自然科学基金项目1项、江苏省自然科学基金项目2项，主持或主要参与市、校级科研项目10余项。发表论文40余篇，其中被核心期刊收录20余篇（SCI、EI收录9篇）。主编高校教材5部。获授权发明专利11项、实用新型专利12项，获软件著作权2项。获市科技进步二等奖、三等奖各1项，获市“双杯奖”（“攻关杯”）1项，学术论文获苏州市自然科学优秀论文三等奖3篇。指导学生获江苏省大学生创新制作比赛二等奖1项、江苏省优秀毕业设计（论文）三等奖1项、江苏省团队优秀毕业设计（论文）奖3项。

张文峰，男，1963年10月生，山西万荣人，工学博士。现任苏州市职业大学机电工程学院教授，研究方向为特种加工、微纳制造、纳米表面工程等。西安工业大学兼职教授、硕士研究生导师，《表面技术》特邀审稿专家，原兵器工业总公司青年骨干教师、山西省优秀中青年骨干教师。

先后参与国家自然科学基金项目、国防基础研究基金项目、江苏省自然科学基金重点项目、江苏省高校自然科学重大基础研究项目的研究。发表学术论文40余篇，其中被EI收录10余篇。获授权发明专利5项、实用新型专利8项。获南京航空航天大学优秀博士论文奖1项、江苏省优秀博士论文奖1项、国防科学技术一等奖1项。

孙春华，女，1966年4月生，江苏丹徒人，工学博士。现任苏州市职业大学机电工程学院教授，研究方向为压电俘能技术、CAD/CAM、RE/RP、教育教学改革。江苏省3C产品智能制造工程技术研究开发中心主任，九三学社苏州市职业大学支社主委，江苏省“333高层次人才培养工程”第三层次培养对象，苏州市紧缺人才。

主持国家自然科学基金项目1项、省级研究中心项目1项、省重点教材建设项目1项、省重点实验室开放基金项目2项，参与完成国家自然科学基金项目4项、日本科学技术振兴协会项目1项、“十一五”全国教育科学规划课题1项。获授权专利16项，获软件著作权3项。发表论文50余篇，被SCI、EI收录17篇。主编教材2部，其中1部为“十三五”国家职业教育规划教材；参编教材2部。指导学生获江苏省优秀毕业设计（论文）三等奖2项，获苏州市自然科学优秀论文二等奖1项、三等奖3项，获第四届苏州市社科应用研究精品工程优秀成果奖二等奖1项，获校级教学成果优秀成果二等奖1项。获评市级大赛特等奖优秀指导教师，校优秀教师，九三学社江苏省组织建设工作、社会服务工作先进个人，九三学社苏州市宣传、组织建设和参政议政先进个人。

聂福荣，男，1968年6月生，甘肃武威人，工学硕士。现任苏州市职业大学机电工程学院教授、研究员级高级工程师，研究方向为模具设计与制造优化。江苏省“333高层次人才培养工程”培养对象、TRIZ创新工程师。

曾留日研修机械材料与超声波加工，赴德学习模具设计与制造专业教学方法。主持或参与省攻关、省自然科学基金项目6项，获省科技进步三等奖1项。申请专利22项，其中，获授权发明专利3项，已全部转让或许可；获授权实用新型专利6项。发表论文20余篇，其中被核心期刊收录10余篇、被EI收录3篇、被CPCI-S收录1篇。获市自然科学优秀论文一等奖1项，获校教学质量优秀奖，获评优秀班主任。

杜建红，女，1969年4月生，山西文水人，工学硕士。现任苏州市职业大学机电工程学院教授，研究方向为机械结构设计、数值仿真分析、逆向设计。江苏省高校“青蓝工程”优秀青年骨干教师，苏州市新世纪高级青年专业技术人才。

主持、参与企业创新项目16项，参与中科院创新项目1项、国家自然科学基金项目3项。获软件著作权1项，获授权实用新型专利2项。发表学术论文15篇，其中被SCI、EI、ISPI收录3篇。参编教材1部。学术论文获苏州市优秀自然科学论文二等奖2篇，获苏州市科技进步奖三等奖1项、苏州市技术创新“双杯奖”1项。

郭南初，男，1964年4月生，湖南岳阳人，工学博士。现任苏州市职业大学机电工程学院教授，研究方向为产品设计、职业教育。省级精品课程负责人，苏州市紧缺人才办公室创新工程师。曾任中国机械工程学会工业设计分会委员，湖北省人民政府学位委员会优秀学士论文评审专家。

主持完成省级课题7项，市级和校级课题8项，参与省、市级项目3项。获授权发明专利34项。发表论文20余篇，其中被EI收录4篇。主编教材2部。2011年和2013年分获江苏省教学成果奖二等奖，指导学生获全国大学生机械创新设计大赛一等奖1项、江苏省团队优秀毕业设计（论文）奖1项，获全国教育教学信息化大奖赛三等奖1项。2013年获评苏州市优秀党员服务之星，2017年获评校教学名师，2018年获评苏州市优秀教育工作者，2019年获中国国际“互联网+”大学生创新创业大赛铜奖。2021年获评全国工业设计职业技能大赛决赛优秀裁判员。

王仁忠，男，1979年6月生，江苏金湖人，工学博士。现任苏州市职业大学机电工程学院正高级工程师，研究方向为3C产品智能制造、有色金属加工装备智能化与生产质量智能管控。江苏省3C产品智能制造工程中心主要负责人、江苏省科技副总、中国金属学会冶金设备分会专业委员、苏州市职业大学“大数据与生产质量管控”创新团队带头人。

主持完成国家及省部级科研项目5项，主要参与完成工信部项目2项，主持江苏省产学研科技项目1项、苏州市重点产业技术创新前瞻研究项目1项；主持完成的科研成果与国内主要铝（铜）加工企业签订横向应用技术合同近20项。获授权发明专利8项，获软件著作权18项。在国家核心期刊及国内行业会议发表论文22篇。获省部级科技进步奖4项（二等奖3项、三等奖1项）。指导学生获全国或省级技能大赛一等奖、二等奖共5项。

汪红兵，男，1977年12月

生，安徽舒城人，工学硕士。现任苏州市职业大学机电工程学院教授，研究方向为压电驱动与俘能技术、CAD/CAM。苏州市职业大学“功率超声与振动研究中心”校级科研平台带头人，江苏省高校“青蓝工程”优秀青年骨干教师，校教学名师。

主持苏州市科技计划项目2项，主要参与国家自然基金项目3项、省级科技项目1项、市厅级科技项目4项。获授权发明专利6项（第一发明人），转让发明专利2项。发表论文20余篇（第一作者），其中，被中文核心期刊收录14篇，被SCI、EI收录8篇。编写教材2部。获苏州市自然科学优秀学术论文三等奖2项，获第十五届全国多媒体课件大赛高职组二等奖1项；指导学生获江苏省优秀毕业设计（论文）二等奖1项，指导学生完成江苏省大学生实践创新训练计划项目1项，指导学生参加第十五届江苏省大学生课外学术科技作品竞赛暨“挑战杯”江苏省选拔赛并获得一等奖2项、三等奖1项，指导学生参加江苏省职业院校创新创业大赛并获得二等奖1项。

李克清，男，1966年2月生，湖北荆门人，工学博士。现任苏州市职业大学机电工程学院教授，研究方向为机器学习及其应用、无人驾驶等。中国计算机学会会员，江苏省计算机学会监事，苏州大学硕士研究生导师，中国矿业大学（徐州）硕士研究生导师，上市公司特聘讲师。江苏省“333高层次人才培养工程”第三层次培养对象。

主持江苏省科技支撑项目1项、江苏省“六大人才高峰”项目1项、苏州市科技计划项目2项、苏州市重点实验室项目1项、常熟市科技计划项目2项，主持完成多项企业委托项目，其中1项成果被鉴定为国际先进水平。以第一作者或通信作者身份发表论文被核心以上期刊收录40余篇。主编江苏省重点教材1部。累计培养硕士研究生20余名。多次获得无人驾驶比赛第一名。

顾星，男，1970年1月生，江苏苏州人。现任苏州市职业大学机电工程学院正高级工程师，研究方向为精密制造、数控技术、机械装调等。国家级技能大师工作室领办人，享受国务院特殊津贴，兼任苏州市技师协会副会长、苏州市先进制造业工程师学会理事等社会职务。全国技术能手、省企业首席技师、省技术能手、省中青年科学技术带头人、省突出贡献的高级技师、省高职院校类产业教授。获苏州市杰出人才提名奖和姑苏高技能突出人才、苏州时代工匠、青年首席技师等荣誉称号。

朱学超，男，1978年1月生，江苏宿迁人，工学硕士。现任苏州市职业大学机电工程学院正高级实验师、高级工程师、高级技师，研究方向为精密制造技术。

主持苏州市科技计划项目1项，主要参与省级科技项目1项、市厅级科技项目1项、企业横向项目50余项。以第一发明人身份获授权发明专利4项，转让发明专利3项。以第一作者身份发表论文20余篇，其中被中文核心期刊收录13篇。主编省重点教材1部。指导江苏省大学生实践创新训练计划项目2项，指导学生获“挑战杯”江苏省一等奖1项、二等奖1项，指导学生获江苏省团队优秀毕业设计（论文）奖1项、二等奖1项，指导学生获江苏省大学生机械创新设计大赛一等奖1项、二等奖2项。获江苏省微课教学比赛三等奖，省教科院多媒体课件比赛一等奖、教学方案比赛二等奖，校教学成果一等奖、二等奖。获苏州市职业教育先进个人、苏州市姑苏高技能突出人才荣誉称号。

专业带头人简介

郭南初，苏州市职业大学机电工程学院机械制造及自动化专业带头人。（详见“名师风采”部分）

董晓岚，女，1980年12月生，江苏苏州人，硕士研究生。现任苏州市职业大学机电工程学院数控技术专业带头人，副教授，主要研究方向为数控技术、CAD/CAM/CAE。2019年，在美国迈阿密大学工程学院机械与航空系担任为期1年的访问学者，研修方向为非确定性系统的优化设计。

主持并完成校级及以上科研项目和横向项

目6项、教改项目5项，作为主要成员参与省级科研、教改项目5项。获授权实用新型专利1项，获软件著作权1项。以第一作者身份发表论文19篇，其中被核心期刊收录7篇。主编并出版专业课教材1部，撰写15万字。获校级优秀教学成果奖1项、优秀毕业设计指导教师荣誉1项，获江苏省技能大赛一等奖1项、三等奖2项，教学、科研项目及论文获奖7项。

李耀辉，女，1976年8月生，山西运城人，硕士研究生。现任苏州市职业大学机电工程学院模具设计与制造专业带头人，副教授，主要研究方向为冲压模具设计、注塑模具CAD、金属棒料剪切。校“青蓝工程”优秀中青年专业（学科）带头人培养对象。

主持并完成校级及以上科研、教改项目6项，作为主要成员参与省、市级项目2项。获授权专利20余项，其中发明专利4项。发表教学科研论文20余篇，其中被核心期刊收录10余篇。主编教材1部。获校信息化教学比赛一等奖1项，指导学生参加校级及以上比赛并获奖5项，指导学生获江苏省团队优秀毕业设计（论文）奖、优秀毕业设计（论文）三等奖各1项。

付春平，女，1976年3月生，黑龙江五常人，硕士。现任苏州市职业大学机电工程学院机电一体化技术专业带头人，副教授，主要研究方向为电子技术与数字水印。

参与省骨干专业建设1项、省中外合作示范性建设工程项目1项，主持校级项目2项、横向课题1项，获授权发明专利6项、实用新型专利10余项，获软件著作权1项，在《机械设计与制造》等多家期刊发表论文10余篇。获苏州市教育教学成果奖二等奖1项。

陆春元，男，1979年4月生，江苏苏州人，硕士。现任苏州市职业大学机电工程学院副院长，电梯工程技术专业带头人，副教授，高级工程师，研究方向为机电一体化控制、教学管理。2012年被评为苏州市优秀教育工作者，2015年被评为姑苏高技能重点人才。

负责机电一体化技术江苏省品牌专业建设和教育部、财政部机电一体化技术专业“高等职业学校提升专业服务产业发展能力”项目，主持、参与苏州市人力资源和社会保障局课题2项，主持、参与企业产品技术攻关项目8项，发表科研、教改论文11篇，获授权发明专利1项，编写江苏省重点教材、精品教材各1部。获江苏省教育教学成果二等奖1项。指导学生获全国技能大赛一等奖1项。

王仁忠，苏州市职业大学机电工程学院工业机器人技术专业带头人。（详见“名师风采”部分）

李克清，苏州市职业大学机电工程学院汽车制造与试验技术专业带头人、新能源汽车技术专业带头人。（详见“名师风采”部分）

校企合作

机电工程学院围绕拓展校企合作平台，积极推进校企合作育人，培育优秀企业学院，加强“双师型”教师队伍建设，提高社会服务能力。2022年，学院新增合作企业30家，为学院专业建设与发展提供支撑。

◎校企合作推进企业学院建设

与苏州市吴中区人民政府、中国机械工业联合会机器人分会、江苏汇博机器人技术股份有限公司、苏州绿的谐波传动科技股份有限公司等企业合作成立机器人产业学院。继续加大汇川产业联盟学院、莱克学院、电梯学院3个企业学院建设。与莱克学院合作编制国家职业技能标准2项。与汇川产业联盟学院合作申报立项省智能制造职业体验中心。汇川产业联盟学院获评苏州市优秀产业（企业）学院。

◎深入开展产学合作

对外开展生产、咨询、技术服务项目80项，累计到账经费220余万元。与徐州市丰县欢口镇共建的企业协同创新中心，申请科技副总项目1项，经费达30.3万元。

◎校企合作师资队伍建设

新增莱克电气股份有限公司、苏州清研车联教育科技有限公司“双师型”教师培养培训基地。在校企合作企业中选聘兼职教师7人，选聘校产业教授7人，推荐申报省产业教授2人，1

人入选省产业教授。

◎校企新型学徒制、社会培训项目开展

与东南电梯股份有限公司、苏州汇川技术有限公司、莱克电气股份有限公司等企业开展订单班、学徒班培养，校企合作育人人数达463人。为苏州莱恩精工合金股份有限公司、苏州宝联重工股份有限公司等企业开展的技术培训累计完成社会培训4600余人次，培训到账经费超过180万元。

◎课程学习与技术证书相结合

学生可以参加的相关职业资格证书鉴定工种有8种，包括维修电工证书（中级）、全国CAD应用培训网络水平证书—PRO/E课目、全国CAD应用培训网络水平证书—UG课目、全国CAD应用培训网络水平证书—CAD课目（中级）、数控车床工（中级、高级）、加工中心操作工（中级）、汽车维修工（中级）、可编程序控制系统设计师（中级）。

◎打造示范性职教集团

苏州市现代装备制造职业教育集团召开年度工作会议并完成换届工作。职教集团联合苏州市机器人产业协会发起成立苏州市机器人产业协会产教融合专委会，承办苏州市机器人产业产教融合与协同发展论坛，协办第三届中国机器人产教融合发展论坛、2022年数码大方用户大会暨产教融合高峰论坛、“汇机智造杯”第六届“吴中技能状元”职业技能竞赛工业机器人赛项等活动，向社会、企业和其他院校展示学校在工业机器人及智能制造类专业建设和人才培养方面的成效和经验。

科研学术

2022年，机电工程学院完成科研业绩点76280点，比2021年增长2.06%。教师共发表论文61篇，其中，被核心期刊收录10篇，被SCI收录4篇；获市级及以上项目2项，专利著作权转让7项；获授权实用新型专利56项、发明专利19项。在建省级科研平台1个，市级科研平台1个，与地方政府、研究机构共建协同创新中心2个，校级科研平台4个，院级科研团队4个。

学院举办学术讲座4场。分别邀请沙洲职业工学院教授鲁怀敏做题为“钢铁行业的转型升级之路——绿色、智能”的学术讲座，邀请苏州工业职业技术学院教授石皋莲做题为“金属增材制造工程应用”的学术讲座，邀请江苏大学汽车研究院教授栗欢欢做题为“新能源汽车电池系统的发展现状及趋势”的学术讲座，邀请企业高级工程师吴焕做题为“电动汽车及其零部件可靠性保障”的学术讲座。

学生工作

◎全面落实学生活动

机电工程学院将校园文化活动作为重要的育人手段，充分发挥学生参与各类文体活动的主动性和创造性，推出符合时代要求和青年特点的特色活动内容。以丰富学生课余生活为落脚点，全年落实“第二课堂”成绩单制度，引导学生开展多样的校园文化活动。持续开展学院“新生才艺大赛”“新生篮球赛”、新年“嘉年华”等活动，丰富学生校园文化生活，激发学生青春活力。

◎践行志愿服务

结合特色优势，围绕地方发展大局和经济社会发展，推进志愿服务活动项目化、制度化、常态化。组织学生参加地方大型体育赛事志愿服务、2022年江苏省职业院校技能大赛志愿服务保障、宣传垃圾分类古城健步行、城市随迁子女暑期志愿服务等志愿服务活动。2022年获全国大学生暑期“三下乡”社会实践活动优秀团队，2022年“七彩假期”暑期社会实践示范团队，2022年江苏省大学生暑期“三下乡”社会实践活动优秀团队、先进个人等荣誉称号，在学院营造人人志愿的良好氛围。

◎学生党建

举办第27期入党积极分子培训，培养入党积极分子57名，发展学生预备党员25名，转正学生党员14名。毕业生党员教育活动中对14名毕业生党员进行组织纪律教育和组织关系转接。一年内，学生党支部志愿服务队共开展包括入党积极分子疫情防控等在内的10多项志愿服务活动。

◎评奖评优

2022年共有2名学生获国家奖学金、70名学生获国家励志奖学金、221名学生获优秀学生奖学金，有2个班集体获评校文明标兵班级、4个班级获评校文明班级，有83人获评校三好标兵、49人获评校三好学生、108人获评校优秀学生干部。

◎就创业工作

开展项目制培训特色就业帮扶活动，帮助毕业班学生增加就业砝码。开展访企拓岗、直播荐岗、云招聘等专项活动，通过主动联系企业，强化就业信息的收集，提供招聘岗位数达学生人数的4倍以上。努力拓宽宣传途径，从班长入手，联合班主任、系主任，通过学院网站就业信息栏、微信公众号发布信息，让学生可以多途径了解就业信息。在做好就业信息精准推送的同时，组织线上就业指导讲座7场，覆盖学院各专业全体学生。召开就业启动会议，举办线下专场招聘会2场、线上招聘会3场、专场宣讲会16场，提供优质岗位3000余个，开展就业安全讲座，为即将开展顶岗实习的毕业生保驾护航。

（胡　清）

计算机工程学院

概 况

计算机工程学院的前身可追溯到创办于1984年的苏州市职业大学计算机应用技术专业。2006年1月系科重组，在原计算机教研室基础上建立计算机工程系。30余年的风雨历程和改革发展，计算机工程学院积淀了厚实的办学底蕴。

计算机工程学院现有在职教职工90人，其中，专任教师78人，行政教辅人员12人。专任教师中，教授6人，博士11人，省“333高层次人才培养工程”培养对象2人，省高校“青蓝工程”优秀青年骨干教师培养对象1人，省高校“青蓝工程”优秀教学团队2个，省高校科技创新团队3个，省、市级各类骨干及重点培养对象4人，形成一支结构合理、年富力强的师资队伍。

计算机工程学院下设计算机应用技术系、物联网技术系、软件与媒体技术系3个系，现有计算机应用技术、软件技术、计算机网络技术、动漫制作技术、物联网应用技术、移动应用开发、大数据技术、虚拟现实技术应用、人工智能技术应用9个专业。其中，计算机应用技术专业是江苏省特色专业，动漫制作技术专业是苏州市高职院校优秀新专业，软件技术专业、物联网应用技术专业和计算机网络技术专业是校级品牌专业。学院现有中央财政重点支持的职业教育实训基地1个、江苏省高等职业教育实训基地建设点1个，江苏省特色专业1个，江苏省精品教材（重点教材）3部、教育部规划教材3部。学院现有江苏省工程中心1个、苏州市重点实验室1个、实验实训室50个、校企合作单位50家，获国家自然科学基金项目3项、江苏省自然科学基金项目1项。

截至2022年12月，学院校内实验实训场地面积7268平方米，设备总值7187.9万元。学院具备理念超前、设施先进、性能优越、特色鲜明的IT实训条件，拥有中央财政重点支持的物联网技术综合实训基地和江苏省数字媒体与软件技术综合实训基地，建有包括与华为、思科、苹果、谷歌等知名企业共建的各类专业教学实训室52个。各类实验实训室为学生的实训教学提供必要的设备保障，给学生提供锻炼专业技能的平台，对于学生科技创新活动的开展，以及参加国内各类专业赛事并获奖提供有力支持。学院为学生提供全天候开放的创客中心和专业实训室。除教学实验实训室外，学院还设有江苏省现代企业信息化应用支撑软件工程技术研究开发中心、苏州市云计算智能信息处理高技术研究重点实验室、校级计算机软件技术重点实验室等科研实验室，为教师从事教学、科研提供良好的软硬件平台。

计算机工程学院现有各类在籍学生2740人，其中，全日制专科生2552人，“专接本”学生188人。学院针对苏州地方经济对IT人才的需求，以就业为导向，以培养适应本地区社会经济发展需要的IT人才为根本，实行“教、学、做”三位一体的人才培养模式，在理论教学过程中贯穿创新思维，在实践教学中贯彻创新能力培养，高度重视学生实际动手能力的提高，推行课赛融通教育，全面提升学生的综合素质和创新实践能力。2022年，学院有普通全日制毕业生858人，毕业生受到用人单位的好评。

教学工作

办学特色

计算机工程学院主动适应苏州地方经济建设和社会发展对人才的需求，秉承“厚基础，强实践，创特色”的教育理念，坚持以育人为根本，以教学为中心，以服务为宗旨，以就业为导向，以质量为生命线，以能力为本位，以校企合作、工学结合为支撑点，实行“教、学、做”三位一体的人才培养模式，在理论教学过程中贯穿创新思维，在实践教学中贯彻创新能力培养，重视学生个性化发展，把工作的重心聚焦到搭建宽广创新实践舞台、凸显学生主体地位、全面提升学生的综合素质和创新实践能力之上。在历年国家和省职业技能大赛、省计算机设计大赛等知名赛事中，学院学生屡获佳绩，赢得广泛的社会声誉。

专业设置

2022年苏州市职业大学计算机工程学院专业设置一览表

系名称	专业名称	专业带头人	职称	学历（位）
计算机应用技术系	计算机应用技术	过　怡	副教授	本　科（硕士）
	移动应用开发	吴文庆	教　授	本　科（学士）
	大数据技术	陈　珂	副教授	本　科（硕士）
	人工智能技术应用	吴文庆	教　授	本　科（学士）
物联网技术系	计算机网络技术	方立刚	教　授	研究生（博士）
	物联网应用技术	谭方勇	副教授	本　科（硕士）
软件与媒体技术系	软件技术	尚鲜连	副教授	本　科（硕士）
	动漫制作技术	戴敏利	副教授	研究生（硕士）
	虚拟现实技术应用	金　益	副教授	本　科（硕士）

专业介绍

◎计算机应用技术——江苏省特色专业

专业特色：本专业是江苏省特色专业，注重嵌入式技术、智能控制技术、移动互联开发技术人才培养，专业近3年的就业率均达到100%，2021届学生“专转本”达线率为60%以上。专业与苏州佳世达电通有限公司、思必驰科技股份有限公司、同济人工智能研究院（苏州）有限公司、同程网络科技股份有限公司等多家知名企业开展深入校企合作。近年来，本专业学生在江苏省职业院校技能大赛“嵌入式技术应用开发”“移动开发”等赛项获得包括一等奖在内的多个奖项。

培养目标：本专业培养德、智、体全面发展，适应现代经济发展需要，既掌握嵌入式系统工程专业领域的基本理论，具有较强软件开发能力和操作技能，又掌握国际主流嵌入式开发平台和编程语言，具备移动设备应用软件开发技术、游戏开发技术及移动互联网应用开发技术的高级应用型专门人才。培养面向生产、建设、服务和管理等一线，具有创新能力和职业生涯发展基础的高级实用型人才。

主要课程：计算机导论、计算机硬件技术基础、计算机语言C、数据结构、嵌入式面向对象编程规范（Java）、面向对象程序设计（Objective-C）、微机原理与汇编语言、嵌入式Linux系统管理、嵌入式系统基础应用、单片机原理与应用、实时操作系统分析与应用、嵌入式系统高级应用、SQL Server数据库技术应用、JSP商务网站设计、Android系统基础应用开发、Android系统高级应用、智能移动设备外围应用开发、Windows Phone系统3G移动应用开发等。

◎软件技术——校级品牌专业

专业特色：本专业是校级品牌专业、省综合实训基地的支撑专业、校大数据专业群核心专业。与微软（中国）有限公司、东软教育科技集团有限公司、苏州百捷信息科技有限公司、苏州乐志软件科技有限公司等多家知名企业开展校企合作，拥有1个企业学院和2个双师培训基地。近3年的就业率均达到100%，2021届学生“专转本”达线率为60%以上。近年来，学生在国家级、省级各类大赛中获得包括技能大赛国赛一等奖、技能大赛省赛一等奖、计算机设计大赛省赛特等奖、“挑战杯”省决赛特等奖、省级优秀毕业设计团队在内的多个奖项。

培养目标：本专业面向软件技术领域，培养具有软件开发、测试、维护必备的知识和技能，具有一定的外语交流能力，能够在企事业单位从事各类应用软件开发（包括网站应用开发，Apple、Windows Phone及Android等移动平台应用软件开发等）、软件测试及网站维护、数据库管理、维护和开发等工作的高技术应用型人才。

主要课程：本专业课程面向网站开发、智能手机、平板电脑等领域，课程体系覆盖移动应用的三大主流开发平台。主要课程链路如下。1.苹果IOS移动应用开发课程链路：IOS操作系统及应用、面向对象程序设计（Objective-C）、IOS应用开发、IOS项目综合开发等。2.微软.NET平台及Windows Phone移动应用开发和软件测试课程链路：面向对象程序设计C#、SQL Server

数据库管理和编程、Web系统UI设计、ASP.NET商务网站设计、Windows Phone应用开发、高级软件测试等。3.Java及安卓移动应用开发课程链路：程序逻辑设计与编程规范、面向对象程序设计（Java）、JavaScript高级应用、JSP商务网站设计、Android应用开发等。

◎计算机网络技术——校级品牌专业

专业特色：本专业是校级品牌专业，与新华三技术有限公司、思科系统（中国）网络技术有限公司、福建星网锐捷通讯股份有限公司、中国电信股份有限公司苏州分公司等国际、国内知名企业开展深入合作，校企共建天创信息安全学院等企业学院3个、安防行业大学1个，2019—2022年学生在全国职业院校技能大赛和江苏省职业院校技能大赛的“网络系统管理”“信息安全管理与评估”“云计算技术与应用”赛项获得国赛二等奖1项、省赛一等奖3项，近年来学生获得HCIE、CCIE等顶级行业认证10余人。

培养目标：本专业培养德、智、体、美、劳全面发展，能适应现代化建设和经济发展需要，具有良好职业道德和创新精神，具有熟悉网络技术的基本知识与技能，了解网络新技术的发展动态和应用前景，具有一定的网络工程项目、网络系统配置与管理能力及网络维护调试能力，具有一定的网络新技术的应用开发能力，能从事网络工程实施等现场技术应用及管理工作的高素质技术应用型人才。

主要课程：计算机网络基础、网络工程设计、交换与路由技术、网络测试与故障诊断、Windows网络管理、Linux网络管理、网络互联综合应用、实用网络程序设计、网络安全等。主要实践环节有网络安装维护实训、路由与交换实训、Windows网络管理实训、实用网络程序设计实训、Linux网络管理实训、网络测试与故障诊断实训等。

◎动漫制作技术——苏州市高职院校优秀新专业

专业特色：本专业与苏州天极信息科技有限公司、苏州舞之动画股份有限公司、苏州鸿鹰动画有限公司等多家国内知名企业开展校企合作。该专业是省综合实训基地的支撑专业、苏州市优秀新专业、校数字媒体技术专业群核心专业。

培养目标：本专业培养具有丰富的艺术修养和优秀的动画制作能力，熟练掌握影像造型设计的基本规律，能够从事动作设计、动画场景设计、分镜脚本与构图设计、原画设计以及相关的视觉设计等工作，能通过先进的计算机动画技术进行数字视觉设计的高级复合型专门人才。

主要课程：角色造型设计、图像处理、二维动画、三维动画、影视特效、动画运动规律、校内外综合实训等。

◎物联网应用技术——校级品牌专业

专业特色：本专业作为校级品牌专业，依托国家级物联网综合实训基地开展教学，与思科系统（中国）网络技术有限公司、福建星网锐捷通讯股份有限公司、中国电信股份有限公司苏州分公司等国际、国内知名企业开展深入合作，拥有3个企业学院、3个网络学院、2个双师培训基地、1个1+X职业技能等级证书平台，具有智能化终端多功能集成、模块化架构、统一通信接口并举的物联网应用实践环境。2019—2022年学生在全国职业院校技能大赛和江苏省职业院校技能大赛的“网络系统管理”“信息安全管理与评估”“云计算技术与应用”赛项获得国赛二等奖1项、省赛一等奖3项。

培养目标：本专业培养德、智、体、美、劳全面发展，能适应现代化建设和经济发展需要，具有良好职业道德和创新精神，熟悉物联网技术领域的基本理论、基本知识，具备在物联网系统及其应用方面二次开发和集成的能力，能从事物联网设备维护、调试、测试、验收等工作的高端技能型专门人才。

主要课程：计算机网络基础、物联网应用技术概论、交换与路由技术、嵌入式面向对象编程规范（Java）、物联网工程设计与实施、Linux基础与驱动开发、无线传感网络应用、物联网应用开发、嵌入式系统开发与应用实践等。主要实践环节包括传感节点安装调试与维护实训、网络安装维护实训、物联网定位与监测实训、环境监控物联网系统安装和调试、物联网集成应用等，以及在企事业单位或物联网技术综合实训基地的工作实习及岗位实践等。

◎移动应用开发

专业特色：本专业是全国移动互联网创新教育基地和Google“Android人才培养示范基地”的支撑专业，为学生提供创业孵化平台，以学生工作室为载体，鼓励学生积极参与创新创业。本专业学生获得江苏省大学生实践创新训练计划项目3项,多次获全国职业院校技能大赛三等奖,江苏省大学生计算机设计大赛一等奖,江苏省职业院校技能大赛二等奖、三等奖,江苏省“互联网+”大学生创新创业大赛创意类三等奖等奖项。

培养目标:本专业培养具有从事移动互联领域应用软件开发工作所需的职业素质、专业实践能力,能借助移动互联网终端(如手机、平板电脑等)实现传统的互联网应用或服务,具有移动应用软件的编程、测试及维护能力,能从事移动智能设备软件的开发与设计、移动商务网站的设计与制作、移动应用UI交互设计与制作、微信公众平台开发、移动互联网运维等相关工作,具备团队协作及学习创新能力的技术技能型人才。

主要课程:嵌入式面向对象编程规范(Java)、Android系统高级应用开发、HTML5移动应用开发、移动Web前端设计、移动网站设计、Android图形图像与动画效果编程等。

◎大数据技术

专业特色:本专业与中国移动通信集团江苏有限公司苏州分公司、苏州驰星教育科技有限公司、深圳市讯方技术股份有限公司等多家知名企业深入开展校企合作。近年来,学生在江苏省职业院校技能大赛“大数据技术及应用”等赛项中屡获一等奖。

培养目标:本专业旨在向企业输送理论知识够用、职业技能实用的创新型复合人才。注重大数据平台架构与运维能力、大数据应用开发与测试能力的培养。

主要课程:大数据编程基础(Java)、SPSS数据分析与挖掘、数据仓库构建与应用、数据模型与决策、Hadoop平台构建与应用、Spark大数据处理、Python数据分析与应用、网络爬虫设计与应用、数据可视化应用、数据处理与清洗、语音大数据应用与处理、移动通信大数据应用与处理等。

◎虚拟现实技术应用

专业特色:本专业是省综合实训基地的支撑专业、校数字媒体技术专业群核心专业。与苏州炫客数字科技有限公司、苏州北纬三十度网络科技有限公司、苏州智杰影业有限公司等多家国内知名企业开展校企合作。近年来,本专业学生在全国职业院校技能大赛“虚拟现实(VR)设计与制作”赛项中获得一等奖,在江苏省职业院校技能大赛“虚拟现实(VR)设计与制作”赛项中获得多个一等奖。

培养目标:本专业培养掌握虚拟现实、增强现实技术相关专业技能,具备一定创新创业能力,能从事VR、AR、游戏开发、影视动画等工作的高素质复合型人才。

主要课程:虚拟现实引擎开发、虚拟现实交互设计、虚拟现实场景设计、VR全景互动影像制作、虚拟现实编辑器快速开发、MAYA建模与材质、图像处理、虚拟产品设计等。

◎人工智能技术应用

专业特色:本专业以“工程任务课程化,课程任务工程化”的工程项目为导向,强化实战技能,通过满足企业工作需求而展开整个教学。与苏州航天信息有限公司、苏州东软科技发展有限公司、思必驰科技股份有限公司等国内知名企业开展深度校企合作。本专业教师指导学生多次获省级职业院校技能大赛二等奖、三等奖。

培养目标:掌握本专业知识和技术技能,能够担任人工智能数据标注工程师、自然语言处理工程师、人工智能应用工程师、人工智能工程技术人员等的高素质技术技能人才。

主要课程:面向对象程序设计Python、图像处理技术及应用、机器学习应用技术、计算机视觉技术应用、TensorFlow基础及应用、智能移动应用开发等。

师资介绍

名师风采

李金祥,男,1963年9月生,陕西榆林人。现任苏州市职业大学计算机工程学院教授。中央财政支持的职业教育实训基地建设项目——物联网应用技术实训基地主要负责人,江苏省教育厅数字媒体与软件技术实训基地建设项目负责人,江苏省特色专业计算机应用技术专业负责人,江苏省成人教育精品课程“计算机语言C”课程负责人,校品牌专业软件技术专业负责人。

主讲本专科“计算机导论”“C语言程序设计”“计算机图形学”等10余门课程。参与

"九五"国家重点科技攻关项目1项，主持、参与省、市级以上教科研项目20余项。编写出版教材13部，其中，《物联网应用开发》获评江苏省高等学校重点教材，《实用C语言程序设计教程》获评高职高专计算机教指委优秀教材。发表教学、科研论文50余篇。获授权发明专利2项、实用新型专利5项，获软件著作权4项。多次获校级教学成果奖和优秀教师表彰，获苏州市自然科学优秀学术论文二等奖1项、三等奖2项。

鲜学丰，男，1980年11月生。2012年毕业于苏州大学，获计算机应用技术专业博士学位。现任苏州市职业大学党委委员、组织人事部部长，计算机工程学院院长，教授，研究方向为机器学习、Web数据管理和知识工程等。江苏省人工智能学会理事、中国计算机学会会员。江苏省现代企业信息化应用支撑软件工程技术研究开发中心主任、苏州市云计算智能信息处理高技术重点实验室主任。江苏省第六期"333高层次人才培养工程"第三层次培养对象、江苏省高校"青蓝工程"优秀青年骨干教师培养对象，获苏州市"青年计算机科技优秀人才"提名奖。

主持苏州市科技计划项目4项、省工程中心开放基金项目1项、市重点实验室开放基金项目1项，作为骨干参加并完成国家自然科学基金项目（1项排名第二、1项排名第三）、江苏省重大科技支撑与自主创新项目、苏州市科技发展计划项目等6项。在国际、国内相关学术会议和期刊上发表论文40余篇，其中被SCI、EI、CCF（B、C）收录20余篇。申请发明专利23项，其中已授权13项；获软件著作权5项。指导学生进行江苏省大学生创新创业训练计划项目研究1项。获江苏省高等学校科学技术研究成果奖二等奖1项、中国技术市场协会金桥奖二等奖1项、苏州市科技进步奖三等奖1项，论文获苏州市自然科学优秀学术论文三等奖2项。

刘昭斌，男，1965年4月生，山东威海人，西安交通大学计算机科学与技术专业硕士。现任苏州市职业大学计算机工程学院物联网技术系主任，教授，研究方向为感知计算与物联网。中国计算机学会高级会员。先后在清华大学、澳大利亚北墨尔本高等技术学院和华东师范大学访学，主要承担"计算机网络基础""网络系统工程集成""物联网技术导论""传感器网络"等多门课程的教学工作。作为计算机网络专业带头人，主持校级品牌特色专业和精品课程建设，开发专业学习网站和资源共享平台，积极参与实验室和实训基地工作。

近5年，共发表论文20篇，其中，被EI收录8篇，被ISTP收录1篇，核心期刊收录5篇，省级期刊收录7篇。获授权发明专利2项、实用新型专利2项，获软件著作权3项。编著"十二五"职业教育国家规划教材1部，主编教材2部。主持完成项目8项（其中省部级项目2项、市厅级项目1项、县局级项目2项、校级项目3项），参与完成（排名前三）省部级项目2项、市级项目1项。指导学生获2011年江苏省普通高校本专科优秀毕业设计（论文）一等奖、第十二届中国智能机器人大赛国际赛制灭火比赛大学组项目一等奖，获2013年省教学成果奖（高等教育类）二等奖、第十届全国多媒体课件大赛（高职组）二等奖，获全国"创新网络人才杯"实践教学大赛季军。所获奖项中排名第一的奖项有15项。

顾才东，男，1963年7月生，宁夏吴忠人。现任苏州市职业大学计算机工程学院教授，宁夏大学、陕西理工学院计算机科学技术专业硕士研究生导师，主要研究方向是RFID、物联网、大数据挖掘与分析。ACM会员，中国计算机学会会员。

先后主讲研究生"数据库原理"和"XML技术"、本科生"操作系统""高级语言程序设计"、专科生"RFID原理与应用技术""交换与路由技术""无线局域网技术""计算机网络工程实践""C语言程序设计""Javascript""计算机网络基础""计算机导论"等10余门课程。主持国家自然科学基金和省、市级科研项目10余项；在国际、国内相关学术会议和期刊上发表论文几十篇，其中被SCI、EI和ISTP收录10余篇。获授权发明专利、实用新型专利10余项。发表的论文获省级论文二等奖1项，获苏州市自然科学优秀学术论文二等奖1项、三等奖1项；获全国应用创新大赛二等奖1项、省部级三等奖2项。

吴文庆，男，1973年1月生，黑龙江龙江人。现任苏州市职业大学计算机工程学院教授。曾在国家教育行政学院和黑龙江省委党校进修学习。曾任黑龙江省高职高专教育计算机类专业指导委员会秘书长，现为黑龙江省计算机学会理事、齐齐哈尔市青联委员。黑龙江省级教学团队“计算机网络技术”负责人，黑龙江省级精品课程“计算机组装与维护”负责人。

先后主讲本专科“计算机基础导论”“数据结构”“C语言程序设计”“计算机组成原理”等10余门课程。主持、参与省、市级以上教科研项目10余项，编写出版教材7部，发表教学、科研论文近20篇。多次获校级教学成果奖和优秀教师表彰，获黑龙江省优秀共产党员、齐齐哈尔市优秀教师、齐齐哈尔市新长征突击手等荣誉称号。

李亚琴，女，1980年12月生，陕西延安人。现任苏州市职业大学计算机工程学院软件与媒体技术系主任，教授。2017年被列为校“青蓝工程”优秀青年骨干教师培养对象。获评全国高校数字艺术作品大赛优秀指导教师、江苏省动漫数媒创意及制作技能大赛优秀指导教师。

先后主讲本专科“MAYA建模与材质”“MAYA动画与特效”“三维渲染”“三维动画设计”等10余门课程。主持、参与省、市级和县局级等教科研项目20余项。编写出版教材5部，其中《多媒体制作》获评“十二五”江苏省高等学校重点教材。发表教学、科研论文20余篇。获授权实用新型专利10项、外观设计专利13项，获软件著作权10项。获校级教学成果奖2项。2018年被评为优秀共产党员和优秀党务工作者。指导学生参加各级各类专业技能竞赛，获奖50余项。获江苏省高校微课教学比赛三等奖1项、江苏省教师现代教育技术应用作品大赛微课一等奖1项。

专业带头人简介

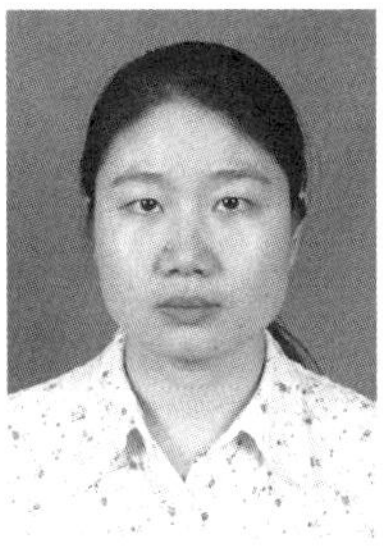

过怡，女，1977年12月生，江苏苏州人，2008年获中国科学技术大学计算机应用技术系硕士学位。现任苏州市职业大学计算机工程学院计算机应用技术专业带头人，副教授，研究方向为计算机应用。

先后主讲“微机原理与汇编语言”“嵌入式系统基础应用”“嵌入式系统高级应用”等多门课程。参与、主持多项省级、县局级、校级科研项目，发表论文多篇，获授权发明专利1项、实用新型专利1项，获软件著作权多项。2012年获苏州市高技能人才培养研发课题三等奖，多次指导学生参加全国智能车竞赛、全国机器人大赛并获奖。

吴文庆，苏州市职业大学计算机工程学院人工智能技术应用专业带头人、移动应用开发专业带头人。（详见“名师风采”部分）

陈珂，女，1974年7月生，苏州大学计算机应用技术工学硕士。现任苏州市职业大学计算机工程学院计算机应用技术系主任、大数据技术专业带头人，副教授，研究方向为智能信息化处理、图像处理。

主持苏州市科技计划项目（前瞻性应用研究）1项，主持并完成苏州市科技计划项目（应用基础研究）2项、江苏省现代企业信息化应用支撑软件工程技术研发中心开放基金和中央广播电视大学基金项目各1项。作为骨干参加国家自然科学基金项目、江苏高校科研成果产业化推进项目、江苏省教育科学研究院基金项目、苏州市人力资源和社会保障局项目。发表论文20余篇，其中，被SCI收录2篇，被EI收录10余篇，被中文核心期刊收录8篇。获授权发明专利3项、实用新型专利4项，获软件著作权10项。编写出版教材3部。近5年，指导学生获2017年度江苏省优秀毕业设计（论文）一等奖、2019年江苏省职业院校技能大赛“大数据技术与应用”赛项一等奖，个人获2019年江苏省微课教学比赛二等奖。

方立刚，男，1980年9月生，安徽歙县人。2007年7月毕业于中国科学院广州地球化学研究所，并获得遥感与地理信息系统方向博士学位。现任苏州市职业大学科技处副处长，计算机工程学院计算机网络技术专业带头人，教授，主要研究方向为环境遥感监测、计算机模拟与WebGIS开发。中国计算机学会会员。入选江苏省第四期“333高层次人才培养工程”第三层次培养对象和江苏省高校“青蓝工程”优秀青年骨干教师培养对象。

先后主讲“计算机网络基础”“交换与路由技术”“网络综合布线”“网络系统工程集成”“计算机网络与WebGIS”等10余门课程。指导学生进行江苏省大学生实践创新训练计划项目研究，指导学生获2013年度江苏省职业院校技能大赛“物联网应用技术”赛项三等奖。参与江苏省教育科学“十二五”规划项目和苏州市人力资源和社会保障局高技能研发项目等多项教改项目。主持国家自然科学青年基金项目、江苏省自然科学青年基金项目、苏州市科技计划项目以及多个省级重点实验室开放基金项目，作为骨干参与多项国家“863”计划课题和国家自然科学基金项目。在国际、国内相关学术会议和期刊上发表学术论文30余篇，其中被SCI、EI收录20篇。科研成果分获2009年度广东省环境保护科学技术奖二等奖、2013年度中国地理信息科技进步奖三等奖（排名第二），且对相关研究成果进行推广应用，产生良好的社会效益和经济效益。发表的论文分别获得苏州市2008—2009年度、2010—2011年度自然科学优秀学术论文二等奖和2010年度广东省优秀学术论文三等奖。

谭方勇，男，1976年6月生，江苏吴江人，硕士。现任苏州市职业大学计算机工程学院物联网应用技术专业带头人，副教授。江苏省技术能手，苏州市优秀教育工作者，CCF VC优秀职业教育工作者，全国职业院校技能大赛裁判，国家人社部《物联网安装调试员》职业标准评审专家，江苏省技术能手，中国电子学会和中国职业技术教育学会职业院校物联网专业优秀学科带头人，全国高等院校计算机基础教育研究会电子信息专委会常务委员，CCF VC委员，苏州计算机学会理事，校“双师型”名师工作室负责人，华为HCAI-R&S认证讲师，思科网院R&S认证讲师。

指导学生获江苏省职业院校技能大赛一等奖1项、二等奖4项，获江苏省优秀毕业设计（论文）评选优秀团队1项、三等奖2项，获全国计算机设计大赛一等奖1项，江苏省一等奖1项。获江苏省信息化教学设计大赛三等奖1项，苏州市和校优秀教学成果奖一等奖各1项，江苏省职业院校技能大赛“物联网技术应用”赛项（教师组）三等奖。主讲“物联网应用技术概论”“网络互联技术”等多门核心课程，主持教育部协同育人项目和对接育人项目各1项，主持省、市级以上教科研项目10余项。主编教材7部，其中国家职业“十三五”“十四五”教材1部。在国际、国内相关学术会议和期刊上发表论文30余篇，其中，被核心期刊收录2篇，被SCI收录1篇，被EI收录2篇。

尚鲜连，女，1972年12月生，山西晋城人，2006年获苏州大学计算机应用技术专业硕士学位。现任苏州市职业大学计算机工程学院软件技术专业带头人，副教授，研究方向为软件技术。

主持、参与多项省级、市级、校级科研和教改项目，主编或参编《C#.NET应用开发项目教程》《现代软件工程》《Linux中文版应用基础》等教材。发表论文多篇，其中被EI、ISSHP收录2篇。获授权实用新型专利5项，获软件著作权10余项。获优秀党员、优秀班主任、教坛新秀、年度嘉奖等荣誉。获江苏省教育厅主办的省信息化大赛一等奖，多篇论文获论文评比二、三等奖，课件获省现代教育技术二等奖，参与的省高教研究课题和市高技能课题均获一等奖，获校教学改革优秀成果一等奖。多次指导学生参加计算机设计大赛、各类软件大赛并获奖，指导个人、团队毕业设计并获奖。

戴敏利，男，1982年5月生，湖北天门人。现任苏州市

职业大学计算机工程学院动漫制作技术专业带头人，副教授。主要从事数字媒体技术教学科研工作。

先后主讲“多媒体制作”“视频编辑与制作”“摄影摄像技术”“视频直播技术”等多门课程。参与国家自然科学基金项目1项，主持省教育科学规划项目1项，主持市级项目2项，参与省、市级教科研项目10余项。发表教学科研论文10余篇。获授权实用新型专利和软件著作权多项。指导学生获全国职业院校技能大赛一等奖1项、全国职业院校学生技能作品展洽会三等奖1项，指导学生获江苏省优秀毕业设计（论文）一等奖、三等奖各1项，指导学生获江苏省职业院校技能大赛一等奖、三等奖各1项，指导学生获“领航杯”江苏省大学生数字媒体作品竞赛一等奖、二等奖各1项。获江苏省高职院校信息化教学大赛一等奖1项、江苏省高校微课教学比赛二等奖2项、江苏省教师现代教育技术应用作品大赛二等奖2项。

金益，女，1980年7月生，江苏常熟人。现任苏州市职业大学计算机工程学院虚拟现实技术应用专业带头人，副教授。校“青蓝工程”优秀青年骨干教师，国家职业教育教学资源库课程“虚拟现实应用技术”课程负责人。多次获校级优秀教师表彰。

先后主讲“VR/AR技术基础”“分镜头脚本”“动画设计概论”等10余门课程。主持、参与省、市级教科研项目10余项。主编出版教材2部，其中《Photoshop CS5实例教程（第2版）》获评工业与信息化人才培养规划教材。发表教学、科研论文20余篇。获授权发明专利2项、实用新型专利2项、外观专利10项。2020年获江苏省职业院校教学能力比赛二等奖。指导学生参加2020年江苏省职业院校技能大赛“虚拟现实（VR）设计与制作”赛项并获一等奖。

校企合作

计算机工程学院持续深化全方位、全领域、全过程的校地合作，思政引领，践行“校企双主体”育人模式，不断拓展校地在教学、科研、管理、社会服务等方面融合的深度和广度，推动校地合作扩面、升级、增效，为苏州市信息技术、人工智能与大数据等高新技术产业提供有力的人才培养支撑。

◎学院统筹规划，有序开展各项工作

学院在管理上将校地合作指标合成一张表发布，即将内涵质量指标在年初进行分解，逐级压实责任，将教学建设工作和校地合作工作有机结合。每位系主任均与学院签订责任书，明确各项指标。学院聚焦人工智能领域专业链与产业链对接，结合苏州智能制造和数字经济发展要求和苏州市人工智能职教集团的工作要求，开展专业对接产业、专业服务产业的专项调研；全院所有专业在制定人才培养方案时均举办专业建设指导委员会会议，通过校企合作，了解产业中相关岗位的人才需求，保证人才培养定位准确，对接产业。

◎专业对接产业，促进集团化办学

在苏州市教育局的指导下，由计算机工程学院主要负责管理运行的苏州市人工智能职教集团对苏州市人工智能专业对接产业情况开展深入调研。调研对象覆盖集团内外多家人工智能单位，最终形成了苏州市人工智能专业对接产业情况分析报告。集团还召开人工智能专业群建设委员会会议，完成人工智能专业群建设规划，形成建设方案，在专业集群建设方面开展实际探索。集团还与中国计算机学会、江苏省计算机学会职业院校产教融合专家委员会等联合开展计算机科技论坛（YOCSEF），聚焦职业院校产教融合举办论坛等活动。

◎发挥人才优势，共建混编双师团队

学院重视发挥行业龙头企业在技术领域方面的优势，通过校地合作助力师资队伍建设。6月，同济人工智能（苏州）研究院专家对大数据技术及人工智能技术应用等专业教师进行专题培训。9月，与微软技术实践中心合作，共同邀请人工智能领域专家做讲座。计算机网络技术专业与苏州国网电子科技有限公司合作，谭方勇老师与江苏省产业教授陆春民合著的论文发表于2022年第3期《城市开发》杂志。

学院在校企合作过程中重视发挥企业技术专家的作用，苏州中飞遥感技术服务有限公司王文等6人获评校产业教授，推荐2人参评江苏省产业教授，推荐1名兼职教师申报江苏省产业导师奖补。

◎对接龙头企业，扩大校地合作影响

学院积极与龙头企业开展合作，继续开展与中科院自动化所苏州研究院和同济大学苏州人工智能研究院的项目，年内举办三轮专题师资培训。9月，与微软（中国）有限公司合作签约共建微软技术实践中心；与中国移动通信集团江苏省有限公司吴中区分公司党支部开展主题党日暨结对共建活动。全年有1名教师与江苏亨通工控安全研究院有限公司合作申报成功江苏省科技副总，1名博士在博士后工作站成功入站，与江苏天创科技有限公司合作申报省产教融合型企业，成功申报苏州市教育局教师培训基地项目，学院与江苏天创科技有限公司合作申报的产教融合案例获评2022年度CCF产教融合优秀案例。

◎企业资源融入，助力技能人才培养

学院大力促进学历证书与职业技能等级证书互通衔接，除新专业人工智能技术应用外，其他所有专业实现1+X全覆盖。2022年底新增加虚拟现实工程技术应用中级1+X证书考试，同时与深信服科技股份有限公司合作，新增网络安全运营平台管理高级1+X证书考试，计算机网络专业实现1个专业2个1+X证书的覆盖。在学徒制培养方面，学院与江苏亨通工控研究院有限公司合作开设的亨通工控—苏职大企业新型学徒制培训班顺利结束。在订单班人才培养方面，开设包括芒种订单班、泓晟订单班、思朋订单班、优润订单班、一帆订单班等多个企业订单培养班级，在物联网和网络技术专业实现订单班全覆盖。

◎信息技术支撑，服务IT产业发展

2022年，学院面向苏州地区的行业企业开展科研、技术研发、社会服务等项目，取得一定成效。在公益培训方面，面向中小学生开展信息技术培训，累计完成培训2600人次。

在社会培训方面，完成苏州市吴中区项目制培训计算机程序设计、全媒体运营师培训、苏州赛博威5G与人工智能技术培训、苏州云联5G与人工智能技术培训及信用管理师等培训。

科研学术

学院在确保科研常规成果学院整体产出不放松的前提下，努力引导、提升社会服务横向项目的数量和质量，在全院教师的大力支持和持续努力下，学院科研工作排名全校第二。

学院努力促进科研团队的内涵式高质量发展，全面落实科研内涵质量二级指标，将目标任务分解到每个团队成员，加强运行过程管理，充分挖掘和释放现有科研团队与平台的创新服务潜能，在高层次科研项目、纵向科研平台等方面取得一定成效。

学院积极鼓励标志性科研创新成果的培育，整合学院现有成果和资源，加强重点项目成果培育，重点发挥学术带头人等科研领军人才的引领辐射作用，对接大院大所联合开展创新研究，学院在SCI论文和发明专利等高质量成果产出方面达到历史高点。

学院持续引导科研团队社会服务工作向深度广度推进。充分激发科研团队社会服务动力与活力，主动走访企业，深入地方，面向重点企业和地方扩大服务面，加强服务力度，提升综合服务能力，在较大规模社会服务项目等方面取得突破性进展。

学院重点建设科研平台5个，重点打造科研团队2个，累计承担纵向科研项目16项，纵向科研经费到账173万元，获市级科研奖励1项；承担横向技术开发咨询服务项目16项、技术转移转化项目1项，合计到账金额216万余元；发表论文69篇，其中被核心期刊及以上层次收录11篇，被SCI、EI收录8篇；获授权各类专利16项，其中发明专利5项；登记软件及作品著作权64项。

同时，为适应学校科研管理相关规范和办事流程的变化，学院梳理、归并工作流程，形成学院《横向项目管理政策汇总与服务指南》《专利申报转让管理政策汇总与服务指南》，以加强学院科研服务效能，帮助学院教师规范、便捷地开展科研工作。

学生工作

◎培根铸魂工程

种树须培根，育人先铸魂。铸魂育人、立德树人，直接关系到“培养什么人、怎样培养人、为谁培养人”这个根本问题。用习近平新时代中国特色社会主义思想铸魂育人，为党育人、为国育才，坚持知识传授与价值引领“双塑造”，培养担当民族复兴大任的时代新人。

抓好学生政治理论学习，夯实理想信念之基。以各类重大活动为契机，开展党的青年运动史、建团100周年大会、新时代的伟大成就、党的二十大精神学习等专题学习，始终把理想信念教育和价值引领作为首要任务。

坚持党建带团建，建设学习型团组织。组织团员青年参与青年大学习，打造市级“青年学习社”，不断优化、创新学习方式，营造全员学习的良好氛围。学院分团委获评校共青团“青年大学习”先进单位、苏州市五四红旗团委、2021年度苏州市共青团系统理论学习型团组织。

培养好学生党员和团学干部两支队伍。发挥学生党员模范带头作用，开展“党旗领航‘青’尽全力”活动、先锋行动支部护航圆梦活动等。组织开展“青马工程”素质拓展活动、“奋斗正青春　携手创辉煌”团学干部素质拓展训练活动、“团干部上讲台”等。

以伟大抗疫精神凝聚青年磅礴力量。引领广大团员青年弘扬抗疫精神，坚定抗疫信心，厚植爱国情怀，积极投身志愿服务，传播战“疫”正能量，用实际行动诠释青年人的使命与担当，争做新时代伟大抗疫精神的忠实践行者。

◎强身健魄工程

“体育承载着国家强盛、民族振兴的梦想。体育强则中国强，国运兴则体育兴。”习近平总书记多次强调，开展全民健身活动，加强青少年体育工作，加快建设体育强国，深入开展健康中国行动。学院高度重视以体育人，将“体育强身计划”上升为“强身健魄工程”纳入五大育人工程。

从需求端出发科学制定实施方案。通过学生运动时间段、兴趣点、运动量等项目分析，结合学生生活规律和运动需求，以问卷调查的形式，对学生的生活习惯、身体健康状况展开调研，并形成学院学生体质状况与体育锻炼调研报告。

组织成立多种类型体育活动团体。依托体育团体，举办运动技能和安全知识讲座，开展经常性、普及性体育锻炼和比赛，使充满运动活力的学生成为运动场上一道亮丽的风景线。

着力构建“互联网+体育健身”模式。鼓励学生居家学习阶段坚持打卡锻炼，持续开展3期“阳光体育线上抗疫挑战赛”，线上、线下相结合，强健学生体魄，汇聚抗疫向心力。

通过各类体育运动赛事凝心聚力。组织学生参加新生篮球赛、校级篮球赛、乒乓球赛、趣味运动会等。学院获2022年秋季运动会男子团体第二、女子团体第二、团体总分第一，创造近4年来学院在校运会上的最好战绩。

◎启学筑梦工程

《教育部关于切实加强和改进高等学校学风建设的实施意见》中指出：“学风是大学精神的集中体现，是教书育人的本质要求，是高等学校的立校之本、发展之魂。”学院高度重视学风建设，大力实施启学筑梦工程，充分挖掘学生潜能，增强学生自信，发展学生个性，启迪学生敢于筑梦、勇于逐梦、勤于圆梦，让学生成长有基础、发展有方向、人生能出彩。

探索“筑梦启航—逐梦导航—助梦远航”三阶递进、一体化实施路径。围绕学生学涯、职涯规划实际诉求，分年级、分层次加强学风调研、学业领航、学风督导、职涯导航、就业指导、就业帮扶等。

统筹学风育人阵地载体，推进平台联动协同育人。推进网络平台建设，通过“互联网+学风”，统筹课堂内外、学院内外、线上线下、理论实践等阵地建设，实现对学生学风育人全覆盖，把学风育人贯穿学生工作全过程。

深化产教融合优势互补，推动校企合作融合育人。学院与苏州核数聚信息科技有限公司建立“校中厂”，与深信服科技股份有限公司建立订单班，通过引入企业真实场景，在校内实现“厂中学”，校企携手内外融合，涵养学风，共育人才。

以赛促学、以赛提能，全面提升人才培养质量。在2022年江苏省职业院校技能大赛“虚拟现实（VR）设计与制作”“大数据技术与应用”“软件测试”3个赛项中均获一等奖，其中“虚拟现实（VR）设计与制作”赛项连续5年获一等奖，“大数据技术与应用”赛项四度揽获一等奖。

◎润心暖心工程

扎实开展心理育人、资助育人工作，打造育人氛围浓厚的心理健康辅导工作站，实施“暖心育人”行动计划，创新心理育人品牌，提升资助育人的温度，以情润心、以爱暖心，让润心暖心工程成为推进“三全育人”落地的有效载体。

创新开设“心灵电台”关爱居家学习学子。特邀心理委员担任主播，根据学生群体特点，安排不同主题，依托朋辈协同发挥示范引领作用，推动心理育人精准高效开展。

发挥线上、线下心理育人载体的联动作用。如开展“战‘疫’必胜，记录美好”线上Vlog比赛，暑假持续32天“美丽心情，YoungYoung一‘夏’”打卡活动等，引导同学们感受美好，做自己情绪的主人。

注重营造良好心理育人氛围，打造工作品牌。在校2022年心理主题班会大赛中，由谷宇老师指导的“奔涌吧，后浪”获一等奖。学院心理健康辅导工作站获校心理健康教育工作先进集体称号。

实施“暖心育人”行动计划，精准帮困助学。为帮助残疾学生解决生活上的困难，在学生工作处和总务处的大力支持下，妥善安置学生家长进校陪读、校内工作，彰显学校育人的“温度”。

◎励志笃行工程

学院高度重视实践育人工作，把实践育人作为“三全育人”的重要内容，积极推动专业实践、创新创业、社会实践、志愿服务等载体的有机融合，教育引导学生在实践中受教育、长才干、做贡献，学思用贯通、知信行合一，为服务地方高质量跨越式发展，实现中华民族伟大复兴贡献青春力量。

（戴子暄）

电子信息工程学院

概　况

电子信息工程学院的前身可以追溯到创办于1982年的工业电气自动化专业。2005年7月系科重组，在电气自动化教研室、应用电子技术教研室基础上建立电子信息工程系，2013年1月，更名为电子信息工程学院。至今已有40余年的办学历史，是苏州市职业大学师资力量和科研能力较强、较具吸引力的学院（部）之一。办学以来，近万名毕业生遍布江苏各地，许多毕业生已成为地方经济建设的中坚力量，以高就业率、高技能、高素质在社会上享有盛誉，沉淀深厚的办学底蕴。

电子信息工程学院现有在职教师89人，行政人员7人。2022年，电子信息工程学院专任教师中有教授10人、副高职称者38人，高级职称教师占54%；中级职称36人，中级职称教师占41%。专任教师中，23人取得博士学位，62人取得硕士学位。“双师型”教师81人，占专任教师的91%。江苏省“333高层次人才培养工程”培养对象2人，江苏省高校“青蓝工程”培养对象10人，省级优秀教师1人，市级优秀教育工作者2人，兼任外校硕士研究生导师3人，特聘兼职（客座）教授9人。有“青蓝工程”培养团队1个，省级优秀教学团队1个，省“双师型”名师工作室1个，苏州市技能大师工作室和吴中区技能大师工作室各1个。

电子信息工程学院设有电子技术系、通信技术系、自动化系3个系，设有应用电子技术、智能产品开发与应用、集成电路技术、电子信息工程技术、现代通信技术、工业互联网技术、电气自动化技术和智能控制技术8个专业。其中应用电子技术专业是国家教改试点专业、江苏省品牌专业、江苏省“十二五”高等学校重点专业群核心专业、江苏省骨干专业，电气自动化技术专业是江苏省品牌专业、江苏省品牌专业建设工程A类项目、江苏省“十四五”高校国际化人才培养品牌专业建设项目，现代通信技术专业是中央财政支持的高等职业院校重点建设专业、江苏省高水平专业群建设专业、苏州市高职高专院校品牌专业，电子信息工程技术专业是江苏省电子技术重点专业群骨干专业，集成电路技术专业是“十二五”省高等重点学校专业群核心专业，工业互联网技术专业是江苏省高水平专业群建设中的骨干专业。电气自动化技术专业群是省高等职业教育高水平专业群，应用电子技术专业群是省“十二五”高等学校重点专业群。学院与苏州科技大学合作开展电气自动化技术专业“3+2”分段培养项目，与江苏省吴江中等专业学校合作开展电子技术应用专业“3+3”中高衔接分段培养项目，与南非开展电气自动化技术专业合作办学项目。

电子信息工程学院建有6769平方米的校内实践教学基地，设备总值5448万余元。建有江苏省光伏发电工程技术研究开发中心、江苏省3C产品智能制造工程技术研究开发中心2个省部级研究平台，苏州市智慧能源技术重点实验室1个市级研究平台。建有西门子技术、汇川技术、博众精工等校内、校外实训基地85个。学院与苏州市光电缆业商会合作共建苏州市光电缆行业大学，与工信部软促中心和博众精工共建NITE国家信息紧缺人才培养工程——博众·凡赛斯自动化学院，与科大讯飞共建智能应用技术学院，与中国工业互联网研究院培训中心共建苏州市工业互联网产业学院，与中国质量认证中心（中检学院）共建中检产业学院。2022年，博众·凡赛斯自动化学院获批江苏省职业教育校企合作示范组合性培育项目。学院通过订单班、现代学徒制等多种形式开展校企联合人才培养。

电子信息工程学院现有在籍学生2279人，社招生15人，另有“专接本”学生60人。近年来，学生在全国和省、市级的各类电子比赛、机器人大赛及数学建模大赛中频频获奖，获省级以上大赛奖400余项。2022年，学院普通全日制毕业生共774人，签约就业率96.64%，其中升学率达到56.7%，毕业生受到用人单位的好评。

教学工作

办学特色

电子信息工程学院坚持“厚德弘毅　精业

长技”的院训，以塑造高素质技术技能型人才为目标，坚持以学生为本、就业为导向，将科学实践创新与人文文化教育交融。学院主动适应区域经济社会发展需求，推动培养目标对接岗位需求，形成专业定位适应地方产业，培养目标对接岗位需求，培养过程渗透企业文化，教学形式贯穿虚实融合的专业特色。

学院对接职业标准与行业规范，构建小课程、多模块、动态替换和量化考核的柔性适应、产训结合的课程体系，打造一支校企互兼互聘、教学与生产相融的“双师型”教学队伍。以教学科研团队保障人才培养需要，以产学研结合搭建实践教学平台，以校企“双主体”导学探索创新培养模式。同时，为促进人才培养模式多样化，开展“3+2”本专分段培养项目、“3+3”中高职衔接分段培养项目以及“一带一路”国际生培养工作。联合国内本科、中高职院校及行业企业开展国家级职业教育智能控制技术专业教学资源库建设工作。

电子信息工程学院主动开拓，实现人才培养的多模式产学合作。坚持走产学合作人才培养的道路，坚持“合作、参与、服务与分享”的校企合作原则，开展多种形式的校企合作，实现“益在学生、利在企业、誉在学校”的多方共赢。

专业设置

2022年苏州市职业大学电子信息工程学院专业设置一览表

系名称	专业名称	专业带头人	职称	学历（位）
自动化系	电气自动化技术	赵　成	副教授	研究生（博士）
	智能控制技术	刘　科	教　授	研究生（硕士）
电子技术系	应用电子技术	汪义旺	教　授	研究生（博士）
	智能产品开发与应用	吴　尘	副教授	研究生（硕士）
	集成电路技术	李建康	教　授	研究生（硕士）
通信技术系	现代通信技术	俞兴明	教　授	本　科（硕士）
	电子信息工程技术	颜廷秦	教　授	研究生（硕士）
	工业互联网技术	周　燕	副教授	研究生（博士）

专业介绍

◎应用电子技术——国家教改试点专业、江苏省品牌专业、江苏省“十二五”高等学校重点专业群核心专业、江苏省骨干专业

专业特色：本专业设立于1991年，是国家首批教改试点专业、江苏省首批品牌专业、江苏省电子技术重点专业群核心专业、1+X光伏职业技能等级证书认证试点专业。专业教学团队为江苏省优秀教学团队，大部分教师具有多年的企业一线实践经验。现建有江苏省光伏发电工程技术研究开发中心、新能源与智能微型电网应用实训室等先进实验室及学生创新创业工程训练中心，与中国赛宝（华东）实验室、苏州市计量测试研究所、阿特斯光伏科技（苏州）有限公司等建立良好的校企合作关系。

培养目标：本专业培养能够践行社会主义核心价值观，德、智、体、美、劳全面发展，具有一定的科学文化水平，良好的人文素养、科学素养、职业道德和创新意识，精益求精的工匠精神，较强的就业创业能力和可持续发展的能力，掌握本专业知识和技术技能，面向计算机、通信和其他电子设备制造等职业群，能够从事电子信息产品、集成电路工艺、新能源应用领域设计、生产、测试和设备维护等高级技术工作，也可从事该领域产品的销售及技术支持工作的高素质技术技能人才。

主要课程：C语言程序设计、电子设计基础1、电子设计基础2、数字电子技术、单片机原理及应用、线路板CAD、智能检测与传感技术、电气控制与PLC、嵌入式开发与应用、Android应用开发等。

◎电子信息工程技术——江苏省“十二五”高等学校重点专业群骨干专业

专业特色：本专业是江苏省电子技术重点专业群的核心专业。注重对学生创新能力和电子信息技术应用能力的培养，近年来学生参加省、市级电子设计类大赛、机器人大赛获奖20余项。与苏州德创测控科技有限公司、江苏亨

通光电股份有限公司、通鼎互联信息股份有限公司等地方知名企业进行全方位的深度校企合作，共建苏州市光电缆行业大学，共同培养具备电子信息工程及智能化系统领域的高素质技术技能型人才。本专业每年向合作企业输送大量优秀专业人才，在各行业中快速成长为独当一面的优秀技术和管理人才。

培养目标：本专业培养能够践行社会主义核心价值观，德、智、体、美、劳全面发展，具有一定的科学文化水平，良好的人文素养、科学素养、职业道德和创新意识，精益求精的工匠精神，较强的就业创业能力和可持续发展的能力，掌握本专业知识和技术技能，面向计算机、通信和其他电子设备制造业、软件和信息技术服务业、机动车、电子产品和日用产品修理业等行业的电子仪器与测量工程技术人员、计算机硬件工程技术人员、家用电子产品维修工、智能制造工程技术人员等职业群，能够从事电子信息产品研发助理、电子产品生产工艺及工程施工等工作管理、电子产品测试、电子产品售前及技术支持等工作的高素质技术技能人才。

主要课程：智能产品设计基础、嵌入式系统设计、AUTOCAD应用A、单片机原理及应用、C语言程序设计、电子设计基础、数字电子技术、信号与通信系统、电气控制与PLC、线路板CAD等。

◎智能产品开发与应用——江苏省高等职业教育高水平专业群核心专业

专业特色：本专业为江苏省高等职业教育高水平专业群建设中的核心专业，专业教学团队为江苏省优秀教学团队，大部分教师具有多年的企业一线实践经验，部分教师在“211”“985”高校有10余年教学经历。本专业注重对学生创新能力和产品开发能力的培养，与国内人工智能领军企业科大讯飞共建智能应用技术学院。同时与中国科学院苏州纳米技术与纳米仿生研究所、中国电子产品认证中心、中认英泰检测技术有限公司等知名企事业单位建立良好合作关系。

培养目标：本专业培养能够践行社会主义核心价值观，德、智、体、美、劳全面发展，具有一定的科学文化水平，良好的人文素养、科学素养、职业道德和创新意识，精益求精的工匠精神，较强的就业创业能力和可持续发展的能力，掌握本专业知识和技术技能，面向计算机、通信和其他电子设备制造、软件和信息技术服务等行业的嵌入式系统设计工程技术人员、人工智能工程技术人员、电子仪器与电子测量工程技术人员等职业群，能够从事智能产品安装与调试、质量检测、维护与维修、设计等工作的高素质技术技能人才。

主要课程：C语言程序设计、电子设计基础1、电子设计基础2、数字电子技术、单片机原理及应用、线路板CAD、Python程序设计、智能检测技术与应用、Android应用开发、深度学习技术应用、智能语音技术与应用、嵌入式开发与应用等。

◎集成电路技术——江苏省“十二五”高等学校重点专业群核心专业

专业特色：本专业为江苏省高水平专业群核心专业，1+X集成电路开发技术技能等级证书认证试点专业。专业教学团队为江苏省优秀教学团队，大部分教师具有多年的企业一线实践经验。本专业注重对学生创新能力和产品开发能力的培养，建有集成电路技术虚拟仿真实训基地、集成电路技术专业群资源库。与中国科学院苏州纳米技术与纳米仿生研究所、苏州中科集成电路设计中心、苏州晶方半导体科技股份有限公司、南京沁恒微电子股份有限公司、智原微电子（苏州）有限公司、苏州隐冠半导体技术有限公司等建立良好合作关系。

培养目标：本专业培养能够践行社会主义核心价值观，德、智、体、美、劳全面发展，具有一定的科学文化水平，良好的人文素养、科学素养、职业道德和创新意识，精益求精的工匠精神，较强的就业创业能力和可持续发展的能力，掌握本专业知识和技术技能，面向软件和信息技术服务业、计算机、通信和其他电子设备制造业、专用设备制造业等行业的电子元器件工程技术人员、半导体芯片制造工、半导体分立器件和集成电路装调工、电子器件检验工等职业群，能够从事集成电路版图设计、半导体芯片封装测试、芯片技术应用与开发、半导体制造设备使用与调试、集成电路产品技术服务与销售等工作的高素质技术技能人才。

主要课程：C语言程序设计、电子设计基础1、电子设计基础2、数字电子技术、单片机原理及应用、线路板CAD、半导体器件物理、CMOS电路分析与设计、IC版图设计、集成电路封装与测试、

FPGA技术应用、嵌入式开发与应用等。

◎现代通信技术——中央财政支持的高等职业院校重点建设专业、江苏省高等职业教育高水平专业群建设专业、苏州市高职高专院校品牌专业

专业特色：本专业是中央财政支持的高等职业院校重点建设专业、江苏省高等职业教育高水平专业群建设专业、苏州市高职高专院校品牌专业。与三大通信运营商、亨通光电、通鼎互联、中邮建、中邮通、嘉环科技等通信类企业开展深度校企合作，校商共建苏州市光电缆行业大学，校企共建大唐移动—联合人才培养创新基地，拥有一流的实验实训教学环境。本专业学生就业竞争力强，对口率高，毕业生3年后的平均岗位薪资具有很强的竞争力。

培养目标：本专业培养能够践行社会主义核心价值观，德、智、体、美、劳全面发展，具有一定的科学文化水平，良好的人文素养、科学素养、职业道德和创新意识，精益求精的工匠精神，较强的就业创业能力和可持续发展的能力，掌握本专业知识和技术技能，面向专业设备制造业、计算机、通信和其他电子设备制造业、互联网和相关服务等行业的通信工程技术人员、电线电缆电工材料工程技术人员等职业群，能够从事网络建设工程人员、网络管理人员、网络维护技术人员、网络监控技术人员、IT支撑技术人员、项目管理者等工作的高素质技术技能人才。

主要课程：数据网络技术与实践、移动通信技术与应用、信号与系统、光电通信技术与实践、通信原理技术与实践、5G无线网络优化技术、通信勘察设计与综合布线、无线传感器与物联网等。

◎工业互联网技术——江苏省高等职业教育高水平专业群骨干专业

专业特色：本专业是江苏省高等职业教育高水平专业群建设核心专业。建有工业互联网实训室、“工业自动化与智能控制”产教深度融合平台、西门子先进自动化技术示范实训中心等国内领先的实验实训体系，牵头成立苏州市工业互联网产业学院。本专业为1+X工业互联网实施与运维职业技能等级证书考核点，获批工信部人才交流中心工业互联网技术人才培养基地。与航天云网科技发展有限责任公司、苏州徐工汉云工业互联网有限公司、苏州浪潮智能科技有限公司、紫光云引擎科技（苏州）有限公司、江苏亨通信息安全技术有限公司等10余家知名工业互联网企业建立深度合作关系，为学生拓宽就业与创业渠道、提高就业质量提供保障。

培养目标：本专业面向苏州及长三角地区的工业互联网人才需求，精准对接技术交融新兴岗位，着重培养德技并修并满足智能系统集成、安装调试、数据采集、网络运维、安全管理等工作岗位要求的工业互联网复合型技术技能人才。

主要课程：数据网络技术与实践、机器视觉技术与应用、工业互联网应用与实践、工业数据通信与控制网络、PLC应用技术、工业组态监控技术、工业互联网标识解析基础、工业网络安全技术等。

◎电气自动化技术——江苏省品牌专业、江苏省品牌专业建设工程A类项目建设专业、江苏省高等职业教育高水平专业群核心专业、江苏省高校国际化人才培养品牌专业建设项目

专业特色：本专业是江苏省品牌专业、江苏省品牌专业建设工程A类项目建设专业、江苏省高等职业教育高水平专业群核心专业、江苏省高校国际化人才培养品牌专业建设项目建设专业，是本校第一个本专分段培养试点专业。拥有西门子先进自动化技术示范实训中心、工业互联网实训室等一批国内一流的专业实验实训室，与多家行业领军企业建立20余个校外实训基地，拥有江苏省高等职业教育产教深度融合实训平台——工业自动化与智能控制产教融合实训平台。

培养目标：契合国家产业方向，培养具有良好的人文素养、职业道德和创新意识，精益求精的工匠精神，掌握电气自动化、工业机器人、机器视觉等技术，能够从事电气设备生产、安装、调试与维护，自动控制系统生产、安装及技术改造，电气设备、自动化产品营销及技术服务、维修等工作的高素质技术技能人才。

主要课程：控制工程基础、电气控制与PLC、单片机应用技术、运动控制技术、现代过程控制技术、工业组态监控技术、电机与应用、机器人技术与应用、虚拟仪器技术与应用、机器视觉技术等。

◎智能控制技术

专业特色：本专业主要培养智能制造与智能控制技术领域的高端技术技能型人才，是学

校为适应“中国智能制造2025”国家发展战略新开设的重点建设专业。本专业建设有国家级职业教育专业教学资源库，依托电气自动化技术这一江苏省品牌专业建设工程A类项目建设专业，与行业领军企业联合共建西门子先进自动化技术示范中心，该中心包含众多国内一流的专业教学实训室。本专业先后与20余家苏州智能控制与自动化设备生产企业和技术服务企业深度校企合作，建立校外实习基地，为学生提供良好的实习就业机会，学院拥有的国家级创新创业基地为学生提供良好的双创平台。

培养目标：本专业毕业生应该能够践行社会主义核心价值观，德、智、体、美、劳全面发展，具有一定的科学文化水平，良好的人文素养、科学素养、职业道德和创新意识，精益求精的工匠精神，较强的就业创业能力和可持续发展能力，掌握较全面的专业知识和技术技能，能够满足苏州及长三角地区通用设备制造业、专用设备制造业对智能制造工程技术人员、电气工程技术人员、设备工程技术人员等职业群的需求，能够从事智能制造控制系统的集成应用，智能制造控制系统的装调、维护和维修，智能制造控制系统的售前、售后服务等工作的技术技能型人才。

主要课程：单片机应用技术、智能控制系统、虚拟仪器技术与应用、电气控制与PLC、工业数据通信与控制网络、电机与应用、工业组态监控技术、控制工程基础、机器视觉应用、MES系统应用技术、机器人技术与应用、智能检测与传感技术等。

师资介绍

名师风采

刘韬，男，1964年7月生，安徽泗县人，工学博士，有博士后研究工作经历。现任苏州市职业大学电子信息工程学院教授，高级工程师。江苏省计算机学会会员，江苏省高校“青蓝工程”中青年学术带头人。获省级科技进步二等奖、三等奖各1项。

出版专著《人工免疫系统及其数据挖掘应用研究》。发表专业科研论文46篇，其中23篇被SCI、EI、ISTP收录。获授权发明专利2项、实用新型专利5项。主持国家博士后基金、省级基金等课题5项，参加包括国家自然科学基金等在内的课题7项；主持教育部和财政部重点支持专业建设项目1项。指导学生毕业设计分获江苏省优秀毕业设计（论文）二等奖1项，校优秀毕业设计（论文）一等奖2项、三等奖2项；指导学生获全国电子竞赛一等奖1项、江苏省电子竞赛二等奖1项。

陈伟元，男，1964年3月生，广西陆川人，毕业于电子科技大学，获工学博士学位。现任苏州市职业大学电子信息工程学院教授，江苏省光伏发电工程技术研究开发中心负责人，主要研究方向为电子系统设计及应用。苏州市电子学会副理事长、苏州市优秀教学团队负责人、校教学名师。

获苏州市教学成果二等奖1项，苏州市社科应用研究精品工程二等奖、三等奖各1项。主编出版“十二五”“十三五”职业教育国家规划教材各1部，“十三五”江苏省高等学校重点教材1部。

周昌雄，男，1965年10月生，湖北汉川人，工学博士。现任苏州市职业大学电子信息工程学院教授，研究方向为信号处理。分别在华中师范大学、武汉理工大学、南京航空航天大学获得学士、硕士和博士学位。江苏省计算机学会高级会员，2010年度江苏省高校“青蓝工程”中青年学术带头人培养对象，担任《电子学报》《中南大学学报》审稿人，曾任江苏科技大学电子信息学院硕士研究生导师。

发表论文近30篇，其中被EI收录12篇。主编、参编高等学校教材各1部。参与国家、省自然科学基金项目4项，主持江苏省现代企业信息化应用支撑软件工程技术研究开发中心开放基金项目、江苏省高职教育研究会教育研究课题及横向项目多项。获苏州市科技进步奖三等奖和“双杯奖”以及自然科学优秀学术论文三等奖。

尚丽，女，1972年12月生，安徽砀山人。毕业于中国科学技术大学，工学博士。现任

苏州市职业大学电子信息工程学院教授，高级工程师，主要研究方向为人工神经网络、数字图像处理和模式识别。长期担任国际EI源会议ICIC审稿人、《南通职业大学学报》审稿人。江苏省第五期“333高层次人才培养工程”第三层次中青年学术技术带头人。

近5年，主持完成江苏省第五期“333高层次人才培养工程”科研资助项目1项、校极科研平台项目1项。发表科研论文13篇，其中，被EI收录5篇，被中文核心期刊收录3篇。获授权软件著作权2项。获安徽省自然科学三等奖1项；获校教学质量奖2次，校年度考核优秀2次，指导学生毕业设计获江苏省优秀毕业设计（论文）三等奖1项。

俞兴明，男，1965年11月生，江苏苏州人。现任苏州市职业大学电子信息工程学院教授，高级工程师，主要研究方向为无线移动通信和光纤通信。1987年毕业于华南理工大学物理电子技术专业，获学士学位；2003年3月获上海交通大学电子与信息工程领域工程硕士学位。有15年的企业工作经历。苏州市新世纪高级青年技术人才、江苏省高校“青蓝工程”优秀青年骨干教师培养对象、苏州市吴江区“柔性人才”。中国通信光电缆专家委员会委员，苏州市光电缆业商会专家委员会成员、技术顾问，苏州市光电缆行业大学副校长，南京师范大学电子与通信领域工程硕士研究生导师。

主持完成省级教改课题1项，市厅级科研项目4项，校级教学及科研课题10项。获江苏省科技进步四等奖1项，苏州市科技进步奖二等奖1项，国家级新产品1个，江苏省高新技术产品2个。获授权发明专利15项、实用新型专利35项。发表各类论文30余篇。主编教材4部，参编教材3部。

李建康，男，1966年10月生，山西永济人。2004年毕业于西安交通大学微电子与固体电子学专业，获工学博士学位。现任苏州市职业大学电子信息工程学院教授，主要研究方向为电子薄膜材料与器件。江苏省高校“青蓝工程”中青年学术带头人，江苏省电介质物理与材料专业委员会理事，苏州科技大学硕士研究生导师。研究领域涉及薄膜太阳能电池材料、压电材料与器件等。

主持、参与的科研项目有原总装备部军工项目、国家“973”项目、江苏省自然科学基金、江苏省高校自然科学研究计划项目等。获授权发明专利3项。在国内外重要刊物上发表论文30余篇，其中被SCI、EI收录24篇。获苏州市优秀教育工作者、校级优秀教师、“学生心目中好老师”等多项荣誉，所撰写论文获苏州市自然科学优秀学术论文三等奖。

颜廷秦，男，1971年5月生，江苏苏州人。2005年6月获工学硕士学位。现任苏州市职业大学电子信息工程学院实训中心主任，教授，高级工程师，主要研究方向为人工智能。获授权发明和实用新型专利4项，发表各类论文16篇。

刘科，女，1968年11月生，黑龙江方正人。2004年毕业于清华大学控制科学与工程专业。现任苏州市职业大学电子信息工程学院教授，高级工程师，智能控制技术专业带头人，主要研究方向为智能控制。

近5年主持完成“国家职业教育专业资源库网络课程资源建设”项目——虚拟仪器技术与应用（创新课程），主持校企共建实训室“工业网络实训室”。主编校企合作教材3部，其中，《工业网络及应用技术》由高等教育出版社出版，《虚拟仪器应用》和《电路基础与实践》由机械工业出版社出版。公开发表论文5篇，发明专利转让1项，指导学生获奖3项。

汪义旺，男，1981年10月生，安徽安庆人。2020年6月毕业于上海交通大学，获电气工程博士学位。2016年6月至2017年6月在美国田纳西大学做访问学者。现任苏州市职业大学电子信息工程学院应用电子技术专业带头人，教授。IEEE、中国电源学会、中国电子学会等会员，江苏省中青年领军人才，江苏省高校“青蓝工程”中青年学术带头人培养对象，获中国产学研合作“工匠精神”奖、“金桥奖”先进个人、苏州市“魅力科技人物”、苏州市劳动模范等。发表论文100余篇，申请专利100余项，获各级科技进步奖多项，主持、参与多项纵横向科研、教改项目课题。

专业带头人简介

赵成，男，1974年12月生，山西平遥人。2008年4月毕业于上海交通大学精密仪器及机械专业，获工学博士学位。现任苏州市职业大学电子信息工程学院电气自动化技术专业带头人，副教授，研究方向为机电系统的振动、冲击控制。获优秀党员称号3次，校年度考核优秀1次。

近5年，获评教学优中优1次、教学优2次、线上优秀教学案例1次，发表论文被EI收录1篇，发表教改论文8篇。主持完成市厅级课题2项，联合主持完成省级教改项目1项、校级课题1项、校级研究性课程5项，主持建设完成国家级专业教学资源库课程1门，参与结题市厅级以上科研项目4项。获软件著作权4项，获授权实用新型专利1项。指导学生获省级以上比赛特等奖1项、一等奖2项。

刘科，苏州市职业大学电子信息工程学院智能控制技术专业带头人。（详见“名师风采”部分）

汪义旺，苏州市职业大学电子信息工程学院应用电子技术专业带头人。（详见“名师风采”部分）

吴尘，女，1982年4月生，江苏苏州人。2007年毕业于德国罗森海姆应用科技大学智能产品开发与应用专业，获工学硕士学位。现任苏州市职业大学教务处副处长、电子信息工程学院智能产品开发与应用专业带头人，副教授，江苏省电子信息职业教育行业指导委员会微电子及物联网专业指导委员会委员。

获江苏省高等职业院校信息化教学大赛三等奖、苏州市科学技术进步奖三等奖，2018年获苏州市教育教学成果奖二等奖。多次指导学生在省技能大赛、电子设计竞赛、“挑战杯”、毕业设计项目中获奖。核心参与江苏省高水平骨干专业“应用电子技术”专业项目建设和“十二五”省高等学校重点专业群“电子技术专业群”建设工作。主持国家级职业教育专业教学资源库子项目1项，主持、参与省、市级科研项目4项。发表论文10余篇。2012年参加中德电子与机电一体化高等职业学校专业骨干教师国家级培训，2013年参加电子类专业教师培训、高等职业学校专业骨干教师国家级培训，2018年参加东南大学“双师型”教师专业技能培训项目电子信息类专业国家级培训，均考核合格。

李建康，苏州市职业大学电子信息工程学院集成电路技术专业带头人。（详见“名师风采”部分）

俞兴明，苏州市职业大学电子信息工程学院现代通信技术专业带头人。（详见“名师风采”部分）

颜廷秦，苏州市职业大学电子信息工程学院电子信息工程技术专业带头人。（详见“名师风采”部分）

周燕，女，1980年9月生，江苏苏州人。2003年6月毕业于中国地质大学信息工程学院通信工程专业，获工学学士学位；2006年6月毕业于中国地质大学通信与信息系统专业，获工学硕士学位；2017年6月毕业于苏州大学电子信息学院，获博士学位。现任苏州市职业大学电子信息工程学院通信技术系主任、工业互联网技术专业带头人，副教授。2017年度江苏省高校“青蓝工程”中青年学术带头人培养对象。

近年来，发表教科研论文30余篇，其中，被SCI收录2篇，被EI收录12篇。主持江苏省自然科学基金青年基金项目1项，主持并完成江苏省研究生创新项目1项，主要参与并完成国家自然科学基金项目1项，主持苏州市科技计划项目1项，主持校科研项目2项。

校企合作

电子信息工程学院以校地合作工作为抓手，努力构建适合专业提升、教师发展和学生成才的生态环境，推进各项工作与特色发展。

2022年，学院新增合作企业23家，同时与多家企业达成合作意向，为学院专业建设与发展提供支撑。

◎在校企合作重要成果、项目申报上取得突破

博众·凡赛斯自动化学院获评省职业教育校企合作示范组合。学校入围工信部人才交流中心工业互联网产业人才基地建设项目，入选第八届恰佩克奖“中国高校产教融合50强”。苏州市现代光电职业教育集团获评苏州市优秀职业教育集团。

◎平台建设进展良好

依托苏州市光电缆产教融合党建联盟，学院进一步推进“大师进课堂、课堂进企业”的课程思政改革，通过产业教授、兼职教师介绍行业、企业最新动态，实施专业教育统一行动计划。2022年，苏州市现代光电职业教育集团积极对接走访企业，组织开展集团内部成员多边合作，开展活动13次。

◎校企互动，助推专业发展和人才培养取得成效

学院加大校企合作力度，新增合作企业25家，同时与18家企业开展深度合作，与44家企业开展紧密合作。深入开展现代学徒制与订单班工作，现有现代学徒制班、订单班学生470人。新增校外实习实训基地21个、校内实习实训基地4个，开发校企合作课程17门，合作开发教材7部。学院获“相城区技能人才培养基地”授牌。

◎产教融合，切实提升社会服务能力

学院开展横向项目16项，到账金额91.18万元。转让专利2项，转让金额34.5万元。学院全年共完成2031人天的社会培训任务，到账金额110万余元。新增校企共建职工培训基地1个。2名教师脱产在企业挂职，26名教师利用业余时间进行企业实践。

学术科研

2022年，电子信息工程学院科研成果显著。学院教师共发表论文49篇，其中，被核心期刊收录11篇，被SCI收录2篇，被EI收录1篇；1篇决策咨询报告获苏州市主要领导批示；获授权专利13项，其中发明专利2项、实用新型专利11项；累计转让专利2项，转让金额34.5万元；获授权软件著作权58项；横向项目16项，到账金额91.18万元。学院共举办学术活动4场。学院获纵向课题立项8项，其中市厅级课题2项、校级课题6项；新增校级科研平台1个。

学院论文《智能光伏微电网系统关键技术与应用》获中国产学研合作创新成果奖，论文*Inverter startup optimization control for distributed photovoltaic power generation systems*获苏州市自然科学优秀学术论文奖二等奖，论文*Room-temperature processed high-quality SnO2 films by oxygen plasma activated e-beam evaporation*和*Quad-band perfect absorption of the terahertz light using the simple meta-material resonator*获苏州市自然科学优秀学术论文奖三等奖。获学校科研成果奖14项，其中自然科学奖一等奖2项、二等奖1项、优秀奖3项；技术发明奖2项；哲学社会科学研究成果奖二等奖5项；综合奖二等奖1项。

学生工作

◎服务学生党建工作

电子信息工程学院详细制订党员发展计划，积极配合、协助各教工支部做好学生党员的发展工作。2022年入党积极分子培训合格65人，发展学生预备党员18人，毕业生党员组织关系转接29人次。院党总支通过开展系列启蒙教育党课、“走馆访廉”沉浸式主题实践活动，帮助青年学子知党、信党、入党，强化入党初心，进一步明确共产党员的责任感和使命感。

◎激发“第二课堂”活力

电子信息工程学院通过新生入学专业教育，引导学生深化专业认知，稳固专业思想，树立专业自信，掌握学习方法做好学业规划，尽快转换角色，适应大学生活；着力发挥学院社团的作用，将“第二课堂”与专业社团工作相结合，以社团带动大赛团队，提升大赛团队的凝聚力，带动学院各项比赛的队伍形成新老生梯队。学院积极组织学生参加校级各类比赛，鼓励学生积极参加学校举办的各项体育赛事，在2022年的趣味运动会和校田径运动会中分获团体总分第二名，在阳光体育其他单项比赛获得三等奖4项。学院也积极承办学校各项活动与赛事，5—6月承办诚信主题教育征文活动；

11月承办“奋进新征程　青春勇担当”演讲及征文比赛。

◎做实学生奖助工作

电子信息工程学院秉持公平、公正、公开原则，严格把关各类奖助学金评审工作。奖学金方面，共有2人获国家奖学金、90人获国家励志奖学金、264人获校级奖学金；资助方面共有415人获国家助学金、167人获校助学金、234人获交通补助、7人次获临时困难补助、39人次获勤工助学岗位补助；退役学生资助工作方面，完成33人入伍补偿、31人学费减免和40名在校生助学金评审工作。

◎做实学生奖助工作

电子信息工程学院坚持“以人为本”的理念，根据学生生理、心理发展特点和规律，运用心理健康教育的理论和方法，结合学生实际，建立以“心愿坊”为主阵地，以危机干预为主线，以四级心理保障网络为支撑，以学生为中心工作开展心理健康教育活动，努力推进大学生心理健康教育工作，为全院师生营造朝气蓬勃、积极向上的校园心理氛围。2022年，学院共举办5场自主心理健康活动，覆盖2000余人。期初期末深入开展15名重点关注学生的心理问题排查工作，共安排18个班级771名同学参加心理回访，每学期都做好对重点关注学生的谈心谈话工作，方便及时了解学生的思想动态。每学期定期举办一次心理主题班会、青春健康同伴教育活动。

◎加强安全工作实效

为增强学生安全防范意识，提高自我保护能力，电子信息工程学院积极组织开展各种安全教育。首先，加大对宿舍违章用电器的监督和查处力度，通过QQ、微信等多种网络媒体渠道在学生中推送各类安全防范的知识和视频案例。学院制作严禁使用违章电器、严禁在公共场所吸烟等宣传贴纸，确保宿舍安全无死角。通过严格管理和多种形式的教育，学院学生能较好地遵守学校相关规定。针对违反相关规定的学生及时谈心谈话和通报批评，在评奖评优中一票否决。其次，学院通过组织学生参加安全知识比赛、实验室安全考试、消防安全主题班会、消防安全知识推文宣传、消防疏散演练等方式使消防安全意识深入人心。自2月14日苏州新一轮新冠疫情暴发以来，学院坚持每日督促学生按时准确健康打卡，及时掌握所有涉疫学生信息。做好每日学生核酸检测统筹安排，督促在校生按照学校及属地方案应检必检。

◎创新学生就业工作

为保障学生顺利毕业就业，认真贯彻教育部、省教育厅精神，按照学校部署扎实做好各项工作。举办宣讲会13场、就业讲座9场。组织学生参加职业生涯规划大赛、创业大赛、就创业知识竞赛等系列活动。积极对毕业生的思想动态进行调研，了解毕业生的就业意向、就业动态等；统计毕业生就业信息，对就业单位进行就业调查、回访反馈等。积极开展校企合作、就业基地建设，与校企合作单位保持联系，为毕业生建立良好的就业平台。积极联系用人单位举办专场招聘会，共有88家企业参加校园招聘会，提供就业岗位1703个。

（淮文军）

管理学院

概　况

管理学院于1983年建立，建立时名称为行政管理系，是学校最早建立的4个系部之一。1999年4月，行政管理系与原财经系合并改名管理系。2008年4月，改名为管理工程系。2013年1月，改名为管理学院。近年来，学院先后被评为苏州市文明单位、江苏省精神文明建设先进单位。

学院现有教职工58人。专职教师50人，其中，教授6人，副高职称者18人，高级职称占48%；讲师22人，中级职称占44%；博士（后）14人，硕士36人，硕博比例100%；"双师型"教师45人，占90%。教师中江苏省优秀教育工作者2人，省高校"青蓝工程"中青年学术带头人培养对象2人、优秀青年骨干教师培养对象4人，苏州市优秀教育工作者5人。

学院现有行政管理系、现代商务系、营销系3个系，设有行政管理、人力资源管理、现代文秘、电子商务、跨境电子商务、市场营销、现代物流管理7个专业。现代文秘专业为江苏省首批特色专业之一，电子商务专业为苏州市第四批品牌专业，电子商务、市场营销（汽车服务与营销）专业为校级特色专业。文秘类专业群为学校首批重点专业群，市场营销专业群为第二轮校级重点专业群。有省部级精品课程6门："应用文写作""秘书礼仪""沟通技巧""文秘英语""吴文化（慕课）""秘书实务"；校级精品课程4门："电子商务概论""吴文化""现代礼仪""秘书专业英语"。"吴文化（慕课）"获评江苏省"十四五"职业教育首批在线精品课程，立项江苏省社区教育精品课程。

学院建有现代化实验中心，包括供应链3D仿真、物流综合、电子商务创业、汽车营销、房地产营销、文秘与行政管理、人力资源管理、文化市场经营与管理、商务礼仪、房地产市场调研模拟数据研究中心、建筑设计探索中心等25个专业教学实训室。实训室模拟现代企业，配置先进设备，使学生在仿真的企业环境中通过职业能力训练增强对岗位的适应性。学院现有吴文化传承与创新研究中心、江南文化研究院、苏州数字经济产业研究院、太湖文化创新研究中心和苏州况钟研究会5个科研平台。

学院2022年有全日制专科生1721人。针对本地区企业特点和用人要求，以学生就业需求为导向、可持续发展为目标，学院各专业强化人才培养特色，强化错位竞争的优势：以底蕴深厚的吴文化为背景，以职业素质教育为主线，以职业能力培养为主体，着力打造高素质技术技能型和应用型人才。学院2022年普通全日制专科毕业生（含结业生）589人，就业率98.83%。

教学工作

办学特色

为着力打造高素质技术技能型和应用型人才，错位竞争谋发展，学院各专业以学生就业需求为导向，设置特色专业，根据市场需求准确定位培养目标。人才培养强化特色：以底蕴深厚的吴文化为背景，以职业素质教育为主线，在学生素质培养方面力求独特；以职业能力培养为主体，大力改革课程教学模式，构建实践教学体系，优化实践教学模式。学生职业素质与能力普遍较强，毕业生颇受用人单位欢迎。

专业设置

2022年苏州市职业大学管理学院专业设置一览表

系名称	专业名称	专业带头人	职称	学历（位）
行政管理系	现代文秘	吴蕴慧	教　授	研究生（博士）
	行政管理	陆锋明	副教授	研究生（博士）
	人力资源管理	王敏杰	教　授	研究生（硕士）
现代商务系	电子商务	包金龙	副教授	研究生（博士）
	跨境电子商务	徐　伟	副教授	研究生（硕士）

续表

系名称	专业名称	专业带头人	职称	学历(位)
现代商务系	现代物流管理	何 慧	副教授	研究生(硕士)
营销系	市场营销	李文丽	教 授	研究生(博士)

专业介绍

◎现代文秘——江苏省特色专业

专业特色：本专业为江苏省首批特色专业之一，其鲜明的特色在于双证融通，对接岗位，素能并重，三位一体(态度首位、能力本位、文化品位)，重视“办文、办事、办会”核心技能的培养。本专业学生多次在全国商务秘书职业技能大赛中获得团体一等奖。学生可以参加三点水文学社、书画社、秘书协会等社团活动，有效提升人文素养、职业能力和职业素养。

培养目标：本专业培养能够践行社会主义核心价值观，德、智、体、美、劳全面发展，具有一定的科学文化水平，良好的人文素养、科学素养、职业道德和创新意识，精益求精的工匠精神，较强的就业创业能力和可持续发展的能力，掌握本专业知识和技术技能，面向会议、展览及相关服务和其他商务服务等行业的行政业务办公人员、秘书人员等职业群，能够从事文员、秘书、商务助理和行政助理等工作的高素质技术技能人才。

主要课程：秘书理论与实务、应用文写作、现代礼仪、管理学原理、江南文化概论、新媒体概论、大数据分析与应用、直播电商实务、苏州区域文化产业概论、多媒体制作、项目策划与管理、文秘英语、人力资源管理等。

◎现代文秘/汉语言文学(高级文秘)(本专科分段培养)

专业特色：学校自2014年与苏州科技大学联合创办文秘专业“3+2”分段培养本科班，人才培养优势互补，既体现了苏州市职业大学省级特色专业秘书专业“三位一体”(态度首位、能力本位、文化品位)的人才培养特色，又体现了苏州科技大学校级品牌专业汉语言文学(高级文秘)专业“致远务学”“德才兼顾”的人才培养方针，充分发挥两所学校的特色优势，强强联合。

培养目标：本专业培养能够践行社会主义核心价值观，德、智、体、美、劳全面发展，具有一定的科学文化水平，良好的人文素养、科学素养、职业道德和创新意识，精益求精的工匠精神，较强的就业创业能力和可持续发展的能力，掌握本专业知识和技术技能，面向会议、展览及相关服务和其他商务服务等行业的行政业务办公人员、秘书人员等职业群，能够从事文员、秘书、商务助理和行政助理等工作的高素质技术技能人才。

主要课程：文化与文学、办公室事务管理、应用文写作、现代礼仪、管理学原理、江南文化概论、新媒体概论、汉语基础、大数据分析与应用、直播电商实务、苏州区域文化产业概论、多媒体制作、项目策划与管理、文秘英语、人力资源管理等。

◎电子商务——苏州市高职高专院校品牌专业建设点、校级特色专业

专业特色：本专业是苏州市高职高专院校品牌专业建设点、1+X网店运营推广职业技能等级证书认证试点专业、校电子商务高水平专业群核心专业、苏州市电子商务协会理事单位，与科沃斯机器人股份有限公司、波司登股份有限公司、苏州欧普照明有限公司等苏州地区制造业电商应用龙头企业举办各类订单班，开展“岗课赛证”综合育人。学生近年多次获江苏省职业院校电子商务技能大赛一等奖。

培养目标：本专业培养理想信念坚定，德、智、体、美、劳全面发展，具有一定的科学文化水平，良好的人文素养、科学素养、职业道德和创新意识，精益求精的工匠精神、较强的就业创业能力和可持续发展的能力，掌握本专业知识和技术技能，面向商贸流通业、生产制造业等行业的电子商务人员等职业群，能够从事网店运营、社群运营、行业运营、营销活动策划与执行、销售方案执行与优化、客户服务管理等工作的高素质技术技能人才。

主要课程：电子商务基础、视觉营销设计、网店运营、数据化运营、网络营销、互联网销售、社群运营、供应链管理实务、产品拍摄与后期制作、消费者行为分析、直播电商实务、跨境电商运营实务、消费者行为分析等。

◎跨境电子商务

专业特色：本专业为1+X跨境电商B2C数据

运营职业技能等级证书认证试点专业，与苏州跨境电子商务协会、阿里巴巴、eBay以及其他企业合作，提供阿里巴巴、亚马逊、速卖通、eBay等主流跨境电商平台真实项目和模拟项目的运营操作，以提升学生的职业技能。本专业学生获得全国跨境电子商务技能竞赛江苏省选拔赛一等奖1项，获第五届全国跨境电商专业能力大赛一等奖2项，获第十二届全国大学生电子商务“创新、创意及创业”挑战赛江苏省特等奖、全国二等奖各1项，获华为全球主题设计大赛一等奖1项。

培养目标：本专业培养理想信念坚定，德、智、体、美、劳全面发展，具有一定的科学文化水平，良好的人文素养、职业道德和创新意识，精益求精的工匠精神，较强的就业能力和可持续发展的能力，掌握本专业知识和技术技能，面向互联网和相关服务、批发业、零售业等行业的营销工程技术人员、国际商务人员等职业群，具备英语技能、电商技能、国贸技能，能够从事跨境电商营销推广、跨境电商客户服务、跨境电商视觉设计、跨境电商运营等工作的复合型高素质技术技能人才。

主要课程：电子商务基础、市场营销基础、物流管理基础、国际贸易原理、经济学原理、跨境电商英语、图形图像处理、跨境电子商务基础、跨境电子商务视觉设计、跨境电子商务营销、跨境电子商务客户服务、跨境电子商务数据分析与应用、跨境电商供应链与物流管理、跨境电商店铺运营等。

◎市场营销——校级品牌专业

专业特色：本专业是校级品牌专业，结合苏州地方经济发展现状及趋势，以职业岗位群能力分析为切入点，面向数字经济的零售业、商务服务业和批发业等行业的市场调研、商务策划、品牌管理、连锁经营管理、商务数据分析、网络营销、客户服务管理等工作岗位。学生多次获江苏省高等职业院校职业技能大赛一等奖、二等奖、三等奖，苏州市技能大赛一等奖、二等奖等荣誉。本专业开展深度校企合作，分别与苏州华成集团有限公司和同策房产咨询股份有限公司共建华成学院和同策房地产学院，为学生发展提供良好平台。学生就业质量、薪资水平、就业满意度等方面一直排名靠前。

培养目标：本专业培养适应数字经济时代需求，具有良好职业道德和创新精神，具备服务与营销专业知识，适应企业一线需求，从事市场调研、活动策划与执行、品牌策划、商品销售、网络推广、客户关系管理等工作的高素质技术技能人才。重点培养学生市场调研和分析能力、市场销售策划和实施能力、销售现场管理能力、售后服务技能、商务数据处理和分析能力、人际交流和沟通能力、团队合作精神和服务意识、组织协调能力、独立学习能力等核心能力。

主要课程：市场营销基础、数字营销、消费者行为分析、品牌策划与推广、推销与谈判技巧、汽车营销实务、服务营销、连锁经营管理原理与实务等。

◎行政管理

专业特色：本专业依托校内外实训基地、现代产业学院等创新载体和平台，搭建产教融合新场景，重构产教协调新格局，探索产教育人新生态，构建多元产教融合育人的联合体，打造技术、技能融合创新共同体的新范式，与苏州市会议中心、苏州苏宁易购销售有限公司等企业开展深度合作，促进产教供需双向对接。

培养目标：本专业培养理想信念坚定，德、智、体、美、劳全面发展，具有一定的科学文化水平，良好的人文素养、职业道德和创新意识，精益求精的工匠精神，较强的就业能力和可持续发展的能力，掌握本专业知识和技术技能，面向商务服务业、社会工作等行业的行政业务办公人员、其他行政人员、秘书、公关员等职业群，能够从事行政助理、销售行政、人事行政等工作的高素质技术技能人才。

主要课程：管理学原理、组织行为学、办公室事务管理、市场营销学、人力资源管理A、劳动关系管理、沟通技巧、公共关系管理、项目策划与管理、商务活动管理、行政管理英语、大数据分析与应用等。

◎人力资源管理

专业特色：本专业主要培养精通人力资源开发与管理业务，具备较强的组织管理和沟通协调能力，从事企事业单位人力资源管理工作的高素质技术技能型和应用型人才。本专业注重校企合作，与多家单位签订校企合作协议，联合培养学生的职业素养和实践操作能力。秉承“知行合一，自强不息”的育人理念，根据人力资源管理行业发展新趋势，组织学生深入企业进行实训，使学生“厚基础，强技能；谋一职，精一行”。本专业学生在历年“踏瑞杯”全国高职高专人力资源管理技能大赛区域赛、全国总决赛中多次获得特等奖，在历年“踏瑞杯”全国高职高专人力资源管理技能大赛全国总决赛中均名列前茅。

培养目标：本专业培养能够践行社会主义核心价值观，德、智、体、美、劳全面发展，具有一定的科学文化水平，良好的人文素养、科学素养、职业道德和创新意识，精益求精的工匠精神，较强的就业创业能力和可持续发展的能力，掌握本专业知识和技术技能，面向人力资源服务、社会保障等行业的人力资源开发与管理工程技术人员等职业群，能够从事社会保险和住房公积金缴纳、人力资源事务处理、人员招聘与录用、员工培训、薪酬福利管理、服务流程设计与优化、数据统计分析等工作的高素质技术技能人才。

主要课程：大学语文B、新媒体概论、公司法、江南文化概论、应用文写作A、劳动经济学、管理学原理、多媒体制作、电子商务网页设计、人力资源管理A、招聘与配置实务、员工培训与开发实务、薪酬管理实务、人力资源绩效管理、劳动法律法规实务等。

◎现代物流管理

专业特色：本专业拥有良好的教学条件、实力雄厚的师资和校外实习实训基地，实践环节包括沙盘模拟实训、配送中心实训、3D供应链仿真实训、第三方物流实训、国际物流单证技能实训、智能仓储大数据分析等10余项。本专业与苏州顺丰速运有限公司、苏州贝业新兄弟物流有限公司、苏州市现代物流业商会等龙头企业和行业协会开展订单班、“双师”培训等多维合作，与物流管理、智能仓储大数据分析等1+X证书进行“课证融通”。在历年江苏省职业院校物流技能大赛中成绩优异，分获一等奖1项、二等奖4项、三等奖4项。

培养目标：本专业培养能够践行社会主义核心价值观，德、智、体、美、劳全面发展，具有一定的科学文化水平，良好的人文素养、科学素养、职业道德和创新意识，精益求精的工匠精神，较强的就业创业能力和可持续发展的能力，掌握本专业知识和技术技能，面向制造业、交通运输、仓储和邮政业等行业职业群，能够从事采购与供应管理、生产物流管理、仓储与配送管理、运输管理、供应链管理等工作的高素质技术技能人才。

主要课程：经济学、管理学原理、国际贸易原理、市场营销、生产运作与管理、货物学、智能仓储与配送管理、运输管理实务、物流服务营销、采购与供应链管理、国际物流与货运代理、物流成本管理等。

师资介绍

名师风采

王敏杰，女，1964年10月生，江苏宜兴人。1989年6月毕业于苏州大学中文系，获文学硕士学位。现任苏州市职业大学管理学院教授，人力资源管理专业带头人，吴文化传承与创新研究中心研究员。主要研究方向为传统文化与文学、吴文化和公文写作研究。获评苏州市优秀教育工作者和江苏省优秀教育工作者，享受苏州市劳动模范待遇。

主持江苏高校哲学社会科学研究重大项目1项，市厅级项目3项。课题研究成果获江苏省社科联优秀成果一等奖。近5年发表论文20余篇，主编教材3部。主持建设的“应用文写作”课程获评江苏省高等学校精品课程。主编的《应用文写作实训》获大学出版社协会优秀教材二等奖；主编的《财经应用文写作》被列入普通高等教育国家级规划教材，被中国科学院教材建设委员会评为全国高职高专财会专业规划教材一等奖。

吴蕴慧，女，1977年6月生，江苏南通人。2003年毕业于苏州大学人文学院汉语言文字学专业，获文学硕士学位，2006年获文学博士学位。现任苏州市职业大学管理学院教授，现代文秘专业带头人，主要研究方向为文化与文学、秘书学。江苏省教育工作先进个人（优秀教育工作者）、江苏省高校“青蓝工程”优秀青年骨干教师培养对象、江苏省高校“青蓝工程”中青年学术带头人培养对象、苏州市优秀教育工作者、苏州市“五一巾帼标兵”、校教学名师。

主持完成课题9项，其中市厅级以上课题3

项；主持编写校重点教材、江苏省重点教材、江苏省“十四五”首批职业教育规划教材各1部，主持校在线精品课程1门，发表专业研究论文29篇。参编教材、专著2部。

宋桂友，男，1965年3月生，山东临沂人。毕业于苏州大学文学院，获文学博士学位。现任苏州市职业大学管理学院教授，江苏高校哲学社会科学重点建设基地吴文化传承与创新研究中心负责人，苏州大学硕士研究生导师，中国诗歌学会会员，苏州市茶学会常务副会长。主要研究方向为中国现当代文学、区域文化。

近5年主持市厅级课题3项；发表论文13篇，被《新华文摘》摘引1篇，被其他杂志全文转载1篇，被海外出版物全文收入小说研究论文3篇；出版专著（主编）3部、教材1部。获市教学成果特等奖1项。

李文丽，女，1971年2月生，吉林九台人。2011年6月毕业于吉林大学企业管理系，获管理学博士学位。现任苏州市职业大学管理学院教授，市场营销专业带头人，主要研究方向为知识产权管理、技术创新管理和职业教育。

主持完成省级以上教科研课题4项，参与省、市级项目20余项，主持完成市级教科研课题4项。发表论文20余篇，其中，被CSSCI收录1篇，被北大核心期刊收录1篇，被CPCI、EI收录2篇。获2018年吉林省教学成果三等奖。

祖国峰，男，1973年10月生，黑龙江哈尔滨人。毕业于东北林业大学林业经济管理专业，获硕士学位。现任苏州市职业大学管理学院教授，研究方向为工商管理、生态文明与可持续发展。江苏省财经商贸职业教育行业指导委员会电子商务专业委员会委员、中国对外贸易经济合作企业协会跨境电子商务工作委员会常务理事、1+X跨境电商海外营销职业技能等级证书（中级）考评员。

近5年参与国家民委课题1项，主持市厅级项目4项、县局级项目1项。参与国家级职业教育教学资源库高职“移动商务专业”子项目“移动商务客服”，副主编“十三五”国家规划教材1部，主编校重点教材1部。发表论文9篇，授权实用新型专利3项。指导学生获第五届全国跨境电商专业能力大赛一等奖、2022年江苏省普通高校本专科生跨境电商技能竞赛二等奖；获江苏省哲学社会科学界第十三届学术大会优秀论文二等奖、校2019—2020年度教学质量奖。

专业带头人简介

吴蕴慧，苏州市职业大学管理学院现代文秘专业带头人。（详见“名师风采”部分）

陆锋明，男，1979年9月生，江苏宜兴人。2007年毕业于苏州大学政治学专业，获法学博士学位。现任苏州市职业大学管理学院行政管理系主任、行政管理专业带头人，副教授，江苏省儒学学会会员。主要研究方向为中西思想史、儒家文化。

近年来主持横向课题3项，参与江苏省教育厅高校哲学社会科学研究重大项目1项、苏州市社科联重大研究课题1项、其他市厅级课题3项。在国内刊物发表论文20篇，其中被CSSCI收录7篇。参编教材3部。

王敏杰，苏州市职业大学管理学院人力资源管理专业带头人。（详见“名师风采”部分）

包金龙，女，1981年10月生，安徽肥东人。2006年、2018年先后获南京大学信息管理学院管理学硕士、博士学位。现任苏州市职业大学管理学院电子商务专业带头人，副教授。校“青蓝工程”优秀中青年专业（学科）带头人培养对象、江苏省高职专业带头人领军能力研究班优秀学员。主要研究方向为电子商务、网络营销、高职教育。

近5年主持完成市厅级以上课题2项，主持编写校重点教材1部，被CSSCI（E）收录论文4篇，出版专著1部。指导学生参加江苏省电子商务职业技能大赛并获一等奖2项。指导学生获校级优秀毕业设计（论文）二等奖2项。

徐伟，男，1979年2月生，江苏苏州人。2007年毕业于江苏大学管理学院，获管理学硕士学位。现任苏州市职业大学管理学院党总支书记、跨境电子商务专业带头人，副教授。

主要从事电子商务课程教学和研究工作。近年来主持市厅级科研课题2项、江苏省高等教育教改研究课题1项；指导江苏省大学生创新创业训练计划项目1项、校级研究性课题1项；公开发表论文10篇，其中被核心期刊收录1篇；参编教材3部。指导学生参加2020年全国跨境电子商务技能竞赛江苏省选拔赛并获一等奖，指导学生参加2021年江苏省普通高校本专科生跨境电商技能竞赛并获二等奖，指导学生参加第五届全国跨境电商专业能力大赛并获一等奖。

何慧，女，1979年1月生，山西运城人。2006年7月毕业于西南交通大学经济管理学院，获硕士学位。现任苏州市职业大学管理学院现代物流管理专业带头人，副教授，主要研究方向为物流管理、供应链管理、产业经济。校“青蓝工程”优秀青年骨干教师培养对象，获江苏省职业院校教学能力比赛一等奖。

主持完成市厅级项目9项、校级项目3项，作为主要成员参与市厅级项目多项。获苏州市社科应用研究精品工程优秀成果二等奖1项、江苏省哲学社会科学界学术大会优秀论文二等奖2项、江苏省职业院校教学能力比赛二等奖1项，指导学生参加江苏省职业院校技能大赛、全国职业院校大数据分析比赛、全国供应链管理运营大赛并多次获奖。近年来在国内外刊物发表科研论文20余篇，主编、参编教材4部。

李文丽，苏州市职业大学管理学院市场营销专业带头人。（详见“名师风采”部分）

校企合作

◎进一步深化校企合作

学院拓宽校企合作思路，创新人才培养模式，继续推进同策房地产学院、华成学院及苏州市会议中心企业大学建设，双方在师资共建、课程共建、合作编写教材、合作开发教学资源库、人才培养方案制定等方面开展合作。全年报送企业年报3份。2022年，新签约“双师型”教师培养培训基地2家，进一步加强现有7家基地的建设工作，校企共同培养建设“双师型”教师队伍。2022年，经过广泛走访调研，接待到访接洽，与苏州市公共文化中心、苏州市姑苏区苏锦街道办事处、江苏仁合中惠工程咨询有限公司等21家企事业单位签订校企合作协议。

◎加强校企合作内涵建设

学院领导带领相关专业教师多次赴企业走访调研，同企业高层会晤，走访顶岗实习学生和毕业生，关心学生的工作情况，提升校企合作的深度及成效。走访苏州华成集团有限公司、苏州市同策房地产经纪有限公司和苏州市会议中心集团有限公司3家深度合作企业，加强企业学院的建设，丰富校企合作内涵。走访苏州市公共文化中心、添可电器有限公司、苏州市姑苏区苏锦街道办事处等企事业单位，接待苏州肯德基有限公司、苏州贝业新兄弟物流有限公司等企业单位，了解企业需求及人才培养情况，建立良好的合作关系。继续推进订单人才培养项目，将订单式教育渗透到学生培养的全过程。2022年，学院顺利组建贝业订单班、添可订单班、波司登订单班、华成订单班。同时，积极探索学徒制人才培养方式，与苏州肯德基有限公司达成初步合作意向，首批16名同学成立百胜匠领学徒制班。聘请企业兼职教师，校企双方共同组建教学（讲师）混编团队，共同开展新生专业教育和毕业生就业指导。选派优秀青年教师深入企业实践，切实了解企业的实际需求、岗位职责、具体工作内容和职业能力要求。完成校企联合建立校内实习、实训挂牌基地4家，完成校企联合建立并挂牌校外实习、实训基地18家，开发校企合作课程16门。与北京京东乾石科技有限公司合作开发教材《智能仓储大数据分析》。

◎不断拓展校地合作项目

与苏州市会议中心物业管理股份有限公司联合共建职工培训基地。与苏州市姑苏区苏锦街道办事处签订“一院一镇”合作协议。

◎大力推进社会培训服务工作

学院以特色教科研项目吴文化为抓手，开展系列社会培训工作。为苏州高新区老年大学等企事业单位开设系列培训课程，共计培训

1303人次。由学院承接的苏州市吴中区全媒体运营师项目顺利开班，共组织2期培训，计3732人天。

学术科研

2022年，学院教职工获市厅级以上课题立项10项，县局级课题立项2项。发表论文32篇。发表建言献策10篇，其中4篇获苏州市主要领导的批示肯定。出版著作3部。横向科研项目获新突破，到账经费达60.2万元。获苏州市第十六届哲学社会科学优秀成果奖三等奖1项、江苏省哲学社会科学界第十六届学术大会优秀论文二等奖1项。

举办3场学术研讨会。分别是3月19日举办的“江南文化中的尚武传统”学术研讨会、4月16日举办的“任重道远：况钟与江南廉洁文化建设”第三届政德文化沙龙、7月29日举办的“香远益清：首届‘苏州园林与廉洁文化’论坛”。

吴文化传承与创新研究中心全票通过江苏省教育厅专家组江苏高校哲学社会科学重点建设基地建设期验收。

学生工作

◎全力做好防疫助考等服务

学院积极关注学生疫情防控期间学习、生活状况。完成446个特殊困难群体学生家庭的“云家访”，加强家校沟通，给予切实关注和有效帮扶。专转本、转段助考服务期间，由院领导、辅导员、班主任、党员教师组成的学院楼层长们奋战在服务383名考生的第一线，全力保障考试圆满顺利。

◎深入开展思政主题教育

学院定制“党味、苏味、鲜味”浓郁的思政学习菜单。“红色故事‘我’来讲”、赴中共苏州独立支部旧址参观学习、二十大精神宣传知识竞赛等主题活动“党味”浓厚；“恰是江南好风光　砥砺奋进正青春”新生入学教育、“寻访职大校史文化”等体验交流“苏味”绵长；廉节清思学社举办“贵廉有耻家风传承”系列活动、传统廉洁文化经典篇目赏析，面向全校学生开展廉洁文化宣教，“鲜味”十足。学院年度发展预备党员13人。院分团委获评江苏省五四红旗团委（团工委）。

◎目标导向创优良学风

学院创新制作“三年竞赛清单”，明确学生在校3年必须参加校级以上技能、双创、思政等各类赛项。指导新生合理规划学业，围绕目标勤奋付出。2部学生作品分获第二届江苏省大学生网络文化节二等奖、三等奖。1名学生获评江苏省“最美职校生”。1名学生获评省级三好学生，1名学生获评省级优秀学生干部，1名学生获评省级优秀毕业生，1个班级获评省级先进班集体。3人入选国家奖学金。一批学生在省级以上技能竞赛中获奖。

◎筑牢安全健康防线

邀请银行专家进行金融反诈宣讲，邀请苏州市公安局吴中分局反电信网络诈骗宣讲团开展“意识防”反诈骗专题讲座，参与江苏省大学生安全知识竞赛获优秀组织奖。做实做细危机干预、心理咨询等重点学生的心理辅导，帮助心理困惑学生积极面对问题，感受外界支持。加强学院心理健康辅导工作站建设，健全重点关注学生心理档案。学院2022级新生参加心理测试率100%。

◎多方保障就创业工作

2022年，1人获职业生涯规划大赛省赛二等奖。面向2023届毕业生组织2场专场招聘会，提供1991个就业岗位；举办7场就业指导讲座、11场企业宣讲会、多场直播推荐岗活动。“走出去、请进来”并举，落实“访企拓岗”，走访34家企业。邀请校外专家指导，做好“互联网+”等双创类团队组建培育、院内选拔和组织参赛，努力提高项目水平。

（许凌雯）

商学院

概　况

商学院是学校为加强学科专业建设，提升办学层次，满足苏州经济社会发展对财经商贸人才需求而设立的重点学院（部）之一。全院下设财务会计系、金融与法律系、国际经济与贸易系3个系，开设大数据与会计、大数据与审计、大数据与财务管理、金融服务与管理、关务与外贸服务（原报关与国际货运）、国际经济与贸易、法律事务7个专业。会计专业为省级特色专业和省级高等职业教育高水平骨干专业建设项目建设专业，金融服务与管理专业为苏州市高职院校优秀新专业，会计专业群为省级重点建设专业群，国际贸易专业群为校级重点建设专业群。

学院现有教职工75人，其中专任教师68人。专任教师中有教授2人、副教授36人，高级职称占56%。学院有江苏省高校“青蓝工程”优秀青年骨干教师培养对象1人，校“青蓝工程”培养对象4人，苏州市优秀教育工作者1人，苏州市职业教育先进个人1人。

学院拥有现代化实训中心，建有包括会计、金融、国际贸易、法律、ERP沙盘、跨专业综合训练等18个仿真模拟实训室。近年来，学院加强政行企校合作，注重与行业、企业的密切联系，与阿里巴巴（中国）网络技术有限公司、新道科技股份有限公司等30余家企业建立合作关系，在校企合作共同培养人才，制定培养方案，开发课程，编写教材，提供学生实习机会等方面取得一定的成果。

学院生源质量好，就业率高。毕业生就业率连续3年在98%以上，人才培养特色在苏州地区享有较高的社会声誉，毕业生深受用人单位好评。

教学工作

办学特色

商学院坚持“诚信、笃行、严谨、求真”的院训，人才培养以就业为导向，以政—校—企合作为平台，以学生职业素质和职业能力培养为主线，积极推行工学结合人才培养模式，加强课程体系和教学内容改革，强化人才培养特色，服务地方经济。

专业设置

2022年苏州市职业大学商学院专业设置一览表

系名称	专业名称	专业带头人	职称	学历（位）
财务会计系	大数据与会计	汤　泉	副教授	本　科（硕士）
	大数据与审计	殷　红	副教授	本　科（硕士）
	大数据与财务管理	丁　俊	教　授	研究生（硕士）
金融与法律系	金融服务与管理	向　群	副教授	研究生（博士）
	法律事务	李东华	副教授	本　科（硕士）
国际经济与贸易系	关务与外贸服务（原报关与国际货运）	焦　燕	讲　师	本　科（学士）
	国际经济与贸易	陈丽红	副教授	本　科（硕士）

专业介绍

◎大数据与会计——江苏省高等职业教育高水平骨干专业、江苏省特色专业

专业特色：本专业为江苏省高等职业教育高水平骨干专业、江苏省特色专业、江苏省“十二五”高等学校重点专业群核心专业、1+X智能财税职业技能等级证书认证试点专业，设有省级人才培养模式创新实验基地，与新道科技股份有限公司共建新道企业学院；同时与用友网络科技股份有限公司苏州分公司、莱克电气股份有限公司、苏州航天信息有限公司、如家酒店集团等大型企业集团，以及江苏天宏华信等会计中介机构联合开办各类订单班。

培养目标：本专业培养理想信念坚定，德、

智、体、美、劳全面发展，具有良好人文素养、职业道德和创新意识，具有精益求精的工匠精神，具有较强的就业能力和可持续发展能力，掌握本专业知识和技术技能，面向中小微型企业和非营利组织的会计人员等职业群，能够从事出纳、会计核算与监督、税务服务、代理服务等工作的高素质技能型人才。

主要课程：基础会计、财务管理、会计基本技能训练、企业经济业务核算、成本计算与分析、税费计算与申报、财务报表阅读与分析、所得税汇算清缴、审计工作底稿编制、业财一体信息化应用、管理会计实务、企业内部控制等。

◎大数据与会计（中外合作办学）——江苏省中外合作办学高水平示范性建设工程专业

专业特色：本专业是江苏省中外合作办学高水平示范性建设工程专业。与澳大利亚启思蒙学院合作办学，合作双方共同制订教学计划，部分课程由外方教师与中方教师合作进行双语教学；学生在校期间可以申请参加校际交流留学项目，毕业成绩合格可直接进入合作学校继续求学。

培养目标：本专业旨在培养面向长三角地区企事业单位，会计、税务、代理记账等中介服务机构，以及跨国企业，从事会计核算、会计咨询、纳税申报、统计、仓库管理等工作的高素质技能型人才。

主要课程：基础会计、财务管理、会计基本技能训练、企业经济业务核算、成本计算与分析、财务业务一体化、所得税汇算清缴、会计日常业务处理、非公司制企业财务报表编制、财务报表阅读与分析等。

◎大数据与审计

专业特色：本专业是江苏省“十二五”高等学校重点专业群会计专业群的重要组成部分、1+X智能财税职业技能等级证书认证试点专业。与新道科技股份有限公司共建新道企业学院；同时与莱克电气股份有限公司、苏州航天信息有限公司、如家酒店集团等大型企业集团，以及江苏天宏华信、苏州俊成等会计师事务所、税务师事务所联合开办各类订单班。

培养目标：本专业旨在培养通晓会计、审计技术与方法，熟悉相关法律、法规，具有熟练业务操作技能，能够从事会计、内部审计、助理审计、代理记账、管理咨询等工作的高素质技能型人才。

主要课程：基础会计、企业经济业务核算、成本计算与分析、审计学基础、税费计算与申报、财务报表阅读与分析、企业财务审计、财务管理、业财一体信息化应用、审计工作底稿编制、企业内部控制等。

◎大数据与财务管理

专业特色：本专业为江苏省“十二五”高等学校重点专业群会计专业群的重要组成部分、1+X智能财税职业技能等级证书认证试点专业。与新道科技股份有限公司共建新道企业学院；同时与莱克电气股份有限公司、用友网络软件公司苏州分公司等企业，以及会计师事务所、税务师事务所联合开办各类订单班。

培养目标：本专业培养理想信念坚定，德、智、体、美、劳全面发展，具有良好人文素养、职业道德和创新意识，具有精益求精的工匠精神，具有较强的就业能力和可持续发展能力，掌握本专业知识和技术技能，面向各类中小微企业、金融机构、行政事业单位的会计专业人员、税务专业人员等职业群，能够从事会计核算、财务管理、税务管理等工作的高素质技能型人才。

主要课程：基础会计、企业经济业务核算、成本管理、业财一体信息化应用、财务管理实务、税费计算与申报、财务报表分析与评价、内部控制与风险管理、税费申报与筹划、预算管理、商业数据处理等。

◎金融服务与管理——苏州市高职院校优秀新专业、校级特色专业

专业特色：本专业是苏州市高职院校优秀新专业、校级特色专业。与中国民生银行、中国人寿保险公司、东吴证券公司等金融机构建立长期的合作关系，与中国人寿苏州分公司合作开展订单培养。

培养目标：本专业培养面向传统金融机构和金融科技企业的基层业务岗位，掌握金融业务、产品营销、投资理财等基本金融知识，具备临柜业务处理、产品营销、客户理财等能力，能熟练从事客户服务、产品营销和推广、风险防控等工作的高素质技能型人才。本专业学生毕业后主要在传统金融机构和金融科技企业从事柜台操作、客户理财服务、产品营销、投资咨询等工作。

主要课程：经济学基础、金融学概论、商业银行综合柜台业务、保险学原理与实务、互联网金融理论与应用、个人理财、金融服务营销等。

◎国际经济与贸易

专业特色：本专业为校级重点专业群国际贸易专业群的核心专业，是校级骨干专业。与多家企业开展校企合作，拥有10余家校外实习基地，与阿里巴巴（中国）公司共建跨境电商人才培育基地，开设有订单班、学徒制班，共育跨境电商英才。毕业生深受用人单位好评。

培养目标：本专业培养面向外贸企业、跨境电商企业和报关物流等企业的相关岗位，具备优良综合素质，掌握扎实的专业理论知识，具有较强的外贸英语听、说、读、写、译综合运用能力，具有良好的进出口业务操作技能、外贸制单能力和国际商务洽谈技能的高素质技能型人才。

主要课程：进出口贸易实务、外贸单证实务、外贸跟单实务、跨境外贸业务沟通、跨境通关实务、跨境物流及实训等。

◎关务与外贸服务（原报关与国际货运）

专业特色：本专业为校级重点专业群国际贸易专业群的重要专业。与苏州市报关集团等10余家企业建立长期稳定的校企合作关系，加入全国报关协会并与报关行指委合作建立国际关务人才培养基地。在2019年江苏省职业院校技能大赛“关务技能”赛项中获二等奖。

培养目标：本专业培养面向商业服务行业的进出境通关人员和国际货运代理服务人员等职业群，能够从事进出口货物报关、报检、关务咨询和国际货运代理等工作的高素质技术技能人才。

主要课程：国际市场营销、进出口贸易实务、外贸单证实务、国际货运代理、海关监管业务等。

◎法律事务

专业特色：本专业是校地合作专业，与苏州地方法院、律师事务所等10余家单位建立合作关系，联合制定人才培养方案，联合教育培训专业技能。本专业学生均有机会进入法院或律师事务所顶岗实习，这切实锻造了学生的就业能力和可持续发展能力。

培养目标：本专业旨在培养掌握法律专业知识、具备法律事务技术技能，能够胜任法院书记员、律师事务所律师助理、企业法务助理、社工办事员等工作岗位，能继续深造、发展提升的人才。学校提供转本升学通道，近年该专业学生的转本升学率在90%以上。

主要课程：民法、行政法基本理论与实务、合同法、民事诉讼法、劳动与社会保障法、书记员工作实务技能、中文速录技能、法律文献检索、民事纠纷调解与处理实训等课程。

师资介绍

名师风采

汤泉，男，1968年8月生，江苏南京人。2011年毕业于香港中文大学，获会计专业硕士学位。现任苏州市职业大学商学院大数据与会计专业带头人，副教授，高级会计师，苏州市职业大学财政绩效评价中心主任，东华理工大学硕士研究生导师，校首届教学名师，“汤泉‘双师型’名师工作室”主持人，同时担任江苏省、苏州市二级财政绩效评价专家，江苏省政府采购评审专家，在江苏鑫丰管理咨询有限公司担任财政绩效评价主评人。

主要从事财务会计、成本会计、内部审计等方面教学，以及会计实务、财政绩效评价、内部控制等方面研究与实务工作。2015—2016学年起，连续4个学年在学校教学质量评议中被评为优秀。近年来多次主持完成省级特色专业建设、省级高水平骨干专业建设；主持江苏省社科应用研究精品工程财经发展专项1项；主持各级横向课题超过25项，研究经费到账超过150万元。获江苏省高校教学成果二等奖1项；主编教材2部，获评江苏省“十四五”规划教材、江苏省重点教材；获“领航杯”江苏省教师信息素养提升实践活动二等奖、江苏省高校微课教学比赛三等奖。

顾瑞鹏，男，1976年8月生，江苏扬州人。2009年毕业于苏州大学，获金融学硕士学位。现任苏州市职业大学商学院会计系副教授，校“税收类创新教学团队”负责人，高级纳税筹划师，注册税务咨询师。北京财税研究院研究员、中国企业财务管理协会理事、中国企业联合会税收筹划项目专家组成员、中国注册税务师协会行业继续教育特聘教师、北京市税务师协会师资库特聘教师、上海人才培训发展中心专家组成员。同时兼任山西大土河能源有限公司、河南濮阳汇丰置业有限公司等多家大中型企业的税务顾问。

主要从事税收实务、财务管理、管理会计等方面教学，以及企业财税风险评价等方面的研究工作。近年来，主持江苏省在线开放课程“税费计算与申报”和苏州市优秀新课程“企业纳税实务”等课程建设工作；作为主要成员参与省、市级教学科研项目多项，获江苏省教学成果奖二等奖1项、苏州市教育教学成果奖二等奖1项；教学课件获教育部课件大赛一等奖，教学微课在省级比赛中多次获奖。主持企业横向研究课题多项。出版专著3部，主编教材3部，其中《企业纳税实务（实训）教程》获评江苏省精品教材和江苏省重点教材。2019年获江苏省职业院校教学大赛一等奖。多次在学校教学质量评议中被评为优秀，被授予教学质量奖。2017年获校第一届“我最喜爱的教师”称号，2020年获评校教学名师。

专业带头人简介

汤泉，苏州市职业大学商学院大数据与会计专业带头人。（详见“名师风采”部分）

殷红，女，1982年11月生，河南周口人。2003年6月毕业于空军指挥学院，获学士学位。2002年6月毕业于中央财经大学，获硕士学位。现任苏州市职业大学商学院大数据与审计专业带头人，副教授，注册会计师、中级会计师。

主要从事资本市场信息披露与审计理论研究，主持审计专业的教学工作。在省级以上期刊发表论文40余篇，其中被核心期刊收录20余篇；主持或参与多项省部级课题、校级科研课题和校教改课题；指导学生参加江苏省会计技能大赛并多次获奖，参加江苏省会计技能大赛（教师组）并获二等奖。校优秀教师和校“青蓝工程”优秀青年骨干教师培养对象。

丁俊，女，1976年12月生，江苏镇江人。1999年7月毕业于江西财经大学，获学士学位。2005

年3月毕业于上海财经大学，获管理学硕士学位。现任苏州市职业大学商学院副院长、大数据与财务管理专业带头人，教授，研究方向为会计与审计理论、高等职业教育等。中国注册会计师协会非执业会员，澳大利亚拉筹伯大学、加拿大温莎大学访问学者。2017年江苏省高校“青蓝工程”优秀青年骨干教师，2020年苏州市优秀教育工作者。

近年来主持或参与省、市级教科研课题10余项，包括主持江苏高校哲学社会科学研究重大项目1项。在核心期刊上发表论文近10篇，出版专著《会计理论研究》（合著）1部。1篇论文被人大报刊复印资料全文转载并获苏州市第十六届哲学社会科学优秀成果奖三等奖；论文、专著曾获镇江市第十一届哲学社会科学优秀成果三等奖、镇江市优秀科技论文（专著）二等奖、镇江市第九届哲学社会科学优秀成果奖二等奖。获江苏省教学成果二等奖、江苏省微课教学比赛三等奖、江苏省职业院校学校能力比赛三等奖。

向群，女，1978年12月生，安徽芜湖人。2011年毕业于苏州大学金融系，获经济学博士学位。现任苏州市职业大学商学院金融服务与管理专业带头人，副教授，经济师，具有1+X金融智能投顾考评员资格，获Certificate IV证书。

主要从事金融基础、国际金融、经济学原理等课程的教学，以及金融理论与政策方向的研究工作。近5年主持完成横向课题1项，在研校级教改课题1项，参与完成省社科课题1项；主编出版教材《金融学基础及应用》。主持的“金融基础”课程获2021年度校课程思政示范课程，在2021—2022学年校教学质量评议中被评为优。指导学生毕业论文获校优秀毕业设计（论文）二等奖。

李东华，男，1977年6月生，重庆人。1999年毕业于华东政法学院（已更名为华东政法大学）国际经济法专业，获

法学学士学位；2008年毕业于苏州大学宪法学与行政法学专业，获法学硕士学位；2010年9月至2011年7月在华东政法大学做宪法学与行政法学专业访问学者；2016年9月赴加拿大多伦多百年理工大学学习；2017年6月赴中共江苏省委党校参加江苏省哲学社会科学教学科研骨干研修班学习。现任苏州市职业大学商学院法律事务专业带头人，副教授，上海市锦天城（苏州）律师事务所兼职律师，第十五、十六、十七届苏州市人民代表大会常务委员会立法顾问专家。近年来，主要从事宪法、公司法、房地产法等课程的教学和研究工作，同时从事房地产、物业管理、公司等法律实物和研究工作。

焦燕，女，1977年11月生，江苏苏州人。对外经济贸易大学研究生在读。现任苏州市职业大学商学院关务与外贸服务专业带头人。长期担任苏州工业园区500强德资外企软技能内训师，长期参与安徽省大科人才服务有限公司、苏州优贸网络科技有限公司业务实践并担任业务顾问。

近5年来主编、参编多部教材；主持校教改课题1项、校研究性课题1项并获评校级优秀；参与市级产教研融合课题1项并获评市级优秀；指导省大创项目1项，指导大学生创新创业大赛2次并分别获市级三等奖和省级三等奖，指导阿里巴巴GDT全球商业挑战赛（中国赛区）并获团体二等奖及优秀指导教师二等奖；指导学生获校级优秀毕业设计（论文）三等奖。

陈丽红，女，1972年9月生，安徽安庆人。2008年6月毕业于苏州大学，获经济学硕士学位。现任苏州市职业大学商学院国际经济与贸易专业带头人，副教授。江苏省财经商贸职业教育行业指导委员会外经贸专业委员会委员，阿里巴巴跨境电商B2B数据运营认证讲师。

主持科研项目、校企合作示范组合项目多项，在线开放课程2门。发表多篇论文，主编校企合作教材1部，参编教材多部。指导学生获江苏省优秀毕业论文三等奖1项，校级优秀毕业论文一、二、三等奖6项；指导学生在全国大学生跟单（纺织）职业能力大赛中获团体二等奖1项、三等奖3项，个人获优秀指导教师奖，学生个人获一、二、三等奖多项。

校企合作

◎服务地方政府

苏州市农业农村局委托商学院承办苏州市2022年农村学法用法示范户培育暨“放管服”业务培训。学校对承办本培训班高度重视，事前积极沟通、提前筹备，在师资遴选、课程设置、接待安排等各方面进行充分准备。

苏州市卫健委、苏州市体育局、苏州市农业农村局、苏州市乡村振兴局与学校签订五方合作协议，将2022年度农村社会体育指导员培训项目交由商学院承办，该项目共培训3110人。

2022年11月，商学院与张家港经济技术开发区签署“一院一镇”框架协议，旨在社会治理、文化提升、社会招聘等方面取得合作成果。通过合作进一步了解地方需求，梳理服务社会发展思路，促进校地双赢。

由学院承办的苏州市吴中区人社局互联网营销师项目制培训，为96名社会人员培训PS基础与实操、海报制作、主图处理、天淘课程、旺铺打造、短视频制作、私域品牌运营效用、直播带货、抖音运营等课程。

学院与苏州市地方金融监督管理局合作举办3期2022年度苏州市金融人才培训，来自苏州市（区）金融办、各金融分支机构分管负责人、业务骨干和中坚力量参加线上培训，培训人数350余人。该培训因契合苏州金融高质量发展主题，受到一致好评。

◎服务地方经济

商学院阿里巴巴跨境电商人才培育学徒班项目已举办3届，共计培育跨境电商人才超300人，为苏州及周边地区跨境电商中小企业输送了一批优秀的专业人才，获得用人单位和阿里巴巴苏州公司青睐，并被阿里巴巴苏州公司评为优秀校企合作单位。

商学院法律事务专业充分利用暑期实践、第5学期综合实训，通过工学结合、网络教学形式灵活安排，促成学生连续半年的顶岗实习机会。迄今为止，苏州各级人民法院已经吸纳法律事务专业学生近250人实习。创新的提前入岗教学和深入的校地联合培养模式得到苏州各法院的高度认可，该专业已经成为苏州法院书记员人才的重要来源基地。

商学院与华林证券股份有限公司苏州分公司合作商定订单班的“积分制”人才培养方案，并邀请其参与专业建设和教材开发。以此次订单班组建为契机，校企合作双方将继续围绕课程共建、师资共享、科研共探等方面展开深度合作。

商学院与苏州好利来企业管理有限公司在2021年成功组建订单班的基础上，将公司的门店零售与分店出纳两个模块的课程植入教学环节，从而实现理论教学与现场实践的结合。

2022年，商学院分别与苏州市卫健委、苏州市体育局、苏州市农业农村局、苏州市乡村振兴局、苏州市相城区人民法院、苏州市虎丘区劳动监察大队、苏州市高新区劳动仲裁院等7家政府部门，宸力（苏州）机械设备有限公司、上海市锦天城（苏州）律师事务所、苏州俊成会计师事务所有限公司、苏州君和诚信会计师事务所有限公司、江苏正金会计股份有限公司、广东坚朗五金制品股份有限公司、招商银行股份有限公司苏州分行等7家企业签校企合作协议。

◎完成校企合作内涵质量指标情况

完成紧密合作企业数35家、深度合作企业数6家、新签校企合作单位4家，完成校企联合建立并挂牌校外实习、实训基地数12家，完成校企合作订单班、学徒制班人数208人。校企合作开发课程33门，开发教材2部。完成社会培训86万人次、年社会职业培训人数3499人、公益性培训2088人次，新增合作乡镇数或服务项目数3个，新增政府部门、大院大所合作或服务项目数3个。

学术科研

商学院充分调动教师从事科研积极性，发挥教师专业优势，支持教师科研工作。2022年，学院完成科研业绩点24111点，比2021年增长36.72%。教师发表论文55篇，其中，被EI收录3篇，被核心期刊收录7篇。申报省级以上科研项目8项，丁俊老师申报的“江苏财政政策绩效评价问题研究”立项江苏省高校哲学社会科学研究重大项目；申报市厅级项目10项，立项3项；立项横向项目25项，到账经费82.81万元。获2020—2021年度苏州市自然科学优秀学术论文三等奖1项、苏州市第十六届哲学社会科学优秀成果奖三等奖1项、校级成果奖16项（一等奖2项、二等奖11项、优秀奖3项）；教师出版学术著作2部。举办学术讲座，邀请江苏科技大学吴君民教授在线上做“如何撰写高水平论文”学术报告，提高教师的学术论文撰写能力。

校级科研平台“苏州市职业大学财政绩效评价中心”邀请校内外专家举办科研项目开题报告会，研讨高校预算绩效管理，王丽教授做“预算绩效管理的任务与实现路径”主题报告，吴君民教授围绕“政府预算与预算管理体制”做主题报告，为平台未来研究拓展思路。

学生工作

◎聚焦思想教育引领，入脑入心，以德正人

商学院紧密围绕学生“成长成才”中心主题，聚焦思想教育引领。举办分党校培训3场、自主学习2场、学生干部专题培训4次、信仰公开课7场，实现学院学生全覆盖。结合重大节日，积极开展各类主题活动，如“铭记‘一二·九’　传承爱国情”“弘扬雷锋精神　致敬抗疫英雄”“以青春之我　献伟大祖国”等。组织学生参加先锋论坛、志愿服务、社会实践、廉洁文化活动月等，把理想信念教育、社会主义核心价值观教育融入学生学习生活的全过程。充分发挥“互联网+思政”的育人功能，商学院微信公众号推出各类系列推文，如“入学教育”“防诈小课堂”“向阳而生　砥砺前行”“诚信教育”等，涵盖学风建设、疫情防控和防诈宣传等方面内容。全年共推文98篇（原创推文69篇），累计阅读量15133人次。学生音频作品、辅导员网络文章在第二届江苏省大学生网络文化节和高校网络教育优秀作品推选展示活动中分获二等奖和三等奖。

◎聚焦“三季”培育体系，季季润心，以礼泽人

商学院充分利用新生入学始业、在校生发展、毕业生离校3个关键节点，形成入学季、表彰季、毕业季三季育人的完整规制。以理想信念教育“点亮”开学季。观看各类新生开学季典礼，为新生定制印有商学院院徽的金属书签，组织新生参观校史馆、吴文化园，培养新生爱校荣校观念。以朋辈影响力引领表彰季。通过优秀毕业生风采展、先锋学子风采展、学期总结表彰大会等，倾力打造“引航”表彰季，深

人挖掘朋辈引领的育人功能。以无悔青春感染毕业季。结合专业特色合力打造2022届毕业生“最后一堂思政课”，举行“云”毕业典礼，开展“情系母校”线上教育活动以及“我的职大变形记”“还寝室一片洁净”等系列活动。

◎聚焦活动教育载体拓展，活动走心，以文化人

2022年，商学院着力提升文化育人、活动育人的影响力和渗透力，组织开展“铭记‘九一八’ 逐梦新征程”“喜迎二十大”“学宪法讲宪法”“廉洁文化”等主题教育，引导广大青年学生涵养家国情怀，彰显校园文化活动的育人导向。依托分团委、学生会及学生社团，结合专业特色，开展学习交流和专业竞赛活动。成功举办会计技能大赛、连锁经营知识竞赛、知识产权竞赛等传统品牌活动。积极拓宽实践教育平台，将志愿服务与社会实践打造成“行走的思政课”。建立校外实践基地6个，连续8年在苏州市红庄社区“爱心小屋”开展志愿服务活动，连续5年进社区开展禁毒宣传志愿服务活动，连续8年组织开展暑期社会实践夏令营活动等。学院先后组织志愿者700余人次前往苏州太湖足球运动中心，助力第一届中国青少年足球联赛、中国足协青少年锦标赛等国家赛事。862人次参与“返家乡”社会实践活动，共组建13支暑期社会实践团队，其中，“柏舟扬风”实践团和苏州市红庄社区“爱心小屋”志愿服务实践团入选校级重点团队；“借光影之手，感非遗之美”小组获校2022年大学生暑期“三下乡”社会实践活动优秀团队称号，该项目2次被“中青校园”网站刊载宣传。

◎聚焦优良学风创建，以智育心，以学树人

疫情防控期间，为引导学生自主学习，主动学习，自律学习，养成“在家如在校，网上如往常”的良好学习习惯，开展各类线上活动，如线上学习经验交流分享会、“优秀学习笔记”展示等。为涵养优良学风，在全体学生中开展“科学无止境，精神永流传”主题教育。有手抄报、征文、演播科学家故事等多种形式，并在微信公众号上制作“科学也偶像”系列推文。专注以赛代练，以赛促学。学院学生团队在省、市级以上专业技能竞赛中获奖128人次，其中，创业项目“江苏青橄榄节能科技有限公司”分获市级三等奖、省级三等奖。

◎聚焦“三全育人共同体”建设，上下齐心，以管育人

商学院注重发挥党政领导引领作用，教师主导作用，辅导员、班主任骨干作用，团学骨干朋辈互助作用，以及社会教育、家庭教育重要作用，形成“全员育人”强大合力。2022年，学院沈宝臣同学获江苏省学生资助宣传大使称号，张韩同学获校级学生资助宣传大使称号，其先进事迹荣登国家级平台“学习强国”，省级平台“新江苏”“理论之光”“江苏学生资助”等。通过精准帮扶，稳岗、拓岗，全方位做好就业保障工作，截至2022年11月30日，学院2022届毕业生就业率96.36%。

（钱丽娟）

教育与人文学院

概　况

教育与人文学院是四校合并过程中，以原苏州教育学院为基础成立的学院，初名教师教育系。其师范教育的历史最早可以追溯到1912年成立的江苏省立第二女子师范学校（培养过吴健雄院士、钱易院士等著名科学家，全国妇联原副主席罗琼也曾在这里就读，杨荫榆、全国人大常委会原副委员长孙起孟、著名画家颜文樑等曾是这里的教师）。2008年4月，学校系科调整，改名为教育与人文科学系。2013年撤系建院，定名为教育与人文学院。

学院共有教职工88人。其中，正高职称者12人，副高职称者30人，博士14人，江苏省高校“青蓝工程”培养对象7人，江苏省“333高层次人才培养工程”跨世纪专业技术人才学科带头人和“333高层次人才培养工程”新世纪专业技术人才学科带头人1人。方向阳教授被确定为学校首批“双师型”名师工作室主持人。

学院设教师教育系、旅游与文化传播系、食品与检测系3个系，设有学前教育、网络新闻与传播、旅游管理、会展策划与管理、食品检验检测技术5个专业。

学院结合专业调整、新专业建设，对学院的实验实训室建设进行规划，建设食品加工实训室、净化实验室、丝绸研究所功能检测实训室、教师发展中心未来教室，更新计算机房，启动会展专业实训室建设，大大改善学院专业实训室的条件。建有江苏省丝绸织绣功能检测试验基地、江苏省作家协会儿童文学创研基地2个省级基地，丝绸应用技术研究所、儿童文学研究所、食品安全与营养研究中心、磁共振分析技术工程研究中心4个校级研究所，英凯睿智国际旅游管理学院1所企业学院。

学院现有在籍学生1644人，社招生70人。近年来，学生在全国和省、市级各类比赛中频频获奖，获省级及以上大赛奖100余项。2022年，普通全日制毕业生共516人，签约就业率98.6%，其中升学率达到43%，毕业生受到用人单位的好评。

学院与苏州市多家实验小学、食品生产加工企业、检测公司、旅行社、大型酒店、影视广告公司建立密切的校企合作关系，还为学生提供普通话水平等级、江苏省文联书画等级、食品检验工、中级餐厅服务员、网络编辑员、导游资格、现代会展岗位能力证书等的培训与考核。学生在江苏省教育厅以及教指委、行指委组织的技能大赛中多次获奖。

学院秉承百年师范“诚朴”的校训和师范教育传统，依托雄厚的人文教师资源，坚持“文化塑身、技能立人”的理念，通过读书吧、人文讲堂、文明礼仪岗、“归零”行动、一年一度的技能展示月和社团巡礼等活动，为学生营造成人、成长、成才的氛围并搭建平台。

教学工作

办学特色

教育与人文学院以抓教师素质为重点，以校企融合为抓手，全面提升学院人才培养水平，坚持“学科专业知识+职业素质和职业技能+可持续发展的素质教育”三位一体的培养理念，逐步形成宽口径、厚基础、重创新的办学模式，以职业素质教育和人才可持续发展为办学特色。

具体的办学思路为：明确办学指导思想，突出教学中心地位；实施人才强院和“双师型”战略，努力提高师资队伍水平；加大专业和课程建设力度，促进教学质量提高；整体设计实践实训，完善职业能力训练体系。

专业设置

2022年苏州市职业大学教育与人文学院专业设置一览表

系名称	专业名称	专业带头人	职称	学历（位）
教师教育系	学前教育	丁俊锋	教　授	研究生（硕士）
	网络新闻与传播	胡武生	副教授	研究生（博士）

续表

系名称	专业名称	专业带头人	职称	学历(位)
旅游与文化传播系	旅游管理	刘昌雪	副教授	研究生(硕士)
	会展策划与管理	顾　伟	副教授	研究生(硕士)
食品与检测系	食品检验检测技术	张　丽	副教授	研究生(博士)

专业介绍

◎学前教育

专业特色：本专业突出综合性与实践性，与澳大利亚坎根学院建有良好的中外合作关系。主要使学生掌握儿童发展和儿童教育等基本理念，了解学前教育的基本规律，习得针对儿童实施教育的方法，养成能说会跳、能写能画、能唱能弹等专业技能和较强的动手操作能力，具备良好的教师素养和一定的教育研究能力。

培养目标：本专业培养具有良好职业道德、具备一定教育研究能力，能适应幼儿园教师等幼教工作岗位的高素质应用型人才。本专业学生要求具备广泛的文化素养、扎实的教育教学能力以及一定的艺术实践能力。

主要课程：儿童发展心理学、学前教育学、儿童卫生学、幼儿游戏、幼儿园各科教学法、舞蹈、钢琴与即兴弹唱等。

◎旅游管理

专业特色：本专业重视旅游人才的职业素养和专业技能培养，大胆探索校企合作人才培养新模式，与凯莱酒店集团共建英凯睿智国际旅游管理学院，积极开展美国饭店协会资格证书培训、如家文化进校园活动等，培养应用型旅游管理人才。

培养目标：坚持立足地方、服务地方，培养适应现代旅游业发展需要，掌握先进旅游企业服务理念、服务技能和管理方法，具有国际交流能力的高级应用型旅游管理人才。

主要课程：旅游学概论、旅游服务心理、中国旅游民俗、导游基础知识、导游业务、旅游市场营销、旅游电子商务、酒品与饮料、旅游自媒体运作、会展概论等。

◎会展策划与管理

专业特色：秉持“学做结合”的教育理念，通过“会展企业家进校园”“学生自办展”等创新培养途径，巩固和发展与大型会展知名企业的长期合作伙伴关系，强化对学生会展项目实际运作能力的培养。

培养目标：面向长三角地区展览、会议、奖励旅游、商务活动等会展及相关行业培养高素质技能型人才。本专业学生具有运用会展专业知识，策划、设计、组织和实施大中型展会的能力，同时还掌握会展项目实施过程中所需的基本技能。

主要课程：会展概论、会展场馆管理与服务、会展专业英语、会展营销、会展文案、会展政策与法规、会展策划与实务等。

◎网络新闻与传播

专业特色：重视网络编辑技能与人文素养的双重提升，注重技术类课程和人文类课程并举，着力培养学生的网络新闻与信息的采访、写作、编辑、加工能力，以及良好的新媒体素养，适应互联网时代“技术+人文”并重的人才需求特点。

培养目标：本专业培养文化底蕴深厚、具有互联网时代的现代新闻信息传播理念，具备新媒介与融媒体信息的采、写、编、评、摄、录、播等各项能力的高素质复合型人才。毕业生可在各类门户网站、微信公众号、App等新媒介从事新闻信息的采集与编辑、网站的运营与维护、活动与文案策划等工作。

主要课程：网络传播概论、新闻采访与写作、计算机图文设计、网络新闻编辑实务、新闻网页设计与制作、新闻摄影与摄像、新闻图片与视频编辑、媒介管理、粉丝文化、文学鉴赏等。

◎食品检验检测技术

专业特色：本专业是学校在建品牌专业，师资力量雄厚，实验实训设施完备；在食品、药品及环境检测，营养咨询及食品加工方面特色鲜明。学生多次在全国教指委技能比赛中获得金奖、银奖。学生中有30%通过“专转本”考试，升入本科院校。

培养目标：本专业培养主要从事食品药品检验、品控及管理、营养食品开发、营养咨询调查、膳食营养评价和指导等工作的专门人才。学生主要在各级食品药品监督管理机构、第三方检测公司、大型食品药品企业、餐饮企业、营养咨询机构等就业。

主要课程：食品营养学、营养配餐与设计、食品感官检验、食品加工技术概论、焙烤食品加工技术、食品营销、食品理化检验技术、食品卫生与质量管理、食品安全检测技术、环境监测、药品检测技术。

师资介绍

名师风采

李世超，男，1958年4月生，江苏苏州人，研究员级高级工程师。现任苏州市职业大学丝绸应用技术研究所所长，曾任苏州丝绸博物馆馆长、党支部书记等职务，长期从事科技、文化的管理与研究工作。江苏省“333高层次人才培养工程”跨世纪专业技术人才学科带头人和“333高层次人才培养工程”新世纪专业技术人才学科带头人。

先后主持和承担国家科技攻关、江苏省科技攻关以及苏州市等各类科研课题30余项，多次获部、省、市各级科技进步奖等奖项。获授权国家发明专利10余项，发表论文被核心期刊收录20余篇。获江苏省有突出贡献的中青年专家、江苏省劳动模范等称号，入选《中国当代发明家大辞典》《中国当代文博专家志》。

王一梅，女，1970年1月生，江苏苏州人，一级作家。苏州市作家协会副主席，江苏省作家协会全委会委员，中国儿童文学研究会理事。

著有长篇童话《鼹鼠的月亮河》《木偶的森林》，小说《城市的眼睛》《合欢街》等，中篇童话《红花草原》《糊涂猪》等，短篇童话《书本里的蚂蚁》《蔷薇别墅的老鼠》等。其中《胡萝卜先生的长胡子》入选部编版小学语文教材。作品获第十届中宣部精神文明“五个一工程”奖、第五届全国优秀儿童文学奖、第六届全国优秀儿童文学奖、第五届国家图书奖等奖项，个人被评为江苏省“紫金文化人才培养工程”文化英才。

齐红，女，1970年11月生，山东济宁人，文学硕士。现任苏州市职业大学教育与人文学院教授。江苏省高校“青蓝工程”优秀青年骨干教师。

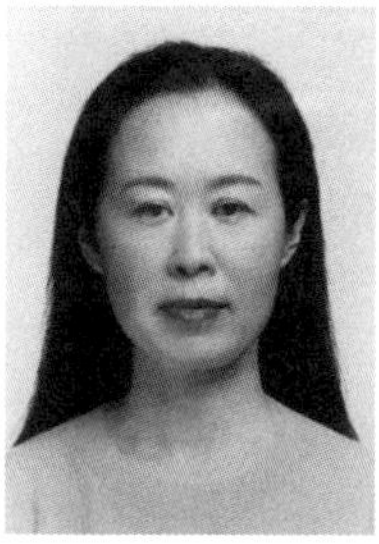

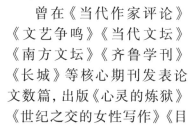

曾在《当代作家评论》《文艺争鸣》《当代文坛》《南方文坛》《齐鲁学刊》《长城》等核心期刊发表论文数篇，出版《心灵的炼狱》《世纪之交的女性写作》《目送芳尘——民国知识女性的生命寻踪》等3部专著。成果获江苏省哲学社会科学优秀成果奖三等奖、苏州市哲学社会科学优秀成果奖三等奖、叶圣陶文学奖、金圣叹文学评论二等奖等。主持编写、出版教材《女性生命认知与情感教育》《文学：生命之旅》2部；主持江苏省在线精品课程、苏州国际教育园共享课程2门，分别在“中国大学慕课”“智慧树”“高校邦”“泛雅”等平台面向全国高校开放。2016年、2021年当选为苏州市吴中区人大代表，2017年被评为校首届教学名师，2018年获评苏州市优秀教育工作者，2021年获苏州市“最美劳动者”称号。

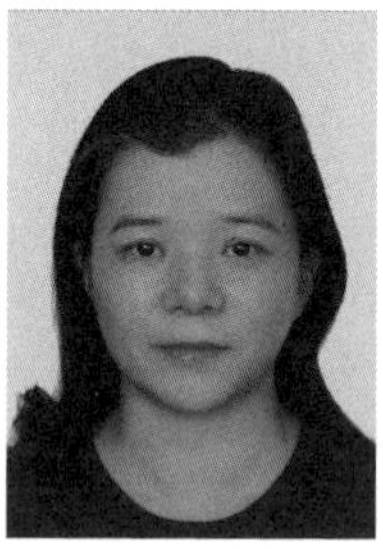

汝骅，女，1967年8月生，江苏苏州人，医学硕士。现任苏州市职业大学教育与人文学院教授。中国营养学会高级会员、亚太临床营养学会会员，注册营养师、运动营养师、高级食品合规管理员、国家二级食品检验员&高级考评员；全国食品产业职业教育教学指导委员会食品营养专业委员会委员、中轻食品工业管理中心技术专家委员会委员、江苏省家政学会常务理事、江苏省营养学会理事、江苏省营养学会食品营养与安全专业委员会副主任委员、江苏省营养学会学生营养与健康促进专业委员会委员、苏州市食品安全与营养学会理事等。主要从事营养与健康、家政与营养等方向的教学与研究工作。江苏省高校“青蓝工程”优秀青年骨干教师，校教学名师，苏州市优秀教育工作者。

主持江苏省教育科学规划一般课题2项、江苏省社科研究应用精品课题1项、全国食品工业职业教育教学指导委员会教学研究课题1项，参与国家自然科学基金项目1项（排名第二）、江苏省教育科学规划重点课题1项（排名第三）、教育部《普通高等学校高等职业教育（专科）专业目录及专业简介（2015）》项目1项。出版专著1部，在《卫生研究》《中国公共卫生》《中国学校卫生》《食品研究与开发》和*Hauswirtschaft und Wissenschaft*（德国）等国内外杂志上发表论文40余篇。获江苏省高等教育教学成果奖二等奖1项、苏州市技术创新“双杯奖”1项、苏州市自然科学优秀论文三等奖3项等省、市级教科研奖项。

方向阳，男，1971年3月生，江苏武进人。现任苏州市职业大学教育与人文学院副院长，教授，研究员。江苏省旅游学会常务理事、苏州市政府研究室特约研究员、江苏省文化旅游职业教育行指委委员、江苏省旅行社星级评定员、江苏省旅游星级饭店星级评定员，长期从事旅游管理、职业教育管理与评价、知识产权管理及创新产业发展等的研究工作。江苏省高校“青蓝工程”中青年学术带头人培养对象。

主持省级科研课题6项、市厅级课题30余项，主持横向课题10余项；出版专著5部、教材2部，在省级以上刊物发表专业论文50余篇。获苏州市优秀教育工作者、苏州市教育系统年度科研先进个人等荣誉。

李邦玉，男，1968年7月生，安徽宣城人，理学博士。现任苏州市职业大学教育与人文学院食品与检测系主任，教授，中国化学会会员。校首届教学名师。主要研究方向为食品营养与检测、功能材料合成应用等。

主要承担“无机化学基础及实验”“有机化学基础及实验”等课程教学和实训培训工作。指导学生多次获江苏省工业分析与检验大赛团体二等奖、三等奖，指导学生获江苏省优秀毕业设计（论文）二等奖。指导大学生创新创业训练计划项目和研究性学习。在《有机化学》《结构化学》《合成化学》《食品工业科技》《丝绸》和*Polyhedron*、*J.Organomet.Chem.*等国内外学术刊物上发表论文多篇。提倡因材施教和沉浸式教育，信奉“天生学生必有用，不拘一格育人才”。

刘中文，男，1964年7月生，黑龙江青冈人，文学博士。现任苏州市职业大学教育与人文学院教授，中国韵文学会会员，中国陶渊明研究学会副会长。主要从事陶渊明接受研究。曾任哈尔滨师范大学硕士研究生导师。多次获哈尔滨师范大学教学优质奖，获1998年哈尔滨师范大学曾宪梓奖教奖。

主持黑龙江省教育厅人文社会科学研究项目1项、哈尔滨师范大学科研基金项目1项。学术著作《唐代陶渊明接受研究》获2008年黑龙江省高校人文社会科学研究优秀成果奖二等奖、黑龙江省第十三届社会科学优秀科研成果奖三等奖。在《文学评论》《学术交流》《求是学刊》《中国韵文学刊》《苏州大学学报》等学术期刊上发表学术论文30余篇。

童李君，女，1982年12月生，江苏苏州人，文学博士，苏州大学现当代文学博士后。现任苏州市职业大学教育与人文学院教授，主要研究方向为元明清文学、中国通俗文学。

2012年度江苏省高校“青蓝工程”优秀青年骨干教师培养对象。主持并完成省部级项目3项，出版专著2部，主编、参编教材3部；在《明清小说研究》《鲁迅研究月刊》《新文学史料》等期刊发表论文40余篇。获评2017年度苏州市杰出青年岗位能手。

专业带头人简介

丁俊锋，男，1978年10月生，河南郏县人。现任苏州市职业大学教育与人文学院学前教育专业带头人，教授，研究方向为高等教育、基础教育和教育基本理论问题研究。

在《贵州民族研究》（CSSCI）、《文教资料》等期刊发表论文10余篇，主持完成教育部课题、省社科规划课题、省教育科学规划等省部级科研项目4项，省级教学改革平台及教研项目2项，主持校级“一流大学”建设项目1项，有教育基本理论方向专著1部，参编教师资格考试指南（中学教育学卷）、小学教育学。

胡武生，男，1974年3月生，湖北咸宁人，文学博士。现任苏州市职业大学教育与人文学院网络新闻与传播专业带头人，副教授，研究方向为古代园林文学。湖北省咸宁市“102030社科人才工程”首批青年骨干，湖北省向阳湖文化研究会理事。

主持市厅级课题6项。在《光明日报》《湖北大学学报》《中南民族大学学报》等刊物发表论文20篇。获湖北省青年岗位能手、湖北省优秀博士论文、《光明日报》读书征文一等奖、武汉城市圈党校系统优质课竞赛二等奖等荣誉。

刘昌雪，女，1978年4月生，安徽阜阳人。现任苏州市职业大学教育与人文学院旅游管理专业带头人，副教授，研究方向为城市旅游和旅游市场。

在CSSCI期刊发表论文2篇，在CSCD期刊发表论文3篇，被人大复印报刊资料全文转载论文1篇。主持校级创新课题2项，作为第二参加者参加省部级科研项目1项。获第十三届全国职业教育优秀论文二等奖，学术论文《城市创意旅游资源空间效应及发展模式——苏州市中心城区为例》获得2017年第三届苏州市社科应用研究精品工程优秀成果奖二等奖。

顾伟，男，1980年12月生，江苏张家港人。

现任苏州市职业大学教育与人文学院会展策划与管理专业带头人，副教授，研究方向为会展经济与管理、文化旅游。江苏省会议展览业协会首批受聘专家。

主持市级以上课题5项，公开发表论文数十篇，指导江苏省大学生创新创业训练计划项目2项。

张丽，女，1986年9月生，山西灵石人，南京农业大学食品科学博士。现任苏州市职业大学教育与人文学院食品检验检测技术专业带头人、副教授，主要从事食品安全检测与质量控制等方面的研究。

先后主持市厅级项目4项，获授权发明专利2项。在*Journal of Proteomics*、*Food Research International*、*Journal of Food Process Engineering*和《食品科学》《食品工业科技》《食品与生物技术学报》等刊物发表论文20余篇。指导江苏省大学生创新创业训练计划项目2项。获苏州市自然科学优秀论文二等奖1项、江苏省农业科技创新三等奖1项、江苏省教学类比赛三等奖3项、校级教学比赛一等奖2项，指导学生获江苏省高职院校技能大赛二等奖1项，指导学生获全国高职院校西点创意大赛金奖2项、校级优秀毕业设计（论文）一等奖1项。

校企合作

2022年，教育与人文学院在校企合作、基地共建、产教融合等领域硕果累累。

◎不断拓展校外实习实训基地，加强交流与合作

网络新闻与传播专业与中业传媒（苏州）有限公司、家剧社信息科技（苏州）有限公司、苏州金迅博信息科技有限公司，旅游管理专业与苏州铭华文化旅游管理有限公司、江苏七欣天餐饮管理连锁有限公司、华住酒店管理有限公司，会展策划与管理专业与苏州形和装饰设计工程有限公司、奥克坦姆系统科技（苏州）有限公司，食品检验检测技术专业与苏州泰纽测试服务有限公司先后签订校外实习实训基地协议，为学生实习、实训、就业创造更多、更好的岗位。

各专业积极加强与相关合作企业的交流与合作，开展访企拓岗系列走访活动。食品检验检测技术专业走访江苏王森教育科技集团有限公司、苏州国辰生物科技股份有限公司、苏州世标检测技术有限公司、苏州市食品安全与营养学会、苏州市养老产业联合会、苏州市吴江区检验检测中心等企业；网络新闻与传播专业走访上海喜马拉雅总部、中业传媒（苏州）有限公司、苏州星赞互动网络科技有限公司等企业；旅游管理专业走访苏州市枫桥风景名胜区管理处、苏州金陵雅都大酒店有限公司、苏州歌林小镇投资有限公司等企业；会展策划与管理专业走访奥克坦姆系统科技（苏州）有限公司、苏州塞米会展服务有限公司等企业；学前教育专业走访苏州高新区天都幼儿园、苏州巧儿乐顿企业管理咨询有限公司等企业。通过访企拓岗，各

专业进一步征询企业的人才诉求，就专业课程设置、人才培养方案听取企业建议。在走访过程中，尽可能做到专业教师全覆盖，帮助教师深入了解企业一线和产业实践需求，启发大家反思课程教学，助推教学改革和专业建设；强化双方沟通了解，有助于进一步开拓校企合作空间，拓宽用人需求。

◎依托合作企业优质资源，推动专业转型升级

为把握会展业发展趋势，帮助师生拓宽专业视野，提升数字素养，会展策划与管理专业积极联动产业资源，邀请行业专家“云做客”，通过空中连线的方式开展数字实训讲座——“元宇宙背景下数字会展创新发展思考”。讲座嘉宾、会展实战专家吴峰从时代背景、元宇宙、数字会展、创新发展4个方面展开，通过虚拟课堂融汇新知识、新技术、新理念、新思想，讲透知识，玩转会展。讲座也为同学们开拓思维、坚守行业信念、强化专业知识起到助推作用。

旅游管理专业与英凯睿智国际旅游管理学院召开专题会议，就数字化课程建设、数字化平台建设、平台实操演练、硬件及环境设计配备、项目进度计划等议题进行深入沟通交流。双方一致认为，数字化建设是增强专业建设核心竞争力的重要手段，通过前期充分的调研和企业学院平台搭建，可以利用现有的实验实训设备，结合问途软件进行试点。采用分批分次的方式进行，通过技能比赛、实验实训、专业项目把软件运用到教学中去，做好项目的落地；结合新一轮人才培养方案调整和课程调整，做好相关软件教师培训及配套的服务跟进工作。专业还邀请华住酒店有限公司开展酒店行业数字化转型讲座，使学生对酒店数字化运营有进一步的了解，也对酒店行业发展现状和发展趋势有新的认识。

◎开展社会培训，助力企业发展

学院积极承担社会培训任务，先后组织苏州市药检中心“干部能力素养提升”培训、苏州市养老服务管理人员高级研修班、苏州市吴江区农村经营管理业务培训班、苏州市老年人能力评估师培训、苏州市吴江区“江村·善治”乡村治理培训班等，其中，苏州市药检中心“干部能力素养提升”系列培训已举办9期，从不同的角度为中心干部素质的全面提升打下扎实的基础。学院教师还积极参与各类社会公益培训，通过线上、线下等多种方式为苏州市狮子林管理处、苏州碑刻博物馆（苏州文庙管理所）的社会公众以及苏州高新区天都幼儿园的教师开展形式多样的公益培训。

◎成立康养产业学院，服务养老产业

积极筹划组建康养产业学院。产业学院的成立，标志着该领域产教融合人才培养的共识已形成。学院携手联合各方，进一步引导建立政（府）—行（业）—企（业）—校（职业院校）—研（研究机构）“五方携手”的合作机制和产业—行业—企业—职业—专业“五业联动”的运行机制，将职业教育资源和全国康养产业优秀企业进行对接，为苏州养老服务业提供资源整合与交流平台，促进职业教育和继续教育、老年教育协同发展，实现人才、智力、技术、设备等方面的资源共享。

学术科研

2022年，教育与人文学院教职工公开发表论文52篇，其中被核心及以上期刊收录7篇；编写专著3部；授权发明专利1项；纵向课题立项26项，其中省级课题1项、市厅级课题20项、县局级课题5项；横向课题立项21项，其中，横向合同签订16项，专利转化5项（其中发明专利转化2项、实用新型专利转化3项）。2022年度科研成果获市厅级奖2项、省部级奖1项。社会服务方面，2022年横向合同签订16项（包含上年度增补7项），完成市级决策咨询报告9篇。

学生工作

◎全员、全过程、全方位贯彻人文特色，打造人文品牌

学院坚持以立德树人为根本任务，用校园文化塑形，用传统文化提升，用红色文化引领，多层次文化融合培养，提升学生的综合素质。“中国好人”黄萍对话“全国教育世家”顾梅，引导新生扣好人生第一粒扣子；学院兰芽昆曲社师生参与2022年联合国中文日青年文化使者苏州传统文化线上教学活动，积极探索新冠肺炎疫情背景下的昆曲美学；校运会上，学前教育专业学生以大运河为“纸”，昆曲为“墨”，舞蹈为“笔”奉献一场精彩绝伦的视觉盛宴；在江苏省中华成语研究会教学科研实践基地，组织师生开展“喜

迎二十大，成语话未来”活动，让学生在中华成语文化中找到智慧自信和力量的源泉。

◎以“1+3”创建“志愿服务型”平台

学院以“1+3”创建“志愿服务型”平台推进学生志愿服务工作建设，打造“人人志愿+”格局，勉励广大青年“既要向书本学习，也要向实践学习”，帮助学生通过志愿服务将个人抱负、理想融入民族复兴的伟大事业之中。

一是打造“志愿服务平台+党建”，网络新闻与传播专业学生暑期走进常熟沙家浜革命历史纪念馆进行实地学习，通过调查问卷、随机采访等形式开展深度调研，并形成调研报告，提出建议措施，得到馆方的高度认可。旅游管理专业学生在老师的指导下，设计走馆访廉线路，活动中为教师党员上了一堂堂廉政微党课。二是“志愿服务平台+社会治理”。院分团委组织申报“青春力量赋能振兴乡村”项目，获苏州团市委“青春聚核”创新创优项目。三是“志愿服务平台+青年发展”。学院网络新闻与传播专业学生李雯参加北京冬奥会志愿服务工作，尽显新时代青年的担当；会展策划与管理专业学生姚逸飞、一人、张馨怡和食品检验检测技术专业学生查思雨、张思怡在指导老师的带领下，围绕人民民主与基层治理、古城保护与更新、城乡一体化高水平发展与提升等领域，聚焦苏州当地经济社会发展中的重点难点，探索解决实际问题的有效方法，其课题成果获第十三届全国人大常委会副委员长陈竺、丁仲礼肯定性批示。

◎以“研、赛结合”搭建“专业内涵型”育人平台

学院根据社会对人才的需求，以培养“宽口径、厚基础、能力强”的复合型人才为专业培养目标，通过“四位一体”创建“专业内涵型”育人平台，深化各项改革，促进学生全面发展。一是以研促学，优化科研布局。学生参与发表论文，在专业教师带动下，将实践与学术结合，促进学生专业发展。二是以赛提技。学生在2022年全国高校商业精英挑战赛会展文案（应急预案）大赛应急文案写作赛项中获一等奖2项、二等奖1项，在数字化应急沟通流程设计赛项中获一等奖1项、二等奖1项。旅游管理专业获2022年江苏省职业院校技能大赛导游服务赛项三等奖1项，餐厅服务赛项三等奖1项。

◎以“三线合一”搭建“解困铸人型”育人平台

学院坚持“三线合一”推进帮困助学工作，即关爱在“一线”，资助走“实线”，帮扶做“连线”。

学院建立起以第一课堂为主，课堂内外相互衔接，校内外相互融合，课程育人、科研育人、管理育人、服务育人、组织育人相互渗透，实践育人、文化育人、网络育人相得益彰，心理育人、资助育人解痛点的十大育人体系，实现“时间上无空档、空间上无死角、人员上无懈怠、内容上无遗漏”的目标。以“思想引领”实现多维度育人，使学生有理想信念；以“志愿服务”促进学生服务社会，使学生有奉献精神；以“专业内涵”提升学生专业才能，使学生有专业素养；以“就业创业”促进学生成长成才，使学生有远大抱负；以“解困铸人”解决学生实际问题，使学生有阳光心态。

（张晓宇）

外国语学院

概　况

外国语学院起步于20世纪90年代的实用外语系，伴随着苏州市职业大学的发展逐步壮大。2008年改名为外国语与国际交流系，2013年1月正式定名为外国语学院。学院秉承“融通中外、德学双馨”的院训和“成就教师、成就学生”的理念，以“外语+”人才培养模式为核心，以服务地方经济发展为宗旨，积极拓宽学科专业领域，提升办学层次，提高教学质量，打造江苏省独树一帜的应用型外语人才培养基地。

学院现有教师88人，师资素养全面、教学水平高，“双师型”教师占教职工总数的90%以上。学院教师连续11年获国家级、省级英语教学大赛奖项，在江苏省各高职院校中享有较高声誉。学院聘请行业专家、知名学者指导教学科研，拥有一支相对稳定的外籍教师队伍。

学院现设有英语系、日语系（应用德语教研室）和公共外语教学部，包括英、日、德3个语种，下设商务英语、应用英语、商务日语、应用德语4个专业。此外，学院设有专业技能实训中心、外国语言文化研究中心、外语技能竞赛指导中心和外语考试培训中心。

学院办学条件优越，拥有21间设备先进的多媒体教室、6个联网语音室和3个机房，拥有远程交互、职场模拟、文化体验、同传口译、跨境电商等9个实训室，为师生教学与实践提供优越的硬件设施。学院与苏州市商务局跨境电商协会、姑苏网商会以及上百家中外大型企业建立广泛合作与交流关系，与企业合作共建20余个实训基地，为培养学生实践能力打下坚实基础。

学院现有1200余名在校生。以培养高素质技术技能型人才为目标，学院着力提升学生的专业水平、综合素质和创新能力。学生在历年的国家、省、市各级外语口语、演讲、写作和翻译技能竞赛中屡获大奖，成果斐然。学院大批学生通过“专转本”考试提升学历，进入苏州科技大学、南京工业大学、南京农业大学等本科高校深造，“专转本”成功率在省内高职院校外语专业中名列前茅。学院积极为在校生打造校外实践平台。近年来，学院学生圆满完成世界语言大会、中宣部理论研讨会等国内外志愿服务工作，受到各国领导、外交部、国家体育总局等多方的一致好评，先后多次被媒体报道。

教学工作

办学特色

学院以立德树人为根本任务，以学生就业为导向，面向地方生产性服务业产业集群，对接现代商务服务产业链，围绕国际商务服务、跨境电商运营、涉外商旅服务、外语教育培训四大就业方向，建设“外语语言技能+商务应用技能+跨文化交际技能”的复合型专业学科体系，构建“外语+X”的国际化人才培养模式。

学院融合校、企、行、镇优势资源，主动服务新兴服务业发展需求，依托iContest技能竞赛指导中心、跨境电商企业学院、“一院一镇”合作项目、国际赛会志愿服务团队等多元化平台，构建“岗（Career）、课（Curriculum）、赛（Contest）、证（Certificate）”四位一体的“4C”综合育人模式，着力提升学生的职业延展能力，培养适应数字经济时代需要的高素质复合型外语技能人才。学生在历年的省级以上外语职业技能大赛中屡创佳绩，在各类涉外志愿服务工作中表现突出，为学院赢得良好的社会声誉。

专业设置

2022年苏州市职业大学外国语学院专业设置一览表

系（教研室）名称	专业名称	专业带头人	职称	学历（位）
英语系	商务英语	王　怡	副教授	研究生（博士）
	应用英语	顾　韵	副教授	研究生（硕士）
日语系（应用德语教研室）	商务日语	马文波	副教授	研究生（硕士）
	应用德语	黄　悦	讲　师	研究生（硕士）

专业介绍

外国语学院致力于构建以与地方经济发展需求相适应、应用性和实践性相结合为特点的专业结构，着力培养服务于地方经济建设的商务、旅游、外语教学、翻译以及外事行业的高级应用型人才。其中，商务日语为江苏省特色专业，应用英语专业群是学校首批重点专业群，商务英语为校级特色专业。英语视听说、商务英语会话、日语精读等均为校级精品课程，翻译理论与实践等为校级重点课程。

◎商务英语——校级特色专业、校级品牌专业

专业特色：本专业是校级特色专业、校级品牌专业，主要以商务翻译、外贸进出口业务、跨境电商运营、直播电商英文主播、新媒体策划采编等主要岗位群为依托，对接苏州市生产性服务业重点领域之一的现代商务服务产业链，面向商贸业数字化转型的新方向，围绕国际商务服务、跨境电商运营、涉外商旅服务三大产业，构建新文科背景下“语言+技能”的“岗课赛证”人才培养模式。

培养目标：培养德、智、体、美、劳全面发展，既具有良好的英语听、说、读、写、译等综合语言应用能力，又掌握一定的跨境电商实操技能和中英文商务函件处理能力的高素质复合型涉外商务服务人才。通过系统学习，学生应具备扎实的英语语言基本功，系统掌握涉外商务的背景知识，能够在新型数字化涉外商务服务业、批发业、零售业和旅游电子商务等行业从事商务翻译咨询、外贸进出口业务、国际商务管理、跨境电商运营、直播电商英文主播、海外客户开发、新媒体策划与采编、双语短视频制作、涉外商旅产品策划与开发、文旅企业数字化运营等工作，也可从事企业管理、教学培训、导游等与该领域相关的商务类工作。

主要课程：英语视听说、商务英语会话、商务英语应用文写作、商务谈判、国际营销英语、国际贸易英语、商务英语翻译、跨境电商英语、跨境电商操作实务、商务企划设计与演示、中西文化对比与沟通、日语（二外）等。

◎应用英语

专业特色：本专业所设课程致力于夯实学生英语基础，培养娴熟的听、说、读、写、译能力，使学生适应经济和教育全球化和信息化趋势，成为有能力、有资质，能胜任英语口笔译、少儿英语教学培训、跨境电商、外事会展等工作的高技能复合型人才。学生毕业后可在各级各类涉外企业和英语教育培训机构从事商务翻译、外事陪同翻译、涉外文秘、双语幼儿园教学、双语托育、小学英语教学、语言机构培训、对外文化宣传、涉外会展和导游等工作。

培养目标：本专业以涉外服务岗位和英语培训岗位为依托，旨在培养具有扎实的英汉语言和文化素质、良好的跨文化沟通技能，通晓外经贸知识、少儿英语教学理论的应用型翻译人才或英语教育人才。

主要课程：英语精读、英语视听说、英语语音、英语语法、英语应用文写作、中西文化对比与沟通、英汉/汉英笔译实践与技巧、英汉/汉英口译实践与技巧、经贸函电翻译、联络陪同口译、演讲英语、儿童英语教学、跨境电商操作实务、商务企划设计与演示、商务交际礼仪、商务英语会话、商旅顾问综合技能、计算机信息技术、日语（二外）等。

◎商务日语——江苏省特色专业

专业特色：商务日语专业为江苏省特色专业，旨在培养兼具日语应用能力和商旅文综合实践能力的复合型外语人才。专业现有校外实训基地4家，深度合作企业1家，可以满足学生的实习实训及就业需要。学生毕业后可以在日企及相关企业或海外就业。可通过“专转本”、自考、留学等途径实现学历提升，近几年商务日语专业转本率名列全省前茅。专业师资实力雄厚，日语教师均拥有海外留学、工作经验。学生参加全国高职日语技能大赛，获个人演讲比赛特等奖、团体赛一等奖。毕业生对专业教学满意度达100%。

培养目标：本专业旨在培养德、智、体、美、劳全面发展，能适应苏州市外向型经济进一步发展需要，具有良好职业道德和创新精神，拥有较强的日语应用能力和商旅文综合实践能力，能够从事日语业务员、日语翻译、日语文秘、跨境电商专员、日语教学等工作的高素质技术技能人才。

主要课程：日语精读、综合日语、日语会话、日语听力、日语泛读、日语写作、日本概况、日语能力考级训练、商务日语、日企礼仪与沟通、商务日语阅读、国际市场营销、进出口贸易

实务、跨境电商英语、跨境电商操作实务。

◎应用德语

专业特色：本专业旨在培养具有扎实的德语语言基础，能在教育、外事、文化等部门从事翻译、教学、管理工作的应用型德语人才。专业现有校外实训基地4家，深度合作企业1家，可以满足学生的实习实训及就业需要。学生毕业后可以在德资企业及相关企业或去海外就业。可通过“专转本”、自考、留学等途径实现学历提升。专业师资实力雄厚，德语教师均拥有海外留学、工作经验。毕业生对专业教学满意度达100%。

培养目标：本专业培养理想信念坚定，德、智、体、美、劳全面发展，具有一定的科学文化水平，良好的人文素养、职业道德和创新意识，精益求精的工匠精神，较强的就业能力和可持续发展的能力，掌握本专业知识和技术技能，面向商务服务业、批发零售业等行业的国际商务专业人才、翻译、秘书以及其他商业、服务业等职业群，能够从事德语外贸业务、德语翻译、涉外文秘、跨境电商等工作的高素质技术技能人才。

主要课程：基础德语、中级德语、德语视听说、德语阅读、德语应用文写作、德国概况、商务德语、科技德语、德国文学与文化、德语翻译、跨境电商英语、跨境电商操作实务。

师资介绍

名师风采

李英，女，1965年9月生，安徽芜湖人。现任苏州市职业大学外国语学院副教授。江苏省高校外语教学研究会高职分会副会长、江苏省职业院校应用外语研究会常务理事。

在省级以上刊物发表论文近20篇，主编教材1部。主要承担英语精读、英语泛读、英语视听说、大学英语等课程的教学工作，获校优秀教学奖及教学质量奖。2018年主持完成校级重点教改课题“TED讲演的正迁移效应与大学生口语能力提升的关联研究”。“基于政行校企合作平台的高职外语专业LBC跨境电商课程体系的构建与实践”（排名第二）获校级教改成果二等奖。2018年完成“大学生英语心理剧的创作与实践”项目，与同事合作获得2018年度江苏省英语教学微课大赛一等奖。2020年与同事合作指导学生完成江苏省大学生创新创业训练计划项目“用外语讲苏州故事——‘一带一路’背景下吴文化园历史典故探源及传播”并获评优秀。

卞浩宇，男，1978年10月生，江苏无锡人，2005年毕业于苏州大学外国语学院，获英语语言文学硕士学位，2010年毕业于苏州大学社会学院，获史学博士学位。现任苏州市职业大学外国语学院副院长，教授，主要研究方向为近代中西文化交流、海外汉学、语言学、跨文化交流。江苏省高校外语教学研究会高职分会副会长、世界汉语教育史研究学会理事、中国比较文学学会海外汉学研究分会理事。

主持省部级项目1项，主持完成市厅级项目4项，参与完成国家社科基金项目1项、市厅级项目多项。发表学术论文30余篇，出版专著2部、译著1部。专著和论文先后获苏州市哲学社会科学优秀成果奖二等奖1项、三等奖2项，撰写的学术论文获江苏省哲学社会科学界学术大会优秀论文二等奖4项。获第十届“外教社杯”全国高校外语教学大赛江苏赛区（高职组）一等奖，指导学生先后获省级技能大赛一等奖2项、二等奖1项、三等奖3项。

顾韵，女，1975年9月生，江苏苏州人，毕业于华东师范大学外语学院，获英语语言文学硕士。现任苏州市职业大学外国语学院督学组长、应用英语专业带头人，副教授，研究方向为应用语言学和英语教学。

获第三届“外教社杯”全国高校外语教学大赛江苏赛区一等奖、首届“外教社杯”江苏省高校外语教师翻译大赛一等奖，获评校“一周一优示范课”、校课程思政示范课和校首届“我最喜爱的教师”，2022年获江苏省职业院校教学能力比赛二等奖、江苏省微课（群）大赛一等奖。指导学生获江苏省职业院校技能大赛“英语口语”赛项一等奖1项、二等奖3项、三等奖2项，指导学生完成省大学生创新创业训练计划项目1项并获评优秀。主持市厅级科研项目1项及多项校级课题，参与建设省职业教育在线精品课程1项。

王怡，女，1980年2月生，江苏苏州人，苏州大学外国语言学及应用语言学博士，加拿大约克大学国际访问研究员。现任苏州市职业大学外国语学院副院长、商务英语专业带头人，副教授，研究方向为认知语言学、认知诗学、心理语言学和英语教学。

主持建设校精品在线课程1项，参与建设省精品在线课程1项；参加江苏省职业院校教学能力比赛、“外教社杯”全国高校外语教学大赛微课比赛等累计获一等奖1项、二等奖1项、三等奖2项；指导学生参加江苏省职业院校技能大赛英语口语赛项等获特等奖1项、二等奖4项、三等奖1项。出版学术专著1部，并获苏州市第十五次哲学社会科学优秀成果奖三等奖。在《外语学刊》等核心期刊发表论文4篇，累计发表学术论文10余篇。主持市厅级科研项目2项，主持、参与省教学项目2项，主持校教改课题、教学团队项目7项。获苏州高职高专教育研究优秀论文三等奖、第九届江苏高校外语专业研究生学术论坛学术论文二等奖。

专业带头人简介

王怡，苏州市职业大学外国语学院商务英语专业带头人。（详见“名师风采”部分）

顾韵，苏州市职业大学外国语学院应用英语专业带头人。（详见“名师风采”部分）

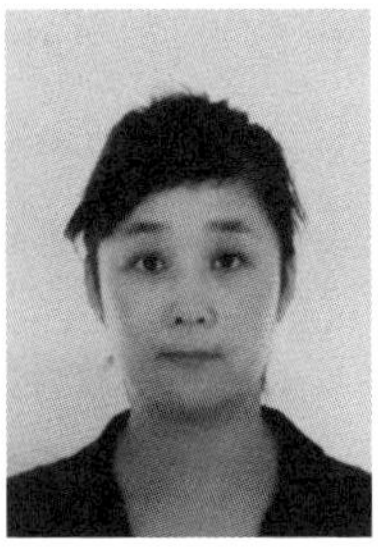

马文波，女，1972年3月生，辽宁丹东人。2005年毕业于日本福冈教育大学日语教育专业，获硕士学位。现任苏州市职业大学外国语学院商务日语专业带头人，副教授，研究方向为日语教育、日本文学、日本高等职业技术教育等。

近年来指导学生完成江苏省大学生创新创业训练计划项目2项，主持校级教改等项目4项，发表专业论文10余篇。多次获校级考核优秀、优秀班主任、教学质量奖、优秀校级研究性课程等荣誉。

黄悦，女，1983年10月生，江苏苏州人。2006年毕业于南京大学外国语学院德语系；2013年毕业于苏州大学文学院比较文学专业，获硕士学位。现任苏州市职业大学外国语学院应用德语专业带头人，讲师，研究方向为德语语言文学、比较文学。多次获校年度教学质量奖，发表专业论文多篇，主持校级研究性课程1项。

校企合作

◎专业建设与企业合作，加大融和力度

2022年，外国语学院继续与原有合作企业保持良好的合作关系，并在专业建设过程中继续寻找新的合作伙伴，先后与10家企业签订校外实习实训基地协议。学院各专业高度重视专业建设与企业合作相融合。商务日语专业继续与苏州大宇宙信息创造有限公司深度合作，以订单班的形式将教学内容与企业岗前培训相结合，确保在开展理论课程教学过程中兼顾企业的专业知识需求，真正实现学校人才培养和企业用工需求的无缝对接。商务英语专业与苏州海外旅游有限公司积极尝试新的合作模式，邀请业内专家参与“商旅顾问综合技能”课程的授课任务，企业专家授课团队围绕中国酒店业发展历程与现状、国际酒店业发展等专业领域展开授课，结合涉外旅游行业市场的发展现状，为学生对旅游行业进行全面、细致的调查研究，并为学生后续在岗位实习打好行业先知的基础，培养复合型商务英语人才；应用德语专业与苏州育言家文化咨询有限公司开展深度合作，在课程建设、顶岗实习等方面开展合作，与企业专家对2021级应用德语专业课程“德语视听说2”进行合作授课任务，结合工作中实际的教学场景进行语言授课。徐舟涟老师完成“民政部社会福利中心关于征集评选养老服务人才培训优秀课件”的制作与录制。

◎积极拓展校内外社会培训项目

2022年，学院继续积极拓展校内外社会培训。上半年，应用德语专业相关教师参与社会公益性培训服务，为博世汽车部件（苏州）有限公司德语培训100人；日语专业开设日语四级培训班，共招生52人；积极组织、动员300余名毕业生报名参加苏州市吴中区人社局项目制培训（跨境电商），但因政策原因未能成班；下半年，先后组织“专转本”英语培训、大学英语四级培训，成功承办国家税务总局苏州市税务局信息技术培训，此外还相继为苏州贝铠能源科技有限公司、苏州市艺玛教育投资有限公司、安玖医疗器械（苏州）有限公司开设相关语言培训课程。2022年度社会培训金额40余万元。

◎校企携手推动学生就业工作

2022年，学院一方面针对“专转本”考试改革带来的变化，多次召开网络会议，为学生分析考试形势，帮助学生树立正确的就业观；另一方面，多次与相关企业携手，为学院各专业学生开展就业宣讲、专场招聘和面试，助推学生就业。

学术科研

2022年，外国语学院完成科研业绩点10500点，比2021年增长39.3%。全院教师共发表论文36篇，获批市厅级科研项目4项。“马六甲英华书院与近代中西文化交流（1818—1843）”获2022年江苏省社科基金后期资助；横向课题24项，横向到账经费35万元。出版专著《西来蝴蝶　世纪之光——周瘦鹃翻译文学研究》、译著《苏州外文史料译编（第一辑）》。

学生工作

◎强化思想政治教育

学院将校园文化活动作为重要的思政育人平台，强化新媒体的影响力，通过树立典型等方式，涵养优良院风，推出的《人间天使：金彤，一路走好！》一文感动了许多师生，《扬子晚报》《苏州日报》等媒体同步宣传报道金彤同学的事迹。受新冠疫情影响，以线上平台为重心，深入开展“抗疫思政进行时”“喜迎二十大”系列主题活动，举办网络文化安全周、国防教育、宪法教育讲座等教育活动。持续开展以“中国文化的海外传播”为主题的线上英文配音大赛、商务英语技能大赛等。2022年，学生获实用新型专利1项，发表论文2篇，1人获江苏省大学生网络文化节二等奖。

◎扎实推进安全教育

学院通过海报、展板及微信推文加强学生安全意识，与实践活动相结合，提高学生安全用电意识及火场逃生自救能力。定期开展文明宿舍创建活动，采取夜间查寝打卡等形式为学生安全保驾护航。学院营造防诈“人人参与”的良好氛围，开展一系列“意识防”、防诈骗活动，在全院师生共同努力下，防诈成效显著。

◎积极开展志愿服务

学院结合专业特色，围绕苏州地方发展，推进志愿服务活动常态化，建立社会实践长效机制，打造实践育人品牌。依托“小红帽”志愿者服务团队，组织学生参加江苏省吴中实验小学和越溪实验小学课后志愿服务活动，被“苏州教育”公众号宣传报道。2022年，江苏省大学生志愿服务苏北计划录取学院志愿者1名。

◎充分落实就业保障

学院充分保障学生顺利毕业、就业，举办宣讲会、就业讲座11场。组织学生参加职业生涯规划大赛、创业大赛、就创业知识竞赛等系列活动。通过积极调研，了解毕业生的就业意向、就业动态，对就业单位进行就业回访反馈。积极开展访企拓岗、就业基地建设，借助校企合作单位为毕业生建立良好的就业平台。举办综合校园招聘会3场，其中线上1场、线下2场，分别有12家单位和72家单位参加，提供岗位1000个。

◎实践育人党建带团建

举办学院分党校学习班8期，培养入党积极分子59人，转正学生党员4人，发展学生党员2人。上半年疫情防控阻击战工作中，充分发挥学生党支部、学生党员战斗堡垒和先锋模范作用。学生党支部申报的“青年助力课后服务，成就学生向未来”获校优秀党日活动二等奖。学生党员在校第十六届先锋论坛“喜迎二十大，一起向未来”征文比赛中获一等奖、三等奖各1项，在“青春献礼二十大，强国有我新征程”征文比赛中获一等奖。

◎做好评奖评优工作

学院通过评奖评优工作，充分挖掘学生的闪光点，发挥优秀学生的模范带头作用，激发广大学生的学习热情。2022年，学院学生获国家奖学金2人，国家励志奖学金49人，省级先进个人2人，校优秀学生奖学金212人，企业奖助学金14人，校先进个人187人；获评省级先进集体1个，校先进集体20个。

◎开展心理健康教育

学院组织学生积极参与“5·25”心理健康节系列活动，开展“直面疫境，携手前行”心理主题班会。2022年，学院报送的作品《落在我生命里的一束光》获心理征文比赛一等奖，《山丘》获二等奖，《寻找春天》获优秀奖；《前方有光》获心理剧剧本创作比赛二等奖。学院心理主题班会获校心理主题班会比赛二等奖。学院自主开展3个心理健康活动，在学院微信公众号开设《心声》专栏，普及心理健康知识，传播心理正能量；线下开展“每月治愈系”电影集体观影活动，感受心灵温暖；线上开展Vlog比赛，丰富居家网课生活，缓解学生心理压力。

（蔡　骏）

艺术学院

概 况

艺术学院前身为1993年成立的艺术设计系，2005年、2008年分别与原苏州教育学院的艺体系和原苏州市广播电视大学的艺术设计系合并。2013年1月正式更名为艺术学院。办学20余年来，在面向社会、服务社会的办学理念的引导下，学院得到长足的发展。

学院拥有一支具有较高学术水平和较强教学、设计、科研和创作能力的师资队伍。现有教职工84人，其中专任教师78人；教师中正高职称者4人、副高职称者28人，专任教师中“双师型”比例占97%以上。有多位在艺术设计、音乐表演、美术创作等领域享有较高声望的资深专业人士和专家任专业骨干教师，不少教师在省、市级以上专业学术团体任主要职务。学院设有专业指导委员会，由校内外知名教授与行业专家组成，指导专业建设与改革。还聘请知名企业高管和艺术团体专家任学院兼职教授，形成一支结构、年龄、职称较为合理的专兼职师资队伍。

学院现有环境艺术系、视觉传达系、音乐系3个系，开设有视觉传达设计、环境艺术设计、服装设计与工艺、室内艺术设计、工艺美术品设计、表演艺术6个专业，现有全日制在校学生1300余人。

学院教学大楼建筑面积15000余平方米，建有国家级大师工作室、BIM实训室、模型制作实训室、雕刻工艺综合实训室、服装制版工艺实训室、媒体广告与影像创意实训室（媒体广告）、媒介呈现与信息传达实训室、画室、音乐综合实践实训室、计算机音乐实训室、演奏厅和附设50余间琴房的专业实训室等实验实训场所。建有张继馨吴门花鸟画艺术研究院、钟锦德技能大师工作室、吴民先艺术工作室。校外近60家长期校企合作企业为教学提供的实习实训场所，为学生学习和就业的技能训练提供强有力的支持。

学院以新时代职业教育办学思想为根本遵循，以高技能人才培养为中心，以加强“双师型”师资队伍建设为目标，通过深化专业、课程改革，建设健全教学质量管理体系和实践实训、职业能力训练体系，努力提高教学育人质量。学院以培养思想素质良好、符合社会需要、掌握一定专业和基础知识、有一定实践动手和创新创意能力的复合型人才为办学宗旨。

教学工作

办学特色

立足服务地方建设，培养全面发展人才，以科学态度为实践创新和人文教育平台奠基。集结雄厚的教科研团队，发挥强有力的教学优势，以创建课程品牌和专业建设为引导，以产学研结合为抓手，以校企合作为模式，以文化育人为主线，扎实夯实基本理论知识，牢固打好专业技能基础。以理论与实践的双重能力，应对社会对人才培养的实际需求。

专业发展立足地方建设，课程改革瞄准社会应用前沿最新需要，师资队伍建设要求“双师型”模式，实践教学强调适应能力的培养。针对艺术教学的特点，坚持教师导向，注重实践能力，实现学科、教学、师资、科研的全面协调和合理发展。

专业设置

2022年苏州市职业大学艺术学院专业建设情况一览表

系名称	专业名称	专业带头人	职称	学历（位）
环境艺术系	环境艺术设计	薄晓光	副教授、高级工艺美术师	本　科（硕士）
	工艺美术品设计	徐　军	副教授	本　科（学士）
	室内艺术设计	陆宇澄	教授、研究员级高级工艺美术师	本　科（学士）
	服装设计与工艺	雷兴武	副教授、工艺美术师	本　科（学士）

续表

系名称	专业名称	专业带头人	职称	学历（位）
视觉传达系	视觉传达设计	杨　光	副教授	研究生（硕士）
音乐系	表演艺术	郝思震	教授	本　科（学士）

专业介绍

◎环境艺术设计——校级品牌专业

专业特色：本专业专注于环境艺术设计理论、技术、实践。重视学生系统性、实践性和实用性的能力培养，提高学生多学科协同设计的能力以及创新的设计思维和能力；重视让学生掌握环境艺术设计的宏观综合能力，从艺术、设计、环境学、文化学等多学科组合的角度，分析设计中的问题，掌握设计的流程以及实施设计的能力；重视实践学习，使学生在课堂上和社会实践中加深对环境艺术设计及专业认知，掌握设计的技术及实施细节，培养学生的实践能力及解决问题的能力；重视学生在专业学习中培养良好的社会意识和责任感，树立环境艺术设计的法律、伦理及道德意识。

培养目标：通过教学和实习，培养具有良好的文化素养、理论知识和实践能力的环境艺术设计专业人才。本专业的学生应具备基本的文化素养、理论知识和实践能力、对环境艺术设计的发展趋势及其应用的良好了解；具有良好的设计思维和实践能力，能够运用有效的艺术表现技术和设计思路，进行创造性的设计表现；掌握环境艺术设计的基本理论、技术和应用，能够运用现代艺术设计理论和技术，进行创作性的环境艺术设计，能够探索和实践环境艺术设计新的发展趋势，提高艺术设计的审美品位，拥有跨学科创造的视野和能力，具备环境艺术设计师的职业道德和社会责任感。

主要课程：专业制图、住宅空间室内设计、办公空间设计、餐饮空间设计、娱乐与商业空间设计、环境景观设计、虚拟仿真设计（BIM）、家具设计、展示设计、材料与预算、施工工艺及电脑辅助设计等。

◎工艺美术品设计——校级特色专业

专业特色：本专业依托漆艺、陶艺、雕塑等实训室培养学生，使学生不仅具备工艺品设计与制作能力，还具有软件运用、设计创新能力，能够从事工艺美术品设计与制作、文创产品设计开发等工作。

培养目标：本专业培养德、智、体、美、劳全面发展，适应现代社会和经济发展需要，具有实用、现代、复合特征的现代艺术工程人才。

主要课程：造型基础、设计基础、电脑软件、装饰图案、装饰绘画、旅游纪念品设计、陶艺、雕塑、漆艺、金属工艺、纤维材料工艺、民间工艺等。

◎室内艺术设计

专业特色：本专业主要学习软装陈设的设计与施工管理知识，突出应用特色，重视实践操作能力的培养，帮助学生独立完成从软装主题构思、设计效果图到制作安装。

培养目标：在家居饰品行业和软装设计行业蓬勃发展的背景下，本专业依托“工作室制”的人才培养模式，以“主题+工艺”和“主题+空间”的递进式教学模式，培养具有良好的职业素养、人文素养和敬业精神，具有诚实守信和认真工作的态度，具有团队协作精神和公共关系处理能力，具有人际交流沟通和协调能力，掌握室内软装设计方案和流程，熟悉家居饰品市场发展规律，以家居软装饰品的设计能力为特色，以室内软装设计能力为核心的高素质、高技术人才。

主要课程：装饰图案、设计效果表达技术、3D建模软件、布艺设计与搭配、陶艺设计、家居配饰设计、室内空间设计、软装色彩与风格、家具风格与装饰、室内软装设计、花艺与配饰设计、综合材料等。

◎服装设计与工艺

专业特色：本专业主要研究服装的立体构成、造型设计、图案设计、结构设计、工业样板设计及制作工艺流程等方面的基本知识和技能，进行服装和配饰的设计、绘图及制作等。本专业突出应用特色，重视实践操作能力的培养，帮助学生独立完成从服装主题构思、设计制板到成品制作。

培养目标：本专业适应现代社会发展及区域行业特色，面向企业、专业品牌设计公司及与服装相关的领域，培养既掌握服装设计领域的原理和方法，又具备较强工艺制版及版型设计能力的高级复合型人才。

主要课程：服装设计、服装成衣工艺、女装结构设计、服装工业样板设计、服装CAD/CAM、服装立体裁剪等。

◎视觉传达设计

专业特色：本专业主要研究平面设计、包装设计、VI设计、文创产品设计、音频视频编辑、网页设计等方面的基本知识和技能，同时注重思政教育、实验、实习实训、毕业设计、社会实践等。本专业突出实践性教学，注重理论与实践一体化教学，学生在校内外开展综合实训。

培养目标：本专业培养能够践行社会主义核心价值观，德、智、体、美、劳全面发展，具有一定的科学文化水平，良好的人文素养、科学素养、职业道德和创新意识，精益求精的工匠精神，较强的就业、创业能力和可持续发展的能力，掌握本专业知识和技术技能，面向专业技术服务业、新闻和出版业、文化艺术业、印刷和记录媒介复制业等行业的视觉传达设计人员、数字媒体艺术专业人员、美术编辑、技术编辑、印前处理和制作员等职业群，能够从事平面设计师、视觉设计师、视频剪辑师、品牌设计师、美工等工作的高素质技术技能人才。

主要课程：标志设计、字体设计、版式设计、招贴设计、图形设计、广告短片制作、包装设计、VI设计、视音频编辑、书籍设计、展示设计等。

◎表演艺术

专业特色：本专业坚持“服务为宗旨，就业为导向，产学研结合”的办学方针，建立符合社会需要的课程体系，初步形成具有高职表演艺术专业特点、基于工作过程的课程教学模式，强调突出人才应用创新能力的培养，把专业技术人才培养作为重点；培养学生拥有集技能、表演、教学、管理于一身的综合能力，构建彰显高职教育特色，工学结合的人才培养模式及多向性、立体化的专业课程体系。

培养目标：本专业培养理想信念坚定，德、智、体、美、劳全面发展，具有一定的科学文化水平，良好的人文素养、职业道德和创新意识，精益求精的工匠精神，较强的就业能力和可持续发展的能力，掌握本专业知识和技术技能，面向文化艺术和教育行业的歌唱演奏员、民族乐器演奏员、外国乐器演奏员、其他教学人员职业群，能够从事歌唱、乐器演奏、文化艺术培训、群众文化指导等工作的高素质技术技能人才。

主要课程：声乐、钢琴、舞蹈、器乐（古筝、扬琴、二胡、竹笛等）、歌曲弹唱、音乐教学法、基础乐理、和声、中外音乐史、视唱练耳、合唱指挥等。

师资介绍

名师风采

周德富，男，1968年12月生，黑龙江明水人。现任苏州市职业大学艺术学院副院长，教授，主要从事数字媒体技术相关专业的教学科研工作。江苏省高校“青蓝工程”优秀教学团队带头人、苏州市优秀教育工作者、苏州市高职院校优秀新专业——动漫制作技术专业带头人、校首届教学名师、江苏省数字媒体与软件技术综合实训基地主要负责人。受聘担任2018年全国职业院校中职组VR技能大赛裁判、2019年江苏省中职组VR技能大赛裁判长、2019年山东省高职组VR技能大赛裁判长、2020年广东省高职组VR技能大赛裁判长、2022年全国职业院校技能大赛中职组VR技能大赛裁判长，并获评优秀裁判员。

先后主持和参与省部级、市级科研和教改项目20余项，发表教科研论文30余篇，主编教材（含音像教材）8部。主编的教材《多媒体制作技术》被评为江苏省精品教材，教材《多媒体制作技术（第2版）》被评为江苏省重点教材。指导学生获2018年全国职业院校技能大赛“虚拟现实（VR）设计与制作”赛项省赛一等奖、国赛二等奖，2019年省赛一等奖、国赛一等奖。

郝思震，男，1966年10月生，江苏苏州人。1989年本科毕业于南京师范大学音乐系，2003年毕业于南京师范大学高校教师研究生班，主要从事钢琴与钢琴即兴伴奏教学研究以及音乐文化研究。现任苏州市职业大学艺术学院表演艺术专业带头人，教授。苏州市知名钢琴教育专家，中国音乐家协会会员，中国教育学会音乐专业委员会会员，中国音乐家协会全国艺术考级考官，中央音乐学院、上海音乐学院、江苏省音协考级委员会顾问，苏州市钢琴学会副会长，江苏师范大学音乐学院硕士研究生导师。受邀担任省青少年钢琴大赛、省音乐专业基本功比赛和市级各类重大比赛评委，受邀担任省教育厅音乐教师培训专家教师。

出版专著《音乐教育研究》1部，主持并完成省级课题2项，在各类核心期刊公开发表学术论文20余篇。辅导本专业学生在国家级、省级音乐专业基本功比赛中获一等奖，多次获省级优秀教师指导奖。指导多名学生在全国及省、市各级钢琴比赛中获奖。

陆宇澄，男，1972年1月生，江苏太仓人。教授，研究员级高级工艺美术师，九三学社社员。主要研究方向为装饰艺术、室内陈设。1993年毕业于南京师范大学美术系美术专业，专业方向为装饰画（装饰艺术），获学士学位。2000年9月考入苏州大学艺术学院江苏省高校教师研究生班，专业方向为设计艺术学。现任苏州市职业大学艺术学院教学与实训中心主任、室内艺术设计专业带头人、文创学院副院长。扬州大学美术与设计学院硕士研究生导师，中国建筑学会室内设计分会、江苏省美术家协会、江苏省工业设计学会、江苏省工艺美术学会会员。

发表学术论文50篇，其中被CSSCI期刊或核心期刊收录10篇。创作的美术作品入选首届全国漆画展、全国首届小幅水彩画展、江苏漆画漆艺邀请展、纪念“延讲”60周年美术作品展等全国和省、市各级展览10余次，并被发表于报刊或入编画册。设计作品被企事业单位采用、发表，并获授权国家专利10余项。在苏州金螳螂建筑装饰股份有限公司兼职多年，主持完成多个艺术品软装饰工程项目。

张晓春，男，1968年8月生，江苏苏州人。1990年毕业于南京师范大学美术系，2003年获得硕士学位。现任苏州市职业大学艺术学院教授，高级工艺美术师。中国书画家联谊会会员、江苏省美术家协会会员、江苏省高校“青蓝工程”优秀青年骨干教师培养对象。华夏书画院客座教授、苏州市常熟华丽制衣有限责任公司艺术总监、苏州市苏翱织绣工艺品有限责任公司艺术总监。

在国家核心刊物和省级刊物上发表专业学术论文50余篇；编著专著1部、个人画册1部，参编教材1部；主持或参与省级研究课题1项、市级研究课题1项；获授权实用新型发明专利1项、外观设计专利7项、作品著作权35项。获第十届全国多媒体课件大赛优秀奖。美术作品先后多次入选国内外各种美展或被发表在美术专业刊物上，并获“当代文人画名家精品画展”金奖等奖项。

专业带头人简介

薄晓光，男，1976年3月生，江苏太仓人。1999年毕业于无锡轻工大学（现江南大学）设计学院环境艺术设计专业，2007年获苏州大学艺术学院硕士学位。现任苏州市职业大学艺术学院环境艺术系主任、环境艺术设计专业带头人，副教授，研究方向为环境艺术设计。指导学生获江苏省普通高校本专科优秀毕业设计（论文）一等奖1次、二等奖2次。

徐军，男，1966年11月生，江苏苏州人。1993年毕业于苏州大学艺术学院。现任苏州市职业大学艺术学院工艺美术品设计专业带头人，副教授，主攻中国画、装饰工艺绘画。近年来，作品《暗香》《莲荫》《浥露》《花香》《无山不美无水不秀》等多次入选中国美术家协会、江苏美术家协会主办的各级各类画展。发表省级论文7篇。

陆宇澄，苏州市职业大学艺术学院室内艺术设计专业带头人。（详见“名师风采”部分）

雷兴武，男，1971年5月生，江苏淮安人。1996年毕业于无锡轻工大学（现江南大学）服装设计专业，2003—2005年在苏州大学艺术学院高校教师研究生课程班学习。现任苏州市职业大学艺术学院服装设计与工艺专业带头人，副教授，研究方向为服装设计。多件设计作品获全国奖项，其中2000年、2001年分别获得“中华杯”全国银奖、国际银奖。

杨光，男，1980年3月生，河南焦作人。毕业于江南大学设计学院，获设计艺术学硕士学位。现任苏州市职业大学视觉传达设计专业带头人，副教授，主要从事文创产品开发及包装设计研究。

主持省级、校级科研项目多项，多次参与国际会议交流，发表论文被SCI或核心期刊收录4篇，发表其他论文10余篇。获授权发明专利、实用新型专利10余项。原创设计并已量产作品《榫卯立支》获中国设计红星奖，包装设计作品获中国包装设计大赛专业组二等奖。指导学生获教育部包装教学分指导委员会主办的全国大学生包装设计大赛一等奖，获江苏省职业院校技能大赛一等奖。获评中国大学生文化创意设计大赛优秀指导教师。

郝思震，苏州市职业大学艺术学院表演艺术专业带头人。(详见“名师风采”部分)

校企合作

根据艺术专业教学的特点，艺术学院选择了在行业内有一定知名度的相关企业进行产学研合作。校企合作分为下列几个方面：

◎相关企业与学院教师的项目合作

学院设计类教师参与众多设计公司项目的指导和设计等。这些活动锻炼了学院教师的专业能力，促进了教学改革。

◎学院教师为有关公司和单位的建设和发展提供咨询顾问

学院教师参与有关中小学的艺术教育指导，担任设计公司的艺术顾问和设计总监，参与音乐团体的组织和管理等，实现校企合作双赢的良好局面。

◎与企业合作共同培养学生和青年教师

学院的学生教学实践和实习、青年教师的实践锻炼均由学院的相关合作企业承担。学生和教师通过企业实践，加强理论知识和实践的联系，办出职业教育的特色。学院正在探索更深入更广泛的校企合作，使这项工作取得更好的成效。

2022年苏州市职业大学艺术学院校企合作表

序号	校外实训基地名称	实训专业
1	南京市完美动力动画职业培训学校	视觉传达设计
2	苏州蒙特文化传媒有限公司	视觉传达设计
3	苏州宝带文化传媒有限公司工匠园分公司	视觉传达设计
4	苏州市略图工业设计有限公司	视觉传达设计
5	苏州工业园区波比豆丁园托育有限公司	视觉传达设计
6	苏州欧瑞教育科技发展有限公司	视觉传达设计
7	苏州工业园区肯达文化艺术发展有限公司	视觉传达设计
8	苏州释放文化传播有限公司	视觉传达设计
9	苏州简一文化创意设计产业有限公司	视觉传达设计
10	苏州核舟文化传播有限公司	视觉传达设计
11	苏州市玉屏客舍会议中心有限公司	视觉传达设计
12	苏州合壹壹文化传媒有限公司	视觉传达设计
13	苏州天工巧绘陈设艺术设计有限公司	视觉传达设计
14	苏州金螳螂家家居科技有限公司	环境艺术设计
15	苏州右见建筑装饰设计工程有限公司	环境艺术设计
16	苏州安得装饰设计工程有限公司	环境艺术设计
17	南京慧筑信息技术研究院有限公司	环境艺术设计
18	苏州金玉堂装饰集团有限公司	环境艺术设计
19	苏州市名人建筑装饰工程有限公司	环境艺术设计

续表

序号	校外实训基地名称	实训专业
20	苏州慧亭文化旅游发展有限公司	环境艺术设计
21	苏州市磐石设计装饰有限公司	环境艺术设计
22	苏州山石筑设计有限公司	环境艺术设计
23	苏州子持莲华建筑装饰工程有限公司	环境艺术设计
24	苏州青山艺居设计装饰有限公司	环境艺术设计
25	苏州集上源筑创意设计有限公司	环境艺术设计
26	苏州禾全装饰工程有限公司	环境艺术设计
27	吴江区松陵镇伊索家具商行	环境艺术设计
28	苏州兆康建筑装饰有限公司	环境艺术设计
29	苏州高卓建筑装饰设计工程有限公司	环境艺术设计
30	苏州物造建设工程有限公司	环境艺术设计
31	苏州市软装行业协会	室内艺术设计
32	苏州金螳螂软装艺术有限公司	室内艺术设计
33	姑苏健康养老产业发展（苏州）有限公司	室内艺术设计
34	苏州弥惟文化艺术有限公司	室内艺术设计
35	三间堂（苏州）空间设计有限公司	室内艺术设计
36	苏州卡亚娜软装设计有限公司	室内艺术设计
37	苏州匠意居装饰有限公司	室内艺术设计
38	苏州臻源软装设计有限公司	室内艺术设计
39	江阴市丰硕文化产业有限公司	室内艺术设计
40	苏州基业生态园林股份有限公司	室内艺术设计
41	江苏金龙科技股份有限公司	室内艺术设计
42	苏州市文化创意产业联合会	工艺美术品设计
43	苏州姑苏陆玖阁投资管理有限公司	工艺美术品设计
44	南京匠心网络科技有限公司	工艺美术品设计
45	苏州软件园培训中心有限公司	工艺美术品设计
46	苏州丝生活网络科技有限公司	工艺美术品设计
47	乐人数字科技（苏州）有限公司	服装设计与工艺
48	苏州从然服饰有限公司	服装设计与工艺
49	苏州美之甜创意设计有限公司	服装设计与工艺
50	苏州鸿成丝绸印花服饰有限公司	服装设计与工艺
51	上海龙熙服饰有限公司	服装设计与工艺
52	苏州华皇纺织品有限公司	服装设计与工艺
53	苏州禾奇手工刺绣有限公司	服装设计与工艺
54	江苏匠之心文化产业管理有限公司	服装设计与工艺
55	苏州苏通源服饰科技有限公司	服装设计与工艺
56	苏州上格音集文化发展有限公司	表演艺术
57	苏州市音华琴行	表演艺术
58	苏州大苏文化传播有限公司	表演艺术
59	江苏艺笙堂文化传媒有限公司	表演艺术

学术科研

2022年，艺术学院教师完成教学工作任务的同时，积极投入科研和艺术创作工作，取得较好的成绩。“新媒体视阈下舞蹈艺术融合流变研究”获批教育部人文社会科学研究青年项目，舞蹈《运河魂》获批江苏艺术基金小型剧

（节）目和作品资助项目。全院教师发表论文50余篇，其中被SCI收录3篇，被CSSCI收录1篇，被人大复印报刊资料转载1篇，建言献策3篇。横向课题到账经费49.7万元。出版学术著作2部。获授权实用新型和外观专利6项、作品版权35项。第八届“紫金奖”文化创意设计大赛获奖2项，入围江苏省第八届新人美术作品展览1项；新媒体艺术与技术创新研究中心获批校级科研平台。

学生工作

◎领导重视，汇聚合力提升学生工作质量

2022年，学院党政联席会议研究部署学生工作会议6次，党政领导经常深入学生群体，联系学生、班级、宿舍，积极参加学生活动。学院领导靠前指导，深入学生谈心谈话，2022年未出现重大学生突发事件。

◎日常管理，以制度为本

学院进一步落实《苏州市职业大学艺术学院学生工作考评实施办法》《苏州市职业大学艺术学院就业工作考核办法》《苏州市职业大学艺术学院宿舍管理办法》《苏州市职业大学艺术学院学生干部选拔考核办法》等，规范各项工作的开展。定期开展辅导员、班主任例会，及时实现上情下达，做到班主任月月有例会、例会有主题，工作安排和学习培养相结合，全心全意服务于学生管理和德育工作。

◎辅导员队伍建设

2022年，学院辅导员参加外出培训20人次，共计培训天数39天；组织参加校2021年辅导员工作案例评选，共提交案例3篇，获二等奖1项；1人参加第九届江苏高校辅导员素质能力大赛复赛，获二等奖。学院加强辅导员理论学习，倡导工作实践与体会相结合，进行相关科学研究。立项2022年度苏州市职业大学党的建设研究课题1项；1人获评校优秀辅导员，并参加2022年优秀辅导员风采展示暨“辅导员年度人物”评选答辩会。

◎班主任队伍建设

2022年，学院制定《苏州市职业大学艺术学院班主任工作考核实施办法》，进一步调动班主任作为班级学生工作和学生学习生活的组织者、管理者的积极性和主动性，充分发挥班主任在人才培养工作中的作用，建立职责明确、管理有序、效能显著的班主任工作运行机制，规范班主任工作考核，发掘优秀先进典型，健全奖励机制，完善三全育人体系。2022年，6人获评优秀班主任。

◎学生干部队伍建设

学院重点关注学生干部思想动态与心理健康，强化学生干部的服务意识，抵制不良风气，让学生干部真正成为学生榜样。学生干部中涌现出一批先进代表，获评三好标兵47人、三好学生42人、优秀学生干部68人、省级优秀学生干部1人。在优秀学生干部中选聘班主任助理15人、辅导员助理7人。组织新生班团干部100余人参加团拓培训。

◎学生党员队伍建设

2022年度发展学生党员15人。学院认真落实党员发展工作。坚持个别吸收，成熟一个发展一个，培养吸纳学生骨干，为党支部注入强大力量。培养入党积极分子46人，上半年发展预备党员10人，下半年发展预备党员5人。学生党员、发展对象、积极分子在学习、生活中发挥先锋模范和骨干带头作用。

◎评奖评优工作

2022年学生实践创新奖励共计50项，其中，按获奖等级分，国家级23项、省级21项、市级6项；按获奖类别分，竞赛类36项、论文作品类8项、专利类6项。共有210人获校优秀学生奖学金，其中校优秀学生一等奖学金19人、二等奖学金38人、三等奖学金56人、单项奖学金97人。共有2人获国家奖学金，40人获国家励志奖学金，5人获君创奖助学金，10人获开元奖学金，10人获张继馨艺术奖学金。有233人次获先进个人称号，其中校级三好标兵47人次、校级三好学生42人次、校级优秀学生干部68人次、校级优秀毕业生74人次、省级三好学生1人次、省级优秀学生干部1人次。有23个集体获集体荣誉称号，其中获评文明标兵宿舍2个、文明标兵班级2个、文明宿舍16个、文明班级3个。

◎学生资助工作

加强勤工助学日常管理工作，开展勤工助学岗前培训。2022年度已培训学生人数13人，分别在琴房、机房、艺术学院小剧场、艺术学院实验实训室上岗。做好家庭经济困难学生认定。指导各班级加强认定工作组织体系建设，重点做好2022级新生家庭经济困难学生认定，同时对其他年级家庭经济困难学生信息库进行适当调整，通过家庭经济困难学生建档工作，为后续开展各类资助评定提供有效的参考依据。2022年，学院贫困生共193人，其中特别困难学生96人、比较困难学生43人、一般困难学生54人；新生中，共有贫困生55人；共有44名新生获得绿色通道资助并顺利入学。做好助学贷款管理工作。进一步加强国家助学贷款贷前、贷中和贷后各项管理工作，如贷款毕业生离校前开展基本信息核对，为还款事宜召开专门会议，开展还贷毕业生违约催收专项工作，有效降低贷款毕业生违约数量和比例。做好学费减免认定，共69人申请学费减免。做好国家奖助学金评定。根据校学生资助管理中心下达指标，严格组织落实2022年度国家奖助学金评选，在评审工作中进一步强化申请、审核和公示等环节。2022年，共40人获国家励志奖学金。

◎心理健康工作

2022年，学院心理健康辅导工作站着重加强队伍建设，健全工作机制。设站长1人，由专职辅导员担任；副站长2人，由2021级优秀心理委员担任；班级心理委员56人。学院以心理委员例会制度为抓手，确保各项心理健康辅导工作深入各班级、各宿舍，同时利用例会制度开展心理委员思想教育和工作辅导。2022年10—11月，学院开展心理健康普查工作。经过站长宣讲、心理委员深入班级组织动员，学院490名新生参与普查，完成率达到100%。12月初，学院配合学校心理健康中心顺利完成74名新生心理健康测评回访工作。学院心理站建立特殊学生心理健康档案，通过“病历”式档案把握学生心理健康脉络，持续系统地开展心理辅导。

◎就业工作

2022年的就业工作主要面向2022届和2023届毕业生。2022届毕业生500人，毕业生初次就业率83.60%，年终就业率95.6%，其中，7人创业，5人应征入伍，2人入选“江苏大学生志愿服务乡村振兴计划”，128人升学，毕业生就业质量和满意度进一步提高，基层就业、自主创业、困难帮扶、指导服务、制度建设等重点工作取得实质性成效。为做好2023届毕业生就业指导工作，学院拓宽招聘渠道，组织招聘活动。学院开展访企拓岗工作，走访26家企业，了解企业用人需求，从而更好地制订教学计划，与企业建立更紧密的合作关系，为毕业生提供就业平台。学院还依托信息化服务平台，积极开展就业推荐。2022年，学院共举办18场企业宣讲会，提供370个就业岗位；举办艺术学院专场招聘会2场，邀请60家企业进校，提供1170个就业岗位；参加直播荐岗活动，邀请12家企业参加，提供83个就业岗位；通过“苏职大艺术学院”微信公众号发布150家企业的招聘信息，提供就业岗位1851个。

◎组织学生参加各级各类比赛和活动

在校职业生涯节上，组织学院（部）职业生涯规划大赛，指导学生参加校级比赛，2名学生入围校级复赛，其中1名学生晋级校级决赛和省赛，并在“武进人才杯”江苏省第十七届大学生职业规划大赛（专科组）中获特等奖。选拔培养学生创新创业团队，上半年2支创业团队参加学校“互联网+”创新创业大赛，分获二等奖、三等奖；下半年推荐5支创业团队参加“互联网+”创新创业大赛校内培育项目评选，其中2支团队入选。推荐3名学生参加“逐梦青春　一起向未来”为主题的国家奖学金评审会，2名学生获国家奖学金。推荐2名学生参加学校“奋进新征程　青春勇担当”2022年大学生年度人物评选活动，2人均成功入选。在“奋进新征程　青春勇担当”全省大学生征文及演讲比赛中，1名学生代表学校参加演讲比赛并获优秀奖，1名学生代表学校参加征文比赛并获三等奖。增强阳光体育健康管理功能。2022年度学院开展新老生篮球友谊赛、疫情居家跳绳比赛，参加校园团队项目竞赛团体比赛并获第一名，参加校田径运动会并获总分第八名。

（张辰婕）

马克思主义学院

概　况

2014年3月，根据《江苏省高职院校思想政治理论课建设标准（试行）》（苏教社政〔2010〕10号）相关规定及要求，学校研究决定，成立思想政治理论教学研究部。2022年9月，经校党委会研究，决定在原思想政治理论教学研究部基础上成立马克思主义学院。下设思想品德修养与法律基础、习近平新时代中国特色社会主义思想、毛泽东思想概论3个教研室和1个综合办公室。

学院现有专任教师33人，客座教授、兼职教师10余人。其中，正高职称者2人，副高职称者15人，博士11人，硕士11人。教师教学素养高，经验丰富，年龄结构、职称结构合理，"双师素质"突出。学院承担着全校学生的"习近平新时代中国特色社会主义思想概论""毛泽东思想和中国特色社会主义体系概论""思想道德与法治""形势与政策""职业素养提升"和"军事理论"6门公共必修课的教学任务。根据学校的教学要求，学院还开设全校性公共选修课。

一直以来，学院全体教师兢兢业业，锐意进取，始终坚持教学与科研并重，取得一系列教学与研究成果。1名教师获评大学生"我最喜爱老师"，1名教师所授课程被评为校"十佳优质示范课"。学院先后推出"专业教师+思政教师"、校企双向融入"课程思政"公开课20节，2堂课被评为苏州市新时代"课程思政"示范课，8堂课被"学习强国"学习平台收录并展示，"专业+思政"双向融入课程思政教改成果分别获江苏省、苏州市教育教学成果奖二等奖。教师获省、市各类教学比赛奖10余项。学院教师出版学术专著5部，发表学术论文120余篇，主持市厅级以上项目25项，获苏州市哲学社会科学优秀成果奖及苏州市自然科学优秀论文奖近10项。

教学工作

学院严格落实集体备课制度，经常性开展集体听评课活动，公开听课、评课达64节。对近3年新进教师采取"导师制"，由教学经验较为丰富的老教师对新进教师开展"传、帮、带"，加快他们的成长。通过集体备课、组织研讨，领导、督导随堂听课，随机线上听课等多种形式，切实提升思政课的建设水平和教学质量，增强学生对思政课的满意度和获得感。

按"大思政"育人相关精神，将课堂教学与课外教学有机结合起来，取得良好的教学效果。学院结合不同专业的学生特点，开展"走进吴文化园""走进廉洁文化馆""走进校史馆""走进碑博""走进纪念馆"等实践教学活动。将课堂搬进苏州体育博物馆，现场开展体验式思政课实践教学活动。邀请中国男子跆拳道奥运冠军、东京奥运会开幕式中国体育代表团旗手赵帅参与实践教学授课，为学校学生共上一堂思政课，苏州地方媒体"引力播"做相关报道。同时，持续推进协同育人实施方案，联合校团委、学生工作处，拓展建设大学生生命健康安全教育实践基地，作为思政课实践教学的又一校内场所，思想政治理论课实践教学初步实现规范化、常态化、多元化发展。

学院强化教学项目建设。申报获批校教学改革重点项目1项，研究性课程项目2项；4项研究型课程项目结题，2个教学团队立项建设。在原"思政+专业"基础上，大胆创新，组织3名思政教师和1名专业教师构成融合型教学能力竞赛团队，再造教学流程，再构教学环节，再建教学资源。学院教学竞赛团队获江苏省职业院校教学能力比赛二等奖。

打造教学改革品牌。将教改过程中的经验、做法充分完善、补充、凝练，结合学校"对标找差"具体任务，选择将江苏省思政课教学改革示范点项目作为攻坚突破口。首次申报江苏省思政课教学改革示范点项目并获立项，该项目成为马克思主义学院内涵建设的亮点与学校思政教育教学改革创新的又一品牌。

师资介绍

名师风采

杨德山，男，1965年8月生，江苏高邮人。现任苏州市职业大学马克思主义学院研究员。江苏省现当代文学研究会会员、苏州市语言学会副秘书长、苏州市教师专业发展研究会副秘书长、苏州市中小学教师培训专家库成员。

在省级以上期刊发表文章30余篇，其中，被核心期刊收录11篇，被CSSCI源期刊收录2篇，被人大复印报刊资料全文转载1篇。主持省部级课题1项，主持并完成市厅级课题8项，参与并完成市厅级课题4项；2项课题研究分获苏州市人力资源和社会保障局二等奖、三等奖，2项成果分获苏州市第十一次、十三次哲学社会科学优秀成果奖三等奖。获评江苏省教育科研先进个人。

石阶瑶，女，1965年7月生，江苏苏州人，医学博士。现任苏州市职业大学马克思主义学院教授。中国心理卫生协会会员，江苏省健康管理学会人才培养与职业发展分会副秘书长、特聘专家，江苏省预防医学会会员。

主持市厅级课程思政示范课1项。在国内外期刊公开发表论文近30篇，其中被SCI（三区）收录1篇；作为副主编出版著作1部，作为副主编编写教材2部，参与编写教材3部。参与完成国家自然基金课题1项，参与完成中澳合作项目1项；主持完成省部级课题1项，参与1项；主持完成市厅级课题7项（其中3项为重点课题）；2项课题研究成果获苏州市社科应用研究精品工程优秀成果奖二等奖；主持完成横向课题2项。先后6次获市厅级自然科学优秀学术论文三等奖。

校企合作

2022年，学院积极拓展社会实践与社会服务，大力支持教师结合专业和个人特长积极服务社会，承担社会责任。与苏州公园管理处签订校企合作协议，共建双师培养基地。学院走访苏州市枫桥风景名胜区管理处，双方就校企合作的范围拓展、景区员工业务素质培训及大学生思想政治教育实践活动等事宜进行充分讨论，并就开展枫桥风景名胜区职工业务素质提升专项培训达成合作意向。学院承接华夏人寿保险股份有限公司河南分公司的生命教育、家庭教育培训项目，到账经费6.6万元。落实教师企业实践活动，8名教师参加苏州博物馆、苏州碑刻博物馆的志愿者服务并担任苏州市姑苏区人民法院人民陪审员。

学术科研

学院广泛调动广大教师的科研积极性，部门政策向一线科研教师倾斜。2022年，学院获批江苏省高校思政课教育教学改革创新示范点项目1项、省教育厅哲社思政专项4项、苏州市社科项目1项；被CSSCI收录论文1篇；申报并立项校级平台“生命教育研究与实践中心”1项，资助经费20万元；承接横向合作项目8项，到账经费17万元。

（皇甫志芬）

数理部

概　况

数理部成立于2014年4月，现有教职工24人，其中专任教师23人、行政人员1人。近年来，在学校大力支持和教师自身努力下，师资力量逐步得到加强，师资结构也逐渐趋于合理。现有教授2人、副教授13人，高级职称教师占62.5%；中级职称者9人，中级职称教师占37.5%。专任教师中，4人取得博士学位，9人取得硕士学位；“双师型”教师20人，占专任教师的87%。专任教师中有江苏省“333高层次人才培养工程”第三层次培养对象1人，江苏省高校“青蓝工程”优秀青年骨干教师2人、培养对象1人，校“青蓝工程”优秀青年骨干教师2人。

数理部内设综合办公室、应用数学教研室和数据技术教研室，另设数学实验室、大数据实验实训平台，主要用于学生数学实验、数学建模，以及为大数据专业学生上机操作、实验实训提供良好的场所。

数理部承担全校高等数学、经济数学、工程数学、线性代数、概率论与数理统计及数学类公选课等课程。数理部教师在教学过程中以“敬业、爱生、传道、育人”为理念，利用信息化手段不断改进教学方法，以学生为主体，以能力为本位，注重教书育人，使学生得到全面发展，为学生进一步学习专业课知识打下坚实的基础。

在2022年全国大学生数学建模竞赛（专科组）中，数理部教师培训、指导学生获江苏赛区三等奖1项；在江苏省高等学校第十九届高等数学竞赛（专科组）中，培训、指导学生参赛，6名学生获二等奖，18名学生获三等奖。此外，数理部教师积极参加江苏省职业院校教学能力比赛，获省三等奖1项；参加江苏省高校第八届数学基础课青年教师授课竞赛，获三等奖1项。积极建设省在线开放课程“经济数学（一）”、校级在线精品课程“高等数学”；与商学院合作，参与建设融合化在线开放课程1门；校重点教材《线性代数》顺利结题，《高等数学》获2022年度校重点教材立项建设；培育校教育教学优秀成果奖1项。

教学工作

数理部秉承“育人为本、质量第一、以学生为中心”的办学理念，积极践行“为地方经济服务、为学生思想奠基”的办学宗旨，根据经济社会发展对人才培养提出的新要求，突出学生的主体地位，不断更新教学内容，强化多媒体信息化手段的运用。通过全国大学生数学建模竞赛、江苏省普通高等学校高等数学竞赛和具有实践意义的实践教学环节，训练学生运用所学数学知识分析问题、解决问题，培养学生的独立思考能力和实践动手能力。

师资介绍

名师风采

梁淼，女，1981年1月生，江苏昆山人，博士。现任苏州市职业大学数理部副主任，教授，美国数学学会评论员。从事微积分、线性代数、概率统计等课程的教学工作，组合设计与密码的科研工作。分别于2016—2019年、2019—2021年在苏州大学数学科学学院、江苏智联天地科技有限公司做博士后研究并顺利出站。2014年被选拔为江苏省高校“青蓝工程”优秀青年骨干教师培养对象，2018年被选拔为江苏省高校“青蓝工程”中青年学术带头人培养对象。

主持国家自然科学基金项目1项，作为主要成员参与国家自然科学基金项目2项，获第60批中国博士后科学基金面上资助二等资助。在组合数学与组合编码领域发表论文17篇，其中，被SCI收录8篇，被SCIE收录5篇，被EI收录2篇；4篇论文分获苏州市自然科学优秀学术论文二等奖1项、三等奖3项。

俞祚明，男，1981年6月生，江苏南京人，理学博士。现任苏州市职业大学数理部教授。曾在香港城市大学电脑科学系担任助理研究员，在浙江深酷机器人有限公司参与运动机器人研发，长期担任美国《数学评论》评论员。主要从事拓扑学及其应用研究，研究兴趣包括广义度量空间、粗糙集理论、无线传感器网络最优布局设计、球类飞行轨迹预测等。

主持国家自然科学基金青年项目、江苏省自然科学基金青年项目各1项，主持香港城市大学深圳研究院横向项目2项。在*Topology and its Applications*、*INFOCOM*、*Information Sciences*等重要期刊和会议上发表论文10余篇。获江苏省高等学校科学技术研究成果奖二等奖（排名第三）、江苏省高校自然科学研究类三等奖（排名第四）。2021年被评选为江苏省高校“青蓝工程”优秀青年骨干教师培养对象。

校企合作

为进一步贯彻落实学校内涵式高质量发展要求，助力学校早日实现职业本科目标，培养“双师型”师资队伍，培养符合社会发展需要的应用型人才，数理部坚持以“走出去，引进来”相结合的方式开展校企合作。2022年，数理部与苏州聚鸿服务外包有限公司、朗顺精密技术（苏州）有限公司分别签订校企合作框架协议；与苏州聚鸿服务外包有限公司、苏州市华能发电机有限公司深度合作，签约共建双师基地1家。校企合作内容进一步丰富，合作方式更加多样灵活、成效显著。2022年，数理部安排4名教师进企业进行社会实践，聘请苏州大学博士生导师秦炜炜、华东师范大学博士生导师许鑫到校举办高水平学术讲座2场，进一步增强教师所学理论与实践应用的结合。

学术科研

2022年，数理部教师共发表论文9篇，其中被SCIE收录2篇；1篇论文获苏州市自然科学优秀学术论文三等奖。获评校优秀科研成果一等奖1项；获2022年度校科学研究成果奖（自然科学奖）二等奖1项。获授权实用新型专利1项。数理部积极开展各级各类教科研项目，其中，与苏州大学合作获批国家自然科学基金面上项目1项；新增横向项目6项，到账经费12万元；获批校教改项目1项、校研究性课程项目2项；校研究性课程结题2项；立项校重点建设教学团队2个。

（王志刚）

体育部

概　况

体育部为学校二级建制单位，设立于2014年4月。承担全校公共体育课程教学工作、阳光体育活动运动训练、体育竞赛以及学生体质健康标准测试的组织指导工作，并设有体育教育专业，着力培养有较高专业水平和教学能力的小学体育教师。近年来，体育部教师主编的教材《大学生体质健康管理与健康促进指南》获评“十三五”江苏省重点教材、江苏省“十四五”职业教育规划教材。体育部积极组织教师参加各级各类教学大赛，充分体现“以赛促教，以赛促学，以赛促进”的工作理念，在全国高等职业院校体育教师教学技能大赛、江苏省职业院校教学能力比赛、江苏省高职高专院校体育教师微课教学比赛、江苏省高等职业院校信息化教学大赛、江苏省高职高专体育教师教学大赛中均取得优异成果。

体育部现有教职员工34人，已形成一支具有良好的职业道德、过硬的业务素质、结构合理的师资队伍。共有专任教师30人，其中，教授2人、副教授15人、讲师8人、助教3人，高级职称者占比56.7%；博士1人、硕士17人，硕士学位及以上教师占比60%；运动健将1人、国家一级运动员4人、国家一级裁判员6人。江苏省高校“青蓝工程”优秀青年骨干教师1人、校“青蓝工程”优秀青年骨干教师1人。

体育部内设体育专业教研室、公共体育教研室（兼群体竞赛中心）、综合办公室、学生工作办公室。体育专业教研室主要负责专业教学管理、专业建设以及学生职业资格的认证，并协助总支做好学生管理工作；公共体育教研室（兼群体竞赛中心）主要负责公共体育教学管理、健身指导工作（包括学生体质测试工作、课外体育锻炼管理）以及体育竞赛管理工作；综合办公室主要负责协助院长做好行政管理工作，包括综合协调、档案管理以及场地建设工作；学生工作办公室为学院（部）学生管理机构，负责对本院学生开展思想政治教育、日常管理和共青团等工作。

为确保体育教学工作和课外活动的顺利开展，学校大力支持投入大量经费用于改造体育场馆和增添新的体育器材、设施设备。现有综合体育馆1个，400米标准田径场2片，室外标准篮、排球场20片，室内健身房、乒乓球房、健美操房、瑜伽房、跆拳道房、综合训练房等10间体育用房。设立体质测试中心和学生健康指导中心，长期对学生的体质状况进行跟踪调查，以正确引导学生进行课外体育锻炼。

体育部现有在校体育教育专业学生97人，签约就业率达100%。体育部积极倡导“以学生为主体、以教师为主导”的理念，以“团结、勤奋、求实、创新”的工作作风发展特色体育教育，以“掌握一至两门终身受益的体育项目”为目标，将“健康第一、快乐健身、终身体育”的思想贯彻于体育教育教学之中。

教学工作

办学特色

体育部以深化体育教育教学改革为重点，全面加强内涵质量建设，强化公共体育建设及体育教育专业建设，以四个“聚焦”推动院部整体发展。聚焦人才，强化师资队伍建设；聚焦质量，深化教学改革创新；聚焦成效，搭建师生成长平台；聚焦合作，推进校地企共赢。

具体的办学思路为：以“本科标准+职业能力+创新创业”构建应用型人才培养体系，以“人文情怀+科学素养+工匠精神”作为人才培养的价值追求，优化课程体系和教学过程，改革课程内容和教学方式，突出专业特色和职业取向，强化实践能力和创业精神，全面提高应用型人才培养质量。

◎公共体育教学

学校公共体育课程整合体育教学内容，改革课程体系，形成包括体育基础课、体育专项课、体育保健课、体育选修课、运动训练课等体育课程群。公共体育教学共4学期，每学期27个学时，1.5个学分，共108个学时。第一、二学期开设体育基础课，主要安排基本健身知识、基本健身技能、基本健身能力等“三个基本”课程内容，将课内外教学、校内外场地有机结合，拓展教学空间。第三、四学期开设体育选项课，主要以满足学生兴趣爱好的体育选项为主要内容。根据学生的个体差异、兴趣爱好，学校开设16个项目选项课。

◎群体竞赛项目

2022年承办省级学生体育赛事1项。在第二十届江苏省运动会高校部（乙组）羽毛球比赛中，获优秀组织奖、最佳赛区奖、体育道德风尚奖代表团等奖项。学校各运动代表队共参加6个项目角逐，分别是龙舟、羽毛球、乒乓球、田径、轮滑及飞镖，既有学校传统优势项目，又有与校企合作单位共同培育的新兴项目，获3枚金牌、2枚银牌、6枚铜牌，羽毛球团体总分第三、龙舟团体总分第四、轮滑及飞镖团体总分第七的好成绩。在2022年江苏省"省长杯"大学生足球联赛系列高职高专院校足球教学成果展示暨体能大赛中，获体能大赛团体一等奖、足球教学成果展示大赛团体二等奖。

专业设置

2022年苏州市职业大学体育部专业设置一览表

教研室名称	专业名称	专业带头人	职称	学历（位）
体育专业教研室	体育教育	王俪燕	副教授	本　科（学士）

专业介绍

◎体育教育

专业特色：本专业精准对焦体育产业人才需求目标，鼓励一专多能，拓宽就业渠道，在体育教育（师范）专业人才培养目标的基础上，拓展学生体育指导及体育管理方面的知识能力，使之具备良好的教师素养、全面的体育教学技能及体育教育研究能力。

培养目标：本专业培养德、智、体、美、劳全面发展，系统掌握体育教育的基本理论、基本知识和基本技能，掌握学校体育教育工作规律，具有较强实践能力，能在小学从事体育与健康课程的教学、健康知识教育、课外体育活动、运动队训练和体育竞赛等工作的专门人才。学生了解体育学科的发展动态，具有学校体育科学研究的初步能力，同时掌握社会体育的基本理论、知识与技能，能在社会体育领域从事群众性体育活动的组织管理、咨询指导等方面工作。掌握一门外语和计算机应用基本技能。

主要课程：运动解剖学、运动生理学、体育心理学、体育游戏、学校体育学、体育科研、小学体育新课程教学法、体育教学技能训练、田径、体操、篮球、排球、足球、武术、健美操、体操、乒乓球、羽毛球等。

师资介绍

名师风采

吴恒晔，男，1964年6月生，浙江丽水人。毕业于华东师范大学体育教育管理专业，浙江师范

大学体育理论研究生课程教师进修班结业。现任苏州市职业大学体育部教授，校乒乓球教学团队负责人。中国体育科学学会会员、中国高校体育年鉴编委。兼任昆山市周市镇文体站社会体育指导员，助力昆山市周市镇创建全国全民运动健身模范城市。

先后主持或参与完成浙江省哲学社会科学规划课题、全国教育科学"十五"规划重点项目课题、国家社会科学基金重点项目课题、浙江省教育厅项目、浙江省科技厅新苗人才计划项目和江苏省体育局、苏州市体育局等的项目课题20余项。近年来，主编江苏省"十四五"职业教育规划教材1部，主持"十四五"江苏省职业教育在线精品课程1部，出版专著1部；发表专业学术论文40余篇，其中在《中国运动医学杂志》《北京体育大学学报》等学术核心期刊发表论文10余篇。

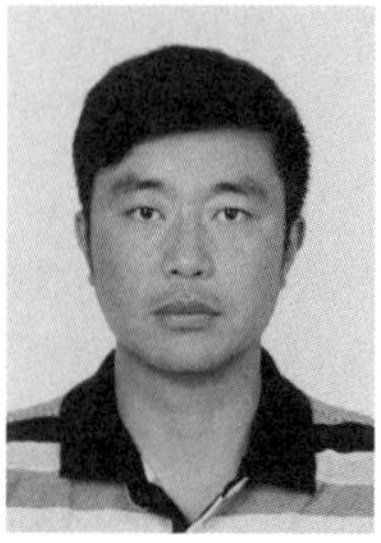

康厚良，男，1979年6月生，四川泸州人。2003年毕业于成都体育学院体育教育专业。现任苏州市职业大学体育部教授，研究方向为民族文化与数字化。先后负责完成公共体育教学选项课程体系的建设、乒乓球俱乐部课程建设，以及体育行为对大学生综合素养的调研；完成"篮球""乒乓球"校级精品课程建设。

发表学术论文50余篇，其中，被EI收录10篇，被核心期刊（包括北图、CSSCI）收录7篇。主持或参与完成市厅级课题6项，主持完成市级横向课题1项，主持校级课题5项，参与国家社科基金项目1项。主编教材1部，作为副主编编写教材1部。

专业带头人简介

王俪燕，女，1973年2月生，江苏苏州人。1991年7月毕业于太仓师范学校并获保送资格至苏州大学深造，1995年7月毕业于苏州大学体育学院，获学士学位，1999年6月获苏州大学运动人体科学专业研究生毕业同等学力结业证书。现任苏州市职业大学体育部主任、体育教育专业带头人，副教授。江苏省高职高专体育教学指导委员会委员、苏州市体育科学学会理事会理事等。2018年获“全国高等职业院校优秀体育工作者”荣誉称号。

获全国高等职业院校第三届体育工作成果二等奖1项。发表专业学术论文10余篇，重要报刊理论文章、市厅级建言献策2篇，获论文成果二等奖1项。主持市厅级科研项目2项。主编教材1部，副主编教材2部，其中，《大学生体质健康管理与健康促进指南》先后获评校重点教材、“十三五”江苏省高等学校重点教材以及江苏省“十四五”职业教育规划教材，《高职体育》获评江苏省“十四五”职业教育规划教材并被推荐参评教育部“十四五”职业教育规划教材。

校企合作

体育部认真执行学校推进工程，切实做好校地合作、产学研合作教育各项工作，大力推进教学改革，提高教育教学质量，促进高技能人才的培养。体育部根据实际情况，组建校地合作工作小组，积极与相关行业协会、体育主管部门接触、沟通和交流，并邀请体育行业企业专家、专业人士共同参与校内实训基地建设方案的制定工作，探索通过校地合作建设校内生产性实训基地的新模式，充分发挥体育部基础实力。

◎加强理论学习，深刻理解校企合作的重要意义

职业教育的必经之路是产学结合，产学结合的前提是校地合作。2022年，体育部组织多次校地合作的理论与实践学习。一方面，教师们充分认识到校地合作的重要性；另一方面，集思广益、努力挖掘出校地合作的新形式和内容。同时，强化教师特别是青年教师的专业技能水平和实践教学能力。

◎积极拓宽校地合作渠道并取得实际成效

2022年，体育部多次走访地方企业、单位，积极拓展校地合作新渠道。全年签订“双师型”教师培养培训基地2家、校外实习实训基地2家、社会团体组织1家。与深度合作企业斐诺（江苏）体育发展有限公司合作开展青少年心理健康培训、团队协作拓展培训，培训合计超200人次。与苏州市羽毛球运动协会开展羽毛球二级、三级裁判员培训，160余人次参加理论与实践培训。体育部还积极承办第二十届江苏省运动会高校部（乙组）羽毛球比赛，完成“2034杯”小学生足球大会的服务工作，均圆满完成相关工作。

◎不断深入强化与优质单位的创新合作

发挥人才优势，为地方提供专业化服务，主动加强与企业沟通，进一步扩大合作，积极探索产学研结合的新路子，从而促进地方经济社会发展，加快校企合作步伐。一是与苏州市吴中区文化体育和旅游局签订合作协议，协助完成吴中区2022年全民体质测试项目；二是与昆山周市镇的社区合作，创建“周市镇智慧健身乐园”网络在线课程管理平台。2022年，体育部还与学生教育实习单位江苏省越溪实验小学、吴中开发区实验小学开展深度合作并签署合作协议。

科研学术

体育部一直高度重视科研工作，积极为教师创造进行科研工作的便利条件，主动推进各项科研工作的开展。2022年，教师成功立项江苏省高校哲学社会科学、江苏省社科联研究项目等课题4项。部门教师的横向项目到账金额持续增加，2022年横向项目到账经费41万元。教师科研论文发表质量提升，全年共发表论文23篇，含高质量论文9篇。教师申报的“运动与健康产业协同创新中心”项目获学校科研平台立项。此外，教师不断拓展科研路径，获授权发明专利1项、著作权2项。体育部邀请校外专家进校指导，2022年共举办高水平学术讲座2场，分

别是华东师范大学博士生导师杨剑所做的“久坐行为、体育活动和青少年体质健康促进”、南京体育学院教授郭修金所做的“体育运动与乡村振兴”学术报告。

学生工作

◎以比赛促成长，注重实践能力培养

体育部重视专业学生专业技能培养，以江苏省师范生教学基本功大赛为抓手，为基础教育提供人才支撑。在第十届、十一届江苏省师范生教学基本功大赛比赛中，获小学体育组二等奖1项、三等奖2项；在2022年江苏省“省长杯”大学生足球联赛系列高职高专院校足球教学成果展示暨体能大赛中，获体能大赛团体一等奖、足球教学成果二等奖。在校内活动竞赛方面，体育部分团委、学生会在全校阳光体育活动中表现突出，承担了所有阳光体育活动的裁判工作，如校田径运动会、校足球联赛、校篮球联赛、校羽毛球联赛、校乒乓球联赛、校集体项目竞赛等赛事的教学指导、裁判服务工作。

◎党团并进两手抓，提升育人实效

扎实做好基层团组织规范化建设工作，新发展团员2人，团内推优7人。体育部党支部、团委在学生中开展入党第一课、系列信仰公开课等，时刻向学生发出党组织采贤纳新的号召，全年有8人向党组织递交入党申请书。积极推进学生会组织改革，开展学生会干部、团干部集中培训，承办学校“喜迎二十大·阳光体育”活动，增强工作活力及该活动在学生中的影响力。发挥体育专业特色，开展各类志愿服务。如组织开展新生心理普查和回访工作；做好心理危机预警与干预，跟进重点关注个案；召开心理主题班会，积极参加校5·25心理健康节活动、心理主题班会大赛等。

◎强化精准资助，促进资助育人

体育部深入排查在校建档贫困生，建立完善贫困生管理档案，按有关文件给予各项资助。认真做好生源地助学贷款通知和注册工作，协助贫困生无忧学习。认定家庭经济困难生23人并申请国家助学金，其中，6名学生获学费减免，7名学生获退役士兵国家助学金；为4名成绩优异的学生申请国家励志奖学金，安排勤工俭学岗位，申请党员关爱基金、“海棠花开”励志奖（助）学金。结合资助工作开展贷款还款工作，诚信教育与爱心资助并行。在奖惩工作方面，学生工作取得优异成绩，涌现出一批先进集体和先进个人：2020级体育教育班获评校文明班级；学生中获评校级优秀共青团干部1人、校级优秀共青团员1人，院级优秀团干部1人，院部优秀团员6人。

◎创就业工作，学生能力和就业率同增长

体育部成立就业工作小组，全力做好2022届毕业生的各项工作。开展“军营在召唤”体育部特色就业项目，积极参与苏州市吴中区退役士兵培训基地的申报，持续开展10余次“军营在召唤”系列就业服务，最终2人光荣应征入伍。积极组织学生参加各级各类就业、创业活动，如就业指导集训营、求职能力提升校招备战训练营、江苏省2022年大学生核心就业能力培训。在2022年“互联网+”大学生创新创业大赛中，体育部“乡约——文旅复苏的排头兵”项目被推荐参加江苏省职业院校创新创业大赛决赛，获二等奖。通过开展专业交流会，邀请往届优秀毕业生回校做专业多元化发展交流讲座；与实习基地、体育公司、体育俱乐部合作，增强毕业生的实践能力，为毕业生开拓就业思路，提供就业渠道，最终就业率达100%。

（项　丹）

国际学院

概　况

国际学院成立于2017年9月，负责学校国际合作与交流项目开拓及管理、国际优质教育资源引进和汉语推广、国际学生招收与管理等工作。

2022年，学院有来自亚洲和非洲3个国家的学生30人，均为学历生。其中，机电一体化技术专业21人，汽车检测与维修技术专业1人，工业机器人专业5人，应用电子技术专业1人，软件技术专业1人，物流管理专业1人。

学院注重开展政府合作项目，致力于构建对外交流合作长效机制。依托中巴经济走廊文化交流中心，在师资培养、留学生项目、艺术文化交流等方面开展合作。与南非中国文化和国际教育交流中心、南非高等教育与培训部工业与制造业培训署合作，接收南非大学生到学校和企业进行为期1年半和1年的实习项目。积极开拓与在苏"走出去"企业的合作，同赴"一带一路"沿线国家招收并联合培养国际学生，为企业培养海外生产经营所需要的本土技术技能人才。

学院依据教育部《来华留学生高等教育质量规范（试行）》等文件，完善各项教育管理规章制度，确保在国家法律法规和来华留学生教育质量规范的框架下做好留学生人才培养工作。学院重视管理队伍建设，组织人员认真学习上级部门下发的来华留学生教育质量规范、来华留学生招生和管理工作等相关文件，参加教育部来华留学管理基层干部基本技能培训和苏州国际教育园留学生管理干部培训，提升队伍管理能力和水平。

学院注重中华文化的传承，在致力于国际学生培养质量提升的同时，积极组织国际学生参加校内外丰富多彩的活动，帮助国际学生体验中华文化，培养知华、友华、爱华的中国文化传播者。

重要事项

1月10日，学校与巴基斯坦国立科技大学（National University of Sciences and Technology,Pakistan）合作交流会暨中巴经济走廊文化交流中心工作推进会在线上举行。校党委委员、副校长张健，巴基斯坦国立科技大学副校长Osman Hasan，巴基斯坦国立科技大学中国研究中心主任相杨参会交流。

1月17日，学校召开省高校国际化人才培养品牌专业——机电一体化技术专业建设推进会。会议由校党委委员、副校长张健主持，机电工程学院院长陈洁、信息中心主任杨静波、外事办公室副主任汤晓军、教务处副处长顾苏怡、机电工程学院副院长陆春元，以及外事办公室相关人员和机电一体化技术专业团队骨干教师代表参加会议。

2月17日，南非高等教育与培训部工业与制造业培训署（MerSeta）署长乔治·韦恩·亚当斯、南非中国文化和国际教育交流中心（CCIEEC）主任陆志雷博士一行到访亨通集团南非AMHT公司和南非亨通智能制造学院，了解工业与制造业培训署和南非中国中心合作项目派往中国留学后返回南非工作的学生情况，并调研企业在用工方面对特定教育培训背景学生的需求以及南非亨通智能制造学院建设情况。

2月22日，学校与巴基斯坦国立科技大学举行面向巴基斯坦学员的汉语教学交流会，巴基斯坦国立科技大学中国研究中心副主任Zamir Awan、项目专员Nawal Rai，学校外事办公室副主任汤晓军，教育与人文学院院长吴隽、副院长冯清，苏州石湖智库副秘书长陈璇及学校汉语教师代表参会交流。

4月12日，江苏省高校国际化人才培养品牌专业——机电一体化技术专业2022年第二次工作推进会在腾讯会议平台召开，校党委委员、副校长张健，机电工程学院院长陈洁，信息中心主任杨静波，外事办公室副主任汤晓军，教务处副处长顾苏怡，机电工程学院副院长陆春元，国际学院相关人员和机电一体化技术专业团队骨干教师代表线上参会。

4月18日，东南亚职业教育产教融合联盟举办的"英联邦职教体系暨创新教学模式与方法"研修班开班仪式在线上举行，马来西亚国际文化交流中心总顾问拿督萧进平、理事长白妮丝出席开班仪式，校党委委员、副校长张健作为联盟理事长单位代表出席开班仪式并致辞。

5月25日，江苏省教育厅公布2022年江苏省“十四五”高校国际化人才培养品牌专业第二批建设项目名单，学校电气自动化技术专业成功立项。首批立项高职类品牌专业15个，学校机电一体化技术专业入选；第二批立项高职类品牌专业41个。两批次共立项品牌专业56个，苏州市职业大学是全省14所院校中立项2个项目的院校之一。

5月31日，江苏省高等教育学会涉外办学研究委员会开展2021年度江苏省涉外办学先进单位和2021年度江苏省涉外办学先进个人评选工作，学校获评2021年度江苏省涉外办学先进单位，镇浩获评2021年度江苏省涉外办学先进个人。

6月10日，巴基斯坦国立科技大学举办了主题为“共襄盛世　端午安康”的庆祝晚会，活动由该校中国研究中心主办，中巴经济走廊文化交流中心、三峡集团驻巴办事处协办。校长曹毓民代表学校和中巴经济走廊文化交流中心线上为活动致辞。

6月21日，苏州城市学院国际合作交流处处长唐凤珍一行4人到校调研交流外事管理和国际化办学工作。外事办公室副主任汤晓军及外事办公室、国际学院工作人员参与交流。

6月24日，学校举行2022届刚果（布）留学生毕业典礼。校长曹毓民，苏州市外事办公室副主任俞峰，苏州市外事办公室欧非处相关人员，学校相关职能部门、学院领导及教师代表，2022届刚果（布）留学生参加典礼。刚果（布）黑角市副市长乐维塞尔·米萨图、对外合作交流处主任齐卡亚及学生家长代表线上参加典礼。典礼由副校长、国际学院院长张健主持。

7月26日，学校面向巴基斯坦白沙瓦大学举办主题为“了解中国历史与文化”的交流会，巴基斯坦国立科技大学中国研究中心（学校合作单位）主任相杨、学校中巴经济走廊文化交流中心巴基斯坦部主任李文钰受邀就中国历史和文化做相关介绍与交流，白沙瓦大学副校长兼中国研究中心主任扎希德·安瓦尔教授及白沙瓦大学20余名师生参与交流。

11月1—6日，2022年金砖国家职业技能大赛决赛在厦门成功举办，学校机电工程学院教师刘广、王仁忠指导，学生任善剑、张国威参加的“协作机器人”赛项获得三等奖。

11月24—25日，中国职业技术教育学会、教育部职业教育发展中心举办2022年“一带一路”职业教育国际研讨会。学校报送的国际化办学案例“为非洲青年提供职业技能培训，服务中非命运共同体建设”入选“职业教育共同体故事”征集活动。

（许晶晶）

继续教育学院

概　况

苏州市职业大学继续教育学院位于苏州市干将西路，占地60余亩，建筑面积近4万平方米，教学楼、远程现代化综合楼、图书馆、学生公寓楼和食堂等一应俱全，并配备多功能报告厅、云融合多功能培训室、多媒体教室和标准化考场等现代教育设施。

学院根据“立足苏州、服务地方，以工科为主、多学科协调发展，培养高素质技术性应用型人才”的办学宗旨，紧紧依托苏州市职业大学全日制普通高等教育教学资源，举办成人学历继续教育和非学历培训教育，形成多专业、多层次、多形式的办学体系，以人为本、德才兼备的教育理念，治学严谨、管理规范的优良传统，为广大渴求知识的人们提供良好的学习平台，为社会培养大批合格的应用型人才。

学院举办的学历继续教育专业涵盖工学、管理、财经、法律、外语、教育等学科大类，在继续教育本科学历层次的办学上，根据苏州市经济发展和社会发展的需要，走联合办学之路，与南京工程学院、南京艺术学院、南京航空航天大学等院校合作举办“专接本”教育，与苏州大学、苏州科技大学、南京理工大学、南京审计大学合作开展助学自考项目。

学院面向全体社会成员提供更加灵活、便捷、公平、开放的学习方式和多层次、多样化的继续教育与服务，进一步形成学历与非学历并重、职前与职后融合的多种形式发展的态势，完善“串联式”的合作共同体和联合培养模式。整合社会教育资源，先后与市民政局、检察院、公安局等政府单位签订合作共建协议，建立与教育行政部门协同治理的社区教育管理模式，服务各类专业化教育与学习需求，加快学习型苏州建设。与贵州、陕西等地区开展教育帮扶合作，完善双向交流与共享机制，扩大学院非学历继续教育的社会效益。

学院将秉承“勤勇忠信”的校训，勤于实践、勇于创新、忠于事业、信于社会，积极投身构建苏州终身教育体系建设，为推进全民终身学习贡献力量。

办学形式

大专教育

面向职业高中、职业中专、技工学校毕业生以及在职职工和社会青年招生，实行业余学习形式，培养具有大专文化水平和业务能力的各行各业应用型人才。文、理科学制：业余2.5年。修业期满，全部课程经考核合格，授予经国家教育部电子注册的大专毕业证书。

专业介绍

◎大数据与会计

本专业培养德、智、体、美、劳全面发展，面向中小企业和会计师事务所等社会中介服务机构的基础会计工作岗位，具有“诚信、敬业、严谨、准确”的职业素养，以及良好的团队合作能力、沟通协调能力，熟悉国家财经法律法规，系统掌握会计理论与会计实务，能熟练进行账务处理的高素质技术技能型人才和应用型人才。业余学制2.5年。

主要课程：经济数学、计算机基础、企业管理概论、经济学基础、经济法基础、金融学概论、统计方法与应用、基础会计、财务会计、成本计算与分析、税费计算与申报、财务业务一体化、财务管理、EXCEL在会计中应用、财经应用文写作、数据库技术应用、ERP原理与应用等。

主干课程：基础会计、中级财务会计、成本计算与分析、税务计算与申报、财务业务一体化等。

◎现代物流管理

本专业培养德、智、体、美、劳全面发展，面向生产、流通和服务领域，具有良好职业素养，掌握现代物流经营管理理论，具有较强物流经营管理实践能力，能从事仓储作业管理、运输作业管理、配送作业管理、客户服务、快递作业管理、供应链管理等相关工作的高素质技术技能型和应用型人才。业余学制2.5年。

主要课程：大学英语、高等数学、大学计算机应用基础、企业管理概论、会计原理与应用、电子商务概论、客户服务等。

主干课程：物流基础、采购管理与库存控制、供应链管理、进出口贸易实务、运输管理实务、国际货运代理等。

◎电子商务

本专业适应社会主义经济建设需要，面向制造、商贸、旅游、服务等行业，培养德、智、体全面发展，具有良好的人文素养和职业道德，达到大专文化水平，既懂电子商务应用模式及运营思想，又懂现代企业管理的电子商务复合型人才。业余学制2.5年。

主要课程：英语、高等数学、大学计算机应用基础、经济学、市场营销学、管理学原理、Access数据库、应用文写作、经济法概论等。

主干课程：电子商务基础、网络营销、ERP原理与应用、供应链管理、进出口贸易实务、沟通技巧等。

◎人力资源管理

本专业培养具有扎实的经济理论基础和宽广的知识面，有较强的实际工作能力和创新精神，精通人力资源管理与开发业务，掌握英语，具有计算机信息管理能力，具备较高人文素质，面向企业一线事务性岗位的应用型人才。业余学制2.5年。

主要课程：大学英语、大学语文、档案管理、应用文写作、企业管理概论、人力资源管理、沟通技巧、人力资源绩效管理、薪酬管理与实务、组织行为学、管理心理学、计算机应用基础等。

主干课程：人力资源开发与管理、人力资源绩效管理、薪酬管理与实务、组织行为学、企业管理概论等。

◎市场营销

本专业培养适应社会主义市场经济、营销管理、企业管理等一线需要，掌握市场营销、市场调查预测、市场营销策划等方面基本理论和专业知识，具有良好的职业道德、创新意识和团结协作精神，较强的专业能力、方法能力和自主创业能力，能够进行市场调查、市场开发、产品销售、营销执行、门店管理、营销策划等工作，适应生产、建设、管理、服务一线需要的德、智、体、美全面发展的技术技能型人才。业余学制2.5年。

主要课程：毛泽东思想和中国特色社会主义理论、大学语文、会计原理与应用、大学计算机应用基础、经济法概论、应用文写作、经济学基础、大学英语等。

主干课程：管理学原理、沟通技巧、市场营销学、网络营销、人力资源管理、电子商务概论、消费者行为、市场调研与预测、企业管理、服务礼仪等。

◎行政管理

本专业培养具有良好的人文素质与道德修养，掌握管理学、行政学、法学等方面知识，能在企事业单位、社会团体从事基层管理工作的专门人才。业余学制2.5年。

主要课程：大学英语、高等数学、大学计算机应用基础、管理学原理、大学语文、档案管理、应用文写作、企业行政管理、沟通技巧、人力资源管理、经济法概论、社会调查研究与方法、企业管理概论、广告与策划、劳动关系管理、商务活动管理等。

主干课程：管理学原理、应用文写作、企业行政管理、人力资源管理、经济法概论、企业管理概论等。

◎旅游管理

本专业培养适应社会主义经济建设需要，德、智、体全面发展，达到大专文化水平，能在旅游企业（公司、饭店、餐厅等）从事管理工作的实用型人才。业余学制2.5年。

主要课程：大学英语、高等数学、大学计算机应用基础、大学语文、旅游礼仪、旅游电子商务等。

主干课程：旅游学概论、导游基础知识、导游服务技能、政策与法规、饭店管理实务、旅行社业务等。

◎学前教育

本专业培养面向未来，德、智、体全面发展的合格幼儿园教师。业余学制2.5年。

主要课程：大学英语、高等数学、大学计算机应用基础、儿童文学、教师口语、幼儿游戏与指导等。

主干课程：学前卫生学、学前教育学、学前儿童教育心理学、学前儿童观察与评价、学前儿童家庭教育等。

◎电气自动化技术

本专业培养适应社会主义经济建设需要，德、智、体全面发展，达到大专文化水平，面向生产一线、具备电气自动化技术基本应用能力的实用型专业人才。业余学制2.5年。

主要课程：大学英语、高等数学、电路分析

基础、电子技术基础、控制工程基础、电力电子技术、检测技术、单片机原理与应用、电气控制与PLC、运动控制系统、C语言、电气CAD、虚拟仪器技术与应用等。

主干课程:控制工程基础、单片机原理与应用、电气控制与PLC、运动控制系统、虚拟仪器技术与应用等。

◎计算机应用技术

本专业培养适应社会主义经济建设需要,德、智、体全面发展,达到大专文化水平,能在中外企业从事信息系统维护与开发、计算机网络维护与管理、计算机系统配置与维护等技术服务工作,也可从事网页制作、电子商务、计算机实用控制系统开发与维护等工作。业余学制2.5年。

主要课程:英语、高等数学、大学计算机应用基础、数据结构、计算机语言VB.NET、数据库基础与应用等。

主干课程:微机原理与接口、电子商务基础、C语言程序设计、计算机网络基础、脚本语言与动态网页设计、Windows安装与配置等。

◎计算机网络技术

本专业培养德、智、体、美、劳全面发展,具有良好职业道德和创新精神,熟悉计算机网络技术的基本知识、发展动态和应用前景,具备较强的网络工程、网络系统集成、信息安全等项目设计、实施和管理维护能力,能从事小型局域网的组建、网络管理和维护、网站设计、网络编程等工作的高素质技术技能型和应用型人才。业余学制2.5年。

主要课程:大学英语、高等数学、大学计算机应用基础、网页制作、C语言程序设计、计算机网络基础等。

主干课程:C#程序设计、网络安全技术、SQL SERVER数据库管理、交换与路由技术、网络工程设计等。

◎机电一体化技术

本专业培养适应社会主义经济建设需要,德、智、体全面发展,达到大专文化水平,主要面向生产一线的机电工程方面的实用型专业人才。业余学制2.5年。

主要课程:大学英语、高等数学、计算机基础、工程识图与制图、机械设计基础、电工电子技术、测试技术等。

主干课程:机械制造技术、电机与拖动、机床电气控制与PLC、数控技术及编程、液压与气压传动等。

◎数控技术

本专业培养具有一定专业理论和职业技能,能操作和维修数控机床,能在数控技术相应的领域适应生产、管理需要的高级应用型人才。学生毕业后,可从事数控机床及相关先进设备的操作、维护管理工作。业余学制2.5年。

主要课程:大学英语、高等数学、机械制图、机械设计基础、电工电子技术、单片机原理与接口技术等。

主干课程:机械制造技术、数控机床、数控加工工艺与编程、机床电气控制与PLC、数控原理与系统等。

◎汽车制造与试验技术

本专业旨在培养适应社会主义新时代经济建设需要,德、智、体等方面全面发展,能适应现代汽车相关企业生产、服务、管理等一线工作需要,面向汽车后市场的实用性技术技能专业人才。业余学制2.5年。

主要课程:大学英语、高等数学、工程识图与制图、汽车机械基础、汽车电工电子技术基础等。

主干课程:汽车发动机构造与检修、汽车底盘构造与检修、汽车电器与电控技术、汽车检测与诊断技术、发动机原理与汽车理论等。

◎智能控制技术

本专业培养适应社会主义经济建设需要,德、智、体全面发展,达到大专文化水平,面向生产一线、具备智能控制技术基本应用能力的实用型专业人才。业余学制2.5年。

主要课程:大学英语、高等数学、电路分析基础、电子技术基础、控制工程基础、电力电子技术、智能检测与传感技术、单片机原理与应用、PLC应用技术、集散控制技术、C语言、电气CAD、虚拟仪器技术与应用、工业组态监控技术等。

主干课程:控制工程基础、单片机原理与应用、PLC应用技术、集散控制技术、虚拟仪器技术与应用等。

◎数字媒体技术

本专业培养适应社会主义经济建设需要,德、智、体全面发展,达到大专文化水平的高级应用型人才，结合人才市场需求从事广告制作、动画制作、网页制作、VI设计、影视后期合成、音视频处理及其他与数字媒体相关工作。业余学制2.5年。

主要课程：英语、高等数学、毛泽东思想和中国特色社会主义理论、大学计算机应用基础、摄影摄像基础、室内平面设计CAD、FlashAction、Web界面设计等。

主干课程：Maya建模、Maya渲染、Maya动画基础、三维渲染、三维动画设计、音频编辑、视频编辑与制作等。

◎食品检验检测技术

本专业培养德、智、体、美、劳全面发展，能适应现代化建设和经济发展需要，具有良好职业道德和创新精神，具备食品品质控制与检测、食品营养指导与保健、食品加工与营销等方面的良好理论素养、较高管理能力、较强操作技能的复合型人才。业余学制2.5年。

主要课程：大学英语、高等数学、大学计算机应用基础、营养学、食品包装、环境监测、食品加工技术与应用等。

主干课程：营养配餐与设计、食品生物化学、食品标准与法规、食品发酵与酿造、食品微生物检验技术、食品感官检验等。

◎模具设计与制造

本专业是校级特色建设专业，主要培养面向汽车、机械、电子等行业或企业，具有模具设计和制造的基本理论，熟悉计算机辅助设计与制造知识，掌握CAD/CAM软件应用能力，能从事模具设计、加工工艺编制、设备操作与维护、模具装调及现场管理等岗位工作的复合型技术技能人才。业余学制2.5年。

主要课程：大学英语、高等数学、工程识图与制图、机械设计基础等。

主干课程：机械制造技术、数控技术及编程、冲压工艺及模具设计、塑料成型工艺及模具设计、模具制造技术、CAD/CAM等。

◎工艺美术品设计

本专业以习近平新时代中国特色社会主义思想为指导，培养理想信念坚定，德、智、体、美、劳全面发展，适应社会主义经济建设需要，适应地方文旅产业发展需要，达到大专文化水平，具有一定的科学文化水平，良好的人文素养、职业道德和创新意识，精益求精的工匠精神，掌握工艺美术品设计工艺的技能技巧，具有较强的创新精神，能从事工艺美术品设计、旅游纪念品设计、文创产品设计、装饰艺术设计、软装设计的高素质技术技能型和应用型人才，为促进经济社会发展和人的全面发展提供有力支撑。业余学制2.5年。

主要课程：素描、色彩、设计基础、设计透视、工艺美术史、设计基础、Photoshop等。

主干课程：文创产品设计、图案、民间工艺、设计效果表达技术等。

◎商务英语

本专业培养能够践行社会主义核心价值观，德、智、体、美、劳全面发展，具有一定的科学文化水平，良好的人文素养、科学素养、职业道德和创新意识，精益求精的工匠精神，较强的就业创业能力和可持续发展的能力，掌握本专业知识和技术技能，面向商务服务业、批发业和零售业等行业的翻译人员和商务专业人员等职业，能够从事商贸企业行政管理、商务翻译、外贸业务员、涉外商务服务等工作的高素质复合型技术技能人才。业余学制2.5年。

主要课程：英语精读、英语听说、国际商务英语会话、国际贸易原理等。

主干课程：外贸英语函电、进出口业务、涉外经济法、国际金融、国际结算等。

（潘　燕）

编辑：颜丙通　盛　婷

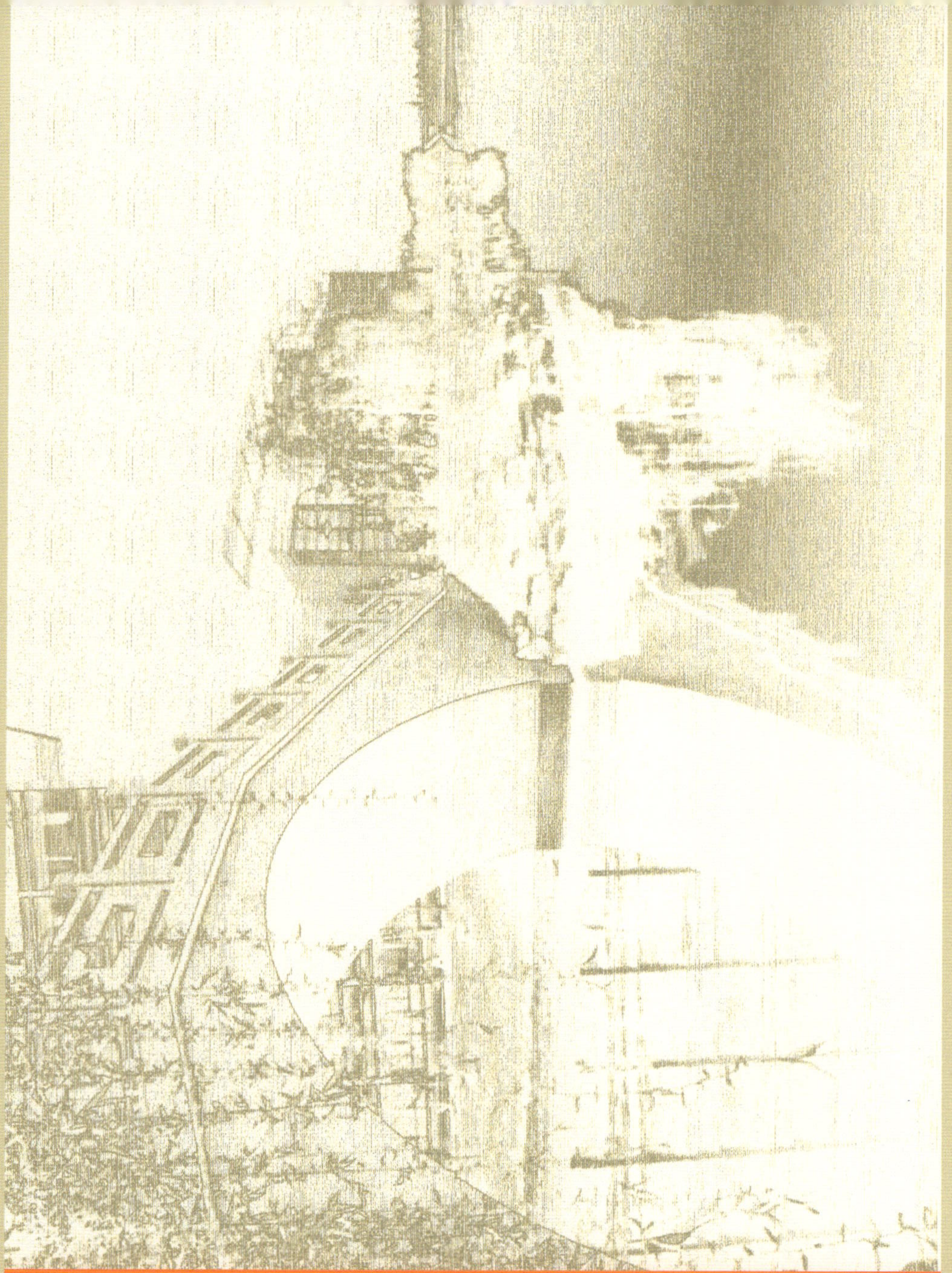

SUZHOU VOCATIONAL UNIVERSITY

第八章　教育教学

基本情况

办学经费收支情况

2022年度苏州市职业大学收入支出决算总表

单位：元

收入		支出	
项目	金额	项目	金额
一、一般公共预算财政拨款收入	463586737.82	一、一般公共服务支出	890000.00
二、政府性基金预算财政拨款收入	0	二、外交支出	0
三、国有资本经营预算财政拨款收入	0	三、国防支出	0
四、上级补助收入	0	四、公共安全支出	0
五、事业收入	159895826.24	五、教育支出	447541288.45
六、经营收入	0	六、科学技术支出	1560000.00
七、附属单位上缴收入	0	七、文化旅游体育与传媒支出	0
八、其他收入	0	八、社会保障和就业支出	46127944.25
—	—	九、卫生健康支出	0
—	—	十、节能环保支出	0
—	—	十一、城乡社区支出	0
—	—	十二、农林水支出	0
—	—	十三、交通运输支出	0
—	—	十四、资源勘探工业信息等支出	0
—	—	十五、商业服务业等支出	0
—	—	十六、金融支出	0
—	—	十七、援助其他地区支出	0
—	—	十八、自然资源海洋气象等支出	0
—	—	十九、住房保障支出	130986041.17
—	—	二十、粮油物资储备支出	0
—	—	二十一、国有资本经营预算支出	0
—	—	二十二、灾害防治及应急管理支出	0
—	—	二十三、其他支出	0
—	—	二十四、债务还本支出	0
—	—	二十五、债务付息支出	0
—	—	二十六、抗疫特别国债安排的支出	0
本年收入合计	623482564.06	本年支出合计	627105273.87
使用非财政拨款结余	0	结余分配	0
年初结转和结余	7780553.02	年末结转和结余	4157843.21
总计	631263117.08	总计	631263117.08

科目编码	科目名称	本年收入合计	财政拨款收入
类 款 项	合计	623482564.06	463586737.82
201	一般公共服务支出	890000.00	890000.00
20103	政府办公厅（室）及相关机构事务	799000.00	799000.00
2010399	其他政府办公厅（室）及相关机构事务支出	799000.00	799000.00
20133	宣传事务	10000.00	10000.00
2013399	其他宣传事务支出	10000.00	10000.00
20136	其他共产党事务支出	81000.00	81000.00
2013602	一般行政管理事务	81000.00	81000.00
205	教育支出	443918578.64	323046298.33
20501	教育管理事务	1690000.00	1690000.00
2050199	其他教育管理事务支出	1690000.00	1690000.00
20502	普通教育	360000.00	360000.00
2050202	小学教育	300000.00	300000.00
2050203	初中教育	10000.00	10000.00
2050205	高等教育	50000.00	50000.00
20503	职业教育	409438013.94	288565733.63
2050302	中等职业教育	72000.00	72000.00
2050305	高等职业教育	409071013.94	288198733.63
2050399	其他职业教育支出	295000.00	295000.00
20509	教育费附加安排的支出	31326249.19	31326249.19
2050999	其他教育费附加安排的支出	31326249.19	31326249.19
20599	其他教育支出	1104315.51	1104315.51
2059999	其他教育支出	1104315.51	1104315.51
206	科学技术支出	1560000.00	1560000.00
20604	技术研究与开发	1410000.00	1410000.00
2060499	其他技术研究与开发支出	1410000.00	1410000.00
20699	其他科学技术支出	150000.00	150000.00
2069999	其他科学技术支出	150000.00	150000.00
208	社会保障和就业支出	46127944.25	33495098.32
20805	行政事业单位养老支出	46127944.25	33495098.32
2080501	行政单位离退休	3779000.00	3779000.00
2080502	事业单位离退休	3162078.00	3162078.00
2080505	机关事业单位基本养老保险缴费支出	26291057.40	17808513.55
2080506	机关事业单位职业年金缴费支出	12895808.85	8745506.77
221	住房保障支出	130986041.17	104595341.17
22102	住房改革支出	130986041.17	104595341.17
2210201	住房公积金	32217665.16	23827865.16
2210202	提租补贴	61737400.00	53317400.00
2210203	购房补贴	37030976.01	27450076.01

业大学收入决算表

单位：元

助收入	事业收入		经营收入	附属单位上缴收入	其他收入
	小计	其中：教育收费			
0	159895826.24	120872280.31	0	0	0
0	0	0	0	0	0
0	0	0	0	0	0
0	0	0	0	0	0
0	0	0	0	0	0
0	0	0	0	0	0
0	0	0	0	0	0
0	0	0	0	0	0
0	120872280.31	120872280.31	0	0	0
0	0	0	0	0	0
0	0	0	0	0	0
0	0	0	0	0	0
0	0	0	0	0	0
0	0	0	0	0	0
0	0	0	0	0	0
0	120872280.31	120872280.31	0	0	0
0	0	0	0	0	0
0	120872280.31	120872280.31	0	0	0
0	0	0	0	0	0
0	0	0	0	0	0
0	0	0	0	0	0
0	0	0	0	0	0
0	0	0	0	0	0
0	0	0	0	0	0
0	0	0	0	0	0
0	0	0	0	0	0
0	0	0	0	0	0
0	0	0	0	0	0
0	12632845.93	0	0	0	0
0	12632845.93	0	0	0	0
0	0	0	0	0	0
0	0	0	0	0	0
0	8482543.85	0	0	0	0
0	4150302.08	0	0	0	0
0	26390700.00	0	0	0	0
0	26390700.00	0	0	0	0
0	8389800.00	0	0	0	0
0	8420000.00	0	0	0	0
0	9580900.00	0	0	0	0

2022年度苏州市职业大学支出决算表

单位：

科目编码	科目名称	本年支出合计	基本支出	项目支出	上缴上级支出	经营支出	对附属单位补助支出
类 款 项	合计	627105273.87	468326233.73	158779040.14	0	0	0
201	一般公共服务支出	890000.00	0	890000.00	0	0	0
20103	政府办公厅（室）及相关机构事务	799000.00	0	799000.00	0	0	0
2010399	其他政府办公厅（室）及相关机构事务支出	799000.00	0	799000.00	0	0	0
20133	宣传事务	10000.00	0	10000.00	0	0	0
2013399	其他宣传事务支出	10000.00	0	10000.00	0	0	0
20136	其他共产党事务支出	81000.00	0	81000.00	0	0	0
2013602	一般行政管理事务	81000.00	0	81000.00	0	0	0
205	教育支出	447541288.45	291212248.31	156329040.14	0	0	0
20501	教育管理事务	1690000.00	0	1690000.00	0	0	0
2050199	其他教育管理事务支出	1690000.00	0	1690000.00	0	0	0
20502	普通教育	360000.00	0	360000.00	0	0	0
2050202	小学教育	300000.00	0	300000.00	0	0	0
2050203	初中教育	10000.00	0	10000.00	0	0	0
2050205	高等教育	50000.00	0	50000.00	0	0	0
20503	职业教育	413060723.75	291212248.31	121848475.44	0	0	0
2050302	中等职业教育	72000.00	0	72000.00	0	0	0
2050305	高等职业教育	412693723.75	291212248.31	121481475.44	0	0	0
2050399	其他职业教育支出	295000.00	0	295000.00	0	0	0
20509	教育费附加安排的支出	31326249.19	0	31326249.19	0	0	0
2050999	其他教育费附加安排的支出	31326249.19	0	31326249.19	0	0	0
20599	其他教育支出	1104315.51	0	1104315.51	0	0	0
2059999	其他教育支出	1104315.51	0	1104315.51	0	0	0
206	科学技术支出	1560000.00	0	1560000.00	0	0	0
20604	技术研究与开发	1410000.00	0	1410000.00	0	0	0
2060499	其他技术研究与开发支出	1410000.00	0	1410000.00	0	0	0
20699	其他科学技术支出	150000.00	0	150000.00	0	0	0
2069999	其他科学技术支出	150000.00	0	150000.00	0	0	0
208	社会保障和就业支出	46127944.25	46127944.25	0	0	0	0
20805	行政事业单位养老支出	46127944.25	46127944.25	0	0	0	0
2080501	行政单位离退休	3779000.00	3779000.00	0	0	0	0
2080502	事业单位离退休	3162078.00	3162078.00	0	0	0	0
2080505	机关事业单位基本养老保险缴费支出	26291057.40	26291057.40	0	0	0	0
2080506	机关事业单位职业年金缴费支出	12895808.85	12895808.85	0	0	0	0
221	住房保障支出	130986041.17	130986041.17	0	0	0	0
22102	住房改革支出	130986041.17	130986041.17	0	0	0	0
2210201	住房公积金	32217665.16	32217665.16	0	0	0	0
2210202	提租补贴	61737400.00	61737400.00	0	0	0	0
2210203	购房补贴	37030976.01	37030976.01	0	0	0	0

2022年度苏州市职业大学一般公共预算财政拨款收入支出决算表

单位：元

收入		支出				
项目	金额	项目	合计	一般公共预算财政拨款	政府性基金预算财政拨款	国有资本经营预算财政拨款
一、一般公共预算财政拨款收入	463586737.82	一、一般公共服务支出	890000.00	890000.00	—	—
二、政府性基金预算财政拨款收入	—	二、外交支出	0	0	—	—
三、国有资本经营财政拨款收入	—	三、国防支出	0	0	—	—
—	—	四、公共安全支出	0	0	—	—
—	—	五、教育支出	323046298.33	323046298.33	—	—
—	—	六、科学技术支出	1560000.00	1560000.00	—	—
—	—	七、文化旅游体育与传媒支出	0	0	—	—
—	—	八、社会保障和就业支出	33495098.32	33495098.32	—	—
—	—	九、卫生健康支出	0	0	—	—
—	—	十、节能环保支出	0	0	—	—
—	—	十一、城乡社区支出	0	0	—	—
—	—	十二、农林水支出	0	0	—	—
—	—	十三、交通运输支出	0	0	—	—
—	—	十四、资源勘探工业信息等支出	0	0	—	—
—	—	十五、商业服务业等支出	0	0	—	—
—	—	十六、金融支出	0	0	—	—
—	—	十七、援助其他地区支出	0	0	—	—
—	—	十八、自然资源海洋气象等支出	0	0	—	—
—	—	十九、住房保障支出	104595341.17	104595341.17	—	—
—	—	二十、粮油物资储备支出	0	0	—	—
—	—	二十一、国有资本经营预算支出	0	0	—	—
—	—	二十二、灾害防治及应急管理支出	0	0	—	—
—	—	二十三、其他支出	0	0	—	—
—	—	二十四、债务还本支出	0	0	—	—
—	—	二十五、债务付息支出	0	0	—	—
—	—	二十六、抗疫特别国债安排的支出	0	0	—	—
本年收入合计	463586737.82	本年支出合计	463586737.82	463586737.82	—	—
年初财政拨款结转和结余	—	年末财政拨款结转和结余	—	—	—	—
一般公共预算财政拨款	—	—	—	—	—	—
政府性基金预算财政拨款	—	—	—	—	—	—
国有资本经营预算财政拨款	—	—	—	—	—	—
总计	463586737.82	总计	463586737.82	463586737.82	—	—

（徐爱芳）

资产情况

2022年苏州市职业大学资产情况一览表

<table>
<tr><th colspan="3">占地面积（平方米）</th><th colspan="2">图书（万册）</th><th colspan="3">数字终端数（台）</th></tr>
<tr><th rowspan="2">计</th><th colspan="2">其中:</th><th rowspan="2">计</th><th rowspan="2">其中: 当年新增</th><th rowspan="2">计</th><th colspan="2">其中: 教学用计算机（终端）</th></tr>
<tr><th>绿化用地面积</th><th>运动场地面积</th><th>计</th><th>其中: 平板电脑</th></tr>
<tr><td>841602</td><td>322000</td><td>56000</td><td>180.2991</td><td>5.4858</td><td>10891</td><td>9311</td><td>440</td></tr>
<tr><th colspan="2">教室（间）</th><th colspan="6">固定资产总值（万元）</th></tr>
<tr><th rowspan="2">计</th><th rowspan="2">其中: 网络多媒体教室</th><th rowspan="2">计</th><th colspan="5">其中: 教学、科研仪器设备资产值</th></tr>
<tr><th>计</th><th colspan="4">其中: 当年新增</th></tr>
<tr><td>361</td><td>309</td><td>180535.4993</td><td>43159.14</td><td colspan="4">2460.05</td></tr>
</table>

注: 所统计的资产均属学校产权。

信息化建设情况

2022年苏州市职业大学信息化建设情况一览表

<table>
<tr><th rowspan="2">网络信息点数（个）</th><th rowspan="2">接入互联网出口带宽（Mbps）</th><th rowspan="2">电子邮件系统用户数（个）</th><th rowspan="2">管理信息系统数据总量（GB）</th><th colspan="3">数字资源量</th><th rowspan="2">校园网主干最大带宽（Mbps）</th></tr>
<tr><th>电子期刊（册）</th><th>电子图书（册）</th><th>音视频（小时）</th></tr>
<tr><td>16519</td><td>89600</td><td>1672</td><td>971</td><td>61373</td><td>740916</td><td>264904.1</td><td>40000</td></tr>
</table>

校舍情况

2022年苏州市职业大学校舍情况一览表

单位: 平方米

产权项目	学校产权校舍建筑面积	非学校产权建筑面积	
		计	共同使用
一、教学及辅助用房	282219.75	23700	23700
教室	66088.08	—	—
图书馆	36103.08	—	—
专业教学实训用房及场所	142760.05	—	—
培训工作用房	3101.96	—	—
室内体育用房	30145.81	23700	23700
大学生活动用房	4020.77	—	—
二、行政办公用房	27499.57	—	—
三、生活用房	186182.16	—	—
学生宿舍（公寓）	154763.06	—	—
食堂	22689.18	—	—
单身教师宿舍（公寓）	5039.81	—	—
后勤及辅助用房	3690.11	—	—
四、其他用房	9247.78	—	—
总计	505149.26	23700	23700

（钱成科）

图书馆馆藏情况

2022年苏州市职业大学图书馆馆藏资源

编号	名称	数量
1	纸质图书累积量（册）	1753669
1.1	中文纸质图书累积量（册）	1741283
1.2	外文纸质图书累积量（册）	12386
2	纸质期刊合订本累积量（册）	69925
2.1	中文纸质期刊合订本累积量（册）	63302
2.2	外文纸质期刊合订本累积量（册）	6623

2022年苏州市职业大学图书馆当年新增文献

编号	名称	数量
1	当年购置纸质图书（册）	45505
1.1	当年购置纸质中文图书（册）	45469
1.2	当年购置纸质外文图书（册）	36
2	当年购置纸质报刊（份）	1012
2.1	当年购置纸质中文报刊（份）	1005
2.2	当年购置纸质外文报刊（份）	7
3	当年购置数据库（个）	29

（杨　雪）

学报情况

《苏州教育学院学报》期刊计量指标统计表

年份	总被引频次	影响因子	即年指标	他引总引比	被引期刊数	被引半衰期	上年载文量	基金论文比	CI值	Web即年下载率
2022	475	0.237	—	0.94	139	8.3	105	0.62	7.63	47

注：数据来源于2021年至2022年的《中国学术期刊综合引证年度报告》。

《苏州市职业大学学报》期刊计量指标统计表

年份	总被引频次	影响因子	即年指标	他引总引比	被引期刊数	被引半衰期	上年载文量	基金论文比	CI值	Web即年下载率
2022	221	0.327	0.014	0.96	178	3.3	73	0.83	10.26	132

注：数据来源于2021年至2022年《中国学术期刊综合引证年度报告》。

《苏州教育学院学报》被引指标和来源指标统计表

期刊被引指标							期刊来源指标					
总被引频次	影响因子	即年指标	引用刊数	他引率	被引半衰期	H指数（CN）	来源文献量	文献选出率	平均引文数	平均作者数	基金论文比	引用半衰期
190	0.262	0.034	125	0.97	9.4	2	89	0.91	22.60	1.2	0.35	24.3

注：数据来源于《中国期刊引证研究报告》2022年版，万方数据。

《苏州市职业大学学报》被引指标和来源指标统计表

期刊被引指标							期刊来源指标					
总被引频次	影响因子	即年指标	引用刊数	他引率	被引半衰期	H指数（CN）	来源文献量	文献选出率	平均引文数	平均作者数	基金论文比	引用半衰期
205	0.544	0.208	144	0.97	5.40	3	72	1.00	8.20	1.9	0.83	4.7

注：数据来源于《中国期刊引证研究报告》2022年版，万方数据。

（宋现山）

教学单位

校内教学单位

2022年苏州市职业大学校内教学单位情况一览表

序号	学院（部）	专业
1	机电工程学院	电梯工程技术
		工业机器人技术
		机电一体化技术
		机械制造及自动化
		模具设计与制造
		汽车制造与试验技术
		数控技术
		新能源汽车技术
2	计算机工程学院	大数据技术
		动漫制作技术
		计算机网络技术
		计算机应用技术
		软件技术
		物联网应用技术
		虚拟现实技术应用
		移动应用开发
		人工智能技术应用
3	电子信息工程学院	电气自动化技术
		电子信息工程技术
		工业互联网技术
		现代通信技术
		应用电子技术
		智能产品开发与应用
		智能控制技术
		集成电路技术
4	管理学院	电子商务
		跨境电子商务
		人力资源管理
		市场营销
		现代文秘
		现代物流管理
		行政管理
5	商学院	关务与外贸服务
		大数据与财务管理
		法律事务
		国际经济与贸易
		大数据与会计
		金融服务与管理
		大数据与审计

续表

序号	学院(部)	专业
6	教育与人文学院	会展策划与管理
		旅游管理
		食品检验检测技术
		网络新闻与传播
		学前教育
7	外国语学院	商务日语
		商务英语
		应用德语
		应用英语
8	艺术学院	表演艺术
		服装设计与工艺
		工艺美术品设计
		环境艺术设计
		视觉传达设计
		室内艺术设计
9	马克思主义学院(原思想政治理论教学研究部)	—
10	数理部	—
11	体育部	体育教育

(陈　伟)

校外教学点

2022年苏州市职业大学校外教学点情况一览表(成人教育)

序号	教学点	专业
1	昆山科高人才培训中心	会计
		物流管理
		大数据与会计
		机电一体化技术
		现代物流管理
		人力资源管理
		行政管理
		计算机应用技术
2	吴中区中等专业学校(角直)	会计
		模具设计与制造
		行政管理
		大数据与会计
3	常熟开放大学	机电一体化技术
		电子商务
		数控技术
4	苏州技师学院	会计
		物流管理
		食品营养与检测
		行政管理
		数字媒体应用技术
		大数据与会计

续表

序号	教学点	专业
4	苏州技师学院	电子商务
		工艺美术品设计
		现代物流管理
		旅游管理
		数控技术
		模具设计与制造
		机电一体化技术
		电气自动化技术
		食品检验与检测技术
		数字媒体技术
		智能控制技术
5	苏州吴中区苏苑教育培训中心	会计
		机电一体化技术
		大数据与会计
		计算机应用技术
		行政管理
		人力资源管理
6	苏州市电子信息技师学院	数字媒体应用技术
		食品营养与检测
		会计
		大数据与会计
		机电一体化技术
		计算机应用技术
		旅游管理
		模具设计与制造
		汽车制造与试验技术
		行政管理
		食品检验与检测技术
		数字媒体技术
		智能控制技术
		市场营销
		商务英语
7	机械工业苏州高级技工学校	汽车检测与维修技术
		会计
		机电一体化技术
		汽车制造与试验技术
		数控技术
		大数据与会计
		计算机应用技术
8	苏州市吴江区滨湖文化教育培训中心	机电一体化技术
		人力资源管理

（潘　燕）

专业设置

普通全日制专科

2022年苏州市职业大学全日制专科专业情况一览表

序号	学院（部）	专业名称	学制	类别	说明
1	机电工程学院	电梯工程技术	3年	专科	
2		工业机器人技术	3年	专科	
3		机电一体化技术	3年	专科	
4		机电一体化技术	3年	专科	中外合作
5		机械制造及自动化	3年	专科	
6		模具设计与制造	3年	专科	
7		汽车制造与试验技术	3年	专科	
8		数控技术	3年	专科	
9		新能源汽车技术	3年	专科	
10	计算机工程学院	大数据技术	3年	专科	
11		动漫制作技术	3年	专科	
12		计算机网络技术	3年	专科	
13		计算机应用技术	3年	专科	
14		软件技术	3年	专科	
15		物联网应用技术	3年	专科	
16		虚拟现实技术应用	3年	专科	
17		移动应用开发	3年	专科	
18		人工智能技术应用	3年	专科	
19	电子信息工程学院	电气自动化技术	3年	专科	
20		电气自动化技术	3年	专科	本专联合
21		电子信息工程技术	3年	专科	
22		工业互联网技术	3年	专科	
23		现代通信技术	3年	专科	
24		应用电子技术	3年	专科	
25		智能产品开发与应用	3年	专科	
26		智能控制技术	3年	专科	
27		集成电路技术	3年	专科	
28	管理学院	电子商务	3年	专科	
29		跨境电子商务	3年	专科	
30		人力资源管理	3年	专科	
31		市场营销	3年	专科	
32		现代文秘	3年	专科	
33		现代文秘	3年	专科	本专联合
34		现代物流管理	3年	专科	
35		行政管理	3年	专科	

续表

序号	学院(部)	专业名称	学制	类别	说明
36	商学院	关务与外贸服务	3年	专科	
37		大数据与财务管理	3年	专科	
38		法律事务	3年	专科	
39		国际经济与贸易	3年	专科	
40		大数据与会计	3年	专科	
41		大数据与会计	3年	专科	中外合作
42		金融服务与管理	3年	专科	
43		大数据与审计	3年	专科	
44	外国语学院	商务日语	3年	专科	
45		商务英语	3年	专科	
46		应用德语	3年	专科	
47		应用英语	3年	专科	
48	教育与人文学院	会展策划与管理	3年	专科	
49		旅游管理	3年	专科	
50		食品检验检测技术	3年	专科	
51		网络新闻与传播	3年	专科	
52		学前教育	3年	专科	
53		学前教育	3年	专科	中外合作
54	艺术学院	表演艺术	3年	专科	
55		服装设计与工艺	3年	专科	
56		工艺美术品设计	3年	专科	
57		环境艺术设计	3年	专科	
58		视觉传达设计	3年	专科	
59		室内艺术设计	3年	专科	
60	体育部	体育教育	3年	专科	

（陈　伟）

成人教育专科

2022年苏州市职业大学成人教育专科专业情况一览表

序号	专业名称	科类名称	层次	学习形式	学制	招生范围
1	数控技术	理工类	专科	业余	2.5年	苏州市
2	模具设计与制造	理工类	专科	业余	2.5年	苏州市
3	机电一体化技术	理工类	专科	业余	2.5年	苏州市
4	电气自动化技术	理工类	专科	业余	2.5年	苏州市
5	智能控制技术	理工类	专科	业余	2.5年	苏州市
6	汽车制造与试验技术	理工类	专科	业余	2.5年	苏州市
7	计算机应用技术	理工类	专科	业余	2.5年	苏州市
8	计算机网络技术	理工类	专科	业余	2.5年	苏州市
9	工艺美术品设计	艺术类	专科	业余	2.5年	苏州市
10	商务英语	文史类	专科	业余	2.5年	苏州市
11	食品检验检测技术	文史类	专科	业余	2.5年	苏州市
12	数字媒体技术	文史类	专科	业余	2.5年	苏州市
13	大数据与会计	文史类	专科	业余	2.5年	苏州市

续表

序号	专业名称	科类名称	层次	学习形式	学制	招生范围
14	市场营销	文史类	专科	业余	2.5年	苏州市
15	电子商务	文史类	专科	业余	2.5年	苏州市
16	现代物流管理	文史类	专科	业余	2.5年	苏州市
17	旅游管理	文史类	专科	业余	2.5年	苏州市
18	学前教育	文史类	专科	业余	2.5年	苏州市
19	人力资源管理	文史类	专科	业余	2.5年	苏州市
20	行政管理	文史类	专科	业余	2.5年	苏州市

成人教育本科

2022年苏州市职业大学成人教育本科专业情况一览表(一)

序号	院(部)	专业名称	科类名称	学制	发证单位
1	机电工程学院	机械工程	工科	2年	南京理工大学
2	计算机工程学院	软件工程	工科	2年	苏州大学
3	电子信息工程学院	电子信息工程	工科	2年	苏州大学
4	管理学院	人力资源管理	文科	2年	苏州大学
5	外国语学院	英语	文科	2年	苏州科技大学
6	艺术学院	视觉传达设计	文科	2年	南京艺术学院
7	艺术学院	环境设计	文科	2年	南京艺术学院

2022年苏州市职业大学成人教育本科专业情况一览表(二)

序号	院(部)	专业名称	科类名称	学习形式	学制	发证单位	说明
1	继续教育学院	会计学	经管类	业余	2.5年	中国人民大学	网络教育
2	继续教育学院	工商管理	经管类	业余	2.5年	中国人民大学	网络教育
3	继续教育学院	金融学	经管类	业余	2.5年	中国人民大学	网络教育
4	继续教育学院	市场营销	经管类	业余	2.5年	中国人民大学	网络教育
5	继续教育学院	财务管理	经管类	业余	2.5年	中国人民大学	网络教育
6	继续教育学院	人力资源管理	经管类	业余	2.5年	中国人民大学	网络教育
7	继续教育学院	公共事业管理	文史类	业余	2.5年	中国人民大学	网络教育
8	继续教育学院	汉语言文学	文史类	业余	2.5年	中国人民大学	网络教育
9	继续教育学院	法学	文史类	业余	2.5年	中国人民大学	网络教育
10	继续教育学院	传播学	文史类	业余	2.5年	中国人民大学	网络教育
11	继续教育学院	社会工作	文史类	业余	2.5年	中国人民大学	网络教育
12	继续教育学院	计算机科学与技术	理工类	业余	2.5年	中国人民大学	网络教育
13	继续教育学院	英语	文史类	业余	2.5年	北京外国语大学	网络教育
14	继续教育学院	工商管理	经管类	业余	2.5年	北京外国语大学	网络教育
15	继续教育学院	国际经济与贸易	经管类	业余	2.5年	北京外国语大学	网络教育
16	继续教育学院	会计学	经管类	业余	2.5年	北京外国语大学	网络教育
17	继续教育学院	电子商务	经管类	业余	2.5年	北京外国语大学	网络教育
18	继续教育学院	金融学	经管类	业余	2.5年	北京外国语大学	网络教育
19	继续教育学院	信息管理与信息系统	理工类	业余	2.5年	北京外国语大学	网络教育
20	继续教育学院	计算机科学与技术	理工类	业余	2.5年	北京外国语大学	网络教育

(潘　燕)

招生就业

招生录取情况

2022年在江苏招生的普通高校普通类专业录取情况

高校、专业名称	录取数（人）	最高分（分）	最低分（分）	平行志愿（人）	征求志愿（人）	服从志愿（人）
普通类（历史等科目类）高职（专科）院校						
1270 苏州职业大学	406	—	—	402	4	—
01 专业组（不限）	341	489	459	337	4	—
服装设计与工艺	5	467	464	5	—	—
食品检验检测技术	5	478	464	5	—	—
物联网应用技术	10	470	463	10	—	—
计算机应用技术	10	476	464	10	—	—
计算机网络技术	10	466	462	10	—	—
软件技术	10	469	466	10	—	—
大数据技术	15	469	463	15	—	—
虚拟现实技术应用	5	468	462	5	—	—
动漫制作技术	15	472	462	15	—	—
金融服务与管理	17	466	461	17	—	—
大数据与财务管理	24	470	462	24	—	—
大数据与会计	22	489	467	22	—	—
大数据与审计	6	476	466	6	—	—
国际经济与贸易	10	470	461	10	—	—
市场营销	15	466	460	15	—	—
电子商务	15	469	460	15	—	—
跨境电子商务	5	467	460	5	—	—
现代物流管理	5	467	462	5	—	—
旅游管理	14	471	459	10	4	—
网络新闻与传播	10	476	467	10	—	—
学前教育（师范）	20	470	465	20	—	—
商务英语	38	476	459	38	—	—
应用英语	10	470	462	10	—	—
商务日语	21	471	459	21	—	—
法律事务	10	474	466	10	—	—
人力资源管理	9	469	463	9	—	—
现代文秘	5	471	467	5	—	—
02 专业组（不限）（分段培养项目）	45	483	471	45	—	—
现代文秘（与苏州科技大学分段培养项目）	45	483	471	45	—	—
03 专业组（不限）（中外合作办学）	20	469	445	20	—	—
大数据与会计（中外合作办学）	10	463	450	10	—	—
学前教育（中外合作办学）（师范）	8	469	445	8	—	—
机电一体化技术（中外合作办学）	2	460	454	2	—	—

续表

高校、专业名称	录取数（人）	最高分（分）	最低分（分）	平行志愿（人）	征求志愿（人）	服从志愿（人）
普通类（物理等科目类）高职（专科）院校						
1270 苏州职业大学	732	—	—	728	4	—
04 专业组（不限）	656	456	416	652	4	—
数控技术	10	439	424	10	—	—
机械制造及自动化	70	439	418	70	—	—
模具设计与制造	10	425	417	10	—	—
机电一体化技术	45	434	420	45	—	—
智能控制技术	14	437	418	14	—	—
工业机器人技术	24	428	417	24	—	—
电气自动化技术	50	442	421	50	—	—
新能源汽车技术	15	444	421	15	—	—
服装设计与工艺	5	429	418	5	—	—
食品检验检测技术	10	427	417	10	—	—
电子信息工程技术	30	456	422	30	—	—
物联网应用技术	19	438	425	19	—	—
应用电子技术	5	441	422	5	—	—
智能产品开发与应用	10	422	417	10	—	—
计算机应用技术	20	438	427	20	—	—
计算机网络技术	20	441	425	20	—	—
软件技术	23	436	426	23	—	—
大数据技术	15	430	422	15	—	—
虚拟现实技术应用	5	440	421	5	—	—
人工智能技术应用	4	435	426	4	—	—
工业互联网技术	15	421	416	15	—	—
动漫制作技术	15	441	421	15	—	—
现代通信技术	15	429	419	15	—	—
集成电路技术	15	425	416	15	—	—
金融服务与管理	14	428	417	14	—	—
大数据与财务管理	24	425	417	24	—	—
大数据与会计	28	440	422	28	—	—
大数据与审计	6	440	421	6	—	—
国际经济与贸易	5	432	417	5	—	—
市场营销	7	426	416	7	—	—
电子商务	5	427	420	5	—	—
跨境电子商务	5	419	418	5	—	—
旅游管理	6	418	417	6	—	—
网络新闻与传播	10	438	423	10	—	—
学前教育（师范）	20	443	421	20	—	—
商务英语	26	434	416	22	4	—
应用英语	6	433	418	6	—	—
商务日语	15	431	417	15	—	—
法律事务	10	444	416	10	—	—
人力资源管理	5	423	417	5	—	—

续表

高校、专业名称	录取数（人）	最高分（分）	最低分（分）	平行志愿（人）	征求志愿（人）	服从志愿（人）
05 专业组（不限）（分段培养项目）	45	472	443	45	—	—
电气自动化技术(与苏州科技大学分段培养项目)	45	472	443	45	—	—
06 专业组（不限）（中外合作办学）	31	421	379	31	—	—
大数据与会计（中外合作办学）	8	421	394	8	—	—
学前教育（中外合作办学）（师范）	8	411	381	8	—	—
机电一体化技术（中外合作办学）	15	404	379	15	—	—

2022年在江苏招生的普通高校艺术类专业录取情况

高校、专业名称	录取数（人）	最高分（分）	最低分（分）	平行志愿（人）	征求志愿（人）	服从志愿（人）
艺术类（历史等科目类）高职（专科）院校（使用省统考成绩录取）						
以下为使用美术类专业省统考成绩录取的院校，下列表中的“最高分（最低分）”为文化分和专业分按一定比例构成的综合分						
1270 苏州职业大学	145	—	—	145	—	—
09 专业组（不限）	145	469	424	145	—	—
视觉传达设计	55	469	429	55	—	—
环境艺术设计	36	467	426	36	—	—
室内艺术设计	54	437	424	54	—	—
以下为使用音乐类专业省统考成绩录取的院校（主试类型为声乐），下列表中的“最高分（最低分）”为专业分						
1270 苏州职业大学	30	—	—	30	—	—
11 专业组（不限）	30	201	172	30	—	—
表演艺术	30	201	172	30	—	—
以下为使用音乐类专业省统考成绩录取的院校（主试类型为器乐），下列表中的“最高分（最低分）”为专业分						
1270 苏州职业大学	35	—	—	35	—	—
13 专业组（不限）	35	210	169	35	—	—
表演艺术	35	210	169	35	—	—
艺术类（物理等科目类）高职（专科）院校（使用省统考成绩录取）						
以下为使用美术类专业省统考成绩录取的院校，下列表中的“最高分（最低分）”为文化分和专业分按一定比例构成的综合分						
1270 苏州职业大学	22	—	—	22	—	—
10 专业组（不限）	22	467	453	22	—	—
视觉传达设计	9	467	458	9	—	—
环境艺术设计	7	461	453	7	—	—
室内艺术设计	6	461	454	6	—	—
以下为使用音乐类专业省统考成绩录取的院校（主试类型为声乐），下列表中的“最高分（最低分）”为专业分						
1270 苏州职业大学	5	—	—	5	—	—
12 专业组（不限）	5	193	165	5	—	—
表演艺术	5	193	165	5	—	—

2022年在江苏招生的普通高校体育类专业录取情况

高校、专业名称	录取数（人）	最高分（分）	最低分（分）	平行志愿（人）	征求志愿（人）	服从志愿（人）
体育类(历史等科目类)高职(专科)院校						
以下为使用体育类专业省统考成绩录取的院校，下列表中的“最高分（最低分）”为文化分和专业分按一定比例构成的综合分						

续表

高校、专业名称	录取数（人）	最高分（分）	最低分（分）	平行志愿（人）	征求志愿（人）	服从志愿（人）
1270 苏州职业大学	30	—	—	30	—	—
07 专业组（不限）	30	489	465	30	—	—
体育教育（师范）	30	489	465	30	—	—
体育类（物理等科目类）高职（专科）院校						
以下为使用体育类专业省统考成绩录取的院校，下列表中的“最高分（最低分）”为文化分和专业分按一定比例构成的综合分						
1270 苏州职业大学	5	—	—	5	—	—
08 专业组（不限）	5	483	472	5	—	—
体育教育（师范）	5	483	472	5	—	—

2022年苏州市职业大学外省录取情况

省份	美术（分）		普通类（历史）文史（分）	普通类（物理）理工（分）	说明
	（文）（历史）	（理）（物理）			
福建	464.9 / 455	—	465 / 454	422 / 407	美术分按综合分
河北	—		488 / 442	439 / 424	
吉林	—		426 / 358	347 / 326	
安徽	758 / 741		501 / 479	443 / 432	美术分按综合分
河南	65 / 61	64 / 62	462 / 443	445 / 411	美术分按综合分
广西	568 / 525		446 / 419	388 / 334	美术分按综合分
重庆	249 / 224		471 / 398	414 / 389	美术分按专业分
四川	265 / 252		494 / 453	450 / 378	美术分按专业分
山东	559 / 553		466 / 450		美术分按综合分 文史类选考科目不限，理工类选考科目为物理、化学、生物或技术中任意一科
江西	—		438 / 413	429 / 402	
山西	232 / 221		434 / 395	408 / 364	美术分按专业分
湖北	530 / 520		459 / 425	437 / 398	美术分按综合分
湖南	285 / 274	—	457 / 446	434 / 413	美术分按综合分
贵州	267 / 256		490 / 465	376 / 352	美术分按专业分
甘肃	195 / 188		439 / 413	358 / 328	美术分按综合分
新疆	—		363 / 343	313 / 285	
西藏	—		301 / 257	264 / 231	
云南	672 / 622		524 / 497	438 / 411	美术分按综合分
陕西	—		444 / 406	409 / 373	
广东	480 / 479		464 / 435	471 / 448	美术分按综合分
浙江	—		544 / 493		文史类选考科目不限，理工类选考科目为物理、化学、生物或技术中任意一科

注：1.“/”左侧分数为最高分，右侧为最低分。

2.2022年山西、贵州、重庆、四川等省、自治区、直辖市，美术类专业按文化分、专业分均达到省控制分数线，然后按专业分进行录取；其余省、自治区、直辖市美术类专业按文化分、专业分均达到省控制分数线，然后按综合分进行录取（综合分计算方法按照各省、自治区、直辖市公布的美术类专业录取规则）。

2022年苏州市职业大学录取人数统计表

单位：人

科类	合计	文科（历史类）	理科（物理类）	艺体	文理兼招
合计	5259	729	1135	525	2870
江苏普通高考	1410	406	732	272	—
江苏提前招生	1551	—	—	31	1520
江苏职教高考	1374	—	—	140	1234
山西普通高考	70	28	36	6	—
安徽普通高考	75	30	37	8	—
河南普通高考	70	29	35	6	—
贵州普通高考	70	27	37	6	—
甘肃普通高考	55	23	28	4	—
浙江普通高考	55	—	—	—	55
山东普通高考	65	—	—	4	61
湖南普通高考	40	15	17	8	—
广东普通高考	10	4	4	2	—
广西普通高考	70	28	36	6	—
重庆普通高考	40	15	19	6	—
四川普通高考	70	26	38	6	—
云南普通高考	50	19	25	6	—
江西普通高考	40	17	23	—	—
西藏普通高考	9	5	4	—	—
湖北普通高考	40	16	18	6	—
陕西普通高考	10	5	5	—	—
福建普通高考	35	13	14	8	—
河北普通高考	15	7	8	—	—
吉林普通高考	10	4	6	—	—
新疆普通高考	25	12	13	—	—

注：2022年提前招生录取数中含中外合作办学专业124人。中外合作办学专业实际录取总数为175人。

新生报到情况

2022年苏州市职业大学普通全日制学生报到情况统计表

学院（部）	专业	报到人数（人）	报到率
机电工程学院	新能源汽车技术	86	93%
	数控技术（对口）	83	97%
	数控技术	47	94%
	汽车制造与试验技术（对口）	43	96%
	模具设计与制造	38	97%
	机械制造及自动化	131	98%
	机电一体化技术（中外合作）	42	98%
	机电一体化技术（对口）	78	84%
	机电一体化技术	89	98%
	工业机器人技术	45	100%
	电梯工程技术	32	89%

续表

学院（部）	专业	报到人数（人）	报到率
计算机工程学院	人工智能技术应用	44	98%
	虚拟现实技术应用	40	98%
	物联网应用技术	92	98%
	软件技术	96	99%
	计算机应用技术（对口）	89	97%
	计算机网络技术（3+3）	34	100%
	计算机网络技术（对口）	46	96%
	计算机网络技术	90	97%
	动漫制作技术	88	96%
	计算机应用技术	90	97%
	大数据技术	86	95%
电子信息工程学院	电气自动化技术（3+2）	45	100%
	应用电子技术	45	98%
	电气自动化技术	131	96%
	集成电路技术	39	93%
	智能控制技术	42	93%
	智能产品开发与应用	49	98%
	应用电子技术（对口）	85	94%
	工业互联网技术	45	98%
	电子信息工程技术（对口）	40	89%
	电子信息工程技术	89	97%
	现代通信技术	85	96%
管理学院	现代物流管理	45	96%
	现代文秘（3+2）	43	96%
	现代文秘	45	96%
	市场营销（对口）	144	95%
	市场营销	40	100%
	人力资源管理	48	96%
	跨境电子商务	36	90%
	电子商务	90	95%
商学院	大数据与会计（3+3）	38	100%
	大数据与会计（对口）	101	100%
	大数据与会计	50	98%
	大数据与审计	52	100%
	金融服务与管理	79	94%
	大数据与会计（中外合作）	51	98%
	国际经济与贸易	40	91%
	法律事务	85	94%
	大数据与财务管理	90	98%
教育与人文学院	学前教育	135	99%
	网络新闻与传播	113	97%
	食品检验检测技术	79	92%
	旅游管理（对口）	92	91%
	旅游管理	27	90%
	会展策划与管理	42	93%

续表

学院(部)	专业	报到人数(人)	报到率
外国语学院	应用英语	77	97%
	商务英语	171	91%
	商务日语	103	95%
艺术学院	服装设计与工艺	37	97%
	表演艺术	67	96%
	室内艺术设计	99	96%
	视觉传达设计(对口)	64	93%
	视觉传达设计	96	90%
	环境艺术设计(对口)	66	93%
	环境艺术设计	65	93%
体育部	体育教育	30	86%

(王　彤)

在校生人数情况

2022年苏州市职业大学各类在校生人数统计表

单位：人

类别	普通全日制专科生	成人教育专科生		
		计	函授	业余
合计	15064	8450	—	8450

(陈　伟　潘　燕)

就业情况

2022年苏州市职业大学普通全日制学生就业情况统计表

毕业人数(人)	就业人数(人)	毕业去向落实率
5239	5061	96.60%

(王　彤)

办学质量

专业建设

苏州市职业大学专业建设情况一览表

类别	专业名称	所属学院(部)	批文及建设周期	说明
国家级教改试点专业	应用电子技术	电子信息工程学院	教高司〔2001〕195号	
国家重点专业建设	机电一体化技术	机电工程学院	教职成厅函〔2011〕71号	通过验收
	通信技术	电子信息工程学院	教职成厅函〔2011〕71号	通过验收
省重点专业群	机械制造与自动化专业群	机电工程学院	苏教高〔2012〕23号	
	会计专业群	商学院	苏教高〔2012〕23号	
	电子技术专业群	电子信息工程学院	苏教高〔2012〕23号	

续表

类别	专业名称	所属学院（部）	批文及建设周期	说明
省级品牌专业	应用电子技术	电子信息工程学院	苏教高〔2003〕62号 2003.12—2005.12	通过验收
	电气自动化技术	电子信息工程学院	苏教高〔2006〕14号 2006.5—2008.12	通过验收
	机电一体化技术	机电工程学院	苏教高〔2010〕26号 2010.5—2012.5	通过验收
省高校品牌专业建设工程项目	电气自动化技术	电子信息工程学院	苏教高〔2015〕11号 2015.5—2020.6	通过验收
省级特色专业	机械设计制造及自动化	机电工程学院	苏教高〔2003〕62号 2003.12—2005.12	通过验收
	秘书	管理学院	苏教高〔2003〕62号 2003.12—2005.12	通过验收
	计算机应用技术	计算机工程学院	苏教高〔2003〕62号 2003.12—2005.12	通过验收
	商务日语	外国语学院	苏教高〔2003〕62号 2003.12—2005.12	通过验收
	数控技术	机电工程学院	苏教高〔2008〕32号 2007.12—2009.12	通过验收
	会计	商学院	苏教高〔2008〕32号 2007.12—2009.12	通过验收
省高等职业教育高水平骨干专业建设项目	机电一体化技术	机电工程学院	苏教高〔2017〕17号 2017.9—2020.8	建设中
	应用电子技术	电子信息工程学院	苏教高〔2017〕17号 2017.9—2020.8	建设中
	会计	商学院	苏教高〔2017〕17号 2017.9—2020.8	建设中
省高等职业教育高水平专业群	电气自动化技术专业群 （电气自动化技术、智能控制技术、物联网应用技术、工业互联网技术、现代通信技术）	电子信息工程学院 计算机工程学院	苏教职函〔2021〕1号 2021.1—2022.12	建设中
	机电一体化技术专业群 （机电一体化技术、机械制造与自动化、数控技术、电梯工程技术、工业机器人技术）	机电工程学院	苏教职函〔2021〕1号 2021.1—2022.12	建设中
省高校国际化人才培养品牌专业	机电一体化技术	机电工程学院	苏教办外〔2021〕2号 2021—2024	建设中
	电气自动化技术	电子信息工程学院	苏教办外函〔2021〕2号 2022—2025	建设中

课程建设

苏州市职业大学课程建设情况一览表

类别	课程名称	所属学院（部）	批文及建设周期	说明
省级优秀课程	机械原理	机电工程学院	2000年获批	
	机械零件	机电工程学院	2000年获批	
	机械工程基础	机电工程学院	2002年获批	二类精品课程
省级精品（优秀）课程群	机械设计与制造系列课程群	机电工程学院	苏教高〔2004〕19号	
省级优秀课程	检测与变换技术	机电工程学院	苏教高〔2004〕19号	二类精品课程

续表

类别	课程名称	所属学院（部）	批文及建设周期	说明
省级精品课程	应用文写作	管理学院	苏教高〔2006〕25号	二类精品课程
	应用文写作	管理学院	苏教高〔2008〕33号	
	电路分析基础	电子信息工程学院	苏教高〔2008〕33号	
省在线开放课程	线路板CAD	电子信息工程学院	苏教高函〔2017〕13号	
	文学：生命之旅	教育与人文学院	苏教高函〔2017〕13号	
	大学英语口语	外国语学院	苏教高函〔2019〕23号	
	经济数学（一）	数理部	苏教高函〔2019〕23号	
	创业基础	商学院	苏教高函〔2019〕23号	
	工程制图与数字化表达	机电工程学院	苏教高函〔2019〕23号	
	iOS开发技术	计算机工程学院	苏教高函〔2019〕23号	
	Android应用开发	电子信息工程学院	苏教高函〔2019〕23号	
	机器人技术与应用	电子信息工程学院	苏教高函〔2019〕23号	
	机械精度设计与检测	机电工程学院	苏教高函〔2019〕23号	
	食品微生物技术及应用	教育与人文学院	苏教高函〔2019〕23号	
	税费计算与申报	商学院	苏教高函〔2019〕23号	
	互联网金融理论与应用	商学院	苏教高函〔2019〕23号	
省“十四五”职业教育在线精品课程	Android应用开发	电子信息工程学院	苏教职函〔2022〕61号	
	税费计算与申报	商学院	苏教职函〔2022〕61号	
	文学：生命之旅	教育与人文学院	苏教职函〔2022〕61号	
	大学英语口语	外国语学院	苏教职函〔2022〕61号	
	吴文化	管理学院	苏教职函〔2022〕61号	
	乒乓球运动教学与训练	体育部	苏教职函〔2022〕61号	
	数据结构	计算机工程学院	苏教职函〔2022〕61号	
	iOS开发技术	计算机工程学院	苏教职函〔2022〕61号	
	线路板CAD	电子信息工程学院	苏教职函〔2022〕61号	
	机械精度设计与检测	机电工程学院	苏教职函〔2022〕61号	
	工程制图与数字化表达	机电工程学院	苏教职函〔2022〕61号	
	伺服驱动技术（双语）	电子信息工程学院	苏教职函〔2022〕61号	
	工程制图与数字化表达（双语）	机电工程学院	苏教职函〔2022〕61号	
省职业教育课程思政示范课程	吴文化	管理学院	苏教职函〔2022〕70号	

教材建设

苏州市职业大学教材建设情况一览表

类别	教材名称	所属学院（部）	编写者	说明
国家级规划教材	秘书实训	管理学院	周渔村　徐　静	2003年
	高等数学	数理部	钱椿林	2004年
	数据结构	计算机工程学院	陈　雁	2005年
	创新学	管理学院	吴维亚	2008年

续表

类别	教材名称	所属学院（部）	编写者	说明
国家级规划教材	财经应用文写作（第二版）	管理学院	王敏杰　徐　静	2010年
	电子产品营销与服务	电子信息工程学院	陈伟元	教职成函〔2014〕12号
	电子行业认知与新技术	电子信息工程学院	祁春清	教职成函〔2014〕12号
国家级规划教材	电子信息专业英语（第二版）	电子信息工程学院	祁春清	教职成函〔2014〕12号
	秘书实训（第三版）	管理学院	徐　静	教职成函〔2014〕12号
	财经应用文写作（第三版）	管理学院	王敏杰	教职成函〔2014〕12号
	高等数学（第4版）	数理部	钱椿林	教职成函〔2014〕12号
	线性代数（第四版）	数理部	钱椿林	教职成函〔2014〕12号
	移动通信网络工程管理与实践	电子信息工程学院	范海健　刘　韬	教职成函〔2014〕12号
	JavaScript程序设计案例教材（第二版）	计算机工程学院	许　旻	教职成函〔2015〕11号
	电子产品营销与技术服务（第二版）	电子信息工程学院	陈伟元	教职成函〔2015〕11号
	经济学课堂实验实训	商学院	戴　明	教职成函〔2015〕11号
	电子产品营销与技术服务（第二版）	电子信息工程学院	陈伟元	2017年
	电子线路图绘制与PCB制作	电子信息工程学院	过　怡	2017年
	多媒体技术与应用立体化教程	计算机工程学院	周德富	2019年
	逆向工程与快速成型技术应用（第3版）	机电工程学院	陈雪芳	教职成函〔2020〕20号
	电子产品营销与技术服务（第二版）	电子信息工程学院	陈伟元	教职成函〔2020〕20号
	互联网金融理论与应用（微课版第2版）	商学院	周　雷	教职成函〔2020〕20号
	机器视觉及其应用技术	电子信息工程学院	刘　韬	教职成函〔2020〕20号
	数据结构（第4版）	计算机工程学院	曾　海	教职成函〔2020〕20号
	设计素描教程	艺术学院	李　涵	教职成函〔2020〕20号
	Windows Server 2012系统配置与管理项目教程（第2版）	计算机工程学院	谭方勇	教职成函〔2020〕20号
省级精品教材	数据结构	计算机工程学院	陈　雁	2005年
	秘书实训	管理学院	徐　静	2005年
	吴文化概论	管理学院	吴恩培	2007年
	电力电子技术基础	电子信息工程学院	曹丰文	苏教高〔2009〕29号
	电气控制与PLC应用	机电工程学院	陶亦亦	苏教高〔2011〕27号
	多媒体制作技术	计算机工程学院	周德富	苏教高〔2011〕27号
	企业纳税实务实训教程	商学院	顾瑞鹏	苏教高〔2011〕27号
省级立项教材	电力电子技术基础	电子信息工程学院	曹丰文	2005年
	机床电气控制与PLC应用	机电工程学院	陶亦亦	苏教高〔2007〕23号
	电路技术	电子信息工程学院	刘　科	苏教高〔2009〕29号
	逆向工程与快速成型应用项目教程	机电工程学院	孙春华	苏教高〔2009〕29号
省级重点教材	电气控制与PLC应用	机电工程学院	陶亦亦　吴　倩	苏教高〔2013〕15号
	物联网应用开发	计算机工程学院	李金祥　方立刚	苏教高〔2013〕15号
	逆向工程与快速成型技术应用	机电工程学院	陈雪芳	苏教高〔2014〕11号
	多媒体制作技术	计算机工程学院	周德富	苏教高〔2014〕11号
	数据结构	计算机工程学院	曾　海　尚鲜连	苏教高〔2015〕18号
	企业纳税实务实训教程	商学院	顾瑞鹏	苏教高〔2015〕18号
	数控车床实训项目化教程	机电工程学院	朱学超　刘　旭	苏教高〔2015〕18号
	大学生体质健康管理与健康促进指南	体育部	王俪燕　吴恒晔　徐建国	苏教高函〔2019〕10号

续表

类别	教材名称	所属学院（部）	编写者	说明
省级重点教材	机器学习及应用	机电工程学院	李克清	苏教高函〔2019〕10号
	机器视觉及其应用技术	电子信息工程学院	刘　韬	苏教高函〔2019〕10号
	企业成本核算实务	商学院	汤　泉　刘淑春	苏高教会〔2019〕35号
	电路与模拟电子技术	电子信息工程学院	陈伟元	苏高教会〔2019〕35号
	PLC应用技术（双语教程）	机电工程学院	陆春元　金　芬	苏高教会〔2019〕35号
	大学生劳动教育手册	教务处	傅小芳	苏高教会〔2020〕39号
	工程制图与数字化表达（双语）	机电工程学院	赵海燕	苏高教会〔2020〕39号
	现代礼仪技能	管理学院	吴蕴慧	苏高教会〔2020〕39号
	网页设计与制作（HTML5+CSS3+JavaScript）基础教程	计算机工程学院	华　英	苏高教会〔2020〕39号
	人工智能基础及应用	机电工程学院	吴　倩　王东强	苏高教会〔2021〕39号
	经济学基础	商学院	牛士华	苏高教会〔2021〕39号
	数控车削编程与加工（中英双语版）	机电工程学院	朱学超　刘　旭	苏高教会〔2021〕39号
省“十四五”职业教育规划教材	大学生体质健康管理与健康促进指南	体育部	王俪燕	苏教职函〔2022〕9号
	大学生劳动教育手册	教务处	傅小芳	苏教职函〔2022〕9号
	电气控制与PLC应用（三菱FX3U系列）	机电工程学院	吴　倩	苏教职函〔2022〕9号
	多媒体技术与应用立体化教程（微课版第2版）	计算机工程学院	戴敏利	苏教职函〔2022〕9号
	网页设计与制作（HTML5+CSS3+JavaScript）基础教程	计算机工程学院	华　英	苏教职函〔2022〕9号
	企业成本核算实务（第2版）	商学院	汤　泉	苏教职函〔2022〕9号
	现代礼仪技能	管理学院	吴蕴慧	苏教职函〔2022〕9号

实验（实训）基地建设

苏州市职业大学实验实训基地建设情况一览表

类别	名称	所属（挂靠）学院（部）	说明
国家级职业教育实训基地	物联网技术综合实训基地	计算机工程学院	
省级高职实训基地	数字化设计与先进制造技术实验实训基地	机电工程学院	苏教高〔2009〕28号
	电子信息与智能控制实验实训基地	电子信息工程学院 计算机工程学院	苏教高〔2009〕28号
	数字媒体与软件技术综合实训基地	计算机工程学院	苏教高〔2012〕24号
省级人才培养模式创新基地	面向中小企业的财经类人才“校地合作”培养模式创新实验基地	商学院	苏教高〔2010〕25号
省级高等职业教育产教深度融合实训平台	工业自动化与智能控制产教融合实训平台	电子信息工程学院	苏教高〔2016〕19号
省高等职业教育产教融合集成平台（培育）	智能+高端装备制造产教融合集成平台	机电工程学院 电子信息工程学院 计算机工程学院	苏教职函〔2019〕26号
省级中小学生职业体验中心	智能制造职业体验中心	机电工程学院	苏教职函〔2021〕38号
	江南非遗传承职业体验中心	管理学院	苏教职函〔2022〕64号
市级中小学生职业体验中心	江南非遗传承职业体验中心	管理学院	苏教高职〔2022〕17号

国家职业技能培训、鉴定机构

苏州市职业大学国家职业技能培训、鉴定机构情况一览表

序号	机构名称	培训(鉴定)项目	等级
1	Adobe中国教育管理考试认证中心考点	Adobe软件技能资格	中级、高级
2	CAD水平考试考点	全国CAD应用培训网络水平证书CAD	中级
3	CAD水平考试考点	全国CAD应用培训网络水平证书PRO/E	中级
4	CAD水平考试考点	全国CAD应用培训网络水平证书UG	中级
5	高技能人才培训中心	单机自动化应用	中级
6	全国国际商务英语培训认证考试点	全国国际商务英语证书	一级、二级
7	全国计算机等级考试苏州市职业大学考试点	全国计算机等级证书	一级、二级
8	全国计算机信息高新技术苏州市职业大学考试站	应用程序编制C #.NET平台	四级
9	全国计算机信息高新技术苏州市职业大学考试站	网页制作MacromediaMX平台	三级
10	全国外贸单证员岗位专业考点	全国外贸单证员岗位专业证书	—
11	全国外贸跟单员考点	全国外贸跟单员证书	—
12	全国外贸业务员考点	全国外贸业务员证书	—
13	苏州市职业大学国家职业技能鉴定所	食品检验工	四级
14	苏州市职业大学国家职业技能鉴定所	化学检验工	四级
15	苏州市职业大学国家职业技能鉴定所	餐厅服务员	四级
16	苏州市职业大学国家职业技能鉴定所	数控车床工	四级
17	苏州市职业大学国家职业技能鉴定所	无线电调试工	四级
18	苏州市职业大学国家职业技能鉴定所	企业人力资源管理师	四级
19	苏州市职业大学国家职业技能鉴定所	秘书	四级
20	苏州市职业大学国家职业技能鉴定所	助理物流师	三级
21	苏州市职业大学国家职业技能鉴定所	助理电子商务师	三级
22	苏州市职业大学国家职业技能鉴定所	计算机操作员	三级
23	苏州市职业大学国家职业技能鉴定所	计算机硬件维修工	四级
24	苏州市职业大学国家职业技能鉴定所	计算机网络管理员	四级
25	苏州市职业大学国家职业技能鉴定所	计算机程序设计员	四级
26	苏州学园汽车驾驶技术服务中心	中华人民共和国机动车驾驶证	C1
27	全国CAD应用培训网络水平证书	电子CAD	中级
28	全国CAD应用培训网络水平证书	Auto CAD	中级
29	全国跨境电商岗位专业培训与考试中心	全国跨境电商操作专员岗位专业证书	—

苏州市职业大学1+X证书制度试点情况一览表

序号	证书名称	颁证机构	证书等级
1	工业机器人应用编程职业技能等级证书	北京赛育达科教有限责任公司	初级
2	工业互联网实施与运维职业技能等级证书	江苏徐工信息技术股份有限公司	中级
3	物联网智能家居系统集成和应用职业技能等级证书	上海仪电(集团)有限公司	中级
4	网络系统建设与运维职业技能等级证书	华为技术有限公司	中级
5	工业机器人集成应用职业技能等级证书	北京华航唯实机器人科技股份有限公司	高级
6	人身保险理赔职业技能等级证书	中保慧杰教育咨询(北京)有限公司	初级
7	大数据平台运维职业技能等级证书	新华三技术有限公司	中级
8	智能财税职业技能等级证书	中联集团教育科技有限公司	初级
9	跨境电商B2B数据运营职业技能等级证书	阿里巴巴(中国)教育科技有限公司	中级
10	跨境电商B3B数据运营职业技能等级证书	阿里巴巴(中国)教育科技有限公司	中级

续表

序号	证书名称	颁证机构	证书等级
11	研学旅行策划与管理(EEPM)职业技能等级证书	亲子猫(北京)国际教育科技有限公司	初级
12	工业机器人应用编程职业技能等级证书	北京赛育达科教有限责任公司	中级
13	光伏电站运维职业技能等级证书	浙江瑞亚能源科技有限公司	中级
14	集成电路开发与测试职业技能等级证书	杭州朗迅科技有限公司	中级
15	工业机器人操作与运维职业技能等级证书	北京新奥时代科技有限责任公司	中级
16	实用英语交际职业技能等级证书	北京外研在线数字科技有限公司	中级
17	食品合规管理职业技能等级证书	烟台富美特信息科技股份有限公司	中级
18	餐饮服务管理职业技能等级证书	北京首都旅游集团有限责任公司	中级
19	会展管理职业技能等级证书	网育网(北京)国际教育科技发展中心	中级
20	新媒体编辑职业技能等级证书	凤凰卫视有限公司	中级
21	数字营销技术应用职业技能等级证书	中教畅享(北京)科技有限公司	中级
22	人力资源共享服务职业技能等级证书	上海踏瑞计算机软件有限公司	中级
23	JavaWeb应用开发职业技能等级证书	天津东软睿道教育信息技术有限公司	中级
24	电梯维修保养职业技能等级证书	杭州西奥电梯有限公司	中级
25	机械工程制图职业技能等级证书	北京卓创至诚技术有限公司	中级
26	智能制造生产管理与控制职业技能等级证书	江苏汇博机器人技术股份有限公司	初级
27	粮农食品安全评价职业技能等级证书	中农粮信(北京)技术服务有限公司	初级
28	大数据分析与应用职业技能等级证书	阿里巴巴(中国)有限公司	中级
29	数控车铣加工职业技能等级证书	武汉华中数控股份有限公司	中级
30	汽车运用与维修职业技能等级证书	北京中车行高新技术有限公司	中级
31	云计算开发与运维职业技能等级证书	阿里巴巴(中国)有限公司	中级
32	跨境电商B2B数据运营职业技能等级证书	阿里巴巴(中国)教育科技有限公司	初级
33	跨境电商B3B数据运营职业技能等级证书	阿里巴巴(中国)教育科技有限公司	初级
34	跨境电商B4B数据运营职业技能等级证书	阿里巴巴(中国)教育科技有限公司	初级
35	跨境电商B5B数据运营职业技能等级证书	阿里巴巴(中国)教育科技有限公司	初级
36	网店运营推广职业技能等级证书	北京鸿科经纬科技有限公司	中级
37	物流管理职业技能等级证书	北京中物联物流采购培训中心	中级
38	工业机器人操作与运维职业技能等级证书	北京新奥时代科技有限责任公司	高级
39	5G基站建设与维护职业技能等级证书	南京中兴信雅达信息科技有限公司	中级
40	工业机器人集成应用职业技能等级证书	北京华航唯实机器人科技股份有限公司	中级
41	大数据财务分析职业技能等级证书	北京首冠教育科技集团有限公司	中级
42	集成电路设计与验证职业技能等级证书	杭州朗迅科技有限公司	中级
43	家庭理财规划职业技能等级证书	平安国际智慧城市科技股份有限公司	初级
44	建筑信息模型(BIM)职业技能等级证书	廊坊市中科建筑产业化创新研究中心	中级
45	跨境电商B2C数据运营职业技能等级证书	阿里巴巴(中国)网络技术有限公司	中级
46	器乐艺术指导职业技能等级证书	新华国采教育网络科技有限责任公司	中级
47	人工智能语音应用开发职业技能等级证书	科大讯飞股份有限公司	中级
48	实用英语交际职业技能等级证书	北京外研在线数字科技有限公司	初级
49	室内设计职业技能等级证书	中国室内装饰协会	中级
50	网络安全运营平台管理职业技能等级证书	深信服科技股份有限公司	高级
51	虚拟现实工程技术应用职业技能等级证书	中科泰岳(北京)科技有限公司	中级
52	业财一体信息化应用职业技能等级证书	新道科技股份有限公司	中级
53	智能财税职业技能等级证书	中联集团教育科技有限公司	中级
54	智能仓储大数据分析职业技能等级证书	北京京东乾石科技有限公司	中级

教学团队建设

苏州市职业大学教学团队建设情况一览表

奖项	类别	所在学院（部）	批文号及日期
省级优秀教学团队	电子电工类课程	电子信息工程学院	苏教高〔2009〕42号 2009.12.22
省级职业教育教师教学创新团队	机电一体化技术	机电工程学院	苏教师函〔2019〕29号 2019.11.1

教育教学改革成果获奖情况

苏州市职业大学教学改革成果获奖情况一览表

奖项	项目名称	获奖等级	负责人	获奖时间
省级教学成果奖	学以致用的秘书实训教学模式的构建与实施	二等奖	徐　静	2004.12
	高职高专应用电子技术专业实践教学体系构建与实践	二等奖	曹丰文	2004.12
	以“吴文化”教育为基础，构建全方位、多层次、多形式的文化素质教育模式	二等奖	吴恩培	2007.12
	多校联建，资源共享的大学生文化素质教育模式改革与创新	特等奖	程宜康	2009.3
	高职机械类专业校企导学制高技能人才培养模式改革与实践	二等奖	陶亦亦	2011.9
	基于“产品、流程、系统”的实践教学体系构建	二等奖	陈　雁	2013.10
	高职计算机类专业毕业设计改革实践	二等奖	李金祥	2013.10
	基于多态同构的“六化并举”柔性适应人才培养模式探索与实践	一等奖	张　欣	2017.7
	基于职业素养养成的会计职业能力训练体系构建与实践	二等奖	倪爱东	2017.7
	基于“三维统整课程观”的高职院校人文素质教育校本课程研究与实践	二等奖	傅小芳	2017.7
	基于“精准滴灌”理念的苏州社区教育模式构建与实践	一等奖	戴涵莘	2021.12
	基于“五个一融合工程”高职院数字化思政教学体系构建的创新实践	二等奖	钮雪林	2021.12
	融产业潮·建动力圈·筑成才梯——智能制造类专业人才培养探索与实践	二等奖	陈　洁	2021.12
	政校企联通　语文专融通　来归去贯通：高职院校来华留学人才培养的苏州实践	二等奖	张　健	2021.12

各类考试通过率

2022年苏州市职业大学英语等级考试通过情况统计表

考试年份	考试等级	报考人数（人）	实考人数（人）	缺考人数（人）	合格人数（人）	合格率	优秀人数（人）	优秀率
2022.6	A级	287	244	43	153	62.70%	16	6.56%
2022.6	B级	610	492	118	209	42.48%	5	1.02%
2022.12	A级	2824	2765	59	2512	90.85%	797	28.82%
2022.12	B级	1834	1736	98	1306	75.23%	222	12.79%
2022.12	口语	949	883	66	744	84.26%	125	14.16%

2022年苏州市职业大学计算机等级考试通过情况统计表

考试年份	考试等级	报考人数（人）	实考人数（人）	缺考人数（人）	合格人数（人）	合格率	优秀人数（人）	优秀率
2022.9	一级	4706	4345	361	2350	54.09%	70	1.61%
2022.9	二级	372	295	77	22	7.46%	2	0.68%

（陈　伟）

编辑：许立莺　盛　婷

SUZHOU VOCATIONAL UNIVERSITY

第九章　学术科研

科研机构

获政府主管部门批准建设研究平台情况

苏州市职业大学获政府主管部门批准建设研究平台情况一览表

序号	名称	级别	批准时间	主管部门	说明
1	太湖学园众创空间	国家级	2017.12	中华人民共和国科学技术部	园科发火〔2017〕410号
2	江苏省高职院校社科应用研究协同创新基地 大运河（江苏段）文旅融合研究协同创新基地	省　级	2020.12	江苏省哲学社会科学界联合会	苏社联发〔2020〕96号
3	江苏省3C产品智能制造工程技术研究开发中心	省　级	2018.12	江苏省教育厅	苏教科〔2018〕10号
4	吴文化传承与创新研究中心 江苏省高校哲学社会科学重点建设研究基地	省　级	2018.7	江苏省教育厅	苏教社政函〔2018〕19号
5	江苏省光伏发电工程技术研究开发中心	省　级	2010.9	江苏省教育厅	苏教办科〔2010〕8号
6	江苏省现代企业信息化应用支撑软件工程技术研究开发中心	省　级	2007.9	江苏省教育厅	苏教科〔2007〕6号
7	苏州市智慧能源技术重点实验室	市　级	2022.10	苏州市科学技术局	苏财教〔2022〕141号
8	苏州石湖智库	市　级	2018.4	苏州市哲学社会科学界联合会	苏政民管〔2018〕30号
9	苏州市丝绸功能技术试验及检测公共服务平台	市　级	2016.6	苏州市工业和信息化局	苏丝协字〔2012〕7号
10	苏州市LTE智能终端测试验证公共服务平台	市　级	2013.6	苏州市科学技术局	苏科计〔2013〕207号、苏财教字〔2013〕60号
11	苏州市云计算智能信息处理高技术研究重点实验室	市　级	2012.6	苏州市科学技术局	苏科计〔2012〕172号、苏财教字〔2012〕72号
12	苏州市智慧旅游地理信息公共服务平台	市　级	2011.6	苏州市科学技术局	苏科计〔2011〕166号、苏财教字〔2011〕42号
13	苏州市数字化设计与制造技术重点实验室	市　级	2010.6	苏州市科学技术局	苏科计〔2010〕138号、苏财科字〔2010〕68号
14	苏州市企业信息化应用支撑软件开发平台	市　级	2007.9	苏州市科学技术局	苏科计〔2007〕232号、苏财科字〔2007〕76号

与协会、学会共建研究平台情况

苏州市职业大学与协会、学会共建研究平台情况一览表

序号	名称	共建单位	共建时间	说明
1	江苏省中华成语研究会教学科研实践基地	江苏省中华成语研究会	2018.6	苏成会〔2018〕3号
2	智能水下机器人研究与应用创新公共服务平台	江苏省计算机学会	2018.6	
3	中国丝绸产品技术创新与应用公共服务平台	中国纺织品商业协会	2018.3	
4	江苏省作家协会儿童文学创研基地	江苏省作家协会	2013.5	苏作函字〔2013〕1号
5	江苏省丝绸织绣产品功能检测试验基地	江苏省丝绸行业协会	2012.12	苏丝协字〔2012〕7号
6	中国明式家具研究所	中国家具协会	2008.6	苏艺协函〔2008〕12号

与地方政府、研究机构共建协同创新中心情况

苏州市职业大学与地方政府、研究机构共建协同创新中心情况一览表

序号	名称	共建单位	共建时间
1	欢口镇企业协同创新中心	江苏省徐州市丰县欢口镇人民政府	2021.10
2	江苏长江产业经济研究院苏州研究中心	南京大学长江产业经济研究院	2021.10
3	苏州市职业大学人工智能协同创新中心	中科院自动化研究所苏州研究院	2021.6
4	苏州况钟研究会	苏州市纪委监委	2021.4
5	薄膜协同创新中心	苏州大学	2020.10
6	太湖文化创新研究中心	苏州市高新区党工委宣传部	2020.6
7	阳澄湖镇企业协同创新中心	苏州市相城区阳澄湖镇	2019.7
8	中国可再生能源高效电能变换协同创新中心	中国可再生能源学会	2019.5
9	新材料与光伏应用技术协同创新中心	中北大学材料科学与工程学院	2019.5
10	互联网+非遗文化保护创新研究与公共服务平台	苏州市吴中区香山街道	2019.5
11	苏州丝绸技术创新协同中心	苏州市丝绸行业协会	2019.4

校级科研机构情况

苏州市职业大学校级科研机构情况一览表

序号	名称	挂靠部门或学院（部）	负责人	成立日期	说明
1	分布式智慧能源技术创新载体	电子信息工程学院	汪义旺	2022.7	苏职大政〔2022〕48号
2	人工智能协同创新中心	计算机工程学院	鲜学丰	2022.7	苏职大政〔2022〕48号
3	新能源汽车工程技术协同创新中心	机电工程学院	万长东	2022.7	苏职大政〔2022〕48号
4	磁共振分析技术工程研究中心	教育与人文学院	朱莹莹	2022.7	苏职大政〔2022〕48号
5	新媒体艺术与技术创新研究中心	艺术学院	周德富	2022.7	苏职大政〔2022〕48号
6	生命教育研究与实践中心	马克思主义学院	王大纲 卢　锋	2022.7	苏职大政〔2022〕48号
7	运动与健康产业协同创新中心	体育部	孟祥波	2022.7	苏职大政〔2022〕48号
8	财政绩效评价中心	商学院	汤　泉	2021.5	苏职大政〔2021〕38号
9	江南文化研究院	管理学院	宋桂友	2021.2	苏职大政〔2021〕13号
10	苏州数字经济产业研究院	管理学院	孙学文	2021.2	苏职大政〔2021〕12号
11	劳动与职业教育研究所	教务处	傅小芳	2019.3	苏职大政〔2019〕109号
12	新型功能材料及其智能测试仪器研究中心	机电工程学院	周正存	2018.12	苏职大政〔2018〕109号
13	智慧能源装备与电能变换协同创新中心	电子信息工程学院	汪义旺	2018.12	苏职大政〔2018〕109号
14	物联网可信智能计算协同创新中心	计算机工程学院	方立刚	2018.12	苏职大政〔2018〕109号
15	智能计算与知识学习研究中心	电子信息工程学院	尚　丽	2018.12	苏职大政〔2018〕109号
16	智能电梯新技术实验室	机电工程学院	陆春元	2018.12	苏职大政〔2018〕109号
17	功率超声与振动研究中心	机电工程学院	汪红兵	2018.12	苏职大政〔2018〕109号
18	智能交通大数据协同创新中心	计算机工程学院	陈　珂	2018.12	苏职大政〔2018〕109号
19	食品安全与营养研究中心	教育与人文学院	张　丽	2018.12	苏职大政〔2018〕109号
20	人工智能数据研究中心	数理部	俞祚明	2018.12	苏职大政〔2018〕109号
21	外国语语言文化研究中心	外国语学院	卞浩宇	2018.12	苏职大政〔2018〕109号
22	儿童文学研究所	教育与人文学院	王一梅	2013.5	苏职大政〔2013〕33号
23	吴文化研究院	管理学院	孟利琴	2012	
24	丝绸应用技术研究所	教育与人文学院	李世超	2007.6	苏职大政〔2007〕48号
25	高等教育研究所	高等教育研究所	黄　萍	2006.9	苏职大委〔2006〕69号

重要科研机构简介

大运河（江苏段）文旅融合研究协同创新基地

◎概　况

2020年12月，大运河（江苏段）文旅融合研究协同创新基地获批江苏省高职院校社科应用研究协同创新基地，是首批获批十家基地之一。时任苏州市职业大学校长曹毓民担任该基地高校首席专家，苏州市文化广电和旅游局副局长徐伟荣担任该基地政府部门首席专家，江苏省文化投资管理集团党委委员、副总经理钱进担任该基地相关企业（行业）首席专家。苏州市职业大学副校长张健任基地管理办公室主任，朱剑刚、方向阳、陈璇任副主任。

◎科研学术

聚焦发展方向，强化科研工作。2022年申报获批江苏省社科联协同创新基地专项课题8项，其中，重点课题2项，一般课题6项。基地还获批市厅级以上大运河与江南文化相关课题6项，“运河十景故事”获批苏州市社科联江南文化专项课题。基地2022年度出版专著3部，分别是《千年回响——纪念顾野王诞辰1500周年研究论集》（古吴轩出版社，2022年4月），《苏州城建史话》（古吴轩出版社，2022年6月），《江南文化盛宴》（古吴轩出版社，2022年11月）。基地研究员先后在《群众》《中国社会科学报》《新华日报》发表学术文章12篇。同时，基地研究成果获苏州市第十六届哲学社会科学成果奖二等奖3项、三等奖3项。《苏州运河十景》在获苏州社哲成果二等奖的同时，获评苏州市委宣传部宣传思想文化工作创新成果提名项目。基地积极做好宣传和交流工作。借助苏州石湖智库“智汇苏州”学术沙龙品牌，开展4期与大运河文化带建设以及与江南文化建设有关的学术沙龙。基地成员在《苏州日报》等苏州市主流媒体发表相关理论文章近10篇。

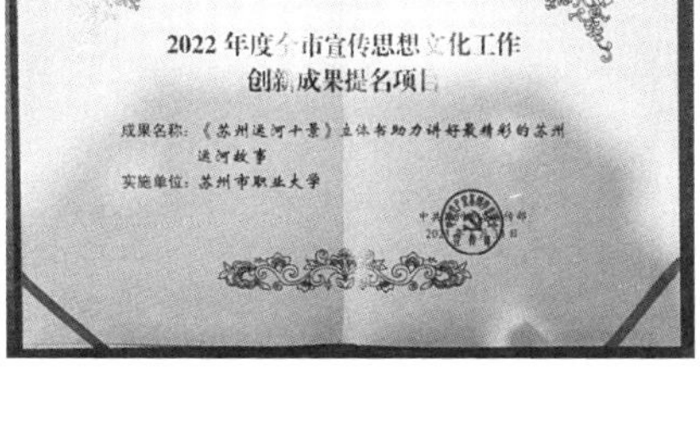

◎社会服务

积极开展建言献策与服务社会活动，为地方大运河文化带建设贡献智库力量。自基地成立以来，与大运河文化带建设以及与江南文化建设有关的16篇决策咨询报告在智库刊发，其中获省、市主要领导肯定性批示12篇。承担苏州市委研究室、市人大常委会研究室及相关部门课题6项。其中第三批吴文化地名保护名录的编纂工作，作为市立项目受到苏州市各界普遍关注。基地副主任陈璇作为苏州市人大立法专家全程参与《苏州大运河文化保护条例》的立法工作。基地首席专家曹毓民和副主任陈璇、研究员蔡斌参与新华社“千问千寻大运河”的节目录制工作，为讲好大运河苏州段的精彩故事贡献智库力量。

江苏省3C产品智能制造工程技术研究开发中心

◎概　况

江苏省3C产品智能制造工程技术研究开发中心（简称“技术开发中心”）是2018年经江苏省教育厅批准，以苏州市职业大学为依托单位，以苏州凡特斯测控科技有限公司为合作单位设立的省级工程技术研发中心。技术开发中心主要开展3C产品的模具快速设计与制造、智能制造装备与系统、智能检测与控制、工业互联网等关键共性技术研发与应用；同时，搭建行业协同创新平台，服务行业企业技术升级，推进行业技术进步，服务地方经济发展，有效推进江苏省，特别是苏州市的现代企业智能化工程建设。

技术开发中心现有固定研究人员44人，其中，正高12人、副高15人，具有博士学位的19人；有省、市级优秀教学团队2个，省级各类高层次人才及培养对象12名。技术开发中心新建及改建共计1800余平方米的3C产品智能制造研究开发基地，开展3C产品关键技术开发并实现成果转化。

◎科研学术

成立以来，技术开发中心科研团队在相关领域承担国家及省、市项目17项，新获批包括省产学研（揭榜挂帅）项目在内的省市级项目4项，教授方立刚、王仁忠获选江苏省科技副总。国家自然科学基金项目“社会规则约束下移动机器人的行为优化”、江苏省人才项目“基于自适应的动态人工标定特征的眼对眼标定方法研究”、苏州市前瞻重点科技项目“基于生产大数据的铝带尺寸质量异常预警系统研究与应用”等12项各级科研项目工作均按计划执行，取得预期成果。截至2022年底，技术开发中心在国内外核心以上期刊发表论文35篇，获得专利42项，其中发明专利15项，获批软件著作权16件。

◎社会服务

技术开发中心除对理论研究成果推广应用外，还对企事业单位急需解决的技术问题和3C产品智能制造系统进行研究开发和技术服务。截至2022年底，签订企业横向技术服务合同34项，实现专利转让13项。每年培养培训相关人才500～800名，历年来学生参加各类职业技能大赛竞赛获奖22项，其中，国赛一、二等奖和省赛一等奖共5项。

吴文化传承与创新研究中心

◎概　况

吴文化传承与创新研究中心（简称“研究中心”）2018年获批江苏高校哲学社会科学重点建设基地（批准号：2018ZDJD—B018），是整合学校吴文化研究团队形成的跨院（部）、多学科合作的科研机构，研究涉及吴地历史文化、苏州社会经济发展、吴地廉政文化、吴地工匠精神、江南文脉等诸多领域；其主要科学研究任务是围绕当代苏州社会经济发展战略，聚焦吴地历史文化，聚焦吴地优秀传统文化助推苏州城市建设和经济发展的重大理论和现实问题，凝练研究方向，创新运行机制，集中研究力量，优化资源配置。研究中心现有校内外研究员69人，其中，校外研究员12人，教授12人，博士14人。

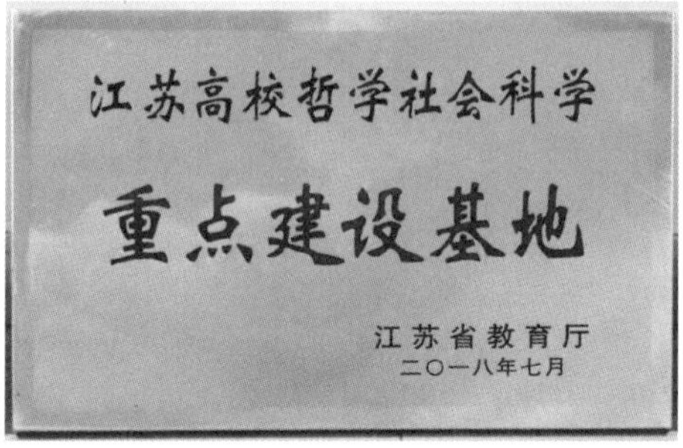

研究中心立足科研，服务教学。在开展系列科学研究的同时，推动学校文化育人工作的建设。研究中心将最新的科研成果转化为教学内容，依托国家级大学生文化素质教育基地——吴文化园，开展各项吴文化专题的“挑战杯”哲学社会科学类项目、研究性课程、江苏省大学生实践创新训练计划项目，并助推学校特色课程“吴文化”的建设发展。

自研究中心获批以来，研究团队坚持对吴地优秀传统文化进行研究与传承，着力打造吴文化特色品牌，成果丰硕。近3年来，研究员主持、参与并完成各类教科研项目近50项，其中，国家社会科学基金项目1项，江苏省文化科研课题1项，江苏省社会科学基金重大项目子课题1项，江苏省高校哲社重大课题1项，省部级课题3项，市厅级课题28项。发表学术论文95篇，其中，在核心期刊发表论文5篇，在权威报刊发表文章5篇；出版学术专著11部。研究中心发布年度课题共计60项，完成并结项60项。带领学生团队在国家级和省、市级各类竞赛中获奖22项，其中在全国技能大赛中获特等奖1项、一等奖3项。

◎科研学术

2018年以来，研究中心团队成员主持、参与市厅级以上科研课题37项；编撰《廉洁文化研究》《吴地廉政文化读本》《阅·美苏州》《弦索烟云》《凌鼎年文学纪年》《吴淞江文化研究》《吴淞江历代诗咏》等著作，发表学术论文84篇。围绕江南文化、自贸区苏州片区建设等主题，在《新华日报》发表吴文化专栏文章9篇，并被"学习强国"学习平台收录。

◎社会服务

近3年来，在苏州市社科联、苏州市政府研究室内参发表决策性文章《关于借鉴上海经验打响江南文化品牌的对策建议》等40篇，为苏州地方社会经济发展建言献策。其中14篇报告获市级以上领导肯定性批示。

研究中心依托国家级大学生文化素质教育基地吴文化园，传播吴地优秀传统文化，近3年来接待到访嘉宾和社会民众40000人次以上，为各社区、老年大学开设吴文化公益讲座25场次，听众在1800人次以上。

2022年12月，研究中心全票通过江苏省教育厅专家组江苏高校哲学社会科学重点建设基地建设期验收。

江苏省光伏发电工程技术研究开发中心

◎概　况

江苏省光伏发电工程技术研究开发中心（简称"中心"）是2010年江苏省教育厅批准重点支持建设的省级工程技术研究中心，2014年12月顺利通过验收。中心主要研究新型高效光伏薄膜太阳能电池技术、新能源发电系统能量变换技术、新能源发电系统及工程化应用，并开展新能源创新人才培养及新能源产品技术服务。现有研发人员17人，副高及以上人员9人，其中教授3人；博士8人，省"333高层次人才培养工程"第二层次培养对象1人，省高校"青蓝工程"学科带头人2人，省双创人才1人，市劳模1人。省优秀教学团队1个、市优秀教学团队1个，依托中心建成省高校"青蓝工程"创新团队1个、市大师工作室1个、市劳模工作室1个。以中心为基础，2022年立项建设市重点实验室1个。

近年来，中心获江苏省科学技术二等奖1项、吴文俊人工智能科技进步三等奖2项，江苏省高校科技成果三等奖1项，苏州市科技进步二、三等奖各1项，苏州市高技能人才重点研发课题一、三等奖各1项。主编出版"十二五"职业教育国家规划教材3部、"十三五"职业教育国家规划教材1部、省"十三五"重点教材1部。

2018年度江苏省科学技术奖

证　书

为表彰江苏省科学技术奖获得者，特颁发此证书。

项目名称：中小功率光伏逆变电源系统关键技术及应用

奖励等级：二　等

获 奖 者：汪义旺

江苏省人民政府

2019年3月20日

证书号：2018 2 20 R1

◎科研学术

近年来，主持完成各级科研项目近50项，其中，国家自然科学基金项目2项，江苏省教育厅科技成果转化项目4项，苏州市科技计划项目14项，江苏省教育厅重点教改课题1项。发表论文50余篇，获授权的发明专利32项。中心科研团队主持的项目"中小功率光伏逆变电源系统关键技术及应用"于2019年获江苏省科学技术二等奖。2022年，获苏州市自然科学优秀学术论文三等奖2项。

◎社会服务

先后与苏州计量科学研究院、苏州电气科学研究院、江苏固德威、阿特斯等单位建立紧密的合作关系，并开展光伏发电系统及工程化应用等项目21项。其中，光伏电池片四探针测试台知识产权已转让企业生产；江苏省教育厅科研成果产业化推进项目开发的"高性能中小功率光伏独立/并网双模式逆变器”已由企业投产，实现产值800余万元。

◎学生创新创业培养

依托中心在工程化应用的优势和强大的师资队伍，建立“省光伏中心创新工程训练中心”，探索创新创业一体化训练的创新人才培养模式，已体现出成效，成为学校的特色。

中心培养的学生每年获国家级、省级奖励的均在10余人次。其中，获全国职业技能大赛二等奖1项、江苏省职业技能大赛一等奖3项、“挑战杯”全国大学生创新创业大赛省级一等奖3项，连续六届获全国“发明杯”大学生创新创业大赛一等奖等。

江苏省现代企业信息化应用支撑软件工程技术研究开发中心

◎概　况

江苏省现代企业信息化应用支撑软件工程技术研究开发中心（简称“技术开发中心”）是于2007年经江苏省教育厅批准，以苏州市职业大学为依托单位，以苏州固锝电子股份有限公司为合作单位设立的省级工程技术研发中心。按照《江苏省高等职业技术院校工程技术研究开发中心管理办法（试行）》中有关技术开发中心建立独立建制管理制度的要求，技术开发中心于2007年12月经苏州市编制委员会和苏州市人事局批准建成独立核算的事业法人单位。

技术开发中心主要基于智能处理为特征的企业信息化应用支撑软件系统平台，以企业信息与软件项目管理技术、智能信息搜索及数据挖掘、智能图像处理和云计算关键技术等为研究方向。结合国家在信息化建设方面的重大需求，旨在构建以“产学研一体化”为基本特征的科技创新示范平台，提高企业在全球经济一体化市场环境中的核心竞争力，有效推进江苏省，特别是苏州市的现代企业信息化工程建设。

技术开发中心现有固定研究人员36人，其中，正高13人、副高17人，具有博士学位的6人。另外有10余名国内著名高校的研究人员在技术开发中心进行客座研究。技术开发中心现有用房共计600余平方米，其中独立研究和开发室500余平方米。

◎科研学术

2022年，技术开发中心积极提升自身在新一代信息技术领域的自主创新能力，努力发挥自身在人工智能与大数据等方面已有的科研优势，紧跟科技发展新动态深入研究。分别联合同济大学、苏州大学共同承担国家自然科学基金项目2项，主持并承担省级科研项目3项；获授权发明专利4项，实现专利技术转移转化1项；公开发表省级以上学术论文12篇，其中被SCI、EI和CSCD（E）检索3篇。

◎社会服务

2022年，技术开发中心紧密围绕地方经济发展需要开展社会服务，努力推动学校自主知识产权在长三角地区的产业应用，协助地方产业结构调整和经济发展方式转变。面向地方开展的横向项目累计到账经费200余万元，在智能机器视觉应用研发、物联网安全防火墙关键技术研发、大数据应用支撑系统设计研发、农林病虫害卫星遥感辅助监测研究等方面逐步形成品牌优势。

苏州石湖智库

◎概　况

苏州市职业大学苏州石湖智库（简称“石湖智库”）成立于2018年4月，是在苏高职院校中首家以“智库”形式注册登记、具有独立法人资格的非营利性社会组织。自成立以来，石湖智库以“政府政策研究、应用理论创新、江南文化传承”为发展方向，立足地方优秀传统文化的研究与创新，着力打造特色鲜明的“江南文化”品牌，开展有针对性的学术研究和理论探讨。

石湖智库以学术科研服务基层、服务地方为理念，努力探索历经3000年淘洗涤荡的吴文化所蕴含的现代性因素，致力于推动苏州特有的传统文化与现代文明有机结合，通过平台搭建，整合学校内外的优质资源，积极为名城苏州在新时代彰显城市个性、提升城市品位、增强城市竞争力和影响力献计献策。

石湖智库拥有一批业务能力精干的专兼职研究人员，主要涉及文化、社会、管理、经济、工程等学科领域。作为尚处于培育成长期的新型智库，石湖智库的发展目标是紧密依靠各方人才，通过多种合作方式，立足本土文化，放眼全国战略，创新组织协调机制、多元对接机制、支撑服务机制，积极开展品牌打造、建议建言、调研咨询等各方面工作。经过3~5年的成果积累，石湖智库成为苏州市重点智库，真正为学校创建一流品质院校提升自主创新能力和社会影响力，为苏州区域经济社会创新发展提供智力支持。2019年12月，石湖智库入选苏州市首批六家“新型智库”之一。2021年12月，石湖智库在苏州市新型智库建设办公室组织的年度考评中获评优秀。2022年，石湖智库通过苏州市社会组织4A级评定，并成功入选中国智库索引来源智库名单。

◎科研学术

1. 树立“一个品牌”

石湖智库积极响应苏州市委、市政府“一校一品”品牌打造的目标，在苏州市委宣传部和苏州市社科联的关心和指导下，在苏州市职业大学校党委的领导下，通过平台搭建，整合社会各类优质资源，秉承“将最优秀的论文写在祖国大地上”的运营方针，着重做好科学研究、人才培养和社会服务工作，积极探索“智库+平台”的地方高职院校智库建设新路径，积极为名城苏州在新时代彰显城市个性、提升城市品位、增强城市竞争力和影响力献计献策。石湖智库已经形成“一个品牌、两个基地、两个中心、一个团队、一批成果”的发展格局。石湖智库根据建设章程成立理事会、监事会，成立顾问委员会、学术委员会和咨询委员会。

自2019年起，石湖智库着手打造“智汇苏州”高端学术沙龙品牌。2019—2022年，学术沙龙共举办22期，先后聘请中国社会科学院、中国传媒大学、南京大学、复旦大学、上海交通大学、华东师范大学、南京师范大学、苏州大学、西交利物浦大学等国内外知名高校的专家以及华为EBG中国区智慧城市业务部、科大讯飞（苏州）科技有限公司、清华大学苏州研究院等企业的专家近百人，共同为当下苏州社会经济、文化、民生发展中的热点、难点和痛点问题“问诊把脉”。2022年，7期沙龙主题分别为“新时期苏州文化创意产业高质量发展”“打造世界级科创湖区的苏州使命”“智改数转推动工业高质量发展”“城市更新与苏州‘园林之城’品牌打造”“全过程人民民主与苏州城市发展”“姑苏侨文化品牌建设助力古城保护与发展”“养老服务人才培养创新、实践与发展”。

沙龙活动产生广泛社会效益，受到苏州市委宣传部、苏州市社科联以及相关部门主要领导的充分肯定。借助沙龙，石湖智库研究员向苏州市委、市政府及各个部门提交一批富有建设性意见的决策咨询报告。截至2022年底，石湖智库共报送录用刊发决策咨询报告154篇，获领导肯定性批示58篇，其中省级内参1篇。沙龙活动获《中国社会科学报》《中国科学报》《扬子晚报》《苏州日报》《姑苏晚报》、苏州电视台以及各大自媒体、新媒体网络平台报道，还被“学习强国”学习平台转载。专家观点也先后在《中国社会科学报》《新华日报》《苏州日报》等专版刊出。同时，受苏州市委研究室、苏州市人大常委会研究室以及其他各部门委托，承担相关课题21项。另外，2022年，石湖智库受苏州市姑苏区委宣传部委托，为切实加强对苏州文化的保护、研究和创新利用，提升姑苏文化的知名度、显示度，着力打造特色鲜明的文化品牌，石湖智库通过深入对接、研讨交流，携手苏州历史文化名城保护区、姑苏区共同成立“苏州文化保护传承与创新研究中心”，并开展“姑苏·大家说”苏州历史文化系列讲座活动，讲座共分12

讲，主要向姑苏区委四套班子成员及相关部门工作人员讲授苏州历史文化相关课程。

2. 打造“两个基地”

2020年12月，大运河（江苏段）文旅融合研究协同创新基地获批江苏省哲学社会科学界联合会高职院校社科应用研究协同创新基地首批十家基地之一。2021年，基地受苏州市委宣传部和社科联委托编撰苏州市社科联重大委托项目《苏州运河十景》读本。2021年，基地申报获批国家社科基金项目1项，题目为“明清以来中国大运河流域民歌搜集整理与研究”。2022年，基地共承担江苏省社科联基地研究重点项目2项，一般项目8项；实现横向委托课程的大丰收，承担纵向课题15项。2022年，石湖智库与基地共计出版专著3部，分别是：《千年回响——纪念顾野王诞辰1500周年研究论集》曹毓民主编、《苏州城建史话》潘君明著、《江南文化盛宴》袁伟放著。另外，《苏州大运河》《江南文化蓝皮书2021》《苏州运河十景故事》《苏州山林研究》等书也正在编纂过程中。基地研究员先后在《中国高等教育》《中国社会科学报》《解放日报》《新华日报》《群众》发表学术文章12篇，其中，相关文章获《人大复印报刊资料·文化研究》全文转载。基地主要研究员多次受邀录制苏州电视台采访及相关节目，如《君到姑苏见·运河之城》、央视《焦点访谈》栏目等。基地研究员先后多次参与苏州市人大常委会《苏州大运河文化保护传承利用条例》立法专家论证会，为苏州大运河文化带建设立法工作出谋划策。基地还主动对接苏州市各个板块运河建设工作，如“枫桥诗会”、“我家就在运河边”项目推进会、苏州“石湖串月”活动、打造大运河农文旅新运河小镇建设研讨、“运河+”系列讲坛等活动。

2021年12月，石湖智库获批“苏州市非遗传承保护研究基地”。石湖智库一直关注苏州市非遗文化的保护与传承研究工作，先后与苏州市人大常委会研究室召开苏州非遗国际传播的研讨会，与非遗传承人一起探讨苏州非遗品牌“走出去”的新路径与保护工作。同时，加强苏州非遗传承文化的保护与传承研究工作，与苏州市“双国”大师姚惠芬所在的姚惠芬艺术刺绣研究所共同举办“非遗大师进校园：姚惠芬艺术刺绣展览”，为期1个月。未来，石湖智库计划以该基地为平台，重点做好苏州非遗文化的保护、传承、利用的文章。

◎社会服务

1. 探索发展新路，智库建设反哺人才培养

与苏州市人大常委会共同举办2022国内著名高校研究生苏州市人大常委会机关暑期专项实践活动，并召开重点课题研讨会。2022年7月10日至8月11日，开展为期近1个月的专项活动，活动中，北京大学、人民大学等国内知名高校的20多名硕士及博士研究生深入苏州基层一线开展社会实践，围绕“全过程人民民主促进基层治理现代化的苏州探索”“苏州古城保护与更新对策研究”“基于城乡一体化高水平共同富裕的苏州探索与实践”等领域，聚焦苏州经济社会发展中的突出问题，运用自身专业特长、研究成果和实践经验，研究解决当地实际问题的有效方法。活动后，在石湖智库2022第5期（总第19期）“智汇苏州”学术沙龙，学生们进行研究成果汇报，论据扎实、案例生动、建议切实可行。活动获得苏州市人才办和苏州市人大常委会研究室的高度认可。

2. 积极服务基层，与社区、街道携手共建

石湖智库主动对接社会建设，将智库智慧与社会文化建设相结合，服务百姓，形成共建基地。石湖智库建设秉承服务地方发展需求的理念，主动对接社区、街道，送经进社区，为居民讲故事、讲文化，为创造人民美好生活提供智力支持。石湖智库研究员先后参加苏州市姑苏区吴门桥街道“做活姑苏运河‘最精华’文眼的学术沙龙”；与苏州枫桥景区共同协办江南运河文化节的重点项目“枫桥诗会”；与苏州市姑苏区金阊街道运河社区共建，策划并协助他们建立以“运河”为主题的党群服务中心，同时开展一系列的“运河+”活动，既丰富社区居民的日常生活，又帮助社区建立自己的品牌。因此，石湖智库获得社区党委颁发的“最佳红色合伙人”称号。

江苏省作家协会儿童文学创研基地

◎概　况

江苏省作家协会儿童文学创研基地（简称“创研基地”）成立于2013年5月，是由江苏省作家协会批准，苏州市职业大学和苏州市文联主管的文学创作和研究平台，为江苏儿童文学工作者的文学创作、儿童文学教学、对外交流、

儿童阅读推广做出有益探索。创研基地由苏州市职业大学和苏州市委宣传部共同拨款运行。

创研基地成员由苏州市职业大学儿童文学研究和教学人员、苏州市作家协会儿童文学创作者共同组成，在创作、教学研究、对外交流以及阅读推广4个方面均有专业人员，形成“小而美”的创新团队，其中一级作家1人、副教授1人、博士2人、硕士3人。

近年来，创研基地得到苏州市职业大学校院领导的关心指导，在苏州市文明办和苏州市文联的支持下，儿童文学创作、评论、教学研究以及为社会提供阅读服务等方面的能力不断提升。

◎科研学术

2022年，创研基地成员在研和结题校级项目3项。在研项目为校级思政课题“高职院校幼儿文学课程中的思政元素的开发与利用”，校级教改项目“绘本鉴赏与制作”融合化在线开放课程。结题项目为“以动物园为依托的高职学前教育专业幼儿文学课程教学改革与实践研究”教改课题。

创研基地进一步推动“以赛促教、以赛促研”的儿童文学领域的实践研究和课程实践，团队成员从事儿童文学、幼儿故事讲述、儿童剧以及幼儿语言教学法、语言游戏等领域的教学和科研，形成以儿童文学研究为基础的教研团队。

◎社会服务

创研基地成员积极参与社会活动，参加江苏省全民阅读办举办的多场公益讲座，为满天星公益2022乡村教师“看见”读书会进行公益讲座，参与苏州市姑苏区金阊街道为社区党建工作举办的公益讲座，为苏州诸多幼儿园举办公益讲座。

◎社团工作

2022年，儿童文学研究所下设的故事姐姐学生团队进行社团招新，并成立儿童剧表演小组和儿童文学创作小组。随后进行线上和线下培训。

在学院领导的支持下，创研基地举办第二届绘本制作比赛，共评选出优秀绘本50册，并制作成文创产品；举办“我爱祖国”国庆绘本专题比赛。

◎创新项目

启动原创歌舞剧《一片小树林》项目，在儿童文学研究所教师原创作品《一片小树林》（10万字，报告文学）的基础上，由研究所师生组成创新团队进行再创作，完成歌舞剧《一片小树林》（80分钟）剧本。以思想性和教育性为主旨，将艺术性、文学性寓于一体，制定“小树林校园原创剧项目”的工作计划。通过师范专业课程和学校社团、剧团等的结合，实现艺术育人、文化育人、专业育人的目的。该项目得到校党委宣传部确认。

◎重要事项

2013年5月，江苏省作家协会儿童文学创研基地挂牌；2015年5月，南环少儿阅读馆成立，并挂牌为创研基地的实践基地；2017年8月，创研基地迁至学校干将路校区；2022年1月，创研基地又迁至奎文楼2号楼109办公室。

科研立项

国家级项目

2022年苏州市职业大学教职工获国家级科研项目立项情况一览表

序号	项目名称	项目批准号	负责人	所在学院（部）、部门	经费（万元）	立项批文、日期
1	高质量发展理念下高职课程适应性及其提升策略研究	BJA220253	温贻芳	党委	17	苏教规办函〔2022〕03号 2022.8.8

省部级项目

2022年苏州市职业大学教职工获省部级科研项目立项情况一览表

序号	项目名称	项目批准号	负责人	所在学院（部）、部门	经费（万元）	立项批文、日期
1	舞蹈《运河魂》	—	李　娜	艺术学院	8	艺术基金管理中心〔2022〕1号 2022.5
2	新媒体视阈下舞蹈艺术融合流变研究	22YJC760036	李　娜	艺术学院	—	教社科司函〔2022〕125号 2022.9
3	大运河苏州段嵌入式文化旅游资源开发研究	22XZB011	方向阳	教育与人文学院	—	2022.9
4	黄炎培职业教育思想视野下高技术人才培养模式创新研究	ZJS2022Zd31	张　健	校党委	0.5	社发〔2021〕44号 2021.12
5	马六甲英华书院与近代中西文化交流（1818—1843）	—	卞浩宇	外国语学院	—	—
6	高端阀门智能生产线设计	BY2022776	王仁忠	机电工程学院	—	苏科区发〔2022〕291号 2022.12.21
7	安全运维审计关键技术研发及其应用	BY2022831	方立刚	科技处	—	苏科区发〔2022〕291号 2022.12.21
8	一种太阳能光伏发电用双模式逆变器的开发	BY20221250	汪义旺	电子信息工程学院	—	苏科区发〔2022〕291号 2022.12.21
9	小型电动拖拉机传动系统优化设计	BY20221306	王　敏	机电工程学院	—	苏科区发〔2022〕291号 2022.12.21
10	基于刚体运动学的AR参考物体特征点修正方法的研究	BY20221311	张　量	党委办公室	—	苏科区发〔2022〕291号 2022.12.21
11	汽车配件外观缺陷检测研发	BY20221312	陈　珂	计算机工程学院	—	苏科区发〔2022〕291号 2022.12.21
12	氢燃料电池结构性能仿真与优化研究	BY20221318	万长东	机电工程学院	—	苏科区发〔2022〕291号 2022.12.21
13	一种低温三防整理剂、制备方法及其在织物上的应用研究	BY20221320	黄阳阳	教育与人文学院	—	苏科区发〔2022〕291号 2022.12.21
14	基于大数据的智能变电站设备故障诊断和预测平台的开发	BY20221384	王　峰	校党委	—	苏科区发〔2022〕291号 2022.12.21

市厅级项目

2022年苏州市职业大学教职工获市厅级科研项目立项情况一览表

序号	项目名称	项目批准号	负责人	所在学院（部）、部门	经费（万元）	立项批文、日期
1	南北守望：新时期江南运河江苏段文化品牌打造路径研究	2022DYZ05	陈　璇	教育与人文学院	—	2022.5.30
2	江苏财政政策绩效评价问题研究	2022SJZD024	丁　俊	商学院	4	苏教办社政函〔2022〕22号 2022.5.31
3	关于苏州打造韧性城市的政策举措及路径研究	Y2022LX077	张　健	校党委	3	2022.5.31
4	促进苏州茶业发展对策研究	Y2022LX078	宋桂友	管理学院	1	2022.5.31
5	苏州构建“品质城市”的实践与经验研究	Y2022LX079	王大纲	马克思主义学院	—	2022.5.31
6	苏州智慧城市建设中打造“智慧康养”全国标杆的思路与对策研究	Y2022LX080	鲜学丰	计算机工程学院	1	2022.5.31
7	苏式旅居康养产业发展的对策及路径研究	Y2022LX081	曹　湘	体育部	—	2022.5.31
8	后疫情下数字技术加快苏州数字文化产业高质量发展的对策研究	Y2022LX082	郑丽娟	管理学院	1	2022.5.31
9	大运河文化带“精彩苏州段”之“石湖五堤”的建设思路与对策	Y2022LX083	胡武生	教育与人文学院	1	2022.5.31
10	全域整合提升纺织服装产业链助推苏州高质量发展对策研究	Y2022LX084	李世超	教育与人文学院	5	2022.5.31
11	数字化背景下苏州市高质量婴幼儿照护指导模式研究	Y2022LX085	王　平	教育与人文学院	1	2022.5.31
12	推进制造业数字化集群转型，提升“苏州制造”品牌价值	Y2022LX086	张春梅	商学院	1	2022.5.31
13	苏州“专精特新”中小企业知识产权能力提升研究	Y2022LX087	牛士华	商学院	—	2022.5.31
14	苏州推进长三角体育产业一体化发展研究	Y2022LX088	孟祥波	体育部	1	2022.5.31
15	新常态下数智化推动苏州制造业“双链融合”的对策研究	Y2022LX089	沈馨怡	管理学院	1	2022.5.31
16	城市更新行动下苏州古城保护与更新对策研究	Y2022LX090	张磊玲	教育与人文学院	—	2022.5.31
17	基于城市表达和生态导向的苏州公园城市融合创新发展路径研究	Y2022LX091	李　杨	教育与人文学院	—	2022.5.31
18	产业创新集群视角下的苏州丝绸品牌打造对策研究	Y2022LX092	黄小萃	教育与人文学院	—	2022.5.31
19	新形势下苏州纺织服装产业提档升级对策研究	Y2022LX093	杨艳玲	商学院	—	2022.5.31
20	加快苏州养老服务人才队伍建设研究	Y2022LX094	孙　丹	外国语学院	3	2022.5.31
21	苏州石湖范成大文化资源深度挖掘及利用研究	Y2022LX095	李　平	学生工作处	—	2022.5.31
22	类石墨二维材料共混凝特性及异质结构的液相合成	22KJB150038	朱晓斌	机电工程学院	3	苏教科函〔2022〕5号 2022.6.24
23	模糊与随机环境下具有分形特征的期权定价及应用研究	2022SJYB1626	徐　峰	商学院	—	苏教办社政函〔2022〕25号 2022.7.12
24	“双碳”战略背景下江苏省制造业企业社会责任研究	2022SJYB1631	周　杨	管理学院	—	苏教办社政函〔2022〕25号 2022.7.12

续表

序号	项目名称	项目批准号	负责人	所在学院（部）、部门	经费（万元）	立项批文、日期
25	苏州数字文化产业创新集群发展对策研究	2022SJYB1622	顾　伟	教育与人文学院	—	苏教办社政函〔2022〕25号 2022.7.12
26	基于高职院校创新创业平台下科技社团建设发展研究	2022SJYB1627	张国良	机电工程学院	—	苏教办社政函〔2022〕25号 2022.7.12
27	中华优秀传统文化融入高校人才培养路径研究	2022SJYB1623	谭　飞	党委办公室	—	苏教办社政函〔2022〕25号 2022.7.12
28	数字经济时代金融科技服务实体经济高质量发展研究	2022SJYB1630	周　雷	商学院	—	苏教办社政函〔2022〕25号 2022.7.12
29	基于“项群理论”的高职体育课程思政研究	2022SJYB1629	仲慧慧	体育部	—	苏教办社政函〔2022〕25号 2022.7.12
30	非遗传承视域下团扇与陶瓷跨界融合的创新应用研究	2022SJYB1625	王　静	艺术学院	—	苏教办社政函〔2022〕25号 2022.7.12
31	人工智能时代高校外语教师TPACK发展研究	2022SJYB1628	赵　阳	外国语学院	—	苏教办社政函〔2022〕25号 2022.7.12
32	江南蚕桑文化研究	2022SJYB1624	陶　莉	教务处	—	苏教办社政函〔2022〕25号 2022.7.12
33	认知行为技术在思政课教学中的应用研究	2022SJSZ0808	沈　洁	马克思主义学院	—	苏教办社政函〔2022〕25号 2022.7.12
34	疫情防控常态化下大型赛会大学生志愿者思想政治教育研究	2022SJSZ0807	刘　伟	宣传统战部	—	苏教办社政函〔2022〕25号 2022.7.12
35	灵活用工下大学生兼职法律关系探究	2022SJSZ0813	杨晓石	马克思主义学院	—	苏教办社政函〔2022〕25号 2022.7.12
36	新时代大学生“核心素养”建设的思政课教学研究	2022SJSZ0812	杨　丹	马克思主义学院	—	苏教办社政函〔2022〕25号 2022.7.12
37	课程思政背景下江苏百年党史资源与大学生日常思想政治工作深度融合研究	2022SJSZ0811	严立艳	计算机工程学院	—	苏教办社政函〔2022〕25号 2022.7.12
38	以“融媒体”为依托的思政课融合教学研究	2022SJSZ0814	张　贺	马克思主义学院	—	苏教办社政函〔2022〕25号 2022.7.12
39	后脱贫时代高职院校构建发展型资助育人模式长效机制路径探究	2022SJSZ0805	戴丽霞	学生工作处	—	苏教办社政函〔2022〕25号 2022.7.12
40	“工匠精神”融入高职院校思政教育的路径研究——以苏州市职业大学为例	2022SJSZ0810	王红梅	管理学院	—	苏教办社政函〔2022〕25号 2022.7.12
41	以江南传统文化构建长三角高职院校思政品牌的研究	2022SJSZ0806	蒋　奇	管理学院	—	苏教办社政函〔2022〕25号 2022.7.12
42	高职院校“90后”辅导员职业认同研究	2022SJSZ0809	孙　丹	管理学院	—	苏教办社政函〔2022〕25号 2022.7.12
43	优化“T型人才结构”提升职业教育适应性研究	2022SYB-027	卢　锋	马克思主义学院	—	2022.8
44	江苏职业教育服务　“数商兴农”工程研究	2022SYB-080	胡武生	教育与人文学院	—	2022.8
45	“双减”背景下江苏学前教育“幼小衔接”高质量发展对策研究	2022SYB-108	丁俊锋	教育与人文学院	—	2022.8
46	双碳背景下提升江苏省制造业企业社会责任管理对策研究	2022SYC-142	周　杨	管理学院	—	2022.8
47	基于在苏外籍专家的苏州城市形象对外传播策略研究	22SWC-37	赵凤娟	外国语学院	—	2022.8
48	江南文化国际传播视角下的POA人才培养模式研究	22SWB-26	王　怡	外国语学院	0.8	2022.8

续表

序号	项目名称	项目批准号	负责人	所在学院(部)、部门	经费(万元)	立项批文、日期
49	苏州碑刻文化思想政治教育实践研究	22SZC-106	傅济锋	马克思主义学院	—	2022.9
50	苏州蚕桑文化保护传承现状及创造性转化、创新性发展对策举措研究	Z2022LX004	李世超	教育与人文学院	5	苏社科字〔2022〕22号 2022.9
51	"光储直柔"供能新技术在苏州零碳绿色智慧建筑中的应用研究	2022SS39	张 波	电子信息工程学院	10	苏财教〔2022〕130号 2022.9.27
52	文物丝织品劣化分类评估及保护修复效能监测应用研究	2022SS49	黄小萃	教育与人文学院	10	苏财教〔2022〕130号 2022.9.27
53	智慧鲈鱼高效生态养殖应用研究	SNG2022064	钱 平	计算机工程学院	10	苏财教〔2022〕129号 2022.9.27
54	新时期江南运河江苏段品牌打造路径研究	22XTA-40	曹毓民	校党委	1	苏社联发〔2022〕104号 2022.10.11
55	基于环境与历史综合关系的大运河文化研究	22XTA-41	朱剑刚	苏州石湖智库	1	苏社联发〔2022〕104号 2022.10.11
56	大运河文化带和大运河国家文化公园高质量建设对策研究	22XTB-61	张磊玲	教育与人文学院	—	苏社联发〔2022〕104号 2022.10.11
57	遗产廊道视角的大运河苏州段文化遗产保护与利用	22XTB-62	李 杨	教育与人文学院	—	苏社联发〔2022〕104号 2022.10.11
58	媒介融合视域下大运河苏州段文化传播研究	22XTB-63	时 新	学术期刊中心	—	苏社联发〔2022〕104号 2022.10.11
59	非遗要素植入大运河国家文化公园建设研究	22XTB-64	陶 莉	管理学院	—	苏社联发〔2022〕104号 2022.10.11
60	大运河江苏段沿线美丽乡村建设研究	22XTB-65	镇 浩	外事办公室	—	苏社联发〔2022〕104号 2022.10.11
61	大运河(江苏段)文旅 康养产业融合发展的路径与对策研究	22XTB-66	曹 湘	体育部	—	苏社联发〔2022〕104号 2022.10.11
62	基于深度学习的农业遥感大数据处理知识产权运营引导计划	—	鲜学丰	计算机工程学院	30	吴财企〔2022〕50号 2022.10.25
63	明代江南文人书斋陈设雅俗观研究	JN2022CB003	邱文颖	教育与人文学院	—	2022.11.4
64	苏州运河十景故事	JN2022CB007	陈 璇	教育与人文学院	—	2022.11.4
65	苏州生物医药产业创新链和产业链精准对接机制研究	SR202222	方向阳	教育与人文学院	3	苏财教〔2022〕166号 2022.11.30
66	苏州生物医药产业创新联合体组织模式与路径研究——以单克隆抗体药物领域为例	SR202223	高 杨	教育与人文学院	3	苏财教〔2022〕166号 2022.11.30
67	苏州加快培育壮大创新型领军企业集群研究	SR202224	何 慧	管理学院	3	苏财教〔2022〕166号 2022.11.30
68	激励企业参与基础研究的对策研究	SR202225	王 敏	机电工程学院	3	苏财教〔2022〕166号 2022.11.30
69	苏州培育高端知识产权服务机构的政策研究	SR202260	牛士华	商学院	3	苏财教〔2022〕166号 2022.11.30
70	数字技术赋能苏州农业产业融合发展的路径与对策研究	SR202261	顾 伟	教育与人文学院	3	苏财教〔2022〕166号 2022.11.30
71	创新链和产业链精准对接机制研究——以装配制造业为例	SRD202212	孙春华	机电工程学院	—	苏财教〔2022〕166号 2022.11.30
72	后疫情时代苏州打造数智化韧性产业链的对策研究	SRD202211	沈馨怡	管理学院	—	苏财教〔2022〕166号 2022.11.30

续表

序号	项目名称	项目批准号	负责人	所在学院(部)、部门	经费(万元)	立项批文、日期
73	基于制度逻辑转换的苏州加快培育壮大创新型领军企业集群研究	—	秦天程	管理学院	—	苏财教〔2022〕166号 2022.11.30
*74	"苏州文化"品牌建设研究	Z2021LX004	陈　璇	教育与人文学院	5	苏社科字〔2021〕38号 2021.12

注:"*"为补录数据。

科研成果

出版科研著作情况

2022年苏州市职业大学教职工出版科研著作情况一览表

序号	类别	作者	著作名称	出版社	出版/修订日期	所在学院(部)、部门
1	专著	郝思震	音乐教育与教学研究	现代出版社	2022.2	艺术学院
2	专著	王敏玲	西来蝴蝶　世纪之光——周瘦鹃翻译文学研究	江苏凤凰文艺出版社	2022.3	外国语学院
3	主编	曹毓民	千年回响——纪念顾野王诞辰1500周年研究论集	古吴轩出版社	2022.4	校党委
4	主编	方向阳	旅游管理专业校企合作长效机制研究	苏州大学出版社	2022.6	教育与人文学院
5	编著	顾瑞鹏	小公司财税管控全案	清华大学出版社	2022.8	商学院
6	专著	缪启军	借贷之道——业财一体资金运动会计理论研究	立信会计出版社	2022.8	商学院
7	专著	朱元吉	长江流域传统工艺美术保护与可持续发展	天津人民美术出版社	2022.8	艺术学院
8	专著	包金龙	电商平台信息线索对消费者购物决策的影响研究	苏州大学出版社	2022.9	管理学院
9	专著	颜丙通	档案信息资源管理与信息化建设研究	古吴轩出版社	2022.9	图书馆
10	选注	宋桂友	吴淞江历代诗咏	苏州大学出版社	2022.10	管理学院
11	专著	李　勇	江南渔文化研究	东方出版中心	2022.11	管理学院
12	主编	卞浩宇	苏州外文史料译编(第一辑)	苏州大学出版社	2022.11	外国语学院
13	古籍整理	喻满意	梅成栋集　梅宝璐集	天津古籍出版社	2022.12.1	教育与人文学院
*14	专著	方向阳	五年制高等职业教育德育工作研究	苏州大学出版社	2021.11	教育与人文学院

注:"*"为补录数据。

发表科研论文情况

2022年苏州市职业大学教职工在核心期刊发表科研论文情况一览表

序号	类别	作者	论文名称	期刊名称	发表时间	所在学院(部)、部门
1	SCI	沈罗兰	Optimization of intelligent display mode of museum Cultural Relics based on Intelligent Wireless Sensor Network	*JOURNAL OF SENSORS*	2022.10.1	艺术学院

续表

序号	类别	作者	论文名称	期刊名称	发表时间	所在学院（部）、部门
2	SCIE	刘　刚	A Novel Energy-Efficient, Static Scenario-Oriented Routing Method of Wireless Sensor Network Based on Edge Computing	*Wireless Communications and Mobile Computing*	2022.1.1	计算机工程学院
3	SCIE	汪义旺	Research on Advanced Control Method of Multiple Photovoltaic Strings Input Type Recognition	*Frontiers in Energy Research*	2022.1.31	电子信息工程学院
4	SCIE	徐　峰	THE NON-DARCY LAW FOR THE SCALING LAW FLOW IN POROUS MEDIUM	*THERMAL SCIENCE*	2022.2.3	商学院
5	SCIE	高　杨	CircSAMD4A contributes to cell 5-fluorouracil resistance in colorectal cancer by regulating the miR-545-3p/PFKFB3 axis	*Anti-Cancer Drugs*	2022.2.16	教育与人文学院
6	SCIE	卜　峰	Effect of Quadrature Control Mode on ZRO Drift of MEMS Gyroscope and Online Compensation Method	*Micromachines*	2022.3.8	电子信息工程学院
7	SCIE	杨元峰	Cross-domain Traffic Scene Understanding by Integrating Deep Learning and Topic Model	*Computational Intelligence and Neuroscience*	2022.3.18	计算机工程学院
8	SCIE	金　益	Image Edge Enhancement Detection Method of Human-Computer Interaction Interface Based on Machine Vision Technology	*MOBILE NETWORKS & APPLICATIONS*	2022.3.30	计算机工程学院
9	SCIE	张　良	Grain structure and texture evolution across the deflected laser welded Fe-Cu dissimilar joint	*Materials Characterization*	2022.4.16	机电工程学院
10	SCIE	刘宁宁	Fault-Tolerant Secure Routing Based on Trust Evaluation Model in Data Center Networks	*Security and Communication Networks*	2022.5.12	商学院
11	SCIE	顾苏怡	Effect of element (Al, Mo, Sn, Fe) doping on phase structure and mechanical properties of the Ti-Nb based Alloys	*Metals*	2022.7.25	教务处
12	SCIE	张鸣艳	3D design platform of virtual national costume based on digital nonlinear random matrix	*Mathematical Problems In Engineering*	2022.7.30	艺术学院
13	SCIE	杨益飞	Analysis of the operating principle of a dual-armature consequent-pole bearingless flux reversal permanent magnet machine	*AIP Advances*	2022.8.1	机电工程学院
14	SCIE	高　杨	Nano-Based Co-Delivery System for Treatment of Rheumatoid Arthritis	*MDPI　Molecules*	2022.8.12	教育与人文学院
15	SCIE	梁　淼	Combinational constructions of splitting authentication codes with perfect secrecy	*Designs, Codes and Cryptography*	2022.9.20	数理部
16	SCIE	廖黎莉	Plants Disease Image Classification Based on Lightweight Convolution Neural Networks	*International Journal of Pattern Recognition and Artificial Intelligence*	2022.9.28	计算机工程学院
17	SCIE	杨益飞	Complementarity analysis of consequent-pole bearingless flux reversal motor windings with different pitch matchings	*AIP Advances*	2022.10.1	机电工程学院

续表

序号	类别	作者	论文名称	期刊名称	发表时间	所在学院（部）、部门
18	SCIE	杨元峰	Analysis of Moving Cluster with Scene Constraints for Group Behavior Pattern Mining	*Neural Computing and Applications*	2022.11.1	计算机工程学院
19	SSCI	顾瑞鹏	EXPLORATION ON IDEOLOGICAL AND POLITICAL TEACHING PRACTICE OF FINANCIAL ACCOUNTING COURSE BASED ON EDUCATIONAL PSYCHOLOGY	*Psychiatria Danubina*	2022.6.1	商学院
20	CSCD(C)	周德富	人工神经网络在体外受精胚胎评估中的应用	中华检验医学杂志	2022.3.19	艺术学院
21	CSCD(C)	张　良	GH909合金激光焊接接头的微观组织特征	中国激光	2022.4.25	机电工程学院
22	CSCD(C)	吴建平	融合随机抽样一致性和Hough变换的实时消失点检测	计算机辅助设计与图形学学报	2022.6.24	计算机工程学院
23	CSCD(C)	张　良	铜钢异种金属激光焊接头典型缺陷形成机理研究	应用激光	2022.6.25	机电工程学院
24	CSCD(C)	钱国林	全息光栅并列拼接法的研究	光学学报	2022.7.19	电子信息工程学院
25	CSCD(E)	康厚良	东巴象形文字文档图像的文本行自动分割算法研究	图学学报	2022.5.31	体育部
26	CSSCI(C)	胡武生	陶渊明诗文中的园林思想——基于园林建造视角下的“园田居”特征分析	中南民族大学学报（人文社会科学版）	2022.4.10	教育与人文学院
27	CSSCI(E)	刘　勇	吴派琴禅　自在无碍有妙趣	中国宗教	2022.3.28	马克思主义学院
28	CSSCI(E)	孟祥德	《浮生六记》在英语世界接受中的“观法”	当代外语研究	2022.4.28	外国语学院
29	CSSCI(E)	周　雷	区块链赋能真的有助于纾解小微企业融资困境吗？——基于金融科技创新监管试点的准自然实验	南方金融	2022.6.23	商学院
30	CSSCI(E)	施建平	江南文化的历史嬗变及对长三角一体化的启示	江苏大学学报（社会科学版）	2022.9.30	学术期刊中心
31	核心期刊	周　雷	大数据征信前沿研究综述与展望	征信	2022.1.11	商学院
32	核心期刊	刘　旭	汽车发动机缸盖排气座圈底孔深度检具设计	组合机床与自动化加工技术	2022.1.20	机电工程学院
33	核心期刊	朱莹莹	基于低场核磁共振技术构建韧性饼干中水分含量无损定量预测模型	食品安全质量检测学报	2022.1.25	教育与人文学院
34	核心期刊	沈中彦	我国职业教育高质量发展的研究热点和趋势展望	教育与职业	2022.2.1	电子信息工程学院
35	核心期刊	周　雷	基于“四位一体”的高职高质量研究性课程教学模式构建——以金融科技系列课程为例	中国职业技术教育	2022.2.11	商学院
36	核心期刊	王仁忠	适用于六辊UCM轧机中间辊侧向横移变凸度的新辊形研发	中国冶金	2022.2.15	机电工程学院
37	核心期刊	王毅婧	真丝文物霉变菌株的分离、鉴定及防霉药剂筛选	文物保护与考古科学	2022.2.15	教育与人文学院
38	核心期刊	汤晓军	提质培优背景下高职教育国际化面临的挑战与发展路径	教育与职业	2022.3.1	校长办公室（外事办公室）
39	核心期刊	吴井泉	在人群之中歌唱的歌者	作家	2022.4.1	学术期刊中心
40	核心期刊	周　雷	大数据征信服务小微企业融资研究——以长三角征信链应用平台为例	金融理论与实践	2022.5.18	商学院
41	核心期刊	周　雷	基于大数据的供应链金融信用风险评估实证研究——以整车制造行业为例	金融发展研究	2022.5.30	商学院

续表

序号	类别	作者	论文名称	期刊名称	发表时间	所在学院（部）、部门
42	核心期刊	黄海洋	纳米铝液的转移方式对图案自动成型效果的模拟	包装工程	2022.6.10	机电工程学院
43	核心期刊	姜能涛	商贸流通业创新发展与区域经济的耦合协调关系研究	商业经济研究	2022.6.23	管理学院
44	核心期刊	张进峰	钢回火碳扩散行为的表征方法	科学技术与工程	2022.7.1	电子信息工程学院
45	核心期刊	沈中彦	高质量发展背景下增强职业教育适应性的价值取向与实践路径	教育与职业	2022.7.15	电子信息工程学院
46	核心期刊	盖立武	清洗机增压零件专用夹具设计	组合机床与自动化加工技术	2022.9.20	机电工程学院
47	核心期刊	张　波	智能光伏LED节能灯系统设计	实验室研究与探索	2022.9.25	电子信息工程学院
48	核心期刊	周　雷	大数据征信服务小微企业融资案例研究——以江苏银行“e融”系列产品为例	西南金融	2022.10.8	商学院
49	核心期刊	盖立武	清洗机增压联结管零件斜孔加工专用夹具设计	工具技术	2022.10.10	机电工程学院
50	核心期刊	沈中彦	职业教育评价研究二十年：基本逻辑、框架体系与未来展望	教育与职业	2022.11.1	电子信息工程学院
51	核心期刊	李　亮	用于GaN半桥驱动器的高速电平移位电路	半导体技术	2022.11.3	电子信息工程学院
52	报刊	谭　飞	以课程思政引领人才培养质量全面提升	新华日报	2022.1.28	党委办公室
53	报刊	孟祥波	落实“以体育人”，当以课程思政先行	新华日报	2022.1.28	体育部
54	报刊	王俪燕	高校体育课程思政建设要注重传统与现代并行	新华日报	2022.1.28	体育部
55	报刊	卢　锋	总有一些力量全人类共通	人民政协报	2022.2.16	马克思主义学院
56	报刊	魏　影	高职“双师型”教师准入制度如何构建	中国教育报	2022.5.31	组织人事部
57	报刊	张　健	“四个维度”打造苏州“园林之城”特色IP	新华日报	2022.6.24	校党委
58	报刊	王　赟	数字技术赋能古典园林的“重生”与“活化”	新华日报	2022.6.24	电子信息工程学院
59	报刊	李超逸	擦亮园林之城“金字招牌”　探索城市国际形象传播路径	新华日报	2022.6.24	管理学院
60	报刊	陈　璇	让园林艺术融入苏州城市的建设与发展	新华日报	2022.6.24	教育与人文学院
61	报刊	卢　锋	让“负面”事件发挥“正面”价值	人民政协报	2022.7.6	马克思主义学院
62	报刊	徐舟涟	思政引领，建强新时代国际传播生力军	新华日报	2022.8.19	外国语学院
63	报刊	顾莉亚	“三个维度”强化体育教师专业素养	新华日报	2022.9.30	体育部
64	报刊	孟祥波	创新高职院校体育教育专业人才培养模式	新华日报	2022.9.30	体育部
65	报刊	谭吟月	产教融合，办好新时代体育职业教育	新华日报	2022.9.30	体育部
66	报刊	项　丹	精准提升高职体育教育专业“对口就业率”	新华日报	2022.9.30	体育部
67	报刊	谭　飞	弘扬优秀传统文化　培育厚德时代新人	新华日报	2022.10.14	党委办公室
68	报刊	吉冬梅	关爱大学生，构建“医校协同”心理健康服务模式	新华日报	2022.11.15	学生工作处
*69	SCIE	杨益飞	Analysis of a bearingless switched reluctance motor with permanent magnets in the stator yoke 2021补	*AIP advances*	2021.9.1	机电工程学院

续表

序号	类别	作者	论文名称	期刊名称	发表时间	所在学院（部）、部门
*70	SCIE	王　庆	A Novel Method for Solving Multiobjective Linear Programming Problems with Triangular Neutrosophic Numbers	*Journal of Mathematics*	2021.9.23	数理部
*71	SCIE	朱莹莹	Moisture variation analysis of the green plum during the drying process based on low-field nuclear magnetic resonance	*Journal of food Science*	2021.11.1	教育与人文学院
*72	CSCD（E）	盖立武	汽车空调系统上盖体零件专用夹具设计	现代制造工程	2021.11.18	机电工程学院
*73	CSCD（E）	尚　丽	应用一种多核稀疏表示模型实现掌纹分类	计量学报	2021.11.28	电子信息工程学院
*74	CSCD（E）	董虎胜	基于多粒度区域相关深度特征学习的行人重识别	计算机科学	2021.12.9	计算机工程学院
*75	CSSCI（C）	张　颖	多维视角下的B面水城故事——评薛亦然长篇报告文学《满城活水——来自水天堂的报告》	当代作家评论	2021.11.25	教育与人文学院
*76	CSSCI（E）	吴井泉	新世纪先锋诗歌批评的价值估衡	学术交流	2021.10.5	学术期刊中心
*77	EI	郭民环	Mixed H2/H∞ control for two quadrotors transporting a cable-suspended payload	*Int. J. Modelling, Identification and Control*	2021.4.26	电子信息工程学院
*78	EI	吴　倩	Full Convolution Networks Semantic Segmentation based on Conditional Random Field Optimization	*Journal of Computational Methods in Sciences and Engineering*	2021.12.12	外国语学院
*79	核心期刊	苏　建	融合视觉和以太网技术的工业机器人分拣装配控制系统设计	机床与液压	2021.12.1	机电工程学院
*80	核心期刊	周　雷	金融科技背景下开放银行构建模式与发展路径研究	新金融	2021.12.28	商学院
*81	报刊	陈　璇	江南运河流淌出“繁华之源”	解放日报	2021.11.23	教育与人文学院
*82	报刊	汤晓军	聚焦标准输出　推动职业教育走出去	中国教育报	2021.12.14	校长办公室（外事办公室）
*83	报刊	魏　影	“双师型”“双师素质”概念亟待厘清	中国科学报	2021.12.21	组织人事部
*84	报刊	卢　锋	孩子的成长内驱力该怎么培养	人民政协报	2021.12.22	马克思主义学院
*85	报刊	卢　锋	用爱唤醒孩子的内驱力	人民政协报	2021.12.29	马克思主义学院
*86	报刊	王晓菲	讲好红色故事锻造高校思政“金课”	中国文化报	2021.12.31	马克思主义学院
*87	人大复印报刊资料转载	张鸣艳	发展桑蚕养殖产业助推脱贫致富	种植与养殖	2021.1.15	艺术学院
*88	人大复印报刊资料转载	丁　俊	社会审计服务国家治理：理论基础、困境分析与保障机制	审计文摘	2021.8.31	商学院

注：“*”为补录数据。

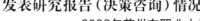

发表研究报告（决策咨询）情况

2022年苏州市职业大学教职工研究报告（决策咨询）收录情况一览表

序号	报告名称	收录刊物	主管部门	发表时间	作者	所在学院（部）、部门
1	加快建设公共海外仓助力外贸新业态高质量发展	调研通报	苏州市人民政府研究室	2022.1.18	王晓东	管理学院
2	提高文化传播度　提升“最江南”影响力	调研通报	苏州市人民政府研究室	2022.1.27	陶　莉	管理学院
3	关于做好山水文章，厚植苏州发展优势的建议	调研与参考	苏州市委办公室、苏州市委研究室	2022.2.9	朱剑刚	党委办公室
4	关于推动苏州职业教育“走出去”的政策建议	人大智库专报	苏州市人大常委会研究室	2022.2.22	汤晓军	校长办公室（外事办公室）
5	推进苏州老年教育事业发展的政策建议	调研通报	苏州市人民政府研究室	2022.3.4	张　欣	电子信息工程学院
6	关于加强我市社会应急治理制度化建设的建议	调研与参考	苏州市委办公室、苏州市委研究室	2022.3.18	方向阳	教育与人文学院
7	疫情带给市级园林运营的困境分析与策略选择	调研通报	苏州市人民政府研究室	2022.3.18	项　丹	体育部
8	关于规划建设苏州长三角江南文化传承创新示范区的建议	调研与参考	苏州市委办公室、苏州市委研究室	2022.3.25	陈　璇	教育与人文学院
9	对标杭州加快苏州数字文化产业发展的对策建议	调研通报	苏州市人民政府研究室	2022.4.8	郑丽娟	管理学院
10	上海城市社区微更新的实践经验及其对苏州的启示	调研通报	苏州市人民政府研究室	2022.4.11	张磊玲	教育与人文学院
11	“智改数转”赋能先进制造业集群建设的建议	调研与参考	苏州市委办公室、苏州市委研究室	2022.4.14	沈新艺	艺术学院
12	世界名城发展文化创意产业的经验及启示	调研与参考	苏州市委办公室、苏州市委研究室	2022.4.19	陈　璇	教育与人文学院
13	关于对接资本市场加快工业互联网创新集群发展的建议	调研通报	苏州市人民政府研究室	2022.4.27	秦天程	管理学院
14	做强技工教育，提升苏州高技能人才培养	市情研究	中共苏州市委党校	2022.5.5	方向阳	教育与人文学院
15	关于强化集中隔离场所建设储备的政策建议	调研通报	苏州市人民政府研究室	2022.5.7	方向阳	教育与人文学院
16	科技创新中心发展模式对科创湖区建设的启示	调研与参考	苏州市委办公室、苏州市委研究室	2022.5.8	胡　艺	管理学院
17	关于推进苏州集成电路产业发展的政策建议	调研通报	苏州市人民政府研究室	2022.6.1	吴　尘	教务处
18	关于推进工业遗产开发利用的政策建议	调研通报	苏州市人民政府研究室	2022.6.27	王晓东	管理学院
19	加快推进苏州新型智慧城市建设的建议	市情研究	中共苏州市委党校	2022.6.30	黄丹荔	商学院
20	苏州高端装备制造业技术风险及破解对策	调研通报	苏州市人民政府研究室	2022.7.11	方向阳	教育与人文学院
21	打造更优营商环境，实现苏州经济高质量发展	苏州党校	中共苏州市委党校	2022.7.26	方向阳	教育与人文学院
22	关于促进制造业产业创新集群数字化改造的建议	调研通报	苏州市人民政府研究室	2022.8.15	陈　娟	管理学院

续表

序号	报告名称	收录刊物	主管部门	发表时间	作者	所在学院(部)、部门
23	世界级港口发展经验及其对苏州港改革创新发展的启示	调研通报	苏州市人民政府研究室	2022.9.1	王晓东	管理学院
24	推动苏州纺织服装产业高质量发展的对策建议	智库专报	苏州市社科联	2022.9.15	李世超	教育与人文学院
25	进一步振兴发展苏州丝绸产业的建议	调研与参考	苏州市委办公室、苏州市委研究室	2022.9.19	李世超	教育与人文学院
26	关于推进苏州地域文明探源工程的政策建议	调研通报	苏州市人民政府研究室	2022.10.8	陶　莉	管理学院
27	苏州推动体育产业高质量发展的政策研究	调研通报	苏州市人民政府研究室	2022.10.20	孟祥波	体育部
28	挖掘开发大运河苏州段红色文化资源的建议	调研与参考	苏州市委办公室、苏州市委研究室	2022.10.28	陈建伟	教育与人文学院
29	苏州“园林之城”品牌打造的政策建议	调研通报	苏州市人民政府研究室	2022.11.4	陈　璇	教育与人文学院
30	关于苏州市加快高端知识产权服务机构　引培的政策建议	咨政建言	苏州市政协专家咨询委员会	2022.11.4	牛士华	商学院
31	关于推进太湖生态岛生态农文旅深度融合发展的政策建议	调研通报	苏州市人民政府研究室	2022.12.30	牛士华	商学院
*32	以“现象级”金融科技创新助力苏州“功能性金融中心”建设	中共苏州市委党校专报	中共苏州市委党校	2021.8.5	秦天程	管理学院
*33	升级打造“百馆之城”　全面赋能城市文化品牌	调研通报	苏州市人民政府研究室	2021.11.5	沈新艺	艺术学院
*34	关于坚持创新利用，打造当代苏作产业品牌的建议	人大智库专报	苏州市人大常委会研究室	2021.11.15	朱元吉	艺术学院
*35	关于在苏州段大运河文化带建设中强化　江南水乡文化特征的建议	人大智库专报	苏州市人大常委会研究室	2021.12.15	朱剑刚	党委办公室
*36	江苏知识产权金融支持创新型企业发展的建议	江苏省政协会议提案	江苏省政协	2020.12.16	牛士华	商学院

注：“*”为补录数据。

科研成果获奖

国家级奖项

2022年苏州市职业大学教职工科研成果获国家级奖项情况一览表

序号	奖项	获奖等级	项目名称	主要完成单位	主要完成人
1	中国产学研合作创新成果奖	二等奖	智能光伏微电网系统关键技术与应用	苏州市职业大学	汪义旺

省部级奖项

2022年苏州市职业大学教职工科研成果获省部级奖项情况一览表

序号	奖项	获奖等级	项目名称	主要完成单位	主要完成人
1	江苏省科学技术进步奖	一等奖	低场核磁共振技术在食品快速检测中的创新应用及系统开发	苏州市职业大学	朱莹莹
2	江苏省社科应用研究精品工程优秀成果二等奖	二等奖	杭州数字文旅发展的经验借鉴及对苏州的启示	苏州市职业大学	张磊玲

续表

序号	奖项	获奖等级	项目名称	主要完成单位	主要完成人
3	2021第八届“紫金奖”文化创意设计大赛	二等奖	《秋色斑斓》漆艺画桌椅	苏州市职业大学	薛伟明
4	2021第八届“紫金奖”文化创意设计大赛	三等奖	梦江南	苏州市职业大学	张鸣艳

市厅级奖项

2022年苏州市职业大学教职工科研成果获市厅级奖项情况一览表

序号	奖项	获奖等级	项目名称	主要完成单位	主要完成人
1	2020—2021年度苏州市自然科学优秀学术论文	二等奖	Inverter startup optimization control for distributed photovoltaic power generation systems	苏州市职业大学	汪义旺
2	2020—2021年度苏州市自然科学优秀学术论文	三等奖	Quad-band perfect absorption of the terahertz light using the simple metamaterial resonator	苏州市职业大学	贾克辉
3	2020—2021年度苏州市自然科学优秀学术论文	三等奖	Bifractional Black-Scholes Model for Pricing European Options and Compound Options	苏州市职业大学	徐　峰
4	2020—2021年度苏州市自然科学优秀学术论文	三等奖	CConditional Pre-trained Attention Based Chinese Question Generation	苏州市职业大学	张　量
5	2020—2021年度苏州市自然科学优秀学术论文	三等奖	Room-temperature processed high-quality SnO2 films by oxygen plasma activated e-beam evaporation	苏州市职业大学	李建康
6	2020—2021年度苏州市自然科学优秀学术论文	三等奖	A study of interrelationships between rough set model accuracy and granule cover refinement processes	苏州市职业大学	俞祚明
7	2020—2021年度苏州市自然科学优秀学术论文	三等奖	幼童用智能示警蚕丝被的研发	苏州市职业大学	黄阳阳
8	2020—2021年度苏州市自然科学优秀学术论文	三等奖	Suspension principle and verification of 6/4 pole bearingless switched reluctance motor with permanent magnets in its stator yoke	苏州市职业大学	杨益飞
9	2020—2021年度苏州市自然科学优秀学术论文	三等奖	Real-time vanishing point detector integrating under-parameterized RANSAC and Hough Transform	苏州市职业大学	吴建平
10	2020—2021年度苏州市自然科学优秀学术论文	三等奖	锂离子动力电池包液冷散热分析与优化	苏州市职业大学	万长东
11	苏州市第十六届哲学社会科学优秀成果奖	二等奖	中国高等职业教育国际化研究	苏州市职业大学	汤晓军
12	苏州市第十六届哲学社会科学优秀成果奖	二等奖	融合 服务 创新：苏州高等职业教育高质量发展的实践探索	苏州市职业大学	熊贵营
13	苏州市第十六届哲学社会科学优秀成果奖	二等奖	苏州打造世界级生物医药产业地标的对策研究	苏州市职业大学	方向阳
14	苏州市第十六届哲学社会科学优秀成果奖	二等奖	苏州运河十景	苏州市职业大学	陈　璇
15	苏州市第十六届哲学社会科学优秀成果奖	三等奖	高校“课程思政”的内化逻辑与行动方略	苏州市职业大学	张静芳
16	苏州市第十六届哲学社会科学优秀成果奖	三等奖	社会审计服务国家治理：理论基础、困境分析与保障机制	苏州市职业大学	丁　俊
17	苏州市第十六届哲学社会科学优秀成果奖	三等奖	半生吟啸金石志　一生翰墨任性情——论黄异庵的书法艺术	苏州市职业大学	邱文颖

续表

序号	奖项	获奖等级	项目名称	主要完成单位	主要完成人
18	苏州市第十六届哲学社会科学优秀成果奖	三等奖	关于苏州自贸片区加快发展离岸贸易的对策建议	苏州市职业大学	王晓东
19	苏州市第十六届哲学社会科学优秀成果奖	三等奖	关于建立在苏高职院校博士联席会议制度的建议	苏州市职业大学	魏　影

发明专利授权

2022年苏州市职业大学教职工获发明专利授权情况一览表

序号	专利号	专利名称	第一发明人	授权公告日	所在学院（部）、部门
1	ZL202010575862.2	基于蜗轮蜗杆减速电机及储能弹簧混合驱动的辅助行走器	张永康	2022.1.4	机电工程学院
2	ZL201911006215.3	一种测量气管气压的检测装置	董　志	2022.1.4	机电工程学院
3	ZL202011429985.1	一种童车坡路防翻装置	郭彩芬	2022.2.22	机电工程学院
4	ZL202010554504.3	一种羽毛球自动捡拾装置	郭彩芬	2022.4.5	机电工程学院
5	ZL202011559302.4	一种可清洁角落的电动擦洗装置	张永康	2022.4.8	机电工程学院
6	ZL201910388258.6	一种消解圆弧机构	郭彩芬	2022.4.8	机电工程学院
7	ZL201910143803.5	一种基于增强现实AR的对象互动展示方法及系统	张　量	2022.4.29	党委办公室
8	ZL201910894851.8	一种基于重复搜索机制的项目推荐方法	孙　逊	2022.5.17	计算机工程学院
9	ZL201910893757.0	一种基于交互图神经网络的新闻推送方法	孙　逊	2022.5.17	计算机工程学院
10	ZL202010737909.0	一种氧化石墨烯——布里扬石复合物的制备方法及其应用	朱晓斌	2022.6.14	机电工程学院
11	ZL202010909892.2	一种全流程L2级过程控制系统、方法、设备及存储介质	王仁忠	2022.6.14	机电工程学院
12	ZL202011430904.X	一种立柱攀爬机构	郭彩芬	2022.6.24	机电工程学院
13	ZL201910385973.4	一种PVC管老化检测装置	郭彩芬	2022.6.24	机电工程学院
14	ZL202111583170.3	一种板式热交换器	左　斌	2022.6.28	机电工程学院
15	ZL202111555630.1	一种用于海洋环境保护的海面垃圾清理装置及其清理方法	左　斌	2022.7.1	机电工程学院
16	ZL202210379866.2	基于高维多目标进化算法的智能污水处理过程优化方法	张　量	2022.7.5	党委办公室
17	ZL202010135830.0	一种检测软件定义网络中数据竞争的预测性方法	陆公正	2022.7.12	计算机工程学院
18	ZL202110137598.9	一种温度控制方法及系统	黄阳阳	2022.7.15	教育与人文学院
19	ZL202110542059.3	一种负压式无损开瓶器	张永康	2022.7.19	机电工程学院
20	ZL202210486138.1	基于三目标联合优化的神经网络轻量化部署方法	张　量	2022.9.16	党委办公室
21	ZL202210544676.1	一种多感官可扩展的VR交互装置	方立刚	2022.9.16	科技处
22	ZL202010470835.9	高度测量方法及高度测量装置	罗　伟	2022.10.25	电子信息工程学院
23	ZL202210197463.6	一种生物除臭装置	左　斌	2022.11.4	机电工程学院
24	ZL201611254784.6	一种高效多功能硬币分类机	刘　旭	2022.11.15	机电工程学院
25	ZL 202111036725.2	一种自适应安培瓶瓶颈直径的医用开瓶装置	张永康	2022.11.15	机电工程学院
26	ZL202210177290.1	一种基于寻优算法的新能源汽车锂电池寿命预测方法	王效宇	2022.11.15	机电工程学院
27	ZL202210197915.0	一种节水水龙头	左　斌	2022.11.22	机电工程学院

续表

序号	专利号	专利名称	第一发明人	授权公告日	所在学院(部)、部门
28	ZL201710398851.X	具备儿童防护功能的三点开启式药品包装盒	杨　光	2022.12.29	艺术学院
*29	ZL201810053345.1	基于物联网的井下安全作业监测预警系统及控制方法	汪义旺	2021.11.26	电子信息工程学院
*30	ZL201911273404.7	一种定心夹紧装置	郭彩芬	2021.12.17	机电工程学院
*31	ZL202011038189.5	一种电缆挂件	郭彩芬	2021.12.17	机电工程学院

注:“*”为补录数据。

科技成果转移转化

2022年苏州市职业大学教职工科技成果转移转化情况一览表

序号	专利类型	专利名称	合同经费(万元)	第一发明人	所在学院(部)、部门
1	实用新型	纯氧纳米曝气——多孔陶瓷膜筛分的黑臭水处理装置	0.85	俞　晟	教育与人文学院
2	实用新型	生物栅——非膜好氧三相分离器联合治理黑臭水体的装置	0.7	俞　晟	教育与人文学院
3	实用新型	一种固液分离——溶气水微泡释放型景观水治理装置	0.75	俞　晟	教育与人文学院
4	实用新型	一种高变比DC/DC变换电路	4.5	汪义旺	电子信息工程学院
5	发明专利	一种WSN节点的访问控制方法、相关装置及计算机可读存储介质	3.98	刘昭斌	计算机工程学院
6	发明专利	一种齿轮箱的夹具	20	盖立武	机电工程学院
7	发明专利	快速分离纯化丹参药材中丹参素的方法	5	刘　臣	机电工程学院
8	发明专利	一种板式热交换器	5.2	左　斌	机电工程学院
9	发明专利	轮胎运送装置	2.5	张义平	机电工程学院
10	发明专利	一种脚踏式可折叠升降货运车	2.2	李振兴	机电工程学院
11	发明专利	一种低温三防整理剂、制备方法及其在织物上的应用	21	黄阳阳	教育与人文学院
12	发明专利	一种太阳能光伏发电用双模式逆变器	30	汪义旺	电子信息工程学院
13	发明专利	一种注塑埋射成型模组	20	李耀辉	机电工程学院
14	发明专利	基于刚体运动学的AR参考物体特征点修正方法	20	张　量	党委办公室
15	实用新型	一种基于视觉检测的自适应矩阵式物料拾取系统	5.5	苏　建	机电工程学院
16	发明专利	便捷窗帘杆	6	田　菲	机电工程学院
17	发明专利	一种振动断屑装置及车床	2.5	郭彩芬	机电工程学院

学术交流

2022年苏州市职业大学学术交流情况一览表

序号	主讲人	主题	单位、职务(职称)	日期	承办单位	主办单位
1	杨　剑	久坐行为、体育活动与青少年健康促进	华东师范大学教授	2022.6.15	体育部	科技处

续表

序号	主讲人	主题	单位、职务（职称）	日期	承办单位	主办单位
2	胡　平	基于Azure的AI服务和工厂视觉案例演示	中国科学院计算技术研究所高级顾问	2022.9.28	计算机工程学院	科技处
3	鲁怀敏	钢铁行业的转型升级之路——绿色、智能	沙洲职业工学院教授	2022.10.12	机电工程学院	科技处
4	赵云涛	基于点云处理技术的协作机器人喷涂路径规划方法	武汉科技大学副教授	2022.10.19	机电工程学院	科技处
5	吴君民	如何撰写高水平论文	江苏科技大学教授	2022.10.26	商学院	科技处
6	吴　焕	电动汽车及其零部件可靠性保障	苏州信科检测技术有限公司高级工程师	2022.11.2	机电工程学院	科技处
7	石皋莲	金属增材制造工程应用	苏州工业职业技术学院教授	2022.11.2	机电工程学院	科技处
8	秦炜炜	数智时代的大学教学改革：路径与方法	苏州大学教授	2022.11.2	数理部	科技处
9	张　于	重忆苏州解放　传承红色基因	枫桥风景名胜区管理处园管科科员	2022.11.2	马克思主义学院	科技处
10	陈夏裕	企业真正需要什么样的人才	江苏亨通信息安全技术有限公司总经理	2022.11.2	电子信息工程学院	科技处
11	刘国海	4WID农业装备电驱动及其控制技术	江苏大学教授	2022.11.9	电子信息工程学院	科技处
12	蔡瑞青	集成电路测试及最新发展趋势	赛迪中国芯应用与创新事业部技术部经理	2022.11.9	电子信息工程学院	科技处
13	栗欢欢	新能源汽车电池系统的发展现状及趋势	江苏大学教授	2022.11.9	机电工程学院	科技处
14	许　鑫	大数据时代的商业分析人才培养	华东师范大学教授	2022.11.9	数理部	科技处
15	温　波	全面准确学习领会党的二十大精神	苏州科技大学教授	2022.11.16	马克思主义学院	科技处
16	郭修金	体育运动与乡村振兴	南京体育学院教授	2022.11.22	体育部	科技处
17	李华康	文本挖掘方法及应用	西交利物浦大学副教授	2022.11.29	计算机工程学院	科技处
18	庞春霖	车联网网络安全研究与讨论	车载信息服务产业应用联盟秘书长	2022.11.30	电子信息工程学院	科技处

（张　培）

编辑：刘　萍

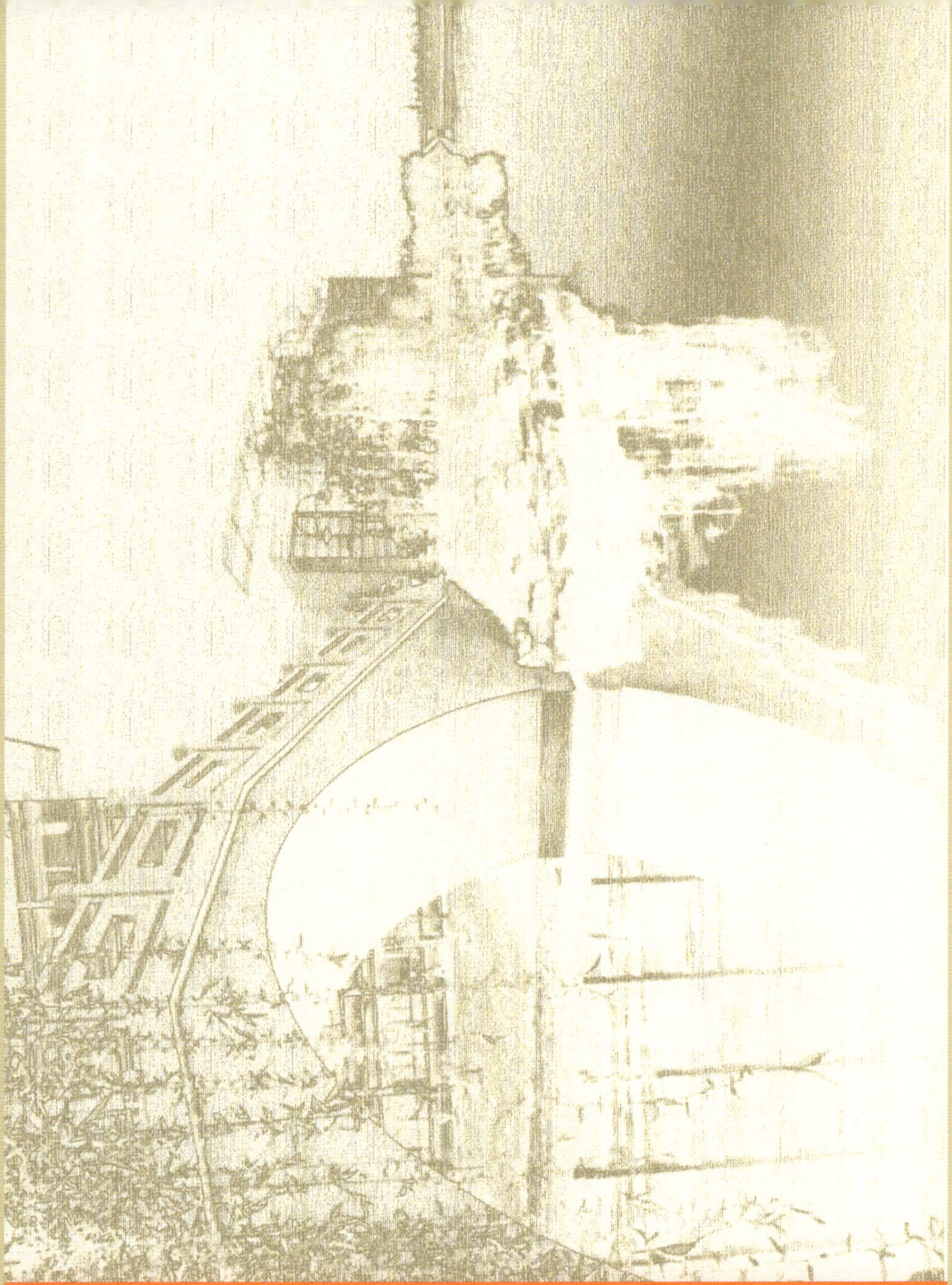

SUZHOU VOCATIONAL UNIVERSITY

第十章 国际交流与合作

外籍教师聘用

2022年苏州市职业大学在聘外籍教师（长期）情况一览表

序号	姓名	性别	国籍	受聘院（部）	聘期	说明
1	贾真由美	女	日本	外国语学院	2022年全年	续聘
2	Wu Wei	女	加拿大	艺术学院	2022年全年	续聘
3	篠原惇也	男	日本	外国语学院	2022年全年	续聘

中外合作办学

2022年苏州市职业大学中外合作办学情况一览表

序号	国家（地区）	合作学校	协议内容	协议期限
1	澳大利亚	启思蒙职业技术学院	合作举办会计专业高等专科项目	2012.2—2023.12
2	澳大利亚	启思蒙职业技术学院	合作举办机电一体化专业高等专科项目	2017.4—2025.12
3	澳大利亚	霍姆斯格兰学院	合作举办学前教育专业高等专科项目	2022.9—2028.12

外国留学生

2022年苏州市职业大学外国留学生情况统计表

单位：人

序号	学生类别	刚果（布）	巴基斯坦	马来西亚	合计
1	长期生	4	17	9	30

（王乃寒）

编辑：盛　婷

SUZHOU VOCATIONAL UNIVERSITY

第十一章 校园文体活动

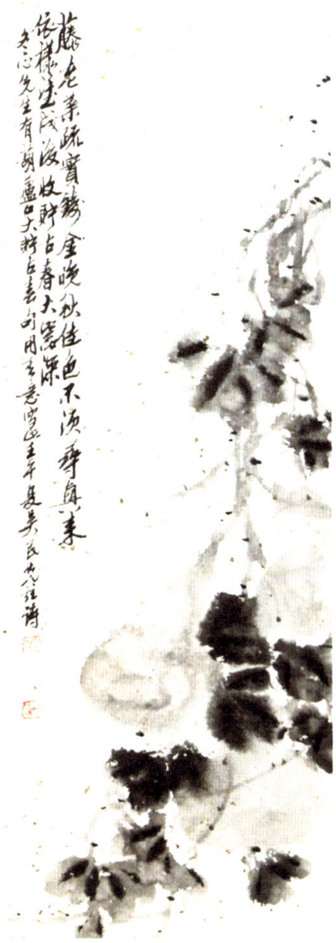

校园文化宣传

学校积极开展校园文化宣传工作，加强思想引领，深化理想信念教育，加强环境宣传，推进阵地建设，管理用好新媒体，积极传播正能量，树标兵立楷模，加强师德建设，打造丰富多彩的校园文化活动。获得2021年度全市宣传思想文化工作创新成果。

加强精神文明建设和校园文化氛围建设。校园精神文明建设进入巩固成果、创新载体、提升层次、拓宽视野新阶段。在获评2018—2020年度苏州市文明校园的基础上，开展新一轮省文明校园创建工作，围绕高校文明校园“六个好”的具体标准，深化文明校园创建活动，获评2019—2021年度江苏省文明校园。通过精心设计，在学校重点位置布置相关内容，营造校园宣传环境，体现社会主义核心价值导向。利用传统纪念日，如学雷锋日、五四青年节、全国法制宣传日、校园廉洁文化周、禁毒宣传等重大活动日，营造良好的校园文化环境。维护校园宣传载体建设，更新党建思政廉政文化长廊、健身步道—人文长廊、思政文化墙等思政载体内容，对校园宣传载体进行清洁及漆面维护。

完善“宣传思政融媒教育平台”建设。持续探索依靠现代数字技术手段壮大主流价值传播，自主开发多维度数字化思政“五个一融合工程”，全面提升硬件基础设施及软件系统架构。建有随时可学、随处可见的“数字化宣传思政融媒学习驿站”33个，以及“宣传思政融媒管理中心”“数字化思政沉浸式交互体验中心”，覆盖教室、宿舍、食堂等公共空间，实现校内多种媒体业务的融合、“线上”和“线下”的融合，全方位、多举措开展思政教育，开创“三全育人”新局面。学校获得2021年度全市宣传思想文化工作创新成果项目表彰。

完善各类媒介平台建设。强化官网、官微的规范运作，不断丰富平台推送内容，提高推送质量，不断增强平台用户黏度，持续彰显学校教书育人特色，提升学校品牌形象。2022年，学校官网（新闻中心）发布新闻883篇；官微发布图文227篇，累计阅读人数达434136人次。其中，官微自10月8日实现每日更新，阅读量、关注人数显著增长。

（陈　越）

校园阅读节

喜迎二十大　书香润我心

受疫情影响，2022年上半年度，学生未能返校学习，苏州市职业大学图书馆积极应对，将阅读推广工作主阵地转移至线上，以“红色书房”为基地，充分调动2个直属学生阅读社团的能动性，以“喜迎二十大　书香润我心”为主题，组织开展第十七届校园阅读节系列活动。以融合党建工作为切入点，将党建工作与业务工作深度融合，不断扩大“红色书房”项目的辐射面与影响力，积极探索全民阅读社会化服务新途径。

一、强化党建引领，将思政教育融入阅读之中

图书馆结合疫情防控实际情况，以抗疫为主题，开展形式多样的线上阅读活动，进一步加深大学生对“伟大抗疫精神”的理解，使其深刻领会这一精神的实质内涵，并将其内化于心，外化于行。

1.举办“大白，我想对你说”三行情书征集大赛，吸引全校400多名读者的积极参与。大家把对医护人员的感激之情倾注于一行行的文字中，以此向勇敢的“逆行者”致敬。

2.举办“云观影”抗疫系列电影赏析活动，邀请读者线上共同观赏《穿过寒冬拥抱你》《最美逆行》及《中国医生》3部抗疫主题电影，由选修课“影视欣赏”的主讲教师王庆对影片的精神内涵与特色进行解读。活动吸引500多人次参与，大家在观影结束后以微影评的方式抒发自己对抗疫中的平凡英雄们的敬重与爱戴之情。

3.在微信公众号平台开设《承文启思》专栏（取“传承文化，启智思考”之意），以江苏省，特别是苏州市地区的党史故事为主要内容组稿，每2周发布1期。

二、深化融合党建，扩大“全民阅读”社会化覆盖面

在2021年度与融合共建单位共同打造“红色书房”的基础上，图书馆进一步加强与共建单位的沟通和联络，将党建活动与阅读推广工作相结合，举办形式多样的文化与阅读交流活动。

1.在与苏州市吴中区香山街道舟山花园社区共同举办的“廉（联）建促关建”端午主题活动中，图书馆精心挑选一批反映廉政建设与家风家训的图书，流转至“红色书房”舟山花园分馆，并设立专架以满足社区群众的阅读需求。

2.在寒暑假期间，图书馆与舟山花园社区联合开展“悦读人生　共品书香”（寒假）、“喜迎二十大　书香润家风”（暑假）21天阅读打卡挑战赛活动，2期活动共吸引社区300多名读者的热情参与，其中有不少读者都是全家参与。活动群内涌现出不少见解独到、形式多样的分享打卡。图书馆与社区共同追踪比赛进程，将优秀打卡内容以微信推文形式发布，在丰富社区学生寒暑假文化生活的同时，也扩大阅读活动影响力，为建设书香社区打下基础。

3.图书馆在“走出去”的同时，也邀请共建单位走入校园，走入图书馆开展文化交流活动。在举办“喜迎二十大　奋进新征程”校地融合党建书法绘画作品展活动的过程中，校地众多书画创作者积极参与，用画笔展现新时代的美好故事，将昂扬向上的精神风貌与力争上游的干劲都体现在笔墨之间，为校园读者带来一场视觉盛宴。

三、激发社团活力，提升“社团+”阅读活动品质

图书馆继续深化“社团+”阅读推广模式的影响力，通过激发馆内4个阅读社团的活力，不断提升活动品质。

1.学生社团“读书吧”，将红色阅读与“书香苏职大”阅读分享活动紧密结合，开展“阅读伴我行　奋斗为复兴”阅读分享活动、“传承中华文化　弘扬国学经典”国学经典传诵演讲比赛活动、“书香苏职大”系列阅读分享活动，吸引众多读者参与，取得良好的推广效果。

2.教工社团“馨阅书虫联盟”，负责图书馆微信平台的日常运营，根据平台每天固定板块进行组稿。紧跟苏州城市发展与文化传承举措，在“红色书房”线上图书馆中开设《苏州发展特色图书室》专栏，集成37种有关苏州地区发展的电子图书，供读者扫描图书二维码后免费阅读。根据苏州市民政局网站发布的“苏州市级地名文化遗产保护名单”，在“文化苏州”板块开设《遇见姑苏》专栏，逐一介绍名单中的地名历史演变过程与相关历史传说，帮助读者更好地了解苏州的城市文化。

3.师生共建社团“融融堂”，由学校教育与人文学院教师顾梅担任专业指导，开展每周1次的线上“融融之约”，一起读经典，聊经典，感悟经典。

4.学生社团“享读堂”，以“读书、读人、读世界”为理念，拓展阅读外延。通过举办“致敬新时代　光影科学梦”云观影系列活动，弘扬科学家精神。开展“悦读人生　共品书香”“喜迎二十大　书香润家风”“阅读经典好书　争做时代工匠”3期21天阅读打卡挑战赛活动，共计500多人次参与活动。通过全程跟踪，以每周1次的频率将优秀阅读打卡内容以推文形式发布，不断扩展活动的影响力。

四、产生的影响与取得的成效

1.图书馆围绕抗疫主题，先后开展各类活动4场次，近千人次参与，相关活动报道及线上活动推文阅读量近2000次。

2.图书馆主办的3期“21天阅读打卡挑战赛”共吸引学校与舟山花园社区的560名读者的参与，比赛期间有3个微信平台全程跟踪并发布赛事追踪推文共17篇，阅读总量近3000人次。

3.“读书吧”社团“书香苏职大”系列活动开展线上活动13期，528人次参与活动；“融融堂”经典阅读系列活动开展线下活动12期，线上活动16期，发布活动推文79篇，阅读总量达8319人次；“享读堂”举办云观影系列活动6期，发布推文11篇，阅读总量达1700人次。

苏州市职业大学第十七届阅读节活动情况一览表

活动安排	活动内容	参与对象	举办时间	举办地点
“书香苏职大”阅读分享会	采用线上线下结合方式，根据读者个人的阅读体验，推荐好书，分享阅读心得	苏州市职业大学图书馆全体读者	1月至12月	图书馆微信公众号平台、图书馆102读书吧
“悦读人生　共品书香”21天阅读挑战赛	以微信社群形式开展线上阅读打卡活动，为期21天，读者在活动群内每天发布自己的原创阅读感悟进行打卡，21天不间断的视为挑战成功	苏职大全体师生、吴中区香山街道舟山花园社区全体居民	1月20日至2月9日	比赛专用社群
“喜迎二十大　书香润家风”21天阅读挑战赛		苏州市职业大学全体师生、吴中区香山街道舟山花园社区全体居民	7月1日至7月30日	
“阅读经典好书，争做时代工匠”21天阅读挑战赛		苏州市职业大学2022级新生	9月25日至10月15日	
第四届江苏省高校“云舟杯”共读一本书	通过自主报名组队，组成3个共读小组，每个小组选读1本必读书目，共读小组组长负责组织本组成员进行阅读，并组织观影、分享等各类线上线下活动	苏州市职业大学图书馆全体读者	3月至6月	学习通App
“超星杯”经典阅读积分挑战赛	以学习通为载体，在该平台上每天阅读并进行各类分享，以获取每天的阅读积分，21天后按照积分高低进行排序	苏州市职业大学图书馆全体读者	2月至3月	
“‘抖抖’图书馆”抖音短视频比赛	以了解苏州古城，感受苏州历史文化为主题，读者可自选苏州古城历史文化景点或校园文化景观进行实地参观，并利用抖音App拍摄一段景点打卡介绍短视频	苏州市职业大学图书馆全体读者	9月至10月	线上投稿专用邮箱

续表

活动安排	活动内容	参与对象	举办时间	举办地点
第四届全国高职院校大学生信息检索大赛决赛	根据江苏省高校图书馆工作委员会统一安排，完成校级初赛、省级复赛，最终晋级全国高职院校大学生信息检索大赛决赛	全国高职院校参赛师生代表	10月至12月	比赛专用线上平台
“云观影”系列活动	上半年以抗疫为主题，下半年以科学家精神为主题组织片源，通过腾讯会议室的形式组织读者线上观影，并在观影后发表微影评	苏州市职业大学图书馆全体读者	3月至6月，9月至10月	腾讯会议室
“融融堂”经典阅读与传统文化推广系列活动	“融融堂”由图书馆与教育与人文学院顾梅老师共同创建，旨在通过每周进行阅读分享推动经典读物的深入阅读	苏州市职业大学图书馆全体读者	1月1日至12月31日	图书馆微信公众号平台、图书馆529融融堂

注：主办单位为苏州市职业大学，承办单位为苏州市职业大学图书馆、宣传统战部、团委，协办单位为苏州市吴中区香山街道舟山花园社区党委。

（杨　雪）

校园文艺活动

2022年，在学校党委、行政的坚强领导与关心指导下，校团委以“第二课堂”为“梁”，以校园文化为“柱”，扎实开展志愿服务、社会实践工作，创新打造品牌校园文化活动，着力提升共青团服务力。强化“第二课堂”课程项目供给，举办才艺大赛、主持人大赛、校园红歌大赛、校庆文艺晚会等品牌校园文化活动。

金秋九月，天高云淡。9月21日，学校2022年“喜迎二十大　社团风采展”暨苏州市职业大学学生社团招新活动在初心广场举行，吸引近3000名2022级新生参加活动。校党委委员、副校长张军，校团委和学院（部）分团委负责同志到场交流指导。青春欢快的乐曲，拉开2022年苏州市职业大学学生社团招新的序幕。各社团在摊位前拿出“看家本领”，大一新生纷纷驻足流连。社团种类丰富，有沐风汉服社、兰芽昆曲研习社、智能机器人协会、机械创新设计协会、轮滑社、滑板社、街舞社、曳步舞社、茶艺社、绘画社、书法社、校园音乐社、品弦吉他社、休闲体育协会、飞羽社、跆拳道协会、校青年学习社、国旗护卫队等。社团招新活动，展现学校青年学子以朝气蓬勃的精神风貌迎接党的二十大胜利召开。本次社团招新活动涵盖学校思想引领、学术科技、文化体育、自律互助、公益实践、创新创业等不同类别的学生社团组织，以集中展现学生社团风采，为学校学生社团的更新和传承注入活力，逐渐成为广大青年学生“第二课堂”课余生活重要阵地，为广大青年学生素质教育搭建坚实的实践平台，并成为学校校园文化展示的重要平台。

10月1日、2日晚，由校团委、学生工作处主办的“青春当歌，有梦有Young”喜迎二十大草坪歌会在南区和北区操场精彩开唱。各学院（部）推荐的44首表演曲目在“星空舞台”轮番上演，为职大学子带来精彩绝伦的视听盛宴。歌会在街舞社的热舞中拉开序幕，一舞展开，燃动全场！“要让青春追着光，要让青春不一样，奋斗的时光更绚丽！”一曲《青春不一样》唱出青年追梦的“痴狂”；“铮铮硬骨绽花开，漓漓鲜血染红它”，一曲《绒花》吐露青春芳华，绽放青春光华；“一身坦荡荡，到四方，五千年终于轮到我上场”，一曲《黄种人》唱出中华民族的自信与自豪……两场歌会精彩纷呈，高潮迭起，一首首歌曲在职大学子的演绎下散发着青春光芒和蓬勃朝气，也唱出了职大学子讴歌时代、立志报国的青春担当。当《我和我的祖国》的旋律响起，所有同学起立，挥舞着国旗齐声放歌，送上了职大学子对祖国母亲的美好祝愿。本次歌会是学校“喜迎二十大、永远跟党走、奋进新征程”主题教育实践活动的重要内容之一，引领广大青年学生用歌声展现朝气蓬勃、健康向上、拼搏进取的精神风貌，不断增强爱党、爱国、爱校情怀，以青春之名，续写时代华章，以实际行动迎接党的二十大胜利召开。

“‘声’动青春　‘持’骋未来”，苏州市职业大学第五届校园主持人大赛决赛于11月2日晚在图书馆剧场拉开战幕。历经初赛、复赛的选拔与淬炼，12位选手脱颖而出。本次决赛特邀苏州新闻广播《孟梓来了》主持人孟磊，苏州城市学院播音主持专业负责人丁璨，苏州广电总台《新闻夜班车》栏目主持人姜伊担任评委。本届主持人大赛决赛对赛制做了较大创新，灯光舞美和评委阵容更是历届之最，旨在为选手打造更好的展示舞台，提供更专业的技术指导。决赛分为新闻、文艺、电台3个赛道，12位选手按照复赛成绩自由选择赛道，共有“先声夺人”“搭档主持”“能言善辩”“巅峰对决”4个环节，采用淘汰赛制（12进6，6进3），决出冠亚季军。“先声夺人”环节，选手们分成3组进行配音展示，其中为《觉醒年代》配音时，选手们融入角色，配合默契，用当代青年之声，诠释着革命年代的青春激情。“搭档主持”环节，选手们两两组队进行组内PK，《感动中国》《国家宝藏》《民生百态》《声音来信》……选手们将主持场景在舞台上生动呈现，通过饱含深意的内容展现当代青年的家国情怀，绘声绘色、各具特色的主持方式获得观众和评委的好评。“能言善辩”环节更是高潮迭起，选手们激烈辩论，妙语连珠，睿智、敏捷、稳健的台风收获台下阵阵掌声。“巅峰对决”环节，3位晋级选手各显神通，通过歌曲、朗诵等形式充分展现自己的才艺，全力冲刺冠军。3位评委对选手们的表现给予高度评价，也给出中肯的建议，为选手们的“主持生涯”指明方向。最终，经过大众评审投票，评委投票，第一环节分数加成，艺术学院蒋欣妍获得本届主持人大赛冠军，商学院王程获得亚军，管理学院王越获得季军。根据评委选择，外国语学院刘红帅获得“最具潜力奖”；根据网络投票，外国语学院谭暄禾获得“最佳人气奖”。以声传情、以美育人、以赛促学，校园主持人大赛是学校校园文化的特色品牌，也是学校美育实践的重要活动，更是“大思政”格局下思想引领的创新形式。当代中国青年生逢其时，施展才干的舞台无比广阔，实现梦想的前景无比光明。比赛为怀揣主持梦的同学搭建展示才艺、实现梦想的舞台，比赛落幕，成长继续！期待同学们在未来的舞台上绽放更绚烂的青春之花。

苏州市职业大学2022年度文艺活动情况一览表

活动名称	活动内容	参与对象	举办时间	举办地点
“喜迎二十大　社团风采展”暨苏州市职业大学学生社团招新活动	社团招新	3000余名2022级新生	9月21日	初心广场
“青春当歌，有梦有Young”喜迎二十大草坪歌会	草坪歌会	5000余名大学生	10月1日、2日	南、北区操场
苏州市职业大学第五届校园主持人大赛决赛	主持人大赛	600余名大学生	11月2日	图书馆剧场

（周　赐）

校园体育竞赛

苏州市职业大学2022年田径运动会

组织机构

竞赛委员会

主　任：曹毓民、温贻芳

副主任：张健、孙学文、庄剑英、张军、王峰

委　员：各职能部门主要负责人、各学院（部）书记、体育部主要负责人

综合工作组

组　长：叶军

副组长：王俪燕、汤晓军

成　员：相关职能部门主要负责人，各学院（部）党总支书记、副书记

竞赛组

组　长：王俪燕

副组长：叶捍军

成　员：体育部全体教职员工、各学院（部）辅导员代表、体育教育专业班学生

宣传广播组

1. 广播组

组　长：叶军

副组长：王大纲、刘伟

成　员：陈越、赵京娟

2. 宣传组

组　长：王琼

副组长：胡宾、傅中山

成　员：刘诗琪、校团委志愿者

安全保障组

组　长：丁虎

副组长：李亦工

成　员：保卫处相关人员

后勤保障组

组　长：丁虎

副组长：胡洪新、陈祥林

成　员：总务处相关人员

资格审查委员会、仲裁委员会

主　任：孙学文

副主任：王俪燕

委　员：校团委、学生工作处主要负责人、各学院（部）党总支书记、运动会总裁判长

裁判员名单

总指挥：王俪燕

总裁判长：叶捍军

副总裁判长：金彤、周建明

径赛主裁判：周建明
检录组主裁判：罗晨
检录组裁判员：岳群英、梁辉、章淇皓、汤杰、朱正阳、魏威、杨宇晨、余洋和
发令员：吕延恺、李争、朱子琦、朱俊峰、王鹏翔
计时主裁判：周建明
计时裁判员：沈馨怡、赵倩楠、钱怡杰、唐苏琴、任娇娇、张文婷、金雨轩、秦素婷、陈环如、穆畅、石明亮、张敏、丁云天、谢康、吴君杰、朱兆丰
终点主裁判：姚巧泉
终点裁判员：戚磊、王哲浩、何程、陈雨佳、王帅男、张诩鑫、魏哲旭、陈宇、郜闽杰、吉利
终点记录员：徐芳、许源、张景琦、石季正
田赛主裁判：金彤
跳高主裁判：吴恒晔
跳高裁判员：徐建国、李金、张少勋、王鑫、顾石光、邵非凡
跳远主裁判：许晓部
跳远裁判员：周正、顾莉、李兆星、周启航、孙诚、叶富荣、丁子涵、张志豪
掷部主裁判：王玉国
掷部裁判员：邢伟、康厚良、何金鑫、孙栋、黄诚伟、周君、史晓民、田俊丞、陈笑宙
公告组主裁判：孟祥波
公告组裁判员：李继鑫、李良桃、谭吟月、顾莉亚、华家明、王晓宇、范小雨
颁奖组：项丹、仲慧慧、张同欣、曹湘、赵健、张寅、陶静、孙丹、施嘉逸、刘洋洋、林卉、陈明康
广播组：邵文燕、校广播台广播员
场地器材：张远（组长）、胡阳、陈良彩、钱文水、周张洋、胡忠志、韩斌、佟宇轩、谢伟杰、吴浩南、李文涛、梁威虎

比赛成绩

田径记录

苏州市职业大学田径记录（至2022年）

项目	成绩	创造者	单位	时间
			男子	
100米	11"4	钱佳琪	商学院（原经贸系）	2010.4
200米	23"6	陆相旭	商学院	2013.4
400米	54"6	徐刘阳	电子信息工程学院	2014.4
800米	2'08"4	韦井龙	电子信息工程学院（原电子信息工程系）	2011.4
1500米	4'40"6	韦井龙	电子信息工程学院（原电子信息工程系）	2007.4
5000米	17'50"4	孙承翔	电子信息工程学院	2013.4
110米栏	16"9	徐　斌	机电工程学院（原机电工程系）	2007.4
4×100米接力	47"1	—	苏州开放大学管理委员会（干将路校区）	2007.4
4×400米接力	3'50"5	—	机电工程学院（原机电工程系）	2011.4
跳高	1.81米	张　朋	外国语学院	2014.4
跳远	6.13米	顾　嘉	苏州开放大学管理委员会（干将路校区）	2009.4
三级跳远	12.85米	殷福盛	机电工程学院（原机电工程系）	2007.4
铅球（7.26kg）	12.05米	刘　桐	计算机工程学院（原计算机工程系）	2010.4
铁饼（2kg）	28.29米	王　颖	机电工程学院（原机电工程系）	2010.4
标枪（800K）	45.10米	刘　桐	计算机工程学院（原计算机工程系）	2009.4

续表

项目	成绩	创造者	单位	时间
实心球	17.63米	徐 腾	电子信息工程学院	2020.10
		女子		
100米	13"9	邵羽玲	苏州开放大学管理委员会(干将路校区)	2009.4
200米	29"8	邵羽玲	苏州开放大学管理委员会(干将路校区)	2009.4
400米	1'08"8	刘丽静	电子信息工程学院(原电子信息工程系)	2012.4
800米	2'52"7	朱丽君	电子信息工程学院(原电子信息工程系)	2007.4
1500米	6'04	宋 寒	管理学院(原管理工程系)	2008.4
3000米	13'32"9	汤春梅	机电工程学院(原机电工程系)	2012.4
100米栏	21"2	陆 娟	机电工程学院(原机电工程系)	2007.4
4×100米接力	57"4	—	苏州开放大学管理委员会(干将路校区)	2007.4
4×400米接力	4'57"	—	苏州开放大学管理委员会(干将路校区)	2007.4
跳高	1.34米	沈应明	艺术学院(原艺术与设计系)	2007.4
跳远	4.55米	王 帆	教育与人文学院(原教育与人文科学系)	2009.4
铅球(4kg)	8.50米	王晓丹	管理学院(原管理系)	2007.4
铁饼(1kg)	22.56米	杨兆倩	教育与人文学院	2013.4
标枪(600K)	28.28米	马露洁	教育与人文学院(原教育与人文科学系)	2009.4
实心球(2kg)	11.58米	刘佳敬	教育与人文学院	2019.10

决赛成绩表

苏州市职业大学2022年校运会决赛成绩

男子100米	名次	一	二	三	四	五	六
	姓名	曹家豪	姚 川	王培杰	叶周豪	吴 豪	缪文凯
	单位	计算机工程学院	机电工程学院	电子信息工程学院	机电工程学院	电子信息工程学院	机电工程学院
	成绩	12"00	12"10	12"20	12"30	12"35	12"70
女子100米	名次	一	二	三	四	五	六
	姓名	彭楚玲	曹梦月	于 丽	王珂玟	张 烨	吕科颐
	单位	教育与人文学院	外国语学院	教育与人文学院	艺术学院	计算机工程学院	艺术学院
	成绩	15"40	15"70	15"80	15"90	15"95	16"00
男子200米	名次	一	二	三	四	五	六
	姓名	汪毅杰	李华明	魏 鑫	王子鸣	张宇航	马俊杰
	单位	计算机工程学院	计算机工程学院	计算机工程学院	艺术学院	机电工程学院	机电工程学院
	成绩	25"20	25"40	25"50	25"70	25"90	26"50
女子200米	名次	一	二	三	四	五	六
	姓名	黄 惠	王开心	陈传瑞	何 柳	郝诗云	魏怡娜
	单位	教育与人文学院	计算机工程学院	电子信息工程学院	商学院	电子信息工程学院	商学院
	成绩	31"60	33"80	34"00	34"10	34"20	35"30
男子400米	名次	一	二	三	四	五	六
	姓名	彭朝辉	郑海鹏	王浩然	郭晨阳	高志鹏	王 强
	单位	管理学院	计算机工程学院	机电工程学院	机电工程学院	教育与人文学院	计算机工程学院
	成绩	0'57"05	0'59"00	0'59"70	1'00"00	1'00"80	1'02"30

续表

女子400米	名次	一	二	三	四	五	六
	姓名	张宋蕾	吴沛然	徐印婷	魏　潇	刘　屿	石欣宇
	单位	教育与人文学院	计算机工程学院	计算机工程学院	教育与人文学院	电子信息工程学院	电子信息工程学院
	成绩	1'18"60	1'21"80	1'23"00	1'26"60	1'27"00	1'27"30
男子800米	名次	一	二	三	四	五	六
	姓名	郁　高	丁克冉	邹智博	杨国玮	徐宇杨	马雨彪
	单位	电子信息工程学院	机电工程学院	商学院	电子信息工程学院	计算机工程学院	教育与人文学院
	成绩	2'11"80	2'15"40	2'19"20	2'24"30	2'24"40	2'26"80
女子800米	名次	一	二	三	四	五	六
	姓名	文　艳	陈钰儿	徐欣悦	陈　袁	杨晨曦	邓馨蕊
	单位	管理学院	计算机工程学院	教育与人文学院	电子信息工程学院	教育与人文学院	管理学院
	成绩	3'24"30	3'26"80	3'26"90	3'28"00	3'29"10	3'30"70
男子1500米	名次	一	二	三	四	五	六
	姓名	张　威	马彬彬	力冠赫	杨　镇	许　超	王楠生
	单位	机电工程学院	管理学院	电子信息工程学院	管理学院	艺术学院	计算机工程学院
	成绩	5'03"40	5'04"20	5'16"90	5'18"00	5'18"10	5'27"60
女子1500米	名次	一	二	三	四	五	六
	姓名	周　济	田欣然	吴春宇	陈　葱	刘威艳	沈梦晨
	单位	计算机工程学院	外国语学院	教育与人文学院	外国语学院	商学院	教育与人文学院
	成绩	6'40"50	6'42"10	6'48"90	6'52"80	6'55"80	7'10"00
男子5000米	名次	一	二	三	四	五	六
	姓名	李文豪	潘志昂	张子建	吕　杰	芮舒扬	路　鹏
	单位	管理学院	机电工程学院	管理学院	商学院	外国语学院	机电工程学院
	成绩	19'38"30	20'14"90	20'16"30	20'40"50	20'44"50	20'47"30
女子3000米	名次	一	二	三	四	五	六
	姓名	韩彤彤	陈　瑞	王艳冰	李兹雨	卓笑思	罗舒文
	单位	教育与人文学院	外国语学院	计算机工程学院	艺术学院	商学院	电子信息工程学院
	成绩	14'51"00	14'55"10	15'09"20	16'13"70	16'25"80	16'57"60
男子4×100米接力	名次	一	二	三	四	五	六
	单位	计算机工程学院	商学院	电子信息工程学院	教育与人文学院	管理学院	外国语学院
	成绩	0'49"50	0'51"10	0'51"60	0'52"50	0'52"70	0'55"50
女子4×100米接力	名次	一	二	三	四	五	六
	单位	教育与人文学院	计算机工程学院	商学院	艺术学院	电子信息工程学院	机电工程学院
	成绩	1'00"80	1'04"70	1'06"20	1'06"50	1'06"70	1'08"20
男子4×400米接力	名次	一	二	三	四	五	六
	单位	机电工程学院	电子信息工程学院	计算机工程学院	管理学院	教育与人文学院	商学院
	成绩	3'59"50	4'00"90	4'04"00	4'07"60	4'17"70	4'33"20
女子4×400米接力	名次	一	二	三	四	五	六
	单位	教育与人文学院	电子信息工程学院	商学院	计算机工程学院	机电工程学院	外国语学院
	成绩	5'46"40	5'47"30	5'57"40	5'58"30	5'58"60	6'04"70

续表

男子铅球	名次	一	二	三	四	五	六
	姓名	张　昆	东佳豪	郑双昊	钱　浩	李　涛	杨志涵
	单位	机电工程学院	机电工程学院	电子信息工程学院	计算机工程学院	电子信息工程学院	外国语学院
	成绩	9.67米	9.02米	8.97米	8.50米	8.39米	8.07米
女子铅球	名次	一	二	三	四	五	六
	姓名	朱　静	刘卓然	徐　蕊	李孝蓉	潘双燕	陆　仪
	单位	电子信息工程学院	电子信息工程学院	计算机工程学院	电子信息工程学院	计算机工程学院	管理学院
	成绩	7.59米	7.42米	6.98米	6.85米	6.47米	6.16米
男子实心球	名次	一	二	三	四	五	六
	姓名	周　阳	周　赟	姚君谭	卫国俊	陈中北	陈　涛
	单位	机电工程学院	电子信息工程学院	机电工程学院	电子信息工程学院	计算机工程学院	机电工程学院
	成绩	16.07米	16.00米	14.44米	14.29米	14.22米	14.01米
女子实心球	名次	一	二	三	四	五	六
	姓名	刘　影	陆雨桐	王志鑫	平嘉琪	杨淑娴	谭欣茹
	单位	电子信息工程学院	机电工程学院	教育与人文学院	艺术学院	机电工程学院	计算机工程学院
	成绩	10.09米	9.29米	9.25米	8.54米	8.53米	8.34米
男子跳高	名次	一	二	三	四	五	六
	姓名	谷县云	陈顾浩	吕　进	罗君尧	郑志远	倪佳俊
	单位	电子信息工程学院	计算机工程学院	计算机工程学院	机电工程学院	电子信息工程学院	机电工程学院
	成绩	1.54米	1.51米	1.51米	1.45米	1.45米	1.45米
女子跳高	名次	一	二	三	四	五	六
	姓名	李雅雯	张　迎	邢鑫茹	吴雅楠	鲍慧楠	刘纹银
	单位	计算机工程学院	计算机工程学院	商学院	教育与人文学院	外国语学院	外国语学院
	成绩	1.19米	1.16米	1.16米	1.05米	1.05米	1.05米
男子跳远	名次	一	二	三	四	五	六
	姓名	陈　川	徐成栋	陈子苏	韩礼鹏	张朝文	汪英格
	单位	电子信息工程学院	计算机工程学院	机电工程学院	教育与人文学院	机电工程学院	管理学院
	成绩	5.73米	5.51米	5.40米	5.26米	4.99米	4.90米
女子跳远	名次	一	二	三	四	五	六
	姓名	陆　舜	袁佳琪	陈庆香	熊尚芬	陶煜兰	胡雨晨
	单位	教育与人文学院	电子信息工程学院	管理学院	电子信息工程学院	商学院	外国语学院
	成绩	3.74米	3.63米	3.33米	3.30米	3.24米	3.21米
男子三级跳远	名次	一	二	三	四	五	六
	姓名	黄佳豪	袁宇亮	赵培源	隆青涛	孙茂羿	唐佳豪
	单位	机电工程学院	机电工程学院	艺术学院	电子信息工程学院	计算机工程学院	机电工程学院
	成绩	11.68米	11.29米	10.85米	10.84米	10.60米	10.52米

（项　丹）

编辑：许立莺　陆怡静

SUZHOU VOCATIONAL UNIVERSITY

第十二章 团学教育与学生管理

团学教育

2022年，苏州市职业大学团委在学校党委和上级团组织的关心指导下，以习近平新时代中国特色社会主义思想为指导，深入学习贯彻习近平总书记关于青年工作的重要论述，以喜迎党的二十大、学习党的二十大为主线，聚焦立德树人根本任务和后继有人根本大计，以四大工作模块为“梁”，以八大工作内容为“柱”，着力提升共青团的引领力、组织力、服务力和大局贡献度。

一、以思想引领为“梁”，以“青”字品牌、主题教育为“柱”，着力提升共青团引领力

（一）做优做强“青”字品牌项目

落实“青年大学习”行动。聚焦共青团主责主业，把用习近平新时代中国特色社会主义思想武装团员队伍作为首要政治任务，深入开展“青年大学习”网上主题团课，参学人数、参学率始终列市属高校首位。举办“青马工程”培训班。落实《苏州市职业大学“青年马克思主义者培养工程”实施方案（试行）》，建立完善校院两级“青马工程”培训体系，进一步完善课程设置、内部管理、考核培养机制，举办第七期校“青马工程”培训班，培训学员120人。做好“青年榜样”示范。依托新媒体平台对青年榜样事迹进行宣传，举办榜样宣讲会、梦想公开课，提升榜样示范引领实效。1名青年教师获评首届“苏州青年五四奖章”提名奖，举办“苏州青年五四奖章”分享会；1名青年教师获评“苏州市青年岗位能手”。做优“青”媒体平台。拓展团属媒体“辐射面”，开通微信公众号视频号功能，创新引领青年的方式方法，抢占抖音、微博、哔哩哔哩等网络阵地，重点推出青年学生爱看、爱赞、爱转的网络文化产品，切实增强网络思想政治工作的魅力和实效。

（二）扎实开展各类主题教育实践活动

根据校党委和上级团组织部署安排，组织开展“喜迎二十大、永远跟党走、奋进新征程”“学习二十大、永远跟党走、奋进新征程”主题教育实践等活动。主动融入“大思政”育人格局，组织团支部以“三会两制一课”和主题团日为基础广泛开展主题教育。结合重要时间节点开展观看庆祝中国共青团成立100周年大会、国庆升旗仪式、集中学习观看党的二十大开幕式等活动，挖掘纪念日背后的价值观，涵养青年学子家国情怀。举办“领航开学第一课”校级信仰公开课，邀请专家解读党的二十大精神。

二、以基层建设为“梁”，以组织基础、干部队伍为“柱”，着力提升共青团组织力

（一）巩固夯实基层组织建设

聚焦党建带团建。贯彻落实团中央相关文件要求和《江苏省高校党建带团建工作重点任务》，健全完善体制机制，将团的建设主动融入学校党的建设和思想政治工作总体格局。落实推优工作，指导团组织切实履行好为党源源不断输送新鲜血液的政治职责。全面从严治团，指导基层团支部做好基础团务工作，营造理论学习氛围、完善支部活动机制。依托智慧团建平台，高效完成团员发展、学社衔接等工作。严格落实团支部“三会两制一课”、团支部工作清单制度，深入开展团支部“双述双评”工作，定期检查基层团支部工作手册。1个学院团委获评“江苏省五四红旗团委”，1个学院团委获评“苏州市五四红旗团委（团工委）”。强化“一心双环”，加强对学生会组织指导管理，召开校第十七次学代会，指导学院（部）规范召开团学代会，有序完成团委、学生会组织换届。推进学生社团规范化建设，完成社团年审，优化社团设置，加强社团指导，做好舆情监测和正面引导，确保社团健康规范运行。

（二）不断强化干部队伍建设

建立健全团干考核机制，联合党委组织部、宣传部共同实施团干部述职考核。构建分层分类培训体系，开展新上岗团干部培训班，举行共青团党风廉政教育专题学习会，开展学生会组织春秋两季全员培训班，开展新任学生干部岗前培训和作风建设教育活动。1人获评“苏州市优秀共青团干部”，2人获评“苏州市优秀共青团员”。

三、以“第二课堂”为“梁”，以志愿实践、校园文化为“柱”，着力提升共青团服务力

（一）扎实开展志愿服务、社会实践工作

持续开展品牌活动，积极组织暑期“三下

乡”、“返家乡”、“博爱青春”等社会实践。暑期全校5000余名大学生在全国各地开展红色足迹寻访、乡村振兴、疫情防控、社区报到、政务实习等实践活动。6名大学生入选“乡村振兴计划”志愿服务行动团队,1个团队入选团中央“七彩四点半”志愿服务项目示范团队。1个团队获评团中央2022年暑期“三下乡”社会实践活动优秀团队,首次有实践团队获全国荣誉;1人获评“江苏省优秀青年志愿者”和“江苏省暑期社会实践先进个人”,1人获评苏州市“十佳青年志愿者”。志愿服务和社会实践受到《江南时报》《紫牛新闻》《现代快报》《苏州日报》及“引力播”等多家媒体的宣传报道。拓展实践育人形式,靶向定位青年成长之需,积极拓建校外社会实践基地,以志愿服务、公益实践等形式,为学生开辟了解社会的窗口,提供成长锻炼的平台,出台《苏州市职业大学大学生社会实践基地管理办法(试行)》,规范实践基地的运营管理。加强校地结对共建,以“团”之名,与地方团组织结对,与高新区团委商议全面共建框架协议,与越溪街道团工委达成合作共建意向,以点带面有效延伸合作范围,链接地方社会资源。

(二)创新打造品牌校园文化活动

持续举办校园红歌大赛、3V3篮球赛、“百团大战”等品牌校园文化活动。升级打造“校园主持人大赛2.0PK版”,升级赛制,提升专业度,以赛育人,培育主持后备力量。创新打造校园文化新IP“草坪歌会”,走进操场,走近学生。开放式的活动,提升校园文化活动参与度和影响力。与体育部联合举办“体育嘉年华”系列活动,组织羽毛球、乒乓球、篮球、集体项目等比赛,满足学生多样化兴趣需求,丰富“第二课堂”项目供给。

四、以助力“双高”为“梁”,以创新创业、一院一地为“柱”,着力提升共青团贡献度

(一)全力冲击创新创业竞赛标志性成果

抓牢以“挑战杯”为龙头的创新创业竞赛,不断健全和完善校内竞赛培育、选拔机制,增强竞赛的品牌效应,扩大竞赛覆盖面和参与率,举办第十八届“挑战杯”江苏省大学生课外学术科技作品竞赛校内立项评审和选拔赛。获第十七届“振兴杯”全国青年职业技能大赛(学生组)创新创效专项赛决赛银奖,获“挑战杯”创新创业竞赛省赛铜奖2项,为学校“双高计划”院校建设添砖加瓦。

(二)重点打造一“院”(志愿者学院)一“地”(大学生应急救护培训基地)特色化项目

以志愿者学院为载体,挂牌江苏省青年志愿服务培训基地(苏州),增强学校社会服务能力。承接全省县级青年志愿者协会和骨干志愿者培训班,1个省级培训;发起举办2022年苏州高校志愿者骨干培训班、2022大学生志愿者服务乡村振兴计划培训班,2个市级培训班;线上线下累计培训学员1041人。建设大学生应急救护培训基地,以江苏省红十字示范校挂牌为契机,精准助力学校育人供给,常态化开展应急救护培训、生命安全教育,与马克思主义学院合作,融入思政教育课程,启动基地硬件升级改造,推进初级救护员培训全覆盖,扩大培训辐射面。

(周　赐)

学工指导

2022年，学生工作处紧密围绕苏州市职业大学中心工作，锚定内涵质量建设指标，践行“三全育人”工作理念，统筹做好疫情防控和学生管理工作。通过拓展线上工作渠道，整合校内外资源，坚持“五育并举”，促进立德树人工作走深走实，较好地完成全年工作任务，成效明显。

一、持续加强思政内容供给，让二十大精神入脑入心

开展“青春献礼二十大，强国有我新征程”迎接学习贯彻党的二十大主题宣传教育系列活动8项。包括“科学家精神进校园”、大学生网络文化节、网络教育作品创作推选、习近平新时代中国特色社会主义思想大学习领航计划主题教育、学生知识产权赛事活动、“奋进新征程青春勇担当”主题演讲及征文比赛、“学宪法讲宪法”法治教育活动、党的二十大精神主题宣讲等。举行毕业“云”典礼和新生开学典礼，深入开展离校教育和入学教育。试点开展“一站式”学生社区建设，开展前期调研，拟定建设计划，结合主题教育要求规划建设内容。“苏职大学工”微信公众号平台发布推文190余篇。通过增加内容供给，创新活动形式，激励同学们涵养爱国情，树立报国志。

二、全面实施“立心”计划，提升辅导员综合素质能力

2022年底，苏州市职业大学在岗专职辅导员73人，基本实现1∶200师生配比。全方位推行辅导员带班建设，加强辅导员班主任共同体建设，加强辅导员工作团队、实践平台、培训体系、梯队和工作考核建设。线上、线下完成辅导员培训97人次。组织申报第二批辅导员工作室，拟立项建设3个，培育建设4个。印制完成《2016—2021年学生工作政策文件选编》，发布《苏州市职业大学辅导员素质能力提升“立心”计划》《关于优化辅导员工作运行的通知》。首次开展辅导员班主任工作考核，开发完成辅导员线上考核系统。举办首期辅导员工作坊和辅导员年度人物评选。组建起由10名辅导员老师参与的党的二十大精神宣讲团。通过加强辅导员政治建设、思想建设、组织建设、作风建设和能力建设，全面提升队伍的职业能力和育人实效。

所获奖项：“新时代教育评价改革视阈下‘一心五育双轮驱动’学生发展评价育人路径探索与实践”获江苏省高等学校学生管理创新奖三等奖，“大数据背景下高职院校学生工作的创新路径”获江苏省高校学生管理优秀著作二等奖，“数据赋能视角下‘一心五育双轮驱动’学风建设的苏职大实践”获江苏省高校思想政治工作优秀案例二等奖；师生作品首次获第二届江苏省大学生网络文化节和网络教育优秀作品二等奖3项、三等奖6项；“我眼中的顾诵芬”获中国科学技术协会2022年度学风传承行动项目精品项目资助，厚德秉烛辅导员工作室获学风涵养工作室计划支持；学校辅导员获第九届江苏高校辅导员素质能力大赛复赛二等奖1项，江苏省高校辅导员工作案例获二等奖1项；2022年，江苏省大学生知识产权赛事活动首次获4项优秀奖及创意视频比赛单元优秀组织奖。

三、进一步护航心理健康成长

上半年开设心理咨询QQ群，确保预约途径“24小时生命热线”及时畅通，通过电话和QQ形式为居家学生提供心理咨询与危机干预，共接待学生89人次，危机干预6人次。转本学生返校封闭管理期间，组织心理危机干预小组，实行AB岗，及时为“转本”学生提供心理援助。下半年个别咨询与危机干预工作常规开展，成功干预心理危机事件12起，通过电话及时提供心理援助105人次，共接待个别咨询学生295人次。以大学生抗挫折教育体验馆为基地，以积极心理学为理论依据开发系列课程，打造一支以心理条线辅导员为骨干的团队，开展“心向阳，悦成长”线上系列团体心理辅导4场，“幸福力提升”“向阳而生”“向阳携行、共创未来”“培养爱的能力”等线下系列团体心理辅导16场，参与学生近600人次。进一步加强四级预警机制的工作实效，动态跟踪138名重点关注在籍学生，深度解读与研讨《苏州市职业大学心理危机干预预案》和“苏州市职业大学心理危机干预流程

图”，确保各职能部门、院部熟知工作流程，责任到人。加强医校合作，开通绿色通道，方便学生及时获取医疗资源。严格按照省厅工作部署，使用“苏心”App心理自助系统组织全校5016名2022级新生及返校生进行心理健康普查，并组织专兼职咨询师、条线辅导员、带班辅导员对689名学生进行访谈、评估、干预和随访，并建立心理档案，确保一生一策。

上半年，“3·20”心理健康周和“5·25”心理健康节宣传活动采取线上形式，以“向阳携行，共创未来”为主题，开展心理征文比赛、校园心理情景剧剧本创作大赛、心理主题班会活动以及线上团体心理辅导等一系列活动，共征集心理征文作品150余篇、心理剧本作品35个，并根据优秀剧本改编心理剧，参与江苏省高校心理剧大赛。各学院（部）自主开展心理健康知识辩论赛、海报科普大赛、美育与心理、心理晴雨表、居家抗疫Vlog、情绪树洞、解忧小贴士、心灵电台、《心声》专栏等一系列活动。下半年，开展心理主题班会大赛，通过比赛进一步提升心理站长与班级心理委员组织开展心理主题班会的综合能力，提高班会质量。同时，全覆盖式开展“疫情心理调适”“新生适应”等各类心理主题班会360余场，参与活动15000余人次。开展同伴教育主持人比赛、主持人强化培训，针对全体2021级学生全面开展“青春健康同伴教育”进班活动，共计120余场，5000余名学生参与。组织各学院自主开展防艾、教育生殖教育讲座，海报设计比赛，知识竞赛等各类活动5场，共计3000人参与。成功申报苏州市疾控中心2022年苏州市学校青年学生参与艾滋病防治项目，并获得相应的经费支持。针对2020级2400余名学生以及2021级2500余名学生全面开设心理健康必选课，15名专业教师参与授课、课程建设等工作。指导校心理协会、青春健康同伴社开展各类活动，及时利用“苏职大心灵驿站”“苏职大青春健康频道”微信公众号推送最新活动报道，并做好心理网站建设与维护工作。抗挫折教育体验馆接待各级各系统领导到访80余人次，场馆内开展活动累计逾2000人次。

进一步细化完善《学工考核》心理条线工作指标，对院部的站点建设管理提出整改意见，确保人员稳定、制度上墙、台账齐备、管理规范，各项工作扎实开展。新增院部心理健康教育活动优秀组织奖、先进集体荣誉称号，对工作有创新、负责任的站点与个人进行表彰。提高院部心理条线工作人员的专业水平，派员参加苏南片区高校学生心理危机预防和干预专题培训、大学生常见心理疾病三讲、团体心理辅导理论与实践专项培训等一系列专业培训共24人次。校内开展1场以学院负责学生工作的副书记为对象的研讨，2场辅导员专业培训，7场班级心理委员岗前培训。定期组织、参与各级专业督导，派员参加体验式团体沙盘心理技术培训项目（初级）、团体沙盘心理技术培训项目（中级）等各类专业培训，提升专兼职心理咨询师队伍的专业服务能力。

四、学风体系建设得到加强

激励导向，激发学子成长。上半年，经过评选组织，推荐并获批2022年省级三好学生7名、省级优秀学生干部7名、省级先进班集体4个以及省级优秀毕业生5名；针对社会招生学生开展奖学金的评审工作，以差异化评价为导向，社招群体中约1/4的学生获奖，共计完成43人次3.85元万的评选奖励；完成2022届优秀毕业生约500人次合计25万元奖学金的评选表彰工作，在校学生近千人次的实践创新竞赛获奖认定、统计与奖励工作。学生奖励资金投入力度加大，覆盖广度拓宽，进一步发挥奖励对学生发展的引导作用。

下半年，开展以“争先进集体，展团体风采”为主题的2021—2022学年先进集体评选答辩活动，8个班级获校“文明标兵班级”称号、39个班级获校“文明班级”称号，9个宿舍获校“文明标兵宿舍”称号，136个宿舍获校“文明宿舍”荣誉称号。2022年度学生年度人物评审答辩等学风创建活动也进行全新设计，旨在“以评促建”“以评促改”，以身边榜样的现身说法充分展示当代大学生的风采面貌，激励、引导更多的学生共同进步、共同提高，为加强学校大学生思想政治教育、推进优良学风建设、营造健康向上的校园文化氛围提供坚实的基础。

五、资助育人工作进一步巩固提高

严格落实中央、省、市资助工作相关政策，围绕奖励与资助并举、资助与励志并重、助学与育人并行、扶志与扶智并进的工作方针，优化工作职能，简化工作程序，践行“信息导航、数据先行”的一站式资助工作模式。深入了解学生的学习生活情况，建立对象精准、问题精准、方法精准的困难学生档案库，做到“底数清”；对受助学生生活上关爱、学业上关注、人文上关怀、就业上关心，做到“目标清”；实施结对帮扶贫困学生行动计划，落实困难学生生活帮扶、学业帮扶、心理健康帮扶、就业指导帮扶，做到“对策清”。依托信息化建设平台，搭建“评价、实践、教育、激励、宣传”为一体的信息化资助育人平台，从德、智、体、美、劳多角度构建完善的发展型资助育人体系。

上半年，完成江苏省学生资助管理系统全校15237名在籍学生信息的更新、导入和比对，对新增的64名学生进行春季困难认定，完成2867名家庭经济困难学生春季国家助学金的复核工作，完成2933名学生共计509.545万元春季国家助学金的审核发放工作。完成312名学生共计22.45万元疫情专项急难补助的审核发放工作。完成634名2022届贷款毕业生还款确认工作，对15名助学贷款逾期的往届毕业生进行相关提醒；归集2021年度国家助学贷款风险补偿金。报送2021年度高校学生服兵役国家资助信息；完成212名学生入伍国家教育资助，共计215.555万元；向191名退役学生发放共计31.515万元的退役士兵国家助学金。对社会捐赠奖助学金协议、评审办法进行梳理。

下半年，陆续为49名家庭因病因灾突发严重经济困难的学生办理临时困难补助，共计发放7.7万元。组织学生完成2022年度学生资助基本情况调查工作，共有4000多名学生积极参与。新学年，完成367名新生共计20.64万元绿色通道生活补助的审核发放，完成2515名困难生新学年认定工作；完成18人次计14.4万元国家奖学金、532人次计266万元国家励志奖学金、2472人次计406.83万元国家助学金的评审发放；完成657人次计177.6万元的学费减免，完成30人次残疾学生计15.66万元减免学费的上报，完成291人次计249.1576万元服兵役国家教育资助的上报；完成206名退役复学学生计33.99万元的审核发放，622人次计3.31万元伙食补贴的发放，1220人次计1123.2095万元学生生源地国家开发银行贷款审核上报，1170人次计41.2151万元学生勤工俭学薪酬的发放。

六、招生就业工作收获佳绩

2022年，学校招生计划总数为5250人，面向22个省（自治区、直辖市）招生，与上年相比增加165人。疫情影响下，积极采取线上咨询的方式为考生搭建信息交流平台。普高招生阶段，在疫情防控严峻时主动联系各高中校，以腾讯会议等线上直播形式开设专场招生宣讲会10余场；利用中国教育在线媒体平台，邀请学校各院部领导参与“院长话职大”直播活动9场，第一时间回答考生提问，获得考生和家长们的好评；借助江苏招考网站，组织已经毕业的学子参与“学长学姐话职大”在线直播栏目，以考生们乐于接受的抖音、哔哩哔哩等实时弹幕视频直播网站，从学生切身感受出发宣传学校的办学特色和专业建设情况；参加江苏广播电视总台面向全省考生的高考志愿填报咨询电视直播节目等。采用中国教育在线的智能问答“系统小E”，实现招生答疑工作的智能化、数据化、多元化。

多措并举之下，招生工作再创新高。2022年江苏省内生源增幅较大，苏州生源首次超过1000人，占比22.62%，达到1190人。提前招生阶段，考生报名人数2240人，实际录取1551人。中职职教高考投放计划1365人（含中高职衔接转段150人），实际录取1374人（含同分及国家、省职业技能大赛获奖免试考生9人）。普通类专业在省内、省外投档人数均一次性满足，共录取1138人。

就业信息精准统计，深度剖析。严格贯彻教育部“四不准”“三不得”原则，强化二级院部就业统计纪律规范，高度重视就业节点及过程性信息数据的真实性、准确性和时效性，及时跟踪毕业生最新动向，实现就业信息反馈中91JOB智慧就业平台与教育部平台的联动、高度匹配。学校2022届毕业生5239人，截至2022年8月31日，落实毕业去向4667人，全校2022届初次毕业去向落实率为89.08%；截至12月末，落实毕业去向5061人，年终毕业去向落实率96.60%。坚持做好2021、2022年度毕业生就业质量报告，多维度、多层次、多视角展现学校毕业生的就业质量、职业体验、对母校评价以及用人单位反馈，为进一步推进就业服务、专业建设、人才培养提供重要参考。

就创业服务深度推进，彰显成效。疫情之下，学校积极开拓、主动出击，广泛对接优质就业资源，强化夯实疫情防控期间校园招聘的主阵地。4—5月，开展苏州市职业大学2022年春季学期“送岗直通车”直播荐岗活动暨“春生夏长职向未来”校园系列招聘活动。98家知名企业参加此次活动，提供就业岗位1910个，吸引近3000名应届毕业生参加。强化推进2022届毕业生就业精准帮扶，通过“精准定位、精准施策、精准管理”，全力帮助160名困难毕业生满意就业。举行“一起向未来—求职能力提升周—校招备战训练营”活动。7月，在“中国银行杯”2022年江苏省职业院校创新创业大赛决赛中，学校“丹漆逐梦”项目获一等奖，“乡约——文旅复苏的排头兵”“盲用辅助交互设备”项目获二等奖，“共赢蓝天振兴乡村经济”“新型立式冲击夯——工程地基夯实者”“脑电波控制的形状记忆合金仿生手”项目获三等奖。12月，“武进人才杯”江苏省第十七届大学生职业规划大赛总决赛中，学校艺术学院任敏获专科生赛道特等奖，计算机工程学院田小龙、管理学院许雨博获二等奖，艺术学院蒋艳俐老师获优秀指导教师奖，学校获最佳组织奖。

2022届毕业生就业情况

◎总体去向

学校2022届毕业生数为5239人，截至8月31日，初次毕业去向落实率为89.08%；截至12月末，年终毕业去向落实率为96.60%。

2022届毕业生分院（部）年终去向分布

学院（部）	协议和合同就业[1]	自主创业[2]	灵活就业	升学[3]	待就业
电子信息工程学院	42.04%	0.78%	0.91%	52.91%	3.36%
管理学院	47.82%	0.84%	2.18%	47.99%	1.17%
机电工程学院	59.84%	1.30%	6.74%	30.57%	1.55%
计算机工程学院	63.39%	0.45%	9.27%	20.68%	6.21%
教育与人文学院	36.65%	0.19%	25.38%	34.40%	3.38%
商学院	45.19%	0.44%	1.60%	49.27%	3.50%
体育部	5.56%	2.78%	80.56%	11.11%	0.00%
外国语学院	67.97%	0.00%	2.83%	26.14%	3.05%
艺术学院	55.80%	1.40%	12.80%	25.60%	4.40%

注：1.协议和合同就业：指毕业生与用人单位签订劳动合同或就业协议书的情形，不包括升学、出国、入伍、自主创业等。

2.自主创业：指已取得工商营业执照，且机构法定代表人为该毕业生的情形。

3.升学：包括出国求学人数。

◎就业地区

2022届毕业生，在江苏省就创业的最多，占比达81.03%。其次为上海市（3.74%）、浙江省（1.94%）等地。

2022届毕业生就业地区江苏省内外分布

地区	比例
江苏省内	81.03%
江苏省外	18.97%
全校合计	100.00%

2022届毕业生江苏省内城市就业分布

城市	比例
苏　州	54.985%
无　锡	3.420%
徐　州	3.098%
宿　迁	2.807%

续表

城市	比例
南　京	2.678%
南　通	2.517%
盐　城	2.162%
连云港	2.065%
泰　州	1.839%
常　州	1.710%
淮　安	1.420%
扬　州	1.388%
镇　江	0.936%
江苏省内合计	81.03%

◎就业行业

2022届毕业生就业量较大的行业为制造业(19.61%)。

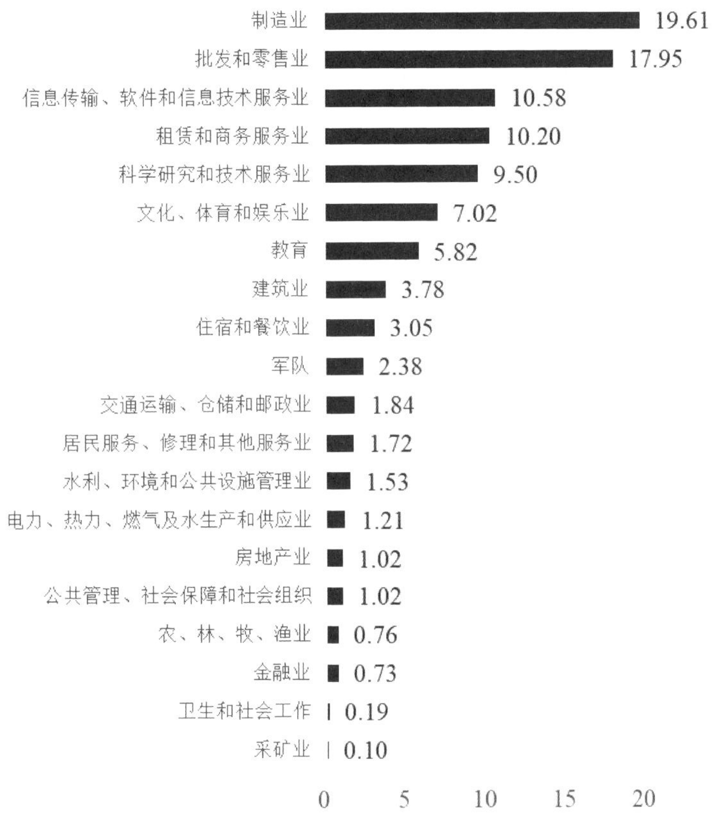

2022届毕业生就业行业分布

奖助学工作

2022年苏州市职业大学学生获各类奖（助）学金情况统计表（全日制）

序号	类别	人数（人）	奖金（元）	合计（元）	总计（元）	说明
1	国家奖学金	18	8000	144000	144000	
2	国家励志奖学金	532	5000	2660000	2660000	
3	校优秀学生奖学金	207	2000	414000	2090500	一等奖学金
		391	1500	586500		二等奖学金
		540	1000	540000		三等奖学金
		1100	500	550000		单项奖学金
4	肇镁奖学金	10	5000	50000	50000	
5	国家助学金	791	2150	1700650	4068300	一档
		869	1650	1433850		二档
		812	1150	933800		三档
6	开元奖学金	84	—	100000	100000	
7	莱克电气奖学金	15	1000	15000	15000	
8	圣宝利助学奖学金	10	1000	10000	10000	
9	安森美半导体奖学金	30	1000	30000	30000	
10	华成奖助学金	25	2000	50000	50000	
11	欧普奖学金	5	—	8500	8500	
12	“海棠花开”励志奖（助）学金	80	2000	160000	160000	
13	关工委助学金	9	1000	9000	9000	
14	“诚善”计划助学金	20	5000	100000	100000	
15	张继馨艺术奖学金	10	—	11600	11600	
16	向阳花奖学金	50	1000	50000	50000	
17	君创奖学金	45	2000	90000	90000	
18	校设助学金	1000	1000	1000000	1000000	
19	学生竞赛实践创新奖学金	492	—	505999	505999	
20	优秀毕业生奖励	579	500	289500	289500	
21	求职创业补贴	497	1500	745500	745500	
22	伙食补贴	662	50	33100	33100	
23	困难补助	1721	—	801300	801300	
24	残疾学生学费减免	30	—	156600	156600	
25	学费减免	657	—	1776000	1776000	
26	生源地助学贷款	1220	—	11232095	11232095	
27	入伍国家资助	900	—	5302176	5302176	
28	勤工助学	1224	—	482197	482197	
29	绿色通道	374	—	230980	230980	
30	大鹏助学金	3	6000	18000	18000	
31	社招学生奖学金	42	—	37500	37500	

（王　彤）

编辑：许立莺　盛　婷

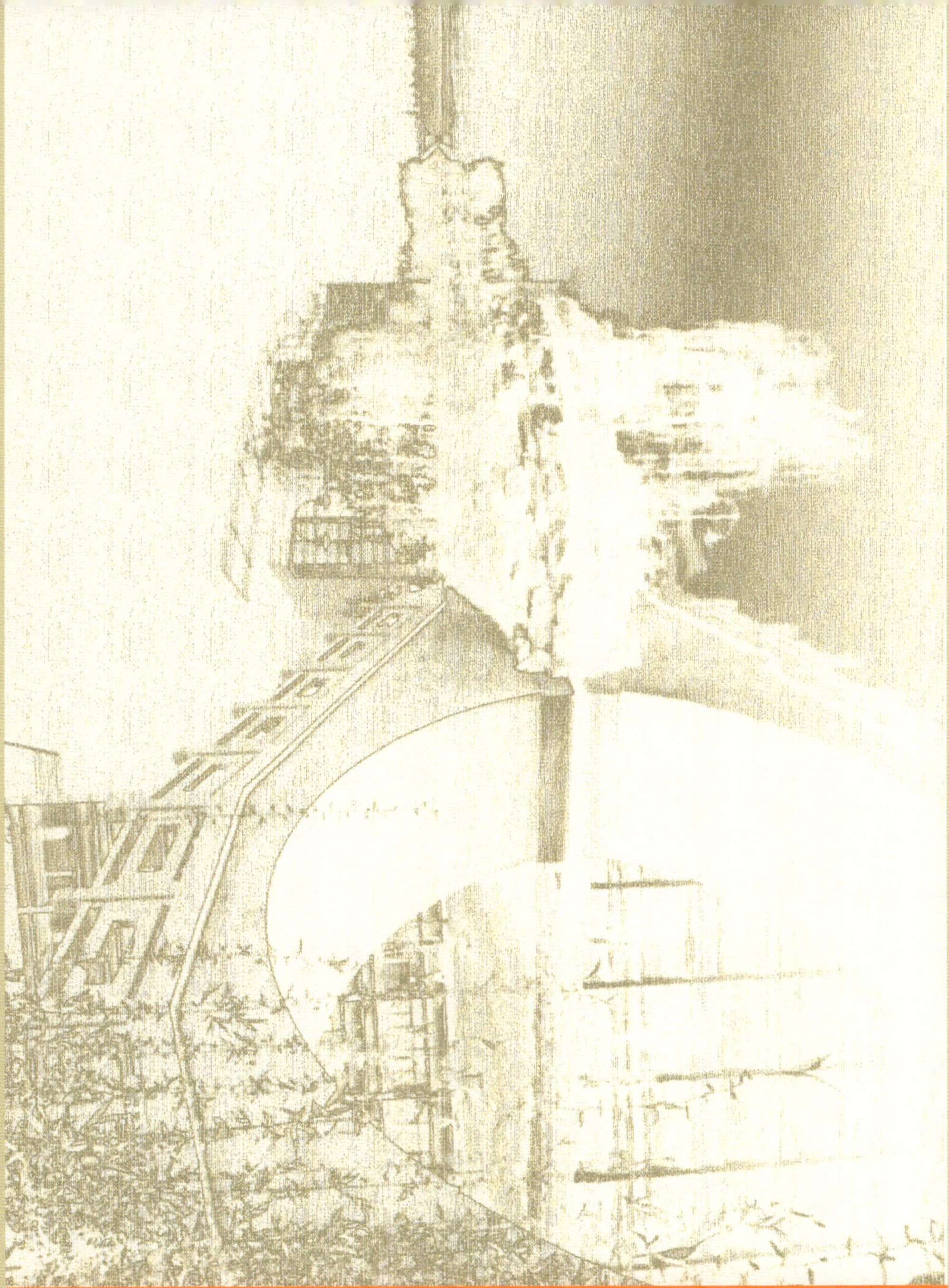

SUZHOU VOCATIONAL UNIVERSITY

第十三章　表彰与奖励

学校获校外单位表彰、奖励情况

2022年苏州市职业大学获校外单位表彰、奖励情况一览表

序号	被授予的荣誉称号	表彰单位	批文号及日期
1	江苏省精准资助长效机制改革试点单位	江苏省教育厅	苏教助函〔2022〕2号 2022.3.15
2	2019—2021年度江苏省文明校园	江苏省精神文明建设指导委员会	苏文明委〔2022〕8号 2022.5.26
3	2021年度江苏省涉外办学先进单位	江苏省高等教育学会涉外办学研究委员会	2022.5.31
4	江苏省绿色学校	江苏省教育厅、江苏省发展和改革委员会、江苏省生态环境厅、江苏省住房和城乡建设厅	苏教发函〔2022〕74号 2022.9.9
5	2022年江苏省社区摄影大赛优秀组织奖	江苏开放大学、江苏省社会教育服务指导中心	苏社教指〔2022〕34号 2022.9.26
6	2022年江苏省非遗传承技艺（剪纸）大赛优秀组织奖	江苏开放大学、江苏省社会教育服务指导中心	苏社教指〔2022〕38号 2022.10.24
7	2022年江苏省社区书画大赛优秀组织奖	江苏开放大学、江苏省社会教育服务指导中心	苏社教指〔2022〕40号 2022.10.27
8	社会教育东西部结对先进集体	江苏省社会教育服务指导中心、江苏开放大学	苏社教指〔2022〕50号 2022.12.7
9	江苏省社会教育先进集体	江苏省社会教育服务指导中心、江苏开放大学	苏社教指〔2022〕51号 2022.12.30

学校各部门获学校及校外单位表彰、奖励情况

2022年苏州市职业大学各部门获学校及校外单位表彰、奖励情况一览表

序号	受表彰的部门	被授予的荣誉称号	表彰单位	批文号及日期
1	机电工程学院综合办公室、计算机工程学院综合办公室、电子信息工程学院通信技术系、管理学院现代商务系、商学院综合办公室、教育与人文学院食品与检测系、外国语学院教学与实训中心、艺术学院视觉传达系、体育部综合办公室、组织人事部、党委办公室、校长办公室（外事办公室）、保卫处、学生工作处	2021年度先进集体	苏州市职业大学	苏职大委〔2022〕15号 2022.3.24
2	苏州市职业大学团委	2021年度苏州共青团工作先进单位	共青团苏州市委员会	2022.2
3	苏州市职业大学团委	2021年度苏州市共青团系统宣传思想文化工作先进集体	共青团苏州市委员会	2022.2
4	计算机工程学院团委	2021年度苏州市市级“青年学习社”	共青团苏州市委员会	团苏委〔2022〕10号 2022.2

续表

序号	受表彰的部门	被授予的荣誉称号	表彰单位	批文号及日期
5	计算机工程学院团委	2021年度苏州市共青团系统理论学习型团组织	共青团苏州市委员会	2022.2
6	管理学院团委	江苏省五四红旗团委（团工委）	共青团江苏省委员会	团苏委发〔2022〕10号 2022.5
7	计算机工程学院团委	苏州市五四红旗团委	共青团苏州市委员会	团苏委〔2022〕35号 2022.5
8	苏州市职业大学档案馆	2018—2022年江苏省高校档案馆（室）先进集体	江苏省高校档案研究会	苏高档〔2022〕13号 2022.10.18

学校教职工获学校及校外单位表彰、奖励情况

2022年苏州市职业大学教职工获学校及校外单位表彰、奖励情况一览表

序号	姓名	被授予的荣誉称号	表彰单位	批文号及日期
1	万长东 方勇 左斌 朱晓斌 刘旭 苏建 李振兴 杨益飞 张义平 张彩艳 陆建康 金芬 赵宏平 赵海燕 胡清 钟鸣 顾丽亚 王勤宏 王磊 刘刚 刘昭斌 刘媛霞 关辉 孙逊 严立艳 杨元峰 时贞 吴文庆 张燕 尚鲜连 钱平 葛翔 董虎胜 廖黎莉 王鹏 邢亚从 苏品刚 李建康 杨静 汪义旺 张旭 张苏新 张晶 张微 罗伟 金小华 周燕 俞兴明 郭民环 崔鸣 淮文军 包金龙 朱丽 许凌雯 吴蕴慧 沈馨怡 张艳军 陈娟 郑丽娟 赵艳玲 姜能涛 丁俊 王新荣 牛士华 刘宁宁 汤泉 许一青 李泰山 张军 张春梅 张莉 张敬客 陈建琼 钱丽娟 徐峰 王一珺 王平 朱莹莹 刘蕾 李邦玉 李易安 吴怡 邱文颖 邹婷 张磊玲 陈白妹 胡武生 俞莉 高丽红 郭丽 郭逸洋 王敏玲 孙丹 孙娴 孙雯丽 李媛媛 吴广珠 吴鑫浩 张璐 孟祥德 赵阳 顾韵 钱鑫 徐舟涟 黄悦 梁萍 蔡骏 廖萍 王静娟 任静 何园园 张丽娟 张鸣艳 张春 张颖娉 陆宇澄 陈蕾 罗跃华 姚琴芳 黄新羽 曹芃 谢丹 蔡振宇 薛伟明 王庆 王志刚 卢锋 仲慧慧 许艳娟 杨晓石 邱淅闻 陆卫丰 居茜 孟祥波 项丹 俞祚明 姚巧泉 顾莉亚 徐芳 高盼 叶芸 邬晓明 吴献峰 邱阳 郭肇娴 王乃寒 朱海祥 杜彦宾 赵京娟 盛婷 魏刚 许吉 吴尘 张洁 赵萍萍 李士江 张羚雪 陆英 林休休 胡慧 戴劲芸 吉冬梅 刘诗琪 周赐 钱建华 蒋君毅 潘斌 方立刚 朱静 刘翔云 沈效良 周建伟 房晓阳 顾莹华 舒佳根 孙筱玮 严方 陈丽珍 钮庆红 徐磊 尉迟勤 吴敏 张学梅 陈钰 幸娅 范浩军 程海英 谢艳 曾珠亚岚	2021年度先进个人	苏州市职业大学	苏职大委〔2022〕15号 2022.3.24

续表

序号	姓名	被授予的荣誉称号	表彰单位	批文号及日期
2	丁家振 于 莉 万 健 马 骏 王 亚 王 敏 王 喆 王一梅 王大纲 王爱霞 王静娟 方 坤 方 毅 龙 蕊 叶 军 吕伟春 吕华芹 朱 敏 朱书研 朱莹莹 任 平 任侃侠 刘 业 刘 萍 刘富博 许一青 许凌雯 许晶晶 孙 文 孙志达 孙雯丽 孙 赢 严 莉 杜 跃 李 羽 李士江 李良桃 李建康 李媛媛 杨 芳 杨 娟 杨 静 杨玉婷 杨惠兴 杨德山 吴 玥 吴井泉 吴文庆 吴建英 吴彩燕 吴蕴慧 何佳应 汪义旺 汪丽群 沈 龙 沈萍萍 宋文娟 张 旭 张 虹 张 莉 张 丽（教育与人文学院食品与检测党支部） 张 燕 张永康 张红琴 张苏新 张明雷 张保臣 张颖聘 张磊玲 陆春元 陆建康 陆磊华 陈 欢 陈 钰 陈 琪 陈 璇 陈永强 陈齐康 邵 怡 邵美琪 茆 琦 范 静 范浩军 周 燕 周正存 孟祥德 赵 成 赵 阳 赵 健 赵 睿 赵凤娟 赵永刚 赵海燕 胡志栋 胡洪新 施培根 施嘉逸 姜能涛 顾 星 顾苏怡 顾莉亚 顾慧琴 钱 鑫 钱成科 徐 峰 徐亚娟 徐丽华 凌 霞 高 盼 黄 鹂 郭 丽（教育与人文学院学生党支部） 陶 静 黄小萃 曹 湘 淮文军 葛柳燕 董敏芳 蒋艳俐 傅 珺 傅颖丽 游旷喆 谢 丹 綦玉帅 蔡 骏 熊志勇 缪鹤兵 颜 娟 颜丙通 皇甫志芬 曾珠亚岚	2021年度优秀共产党员	中共苏州市职业大学委员会	苏职大委〔2022〕21号 2022.4.11
3	刘 地 刘洋洋 赵 健 周 赐	2021年度校优秀共青团干部	共青团苏州市职业大学委员会	苏职大团〔2022〕4号 2022.4.13
4	孙筱玮	2021年度校优秀共青团员	共青团苏州市职业大学委员会	苏职大团〔2022〕4号 2022.4.13
5	朱书研	2021年度苏州市共青团系统宣传思想文化工作先进个人	共青团苏州市委员会	2022.2
6	周 赐	2021年度苏州市优秀共青团干部	共青团苏州市委员会	团苏委〔2022〕35号 2022.5
7	朱莹莹	2021年“苏州青年五四奖章提名奖”	共青团苏州市委员会	团苏委联〔2022〕7号 2022.5
8	黄阳阳	2021年“苏州市青年岗位能手”	共青团苏州市委员会、苏州市人力资源和社会保障局	团苏委联〔2022〕8号 2022.5
9	万长东 王晓雪 汝 骅 周 燕 梁 淼	2021—2022年度苏州市优秀教育工作者	苏州市教育局	苏教师〔2022〕25号 2022.8.29
10	郭肇娴	2022年江苏省社区摄影大赛组织工作先进个人	江苏开放大学、江苏省社会教育服务指导中心	苏社教指〔2022〕34号 2022.9.26
11	镇 浩	2021年度江苏省涉外办学先进个人	江苏省高等教育学会涉外办学研究委员会	2022.5.31

续表

序号	姓名	被授予的荣誉称号	表彰单位	批文号及日期
12	刘　萍	2018—2022年江苏省高校档案馆（室）优秀馆员	江苏省高校档案研究会	苏高档〔2022〕13号 2022.10.18
13	陈惠兰	2022年江苏省社区书画大赛组织工作先进个人	江苏开放大学、江苏省社会教育服务指导中心	苏社教指〔2022〕40号 2022.10.27
14	唐　寅	江苏省高等学校优秀教材建设管理工作者	江苏省高等学校教学管理研究会教材管理工作委员会	2022.11.22
15	高觐悦	社会教育东西部结对先进个人	江苏开放大学、江苏省社会教育服务指导中心	苏社教指〔2022〕50号 2022.12.7

（史丰南）

学生集体获校外单位表彰、奖励情况

2022年苏州市职业大学学生集体获校外单位表彰、奖励情况一览表

序号	受表彰的集体	被授予的荣誉称号	表彰单位	批文号及日期
1	2019级文秘2班	江苏省先进班集体	江苏省教育厅、共青团江苏省委员会	苏教学〔2022〕1号 2022.6.8
2	2019级网络新闻与传播1班			
3	2019级会计4班			
4	2019级商务日语1班			

学生个人获校外单位表彰、奖励情况

2022年苏州市职业大学学生个人获校外单位表彰、奖励情况一览表

序号	学生姓名	获奖名称	颁奖单位	获奖时间
1	屈星辰	2021年英国生态设计奖铜奖	英国环境部、英国生态设计协会	2022.2.8
2	李文丽　董洪婷　焦　亮 韩佳瑶　李佳怡　吴心宇 李益帆　周雅琪	第五届全国跨境电商专业能力大赛一等奖	中国对外贸易经济合作企业协会	2022.4.1
3	张　雨　黄苏文　杜　莹 于　杰	第五届全国跨境电商专业能力大赛二等奖		2022.4.1
4	樊　军　周　倩	“慧文杯”第十一届全国商务秘书职业技能大赛一等奖		2022.11.21
5	屈星辰	第六届国际环保公益设计大赛铜奖	美国科罗拉多州州政府、美国艺术交流学会、丹佛大学	2022.4.16
6	张欣怡　杨佳佳　杨　晴 张昱霞	第四届BETT全国商务英语翻译大赛总决赛（专科组）二等奖	全国商务外语考试办公室、全国商务外语专业委员会	2022.4.21
7	任婧蕾　鞠长红　周雨涵 汪婧怡　梁　莹　张昱霞 郑婉欣	第四届BETT全国商务英语翻译大赛总决赛（专科组）三等奖		2022.4.21

续表

序号	学生姓名	获奖名称	颁奖单位	获奖时间
8	宋　群　潘芝曲　董志强　李　吴　杨　杰　曹　浪　孙康延　黄淦华　赵雯茜　蔡馥蔚　汪思雨　陆亚希　朱　妍　韩茗珊	第九届全国大学生龙舟锦标赛乙组混合100米直道第二名	中国大学生体育协会	2022.7.25
9		第九届全国大学生龙舟锦标赛乙组混合200米直道第二名		
10		第九届全国大学生龙舟锦标赛乙组混合500米直道第二名		
11	王相臣	2021年第四届中国虚拟现实大赛二等奖	中国计算机学会、中国图像图形学学会、中国仿真学会	2022.10.18
12	高影红	一种防潮碎块调料瓶（发明专利ZL 2021 2 1494133.0）	国家知识产权局	2022.1.7
13	杨洪亮	一种壳体零件的夹具（发明专利ZL 2021 2 1805309.X）		2022.1.11
14	彭颂喆	一种具有分类放置功能的教育用资料放置柜（发明专利ZL 2021 2 1954312.8）		2022.1.15
15	谢菩亮	一种擦胶装置（发明专利ZL 2021 2 1805305.1）		2022.1.25
16	田玉祥	一种含有支架的减速器（发明专利ZL 2021 2 1429596.9）		2022.2.11
17	李宗堂	一种用于清洗机异形增压零件斜孔加工的快速定位夹具（发明专利ZL 2021 2 2320158.5）		2022.3.4
18	陈俊志　刘芥群	一种电钉枪结构（发明专利ZL 2021 2 1547781.8）		2022.4.5
19		一种用于电钉枪的导向结构（发明专利ZL 2021 2 1547393.X）		
20	赵坤权	一种可清洁角落的电动擦洗装置（发明专利ZL 2020 1 1559302.4）		2022.4.8
21	李婧雯	IPD平板可调节固定器（发明专利ZL 2021 2 2514171.4）		2022.5.1
22	凌欣怡	多功能U盘修眉刀（发明专利ZL 2021 3 0453459.8）		2022.7.16
23	房云龙	基于Android的盲用读书AppV1.0	中华人民共和国国家版权局	2022.3.7
24		基于Arduino的自动调光台灯系统［简称:自动调光台灯系统］V1.0		
25		基于STM32的手势识别系统V1.0		
26		基于树莓派的手势识别系统［简称:树莓派的手势识别系统］V1.0		
27	赵　顺	便携式光强度检测仪软件［简称:便携式光强度检测仪］V1.0		2022.3.17
28		步伐移动训练器软件［简称:步伐移动训练器］V1.0		
29		电流测量仪软件［简称:电流测量仪］V1.0		
30		基于STM32的视觉识别软件［简称:基于STM32的视觉识别］V1.0		
31	房云龙	基于TGAM模块的教学效果评测系统的软件［简称:教学效果评测系统］V1.0		2022.3.17
32		基于TGAM模块的教学效果评测系统数据接收的软件［简称:教学效果评测系统数据接收］V1.0		
33	赵　顺	照度稳定可调LED灯软件［简称:照度稳定可调LED灯］V1.0		2022.3.17
34		小车过磅称重系统软件［简称:小车过磅称重系统］V1.0		2022.3.18

注：国家级三等奖（含）以上。

学生获评省级先进个人名单

2022年苏州市职业大学学生获评省级先进个人名单

机电工程学院

许世杰　贾文涛　史添升

计算机工程学院

张　俊　马晨东　王　宇

电子信息工程学院

董江丽　蒋中洋　徐敬康

管理学院

陈　瑶　徐　婷　孙　薇

商学院

陈善璐　庄新鑫

教育与人文学院

唐　兴

外国语学院

陶　琳　乔　柳

艺术学院

郭　宇　范昕怡

校三好学生名单

2022年苏州市职业大学三好学生名单（全日制）

机电工程学院

周　强　黄自强　钱紫宁　田　圆　邹　阳　陈　红　解卫祥　唐佳鑫　马常发　孟庆龙
葛顺鹏　张　森　廖天杰　黄敏玲　张如意　蔡长焜　牛　威　耿伟超　杨　林　黄　涛
李小燕　黄清若　殷伶俐　卢　梦　李清雯　蒋　丹　黄佳豪　马　超　许世祥　严欣悦
杜安琪　王静雯　柏璟皓　张　洋　唐解松　毕　双　马俊杰　王　丽　秦　杨　郝薛龙
王　琪　王欣怡　臧　雯　薛嘉艺　倪嘉怡　成业飞　王欣怡　陈慧琳　欧阳千蕙

计算机工程学院

李佳慧　周予倩　金　琪　金嘉欣　梁慧杰　李心辰　邱　风　杨　旺　罗　可　杨佳雯
孙世捷　汤学芳　王忆安　王贵赐　余国庆　颉雪丽　王　雪　李梦瑶　金志杰　钱畅翎
陈晓红　王嘉吉　胡文慧　于　乐　谢　怡　杨舒婷　时电越　张冬雨　蒋姚璇　谷启蒙
倪佳敏　王学琴　王盼盼　卞艺蓉　武文秀　王紫嫣　王雨婷　姚　双　赵　悦　宋美瑶
朱诗睿　徐益凡　孔欣晔　胡喜喜　杜余慧　徐　萌　黄丽萍　汤临风　孙博儒　王雨梦
贺　微　董　洁　魏荷馨　方　琦　周萍萍　殷琦辉　苏佳悦　曹颖晞　陶依梦　刘清龙
陈玉平　张保佑　王如梦　毕苏阳　张　璇　王文雪　张思婧　张　霞　周钦豪　杜梦杰
曹　轩　王　静　顾嘉奕　秦　鹏　沈　妍　言萌萌　高子怡　曹雨璐　苏姜楠　蒋昀轩
朱佳杰　刘诗倩　陶佳莹　游　洋　翟春焦　徐思杰　单　烨　徐玉洁　卫亦彬　毕岚岚
李　雨　蔡俊杰　张冬平　桂　盛　林　青　许良玉　戴　晴

电子信息工程学院

孙康延　陈家荣　崔俊豪　张耀耀　张苏楠　曹剑桥　张浩然　李子轩　张青永　周建浩
侯海东　范艳艳　许龙华　王安然　王宣宣　朱　静　周　骏　童　浩　金建全　孙　颖
边玉威　王学峰　李　壮　于先燕　李雪奥　邓燕茹　钟志祥　吕欣呈　张　悦　胡恒威
卓英杰　李籽辰　陈子腾　毛智明　陈佳妮　韩政辰　张仁杰　程　慧　高创创　孙文静
袁叶璇　刘青松　李奕霖　罗雨庭　李龙龙　桑　宇　杨　钰　滕国楼

管理学院

杨　康　谢　珂　郎梦霞　王　玲　孔　平　刘晴晴　闻诗怡　马如意　韦红庆　张宝荣
廖　婷　洪　鑫　刘文静　王　星　吴　燕　刘佳颖　杨　欣　王　琦　吴徐浩　程训辉
苏锦南　阳景尧　丰伍文　徐富治　夏　磊　任昕瑜　顾　颖　杨　旗　季韵卓　张　月
赵丽娜　吴梦婷　刘梦华　赵　盼　王心怡　蔡怡馨　曹子妍　杨　云　杨家远　刘雨晴
孟　欣　任梦洁　李春雪　荣仁璇　李　聪　张玉斌　顾　娟　胡婉婷　闫馨伟　昝　洁
施新悦　孙　玥　雷晓晴　梅桂霞　吴煜婷　尚新雨　程　鑫　张岚琦　张懿凡　王子华
周　睿　胡盛荣　沈辰晨　陈　鑫　郑兰兰　周玉洁　吴梦琦　施　磊　徐陈琪　冯　爽
王梓伊　孙欣怡　朱　雪　刘晴晴

商学院

徐　嘉　汝薏纯　李宇婷　王　琪　蒋　盈　刘　雨　房乐乐　吴苏明　夏　彤　刘欣欣
戴庆婷　潘婉婷　陆蓉蓉　单　洪　孙文静　杨慧敏　陈一笑　季梦瑜　吴　晨　张丁月
单　佳　罗　丽　徐艺樱　张　韩　马永霞　何思含　谷嘉倩　张凯悦　陈晓雯　丁　晨
花西苏　王　婷　陈玟欣　陆　晴　王琳洁　赵静仪　孟雨欣　李杉杉　白雅伟　孙可盈
王月婷　刘佳媛　袁文岩　王明珠　杨卓凡　王新晨　李宇欣　金　铭　丁　浩　季琳瑛
浦晨圆　张雨晴　刘梦雨　裴芊涵　林卓妍　姜梦洁　王嘉馨　李亦然　张伟康　汪欣悦
顾乐瑶　方　婷　钱鑫宇　瞿勤香　赵颖滢　龚　奕　王怡婷　江静静　朱周妍　陈　雯
张　晗　王思雨　余　菲　李　蕊　闻佳菊　许周奕　徐　丹　丁雪儿　高钰迪　陈思思
毛　丹　蔡紫涵　闻　雯　徐沈夏尔

教育与人文学院

徐梦婷　刘丽丽　徐茂侠　张季雨　周蒙蒙　谢梦瑶　吕宜京　殷　萍　陶　宏　游　颖
秦蒙蒙　张晓红　盛子怡　丁国安　许永霞　韩嘉怡　黄怡青　魏　玮　庞雅匀　王　丽
任锐蝶　卢雨婷　范明月　马慧敏　李子一　杨　潇　孙传惠　一　人　刘志伟　钱逸宁
朱　萌　戚玉婷　胡建容　石鹭屿　袁盈颖　薛姣姣　余珂欣　王雨婷　杨　婕　何春艳
赵晴蕾　宋珏佳　王诗彤　顾新兰　王洁怡　吴亦涵　周若瑜　朱晴月　周茜榆　胡莹莹
张甜甜　杨　密　顾钰涵　刘璐璐　钱可益　戴蓓佳　金　莹　仲如佳　吴　珊　刘欣雨
王群璐　褚晨璐　吴刘晓欣　顾杨立豪

外国语学院

张晓琴　肖柯梦　朱小霞　卜　凡　苏中秀　李海超　韩茗珊　刘　宇　王　炫　丁嘉妮
张玉洁　刘　慧　张　月　周雨涵　杨博文　代　玉　邵大伟　汪婧怡　张曼曼　李梦青
王梦杰　宋艳平　浦　鹏　褚　琪　徐亚婷　邢娥娥　任　越　陆依文　赵舜华　张婷钰
柳　欢　郑戈戈　李　涵　张子玉　任希阳　徐梦真　杨雪琴　陈远鑫　梁香玉　黄　岚
罗弘雨　潘丹琳　王紫薇　朱逢静　杨旭婷　丁　颖　朱雨晴　于家宁　付文君　蔡志慧
陈　雪　辛欣慰　丁　炎　方　岚　徐丽霞　林子微　张宇晴　韩　颖　祁晓凡　梁　莹
索孝雨　严　磊　胡　惠　胡培琳　张婷婷　张　慧　施　研　蒋丽敏　王欣欣　唐铭悦
万如意　祁子如　田欣然　陈瑜琦　余笑涵　钱文佳　陈依婷　秦铭蔚　仲晶晶

艺术学院

易　雯　黄啸林　陈鞠冰　孙媛媛　杨羽彤　田梦瑶　朱　莉　刘佳佳　周　媛　孙　瑞

申梦莉 李雅 苗明理 王楠 王梦琪 朱颖 王事炜 顾楠欣 李丽青 王孟
胡翼湘 杨盈盈 张晓颖 张乐乐 邱玉 韩善孜 朱娟 贾若 李雅婷 倪灿
陈姗姗 赵欣婷 钱佳怡 马露洋 陈瑞 徐苏楠 臧甜甜 余蕴含 王雪玲 刘江
程晓曼 张爽

体育部

魏威 刘玉 完美 郜闽杰

校三好标兵名单

2022年苏州市职业大学三好标兵名单（全日制）

机电工程学院

王焜 周宇阳 朱文婷 曾许诺 刘婷 晏冲 吴敬诚 陈德源 王绪莹 戴永昕
郎悦 勾娜娜 崔耀 尚宇 卢世林 张封凡 黄怡硕 米子怡 吴香玉 吕艳
赵佳利 杜康威 曹诚 张大卫 仲云 杨淑娴 王艳 朱家琪 汪赐慧 朱春波
刘云生 张莹 乔超凡 李宵 王靖雯 袁蓉 张逸轩 叶尘 李苏慧 赵文青
周新宇 周梦珂 刘津余 戴帅云 李思杰 封迦训 马骁龙 刘大洲 孙凡迪 许雅琪
单茂慧 范悦悦 邓丕钿 林梦 刘芥群 韦毅恒 高志杰 李淑媛 史斯怡 冯雨娴
梅添瑞 顾凯琦 石元武 丁洋洋 夏希维 徐雾景 刘浩然 曹文轩 董晓艳 袁玉婷
陈瑶奇 沈杰 周慧瑶 侯森豪 崔佳杰 张玉霜 程硕 唐子康 王骏昊 张梦晗
徐梦豪 宋雨蒙 高徐晓曼

计算机工程学院

王玉军 王心雅 周情 顾苗苗 凌代宇 董自鹏 陈奕君 杨阳 高琼 蒋志川
刘萌 刘梦凡 孙悦 张美娟 周济 牛东昊 胡文博 陈禹衡 赵云雷 李晓庆
张鹏 张芸婷 徐林钰 王昕元 顾欣怡 田超越 王宇 荆瑞昌 兴秀 代琴琴
卢志远 孙子豪 游彩苹 严桂江 李玉靖 范会杰 仇婧婧 孙薇钧 魏怡 罗红君
陆佳佳 唐馨 柴小娟 王语欣 邵美淇 滕格 余婧艳 凌欣怡 刘雅文 龙娅琴
邢雪燕 孙礼侠 吴雨婷 孔子依 严凡 吕新宜 胡忠波 张琛 刘欣 刘乾毓
张莉 杨国嵘 彭颂喆 王礼志 王梦如 王惠 李亚宏 向月 唐德雪 喻晶
周晴雨 姜妍庆 禚洪香 张永媛 王琳 王苏茜 刘骐蔚 施辰 李沿兴 朱彤
沈彤 袁宇璐 周长祥 周梦晴 徐雅琴 徐颖玥 韩诗妮 余坷玲 陆浩丽 唐梦婷
刘佳昱 沈乔石 傅毅骏 孙梦真 占未 余晨安 祁昌丰

电子信息工程学院

徐宽源 孙涛 吴佳军 徐润科 周锋 周佳莉 常咏琪 侯士行 徐铎 申芊芊
彭婉 王程红 李梦杰 韩佳乐 胡子涵 于子涵 梅月 任金瑶 侯绪淦 王华洋
魏璇 张美艺 陈泽洋 王舒 严杰 胡爽 姚硕硕 庞希轩 赵芳 伏磊
陈川 薛倩雯 张涵 安晗晗 祁鹏 芮金阳 于紫茵 赵梦茜 郭心雨 刘梦茹
许佳新 曹宇 韩建秀 王顺美 李彬 陆若芊 柴朵 朱恩潇 姚帅 李世伟
吴彪 朱琳 陶烁 毛翊峰 赵建 吴申奥 卜渺渺 吴连 滕守萍 薛梦凡
陈月 夏睿 田川 贺香香 任卓东 薄岑 王一娟 丁文 徐俪菲 陈秋汝
韩颖超 夏晓敏 俞鑫 冯驰源 孙杰 丁梦飞 张兆东 陈雨倩 李颖 薛明星
罗阿呷 黄梓璇 何姚鑫 宋来奇 朱欣雨 唐浩凯

管理学院

林李可　李杰玉　张俊茜　高孟迪　张语彤　沈佳萍　郭圣亿　罗　川　牟　杰　曹钰霞
郭　瑶　孙壮壮　景海洋　眭天雯　汤雨皖　梁婷婷　王陈影　唐佳萍　康诗琦　顾秋叶
赵蒙蒙　徐王佳　刘晶晶　赵雨晴　卜雨欣　刘雅妮　张玉兰　陆　婷　万雨彤　刘梦晴
陈嘉宁　岳晴晴　吴昊睿　詹　敏　刘　倩　严　笑　周　彤　刘天爱　梅　洋　梁　荷
秦　怡　王文青　胡心如　顾馨雅　许雨博　周奕伸　刘子涵　丁蓉蓉　谢美林　陈丽雯
李苏慧　李　美　邱馨谕　胡轶涵　吴佳霖　张新怡　胡晶鑫　刘雅轩　戴星雨　丁　玲
徐雪晴　李佳乐　张甜甜　湛承璐　沈依雪　宣雨妍　曹杨晨　韩欣怡　刘　艳　吴雨欣
金　铭　张静欣　刘婉君　苗郁欣　邓文华　鲍奕蕾　徐梦雨　林同健　张玉玮　周钰婕
成思怡

商学院

顾金聪　丁思婷　乔　佳　王芊芊　吴　迪　梁嘉艺　樊丹丹　梁文洁　须雨檬　杨小雅
陈葱慧　张美玲　杨魁鳌　吴凤婷　周心月　沈青秀　李　慧　储雨甜　奚佳颖　张春锐
宋紫唯　曹梦雪　刘　莹　彭佳芸　沈诗玥　张　洁　喻倩倩　王盼平　孙文静　冯竞慧
刘雅越　江文清　王　娜　胡惠言　徐玉妍　葛小雪　严荣蓉　钱玲芳　刘　婷　王嘉悦
王爱萍　朱　妍　王佳仪　冯慧雯　秦佳乐　王溢雯　魏志雅　蒋心雨　仲伊青　王馨瑶
毛　静　柳阿迪　卢　盼　黄　晶　沈嘉敏　张俊杰　鲁　雪　刘　畅　于舒情　张警月
彭嘉文　汤　慧　王丽娜　韦相言　黄　淼　张李彦　冯倩倩　陈文丽　陈羽彤　纪亦心
董　怡　邹　颖　潘建鹏　陈栎圩　袁　娟　戴秋忆　施凤茹　马文艳　王　颖　刘　欣
邵笑笑　乔曼玉　戴张俐　白子涵　顾玉洁　顾佳玥　高培琳　屠伊萱　丁文倩　李　灿
黄雯倩　吴枰钇橙

教育与人文学院

姜鼎贵　易小雪　龙　辰　赵文茜　訾嘉欣　张思怡　查思雨　刘金婷　张维豪　周子新
夏雨潇　袁　蕊　沈雨晴　李　杰　蒋佳敏　赵　耀　徐佳佳　刘　蓓　潘宇婷　范莉婷
顾莹婷　王学清　张　璐　蒋　吉　安　琼　蔡雯怡　陈　凌　姜瑞樱　曹佳琪　曹家利
刘　鑫　王　甜　张泽婷　王一博　张　雨　李　娜　许正宇　吴　洁　汪梦杰　陈羽洋
蔡雯婷　苏盈盈　邓立鑫　李鑫云　陈天娇　西雨晴　李乐玲　刘苏颖　曹来源　李雨萌
黄胤博　彭　帅　张文博　王馨悦　戴欣怡　杨伊芸　陶　悦　宋欢欢　朱　钰　王紫慧
王梦雅　李梦玲　朱徐晨

外国语学院

徐亚文　黄鑫鑫　俞格格　胡坤铃　潘　婷　崔　晔　徐梦影　南童舒　孙　慧　杨佳佳
童　鑫　熊明霞　王妤文　段子玉　李子怡　梁菁函　张阅聆　杜天珂　张梦杰　朱晓庆
郑钰佳　顾　思　褚彤彤　杨　晴　郑婉欣　徐欣雨　万欣桐　曹　敏　奚培蕾　朱新茹
张　凡　尚莹莹　陆娇娇　曹梦月　崔馨怡　郭歆媛　马　妍　张怡帆

艺术学院

宁湘玉　夏苏怡　周青青　周婷峰　沈　逸　王奉玉　彭子懿　徐子涵　张雨婷　李安忆
朱　娜　曾小雪　陈骥赟　任　敏　亓思泉　朱子鹏　管仪慧　姚　池　王欣茹　吴佳乐
冯超群　任雨恬　陈　佩　夏郭慧　郑雨欣　万彩玲　曹嘉诺　宋　怡　肖龙梅　陈　琪
卞徐一　王艺霏　倪颖异　张诗怡　丁思凡　保新成　彭娅伶　李琦芸　南　瑜　张胡缘
朱子怡　蔡先赐　何靖雯　吴艾嘉　蔡舒涵　李世奥　高　菡

体育部

蔡青霖　张向利　唐苏琴

校优秀学生干部名单

2022年苏州市职业大学优秀学生干部名单（全日制）

机电工程学院

周宇阳　章　鑫　朱文婷　刘　婷　吴敬诚　宋登攀　何金凯　王绪莹　郎　悦　勾娜娜
陈亚娟　刘　昊　尚　宇　卢世林　张封凡　黄自强　高龙飞　穆永泉　米子怡　吴香玉
吕　艳　赵佳利　曹　诚　杨淑娴　田　圆　孟凯霞　邹　阳　王　艳　甘诗萍　朱家琪
解卫祥　唐佳鑫　汪赐慧　王毓舶　张　莹　顾文熙　钟闯闯　王星宇　李　宵　王靖雯
袁　蓉　赵立涛　张逸轩　叶　尘　鲍继升　吴　浩　孟庆龙　李苏慧　赵文青　张姝玥
葛顺鹏　张　森　黄敏玲　孙鑫浩　杨镓宏　张佳慧　岳　高　孙凡迪　张蕊欣　黄　涛
单茂慧　范悦悦　邓丕铟　刘芥群　黄耀辉　董雯轩　黄清若　殷伶俐　史斯怡　卢　梦
朱思怡　程佳雯　蒋　丹　冯雨娴　梅添瑞　姚　旭　石元武　许世祥　严欣悦　丁立成
董晓艳　袁玉婷　罗光宇　陈瑶奇　沈　杰　卞建国　周慧瑶　毕　双　马俊杰　李世超
侯森豪　杨晓敏　杜锦泉　白　坤　崔佳杰　胡家琛　郝薛龙　唐子康　王骏昊　张梦晗
臧　雯　李双双　王欣怡　李爱文　宋雨蒙　李思思　龚宇轩　高徐晓曼

计算机工程学院

王楠生　侯　乐　董自鹏　陈静静　杨　阳　高　琼　蒋志川　余　帅　周　济　梁慧杰
赵云雷　张芸婷　汤学芳　王忆安　徐林钰　蒋自馨　尚慧玲　王昕元　田超越　荆瑞昌
金志杰　范会杰　钱畅翎　仇婧婧　魏　怡　陈晓红　潘　罗　谢　怡　杨舒婷　王　凯
时电越　王语欣　滕　格　余婧艳　刘雅文　倪佳敏　宋培利　沈静雯　徐益凡　吴雨婷
胡喜喜　吕新宜　杜余慧　徐　萌　黄丽萍　胡忠波　王　鑫　刘乾毓　杨国嵘　仲开宇
殷琦辉　岳　栋　徐　宁　曹颖晞　郭　霞　袁和洋　刘清龙　袁可雯　陈玉平　李亚宏
韩杜润　向　月　吴　洁　刘方玲　孙焱孜　左子奇　徐丝丝　张菲菲　周　超　张宇晴
王文雪　姜妍庆　张思婧　禚洪香　彭宇彤　张永媛　王　琳　王苏茜　杨雪儿　黄慧芳
关　鑫　齐赛赛　郭　晨　徐　琪　王　静　刘圣洁　袁宇璐　顾嘉奕　秦　鹏　高子怡
朱书婷　曹雨璐　吴　丹　徐雅琴　刘诗倩　唐梦婷　刘佳昱　徐思杰　徐玉洁　陈文丽
吴　薇　唐弘灵　何靖炜　余辉洋　张　正　毕岚岚　李　雨　管　淇　张博洋　刘超然
户佳蜜　安永倩　王　芊　祁昌丰　金凌如　周　旭

电子信息工程学院

徐润科　周佳莉　张敏珠　崔俊豪　张苏楠　曹剑桥　侯士行　申芊芊　王程红　韩佳乐
张浩然　陆威霖　胡子涵　李子轩　张振宗　周建浩　梅　月　侯绪淦　王华洋　张美艺
王　舒　侯海东　严　杰　姚硕硕　庞希轩　赵　芳　陈　川　薛倩雯　许龙华　王安然
宋国强　朱　静　周　骏　童　浩　刘梦茹　许佳新　王顺美　李　彬　陆若芊　柴　朵
王宇晨　陶　烁　吴申奥　卜渺渺　滕守萍　薛梦凡　陈　月　田　川　贺香香　李　壮
任卓东　薄　岑　李冰倩　任　洁　于先燕　李雪奥　邓燕茹　张　悦　胡恒威　卓英杰
靳淘淘　夏晓敏　朱雨婷　孙　杰　马子成　丁子玥　丁梦飞　王培杰　孙一凡　仲军吉
陈佳妮　曹一凡　黄　笛　胡洁瑾　闫俊尧　张兆东　刘晓颖　张　宇　程　慧　张　慧
练杨洋　陈晓倩　黄梓璇　宋来奇　李龙龙　桑　宇　范梦晗　常为娣　方正豪　曾紫玲

管理学院

杨　康　李杰玉　仲子涵　谢　珂　郎梦霞　王梦雅　王　玲　刘晴晴　闻诗怡　韦红庆
张宝荣　王　星　岳　雯　吴徐浩　丰伍文　徐富治　牟　杰　曹钰霞　任昕瑜　杨　旗
石　力　郭　瑶　汤雨皖　梁婷婷　唐佳萍　康诗琦　张　月　赵雨晴　纪梦瑶　陆　婷

万雨彤　刘梦晴　赵丽娜　岳晴晴　吴昊睿　周　彤　吴梦婷　刘天爱　李　艳　王心怡
蔡怡馨　许雨博　周奕伸　李　美　邱馨谕　杨家远　过意萍　余梦雪　刘雨晴　汤昉鑫
顾欣雨　王　淼　吴佳霖　戴星雨　丁　玲　张迎迎　张籽颜　顾　娟　宣雨妍　刘　艳
刘　月　李　熙　周　睿　周嘉莉　张馨颖　周玉洁　徐　奕　冯　爽　邓文华　刘婷婷
鲍奕蕾　胡　杰　王梓伊　王　祥　周钰婕　李永洁　李　兰

商学院

顾金聪　丁思婷　乔　佳　王芊芊　汝薏纯　吴　迪　房乐乐　张美玲　杨魁鳌　严　翊
张春锐　宋紫唯　刘　莹　蔡锦锦　彭佳芸　陆蓉蓉　童　喜　陈一笑　张丁月　殷琰晨
王　祯　胡惠言　陈苏阳　陈雨欣　张天安　徐艺樱　刘　婷　马永霞　徐菁苒　邢　雪
顾雯婧　王佳仪　张凯悦　丁　晨　花西苏　王溢雯　王月婷　张俊杰　刘玉婷　杨卓凡
常　琪　王新晨　周　赵　李宇欣　金　铭　马晓月　黄　淼　陈文丽　樊叶晴　刘梦雨
周心怡　纪亦心　姜梦洁　董　怡　邹　颖　王嘉馨　李焕冉　许　晴　陈栎圩　袁　娟
方　婷　钱鑫宇　施凤茹　张珊珊　杨　悦　瞿勤香　邓海青　赵颖滢　龚　奕　王怡婷
姜　硕　戴张俐　白子涵　李　蕊　许周奕　何嘉雯　丁雪儿　高钰迪　陈　妍　闻　雯
朱　凯　黄雯倩　徐沈夏尔

教育与人文学院

訾嘉欣　张思怡　查思雨　蔡巧云　刘金婷　刘雪晴　徐茂侠　周子新　张季雨　徐欣怡
于晶晶　谢梦瑶　雍方婷　马　娟　吕宜京　殷　萍　夏雨潇　刘雅梦　李　杰　赵　耀
徐佳佳　刘　蓓　陶　宏　游　颖　潘宇婷　范莉婷　顾莹婷　付　敏　秦蒙蒙　陈柯颖
徐　颖　张晓红　盛子怡　张　璐　丁国安　许永霞　蒋　吉　黄怡青　安　琼　庞雅匀
任锐蝶　蔡雯怡　陈　凌　卢雨婷　陈洁丽　姜瑞樱　曹佳琪　曹家利　刘　鑫　王　甜
原佳雨　张泽婷　范明月　马慧敏　李子一　赵　玲　王怡婧　一　人　刘志伟　陈怡馨
宋珺妍　钱逸宁　许正宇　汪公颖　彭　如　朱　萌　张子妍　吴　洁　陈新宇　沃雨婷
陈羽洋　袁盈颖　蔡雯婷　袁开洋　何宇恒　余珂欣　西雨晴　曹来源　王晓兰　王雨婷
李雨萌　何春艳　赵晴蕾　宋珏佳　彭　帅　陈婕羽　顾新兰　沈家祺　王洁怡　吴亦涵
周若瑜　杨　可　潘栋石　汤俊哲　王紫慧　仲如佳　王梦雅　刘欣雨　周海霞　朱徐晨
周锦陈

外国语学院

黄鑫鑫　俞格格　胡坤铃　王红洁　安文瑶　苏中秀　陆晓燕　李海超　韩茗珊　刘　宇
徐梦影　南童舒　丁嘉妮　杨博文　苏　孟　汪婧怡　张曼曼　熊明霞　李梦青　李子怡
梁菁函　张阅聆　褚　琪　杜天珂　张梦杰　张婷钰　徐梦真　丁　奕　陆正傲　盛好煊
眭　媛　杨旭婷　尹远新　姚涵旭　胡子璇　周倩茹　杨　晴　黎家鑫　高子若　孙　婷
郭远畅　张至燚　顾嘉慧　许佳婕　杨　柳　杨欢欢　郑婉欣　李璐芳　徐欣雨　徐毓敏
杨　娜　万欣桐　张　慧　钱檬琦　董　慧　唐铭悦　孙静怡　朱新茹　尚莹莹　李芊芊
陈瑜琦　唐茜悦　钱文佳　姚慧文　秦铭蔚

艺术学院

夏苏怡　刘笑雪　郑　劲　钱许佳　黄啸林　周婷峰　沈　逸　王奉玉　徐子涵　王子鸣
马梓淇　杨　艳　何雅晴　吉静雯　凌露露　刘佳佳　陈骥赟　任　敏　马超翔　亓思泉
朱子鹏　申梦莉　管仪慧　李　雅　王梦琪　朱　颖　王事炜　仲　薇　李　猛　冯超群
任雨恬　夏郭慧　万彩玲　王　岚　肖龙梅　卞徐一　王艺霏　保新成　彭娅伶　董军营
孙秀秀　李琦芸　郑　雨　张嘉棋　刘子萱　李　婧　南　瑜　朱子怡　蔡先赐　韩善孜
陈欣然　张雨晴　朱　娟　贾　若　王奕涵　张紫婕　明　钰　倪　灿　徐苏楠　李世奥
戴　顺　王雪玲　刘　江　程晓曼　吴　忧　汪美琪　莫嘉煜　陈冉冉　田晶晶

体育部

魏　威　蔡青霖　刘　玉　完　美　唐苏琴

校优秀毕业生名单

2022年苏州市职业大学优秀毕业生名单（全日制）

机电工程学院

许世杰　宋梦瑶　陈　侠　尹通畅　史添升　刘　琳　史润阳　徐　前　单长春　侯志强
吴钢浩　严亚军　吉科玮　贾文涛　李宗堂　陈俊志　徐永梁　陈青红　王梦霞　陈昱丞

计算机工程学院

陈　晨　于浩淼　季浩楠　张　蕾　黄　悦　魏靳昊　徐雪雨　张　微　夏　盼　罗紫琳
高瑞平　李世润　马晨东　郭　蒙　权静静　孔德婷　赵　凡　杨一搏　王相臣　封加敏
李一鹭　金　同　叶子君　周子怡　周佳逸　李姗姗　赵　岩　李佳晨　胡彩凤　颜士让
柏盈盈　王跟悦　陈　洁　周慧凝　申亚玲　杨晓龙　蒋子豪　王梅贵　王梦琦　江美月
张　迪　肖一丹　胡旭飞　俞新彦　史梦娜　胡苏皖　丁艳婷　郭　莎　朱松燕　王重庆
丁小琴　张希田　费佳晖　茅津菁　张文鹏　王　宇　周　鹏　赵天宇　刘阅兵　何　静
刘银凤　任　梦　江思源　庄　帅　魏　雅　杨海芹　殷雨阳　景　尧　杨安然　燕元皓
郭　毅　戴文剑　马芬芬　周子豪　张　俊　谢艳朋　管朝晖　肖文博　李　太

电子信息工程学院

卢　晨　李子寒　李少成　赵大飞　张　翔　张光杜　石宇涛　刘苏杨　张天翔　张珂瑞
王开禹　殷铚淞　王　鹏　周志龙　尤文杰　李呈祥　朱　栋　汪宝龙　夏　亮　陈　涛
王苏云　孙天宇　杨文康　冯子康　胡　杰　蒋中洋　蔡旸林　张锦杰　周云升　林　曦
胡可隆　罗　媛　宋文杰　朱沈虹　薛涵月　孙　毅　陶苏缘　唐　静　王　静　顾左蓉
沙宇栋　吴文涛　钱　程　郑志伟　戚梦丹　唐云云　董江丽　刘　钥　闻凯华　朱清祥
田培正　杨雨凡　史森培　杨　超　张　淑　徐荣富　孙　楠　凌子茜　宋　琦　肖富明
任淑鑫　李宁待　徐敬康　邹格格　赵　敏　董于凡　周　婷　姚超逸　田亚玉　刘起明
王家安　蔡　静　尹清玉　杜轶帆　田晓玟　赵　顺　姜文平　单　甜　张慧艳　姚颖颖
李　晋　丁苏圆　华雪瑶　王　萍　房云龙　孙　光　李晓敏　隋晓辉　李明乐　叶松岭

管理学院

邓　雨　王　静　钟　露　周春龙　严　薇　潘金路　周李玲　白丽娟　戴　琰　魏礼娟
刘子晔　李　玥　葛　凡　张子妍　陈　盼　赵悦然　肖　薇　龚　燕　邵玲丽　朱吋燕
郭　雨　徐达雯　何嘉恒　陈　瑶　耿凌燕　陈　娟　陈映州　沙芳芳　兰梦梦　孟文杰
顾新雅　秦玉格　沈长敏　徐　婷　杜怡静　沈心雨　孙　敏　周怡伶　朱沁琰　季思齐
师　玉　李梦绮　张　宇　糜　筱　叶倩倩　徐　悦　冯　祺　戚倩雯　陈海艳　牛　婷
窦欣晴　周　倩　梁峻豪　徐仲祺　王　雨　李文静　蒋　妍　徐依梦　傅观艳　李秋豪
邢兴兴　陈东阳　陶心悦　王宗君　周凌荧　孙　薇　刘海芹　贾苗苗　张　成　赵萌娜

商学院

周丹倩　胡晓婷　周莎莎　曾铭思　徐旭琪　陈　柯　孙琳婕　陈善璐　徐诗雨　高芝玉
贾梦婷　谷燕燕　姜慧琳　杨　爽　张泽玲　王　译　鲍奕霏　成蓓蓓　李兴娅　刘　爽
刘彤彤　崔雅萱　贺赛男　葛　蕾　代　娟　高馨月　陶　洁　黄朗婷　张　燕　郑成希
郜夏雪　张慧芳　王春艳　昝金伶　盛　婷　邱　萌　张雅洁　张晶鑫　陈思妤　倪嘉薇
吴晓青　庄新鑫　唐慧敏　许嘉欣　赵星珍　叶　曼　张雨菲　李婷婷　朱凌宇　孙学峰
张晓荣　赵　娟　乔　梦　张汉月　潘成龙

教育与人文学院

陈婧瑜　严瑛洁　孙千又　李　洁　刘丹丹　徐　静　张　群　付晓菊　邓　洁　黄晚霞

李江平 冉金凤 汤怡雯 徐　靖 宋美琪 卢静蓉 邹飞扬 曹渤露 王康丽 刘紫彤
张　婷 周英杰 庞金凯 吴闪闪 郇梦婕 刘　妍 李梦洁 郝　梦 陈玉芸 许小娜
杨世燕 张　晶 陈　梅 耿景秋 何莎莎 杨娟娟 金叶彤 周梦洁 邢紫淳 袁雅晴
李孟凡 颜心语 魏　琪 李　晴 赵梦姣 刘沐风 田缤悦 马贤贤 毛文婕 李秋叶
李　雯 汤馨童 梅永宏 陈文谍 唐　瑾 匡子谦 陈欣欣 陈　虹 陆瑜菲 赵　月
胡靖华 江启慧 王　莹 何丽玲 蒙文清 姚秋叶 刘乐英 张　鑫 杜欣悦 王姝婷
高　晶 杜洁琼 殷瑞敏 唐竹君 谢晓磊 李　艳 吴佳轶 钟慧珊 杨文欣 张雨贤
顾斯佳 焦炳锦 李佳珍 李子怡 沈雨澄 韦　轩 吉芮青 邱雨薇 谢愫余 陶嘉怡
桑佳岚 薛彦璋 仲家欢 沈丁俐 梅诗琪 施　洋 尤　畅 崔佳晨 李　桐 耿灿灿
张　赟 陈　婷 王舒祺 陆晓雅 陈世凤 谈雯烨 管　励 王燕燕 严文慧 刘嘉雯
陈　艺 杨雅慧 孟雨溪 李　瑶 俞璟瑾 袁　霄 胡颖异 蒋美玲 曹　瑾 方　琪

外国语学院

赵柏智 徐　倩 肖　倩 王丽丽 刘英豪 王少青 乔　柳 岳慧茹 赵秋阳 张元甲
胡必成 何家鑫 贾　凯 徐　怡 李梦蝶 杨诗莹 徐晴云 余凯文 李静艾 陈荣佳
张煜婷 叶琼英 梁海霞 杨玉珍 朱淑敏 刘　迪 石伟琦 徐天娇 徐惠萍 邓宇鑫
李晨星 陈新如 贺　颖 凡蓉蓉 李素丽 丁成姐 何　渤 黄方宇 程晓丹 李宇捷
刘珈邑 杨　格 王腾飞 徐荷香 陶　琳 杨依欣 王　睿 白梦贤 周谕婷 祝樱菡
姚　婧 高影红 玄雪童 崔若曦 李　坤 史书珺 张　倩 朱欣怡 王亚萍 朱　洁
吕　希 邢舒敏 高晨晨 王招娣 孙琦宏 陆林燕 王梦迪 马丽安娜

艺术学院

郝凡睿 左子怡 李　林 丁境炫 胡青青 刘曼曼 褚婷婷 宋　颖 林姿雅 李泳艳
王亭懿 陆思怡 樊俊豪 宋珍妮 刘瑞侠 王英伟 杨雅婷 吕嘉豪 徐一谌 吕　旭
张程程 王雅珍 黄吴贝 夏　慧 宋秋月 赵小辉 屈星辰 许　欣 龚青宇 蒋心阳
臧雪言 严贝宁 邓　赟 韦　妙 刘纹华 张瑞莎 林　康 李润民 郭　慧 高倩倩
郭　宇 肖丽萍 陈　慧 王　巍 刘思怡 马梦婷 胡欣然 范昕怡 沈雨婷 朱小燕
徐秋语 赵婷婷 陆紫言 殷亚宁 童馨语 梁羽琪 王梦杰 朱　雪 袁　彤 李加宁
仲昱晓 殷　悦 蒋玉晨 冯　萍 刘焰焰 司乐懿 江宜求 严志玲 庄雨欣 姜　梦
史方敏 史小艺 黎秋漩 汪天逸

体育部

陈玉桂 刘圆圆 唐友文

（王　彤）

校优秀共青团干部名单

2022年苏州市职业大学优秀共青团干部名单（全日制）

机电工程学院

陈　扬 吕　艳 穆永泉 周　阳 杨　涛 杨淑娴 单茂慧 张逸轩 杨哲坤

计算机工程学院

徐益凡 董自鹏 仇婧婧 刘同欢 杨国嵘 王忆安 袁宇佳 胡恒滔 杨煜辉

电子信息工程学院

刘梦茹 贺香香 宋丽萍 张　梦 赵　康 张靖笙 张静雯 董玉杰 薄　岑 侯海东

管理学院

过意萍　吴徐浩　余梦雪　张　越　杨家远　王艾月　王心怡

商学院

陈雨欣　李晓霞　张　韩　张美玲　刘　婷　武苏皖　房乐乐

教育与人文学院

吕宜京　谢梦瑶　蔡雯怡　孙思媛

外国语学院

郭文斌　戚晓雅　李子怡　冯慧平　谢雨萌　俞格格　安文瑶

艺术学院

郑　劲　王奉玉　夏郭慧　仲　薇　王　岚　顾西雅　孙水秀

体育部

王　硕

校优秀共青团员名单

2022年苏州市职业大学优秀共青团员名单（全日制）

机电工程学院

黄敏玲　李大鹏　梁锦锦　刘芥群　刘　婷　刘昱辰　孟庆龙　苗生超　尚　宇　王晨宇
王星宇　王　艳　薛云天　赵宇飞　朱小龙　史斯怡　王毓舶

计算机工程学院

胡忠波　徐　萌　余婧艳　缪佳瑜　顾苗苗　陈晓红　虞　腾　尚慧玲　杨　玥　姬后园
王　雪　梁慧杰　周　济　张芸婷　谢　怡　彭颂喆　何源渊　张思婧　刘方玲

电子信息工程学院

崔俊豪　韩佳乐　侯绪淦　陈泽洋　毛翊峰　李　壮　姚硕硕　陈　川　李雪奥　许龙华
周　骏　王一娟　宋佳缘　王宇晨　刘妍妍　张　凯

管理学院

唐佳萍　王玲玲　樊金鑫　王　玲　王梦雅　李　艳　吴梦婷　王　靓　徐富治　刘雨晴
汤昉鑫　曹钰霞　张静欣　王思森

商学院

单　悦　丁　晨　顾金聪　黄倩倩　冷诗颖　彭佳芸　宋紫唯　王丽娜　王盼平　徐艺樱
袁文岩　周浩宇　朱子昕　朱媛媛　马贤雨　林卓妍　瞿　艳

教育与人文学院

王一鸣　林　琳　李亚玮　徐超凡　杨子云　王　甜　陈嘉裕　夏雨潇　刘雅梦　王子义
曹来源　徐　硕　周锦陈　刘旭东　苏盈盈　杨　婕　何春艳　谢渝婧　赵英俊　陈淇萱
李园园　曹欣艺　范莉婷　陈　凌　陆梦宁

外国语学院

南童舒　黄鑫鑫　张　赟　李海超　郑成露　张曼曼　范文杰　温雅杰　郑婉欣　顾嘉慧
陆高樱姿

艺术学院

夏苏怡　周婷峰　彭子懿　任雨恬　张震宇　卞徐一　王艺霏　陆佳骏　陈骥赟　张雨晴
徐银彩　韩　冰

体育部

刘　玉

（周　赐）

校年度人物名单

2022年苏州市职业大学大学生年度人物名单

机电工程学院

吕　艳　仲　云

计算机工程学院

彭颂喆　谢　怡

电子信息工程学院

王一娟　薄　岑

管理学院

许雨博　杨　康

商学院

杨小雅　宋紫唯

教育与人文学院

一　人　许正宇

外国语学院

浦　鹏　黄鑫鑫

艺术学院

丁康帅　朱子鹏

体育部

郜闽杰

获各类奖（助）学金学生名单

2022年苏州市职业大学学生获各类奖（助）学金名单（全日制）

国家奖学金

2022年苏州市职业大学学生获国家奖学金名单

机电工程学院

吕　艳　仲　云

计算机工程学院

彭颂喆　谢　怡　金志杰

电子信息工程学院

王一娟　祁　鹏

管理学院

杨　康　许雨博　陆　婷

商学院
杨小雅
教育与人文学院
曹家利　周子新　赵耀
外国语学院
黄鑫鑫　杨晴
艺术学院
朱子鹏　夏苏怡

国家励志奖学金

2022年苏州市职业大学学生获国家励志奖学金名单

机电工程学院
曾许诺　晏冲　陈德源　黄怡硕　穆永泉　张封凡　崔耀　高龙飞　陈亚娟　黄自强
卢世林　勾娜娜　王绪莹　赵佳利　曾莉苹　张大卫　吴香玉　杨淑娴　宋昊伟　田圆
邹阳　甘诗萍　王艳　陈红　刘云生　陈新月　钟闯闯　王星宇　张莹　鲍继升
吴浩　孟庆龙　陈柄良　李苏慧　戴帅云　李思杰　牛威　孙鑫浩　周强　封迦训
黄敏玲　蔡长焜　杨镓宏　刘大洲　耿伟超　马骁龙　岳琳　岳高　黄涛　张蕊欣
刘芥群　邓丕钿　韦毅恒　范悦悦　单茂慧　林梦　辛沛　马超　顾凯琦　董晓艳
马俊杰　杜锦泉　杨晓敏　白坤　侯森豪　唐子康　郝薛龙　李双双　薛嘉艺　崔朋真
计算机工程学院
顾苗苗　侯乐　高琼　董露露　蒋志川　陈奕君　杨阳　李心辰　赵云雷　牛东昊
周济　刘丹青　刘梦凡　张美娟　梁慧杰　刘伟　张鹏　李晓庆　余国庆　荆瑞昌
杨高辉　田超越　魏敏　颉雪丽　兴秀　代琴琴　严桂江　李玉靖　王雪　何萍
孙薇钧　魏怡　潘罗　王凯　时电越　滕格　龙娅琴　刘雅文　王学琴　卞艺蓉
孙礼侠　吴雨婷　徐益凡　王雨婷　姚双　吕新宜　朱柳羽　徐萌　胡忠波　黄丽萍
张莉　杨国嵘　王雨梦　殷琦辉　李雪　柴鑫玙　李亚宏　黄俊俊　吴洁　张保佑
董淑琪　徐丝丝　张菲菲　毕苏阳　喻晶　孙梦雨　关鑫　施辰　黄慧芳　李沿兴
朱彤　沈彤　周长祥　李荡　苏姜楠　韩诗妮　曹雨璐　吴丹　唐梦婷　唐弘灵
张正　刘超然　张博洋　管淇　孙梦真　黄晴轩　安永倩　张冬平　祁昌丰　户佳蜜
张姜玫欣
电子信息工程学院
张敏珠　申芊芊　侯士行　张耀耀　方共渺　于子涵　张振宗　楚晨明　武英豪　王程红
周建浩　鲁洋成　韩佳乐　周文函　任金瑶　侯海东　陈泽洋　张美艺　姚硕硕　胡爽
赵芳　郑威　范艳艳　张涵　安晗晗　王鹏程　张玉萍　吕佳慧　王宣宣　董玉杰
邵卉　孙康延　童浩　张海林　陈家荣　曹宇　郭心雨　王顺美　李世伟　王宇晨
韩建秀　姚帅　陆若芊　陶烁　滕守萍　吴连　薛梦凡　黄文昌　卜渺渺　田川
陈月　夏睿　任卓东　贺香香　黎雯莉　薄岑　吴金香　高梦婷　张静雯　丁文
李冰倩　周陈香　李雪奥　赵秀云　于先燕　韩颖超　钟志祥　陈秋汝　邓燕茹　朱方正
靳淘淘　徐皓　安正烨　仲军吉　陈佳妮　曹一凡　闫俊尧　张兆东　张仁杰　朱翼飞
高创创　宋来奇　罗阿呷　刘青松　桑宇　唐浩凯　杨钰　滕国楼　朱欣雨　曾紫玲
管理学院
仲子涵　郎梦霞　高孟迪　谢珂　王玲　张宝荣　周培杰　刘文静　蔡凤影　刘晴晴
洪鑫　苏锦南　罗川　吴燕　王琦　牟杰　徐富治　郭瑶　孙壮壮　顾秋叶

梁婷婷 安景雨 朱燕宁 张玉兰 纪梦瑶 李艳 王文青 顾馨雅 李美 杨云
陈玲 雷王聪 项唯唯 李杰玉 陈如湘 戴星雨 李佳乐 陈钰钊 韩赛男 张迎迎
向仕芳 杨贵竹 张甜甜 王桂香 刘月 张岚琦 梅桂霞 周睿 张静欣 王子华
周嘉莉 刘婉君 兰佳敏 梁冰冰 刘颖慧 李华思 冯爽 苗郁欣 邓文华 王祥
刘静柔 王琳 李兰

商学院

房乐乐 刘雨 吴苏明 冯竞慧 孙文静 曹梦雪 潘婉婷 王盼平 胡惠言 王娜
侍煜莲 吴晨 王晨晨 张天安 尹梦真 徐艺凡 张韩 周雯静 罗丽 魏杵杵
黄心怡 马永霞 李杉杉 沈嘉敏 卢盼 黄晶 袁文岩 鲁雪 于舒情 王丽娜
彭嘉文 金铭 马晓月 韦相言 吴紫嫣 刘梦雨 陈羽彤 武露雪 周海蓥 刘娜娜
李焕冉 金冰弦 吴沉渔 吴艳慧 袁娟 杨美雪 许佳 瞿勤香 王玮 沈金梅
白子涵 蔡紫涵 张维薇 马苏华 李颖

教育与人文学院

訾嘉欣 徐梦婷 徐茂侠 张维豪 刘丽丽 龙辰 王思雨 蒙彩娟 韦柳双 时璐
陈静 张季雨 李金玲 徐欣怡 马娟 吕宜京 于晶晶 谢梦瑶 袁蕊 殷萍
汤晓雪 韩雯娟 耿苏苏 居旻奕 安琼 任锐蝶 赵文茜 王丽 蒋吉 魏玮
李苏媛 王婷 韩嘉怡 蔡雯怡 李坤婵 夏献妮 曹佳琪 刘鑫 李子一 马冰心
吴霞 彭如 陈新宇 刘雨露 汪梦杰 苏盈盈 马莫若 李梦莹 李渊博 苏宁露
西雨晴 代彩蝶 杨婕 孙梦杰 葛璐璐 张少慧 陈玲 王一博 赵琳 李雨萌
赵晴蕾 赵玲 刘露 徐雪 彭芳 宋欢欢 杨密 刘璐璐 王薇 赵钰

外国语学院

朱晓庆 徐亚文 张晓琴 李海超 陆晓燕 潘婷 杨博文 张月 郭雅欣 朱娟
邵大伟 孙慧 刘慧 冉雨 庄诗媛 苏孟 张曼曼 张阅聆 王梦杰 邢娥娥
张梦杰 杜天珂 余梓璐 李涵 陈远鑫 杨雪琴 尹远新 赵雅婷 盛好煊 杨旭婷
朱逢静 褚彤彤 刘洁 胡子璇 陈思佳 王晓雅 徐丽霞 张宇晴 陈丽平 梁莹
祁晓凡 张婷婷 杨娜 梁宣宣 朱新茹 马妍 陆娇娇 任越 曹梦月

艺术学院

黄啸林 张雨婷 杨艳 杨羽彤 刘佳佳 朱娜 任敏 宁湘玉 董君燕 周媛
姚池 李雅 苗明理 王欣茹 李猛 宋怡 赵海清 保新成 彭娅伶 董军营
王孟 孙秀秀 李婧 南瑜 张晓颖 蔡先赐 何靖雯 安成立 马陈杰 陈渺渺
黎里湘 许洁 赵欣婷 陈姗姗 臧甜甜 周铭 田欣雨 张佳琪 李梦洁 李晓漫

体育部

范小雨 刘玉 蔡青霖 郜闽杰

国家助学金

2022年苏州市职业大学学生获国家助学金名单

机电工程学院

曾许诺 晏冲 万广涛 臧海峰 贾潇 陈德源 邱兆阳 方宇 王绪莹 芮天润
郎悦 勾娜娜 陈亚娟 崔耀 赵文杰 杭金海 王逸跃 卢世林 张封凡 杨东东
黄怡硕 黄自强 高龙飞 穆永泉 吴香玉 吕艳 赵佳利 曾莉苹 郑明艳 张大卫
谭渝苏 仲云 陈晨 朱韵 苗生超 曾超 强皖宁 杨淑娴 田圆 林诗雨
韩日欢 孟凯霞 刘梓豪 程浩然 邹阳 马地勤 宋辉 闫祥瑞 杨哲坤 张腾
郭君君 常清 苗思源 王艳 胡颖 郝丹琪 蒋佳桐 曹文杰 郭继伟 董映钰

刘滔	魏玉壮	宋诗凯	曾月郎	刘欣雨	徐淮玉	陈红	祁新国	杨润	陈新月
龙贤敏	姜山	徐欢	董友鹏	丁泽同	夏鑫鑫	高洒	刘云生	黄瑶	罗锦全
欧升松	张莹	曹连星	王星宇	毛天	朱小兵	李大鹏	罗皓	李创华	马成龙
薛田绪	黄宇	纪梦达	李宵	王靖雯	袁蓉	杨一哲	陆欣雨	叶尘	鲍继升
朱锦宝	张骏坤	吴浩	孟庆龙	胡益鸣	翟杰	李苏慧	杨昌伟	何涛	陈柄良
王静	郭会	罗芳玉	衡佳祥	朱思文	杨彪	朱金超	刘朋影	柴金金	侯蕾蕾
黄敏玲	赵鑫宇	张玉龙	孙鑫浩	刘佳乐	谷硕	张鹏程	渠立鸿	杨镓宏	宋旺
殷驰骋	郭耀嘉	李延成	李亚明	戴帅云	李思杰	封迦训	蔡长焜	郑耀秋	牛威
马帅帅	岳琳	马骁龙	刘大洲	王煜博	周越	杜凯文	高剑锋	耿伟超	岳高
路凯军	雷云飞	郭丹	田秀云	梁锦锦	张蕊欣	黄涛	杨皓翔	王飞飞	彭振梦
程林冰	张正	李思金	何明能	刘昱辰	何艳	许雅琪	单茂慧	范悦悦	邓丕铟
蒙艳欢	宾智慧	刘亚辉	林梦	刘芥群	王一川	韦毅恒	王超	尹建超	李天宇
郝虎	蔡国龙	钟意	班小双	袁朝佳	李乐凯	王龙奥	李纪泽	李帅韬	邓豪
刘天豪	杨鹏	张航瑞	段忠政	慕存强	冷诚湘	江金锋	班桂仁	李世浴	任善剑
刘涛	吴函郿	龚新艳	刘容	刘懿方	沙梦圆	顾凯琦	张晨	黄珂贵	马振渊
李显	黄艺凡	吴佳俊	徐陆	严欣悦	殷相潼	周磊	冷雪蕊	孙贺鹏	陈岚
仲建国	李江涛	董晓艳	安同同	龙翔宇	唐解松	吴福松	蒲祖文	杨朝润	徐天崖
马永闯	罗君尧	何秋红	蒲星辰	吴韩	江科	周慧瑶	吴鹏	杨凯威	袁伟民
王杰	武鹏	马俊杰	侯森豪	杨晓敏	杜锦泉	白坤	杨立菊	施庆云	张艺乐
郝薛龙	唐子康	陈波	吴义长	田进阳	李双双	薛嘉艺	孙加昆	马金峰	李军强
熊宝生	赵锦华	彭俊杰	梁文松	郭兴洲	郭旭阳	闫梦强	陈宇恒	张政	冯建章
肖闯	丁搏	张闯将	张纯尧	朱远超	张伟	程都	朱以然	刘小芳	张宸赫
樊梦磊	崔朋真	樊科秀	胡华杰	任超	汤志成	密金正	周凡航	刘栋梁	刘瑞
宋雨蒙	陈慧琳	单海梅	姜浩然	张震	潘世兴	杨聪	马红明	周康	曾维振
何魏东	刘志伟	吴士玉	李金鹏	朱先强	吉文鹏	陈松洋	王婷	肖裕森	姜开健
张欢欢	倪闻炫	潘威龙	王浩然	陈周	马帅帅	马明杨	邵东	张正瑞	李一凡
曾雪海	郝香萍	丁婷婷	陈涛	庹秦	张佳全	李宗原	倪昌达	宋子瑶	嵇闯
袁志飞	任杰	彭晨	路鹏	方成志	许达	刘浩祥	张浩男	吕正虎	戴婷
刘丽娜	刘梦	苗坤	占志勇	郑拓	陈建勋	胡润祥	周恒功	李明	柯宇航
顾文琼	陈强	杨昊天	祝洪云	陆雨桐	杨郑	朱海	沈金凤	刘阳	王林永
王贤	李江鹏	荣昊	冯琴晴	徐皓宇	刘惠林	陈书文			

计算机工程学院

朱梦颖	单冬梅	顾苗苗	李路瑶	赵孟杰	侯乐	张宁	龙震	丁高峰	于燕
陈奕君	陆晨	董露露	杨阳	高琼	蒋志川	陈思名	刘丹青	刘梦凡	张美娟
周济	梁慧杰	刘伟	牛东昊	田小龙	李心辰	吕康乐	赵文钢	赵云雷	张双政
姜雨欣	李晓庆	李陈晨	张鹏	童辉军	王品	刘珍珍	刘飞龙	魏雅如	尚慧玲
彭洁	刘明花	杨益	周宇	赵臣	刘昌建	朱广彬	陈鑫	余国庆	付雪亭
任延晴	田超越	冯亦鑫	马涛	张密善	邵南一	伊广奥	杨高辉	周杰	魏敏
王冬煜	兴秀	颉雪丽	赵雪	代琴琴	李一品	朱海平	张家红	谢剑桥	王书环
陆莹	夏明星	范乃馨	王雪	段素鑫	严桂江	李大龙	何继龙	王琦	李玉靖
曾欣好	伍青山	田景林	张宏斌	吕菠	田骁荣	史宗岳	关思敬	樊海龙	郭世超
何萍	马睿雅	孙薇钧	魏怡	刘伟	王怡连	秦帅	刘淑婷	张子纯	陈思梦
范俊杰	潘罗	张文俊	王珂	陈昊铭	胡玉成	谢怡	沈明慧	陈昕	王心雨
姚倩	韩璐灿	王迪	殷晨阳	朱厚奇	王凯	袁思迪	周祯	时电越	葛嫚

宋彩滢 滕格 蔺义卓 张经纬 刘雅文 宋培利 龙娅琴 王学琴 张忠煜 贾雨桥
魏向菊 刘秋梅 卞艺蓉 陈雪柔 于森 郭柄池 安俊宏 舒上盼 王照逸 潘毕泽
靳文智 聂泽良 李政 王雨婷 姚双 徐益凡 孙礼侠 吴雨婷 赵威 张延
吕新宜 徐萌 朱柳羽 黄丽萍 胡忠波 李娇洁 杨培 张久阳 王思毓 王超
曾清 卢凤 刘莉 张莉 李阳 李嘉琦 熊志颖 杨国嵘 纪文辉 路辰
张明辉 李亚聪 张瑞青 原桦 王雨梦 韦余艳 贾春艳 赵天琦 程文康 张赛
仲开宇 殷琦辉 关雪星 张兰丹 李金丽 石建楠 王玲 张继坦 杨量山 汪帅
贾辉 王晶莹 郭霞 王志远 黄俊俊 柴鑫玙 陈玉平 李亚宏 吴洁 胡心如
李雪 徐程浠 郑守钧 周正宇 刘俊超 张帅 姚雄 李嘉玟 董淑琪 闫海清
王心玥 邵王玄 黄硕 张保佑 刘忠文 罗江涛 钱雅婷 徐丝丝 张彩冰 张菲菲
冯思与 姜凯 赵益康 马礼 毕苏阳 韦森永 李燎 寇小康 喻晶 孙梦雨
王研 朱祥宇 陈功 黄慧芳 关鑫 王俊亭 赵健宝 李沿兴 陶必刚 林开华
袁露晴 刘圣洁 朱彤 沈彤 王开心 杨周沂 周长祥 孙贵林 李新宇 曹雨璐
吴丹 韩诗妮 苏姜楠 张帅帅 李荡 黄义雄 邱家利 唐梦婷 张硕 朱海静
李鑫 向开秀 陈文丽 董吉容 唐弘灵 汪建 张正 赵旭文 吴仕鑫 谭云山
孙梦真 许倩倩 朱星宇 管淇 张博洋 周鹏 刘超然 郭锦言 陆梦婷 吴思雨
刘子涵 赵华茹 牛川川 童鑫 侯庆威 李帅 赵锦鹏 黄晴轩 成昌周 徐晓康
崔杭 李俊 吴嘉欣 张冬平 户佳蜜 安永倩 周杰 祁昌丰 戚平平 周佳倪
龚静 李孔石 李俞蓉 刘明浩 欧祥浩 薛文斌 温新春 赖春燕 罗金 李楠
胡思颖 钱悦 王艳冰 黄希宁 尚子桢 陈明 陈宇飞 陆敏 巩淑凡 耿宏丽
陆意静 汤静茜 朱馨悦 沈泽君 朱亚楠 张梦银 陈加星 周熙 杨晓坤 翟蓉燕
王嘉浩 周泰宇 沙宗泽 杜玲莉 吕敏 史佳祎 李旭 陈保李 许德飞 刘文凡
尚安惠 叶初阳 龙泽燏 刘静 孙露吉 张定润 马守权 郭上宁 程瑞康 郭洲杰
周雨霜 张钰 袁哲 胡立任 王玉龙 华卫平 吕妍 年雨洁 齐宇星 刘昊
潘传林 陈景光 邹川东 蔡希贝 王梦楠 詹鹏彦 袁紫玲 孙萍 李章仙 陆周婷
严严 王馨怡 张辉 谢振轩 赵金强 蒋梦婷 曹鑫鑫 刘无悔 朱慧馨 李芸
毛通通 季荟 王月圆 嵇雨欣 王依萍 张迎娣 陈翔 李珍 程亚瑞 刘亚宁
潘文杰 沈文耀 赵成营 倪浩南 陆成胤 李梦媛 胡今 周俊 崔玥玥 陈雨
熊兴元 崔健 王瑞 代帅豪 唐康博 周紫龙 贾伟 万丽 贾佳佳 臧可文
杨许鹏 陈帅 杨旭升 郁璧菲 明智慧 周芳如 刘嘉豪 韩夏夏 黄齐 伏天宇
严梓壬 张姜玟欣 刘礼奕笑 孟庭嘉树 皇甫彦洁

电子信息工程学院

张敏珠 许伯温 黄胜杰 陈弘 张耀耀 方金 方共渺 侯士行 申芊芊 王程红
陈建诚 许雨洋 韩佳乐 李林峰 武英豪 陶瑞 徐缪鑫 于子涵 刘全慧 张振宗
楚晨明 鲁洋成 周建浩 叶健锋 周文函 任金瑶 张杨 钱加伟 黄治中 康少明
李树兵 董立智 张美艺 陈泽洋 刘茂林 钟晨鸣 侯海东 孟振国 周永慧 常凡琛
薛亚宇 沈子凤 包阔 张佳伟 吴世政 王小龙 蒋冲 胡爽 姚硕硕 赵芳
郑威 马阳 孟凡祺 薛子豪 曹星宇 宋厚腾 张涵 安晗晗 范艳艳 任卫星
刘江山 邹德军 张峰 王小鱼 李国昊 孙毓键 吕佳慧 张玉萍 付文青 董玉杰
王宣宣 孙永俊 宋家辉 邵卉 童浩 陈家荣 侯诗情 张梦蝶 罗纪峰 夏文博
李浩轩 王刘威 张海林 王治海 段明柱 郑双昊 付朋刚 郭心雨 宋欣悦 曹宇
韩建秀 王顺美 陆若芊 朱守严 王宇晨 钱思豪 耿安炜 姚帅 李世伟 冀智凯
陶烁 刘庆吉 李睿杰 卜渺渺 吴连 滕守萍 薛梦凡 陈月 黄文昌 宋金豪
夏睿 李宇臻 田川 吴术伟 许朝财 李鹏 韦玉园 吴倩 黎雯莉 贺香香

韦　森　陆　勇　任卓东　薄　岑　张　海　鲁潇祥　张旭东　高梦婷　张静雯　李冰倩
丁　文　吴金香　周陈香　开华颜　何雨欣　胥家诚　卢　帅　攸　旭　徐　涛　刘豪杰
范坤豪　顾　娜　罗紫南　韦彩华　盛晶晶　苟丽群　褚泽平　王家志　古灵泉　李　鼎
雷亚军　黄晓彤　于先燕　赵秀云　李雪奥　开　彪　王尊华　张志坤　谭　炫　林子超
郭文清　孟小渟　覃媛媛　陈秋汝　董　云　邓燕茹　赵　恒　韩颖超　钟志祥　杨友海
赵　斌　董祥龙　翟梓淇　沈　浩　钱宁坤　张　丽　李宽宇　刘庆祥　朱方正　李　智
赵春阳　夏根幸　陈　银　陈煜泽　李　荣　李多山　杜　祥　刘佳文　崔慧婕　杨心雨
杨志远　王　力　李金龙　陶　然　靳淘淘　陈来恩　石林龙　陈玺丞　卞少洋　徐　皓
周马龙　罗修贤　熊鼎勋　冯　卓　宋　琦　李启金　谭书浩　林　钺　安正烨　宋权豪
仲军吉　曾惜玉　陈佳妮　王子媛　孟淼淼　朱大全　王宏博　瞿成建　曹一凡　苏凌汕
马睿骁　黄　思　闫俊尧　张兆东　兰海滨　翟子龙　刘浩然　仇亚伟　徐小兵　曾道俊
刘耀龙　薛　蕊　林红艳　李鸿娇　周　繁　杨国玮　赵玲敏　张仁杰　梁诗平　高伧东
唐世行　郝博文　朱翼飞　高创创　夏宏宽　刘科局　孙月琴　曹文洁　刘赵城　王文韬
卫国俊　刘辉君　吴奕丞　浦　帅　练杨洋　杨金华　张天明　张军兵　易　敏　罗阿呷
朱　立　张昀鑫　宋来奇　和海东　刘青松　随静龙　连思渊　殷应影　倪晓芳　陈娜娜
刘佳辉　钱国宝　刘明龙　黄杰航　桑　宇　王梦想　赵元明　梁宇昆　蒋　艳　黄方得
古佳彬　孙少轩　支培明　郑海涛　沈传煜　郭志杰　武文杰　卢泽毅　杨　钰　曾紫玲
朱欣雨　张茂丽　李健升　唐浩凯　滕国楼　朱栖甲　杨　斌　陈承鹤　王耀鑫　陈文豪
聂新硕　刘宸维　张　顺　徐　涛　石祥运　易凌志　王龙强　张兆前　刘昕琦　普兴燕
郁　高　丁　杰　原雯琎　王建新　郁乐欢　伏　磊　刘文杰　李　满　杨思雨　徐佳欣
孟亚萍　吴　尚　王继龙　王舒洋　牛天昊　刘贤喜　刘树立　方　锐　朱丙鑫　张春婷
欧子晴　刘学运　高则成　张　超　张育福　苏善茂　刘　凤　曾庆伦　张明森　冯　喆
马海生　丁凯峰　穆文锋　张桠宁　曹　宇　张雯静　王馨怡　张雅宁　王德相　张志强
何宇杰　杨　月　王　灿　张如梦　时梦露　户小雨　曾庆钰　熊尚芬　李　好　邢思宇
张增玲　张豫娜　赵云依　景馨妍　蒋伟伟　陈子扬　陈英豪　隆青涛　傅理想　刁梦玲
李晋强　丁　慧　冯利民　鲁思佳　韩瑞康　冯雨乐　朱美芹　戴志晶　石文静　张　静
陈加恒　张振武　李　吉　史锦旗　姚春瑞　张祖雨　常顺艳　耿　瑞　陶青明　黄铁林
王　敬　黄锦辉　刘绍寿　李强强　王紫帆　李佳成　申嘉俊　拜常轩　车王羽　郭　相
王晓婉　李玉娇　滕福顺　王怡婷　王嘉华　倪　洁　刘晨曦　田　乐　李妍睿　季成公
吴自豪　申晨雨　干　雨　刘皓宇　令狐亚超

管理学院

刘广艳　仲子涵　李明艳　高孟迪　谢　珂　郎梦霞　李　艳　董海娇　马玉兰　张宏申
李松霖　何　宁　蔡文静　花鑫鑫　王　颖　牛俊俊　王　玲　董桂琳　张锋瑞　樊金鑫
王思森　赵淑琪　朱慧玲　刘晴晴　何　苹　张宝荣　洪　鑫　蔡凤影　刘文静　周培杰
贺诗茵　付明琛　李成功　李思颖　吴　燕　张晓春　张晓宁　王　琦　盘淑茜　严凤玲
刘佳莹　降晨航　霍雅琦　桑　田　苏锦南　罗　川　丰伍文　张　佳　荣淑英　丁仕慧
陈凯莉　冯苏萍　陈雨琪　陈圣楠　李　行　朱鑫雨　丘若洁　徐富治　牟　杰　赵心蕊
武苗君　成　娇　李云驰　冯申民　孙雨婷　陈童馨　詹　婷　王春燕　卢晓琴　郭　瑶
贺　茹　孙壮壮　陈皇其　梁婷婷　谭茜雅　顾秋叶　曹如梦　李婷婷　孙　丽　赖梦莹
施桂娴　吕庆兵　吴　琼　曹海春　何　杰　杨钿颖　何子涵　张梦瑶　纪梦瑶　陈庆苗
王枭冉　郑杏凤　莫金媛　刘彦伶　王继宏　安景雨　张玉兰　陆　婷　万雨彤　陶沁尔
邓春雨　李　艳　王文青　王雅萍　顾馨雅　刘　齐　王静怡　吕　缘　何　雅　席蓉蓉
徐　玥　李　蕾　石　颖　陈　倩　陈　玲　许雨博　曹子妍　杨　云　魏　珂　闫梦冉
陈婷婷　焦　亮　黄冬芝　林　颖　袁　佳　靳思颖　张　芬　李益帆　张佳乐　刘文强

于　杰　陈紫晗　雷王聪　项唯唯　陈德梅　徐宇杰　徐　慧　邵明婕　戴星雨　张迎迎
晋雅萱　黄琼华　陈如湘　向仕芳　路　肖　韩赛男　陈静雯　卢雪平　王佑荣　李佳乐
陈钰钊　张甜甜　张　宁　杨贵竹　王桂香　刘　月　张岚琦　张静欣　田志娟　周　睿
谭香苹　韩新叶　周嘉莉　李　婵　李　萍　蒙月娇　吴有鹏　李　财　胡　月　张　颖
刘婉君　孟艳英　邓　珂　秦嘉欣　兰佳敏　李怡宁　张佳钰　董晓泽　俞晓圆　沈思琴
黄娜美　付梦宇　张　燕　陆婉婷　陈　浩　张　格　殷明杰　庄　燕　司　云　苗郁欣
鲁巧巧　班紫娟　梁冰冰　冯　爽　刘颖慧　刘莹曌　邓文华　刘静柔　傅诗雅　王　祥
王　琳　袁　萌　谢梅雪　周钰婕　陈林铃　杨梦锐　丁靖宗　杨守豪　赵玉洁　周胜男
吴　谦　陈丹凤　汪雅静　杨　丹　马瑞芳　邝莹莹　李　兰　杨　浩　段宇恒　管小辉
安沿良　伍亚苗　修兴燕　赵云雾　李东海　闫佳琳　卓　琳　周　涵　郑文迪　乔稳稳
宋法雨　丁　香　郑文雪　张晋鹏　张丹月　杨心如　张时雨　刘芝红　杨　娟　张　琪
龙美杏　谭丽娜　周　倩　尹相杰　唐俊潇　陈秀文　李怡娟　邓靖阳　孙志林　程俊淋
张旭胜　杨　镇　钱诗慧　刘佳慧　许萍萍　汤　铖　李安琪　张宇婷　张　楠　庞煜昆
马兆鹏　袁　凯　张素素　董春香　刘　静　肖玉缘　马彬彬　王东伟　朱加富　孟雨婷
沈卫飞　黄梅影　朱元红　王　越　姚春雨　唐佳伟　陈冰雪　任新楠　薛金慧　李　蜜
廖玉锦　徐业祥　李梦茹　端木叶文　土多桑姆

商学院

季莹莹　蒋　盈　单　悦　刘　雨　房乐乐　吴苏明　徐晓晓　李畅畅　刘凯丽　马巧丽
曹　莹　宋紫唯　曹梦雪　蔡锦锦　潘婉婷　王盼平　孙文静　冯竞慧　朱　蕊　潘实春
丁　易　吴　晨　胡惠言　李晓霞　赵春燕　巩甜甜　王子涵　曹　凡　尹梦真　王晨晨
赵诗宇　张天安　王麒如　魏杵杵　周雯静　罗　丽　徐艺樱　李彤彤　张　韩　黄丽娜
丁书娟　刚虎英　张浩然　张易聪　陈　爽　庄　备　尚　愉　杨　梅　罗　霞　钟慧怡
袁洁莹　叶为英　骆星宇　彭丽艳　黄心怡　包族杰　张佳怡　张沥萍　马永霞　周　祥
秦路宁　赵正国　邢　雪　钟增仙　何佳佳　吴叶青　于雪彤　张露露　张　婷　陈晓雯
陈玟欣　刘　慧　刘苏印　朱　超　卢　盼　赵雨梦　黄　晶　沈嘉敏　张　琪　杨智慧
刘佳媛　罗　雁　张茂瑶　张俊杰　袁文岩　田云浩　鲁　雪　于舒情　葛芙蓉　秦　怡
朱　琳　顾佳怡　王皓月　顾华青　刘　雅　邹宇婷　贺学碟　彭嘉文　姚亚青　王丽娜
李天明　张子逸　吴梦莉　金　铭　吴紫嫣　王莉方　韦相言　马晓月　罗海燕　高　婷
杨兴宇　陈　涛　王晶晶　杨牟怡　刘梦雨　陈羽彤　张怡雯　刘娜娜　周海蓥　李焕冉
武露雪　吴　俊　张梦凡　沈金彩　龙婷婷　金冰弦　潘宗媛　牛旭辉　吴沉渔　陈婷婷
张　漫　梁　娟　明　旭　周曹强　朱小龙　翟蒙蒙　吴艳慧　谢岳姗　苗新茹　刘如萍
李沐遥　莫俊媚　龚俊宇　刘　锴　王翠连　洪秋雨　袁　娟　顾思欣　段夫雨　马文艳
杨美雪　许　佳　高余晶　覃金花　龚炳鑫　周海燕　魏金晖　王　玮　徐　洁　沈金梅
林梦楠　侯梦儒　吴广川　李星华　李　玲　单国香　许朦朦　杨金凤　方　洁　韩　池
曹龙莲　刘一鸣　白子涵　张　雨　樊心怡　王任静　宋雯雯　赵祥宇　蔡紫涵　李　颖
张维薇　马苏华　陈　雨　管迎静　杨　震　刘威艳　汤雨晴　孙静静　夏穆荣　袁婧沂
张　薇　鲍莉娟　陈方炎　吴　烊　刘　缘　李雅茹　房文雅　刘桓宇　赵怡恬　李钰彤
况　旭　梁朝阳　申海燕　朱冬伶　祁小芹　孔德静　马丽霞　王　彬　朱泽彤　李　玥
孙俊文　贾梦瑶　戚园园　徐　君　侯福清　刘　珂　陶欣宇　刘思雨　胡成迅　王欢欢
张　雨　李育锋　杨梦佳　鞠子杨　陈昊文　陈　振　殷群扬　李　彤　邢鑫茹　孙朱敏
汤美琪　刘思薇　彭丽婷　张　娟　王钰婷　仝芷婼　杨智迪　李昕璐　杨玉凤　吕甜甜
徐静蕾　王婉蓉　尤佳妮　李　箫　徐晨逸　吕豆豆　赵　钰　王　怡　韩梦园　旦增曲映
桑杰卓嘎

教育与人文学院

龙　辰	王思雨	闫笑祯	张语欣	翟文静	訾嘉欣	徐梦婷	沈舒元	闫笑婷	高科曼
刘丽丽	白紫丹	徐茂侠	祁璐露	张维豪	李梓硕	施昊辰	时　璐	王　薇	宋　笑
成丹丹	蒙彩娟	李金玲	韦柳双	王闻艳	陈　静	张季雨	李　川	李元清	陈金奇
李　堃	戴健钊	王释雨	平爱杰	冯佳音	赵　雨	刘芊均	甘叮叮	田剑锋	许庆莹
杜芊芊	汤冬梅	吴秋燕	张嘉悦	宋　银	周佳欢	徐欣怡	于晶晶	周蒙蒙	刘　妍
谢梦瑶	马　娟	吕宜京	刘倩倩	李亚玮	唐荣俊	蒋梦晴	吴子旋	吴巧玉	殷　萍
李　萌	蒋诗雨	袁　蕊	韩若兰	王　娜	屠根清	陈　敏	毛云艳	汤晓雪	张亚楠
韩雯娟	王雅雯	耿苏苏	夏　云	刘婷婷	燕静怡	杜园青	徐魏魏	冯英双	姜高婷
刘曼玲	居旻奕	魏　灵	姜易彤	马思颖	徐　颖	仲云燕	刘　伟	赵　靥	赵文茜
蒋　婷	李苏媛	梁子涵	马婉婷	陈芳露	韩嘉怡	蒋　吉	黄怡青	刘若兰	徐　夏
李智睿	魏　玮	安　琼	张　莉	吴　龙	王　丽	白　睿	曾莉娟	刘红卫	吕雪洁
任锐蝶	黄诗逸	孙思媛	王　芹	王　曼	周宏芳	钟栩翔	郭路佳	徐远哲	韩若梅
蔡雯怡	顾　欣	段嘉琪	陈　萍	杨子云	李甜甜	杨　莉	雷佳佳	李　婷	张留芳
潘　怡	王雨梦	曹佳琪	刘　鑫	陈淇萱	张曼娟	何咏欣	李坤婵	夏献妮	胡梦瑶
吕　严	李丹阳	张泽婷	范明月	张　松	宋子文	钮晨瑞	李梦珂	魏　雪	李　娜
高梦晨	杜祥纯	胡天虹	黄玉洁	黄　越	王　晶	宁婉瑜	王晓华	马冰心	施迎东
赵庆雄	王　岩	卫小宇	吴　霞	梁　敏	邵　吉	金子杰	彭　如	丁培云	马胜楠
李京洋	陈盼盼	陈新宇	杨　娟	姚　菁	鞠文昊	王军钰	林晓露	翟天丽	刘雨露
谭林菲	张晓雅	王梦婷	汪梦杰	解俊芳	赵　莞	顾　飘	张齐峰	吴梦婷	覃金利
苏盈盈	薛姣姣	冯钰婷	邢锦宇	张旗伟	江海洋	李梦莹	张默震	陈彤鑫	刘靖怡
西雨晴	王　蕊	马莫若	张雨晴	王　悦	马　晶	孔维佳	李忠仙	代彩蝶	苏宁露
李渊博	易子欣	杨宏誉	丁佳怡	周珊珊	李雨萌	陈　玲	杨　婕	赵晴蕾	孙梦杰
张少慧	葛璐璐	赵　琳	彭　帅	张文博	许磊磊	韦冬涵	赵　玲	沙雨欣	李静茹
徐　雪	杨　密	宋欢欢	刘　露	彭　芳	刘璐璐	王　薇	光映梅	王紫慧	唐银银
赵　钰	周敏琪	桂纯龙	韦肖妹	苏丽红	王　青	王　歌	李友香	曹蕴慈	张静钰
杨红红	胡晨晨	罗丽蓉	陆　香	单宇欣	张梦露	林秋爽	葛　鑫	谢路瑶	罗小敏
卢　静	覃雨莹	梁奕欣	李麟玲	顾屿桐	祁彤彤	杜冰倩	展同娟	刘珍娜	何星月
吴海倩	颜　可	甘兴泓	戴婷婷	袁盈盈	陆申一	郭文豪	王玉祥	梅阿文	金　颖
葛晨昕	许根弟	李金垒	柴雨娜	张素素	刘婧茹	许茜茜	陆桂兰	李美华	黄诗颖
苏晓婷	吴　艳	吴　翠	杜小芬	王南梅	陈　梦	廖丽敏	倪梦瑶	张山山	李紫晗
宋宝芹	潘冬梅	白玛旦增	欧阳文青						

外国语学院

贾苡娜	王远远	徐亚文	张晓琴	黄鑫鑫	樊婷洁	肖柯梦	安文瑶	朱小霞	温雅杰
朱晓庆	谷江艳	李　芬	赵思思	陈　娣	陈　葱	陆晓燕	张　赟	马瑞鑫	李海超
郭文斌	吕君妍	陈　燕	何冬梅	周　芳	黄浩梅	曹　瑞	武　霈	刘芳婷	冉　潇
张子怡	孙　爽	胡昕睿	潘　婷	李亚星	刘　万	刘中华	吉　浪	刘　慧	宋羽彤
张　月	朱　娟	孙　慧	杨博文	郭雅欣	任星星	马赛男	王丹丹	庄诗媛	夏晶云
冉　雨	杨一彤	李甜甜	董　莉	邵大伟	丁明阳	韩　帅	薛燚涵	苏　孟	顾雅萱
张曼曼	吕恩惠	邵礼霜	冯慧平	戴红玲	田海霞	莫盈盈	周庆萍	陈宇峰	邱　萍
李燕萍	杜玉婷	吕　英	童秋涞	李　贝	郭　艳	任婧蕾	戚晓雅	史欣欣	孟　晴
孙丽君	程靓君	杨　茹	范文杰	曹胜男	李　梦	邵　雯	刘　盈	唐　薇	王梦杰
王　恋	赵思夷	王珍珍	张燕丽	李子祺	任燕芬	张阅聆	江诗婷	张梦婷	张　可
周晓灵	程榆之	李　璇	蓝琳双	杜天珂	邢娥娥	要云静	王雪柯	乔志强	张梦杰

杨冠华 镇雨婷 魏智慧 李 涵 余梓璐 符 莉 孙苏芹 冷洪银 安若静 陈远鑫
王宇璇 薛梦柯 陈 林 盛妤煊 赵雅婷 倪金枝 田 格 朱逢静 蔚可艺 尹远新
徐思恩 赵柯涵 胡子璇 王晓雅 褚彤彤 刘 洁 陈思佳 刘 健 龙 玉 陈丽平
徐丽霞 张 清 安 琴 张宇晴 马利荣 祁晓凡 刘 荣 梁 莹 王 娟 孙承帅
邓湘云 武子新 夏心雨 杨 娜 顾亚雯 梁宣宣 张婷婷 陈会敏 陈美霞 翟旌竹
王正磊 唐文乐 刘文静 张秀艳 张婷婷 任 越 朱新茹 陆娇娇 曹梦月 马 妍
杨于琳 朱梦思 马学兰 许佳惠 伍佳佳 岑炎媚 劳增凤 余芳玲 刘红帅 王思洁
吴思琦 杨安琪 钟思帅 卿云鹏 闫嘉欣 李静静 刘可璇 孙 畅 卢雯雯 曾显媚
成 敏 李雨婷 王新兰 赵 佳 高停停 杨广飞 成梦杰 陈 悦 陈文翰 杜婷婷
王 燕 匡心仪 袁玉红 赵琳悦 何凯玟 司萌萌 赵钰山 周诗景 苏文静 杨 蕊
张艺凡 薛雨晴 张慧欣 王文麒 贾雅娟 李小妹 严增敏 刘云山

艺术学院

刘 莉 张亚宁 周笑笑 何欢欢 张 震 韩静茹 谢美婷 朱红芹 文 伊 潘 想
王盼宇 陈秀秀 李 旋 魏良多 张雨婷 张仁杰 刘晶晶 部 瀛 郭王飞 吕嘉琪
王敢娴 张 洁 陈莉纯 杨 艳 兰 浩 赵泽中 桑 布 宁湘玉 杨羽彤 朱 娜
周肖肖 刘佳佳 陈骥赟 董君燕 王玲翠 卢尚泽 任 敏 王 亮 刘国庆 朱子鹏
李 巧 吴羽桐 张依婷 申梦莉 管仪慧 姚 池 杨子璇 李 雅 苗明理 宋泽祥
王 楠 王欣茹 冯紫薇 曹 丹 毛诗琪 吴湃湃 王 青 李 彤 仲 薇 魏 寒
刘 芳 康雨晴 郭 越 张 璐 李 猛 陈宝玉 孙佳妍 宋 怡 朱兆艳 丁嘉露
杨淑婷 孙 丽 马慧娟 黄怡芳 刘 坤 陶其行 陈鸿运 张孟磊 潘 潘 吴彩萍
周晓勇 陈家兴 张诗怡 保新成 梅菲菲 韦慧丽 李丽青 赵海清 彭娅伶 侯慧燕
张 闻 董军营 王 孟 孙秀秀 李 莉 尚庆浩 沈昌元 李 婧 李 琰 赵培源
南 瑜 张晓颖 蔡先赐 陈桦颖 钱诗瑶 陈渺渺 马陈杰 陈志远 冯小强 安成立
马欣怡 黎里湘 王胜勇 唐苏鹏 盛甜甜 何家乐 陈苏杭 陈姗姗 赵欣婷 陈 瑞
臧甜甜 周 铭 何洪艳 田欣雨 张佳琪 祝思珍 许笑阳 李梦洁 李晓漫 余 蕊
周 阳 李 越 温文艳 王黎璇 胡宗兰 冬 梅 周 全 付永坤 魏田远 李 琼
张 垒 疏义贤 刘思元 柏琳娜 徐硕硕 赵 茜 杨俊培 汤 颖 徐丽珍 陈婷婷
汪婷婷 许梦婷 陈佳琪 欧怡泠 谷增荣 徐一玮 刘 悦 高文倩 常梦晴 谢 雅
冯雯慧 白雯靖 张 鹏 石文潮 郇子昊 张 娜 雷声琴 高乾山 许 彤 孙艳艳
卜雅琪 白丽萍 刘叶萍 彭春莉 唐伟东 王羚毓 车彩琴 杨正璐 韩梓怡 沈思玫
刘雨婷 吴思忆 张子怡 夏学升 普布扎西

体育部

蔡青霖 刘 玉 陈庭宇 高 杨 石奇鑫 刘 超 余洋和 王鹏翔 张诩鑫 魏哲旭
郜闽杰 李 金 王 鑫 顾石光 邵非凡 陈 宇 吴浩南 李文涛 吴君杰 汤 杰
朱子琦 朱俊峰

校优秀学生奖学金

2022年苏州市职业大学学生获校优秀学生奖学金名单

机电工程学院

一等奖学金

封迦训 刘津余 周梦珂 李思杰 刘大洲 马骁龙 张逸轩 袁 蓉 李 宵 叶 尘
高志杰 陈德源 刘 婷 吴敬诚 勾娜娜 崔 耀 王绪莹 郎 悦 仲 云 吕 艳
曹 诚 杨淑娴 刘云生 刘芥群 单茂慧 林 梦 范悦悦 许雅琪 丁洋洋 陈瑶奇

侯森豪　高徐晓曼

二等奖学金

戴帅云　孙凡迪　乔超凡　张　莹　王靖雯　赵文青　周新宇　李苏慧　王　焜　曾许诺
晏　冲　朱文婷　卢世林　戴永昕　张封凡　尚　宇　黄怡硕　赵佳利　张大卫　米子怡
吴香玉　杜康威　汪赐慧　朱春波　王　艳　朱家琪　韦毅恒　邓丕钿　李淑媛　史斯怡
冯雨娴　顾凯琦　梅添瑞　石元武　夏希维　徐雾景　刘浩然　曹文轩　董晓艳　袁玉婷
沈　杰　周慧瑶　周宇阳　王骏昊　崔佳杰　张玉霜　程　硕　唐子康　张梦晗　徐梦豪
宋雨蒙

三等奖学金

周　强　牛　威　蔡长焜　张如意　黄敏玲　耿伟超　黄　涛　杨　林　马常发　孟庆龙
葛顺鹏　张　森　黄自强　钱紫宁　邹　阳　田　圆　廖天杰　解卫祥　陈　红　唐佳鑫
黄清若　李小燕　卢　梦　李清雯　殷伶俐　蒋　丹　黄佳豪　马　超　许世祥　严欣悦
杜安琪　唐解松　柏璟皓　张　洋　王静雯　毕　双　马俊杰　王　丽　郝薛龙　秦　杨
臧　雯　王　琪　薛嘉艺　王欣怡　成业飞　倪嘉怡　王欣怡　陈慧琳　欧阳千蕙

单项奖学金

孙鑫浩　杨镓宏　何光昕　樊美辰　朱叶琳　岳　琳　岳　高　张佳慧　张蕊欣　王星宇
钟闯闯　顾文熙　羊云龙　夏文静　赵立涛　鲍继升　赵宇翔　吴　浩　张江城　陈柄良
张姝玥　黄耀辉　张　聪　宋登攀　何金凯　高龙飞　穆永泉　刘　昊　陈亚娟　张宇豪
曾莉苹　宋吴伟　强皖宁　孟凯霞　陈新月　王雅南　温子豪　甘诗萍　魏　耀　孙隆亮
董雯轩　周华娟　朱思怡　王彭彭　邓　菁　程佳雯　辛　沛　王　雪　尼子豪　丁鑫杰
郑宇哲　章　鑫　陆正昂　刘嘉琪　张明伟　殷相潼　黄宏森　张　愚　居正阳　丁立成
韩秉昌　陶佳欢　张佳明　罗光宇　袁　权　张刘超　贺　旭　卞建国　白　坤　王　允
杨晓敏　江　科　叶　骏　杜锦泉　李世超　田若凡　吴倩雅　胡家琛　龚德成　周张骥
李双双　张纤纤　胡梦娜　崔朋真　李爱文　郭庭露　丁彩凤　龚宇轩　李思思

计算机工程学院

一等奖学金

徐　萌　吕新宜　胡忠波　邵美淇　唐　馨　凌欣怡　刘雅文　周　济　赵云雷　孙　悦
张美娟　顾苗苗　周　情　王心雅　杨　阳　仇婧婧　范会杰　于　乐　王　宇　荆瑞昌
孙子豪　李玉靖　金志杰　严桂江　谢　怡　刘　欣　彭颂喆　刘乾毓　邢雪燕　李沿兴
徐雅琴　刘佳昱　许智明　祁昌丰

二等奖学金

孔子依　孙礼侠　吴雨婷　胡喜喜　张　琛　余婧艳　滕　格　王语欣　柴小娟　倪佳敏
龙娅琴　刘梦凡　胡文博　刘丹青　牛东昊　刘　萌　陈禹衡　王思思　李晓庆　张　鹏
王梦丽　刘梦洁　徐林钰　汤临风　董自鹏　凌代宇　高　琼　李佳慧　蒋志川　陈奕君
孙薇钧　魏　怡　罗红君　胡文慧　王昕元　田超越　顾欣怡　王玉军　兴　秀　卢志远
代琴琴　游彩苹　王梦如　向　月　周晴雨　喻　晶　施　辰　王文雪　周钦豪　王苏茜
刘骐蔚　王　琳　姜妍庆　周长祥　沈　彤　朱　彤　袁宇璐　余坷玲　韩诗妮　徐颖玥
周梦晴　陆浩丽　沈乔石　唐梦婷　傅毅骏　孙梦真　余晨安

三等奖学金

严　凡　宋美瑶　朱诗睿　武文秀　孔欣晔　王紫嫣　姚　双　徐益凡　杜余慧　谷启蒙
张冬雨　张　茹　王学琴　王程昊　邹佳雯　邱　风　李心辰　金嘉欣　杨　旺　刘　伟
罗　可　杨佳雯　孙世捷　汤学芳　王忆安　蒋自馨　王贵赐　张芸婷　廖倩倩　周予倩
金　琪　钱畅翎　王嘉吉　焦欢宇　陆佳佳　余国庆　曾　甜　贾凯坤　李梦瑶　王　雪
袁　颖　杨舒婷　高　歌　孙博儒　张　莉　杨国嵘　王盼盼　卞艺蓉　董　洁　魏荷馨

王礼志 方琦 王雨梦 贺微 周萍萍 殷琦辉 王惠 苏佳悦 曹颖晞 黄俊俊
蒋姚璇 唐德雪 李亚宏 余学飞 杭琪瑶 张保佑 王如梦 毕苏阳 张璇 禚洪香
杜梦杰 张永媛 张霞 王静 曹轩 苏姜楠 蒋昀轩 沈妍 曹雨璐 言萌萌
翟春焦 徐思杰 游洋 刘诗倩 陶佳莹 许良玉 宋廷雨 季安盛 张鹏 戴晴
林青 单烨 徐玉洁 卫亦彬 李雨 蔡俊杰 曹影 陈雨洁 占未 屠羽灵
张冬平 桂盛 张姜玟欣

单项奖学金

段兴旺 赵悦 王朋 吴佳柯 沈静雯 王雨婷 李娇娇 朱柳羽 李娇洁 黄俊傑
赵林轩 黄丽萍 宋培利 吕丽萍 缪佳瑜 燕薇 梁慧杰 周星月 周梦婷 邹智涵
盛超杰 姜智勇 宗菲 黄佳阳 王鑫 许文乐 侯乐 王项楠 李思奇 董露露
于可阳 余帅 陈雨馨 陈晓红 刘少丽 何萍 过幸仪 陶兴炎 杨高辉 洪晨
杨昊玄 魏敏 颉雪丽 李婉玉 潘罗 王凯 倪想 曾金 韦余艳 杭欣
仲开宇 岳栋 李金丽 梁珊珊 杜沂琳 刘清龙 周嫣秋 梁城伟 张林 郭霞
边冉冉 袁和洋 赵斌 陶依梦 徐宁 凡英繁 戴嘉炜 付智林 邹双双 袁可雯
陈玉平 韩杜润 吴洁 刘方玲 孟晴 柴鑫玙 李雪 陶翊洁 柴盈盈 左子奇
王心玥 董淑琪 张烨 闫海清 马丹丹 张菲菲 姚成涛 周超 谈克 徐丝丝
张云亮 周陆琪 鲍佳琪 朱雪雪 孙梦雨 张宇晴 陈中北 朱佳婷 李国昊 王楠生
彭宇彤 张思婧 郭晨 张杰 杨雪儿 齐赛赛 黄慧芳 关鑫 兰军 刘圣洁
张湘南 秦鹏 顾嘉奕 王开心 顾美星 许琳 袁露晴 卫梦雅 徐琪 朱书婷
高子怡 吴丹 刘兆鹏 朱锦涵 李荡 吴冰 程文清 朱佳杰 胡波 周旭
何茜 张颖 赵炎 龚静 金凌如 董榆斌 庞艳艳 高英豪 郭晨 张正
余辉洋 谭云山 吴薇 陈文丽 何靖炜 唐弘灵 张博洋 刘超然 毕岚岚 许倩倩
管淇 臧奕杰 苗楚曼 黄晴轩 户佳蜜 安永倩 沈聪 施婕 杨婧 章昊
章语轩 王芊 刘青依果

电子信息工程学院

一等奖学金

王程红 侯绪淦 魏璇 侯海东 严杰 张美艺 胡爽 陈川 韩颖超 刘志军
赵梦茜 许佳新 曹宇 刘梦茹 薛倩雯 安晗晗 张涵 范艳艳 董玉杰 周骏
芮金阳 祁鹏 王一娟 滕守萍 薛梦凡 陈月 张靖笙 贺香香 冯驰源 朱欣雨
宋来奇

二等奖学金

韩佳乐 彭婉 李子轩 于子涵 李梦杰 张青永 胡子涵 徐宽源 周佳莉 申芊芊
张苏楠 徐铎 崔俊豪 王华洋 任金瑶 陈泽洋 王舒 吴申奥 朱琳 陶烁
毛翊峰 赵建 庞希轩 伏磊 赵芳 周晶红 马晓芃 郑诗樾 朱涛 柴朵
韩建秀 周锋 李世伟 王顺美 朱恩潇 郭心雨 徐润科 王宣宣 孙康延 张静雯
丁文 吴杰 宋丽萍 徐俪菲 卜渺渺 田川 夏睿 吴连 黄文昌 薄岑
任卓东 俞鑫 孙杰 陈佳妮 唐浩凯 朱峥卿 陈雨倩 李颖 薛明星 李子怡
罗阿呷 何姚鑫 张磊

三等奖学金

周建浩 武英豪 冯楷枫 张浩然 楚晨明 常咏琪 曹剑桥 侯士行 张耀耀 梅月
王学峰 孙涛 姚硕硕 吴佳军 周洁 于先燕 赵秀云 李广 季含悦 李雪奥
朱佳琪 陈秋汝 钟志祥 邓燕茹 于紫茵 陈家荣 孙颖 李彬 姚帅 吴彪
周诗韵 边玉威 陆若芊 许龙华 王安然 文海峰 朱静 童浩 金建全 潘康
李亚鹏 刘舒雅 周陈香 石轩宇 高梦婷 李帅宇 吴金香 赵铃 毛慧颖 张德生

李壮　吕欣呈　张悦　胡恒威　卓英杰　李籽辰　陈子腾　夏晓敏　丁梦飞　毛智明
杨钰　滕国楼　张兆东　韩政辰　张仁杰　孙文静　程慧　高创创　夏琴　袁叶璇
林文　黄梓璇　刘青松　桑宇　罗雨庭　李龙龙　李奕霖　董加龙

单项奖学金

陆威霖　张振宗　李龙　崔悦　鲁洋成　凡志宇　张敏珠　黄震　方共渺　周文函
陈文博　俞斌　郑威　陶晶　张妍　唐玲　王怡　虞姗姗　邓渝浩　张海林
邵长钰　陈鹏　王宇晨　胡林　王鹏程　阳汶秀　宋国强　张玉萍　吕佳慧　邵卉
张彤彤　李冰倩　周映月　秦宁凯　任洁　张颖　包承平　陈周洋　车成鹏　朱方正
靳淘淘　马子成　朱雨婷　徐皓　于宽　陈逸辉　赵庄强　丁子玥　孙一凡　王夏梅
王培杰　仲军吉　安正烨　曹一凡　王彤　曾紫玲　石翔　胡洁瑾　刘俊杰　黄笛
闫俊尧　刘晓颖　骆飞　张慧　张宇　朱翼飞　吴奕丞　陈琴　练杨洋　陈晓倩
杨泽韬　季楠　戴进　沈铭贤　倪晓芳　黄燕　陈昌启　张雨婷　赵贶成　徐子聪
许尧　吴青梅　方正豪　常为娣　姜阳　范梦晗

管理学院

一等奖学金

张宝荣　沈佳萍　刘佳颖　汤雨皖　梁婷婷　张俊茜　岳晴晴　陆婷　杨康　赵雨晴
顾馨雅　陈丽雯　丁蓉蓉　许雨博　刘子涵　李美　谢美林　牟杰　胡晶鑫　吴佳霖
宣雨妍　王锦　林同健

二等奖学金

张语彤　郭圣亿　王星　刘晴晴　廖婷　王陈影　徐王佳　康诗琦　刘晶晶　眭天雯
唐佳萍　顾秋叶　吴昊睿　万雨彤　刘梦晴　陈嘉宁　刘倩　王文青　詹敏　周彤
张玉兰　刘雅妮　卜雨欣　蔡怡馨　王心怡　孙壮壮　任昕瑜　李昀臻　丁玲　李佳乐
李杰玉　董子怡　曹杨晨　湛承璐　王子华　张懿凡　吴雨欣　沈依雪　张倩　李燕如
邓文华　苗郁欣　王雪　徐梦雨　周钰婕　成思怡

三等奖学金

林柯男　刘文静　洪鑫　马如意　蔡凤影　罗川　王琦　徐翠萍　唐磊　张月
赵蒙蒙　高孟迪　陆亚希　赵丽娜　刘梦华　严笑　刘天爱　秦怡　梅洋　梁荷
赵盼　陈思妙　邱馨谕　胡心如　李苏慧　周奕伸　徐富治　杨家远　郭瑶　景海洋
曹钰霞　林李可　焦佳欣　田崇乐　胡轶涵　孟欣　戴星雨　任梦洁　张新怡　徐雪晴
周文洁　刘雅轩　刘思雨　王桂香　周笛　林晨扬　朱先利　张敏敏　张甜甜　刘艳
施新悦　吴煜婷　张静欣　韩欣怡　孙玥　金铭　李苏阳　陶红　胡盛荣　雷晓晴
张岚琦　刘趁趁　刘婉君　朱文静　冯爽　鲍奕蕾　候盛阳　柴梅　张玉玮

单项奖学金

华邈　孔平　任欣欣　韦红庆　宛姝君　高雅　闻诗怡　程训辉　王梦颖　杨欣
吴燕　沈倩雯　吴徐浩　阳景尧　苏锦南　李亦奇　丰伍文　岳雯　韩佳瑶　杜莹
季韵卓　戴晓梅　鲁瑶　谢珂　仲子涵　郎梦霞　石振萍　王玲　晏刘颖　王梦雅
吴梦婷　蒋思宇　陈雨婷　李艳　顾荣荣　纪梦瑶　吉利媛　桑营营　安景雨　樊军
邓雨荷　王睿菱　朱燕宁　蒋了　曹子妍　杨云　张翔　陈玲　张茹　张婷婷
过意萍　刘雨晴　汤昉鑫　余梦雪　顾颖　纪佳慧　孙怡昕　夏磊　石力　杨旗
王淼　李贞娴　陈紫晗　雷王聪　项唯唯　蔡筱诺　周雯　顾欣雨　陈钰钊　张红
陈如湘　张玉斌　李春雪　杨雨　向仕芳　李聪　陈群　仲曼　荣仁璇　张迎迎
韩赛男　夏梦星　吴佳雯　蔡紫嫣　杨贵竹　顾娟　张籽颜　张玉洁　张厚锐　邓苏平
昝洁　程鑫　梅桂霞　张晓婷　李乐　杨宇晨　尚新雨　李熙　闫馨伟　刘月
胡婉婷　周睿　傅绮娴　林悦　杨嘉璐　周嘉莉　刘慧敏　胡佳薇　沈辰晨　刘婉

郑兰兰　陈　鑫　杨欣欣　丁婉欣　葛　扬　孟　慧　展梦娜　刘　可　周晓玲　张馨颖
周玉婷　吴梦琦　周玉洁　周文静　周文雅　徐倩雯　朱金雅　范丙欣　夏孙阳　施　磊
张嘉怡　徐陈琪　梁冰冰　徐　奕　李华思　张红艳　沈子璇　宋俞慧　罗天羽　周　珏
刘颖慧　刘双月　张雨蒙　孙婷婷　胡　杰　王皓月　潘　颜　刘婷婷　张　悦　王梓伊
张　婧　浦安琪　王　祥　蒋雪尼　高林圆　唐　晗　张　琴　王鑫月　季　菲　陈莹莹
朱　雪　孙欣怡　张静宜　杨逸宁　郁　琳　刘秋田　高　婷　刘晴晴　王　琳　陈飞翔
王国锋　胡帅昌　张思清

商学院

一等奖学金

丁思婷　周心月　杨小雅　吴凤婷　严荣蓉　徐玉妍　彭嘉文　王丽娜　毛　静　卢　盼
孙可盈　白雅伟　纪亦心　陈　雯　白子涵　张　晗　屠伊萱　顾乐瑶　施凤茹　王佳妮
方　婷　汪欣悦　戴秋忆　钱鑫宇　宋诚熠

二等奖学金

乔　佳　房乐乐　吴　迪　陈姜欣　曹雨欣　沈青秀　王盼平　沈诗玥　彭佳芸　潘婉婷
顾金聪　张　洁　冯竞慧　吴　晨　王　娜　胡惠言　王馨瑶　秦佳乐　仲伊青　魏志雅
蒋心雨　王怡婕　刘　畅　汤　慧　黄　晶　王琳洁　柳阿迪　曹诗颖　陈羽彤　邹　颖
董　怡　高钰迪　王思雨　吴翠蕴　余　菲　高培琳　蔡紫涵　顾佳玥　李梦雨　戴怡文
张维薇　马苏华　尤佳怡　袁　娟　冯会晴　赵颖滢　张雨洁　罗静怡　沈瑶筠　刘　欣

三等奖学金

王芊芊　梁嘉艺　刘　雨　夏　彤　梁文洁　陈葱慧　杨魁鳌　须雨檬　张美玲　奚佳颖
钱玲芳　罗　丽　王嘉悦　刘　婷　宋紫唯　孙文静　刘雅越　江文清　喻倩倩　刘　莹
曹梦雪　唐婷婷　季梦瑜　葛小雪　朱　妍　王爱萍　王佳仪　王溢雯　冯慧雯　陆　晴
于舒情　张警月　鲁　雪　张李彦　韦相言　沈嘉敏　王月婷　孟雨欣　张俊杰　姜梦洁
冯倩倩　陈文丽　刘梦雨　戴张俐　钱恒澍　凌嘉怡　刘哲远　徐　丹　吴若兰　丁雪儿
顾玉洁　李　灿　丁文倩　陈欣珥　虞文燕　黄　琦　李　洋　张珊珊　邬梦楠　张　晨
邵笑笑　江静静　潘雨乐　王　莹　李丽萍　曹钰聆　王贺贺　王琪豪　王　琦　陈栎圩
王　颖　林梦楠　郭轶轲　李静茹　吴枰钇橙

单项奖学金

徐　嘉　吴苏明　李宇婷　蒋　盈　汝薏纯　樊丹丹　王　琪　孙　珂　储雨甜　朱文吉
刘欣欣　李　慧　严　翊　张春锐　李玉凯　单涵冰　王晨旭　沈　静　杨　焕　张　韩
魏杵杵　周雯静　徐艺樱　周欣怡　顾笑尘　瞿　艳　黄心怡　马永霞　王晨晨　陈雨欣
张天安　郭鹤年　徐艺凡　尹梦真　胡佳怡　王桂妍　陆蓉蓉　孙文静　童　喜　曹　莹
戴庆婷　单　洪　陈一笑　朱　蕊　丁　易　杨慧敏　张　兢　干　祯　殷琰晨　侍煜莲
陈苏阳　单　佳　张丁月　朱　奕　何思含　王旭怡　张凯悦　冯彩云　刘佳婧　谷嘉倩
黄　敏　顾雯婧　王慧聪　李雪琴　王　婷　陈玟欣　丁　晨　花西苏　陈佳钰　梅艺朦
陈晓雯　王明珠　丁　浩　刘玉婷　宗慧敏　胡莹莹　王新晨　马　瑜　杨卓凡　葛芙蓉
王一姿　吕云菲　尹　杰　钟丽君　周　赵　郭袁梦　吴紫嫣　黄　淼　金　铭　李宇欣
马晓月　李杉杉　刘佳媛　赵静仪　袁文岩　杨智慧　张　琪　季琳瑛　浦晨圆　林卓妍
裴芊涵　张雨晴　窦　冰　王嘉馨　李焕冉　朱寿松　李　萍　徐瑞婷　武露雪　周海蓥
刘心美　高佳妮　秦元媛　朱周妍　焦菁菁　刘海霞　赵子豪　谢依鑫　郝清雯　殷丹妮
沈　莹　王岚岚　许周奕　张舒瑶　闻佳菊　张铭敏　何嘉雯　李　蕊　陆梦园　陈　妍
陈思思　毛　丹　闻　雯　周海涵　戴希旻　李　颖　黄雯倩　马文艳　顾凡之　毛嘉仪
张　剑　洪秋雨　张　骅　乔曼玉　王怡婷　姜　硕　马紫嫣　朱　婷　郁　倩　龚　奕
曹　梦　蒋与时　郭　硕　李亦然　施　蕊　许　晴　金冰弦　刘嘉怡　张佳蓉　张金阳

刘　颖　郗心月　姚茜贤　吴沅渔　潘建鹏　骆万钧　刘超男　冯继燕　李沐遥　吴艳慧
张伟康　殷雅妮　刘如萍　林　翰　程婷婷　杨美雪　杨　悦　王秋琪　王雨婷　许　佳
瞿勤香　王共林　邓海青　王　玮　高婧婷　张倩倩　沈文婧　徐沈夏尔

教育与人文学院

一等奖学金

安　琼　姜鼎贵　张维豪　周子新　曹家利　李　杰　赵　耀　刘　蓓　范莉婷　蔡雯怡
陈　凌　张馨怡　一　人　吴　洁　戚玉婷　苏盈盈　陈羽洋　李乐玲　西雨晴　王一博
戴欣怡　宋欢欢　王梦雅

二等奖学金

蒋　吉　赵文茜　许永霞　曾莉娟　任锐蝶　庞雅匀　刘金婷　张思怡　刘　鑫　姜瑞樱
曹佳琪　殷　萍　陶　宏　王雅雯　徐佳佳　游　颖　蒋佳敏　耿苏苏　顾莹婷　潘宇婷
陈婷婷　曹　晨　许正宇　朱　萌　汪梦杰　成雅婷　黄馨怡　潘春宇　蔡雯婷　李鑫云
曹来源　刘雨晴　彭　帅　赵晴蕾　张　雨　王诗彤　王馨悦　杨伊芸　李月容　顾钰涵
董思月　朱　钰　刘汤艺　李安琪

三等奖学金

韩嘉怡　王　丽　刘乙清　王　婷　魏　玮　李青青　谢梦瑶　吕宜京　周蒙蒙　徐茂侠
刘丽丽　查思雨　徐梦婷　訾嘉欣　龙　辰　张季雨　王　甜　农　芳　张泽婷　沈雨晴
袁　蕊　夏雨潇　韩雯娟　张　璐　盛子怡　王学清　卢雨婷　李　娜　王惠珍　杨　潇
于　丽　钱逸宁　王梦婷　刘雨露　邓立鑫　袁盈颖　薛姣姣　刘苏颖　邱永谊　陈雁冰
王　蕊　马莫若　陈天娇　易小雪　张文博　谢渝婧　丁佳怡　李雨萌　王晓兰　黄胤博
伏雅婷　黄苏辰　丁　怡　肖　莉　杨嘉琪　徐佳华　陶　悦　龚雨婷　汤李昱　刘璐璐
王紫慧　景　琪　王群璐　朱徐晨　严　煜　李梦玲　陈如雪　顾杨立豪

单项奖学金

黄怡青　蒋　婷　郭路佳　李苏媛　徐欣怡　雍方婷　马　娟　李亚玮　于晶晶　吴佳慧
耿莉娟　闫笑祯　李卓玲　蔡巧云　王思雨　刘雪晴　曹悦慈　罗梦琳　韦柳双　陈　静
蒙彩娟　李金玲　杨兴天　赵　琪　时　璐　谢雨婷　原佳雨　祁良稳　范明月　沈诗怡
李子一　马慧敏　李坤婵　扈曦予　夏献妮　高安琦　刘雅梦　汤晓雪　施华瑜　陈柯颖
高行秀　秦蒙蒙　张晓红　丁国安　居旻奕　徐　颖　付　敏　陈洁丽　刘志伟　沈志芳
杨云烟　谈鑫柔　施　颖　孙传惠　陈怡馨　张思雨　徐甜甜　马冰心　吴　霞　潘　晴
将钰婷　宋珺妍　杜　妍　江禹希　汪公颖　李京洋　张子妍　陆俊伊　谭林菲　陈欣妍
景雅鑫　胡建容　陶文静　袁开洋　卫宛玉　沃雨婷　薛永烨　李梦莹　罗梦晴　王　悦
代彩蝶　陶　瑾　李园园　杨青海　石鹭屿　李渊博　陈彤鑫　苏宁露　卢可欣　郑可欣
陈升绘　田迎春　刘靖怡　余珂欣　万雪琪　宋珏佳　寇瑞杰　张少慧　王雨婷　杨　婕
何春艳　赵　琳　魏　雅　易子欣　孙梦杰　陈　玲　葛璐璐　关思维　黄思辕　王怡婧
顾新兰　沈嘉宁　易　苏　王月月　巢家园　赵　玲　宋雨婷　任静雪　沈家祺　邹希令
陈依雯　朱秀雯　顾欣兰　朱晴月　吴与同　杨　可　徐　雪　周茜榆　洪友慈　李晶晶
杨　密　吴亦涵　周若瑜　刘　露　孔静和　张甜甜　施　一　胡莹莹　王洁怡　黄家怡
于　茜　杨子衿　杨　梦　汤俊哲　王　薇　钱张莹　计星雨　潘栋石　潘前程　杭　宇
廉西茜　郭静依　钱可益　赵雅萍　谢文炫　陈妍骊　周　佳　褚晨璐　周锦陈　吴　珊
仲如佳　戴蓓佳　金　莹　苏雨秋　王鑫盼　周君懿　刘欣雨　欧阳文青　欧阳安静
吴刘晓欣　金友梦如

外国语学院

一等奖学金

梁菁函　张阅聆　丁梦迪　南童舒　崔　晔　杨佳佳　童　鑫　韩茗珊　黄鑫鑫　朱晓庆

柳　欢　郑钰佳　顾　思　褚彤彤　杨　晴　郑婉欣　徐欣雨　曹　敏　崔馨怡　朱新茹

二等奖学金

李梦青　段子玉　宋艳平　王　雅　徐梦影　潘　婷　冉　雨　孙　慧　代　玉　张曼曼
汪婧怡　俞格格　徐亚文　胡坤铃　赵舜华　黄　岚　杨雪琴　朱逢静　辛欣慰　刘雨非
林子微　方　岚　韦梦延　索孝雨　施　研　蒋丽敏　马　妍　尚莹莹　张怡帆

三等奖学金

王妤文　李子怡　王梦杰　褚　琪　徐亚婷　邢娥娥　王　炫　王元敏　丁嘉妮　张　月
周雨涵　刘　慧　熊明霞　刘　宇　肖柯梦　张晓琴　苏中秀　李海超　陆依文　汪诗月
张婷钰　梁香玉　黄钰佳　丁　颖　曾泽桦　朱雨晴　于家宁　丁　炎　张宇晴　胡　惠
万欣桐　王欣欣　芮舒扬　陆娇娇　郭歆媛　陈瑜琦　张　凡　陆高樱姿

单项奖学金

秦　英　郑成露　浦　鹏　杜天珂　张梦杰　庄诗媛　朱　娟　张玉洁　郭雅欣　邵大伟
杨博文　邵礼霜　陈思艺　冯慧平　张思雨　王晓蕾　朱小霞　王红洁　卜　凡　陆晓燕
晏维珊　尹传力　易露露　王晓丽　李　涵　陈嘉怡　江丰怡　任希阳　张子玉　余梓璐
徐梦真　王婧怡　陆正傲　罗弘雨　江晓雨　冒宇楠　丁　奕　沈思怡　陈远鑫　尹远新
王子潞　王紫薇　怀思佳　马飞扬　盛妤煊　眭　媛　潘丹琳　赵雅婷　杨旭婷　李羽茜
王小月　周倩茹　丁　清　刘　洁　陈　雪　亓菊辉　苏可雨　蔡志慧　许月明　王晓雅
陈　婷　胡子璇　付文君　姚涵旭　陈思佳　周　红　高子若　郭远畅　尹凯乐　徐丽霞
张羽婕　杨　阳　赵文秀　马　滢　孙　婷　刘梦涵　沈舒婷　陶　鸿　赵白婕　李璐芳
杨欢欢　韩　颖　祁晓凡　朱玲宣　孙佳成　许佳婕　严　磊　梁　莹　史晓霞　王　桥
张婷婷　胡培琳　杨　娜　周均瑶　陈文佳　万如意　钱檬琦　唐铭悦　董　慧　曹　洋
邸茹楠　张　慧　孙子默　戴鸾乐　李秋奇　唐茜悦　田欣然　黄千千　姚洁羽　黄宇婷
王思予　奚培蕾　孙静怡　祁子如　李芊芊　任　越　李　薇　陈依婷　钱文佳　余笑涵
李依冉　仲晶晶　秦铭蔚　马语芯　姚慧文

艺术学院

一等奖学金

朱子鹏　亓思泉　朱　娜　夏苏怡　徐　萌　周婷峰　王继成　仲　薇　郑雨欣　肖龙梅
宋　怡　陈　佩　曹嘉诺　王艺霏　保新成　彭娅伶　倪颖异　蔡先赐　何靖雯

二等奖学金

张雨婷　李安忆　宁湘玉　陈骥赟　任　敏　曾小雪　杨　艳　位军旗　谢新想　郑　劲
周青青　彭子懿　姚　池　管仪慧　王梦琪　王欣茹　任雨恬　冯超群　吴佳乐　夏郭慧
王　岚　陈　琪　李其梦　万彩玲　卞徐一　陆佳骏　张诗怡　丁思凡　朱子怡　南　瑜
张胡缘　吴艾嘉　赵欣婷　陈姗姗　许　可　李世奥　蔡舒涵　高　菡

三等奖学金

孙媛媛　董君燕　杨羽彤　周　媛　田梦瑶　朱　莉　刘佳佳　窦欣冉　李义飞　易　雯
李　超　黄啸林　沈　逸　陈鞠冰　王奉玉　徐子涵　吕　薇　孙程颖　张愉聆　申梦莉
王　楠　吴梦妮　李雪萍　王梦琪　顾楠欣　李丽青　王　孟　李琦芸　张乐乐　刘木易
张珉悦　杨盈盈　胡翼湘　唐文杰　张晓颖　韩善孜　钱诗瑶　陈桦颖　邱　玉　姚　远
贾　若　朱　娟　李园园　李雅婷　钱佳怡　徐苏楠　陈　瑞　倪　灿　於萌洁　马露洋
艾　舟　季雪儿　王雪玲　余蕴含　程晓曼　张　爽

单项奖学金

凌露露　吉静雯　马超翔　何雅晴　刘笑雪　王志华　陈建华　蔡　云　钱许佳　高　雅
王子鸣　孙　瑞　李　雅　苗明理　丁林欣　朱艺源　王事炜　朱　颖　李　猛　姜　茜
蔡诗语　吴诗一　薛　晨　莫嘉煜　惠靖尧　汪美琪　王欣羽　朱木子　田晶晶　李晓漫

赵海清　金荣荣　陈姝静　龚佳雯　朱怡琳　周　静　薛彦芳　程莉君　贾梦娜　吴　萌
乔亚兰　黄江平　张庆宇　郭洋帆　董军营　陈玮玮　谌颖涵　吴文雅　葛子涵　毛笑妍
李　婧　刘子萱　李卓航　郑　雨　陆俊琳　谭钱悦　徐欣雨　史明珺　陈欣然　冯嘉文
刘纯希　乔艺琳　徐银彩　安成立　陈渺渺　张润杨　王　敏　张宸铭　刘雪纯　黄　洁
马娅丽　王萌萌　许艺萑　王奕涵　王艺蓉　邵梦啟　洪崇飞　明　钰　王子恒　张紫婕
李诗怡　臧甜甜　徐　畅　郁圆圆　鲍子叶　马静琦　陈　蓉　戴　顺　石新蕾　贾智杰
刘　江　韩　瑞　吴　忧　包丞民　张潞垚　周保罗　申哲詠

体育部

一等奖学金

蔡青霖

二等奖学金

张向利　唐苏琴　沈馨怡

三等奖学金

刘　玉　完　美　郜闽杰　魏　威

单项奖学金

杨经纬　周欣瑶　黄虹瑜　范小雨　徐德龙　王懿雯　杨　波　徐玉芾　吴文芳　刘欣宇

校设助学金

2022年苏州市职业大学学生获校设助学金名单

机电工程学院

晏　冲　万广涛　陈德源　王绪莹　郎　悦　勾娜娜　陈亚娟　卢世林　张封凡　杨东东
黄怡硕　黄自强　高龙飞　穆永泉　吴香玉　曾莉苹　张大卫　仲　云　强皖宁　孟凯霞
邹　阳　宋　辉　王　艳　刘云生　黄　瑶　王星宇　叶　尘　鲍继升　李苏慧　杨昌伟
陈柄良　王　静　周　强　黄敏玲　孙鑫浩　张鹏程　杨镓宏　戴帅云　蔡长焜　牛　威
岳　琳　耿伟超　路凯军　郭　丹　田秀云　张蕊欣　黄　涛　刘昱辰　许雅琪　单茂慧
范悦悦　邓丕锢　宾智慧　林　梦　刘芥群　孙存国　邓　豪　杨　鹏　慕存强　江金锋
任善剑　沙梦圆　张　晨　黄珂贵　马振渊　李　显　黄艺凡　殷相潼　李江涛　杨朝润
徐天崖　罗君尧　何秋红　蒲星辰　吴　韩　江　科　周慧瑶　吴　鹏　杨凯威　武　鹏
马俊杰　侯森豪　杨晓敏　白　坤　杨立菊　施庆云　张艺乐　郝薛龙　陈　波　李双双
薛嘉艺　孙加昆　马金峰　李军强　熊宝生　赵锦华　彭俊杰　梁文松　闫梦强　陈宇恒
樊梦磊　崔朋真　胡华杰　宋雨蒙　陈慧琳　姜浩然　潘世兴　曾维振　何魏东　刘志伟
朱先强　吉文鹏　肖裕森　姜开健　倪闽炫　王浩然　马帅帅　曾雪海　郝香萍　陈　涛
李宗原　袁志飞　任　杰　许　达　刘浩祥　吕正虎　戴　婷　刘丽娜　苗　坤　郑　拓
陈建勋　胡润祥　周恒功　李　明　顾文琼　陈　强　杨昊天　陆雨桐　沈金凤　刘　阳
王林永　王　贤　李江鹏　荣　昊　徐皓宇　刘惠林　陈书文

计算机工程学院

顾苗苗　李路瑶　侯　乐　陈奕君　董露露　高　琼　蒋志川　刘丹青　刘梦凡　张美娟
周　济　刘　伟　牛东昊　李心辰　赵云雷　姜雨欣　李晓庆　张　鹏　童辉军　余国庆
田超越　杨高辉　魏　敏　兴　秀　颉雪丽　赵　雪　代琴琴　王书环　严桂江　李玉靖
何　萍　孙薇钧　魏　怡　王怡连　秦　帅　刘淑婷　张子纯　潘　罗　陈昊铭　谢　怡
沈明慧　陈　昕　姚　倩　韩璐灿　王　凯　周　祯　时电越　蔺义卓　张经纬　刘雅文
宋培利　龙娅琴　王学琴　刘秋梅　卞艺蓉　陈雪柔　于　淼　王雨婷　姚　双　孙礼侠
吴雨婷　朱柳羽　黄丽萍　李娇洁　杨　培　王　超　张　莉　李嘉琦　原　桦　王雨梦

韦余艳　赵天琦　程文康　仲开宇　殷琦辉　张兰丹　李金丽　石建楠　王　玲　杨量山
汪　帅　贾　辉　郭　霞　黄俊俊　柴鑫玙　吴　洁　胡心如　李　雪　徐程浠　郑守钧
张　帅　姚　雄　李嘉玟　董淑琪　闫海清　王心玥　邵王玄　黄　硕　张保佑　刘忠文
罗江涛　钱雅婷　徐丝丝　张彩冰　张菲菲　毕苏阳　韦森永　李　燎　喻　晶　孙梦雨
王　研　朱祥宇　黄慧芳　关　鑫　王俊亭　赵健宝　李沿兴　陶必刚　林开华　袁露晴
刘圣洁　朱　彤　沈　彤　王开心　杨周沂　周长祥　李新宇　曹雨璐　吴　丹　韩诗妮
苏姜楠　张帅帅　李　荡　唐梦婷　朱海静　李　鑫　向开秀　陈文丽　唐弘灵　汪　建
张　正　赵旭文　吴仕鑫　谭云山　孙梦真　许倩倩　朱星宇　管　淇　张博洋　刘超然
刘子涵　赵华茹　童　鑫　侯庆威　李　帅　黄晴轩　成昌周　徐晓康　吴嘉欣　张冬平
安永倩　戚平平　周佳倪　龚　静　李俞蓉　欧祥浩　薛文斌　温新春　张姜玟欣

电子信息工程学院

张敏珠　张耀耀　方共渺　侯士行　申芊芊　许雨洋　于子涵　周建浩　叶健锋　周文函
任金瑶　张　杨　陈泽洋　刘茂林　孟振国　周永慧　常凡琛　沈子凤　包　闯　张佳伟
吴世政　郑　威　马　阳　孟凡祺　张　涵　安晗晗　张　峰　吕佳慧　张玉萍　宋家辉
孙康延　邵　卉　童　浩　付朋刚　韩建秀　钱思豪　陶　烁　刘庆吉　卜渺渺　滕守萍
薛梦凡　陈　月　夏　睿　田　川　吴　倩　陆　勇　任卓东　薄　岑　张　海　高梦婷
李冰倩　丁　文　吴金香　周陈香　开华颜　卢　帅　雷亚军　于先燕　张志坤　董　云
钟志祥　赵　斌　翟梓淇　沈　浩　崔苏鹏　陈　银　李　荣　杨心雨　杨志远　李金龙
陶　然　靳淘淘　陈来恩　石林龙　陈玺丞　林　铖　宋权豪　仲军吉　曾惜玉　陈佳妮
孟淼淼　朱大全　张兆东　兰海滨　刘耀龙　张仁杰　高伟东　郝博文　朱翼飞　高创创
刘赵城　王文韬　卫国俊　刘辉君　吴奕丞　杨金华　张天明　张军兵　罗阿呷　张昀鑫
宋来奇　随静龙　连思渊　殷应影　倪晓芳　黄杰航　桑　宇　王梦想　赵元明　支培明
郑海涛　曾紫玲　朱欣雨　张茂丽　李健升　唐浩凯　杨　斌　石祥运　易凌志　丁　杰
原雯琎　王建新　刘文杰　杨思雨　徐佳欣　吴　尚　王舒洋　牛天昊　朱丙鑫　刘学运
张育福　刘　凤　丁凯峰　曹　宇　王馨怡　张雅宁　王德相　杨　月　王　灿　张如梦
户小雨　曾庆钰　熊尚芬　李　好　邢思宇　张增玲　张豫娜　隆青涛　韩瑞康　张振武
史锦旗　陶青明　王　敬　黄锦辉　王紫帆　申嘉俊　王聚杰　郭　相　王晓婉　李玉娇
王怡婷　王嘉华　倪　洁　田　乐　季成公　吴自豪　刘皓宇

管理学院

刘广艳　仲子涵　郎梦霞　李　艳　蔡文静　王　玲　董桂琳　樊金鑫　刘晴晴　刘文静
李成功　吴　燕　张晓宁　严风玲　刘佳莹　降晨航　苏锦南　丰伍文　荣淑英　徐富治
李云驰　卢晓琴　郭　瑶　贺　茹　梁婷婷　赖梦莹　何　杰　纪梦瑶　李梦婷　陈庆苗
安景雨　李　艳　王雅萍　顾馨雅　刘　齐　王静怡　石　颖　陈　玲　魏　珂　闫梦冉
焦　亮　黄冬芝　靳思颖　李益帆　张佳乐　于　杰　雷王聪　徐　慧　张迎迎　晋雅萱
黄琼华　陈如湘　向仕芳　陈静雯　王佑荣　张甜甜　张　宁　杨贵竹　王桂香　刘　月
张岚琦　张静欣　周　睿　谭香苹　韩新叶　周嘉莉　李　婵　张　颖　刘婉君　孟艳英
邓　珂　秦嘉欣　兰佳敏　沈思琴　陆婉婷　鄢楚悦　司　云　梁冰冰　冯　爽　刘颖慧
邓文华　刘静柔　王　祥　周钰婕　赵玉洁　周胜男　吴　谦　杨　丹　马瑞芳　李　兰
杨　浩　管小辉　闫佳琳　周　涵　丁　香　郑文雪　张晋鹏　杨　娟　张　琪　谭丽娜
唐俊潇　程俊淋　张旭胜　杨　镇　刘佳慧　许萍萍　张素素　董春香　肖玉缘　王东伟
朱加富　薛金慧　廖玉锦　李梦茹　端木叶文　欧阳义豪　边玛卓玛

商学院

蒋　盈　吴苏明　马巧丽　苏　晨　宋紫唯　朱　蕊　丁　易　李晓霞　赵春燕　曹　凡
张天安　魏柠柠　周雯静　徐艺樱　张易聪　尚　愉　罗　霞　张佳怡　马永霞　张露露

陈晓雯 陈玟欣 赵雨梦 张琪 杨智慧 张俊杰 葛芙蓉 朱琳 顾华青 韦相言
罗海燕 王晶晶 杨牟怡 张怡雯 刘娜娜 周海蓥 李焕冉 龙婷婷 潘宗媛 吴沅渔
陈婷婷 张漫 梁娟 德西 翟蒙蒙 谢岳姗 苗新茹 刘如萍 李沭遥 莫俊娟
陈栎圩 刘锴 王翠连 洪秋雨 顾思欣 段夫雨 马文艳 许佳 高余晶 覃金花
龚炳鑫 王玮 徐洁 林梦楠 吴广川 李玲 单国香 杨金凤 樊心怡 王任静
宋雯雯 刘威艳 孙静静 夏穆荣 张薇 鲍莉娟 陈方炎 李雅茹 房文雅 梁朝阳
申海燕 朱冬伶 祁小芹 王彬 朱泽彤 贾梦瑶 刘珂 胡成迅 王欢欢 张雨
李育锋 殷群扬 李彤 孙朱敏 汤美琪 王钰婷 杨玉凤 吕甜甜 徐静蕾 赵钰
王怡 韩梦园

教育与人文学院

龙辰 王思雨 闫笑祯 翟文静 沈舒元 徐茂侠 张维豪 时璐 李金玲 韦柳双
张季雨 徐欣怡 于晶晶 谢梦瑶 马娟 吕宜京 刘倩倩 殷萍 袁蕊 陈敏
耿苏苏 居旻奕 李苏媛 韩嘉怡 蒋吉 黄怡青 魏玮 任锐蝶 孙思媛 李甜甜
曹佳琪 刘鑫 陈淇萱 张曼娟 夏献妮 胡梦瑶 李丹阳 钮晨瑞 魏雪 高梦晨
杜祥纯 胡天虹 宁婉瑜 施迎东 王岩 卫小宇 吴霞 梁敏 邵吉 彭如
马胜楠 李京洋 陈盼盼 陈新宇 杨娟 鞠文昊 汪梦杰 吴梦婷 覃金利 苏盈盈
邢锦宇 江海洋 李梦莹 陈彤鑫 刘靖怡 西雨晴 王蕊 王悦 马晶 孔维佳
李忠仙 代彩蝶 李渊博 易子欣 杨宏誉 陈玲 杨婕 孙梦杰 张少慧 张文博
许磊磊 徐雪 杨密 宋欢欢 彭芳 刘璐璐 王薇 王紫慧 唐银银 赵钰
周敏琪 韦肖妹 苏丽红 王青 王歌 李友香 曹蕴慈 张静钰 陆香 单宇欣
张梦露 林秋爽 谢路瑶 卢静 覃雨莹 吴海倩 颜可 甘兴泓 戴婷婷 郭文豪
金颖 葛晨昕 许根弟 李金垒 刘婧茹 许茜茜 黄诗颖 苏晓婷 吴艳 吴翠
廖丽敏 欧阳文青

外国语学院

魏若楠 王远远 徐亚文 张晓琴 黄鑫鑫 樊婷洁 肖柯梦 安文瑶 朱小霞 陈葱
陆晓燕 周雨 杨慧 李海超 黄浩梅 胡昕睿 刘万 吉浪 任星星 马赛男
李甜甜 薛燚涵 苏孟 田海霞 莫盈盈 吕英 童秋涞 郭艳 史欣欣 孙丽君
杨茹 范文杰 曹胜男 李梦 邵雯 刘盈 王珍珍 李子祺 李璇 蓝琳双
杜天珂 魏智慧 余梓璐 符莉 孙苏芹 盛妤煊 赵雅婷 朱逢静 樊鑫 杨旭婷
尹远新 胡子璇 王晓雅 陈丽平 徐丽霞 张清 安琴 梁莹 王娟 孙承帅
邓湘云 武子新 张婷婷 陈会敏 陈美霞 翟旌竹 王正磊 刘文静 任越 陆娇娇
马妍 伍佳佳 岑炎娟 刘红帅 王思洁 吴思琦 钟思帅 闫嘉欣 李静静 刘可璇
孙畅 赵佳 高停停 杨广飞 成梦杰 陈悦 赵琳悦 何凯玟 王文麒 李小妹

艺术学院

崔春柳 宁湘玉 朱娜 刘佳佳 陈骥赟 董君燕 任敏 申梦莉 管仪慧 姚池
李雅 苗明理 王楠 王欣茹 朱蕾媛 仲薇 孙佳妍 丁嘉露 陶其行 张诗怡
梅菲菲 韦慧丽 李丽青 董军营 王孟 张晓颖 陈桦颖 陈渺渺 马陈杰 冯小强
安成立 马欣怡 何家乐 陈苏杭 臧甜甜 何洪艳 田欣雨 张佳琪 李梦洁 李越
温文艳 王黎璇 胡宗兰 周全 付永坤 魏田远 李琼 张垒 孙益鸣 徐硕硕
赵茜 杨俊培 汤颖 徐丽珍 陈婷婷 欧怡泠 谷增荣 徐一玮 白雯靖 张鹏
石文潮 郇子昊 雷声琴 高乾山 许彤 孙艳艳 卜雅琪 刘叶萍 唐伟东 王羚毓
车彩琴 杨正璐 韩梓怡 吴思忆 张子怡 夏学升

体育部

杨波 范小雨 蔡青霖 刘玉 王懿雯 刘超 余洋和 王鹏翔 郜闽杰 朱俊峰

开元奖学金

2022年苏州市职业大学学生获开元奖学金名单

机电工程学院

勾娜娜　张封凡　曹　诚　张大卫　袁　蓉　周梦珂　刘津余　刘大洲　冯雨娴　丁洋洋
张梦晗

计算机工程学院

董自鹏　赵云雷　王　宇　徐益凡　吕新宜　胡忠波　杨国嵘　刘清龙　唐德雪　袁宇璐
祁昌丰

电子信息工程学院

王程红　武英豪　陈　川　王安然　滕守萍　贺香香　李雪奥　丁梦飞　曹一凡　闫俊尧

管理学院

张宝荣　沈佳萍　梁婷婷　丁蓉蓉　谢美林　陈丽雯　杨　云　吴佳霖　胡晶鑫　张岚琦

商学院

丁思婷　曹　莹　丁　易　杨智慧　纪亦心　李沐遥　汪欣悦　顾乐瑶　施凤茹　张　晗

教育与人文学院

张思怡　查思雨　李金玲　谢梦瑶　耿苏苏　韩嘉怡　蒋　吉　安　琼　蔡雯怡　沙雨欣
徐　雪

外国语学院

黄鑫鑫　胡坤铃　肖柯梦　刘　宇　杨博文　郑成露　李子怡　梁菁函　徐亚婷

艺术学院

周青青　郑　劲　周婷峰　朱　娜　任雨恬　郑雨欣　宋　怡　王艺霏　陆佳骏　何靖雯

体育部

范小雨　魏　威

“诚善”计划助学金

2022年苏州市职业大学学生获“诚善”计划助学金名单

机电工程学院

郎　悦　宋　旺　陈书文

计算机工程学院

朱梦颖　刘　静　陆周婷　贾　伟

电子信息工程学院

王宇晨　何宇杰　赵云依

管理学院

杨心如　李怡娟

商学院

仝芷婼　吕甜甜

教育与人文学院

陈　静　黄诗颖

外国语学院

吴思琦　杨安琪

艺术学院

周　铭　高文倩

社招学生奖学金

2022年苏州市职业大学学生获社招学生奖学金名单

机电工程学院

一等奖学金

环小猛

二等奖学金

陈启超

三等奖学金

李思金　梁　帅

单项奖学金

张明明　王红娟　李　震　高　振

电子信息工程学院

二等奖学金

陶月月

三等奖学金

丁像高

单项奖学金

胡本东　刘国阳

管理学院

一等奖学金

吴　琼

二等奖学金

季鼎晨

三等奖学金

李　翠　何　红

单项奖学金

薛伟康　刘远勇　何　杰　吕庆兵

商学院

一等奖学金

张鑫楷

二等奖学金

刘　力

三等奖学金

梁建明　张　岩

教育与人文学院

二等奖学金

姚一佳　孙　佳　查　阳

三等奖学金

邱雯静　柴健瑶　黄纯晨　缪静玉

单项奖学金

景琰芳　韩程程　丁　茜　叶成芳　徐樱芸　潘　虹　徐佳倩　周钱凤　肖　雯　陆　艳
邹春燕

“海棠花开”励志奖（助）学金

2022年苏州市职业大学学生获“海棠花开”励志奖（助）学金名单

机电工程学院

方　宇　吕　艳　赵佳利　苗生超　杨淑娴　陈　红　渠立鸿　宋　旺　梁锦锦　蔡国龙
严欣悦　马永闯

计算机工程学院

杨　阳　梁慧杰　王　雪　滕　格　李　政　徐益凡　吕新宜　徐　萌　胡忠波　杨国嵘
陈玉平　李亚宏　户佳蜜　祁昌丰

电子信息工程学院

刘全慧　董玉杰　曹　宇　朱方正　安正烨　黄　思　唐世行　练杨洋　刘宸维　郁乐欢
张春婷　冯利民　刘绍寿

管理学院

陈皇其　谭茜雅　张梦瑶　万雨彤　陈　倩　曹子妍　田志娟　蒙月娇　傅诗雅

商学院

宋紫唯　张天安　张　韩　马永霞　袁文岩　马晓月　王翠连　白子涵

教育与人文学院

王释雨　田剑锋　李亚玮　赵　靥　张泽婷　李　娜　马莫若　李雨萌　杨红红　王南梅
李　贝　宋艳平　张阅聆　邢娥娥　李　涵　褚彤彤　曹梦月

艺术学院

张雨婷　朱子鹏　宋　怡　保新成　蔡先赐　陈姗姗

体育部

范小雨

君创奖学金

2022年苏州市职业大学学生获君创奖学金名单

机电工程学院

吴敬诚　王绪莹　刘云生　刘芥群　许雅琪

计算机工程学院

邵美淇　孙　悦　周　济　王心雅　杨　阳　李玉靖

电子信息工程学院

于先燕　刘梦茹　周　锋　崔苏鹏　宋来奇　桑　宇

管理学院

李　美　胡心如　牟　杰　李杰玉　邓文华

商学院

李晓霞　徐玉妍　屠伊萱　龙婷婷　张　漫

教育与人文学院

魏　玮　吕宜京　李亚玮　曹佳琪　吴　霞　李雨萌

外国语学院

宋艳平　南童舒　邵大伟　张曼曼　李海超

艺术学院

张雨婷　任　敏　杨　艳　沈　逸　王奉玉

体育部

蔡青霖　王　鑫

关工委助学金

2022年苏州市职业大学学生获关工委助学金名单

机电工程学院
赵锦华
计算机工程学院
郑守钧
电子信息工程学院
李　鹏
管理学院
罗　川
商学院
张　韩
教育与人文学院
王释雨
外国语学院
吉　浪
艺术学院
杨　艳
体育部
范小雨

圣保利助学奖学金

2022年苏州市职业大学学生获圣保利助学奖学金名单

机电工程学院
张　莹　李苏慧　晏　冲　崔　耀　吴香玉　赵佳利　杨淑娴　韦毅恒　董晓艳　唐子康

肇镁奖学金

2022年苏州市职业大学学生获肇镁奖学金名单

机电工程学院
封迦训　李思杰　马骁龙　陈德源　吕　艳　仲　云　林　梦　范悦悦　单茂慧　侯森豪

华成奖助学金

2022年苏州市职业大学学生获华成奖助学金名单

管理学院
张俊茜　谢　珂　刘广艳　高孟迪　郎梦霞　仲子涵　王　玲　花鑫鑫　岳晴晴　陆　婷
吴昊睿　万雨彤　陈嘉宁　刘梦晴　周　彤　刘　倩　王文青　李　艳　詹　敏　杨　康
张　倩　周嘉莉　王　锦　李燕如　刘婉君

莱克电气奖学金

2022年苏州市职业大学学生获莱克电气奖学金名单

机电工程学院

王雅南 汪赐慧 朱春波 曹文轩 袁玉婷 唐解松 陈瑶奇 沈 杰 周慧瑶 周宇阳
张玉霜 秦 杨 崔佳杰 程 硕 王骏昊

安森美半导体奖学金

2022年苏州市职业大学学生获安森美半导体奖学金名单

机电工程学院

孙凡迪 张佳慧 朱叶琳 杨 林 马常发 顾文熙 乔超凡 王靖雯 李 宵 赵立涛
张逸轩 叶 尘 赵宇翔 张 森 周新宇 葛顺鹏 赵文青 王 焜 刘 婷 朱文婷
刘 昊 尚 宇 郎 悦 戴永昕 米子怡 杜康威 钱紫宁 强皖宁 孟凯霞 高徐晓曼

张继馨艺术奖学金

2022年苏州市职业大学学生获张继馨艺术奖学金名单

艺术学院

冯超群 蔡先赐 仲 薇 肖龙梅 彭娅伶 亓思泉 王继成 陈 佩 卞徐一 张胡缘

向阳花奖学金

2022年苏州市职业大学学生获向阳花奖学金名单

机电工程学院

刘津余 牛 威 李思杰 孙鑫浩 孙凡迪 岳 高 刘大洲 马骁龙 张蕊欣 杨 林
李苏慧 吴敬诚 刘 婷 陈德源 晏 冲 尚 宇 崔 耀 卢世林 郎 悦 张大卫
赵佳利 钱紫宁 米子怡 仲 云 吕 艳 曹 诚 强皖宁 邹 阳 汪赐慧 朱春波
魏 耀 陈 红 唐佳鑫 刘芥群 韦毅恒 单茂慧 许雅琪 董雯轩 李淑媛 丁立成
王静雯 陈瑶奇 董晓艳 马俊杰 侯森豪 周宇阳 唐子康 张玉霜 崔佳杰 高徐晓曼

欧普奖学金

2022年苏州市职业大学学生获欧普奖学金名单

管理学院

岳 雯 刘佳颖 朱沛名 敖玉洁 阳景尧

大鹏助学金

2022年苏州市职业大学学生获大鹏助学金名单

商学院

丁 易 王翠连 卢 盼

（王 彤）

编辑：许立莺 陆怡静 盛 婷

SUZHOU VOCATIONAL UNIVERSITY

第十四章　大事记

大事记

1月

5日

△学校召开中高职“3+3”分段培养项目研讨会，进一步加强学校中高职“3+3”分段培养项目管理，提高人才培养质量。

5—18日

△学校在2022年江苏省职业院校技能大赛中，获一等奖7项、二等奖11项、三等奖27项。

7日

△学校“先锋论坛”在苏州丝绸博物馆举办“汇聚红色正能量　提升党建引领力”主题党日暨党建红色沙龙活动。

8日

△2022年江苏省职业院校技能大赛高职装备制造类“工业机器人技术与应用”赛项在学校开赛，来自全省13个大市的26所高职院校的代表队参加比赛。

10日

△学校与巴基斯坦国立科技大学（National University of Sciences and Technology,Pakistan）合作交流会暨中巴经济走廊文化交流中心工作推进会在线上举行。

11日

△学校召开2022年春季学期教材选用工作会议，进一步加强教材选用工作的规范管理和监督。

12日

△学校举行2021年度教职工荣休仪式，校党委副书记、副校长刘丹出席活动并为荣休教职工颁发荣休证书。

△学校印发《苏州市职业大学财务报销管理办法（修订稿）》（苏职大政〔2022〕1号）。

14日

△苏州石湖智库召开2021年年会暨江南文化发展指数（2021）发布会。苏州市社科联领导，《江南文化蓝皮书》编纂专家团队、南京大学出版社相关负责人员，苏州石湖智库理事会、监事会成员以及智库特约研究员参加会议。

15—16日

△2022年江苏省职业院校技能大赛高职电子与信息类“大数据技术与应用”赛项在学校举行，42支参赛队、126名选手同台竞技，为本赛项历年来规模最大、参赛人数最多的一次。

17日

△校党委书记钮雪林、校长曹毓民带队开展校园安全和疫情防控检查，确保寒假期间校园安全稳定。

18日

△学校召开离退休老干部校情通报会，通报学校工作，听取意见和建议。

△学校召开科学技术协会第二届委员会第四次会议。

19日

△学校党委理论学习中心组召开学习会，会议围绕习近平总书记在省部级主要领导干部学习贯彻党的十九届六中全会精神专题研讨班开班式上重要讲话精神、苏州市数字经济时代产业创新集群融合发展大会和苏州市委人才工作会议精神进行专题学习。

△学校党委围绕2022年“一稳三进”、加强“六个对照”召开年度工作务虚会。全体校领导，各学院（部）党政主要负责人、各部门主要负责人参加会议。

20日

△学校召开校地合作社会培训专题研讨会，主题为产教融合着力推动社会培训，助力产业技术技能人才培养。

△学校信息化治理与服务案例“数‘治’苏职大，打造‘六全’智慧校园”入选全国职业院校信息化建设与应用成果案例。

21日

△2022年首届苏南地区光伏1+X证书及技能大赛交流会在学校电子信息工程学院召开。

24日

△学校获批江苏省智慧校园示范校。

26日

△学校召开党史学习教育总结会议，全面总结学校党史学习教育工作情况。

28日

△苏州市政协副主席程华国一行到校走访

慰问国家级技能大师顾星，并调研技能大师工作室。

是月

△学校机电工程学院学生贾文涛、管理学院学生孙薇获评江苏省“最美职校生”。

2月

12日

△学校调整校期刊编辑委员会，主任委员曹毓民，副主任委员刘丹、张健、孙学文。（苏职大政〔2022〕2号）

15日

△学校作为第三完成单位申报的项目“低场核磁共振技术在食品快速检测中的创新应用及系统开发”获2021年度江苏省科学技术一等奖。

3月

2日

△江苏省教育厅公布2021年江苏省教学成果奖获奖项目，学校获2021年省教学成果奖二等奖3项，以第二完成单位获二等奖1项。

4日

△学校成立中共苏州市职业大学第三次代表大会筹备工作领导小组，组长钮雪林，副组长曹毓民、刘丹、熊贵营、张健、蔡晓平、孙学文。（苏职大委〔2022〕7号）

8日

△学校调整苏州市职业大学安全管理委员会成员，主任钮雪林、曹毓民，副主任刘丹、熊贵营、张健、孙学文。（苏职大委〔2022〕8号）

△学校调整校招生工作领导小组，第一组长钮雪林，组长曹毓民，副组长刘丹、熊贵营（常务）、张健、蔡晓平、孙学文。（苏职大政〔2022〕8号）

△学校印发《苏州市职业大学2022年提前招生招考组织工作实施方案》（苏职大政〔2022〕9号）。

14日

△学校印发《苏州市职业大学校研究性课程实施办法》（苏职大政〔2022〕12号）。

15日

△学校印发《苏州市职业大学2022专业数字化改造融合化转型发展重点建设年实施方案》（苏职大委〔2022〕10号）。

16日

△学校2021年度基层团委书记述职评议会在线上举行。

△学校召开2022年工作部署暨党风廉政建设工作会议，全体校领导、中层以上干部参加会议。各学院（部）、各部门向学校党委递交党风廉政建设责任书。

△学校印发《苏州市职业大学2022年度工作要点》（苏职大委〔2022〕9号）。

18日

△学校印发《苏州市职业大学专利管理办法》（苏职大政〔2022〕14号）。

△学校印发《苏州市职业大学横向技术合同管理办法》（苏职大政〔2022〕15号）。

△学校印发《苏州市职业大学科技成果转化管理办法》（苏职大政〔2022〕16号）。

19日

△由吴文化传承与创新研究中心、江南文化研究院和管理学院主办的“江南文化中的尚武传统”学术研讨会在石湖书院举行。

20日

△在江苏省高等学校学报研究会组织开展的2021年度江苏省高校精品·优秀·特色期刊评选中，《苏州教育学院学报》获评2021年度江苏省高校特色期刊。

21日

△学校印发《苏州市职业大学“工科高水平拓进”实施方案》（苏职大委〔2022〕11号）。

△学校印发《苏州市职业大学2022年思想政治、意识形态工作要点》（苏职大委〔2022〕12号）。

24日

△学校党委理论学习中心组召开集中学习会，会议围绕习近平总书记在2022年春季学期中央党校（国家行政学院）中青年干部培训班开班式上的重要讲话精神、全国两会精神和习近平总书记在全国两会期间重要讲话精神进行专题学习。

△学校印发《苏州市职业大学2022年度党风廉政建设工作要点》（苏职大委〔2022〕13号）。

25日

△学校印发《苏州市职业大学2022年党建

工作要点》（苏职大委〔2022〕16号）。

29日

△学校与苏州太美逸郡精品酒店开展校企合作共话“中国女足精神”交流活动。

是月

△学校与国家教育行政学院（中国教育干部网络学院）联合举办苏州市职业大学中层干部治理能力提升专题网络培训班，学校90余名中层干部参加培训。

4月

2日

△学校印发《2022年学校党委理论学习中心组学习计划》（苏职大委〔2022〕19号）。

9日

△学校推出第4期“教授大讲堂”活动。10名来自学校不同学术领域的专家教授，为居家抗疫的师生带来高水平学术讲座，受到师生的广泛欢迎。

11日

△学校印发《苏州市职业大学2022年网络安全和信息化工作要点》（苏职大委〔2022〕20号）。

△学校印发《苏州市职业大学2022年度主要工作任务分解方案》（苏职大委〔2022〕22号）。

12日

△学校7部教材获批江苏省“十四五”职业教育规划教材，3部教材入围“十四五”首批职业教育国家规划教材江苏推荐项目。

13日

△学校印发《苏州市职业大学2022年实事项目》（苏职大政〔2021〕103号）。

15日

△学校印发《苏州市职业大学关于进一步规范行政人员办公用房管理的规定》（苏职大政〔2022〕24号）。

16日

△苏州市况钟研究会与苏州市纪委监委联合主办“任重道远：况钟与江南廉洁文化建设”第三届政德文化沙龙。

20日

△学校印发《苏州市职业大学纵向科研项目及经费管理办法》（苏职大政〔2022〕25号）。

△学校印发《苏州市职业大学纵向科研项目间接费用管理实施细则》（苏职大政〔2022〕26号）。

△学校印发《苏州市职业大学横向科研项目及经费管理办法》（苏职大政〔2022〕27号）。

△学校调整学校其他系列职称评审委员会，主任曹毓民，副主任刘丹、熊贵营、张健、孙学文。（苏职大政〔2022〕29号）

25日

△学校印发《苏州市职业大学教学研究与建设项目及经费管理办法（修订稿）》（苏职大政〔2022〕30号）。

△学校印发《苏州市职业大学疫情防控期间学生违纪处分暂行规定》（苏职大政〔2022〕31号）。

29日

△学校召开2021质量文化重点建设年总结暨2022专业数字化改造融合化转型发展重点建设年工作部署会议。

30日

△学校“名师课堂”之骨干教师专业数字化改造及信息化素养提升培训班举行线上开班仪式。

5月

5日

△学校印发《苏州市职业大学关于加强师资队伍建设工作的意见》（苏职大委〔2022〕27号）。

9日

△学校成功入选全国高职院校产教融合、创新创业“双百强”评选名单，成为“创新创业100强”首批入选的30所高校之一，综合排名位列全国百强第二十一。

11日

△校团委开展“喜迎二十大、永远跟党走、奋进新征程”主题团日活动。

14日

△学校2022“互联网+”创新创业大赛（决赛）在腾讯会议平台顺利举行。

22日

△学校顺利完成“专转本”考试的组织安排及考务监考工作。

23日

△学校印发《苏州市职业大学关于开展访企拓岗促就业专项行动的实施方案》(苏职大政〔2022〕34号)。

25日

△学校召开2021年度综合表彰大会暨党委人才工作会议,表彰过去一年学校在各方面工作中涌现出的优秀项目,全面总结、部署学校人才工作。

26日

△学校党委理论学习中心组召开集中学习会。会议围绕习近平总书记在庆祝中国共产主义青年团成立100周年大会上的重要讲话、习近平总书记给南京大学留学归国青年学者重要回信进行专题学习。

30日

△学校召开2022上半年基层党建工作推进会。各党总支(直属党支部)书记、专职副书记,各党支部书记共60余人参加会议。

△学校印发《苏州市职业大学关于开展整治形式主义官僚主义为基层减负专项行动的实施方案》(苏职大委〔2022〕32号)。

31日

△学校印发《苏州市职业大学科研平台管理办法》(苏职大政〔2022〕36号)。

是月

△苏州石湖智库获“2022年联合国中文日暨中央广播电视总台第二届海外影像节”突出贡献奖。

△学校电气自动化技术专业获江苏省高校国际化人才培养品牌专业建设第二批项目立项。

6月

1日

△苏州市委决定免去刘丹校党委副书记、委员(苏委人〔2022〕248号)、副校长(苏委人〔2022〕247号)职务。

△学校印发《苏州市职业大学“青春献礼二十大,强国有我新征程”迎接学习宣传党的二十大主题宣传教育活动工作方案》(苏职大委〔2022〕34号)。

△学校召开2022年网络安全和信息化工作会议,邀请苏州市委网信办网管处网络安全专家刘芳做关于互联网内容规范性要求的网络安全培训。

8日

△学校召开第七届教职工代表大会第五次会议。校党委书记钮雪林、校长曹毓民,党委副书记、副校长刘丹,副校长熊贵营、张健,纪委书记蔡晓平,副校长孙学文出席会议。130余名代表(含特邀代表、列席代表)参加大会。

13日

△学校与中国大地出版传媒集团大运河文化研究中心签署合作协议,“大运河文化研究基地学校”同时揭牌。苏州市政协副主席曹后灵出席活动。中国大地出版传媒集团大运河文化研究中心首席代表、《中国大运河文化》总编辑周伟芪,苏州市文联二级巡视员陆玉方,中国大地出版传媒集团大运河文化研究中心苏州代表、江苏省书法院研究部主任陆衡,中国大地出版传媒集团大运河文化研究中心代表、四级调研员陈庆祖,学校党委书记钮雪林、校长曹毓民参加活动。

14日

△学校印发《苏州市职业大学2022年思想政治工作主要任务清单》(苏职大委〔2022〕38号)。

15日

△苏州市首届社区教育优秀团队遴选现场汇报会在苏州开放大学顺利举行。

△学校召开2022年思想政治工作年会。

△学校印发《苏州市职业大学预算绩效管理实施方案》(苏职大政〔2022〕38号)。

21日

△学校召开2022年秋季学期教材选用工作会议,审议通过2022年秋季学期全校的教材选用。

△学校召开专题会议推进教育部职业院校数字校园试点校建设,要求做好试点学校建设方案,加快推进与教育部职业院校数据中台的接入工作。

22日

△学校通过网络直播平台举行2022届毕业生“云上”毕业仪式。

23日

△学校党委理论学习中心组召开集中学习会。会议围绕习近平总书记在十九届中共中央政治局第三十九次集体学习时的重要讲话精神、《百年大党面对面》进行专题学习。中心组

全体成员参加会议。

△学校党委会听取学校2022年度60项主要工作任务、“对标找差”指标及“十四五”事业发展内涵质量指标、横向技术服务和社会培训、专业数字化改造融合化转型发展重点建设年工程、2022年度重大重点建设项目等任务的年中进展情况汇报，还听取学校示范“基层党组织书记工作室”和“双带头人”教师党支部书记工作室遴选、庆祝中国共产党成立101周年暨第十六届“先锋论坛”总结表彰大会方案，上半年高层次及紧缺人才招聘、公益性岗位招聘，以及省第六期“333高层次人才培养工程”2022年培养支持资助项目申报等情况汇报。

24日

△学校举行2022届刚果（布）留学生毕业典礼。

△学校2022年大学生核心就业能力培训工作圆满结束。作为江苏省54所培训点高校之一，学校严格按照省高校招生就业指导服务中心的要求，面向2020级学生开展专题培训。

27日

△学校印发《苏州市职业大学教学团队建设与管理办法》（苏职大政〔2022〕43号）。

28日

△苏州市康养产业学院成立大会在学校顺利举行。苏州市教育局副局长张可伟、市卫健委一级调研员卜秋、市发改委社会发展处处长朱建清、市民政局养老服务处处长罗林、市人社局职业能力建设处副处长王飞，市养老产业联合会会长徐冈、专委会主任郑利江，市健康养老产业发展集团有限公司董事长朱国文、副总经理吴奇，学校党委书记钮雪林、校长曹毓民、副校长孙学文出席会议。

△在第十七届“振兴杯”全国青年职业技能大赛（学生组）创新创效专项赛决赛中，学校机电工程学院学生王贺、赵坤权等参与的项目“‘穿戴式’步距自适应辅助行走装置”斩获全国银奖。

29日

△学校召开2022年上半年离退休老干部校情通报会。

△2022年苏州市社区教育教师能力大赛在苏州开放大学顺利举行。

△学校召开庆祝中国共产党成立101周年暨第十六届“先锋论坛”总结表彰大会。校党委书记钮雪林，校长曹毓民，党委副书记、副校长刘丹，副校长熊贵营、张健，纪委书记蔡晓平，副校长孙学文，各管理教辅部门负责人，各党总支书记、副书记，各学院（部）院长（主任），各党支部书记，2021年度优秀共产党员代表和各学院（部）教师党员代表共140余人参加会议。

30日

△学校党委会专题学习习近平总书记在十九届中共中央政治局第四十次集体学习时的重要讲话精神，传达苏州高校思想政治工作座谈会、江苏省教育厅网络安全调研会会议精神，讨论学校教育部职业院校数字校园试点校建设工作方案，听取暑期安全和保卫工作、留校学生学习和生活安排，以及发展党员等情况汇报。

是月

△学校获2019—2021年度江苏省文明校园称号。

7月

4日

△校党委书记钮雪林、校长曹毓民带队实地走访8家学校深度合作企业，为应届毕业生开拓就业岗位，慰问企业在岗校友。

5日

△学校召开2022年发展研讨会，主题为“总结近五年工作，谋划后五年发展”。

8日

△学校张量、王敏入选江苏高校“青蓝工程”优秀青年骨干教师名单，陶莉入选江苏高校“青蓝工程”中青年学术带头人名单，缪启军入选江苏高校“青蓝工程”优秀教学团队带头人名单。

10日

△国内著名高校研究生2022年度暑期专项实践活动启动会在学校顺利召开。苏州市人大常委会研究室主任李远延、副主任刘海龙，学校校长曹毓民，副校长、苏州石湖智库理事长张健，北京大学和中国人民大学在读研究生及地方高校学生代表参加启动会。

11日

△江苏省第二十届运动会高校部羽毛球（乙组）比赛在学校顺利开幕。比赛由江苏省

教育厅、省体育局主办，苏州市职业大学承办。来自江苏省的35支队伍、200余名运动员参加比赛。

17日

△苏州市委决定免去熊贵营校党委委员（苏委人〔2022〕313号）、副校长（苏委人〔2022〕314号）职务。

18日

△江苏省教育厅专家组到校开展实验室安全现场检查工作。

19日

△苏州市政府研究室主任陈震欧、四级调研员沈智清一行到校专题调研苏州石湖智库。

△江苏开放大学党委常委、副校长罗逾兰一行到校开展办学系统调研座谈。

22日

△江苏省委决定：曹毓民任苏州市职业大学党委书记职务，免去钮雪林校党委书记、委员职务。（苏委〔2022〕580号）

△苏州市职业大学领导班子换届。江苏省委决定：温贻芳任校长职务，试用期一年；免去曹毓民校长职务。（苏委〔2022〕581号）

29日

△苏州市况钟研究会与苏州市纪检监察学会在拙政园联合举办“香远益清：首届‘苏州园林与廉洁文化’论坛”。

8月

2日

△学校召开2022级专业人才培养方案制订推进会，进一步明确人才培养方案制订的新要求和新方向。

2—6日

△学校电子信息工程学院承办的全国职业院校“工业机器人技术”专业教师研修班，在学校工业机器人技术人才培育基地顺利举办。

4日

△安庆医药高等专科学校党委书记叶林霞、副校长朱庆丰及有关部门负责人到校考察交流。

6日

△中国老科学技术工作者协会常务副会长、中国科学技术协会原党组副书记、副主席齐让，中国老科学技术工作者协会副会长、武汉大学原党委书记李健，中国老科学技术工作者协会副会长、江苏省人大常委会原副主任刘永忠一行到校调研，校党委书记曹毓民、副校长张健参加调研活动。

10日

△学校召开干部大会，宣布江苏省委关于学校主要领导调整的决定。苏州市委常委、宣传部部长金洁，江苏省委组织部干部五处副处长滕凯，苏州市委组织部副部长、市公务员局局长沈玉明，学校全体校领导、中层干部，部分老领导，高级职称教师代表、区级以上“两代表一委员”、民主党派负责人参加会议。

12日

△校党委书记曹毓民、校长温贻芳一行前往学生第四和第五食堂、学生宿舍等地调研暑期工程项目建设情况，并慰问在校师生员工。

15—17日

△江苏省委教育工委、省教育厅举行2022年全省高校领导干部暑期学习培训班。校党委书记曹毓民、校长温贻芳参加培训。温贻芳作为全省唯一高职院校代表做交流发言。

17日

△2022年江苏省县级青年志愿者协会和骨干志愿者培训班开班仪式、江苏省青年志愿服务培训基地（苏州）揭牌仪式在开放大学成功举办。江苏团省委二级巡视员施静芝、苏州团市委副书记王超及全省60余名县级青协骨干志愿者参加活动。

19日

△学校召开疫情防控专项工作会议，部署2022年秋季学期师生员工返校报到疫情防控工作。

23日

△苏州石湖智库与苏州市姑苏区侨联共同举办的2022“智汇苏州”第6期学术沙龙暨姑苏侨文化品牌建设助力古城保护与发展专题研讨活动顺利举行。

24日

△苏州市委决定：温贻芳任苏州开放大学校长（兼），免去曹毓民兼任的苏州开放大学校长职务。（苏委人〔2022〕348号）

△苏州市职业大学领导班子换届。苏州市委决定：张健、孙学文任苏州市职业大学副校长；张军、王峰任苏州市职业大学副校长，试用

期一年。(苏委人〔2022〕355号)

△苏州市委决定:温贻芳、张健任苏州市职业大学党委副书记;庄剑英任苏州市职业大学党委委员、纪委书记职务,试用期一年;张军、王峰任苏州市职业大学党委委员。(苏委人〔2022〕356号)

25日

△学校校友、2022年“诚实守信”中国好人黄萍到访学校。校党委书记曹毓民热情接待并座谈交流。

26日

△学校印发《苏州市职业大学在线开放课程教学管理办法》(苏职大政〔2022〕53号)。

是月

△学校获2022年全国职业院校技能大赛“工业机器人技术应用”赛项一等奖,“大数据技术与应用”赛项二等奖。

9月

2日

△学校召开专业(群)服务产业发展研讨会。校长温贻芳,副校长孙学文,校长办公室、教务处、科技处、校地合作办公室主要负责人,各学院(部)院长、系主任、各专业负责人,以及参与专业(群)服务产业发展研究报告工作的所有博士参加会议。

3日

△学校电子信息工程学院承办的第十六届“西门子杯”中国智能制造挑战赛(华东二赛区)正式开赛,来自35所本专科院校的140多个代表队参加比赛。

△由学校和江苏汇博机器人技术股份有限公司等单位协办的第三届中国机器人产教融合发展论坛圆满落幕。校长温贻芳,副校长张健、孙学文与来自全国机器人行业和教育领域的100多名嘉宾共同探讨机器人产教融合的发展和未来。

6日

△学校召开第三次党代会工作推进会。

△学校调整校领导分工。(苏职大委〔2022〕54号)

△学校调整中共苏州市职业大学第三次代表大会筹备工作领导小组,组长曹毓民,副组长温贻芳、张健、孙学文、庄剑英、张军、王峰。(苏职大委〔2022〕55号)

7日

△学校受江苏省教育厅委托,对江苏省3C产品智能制造工程技术研究开发中心建设进行验收。

△学校印发《2022年苏州市职业大学生活垃圾分类工作行动方案》(苏职大政〔2022〕49号)。

9日

△学校举行“匠心筑师魂,喜迎二十大”庆祝教师节大会。全体校领导,管理教辅部门负责人,各学院(部)院长、主任以及师生代表欢聚一堂共庆节日。

△学校调整部分校领导联系学院(部)。(苏职大委〔2022〕58号)

14日

△学校举行马克思主义学院成立大会。校党委书记曹毓民、校长温贻芳、相关职能部门负责人出席会议。

△学校举行2022级新生开学典礼,开学典礼设主会场和分会场。主会场设在南区体育馆,分会场设在各学院多媒体教室。主会场与分会场通过网络直播连接互动。

△江苏省委统战部二级巡视员、省中华职教社秘书长倪南博士一行到校调研苏州石湖智库。

△学校印发《苏州市职业大学学生资助工作管理办法》(苏职大政〔2022〕55号)。

15日

△学校“苏州市‘银铃智慧赋能教育’工作案例”获评教育部“智慧助老”优质工作案例。

16日

△学校召开专题座谈会,向退休正职老领导征求对学校第三次党代会两委工作报告的意见。

20日

△学校召开第三次党代会两委工作报告征求教师代表意见座谈会。

△学校召开党外代表人士双月座谈会,向党外代表人士征求对学校第三次党代会两委工作报告的意见。

21日

△安徽省安庆市怀宁县县长陈宏及县发改委、县科经信局、秀山乡等有关部门人员到校考察交流。

22日

△学校召开学生党员代表座谈会,就学

校第三次党代会两委工作报告广泛征求学生意见。

23日

△苏州市人大常委会研究室2022年度重点委托课题（苏州石湖智库）集中开题暨“苏州现代化发展路径研究”专家讨论会在学校顺利召开。

26日

△中国共产党苏州市职业大学第三次党员代表大会举行预备会议。会议由校党委书记曹毓民主持，全体党代表出席会议。

△中国共产党苏州市职业大学第三次党员代表大会开幕。出席大会开幕式的省市领导有江苏省委组织部和省委教育工委换届工作督导组组长、南京财经大学原党委书记陈章龙，苏州市人民政府副市长季晶，中共苏州市委组织部副部长、市公务员局局长沈玉明，苏州市委教育工委书记、市教育局局长周志芳，换届工作督导组其他人员、市委组织部、市纪委有关人员也出席开幕式。正式代表139人、列席代表10人参加大会。

△中国共产党苏州市职业大学第三次党员代表大会举行第一次全体会议。校党委书记曹毓民向大会做《继往开来　踔厉前行　为建成职业本科院校而努力奋斗》的报告。

27日

△中国共产党苏州市职业大学第三次党员代表大会举行第三次全体会议及闭幕式。在圆满完成各项预定任务后，大会顺利闭幕。

△校长温贻芳参加2022年苏州高校新生开学季活动启动仪式暨苏州大学未来校区启用仪式。

28日

△苏州市现代装备制造职业教育集团2022年工作会议暨换届大会在学校顺利召开。会议分为集团常务理事会议、集团换届大会、专家报告会3个阶段，副校长孙学文主持会议。

是月

△学校入选教育部信息化支撑职业院校校企合作专业共建项目首批共同体成员。

△学校获首批“江苏省绿色学校”称号。

10月

6日

△校党委会学习习近平总书记参观“奋进新时代”主题成就展、会见C919大型客机项目团队代表并参观项目成果展览时的讲话精神，通报高校意识形态安全专项检查实地督导意见反馈情况，对学校意识形态工作进行部署。

11日

△学校机电工程学院逐梦服务队获评2022年“三下乡”社会实践优秀团队，为学校实践团队首次获得全国荣誉。

12日

△学校与湖南汽车工程职业学院、佛山职业技术学院联合主持的国家级职业教育智能控制技术专业教学资源库项目顺利通过教育部验收。

△苏州市科协党组书记、主席程波一行到校调研，市科协秘书长庞振、学会部部长陈嵘等陪同调研。

△苏州市人大吴中区代表团第二小组到校调研交流，苏州市人大常委会人代联工委主任戴玲芬，苏州市吴中区人大常委会主任方伟军、副主任史拥军等参加活动。苏州市人大代表、学校党委书记曹毓民，校长温贻芳，校党委副书记、副校长张健，副校长孙学文及相关部门负责人参加调研活动。

13日

△学校党委理论学习中心组召开集体学习会，围绕《习近平谈治国理政》第四卷进行专题研讨。中心组全体成员参加会议，校党委书记曹毓民主持会议。

17日

△校党委书记曹毓民带队到马克思主义学院调研，并就马克思主义学院高质量发展进行座谈研讨。

△学校印发《苏州市职业大学信访工作实施办法（修订）》（苏职大委〔2022〕70号）。

18日

△学校档案馆获评2018—2022年江苏省高校档案馆（室）先进集体，教师刘萍获评江苏省高校档案馆（室）优秀馆员。

△学校印发《苏州市职业大学学生实习管理办法（修订稿）》（苏职大政〔2022〕61号）。

△学校调整学术委员会，主任温贻芳，副主任王峰。（苏职大政〔2022〕62号）

19日

△苏州城市学院党委常委、副校长周高一行到校调研交流。校党委书记曹毓民，党委副

书记、副校长张健，副校长张军，相关职能部门负责人参加座谈。

△学校印发《苏州市职业大学高等学历继续教育校外教学点管理办法》（苏职大政〔2022〕63号）。

21日

△学校印发《关于聘请学生廉政信息员的通知》（苏职大纪〔2022〕3号）。

25日

△苏州工匠园负责人、苏州启源文化管理咨询有限公司总经理肖薇薇一行到校交流学习。校党委书记曹毓民，党委副书记、副校长张健出席座谈交流会。

26日

△校党委会学习习近平总书记在中国共产党第二十次全国代表大会上的重要讲话精神、中国共产党第二十届中央委员会第一次全体会议公报，传达江苏省委、苏州市委学习贯彻党的二十大精神会议的部署要求，听取学校2022年度招生工作、重大重点项目进展等相关情况汇报，讨论《关于加强马克思主义学院建设的实施方案》。

△学校启动以"厚植'小家'清廉家风，助力'大家'风清气正"为主题的第十六届校园廉洁文化活动月活动。

27日

△苏州市美术家协会主席团到校调研暨张继馨艺术奖学金颁发仪式在吴文化园举行。苏州市美术家协会主席、苏州美术院院长陈危冰带领市美术家协会主席团全体成员到校调研交流。校党委书记曹毓民，校长温贻芳，党委副书记、副校长张健出席活动。

31日

△苏州石湖智库与苏州市民政局签署战略合作协议，揭牌成立苏州地名文化遗产研究院，共建相关科研平台，共同策划研究课题、编纂相关刊物，形成并刊发相关研究成果。

△学校2022年田径运动会在南区体育场开幕。计算机工程学院、电子信息工程学院、机电工程学院代表队分获团体总分第一、二、三名。

△学校成立苏州市职业大学预算绩效管理工作委员会，主任温贻芳，副主任张健、孙学文、张军、王峰。（苏职大政〔2022〕66号）

11月

2日

△学校印发《苏州市职业大学关于加强马克思主义学院建设的实施方案》（苏职大委〔2022〕74号）。

△学校成立苏州市职业大学现代职业教育高质量发展工作领导小组，组长曹毓民、温贻芳，副组长张健、孙学文、庄剑英、张军、王峰。（苏职大委〔2022〕75号）

4日

△校纪委全委会专题学习贯彻党的二十大精神。会议由校纪委书记庄剑英主持，全体纪委委员参加会议。

6日

△学校举行机器人产业学院合作签约仪式。签约仪式由校长温贻芳主持，校党委书记曹毓民致欢迎词。

10日

△学校党委理论学习中心组召开集体学习会，围绕党的二十大精神，结合工作实际，学报告、谈体会、话发展。中心组全体成员参加会议，校党委书记曹毓民主持会议。

△校党委会学习习近平总书记在陕西延安和河南安阳考察时的重要讲话精神，讨论学校《关于认真学习宣传贯彻党的二十大精神的通知》《"一站式"学生社区综合管理模式建设实施方案》，听取学生社团工作等汇报。

△学校成立苏州市职业大学"三全育人"综合改革工作领导小组，组长曹毓民、温贻芳，副组长张健、孙学文、庄剑英、张军、王峰。（苏职大委〔2022〕76号）

△学校调整部分校级领导机构、议事协调机构。（苏职大委〔2022〕77号）

11日

△学校2022年教师教学能力专项培训班开班，教师教学能力比赛团队及相关人员参加培训。

12日

△苏州市委决定：孙学文任苏州市职业大学副校长职务（试用期满）。（苏委人〔2022〕444号）

14日

△学校举行虚拟仿真实训基地建设项目调研会。国家职业教育示范性虚拟仿真实训基

地专家成员兰淑贤、田秀萍、刘志国一行到校指导。

15日

△教育部教育信息化专家组成员、中国职业技术教育学会信息化工作委员会主任委员邓志良到校指导交流，校党委书记曹毓民、副校长王峰参加座谈交流。

△学校召开2022下半年基层党建工作推进会。各党总支（直属党支部）书记、专职副书记，各党支部书记共60多人参加会议。

16日

△“非遗大师进校园”——“天工苏绣”姚惠芬刺绣艺术作品展在学校拉开帷幕。校党委书记曹毓民、校长温贻芳、苏州市美术家协会主席陈危冰、苏州市高新区文化体育和旅游局局长周晓明、苏州市非物质文化遗产保护管理办公室副主任张岚、苏州市工艺美术协会秘书长沈慧芳等出席活动。

△学校举办“守正创新　勇毅前行　以党的二十大精神引领社科发展新局面”座谈会。校党委书记曹毓民，党委副书记、副校长张健，相关职能部门人员及学院的教授、青年博士代表共30余人参加座谈。

△学校印发《中共苏州市职业大学委员会关于认真学习宣传贯彻党的二十大精神的通知》（苏职大委〔2022〕78号）。

18日

△扬州市职业大学校长林刚、副校长吴书安一行到校调研。校党委书记曹毓民，校长温贻芳，副校长孙学文、王峰，相关部门负责人参加座谈交流。

22日

△学校成立苏州市职业大学“一站式”学生社区建设工作领导小组，组长曹毓民、温贻芳，副组长张健、孙学文、庄剑英、张军、王峰。（苏职大委〔2022〕80号）

△学校印发《苏州市职业大学“一站式”学生社区综合管理模式建设实施方案》（苏职大委〔2022〕81号）。

△学校参加黄炎培职业教育思想研究第十二次学术年会，校党委副书记、副校长，苏州石湖智库理事长张健受邀出席并做第十二次学术年会专题发言。

23日

△学校调整各学院（部）专业带头人及专业负责人。（苏职大政〔2022〕75号）

△学校组织中层正职及以上干部参观苏州吴江区反腐倡廉警示教育基地。

△学校举行“凝心聚力抗疫情　牢记使命勇担当”抗疫一线先进事迹图片展。

24日

△校党委会专题学习习近平总书记重要文章《坚持走中国特色社会主义法治道路　更好推进中国特色社会主义法治体系建设》，研究推进依法治校工作，听取学校党外知识分子联谊会相关事宜等情况汇报。

25日

△苏州市教育局召开苏州市职业教育高质量发展推进会暨2022年苏州市职业院校技能大赛总结会。2022年，学校获全国职业院校技能大赛一等奖1项、二等奖1项，获江苏省职业院校技能大赛一等奖7项、二等奖11项、三等奖28项，被授予“高职院校技能大赛先进学校”称号。

28日

△学校入选江苏省全民数字素养与技能培训基地（2023—2024年）。

△党的二十大代表、苏州市委宣讲团成员、张家港港务集团黄强到校做学习贯彻党的二十大精神专题宣讲报告。

30日

△校第十七次学生代表大会在图书馆剧场召开。校党委委员、副校长张军，苏州市学联主席王潇苒，各学院（部）党总支副书记、团委书记，兄弟院校学生会主席团代表以及144名正式代表出席大会开幕式。

△《苏州市职业大学学报》获2022年度中国高校科技期刊建设示范案例库“优秀科技期刊”称号。

是月

△学校在江苏省2022年大学生核心就业能力培训点考核中获优秀等次。

12月

1日

△校党委书记曹毓民到教育与人文学院学前教育专业，为青年学生宣讲党的二十大精神。

4日

△学校调整苏州市职业大学江苏省中国特色高水平高职学校建设领导小组，组长曹毓民、温贻芳，副组长张健、孙学文、庄剑英、张军、王峰。（苏职大委〔2022〕82号）

5日

△学校成立苏州市职业大学集成电路虚拟仿真实训基地建设项目工作组，项目建设领导小组组长曹毓民、温贻芳，副组长张健、孙学文、庄剑英、张军、王峰。（苏职大政〔2022〕79号）

7日

△校长温贻芳为各学院（部）一线教师宣讲党的二十大精神。

8日

△学校党委理论学习中心组召开集体学习会，围绕党的二十大精神，党的二十大代表、苏州市委宣讲团成员、张家港港务集团黄强做学习贯彻党的二十大精神专题宣讲报告，谈体会、抓落实、促发展。中心组全体成员参会学习，校党委书记曹毓民主持会议。

△苏州广播电视总台新闻综合频道学习贯彻党的二十大精神系列访谈节目《新征程 再出发》第4期播出，学校党委副书记、副校长，苏州石湖智库理事长张健受邀作为嘉宾参与节目访谈。

9日

△学校召开2022年度党总支书记述党建、思政及意识形态、党风廉政建设工作汇报会。校党委书记曹毓民，党委委员、纪委书记庄剑英出席会议。

11日

△江苏省高等学校微课教学比赛组委会公布2022年江苏省高校微课教学比赛获奖名单。学校组织推荐的8件参赛作品全部获奖，共获一等奖2项、二等奖3项、三等奖3项，学校首次获得优秀组织奖。

13日

△学校召开高等学历继续教育建设管理方案研讨会。

15日

△学校党委理论学习中心组举行集体学习研讨，主题：悟思想、见行动、谋发展，以党的二十大精神为引领，共绘最大最美同心圆。党委理论学习中心组全体成员，学校民主党派代表苏州市政协委员、九三职大支社主委孙春华，民进职大总支主委李文和民盟职大总支组织委员、继续教育学院副院长居丽英参加会议。校党委书记曹毓民主持会议。

16日

△学校获苏州市教育教学成果奖特等奖1项、一等奖1项。

18日

△学校获苏州市第十六届哲学社会科学优秀成果奖9项，其中二等奖4项、三等奖5项。

19日

△学校印发《苏州市职业大学预算绩效管理实施办法》（苏职大政〔2022〕84号）。

20日

△学校成立苏州市职业大学高等学历继续教育招生工作领导小组，组长曹毓民、温贻芳，副组长张健、孙学文、张军、王峰、庄剑英。（苏职大政〔2022〕86号）

△学校印发《中共苏州市职业大学委员会关于落实意识形态工作责任制的实施细则》（苏职大委〔2022〕88号）。

△学校印发《苏州市职业大学网络意识形态工作责任制实施办法》（苏职大委〔2022〕89号）。

21日

△学校9个项目获江苏省科技厅产学研合作项目立项，其中科技副总项目2项、揭榜挂帅项目7项，为学校首次获该项目立项。全省高职院校本次共立项产学研项目232项，学校立项数居苏州同类院校首位。

22日

△学校报送的学分银行案例“基于学习成果认证与学分转换的职业教育智能控制技术专业教学资源库学分银行建设实践探索”被国家开放大学推选为“院校教学改革典型案例”，并被国家开放大学“学分银行CB”微信公众号同步公开推送。

25日

△教育部职业教育发展中心副主任曾天山应邀在线为学校做题为“以大职业教育观推动职普融通、产教融合、科教融汇”的学术报告。报告会由校长温贻芳主持，相关校领导，校长办公室、教务处、科技处相关人员及各学院（部）

骨干教师100余人聆听报告。

是月

△在2022年全国高职高专院校信息素养大赛上，学校外国语学院邓子涵获学生个人赛二等奖，图书馆于亚莹获教师微课赛二等奖，张学梅获评优秀讲师，幸娅、于亚莹、罗金增获评优秀指导教师，学校获最佳组织奖。

（钱成科）

编辑：陆怡静

SUZHOU VOCATIONAL UNIVERSITY

第十五章 附录

规章制度文件目录

2022年苏州市职业大学新增、修订规章制度文件目录（一）

序号	发文单位	发文号	文件标题	发文日期
1	中共苏州市职业大学委员会	苏职大委〔2022〕10号	关于印发《苏州市职业大学2022专业数字化改造融合化转型发展重点建设年实施方案》的通知	2022.3.16
2	中共苏州市职业大学委员会	苏职大委〔2022〕11号	关于印发《苏州市职业大学"工科高水平拓进"实施方案》的通知	2022.3.21
3	中共苏州市职业大学委员会	苏职大委〔2022〕27号	关于印发《苏州市职业大学关于加强师资队伍建设工作的意见》的通知	2022.5.5
4	中共苏州市职业大学委员会	苏职大委〔2022〕32号	关于印发《苏州市职业大学关于开展整治形式主义官僚主义为基层减负专项行动的实施方案》的通知	2022.5.30
5	中共苏州市职业大学委员会	苏职大委〔2022〕34号	关于印发《苏州市职业大学"青春献礼二十大，强国有我新征程"迎接学习宣传党的二十大主题宣传教育活动工作方案》的通知	2022.6.1
6	中共苏州市职业大学委员会	苏职大委〔2022〕70号	关于印发《苏州市职业大学信访工作实施办法（修订）》的通知	2022.10.17
7	中共苏州市职业大学委员会	苏职大委〔2022〕74号	关于印发《苏州市职业大学关于加强马克思主义学院建设的实施方案》的通知	2022.11.2
8	中共苏州市职业大学委员会	苏职大委〔2022〕81号	关于印发《苏州市职业大学"一站式"学生社区综合管理模式建设实施方案》的通知	2022.11.22
9	中共苏州市职业大学委员会	苏职大委〔2022〕88号	关于印发《中共苏州市职业大学委员会关于落实意识形态工作责任制的实施细则》的通知	2022.12.20
10	中共苏州市职业大学委员会	苏职大委〔2022〕89号	关于印发《苏州市职业大学网络意识形态工作责任制实施办法》的通知	2022.12.20

（顾　伟）

2022年苏州市职业大学新增、修订规章制度文件目录（二）

序号	发文单位	发文号	文件标题	发文日期
1	苏州市职业大学	苏职大政〔2022〕1号	关于印发《苏州市职业大学财务报销管理办法（修订稿）》的通知	2022.1.12
2	苏州市职业大学	苏职大政〔2022〕9号	关于印发《苏州市职业大学2022年提前招生招考组织工作实施方案》的通知	2022.3.8
3	苏州市职业大学	苏职大政〔2022〕12号	关于印发《苏州市职业大学校研究性课程实施办法》的通知	2022.3.14
4	苏州市职业大学	苏职大政〔2022〕14号	关于印发《苏州市职业大学专利管理办法》的通知	2022.3.18
5	苏州市职业大学	苏职大政〔2022〕15号	关于印发《苏州市职业大学横向技术合同管理办法》的通知	2022.3.18
6	苏州市职业大学	苏职大政〔2022〕16号	关于印发《苏州市职业大学科技成果转化管理办法》的通知	2022.3.18
7	苏州市职业大学	苏职大政〔2022〕24号	关于印发《苏州市职业大学关于进一步规范行政人员办公用房管理的规定》的通知	2022.4.15
8	苏州市职业大学	苏职大政〔2022〕25号	关于印发《苏州市职业大学纵向科研项目及经费管理办法》的通知	2022.4.20
9	苏州市职业大学	苏职大政〔2022〕26号	关于印发《苏州市职业大学纵向科研项目间接费用管理实施细则》的通知	2022.4.20
10	苏州市职业大学	苏职大政〔2022〕27号	关于印发《苏州市职业大学横向科研项目及经费管理办法》的通知	2022.4.20

续表

序号	发文单位	发文号	文件标题	发文日期
11	苏州市职业大学	苏职大政〔2022〕30号	关于印发《苏州市职业大学教学研究与建设项目及经费管理办法(修订稿)》的通知	2022.4.25
12	苏州市职业大学	苏职大政〔2022〕31号	关于印发《苏州市职业大学疫情防控期间学生违纪处分暂行规定》的通知	2022.4.25
13	苏州市职业大学	苏职大政〔2022〕36号	关于印发《苏州市职业大学科研平台管理办法》的通知	2022.5.31
14	苏州市职业大学	苏职大政〔2022〕38号	关于印发《苏州市职业大学预算绩效管理实施方案》的通知	2022.6.15
15	苏州市职业大学	苏职大政〔2022〕43号	关于印发《苏州市职业大学教学团队建设与管理办法》的通知	2022.6.27
16	苏州市职业大学	苏职大政〔2022〕53号	关于印发《苏州市职业大学在线开放课程教学管理办法》的通知	2022.8.26
17	苏州市职业大学	苏职大政〔2022〕55号	关于印发《苏州市职业大学学生资助工作管理办法》的通知	2022.9.14
18	苏州市职业大学	苏职大政〔2022〕61号	关于印发《苏州市职业大学学生实习管理办法(修订稿)》的通知	2022.10.18
19	苏州市职业大学	苏职大政〔2022〕63号	关于印发《苏州市职业大学高等学历继续教育校外教学点管理办法》的通知	2022.10.19

(顾澍嘉)

机构设置文件目录

2022年苏州市职业大学机构设置、调整文件目录

序号	发文单位	发文号	文件标题	发文日期
1	中共苏州市职业大学委员会	苏职大委〔2022〕59号	关于成立苏州市职业大学马克思主义学院的通知	2022.9.13
2	中共苏州市委机构编制委员会办公室	苏编办复〔2022〕66号	市委编办关于同意调整苏州市职业大学内设机构设置的批复	2022.9.30

人事任免文件目录

2022年苏州市职业大学人事任免文件目录(一)

序号	发文单位	发文号	文件标题	发文日期
1	中共苏州市委	苏委人〔2021〕627号	关于免去蔡晓平同志职务的通知	2021.12.23
2	中共苏州市职业大学委员会	苏职大委〔2022〕1号	关于薛铭、李树斌同志任职的通知	2022.1.20
3	中共苏州市职业大学委员会	苏职大委〔2022〕26号	关于徐伟、杨晓华、居丽英同志任职的通知	2022.4.29
4	中共苏州市职业大学委员会	苏职大委〔2022〕30号	关于谭飞等同志任职的通知	2022.5.24
5	中共苏州市委	苏委人〔2022〕247号	关于刘丹同志职务调整的通知	2022.6.1
6	中共苏州市委	苏委人〔2022〕248号	关于免去刘丹同志职务的通知	2022.6.1
7	中共苏州市职业大学委员会	苏职大委〔2022〕44号	关于鲜学丰、邓建平、姚磊同志任职的通知	2022.7.4
8	中共苏州市委	苏委人〔2022〕313号	关于免去熊贵营同志职务的通知	2022.7.17
9	中共苏州市委	苏委人〔2022〕314号	关于熊贵营同志职务调整的通知	2022.7.17
10	中共江苏省委	苏委〔2022〕580号	关于曹毓民、钮雪林同志职务任免的通知	2022.7.22

续表

序号	发文单位	发文号	文件标题	发文日期
11	中共江苏省委	苏委〔2022〕581号	关于温贻芳、曹毓民同志职务任免的通知	2022.7.22
12	中共苏州市委	苏委人〔2022〕348号	关于温贻芳等同志职务调整的通知	2022.8.24
13	中共苏州市委	苏委人〔2022〕355号	关于张健等同志职务调整的通知	2022.8.24
14	中共苏州市委	苏委人〔2022〕356号	关于温贻芳等同志任职的通知	2022.8.24
15	中共苏州市职业大学委员会	苏职大委〔2022〕50号	关于蔡晓平、刘丹、熊贵营同志职务调整的通知	2022.9.2
16	中共苏州市职业大学委员会	苏职大委〔2022〕51号	关于曹毓民等同志职务调整的通知	2022.9.2
17	中共苏州市职业大学委员会	苏职大委〔2022〕52号	关于温贻芳等同志职务调整的通知	2022.9.2
18	中共苏州市职业大学委员会	苏职大委〔2022〕53号	关于张军等同志职务任免的通知	2022.9.2
19	中共苏州市委	苏委人〔2022〕444号	关于孙学文、郎晓頔同志职务调整的通知	2022.11.12
20	中共苏州市职业大学委员会	苏职大委〔2022〕86号	关于鲜学丰、叶军同志职务调整的通知	2022.12.9
21	中共苏州市职业大学委员会	苏职大委〔2022〕90号	关于茆琦、王赟等同志任职的通知	2022.12.22

2022年苏州市职业大学人事任免文件目录（二）

序号	发文单位	发文号	文件标题	发文日期
1	苏州市职业大学	苏职大政〔2022〕3号	关于丁虎同志职务聘任的通知	2022.1.14
2	苏州市职业大学	苏职大政〔2022〕4号	关于孙加存、陶莉、叶捍军同志职务聘任的通知	2022.1.19
3	苏州市职业大学	苏职大政〔2022〕33号	关于杨晓华、居丽英同志职务聘任的通知	2022.4.29
4	苏州市职业大学	苏职大政〔2022〕35号	关于方立刚、丁俊同志职务聘任的通知	2022.5.28
5	苏州市职业大学	苏职大政〔2022〕47号	关于鲜学丰、邓建平同志职务聘任的通知	2022.7.1
6	苏州市人民政府	苏府人〔2022〕45号	市政府关于张健等同志职务调整的通知	2022.9.8
7	苏州市人民政府	苏府人〔2022〕48号	市政府关于温贻芳等同志职务调整的通知	2022.9.8
8	苏州市人民政府	苏府人〔2022〕49号	市政府关于吴少华等同志职务调整的通知	2022.9.12
9	苏州市人民政府	苏府人〔2022〕59号	市政府关于孙学文、郎晓頔同志职务调整的通知	2022.11.28
10	苏州市职业大学	苏职大政〔2022〕87号	关于孙加存、陶莉、叶捍军同志职务聘任的通知	2022.12.22

（陈　欢）

媒体报道汇集

2022年媒体报道苏州市职业大学新闻稿汇总一览表

序号	媒体名称	标题	日期
1	引力播	江苏省两项高职技能大赛在苏职大举办	2022.1.10
2	紫牛新闻	江苏省职业院校技能大赛两项赛事在苏州市职业大学举办	2022.1.10
3	“学习强国”学习平台	落实“以体育人”，当以课程思政先行	2022.1.28
4	“学习强国”学习平台	高校体育课程思政建设要注重传统与现代并行	2022.2.7
5	姑苏晚报A06版	齐心合力抗疫	2022.2.22
6	引力播	苏职大抗疫志愿者在行动	2022.2.26
7	“学习强国”学习平台	苏州姑苏：“漫”话《家里蹲抗疫法》	2022.2.27
8	引力播	大爱永存！苏职大女生不幸离世，捐献器官实现最后心愿	2022.3.15
9	“看苏州”App	苏州老师跨界成昆曲传播者，让“云上昆曲”火到欧洲……	2022.3.16
10	“学习强国”学习平台	苏州：探索昆曲线上交流实践　传播新时代优秀传统文化	2022.3.17

续表

序号	媒体名称	标题	日期
11	紫牛新闻	大爱永存!苏州女大学生不幸车祸离世　捐献器官让4人重获新生	2022.3.18
12	扬子晚报A6版	大爱永存!苏州女大学生不幸车祸离世　捐献器官让4人重获新生	2022.3.19
13	名城苏州	暖视频丨苏式“家里蹲抗疫法”,蛮灵格!	2022.3.19
14	“学习强国”学习平台	苏州艺术家用画笔助力抗疫	2022.3.20
15	苏州日报B01版	谢谢你曾来到我们身边　苏职大女生不幸离世,捐献器官实现最后心愿	2022.3.21
16	引力播	转赠女足球衣　苏州校企共话“女足精神”	2022.3.30
17	紫牛新闻	苏州市职业大学校企合作共话“中国女足精神”	2022.3.31
18	新华报业网	江苏战疫全景图丨镇江:这对双胞胎大学生志愿者说,能为家乡防疫作贡献是成长最好的礼物	2022.4.5
19	苏州日报B04版	用镜头定格战疫画面　“00后”志愿者抗疫拍照两不误	2022.4.8
20	群众网	全力筑牢高校网络空间安全屏障	2022.4.11
21	中国江苏网	苏州市职业大学打造“精彩一课”	2022.4.14
22	江苏省教育厅官网	苏州市职业大学打造思政文化“精彩一课”	2022.4.22
23	光明日报客户端	苏州市职业大学高层次人才持续助力抗疫工作	2022.4.22
24	苏州日报B01版	让党徽在疫情防控一线熠熠闪光	2022.4.25
25	“每经头条”微信公众号	新职教法来了　“职高生”站上新起跑线	2022.5.1
26	“看苏州”App	《邓小平小道》热映中!苏州80岁老人追忆“工友”老邓	2022.5.5
27	中国科技网	苏州职大线上“精彩一课”　融思想、融知识、融专业	2022.5.9
28	新华日报第12版	以“融合共建”深化高校党建内涵	2022.5.10
29	科技日报第6版	苏州职大应对疫情　开展多样化线上教学	2022.5.12
30	新华日报第13版	构筑新时代江南廉洁文化高地	2022.5.17
31	“看苏州”App	“这把苏扇有点甜!”苏州萌娃迎“六一”玩转非遗!	2022.5.31
32	苏州日报A08版	依托先进制造业再造发展新优势	2022.6.2
33	苏州日报B01版	苏州市职业大学实施“五型组合联动”　高质量推进思政课建设创新发展	2022.6.6
34	“学习强国”学习平台	苏州市职业大学:高质量推进思政课建设创新发展	2022.6.6
35	交汇点新闻	智库动态丨2022“智汇苏州”第4期学术沙龙举行,聚焦城市更新与苏州“园林之城”品牌打造	2022.6.7
36	新江苏	智库动态丨2022“智汇苏州”第4期学术沙龙举行,聚焦城市更新与苏州“园林之城”品牌打造	2022.6.7
37	引力播	园林品牌如何赋能城市建设?专家:苏州园林城市的实践,未来可以领先中国	2022.6.7
38	中国科技网	职业教育如何走好发展路?	2022.6.13
39	苏州日报A12版	水:江南诗歌的一个典型意象	2022.6.15
40	“新江苏”App	苏州市职业大学紧抓专业竞争力全面提升人才培养质量	2022.6.22
41	苏州日报A04版	探索行业人才产教融合培养之道　苏州市康养产业学院成立	2022.6.29
42	引力播	苏州体育博物馆中的“思政课”　大学生对话奥运冠军	2022.6.29
43	苏州日报A06版	江苏省第二十届运动会高校部羽毛球赛在苏举办	2022.7.16
44	引力播	江苏省第二十届运动会高校部羽毛球赛在苏举办	2022.7.16
45	中国科技网	苏州职大:建强科研创新平台,服务地方底气十足	2022.7.19
46	人民资讯	苏州职大:建强科研创新平台,服务地方底气十足	2022.7.19
47	引力播	勤勇忠信　成就学生丨欢迎报考苏州市职业大学	2022.7.19
48	苏州日报A04版	“方寸之间”也能学党史　姑苏区白洋湾街道宝邻社区组织开展邮票展	2022.7.20
49	引力播	“00后”大学生参与垃圾分类	2022.7.25
50	引力播	凝心聚智共话“香远益清”　首届“苏州园林与廉洁文化”论坛举行	2022.7.29

续表

序号	媒体名称	标题	日期
51	科技日报第6版	苏州职大产教结合　服务地方底气十足	2022.8.2
52	紫牛新闻	共服务240多人次！苏职大学子用志愿服务点亮随迁子女七彩假期	2022.8.6
53	苏州日报A03版	助随迁子女过个“七彩假期”　苏职大逐梦服务队开展志愿服务	2022.8.7
54	“学习强国”学习平台	身边的榜样丨黄萍：苏州“守信闺蜜”替友尽孝18年	2022.8.9
55	紫牛新闻	苏州市职业大学：多维创新学生工作　倾情培育时代新人	2022.8.12
56	光明日报客户端	校企共育　产教融通——苏州市职业大学开展海外技能人才培养助力苏州制造“走出去”	2022.8.16
57	引力播	苏职大：把创新创业融入育人全过程	2022.8.25
58	紫牛新闻	2022年全国职业院校技能大赛落幕　苏职大斩获一金一银	2022.8.26
59	交汇点新闻	全国职业院校技能大赛收官　苏州市职业大学斩获一金一银佳绩	2022.8.26
60	引力播	斩获一金一银！苏职大亮相全国职业院校大赛	2022.8.26
61	苏州日报A04版	苏职大师生突出工业机器人技术　比赛10小时夺得全国一等奖	2022.8.27
62	扬子晚报	苏职大斩获全国职业院校技能大赛一金一银	2022.8.27
63	中国科技网	苏州职大“岗课赛证”融通培养技能人才	2022.8.28
64	紫牛新闻	从苏州市职业大学走出的“中国好人”黄萍	2022.9.2
65	引力播	苏州市职业大学举行新生开学典礼　“中国好人”带来第一课	2022.9.14
66	交汇点新闻	“中国好人”精神进校园，“大学姐”讲授“开学第一课”！	2022.9.14
67	苏州日报A05版	苏州市职业大学举行新生开学典礼　“中国好人”带来第一课	2022.9.15
68	姑苏晚报B01版	安全又暖心　热情又高效	2022.9.15
69	苏州日报B01版	苏州市职业大学：与苏州发展同频共振同向而行	2022.9.19
70	中国教育报第04版	苏州市职业大学：秉承“勤勇忠信”校训　推动学校高质量发展	2022.9.19
71	引力播	全方位全领域全过程　苏职大探索实践校地合作融合共享	2022.9.19
72	引力播	石湖智库贡献市属高职院校新力量	2022.9.19
73	引力播	苏州市职业大学：智慧建设赋能校园治理能力现代化	2022.9.19
74	引力播	苏城大学校园思政特别一课：中国好人对话全国教育世家	2022.9.20
75	引力播	建设特色鲜明的职业本科院校　苏州市职业大学第三次党代会开幕	2022.9.26
76	苏州日报A07版	在千年运河的悠长文脉中读懂诗性江南的苏州表达	2022.9.26
77	苏州日报B03版	跨越千年时空的精神守望——《千年回想——纪念顾野王诞辰1500周年研究论集》刍议	2022.9.27
78	苏州日报A02版	建设特色鲜明的职业本科院校	2022.9.27
79	引力播	追思一场江南旧梦　“游园·寂梦”贺文斌艺术作品展开幕	2022.9.27
80	苏州日报A06版	“姑苏·大家说”探讨苏州历史文化　姑苏区“牵手”石湖智库，校地合作激发古城文化自信	2022.9.27
81	引力播	全力擦亮“平望·四河汇集”金字文旅招牌　2022年平望丰收季展示生态水乡丰收图景	2022.9.28
82	紫牛新闻	中国共产党苏州市职业大学第三次党员代表大会胜利闭幕	2022.9.30
83	扬子晚报C2版	中国共产党苏州市职业大学第三次党员代表大会胜利闭幕	2022.10.1
84	引力播	为中国梦贡献青春力量！苏州市职业大学举办国庆节主题团日	2022.10.1
85	“苏州教育”微信公众号	看！这是苏州高校对祖国的深情告白	2022.10.3
86	苏州日报A12版	姑苏长水　古河新运	2022.10.5
87	引力播	苏职大师生举办多彩活动欢度国庆假期	2022.10.7
88	交汇点新闻	青年学子燃起来！苏职大举办多彩活动为祖国庆生	2022.10.8
89	姑苏晚报A04版	苏职大师生举办多彩活动　高校校园内的精彩假期	2022.10.8
90	交汇点新闻	苏职大举办校地融合党建书画作品展	2022.10.13
91	引力播	“这是我的家园，我应该挺身而出！”苏职大新生参与重庆山火救援	2022.10.13

续表

序号	媒体名称	标题	日期
92	引力播	苏职大举办校地书画展　70件作品展现吴中新风貌	2022.10.13
93	姑苏晚报B02版	苏职大举办校地书画展　70件作品展现吴中新风貌	2022.10.14
94	苏州日报B01版	苏职大新生参与重庆山火救援“这是我的家园，我应该挺身而出！”	2022.10.17
95	交汇点新闻	苏州市职业大学启动“校园廉洁文化活动月”活动	2022.10.26
96	引力播	苏州市职业大学启动校园廉洁文化活动月	2022.10.27
97	引力播	唱响校园廉洁强音　昆曲《十五贯》亮相苏州市职业大学“校园廉洁文化活动月”启动仪式	2022.10.27
98	中国纪检监察报第8版	徜徉廉石馆	2022.10.28
99	引力播	“1+X”光伏电站运维职技等级考证落户苏职大　为江苏省试点牵头单位	2022.10.29
100	苏州日报B01版	对话江南丨金学智：江南是美学的高地	2022.10.29
101	苏州日报B02版	苏职大启动校园廉洁文化活动月　创作极富校园气息和江南文化的佳作	2022.10.31
102	新华日报第8版	志说江南，塑造古今交汇新胜景	2022.11.7
103	引力播	苏职大与沧浪亭开展党支部联合共建	2022.11.9
104	引力播	展出刺绣作品61幅　“天工苏绣”姚惠芬刺绣艺术作品展亮相苏州市职业大学	2022.11.16
105	姑苏晚报A05版	25岁苏州小伙胡立诚分享卡塔尔世界杯志愿服务之旅　卡塔尔世界杯上的苏州志愿者	2022.12.6
106	名城苏州新闻中心	世界杯上的苏州志愿者	2022.12.6
107	苏州日报A09版	发挥职业院校优势更好赋能“非遗启蒙”	2022.12.7
108	中国教师报第14版	落实标准的三方职责	2022.12.7
109	引力播	大写的骄傲！苏州市职业大学14名好儿郎延期退役守边疆	2022.12.14
110	姑苏晚报A03版	市职大14名大学生士兵延期退役获嘉奖　大写的骄傲！我们为祖国守边疆	2022.12.15
111	苏州广播电视总台新闻综合频道《新闻夜班车》栏目	为祖国守边疆！14名大学生士兵延期退役获嘉奖	2022.12.15
112	苏州广播电视总台社会经济频道《社会传真》栏目	为祖国守边疆！14名大学生士兵延期退役获嘉奖	2022.12.15
113	交汇点新闻	大写的骄傲！苏州市职业大学14名好儿郎延期退役守边疆	2022.12.15
114	苏州新闻网	大写的骄傲！我们为祖国守边疆	2022.12.15
115	苏州日报A08版	大学生“延期退役”彰显可贵担当精神	2022.12.16
116	引力播	全国地方高职院校唯一！石湖智库入选中国智库索引来源智库	2022.12.18
117	交汇点新闻	苏州石湖智库入选CTTI来源智库名单　系首个高职院校入选智库	2022.12.18

（陈　越）

教职工出版教材目录

2022年苏州市职业大学教职工出版教材情况一览表

序号	著作名称	类别	作者	出版社	出版/修订日期
1	旅游学概论（第六版）	主编	问建军	大连理工大学出版社	2022.1
2	CATIA汽车结构设计教程	主编	万长东　鲁春艳　朱　珠	机械工业出版社	2022.1
3	音乐鉴赏：中外名曲赏析	主编	钱丽萍　谢　丹　蔡施薇	江西教育出版社	2022.2

续表

序号	著作名称	类别	作者	出版社	出版/修订日期
4	AutoCAD中文版实例教程	主编	胡志栋　束华娜　袁国伟	人民邮电出版社	2022.5
5	金融科技理论与应用：微课版	主编	周　雷	人民邮电出版社	2022.5
6	多媒体制作技术	主编	戴敏利　刘　畅	人民邮电出版社	2022.6
7	经济学基础（第四版）	主编	牛士华　陈福明	高等教育出版社	2022.6
8	会计基础与实务	主编	缪启军	立信会计出版社	2022.7
9	Python语言及其应用	主编	宋雅娟　陆公正	清华大学出版社	2022.8
10	大学生职业规划与就业指导	主编	王　琼　顾　嘉	南京大学出版社	2022.8
11	传统工艺的创新设计及案例	编著	张颖娉	化学工业出版社	2022.8
12	信息技术基础：Windows 10+Office 2016	主编	陈　珂　廖黎莉　徐卫英	人民邮电出版社	2022.9
13	服装工业制板（第四版）	编著	李　正　岳　满　张鸣艳	东华大学出版社	2022.9
14	数控车削编程与加工（中英双语版）	主编	朱学超　刘　旭	中国铁道出版社有限公司	2022.10
15	人工智能基础及应用	主编	吴　倩　王东强	机械工业出版社	2022.10
16	智慧化税费申报与管理	主编	顾瑞鹏	复旦大学出版社	2022.10
17	电路与模拟电子技术	主编	陈伟元　索　迹	高等教育出版社	2022.11
18	线性代数	主编	孙信秀　王志刚	苏州大学出版社	2022.11
*19	电子信息专业英语	主编	祁春清　索　迹	大连理工大学出版社	2021.10
*20	新编大学生心理成长导航	主编	汪　清	苏州大学出版社	2021.11
*21	多媒体技术与应用立体化教程	主编	戴敏利	人民邮电出版社	2021.11

注："*"为补录数据。

（陈　伟）

全校毕业生名单

苏州市职业大学2022届普通全日制专科毕业生名单

机电工程学院

电梯工程技术

白洁 卞旭 卜涛 常跟亚 陈建道 陈凯歌 陈荣祥 邓乐 丁琳权 丁悦
董志强 杜新成 高关炳 葛超杰 关尔佳 管云涛 坚文博 李明瑾 李兴隆 李志愿
梁昊 凌智鹏 刘开江 刘立强 刘涛 鲁荣辉 马霄 马永胜 渠承徽 史鹏程
孙丽 孙权 孙鱼 孙志强 田立志 王辉 王金 王龙飞 王明 王润霖
王云成 韦昊泽 吴建龙 吴雨轩 徐伟涛 许瑞 许世杰 薛浩天 闫家乐 闫宇
严龙伟 杨虎 杨勇 姚天翔 殷烁 张成 张国强 张佳慧 张涛 张宇童
赵浩东 赵在田 赵志文 钟毓广

机电一体化技术

曹磊 曹天 曹玉 曹志 曾涛 陈辉 陈辉 陈乐 陈乐 陈良铭
陈荣 陈瑞 陈腾飞 陈同 陈想 陈洋 陈益鑫 陈颖 陈雨阳 陈子豪
程澳来 程家明 程宇明 崔荣健 戴佳俊 戴家乐 戴梁辉 丁代宇 丁健伟 丁宇
董三淮 董学祥 杜杰 杜鹏 杜尚浩 杜小乐 范文俊 房才祺 冯思成 高金海
高鑫禹 葛勇 龚治法 顾德洋 顾瑜恒 顾震杰 管华杰 韩磊 洪伟 侯润民
侯志强 胡志龙 化翔宇 黄爱洋 黄灿 黄琦 黄帅 黄晓彬 嵇玉龙 吉湘雯
季嘉伟 贾昊昱 贾裕文 江跃 姜波 蒋文杰 蒋云鹏 孔令涛 赖红润 李佳伟
李健新 李居洪 李睿喆 李润 李翔 李新晨 李一土 郦凯 练浩 林青蓉
林学义 林泽博 刘佳佳 刘奇 刘小聪 刘宇洋 刘元纪 刘志林 刘子扬 陆毅
陆宇 罗心怡 马昊 马怡文 冒浩南 糜昊 倪豪杰 牛鑫焱 钮祝青 潘昊晨
潘凯文 潘宇翔 钱晨鸣 钱小雨 邵骏 邵启亮 沈佳浩 沈明亮 沈思汗 沈一飞
石浚杰 石帅 石庭珈 石远 石子逸 树姜华 眭彬 孙彬伦 孙辉煌 孙健
孙士杰 孙文奕 孙永康 汤广熔 唐笳杰 滕飞 滕肖 汪一 王斌 王辰杰
王崇 王涵 王浩宇 王俊龙 王琦 王强 王帅 王涛 王文祥 王兴达
王远方 王仔繁 王忠宇 王梓 韦王鑫 吴单曦 吴钢浩 吴昊 吴立阳 吴耀
武壮壮 夏文龙 肖忆晨 肖志伟 谢冰涛 徐超 徐晨皓 徐戴银 徐浩冉 徐金超
徐磊 徐文谦 徐致远 许周鹏 薛嘉诚 薛龙翼 薛润泽 薛宇龙 严家辉 严亚军
杨宸铭 杨闯 杨嘉和 杨磊 杨玥 杨政 姚生宝 姚鑫宇 叶永帅 殷杰
余家乐 展迎波 张传亚 张东益 张栋 张飞 张浩 张伟 张芯意 张业
张袁宇 赵浩杰 赵匡杰 赵苏明 赵则捷 郑昌鹏 郑自强 周聪 周峰 周杨
周跃龙 朱慧 朱立新 朱帅

机械制造与自动化

曹锐 曹轩豪 陈冠男 陈广祥 陈佳乐 陈锦山 陈俊志 陈若寒 陈涛 陈一樑
陈艺坤 陈志超 程传友 程闯 程荣堃 程永滨 崔井志 戴雲龙 单滨滨 翟笃军
翟亮 丁拓 丁辛峰 段昭 顿志川 佴晨 范恒嘉 范志俊 费胤 付浩刚
高恩 高兴武 谷民轩 关国英 郭海燕 郭杨 郭云泉 韩季宏 韩宇 韩振杰
侯忠臣 胡乘瑞 胡昊 胡凌峰 华宇 黄瑞 黄英发 吉科玮 贾坤 贾世雄
贾文涛 姜海龙 姜艺儒 蒋鹏 蒋帅 蒋文硕 蒋雯瑜 解宝威 金磊 康少波
柯希锋 黎明 李常乐 李超 李成龙 李浩 李靖龙 李庆俞 李瑞龙 李仕鸿

李腾 李天宇 李鑫 李扬 李智勇 李宗堂 刘栋 刘红玉 刘佳奥 刘凌云
刘梦亮 刘天益 刘毅 卢世康 陆安苏 马嘉吉 马文韬 毛越洋 孟春阳 彭开明
蒲玉燕 钱进益 阙益欣 沈鸿杰 沈佳龙 沈珺 石越庶 史健军 仕景元 苏千凯
苏文杰 孙逢源 孙浩航 孙龙文 孙世卓 太文隆 唐健升 唐露 唐宣 唐子赟
汪海峰 王斌 王加升 王俊凯 王柯 王一凌 王余威 王子腾 韦恩福 韦恩来
韦建侯 吴安 吴昊 吴柯鑫 吴庆峰 吴晓晨 吴轶凡 武亚斌 夏椿沣 肖漫
徐大雨 徐晓天 徐永梁 杨常州 杨广洲 杨昊微 杨嘉宇 尹龙龙 于朝阳 余蓉蓉
袁满 詹佳磊 张爱宠 张澳 张褚 张昊 张宏伟 张峻铭 张凯 张康杰
张路 张慕康 张潘 张朋 张荣辉 张世杰 张顺 张淞溢 张小峰 张逸凡
张致珲 张壮壮 张子阳 章宋伟 赵南 郑晨涛 郑宇鹏 郑子安 周荣 周隐
朱建邦 朱庆雨 朱天驰 朱先创 董杭慧志

模具设计与制造

曹颖 柴永健 陈浩 陈青红 陈卫国 邓晨晨 邓淑雅 翟瑞宏 丁广周 符立伸
何强 何勤 黄昊 姬硕 贾瑞 蒋浩然 李豪祯 李俊豪 李硕 李云飞
梁胜庵 刘熙 刘一 刘宇桐 栾东龙 罗时可 吕晨翰 毛俊杰 孟李毅 秦覃欣
沈星阳 施翔 宋文礼 覃兰媛 覃荣帅 陶玮 王焕 王杰 王憬 王凯
王乐乐 王梦霞 王善 王天翊 王旭鹏 王雪珍 王震 魏建业 文佳乐 夏建洪
夏远 肖伟 熊昊天 徐鑫磊 薛豪 薛怀峰 闫晓莹 闫妍 杨文艳 叶宇晨
袁朝 张冰莹 张浩楠 张峻豪 张开珉 张子逸 章子龙 赵豪杰 赵佳乐 赵亚洲
周宇 朱祖胜 祝天巍 邹梓洋

汽车检测与维修技术

查磊 陈凡 陈建壮 陈鹏 陈昱丞 戴光赐 单希海 邓奎 冯程锐 冯志成
葛向威 葛一江 管成武 何俊豪 黄新宇 姜涛 景祥祥 康宇杰 李鸿飞 李建成
李龙飞 李伟康 李正 李智韦 梁箫 刘铠彧 刘其兵 刘威 刘杨 刘永成
罗昌盛 骆广智 毛春杰 闵梓桓 秦昊 商政 沈辉 施政林 史东宇 孙其昌
孙文朋 唐广淇 仝阜宇 庹周 王聪 王聪 王翔 王新鹏 王永旋 王子龙
温子祥 吴汉卿 贤顶荣 徐宇 徐治 许林军 颜雨 杨会阳 杨绍誉 杨修远
余家至 余凯 袁闰 张成成 张高著 张国龙 张文龙 张宇航 赵帅 周瑞
朱顶 朱佩文 朱蓉 朱世龙 朱正龙 朱志高

数控技术

柏强 陈昌鹏 陈阳 陈宇阳 陈忠宇 崔炜 丁盛 董镕源 范波文 顾海澄
顾家豪 郭垚 韩旭 何森 胡光涛 胡佳伟 胡晓龙 胡永祥 吉江鹏 计策
纪志伟 姜超 阚广智 李强 李松涛 李天枫 李鑫 刘俊 刘思宇 刘新宇
刘懿慷 刘振峰 陆虎 缪石军 倪浩 潘文祥 瞿桐 阮苏超 芮鑫 沈澎湃
石鹏程 时宇辰 束懿 孙大瑞 孙亚泽 唐逸彤 田康 王福 王海洋 王寒
王贺 王轲 王利军 王亮 王梦斌 王明震 王南平 王世强 王苏奇 王宇
王智弘 王梓骅 吴天怡 武星凯 谢江颖 徐程 徐浩 徐克 许传 荀威
杨浩杰 杨慧通 杨谢宏 杨意 姚珍艳 张晨生 张昊诚 张鸿旭 张金祥 张利成
张刘龙 张淼晨 张明杰 张鹏飞 张晴 张荣鑫 张少杰 张伟 张延 张喆
张志飞 赵坤权 赵沛 郑子健 仲天明 周奥成 周铖 周星晨 周鹰 朱丹丹
朱登辉 朱海 朱海晖 朱文杰 庄馨宇 宗久淋 邹超

工业机器人技术

白智颖 曹文俊 常恒瑞 陈侠 陈艺 陈奕润 单长春 高新景 顾雅洁 管涛
韩铭洲 郝润泽 胡志恒 黄程 黄焰 黄雨 江良辰 郎玉林 李丹丹 李胜林

李心语　梁红光　刘　洁　刘　琳　刘鹏康　刘琦龙　刘旭冉　刘泽宇　骆　豪　马霆铎
潘婷婷　任轩君　史润阳　史添升　宋浩玮　宋梦瑶　苏亚选　汤辰辰　屠一凡　汪炜皓
王冰洁　王建航　王江杨　王　杰　王金军　王彦植　王子骄　吴佳强　吴　悦　徐胡煜
徐　前　许慧丽　许　乾　杨天祥　姚超峰　尹通畅　余裕奇　张奥林　张朝亮　张洪鸣
张莉丽　张绍坤　张旭阳　张　洋　张　宇　赵宸霈　赵慎为　赵一航　周立妮　朱非凡
朱奕斌　朱子聪

计算机工程学院

动漫制作技术

包善玉　曹晓煜　曹　阳　曾星语　曾志荣　陈百川　陈　蕙　陈雪晴　陈雨佳　单安明
方　成　房　璇　费　翔　封加敏　耿柏杨　龚　瑾　郭　蒙　郭以恒　何佳慧　何　刘
何紫滢　黄凌云　黄　璐　黄锁华　黄子洲　姬　畅　蒋　进　蒋晓婕　焦文燕　金　同
金　欣　孔德婷　雷瑞雪　李佳晨　李　靖　李可心　李　攀　李朋程　李姗姗　李士俊
李娅玲　李一鹭　李　颖　林冰倩　林佳思　林雪云　刘程智　刘芳李　刘科萨　刘天凤
刘宇杰　刘　战　卢翰杰　罗献德　马　妍　蒙珊珊　钱家乐　钱昕汜　屈海涛　权静静
沈　芳　史美诗　史鹏飞　宋祥龙　苏　键　孙锡文　孙忠熙　唐尉彭　唐晓燕　滕　李
王晨熙　王慧格　王慧婷　王　洁　王　凯　王　岚　王茂旭　王相臣　王昕仪　王宇航
王宇鹏　魏　迪　魏雨晴　吴　宾　吴佳佳　吴雨洁　夏路鹏　肖一五　谢爱冬　徐涵飞
徐赛男　杨海宁　杨　静　杨祺晟　杨　新　杨一搏　杨　颖　姚鑫瑶　叶子君　易秋含
尤佳伊　张　彪　张浩熔　张　进　张俊涛　张乐彦　张　黎　张梦萍　张　滢　张雨薇
赵　凡　赵　岩　郑　莉　钟　浩　周海康　周　佳　周佳逸　周俊超　周子怡　朱继龙
朱世同　朱思远　朱威州　朱禹婷　朱芝婕

计算机网络技术

安云浩　柏盈盈　曹鑫宇　曹永胜　曹　政　陈昌兵　陈　洁　陈　龙　陈昱江　程瑞卿
邓　璐　范志城　冯旭凡　高军芸　顾　凡　顾孟倩　郭淇汶　郭治苇　何小蝶　贺　晨
洪蓓蕾　胡彩凤　胡　函　花书鹏　黄英豪　吉超颖　贾明旺　江嘉铖　姜二丫　姜建浩
蒋　寒　蒋　衡　蒋子豪　李浩然　李佳伊　李家强　李柯楠　李士琦　李　硕　李心如
李圆圆　林立祥　刘李楠　刘天兰　陆　宇　陆紫诚　毛佳欢　苗成坤　缪嘉磊　潘　芹
潘文正　潘中宇　齐思宇　钱家晨　钱　锁　乔泽宏　沙龙宇　申亚玲　师笑拓　宋旋虎
孙　昊　孙　硕　唐馨怡　唐　旭　陶昕宇　滕明超　田　烽　屠　杰　王跟悦　王怀祥
王家臻　王　蒙　王梦婷　王鹏程　王茜月　王文浩　王文宇　王　馨　王鑫星　王　轩
王雅岚　魏　娟　吴辰龙　吴佳怡　吴金鑫　吴英杰　武佳丽　夏宇航　项德龙　肖　海
肖　洋　熊子豪　徐　帆　徐　辉　徐梦兰　徐欣怡　徐玉玲　许迨杰　颜士让　颜跃萍
杨　诚　杨浩川　杨小龙　杨晓龙　杨兴宇　杨正文　姚　超　叶苏龙　臧　晖　张　静
张刘敏　张婉婷　张小燕　张永恒　张　宇　张　宇　张子民　章　凡　赵文涛　郑　新
郑　宇　周北北　周慧凝　周明洋　周泽宇　朱佳佳　朱思雨　朱　蔚　邹何丽　左佳乐

计算机应用技术

白慧芝　卞金丽　曹柳柳　陈　慧　陈　津　陈　丽　陈明萍　陈思远　陈小芳　陈彦任
陈哲源　程莎艳　程文慧　仇舒婷　单泽鹏　邓　滢　邸龙龙　丁　兰　丁　明　丁　蓉
丁小琴　丁艳婷　董贺天　范　慧　范士纪　方文龙　费佳晖　冯家齐　付尚钰　高瑞昕
葛方怡　葛　庆　顾豪杰　顾天乐　顾昱旻　郭东明　郭　浩　郭　莎　郭婷婷　郭　颖
郭媛媛　何晴晴　洪　图　胡苏皖　胡旭飞　胡玄武　黄嘉成　黄嘉梁　黄长友　霍春晖
江林凯　江美月　姜　楠　蒋银芳　康昊宇　柯昕延　李文杰　李义伦　刘飞宇　刘昊洋
刘浩冉　刘俊杰　刘文超　刘亚文　刘洋洋　刘　云　卢海超　陆橙婧　陆徐予　罗　澳

罗佳明 马宝 马然 马正雨 毛文亮 茅津菁 孟恩 潘倩倩 彭烙 秦家乐
秦玉祥 邱雨辉 邱振豪 瞿庆龙 桑徐璐 沙玲丽 邵忆 佘新明 施明津 石越
史梦丽 史梦娜 束浩 苏荧 孙怀阳 孙陶涛 孙悦 索娇 谈庆 覃维坤
谭盛君 唐宇 童成 童大丛 童磊 万俊锋 王博文 王凤婷 王坤 王梅贵
王梦琦 王若岚 王燕东 王宇 王宇馨 王云涛 王泽斌 王正宇 王重庆 吴宬亿
吴焕翼 吴梦琦 项永旺 肖一丹 徐海兰 徐慧洁 徐浪子 许家鹏 许唯 薛强
颜继奇 杨俊婷 杨茜 杨文韬 杨永亮 易艾俊 易志鹏 殷智立 俞新彦 袁佳洋
岳若琳 张成 张迪 张国龙 张静 张俊杰 张棋 张蓉 张薇 张文鹏
张希田 张樱铧 张颖 张于娟 张云飞 张云峰 张振 张正强 赵陆燕 赵洋
赵玉菲 赵志堂 郑海涛 周纪良 周建强 周静 周鹏 周庭毅 周宇飞 周圆林
周智杰 朱珺珺 朱松燕 朱星宇 朱俞梦 朱玉龙 祝家凯

软件技术

白文森 鲍永清 曹娣 曹启佳 常彤 陈高明 陈浩 陈强 陈田田 陈玮臻
陈烨 陈友 陈子豪 乘鑫 程洁 仇杨 戴凡 邓大祥 丁光旭 丁珂心
丁涛 樊昌辉 范吉航 范元章 方悦 冯海琴 冯妍 付国梁 高博涵 龚宇
谷涵枫 顾易遒 郭毅 韩佳琳 何静 何帅旗 何亚伦 洪瑞龙 胡雨佳 胡玉巍
胡智慧 胡子涵 华建利 黄佳云 季镍森 贾雪晴 江思源 姜永镇 焦雨婷 金缘
景尧 鞠晓瑞 李昂 李奥林 李晨辉 李春雨 李虎彪 李桓庆 李家豪 李金玲
李平 李强 李睿 李姗 李文超 李彦茹 梁辰雨 梁锦林 廖嘉明 凌家扬
刘诚志 刘理 刘梦芝 刘文杰 刘祥 刘鑫 刘轩宇 刘银凤 刘阅兵 刘赞
刘志一 刘子光 柳浪 陆成 马琴 马潇洒 潘昇晖 潘苏贵 任林燕 任梦
邵常恩 沈加康 沈久冬 沈娟 沈云鹤 施小龙 石芳 石兆国 史佳雨 宋伊凡
孙昊天 孙伟 孙阳 郜辉强 谭振东 汤丽 汪丽 王成宇 王达 王建国
王江徽 王杰 王力 王昕宇 王鑫蕾 王雪 王雪莲 王雅婷 王亚萌 王艳
王莹莹 王镇东 王郑安 魏天琪 魏雅 吴坤 吴倩倩 武宇轩 谢春义 谢飞
徐家渝 徐苏安 徐旸 徐毅超 徐玉鑫 薛书恒 燕元皓 杨安然 杨聪 杨海芹
杨凯 杨清怡 杨艳 杨钰坤 杨煜辉 姚德龙 姚梓湫 易鸣 殷雨阳 于浩淼
张琛岳 张春宁 张峰 张贵龙 张嘉俊 张锦涛 张孟龙 张明宇 张若雷 张翔
张岩 张雨慧 张竹山 赵化然 赵天宇 郑骅鑫 郑林龙 仲昕 仲雅慧 周健
周士家 周翔 周笑 周志洪 朱晶 朱雅迪 庄千紫 庄帅 卓子惠 宗涛

物联网应用技术

曹泓 曹天丽 曾金秀 陈兵杰 陈洋 陈政宇 戴文剑 党博文 翟红森 丁思风
丁智博 董梦娜 端义磊 樊雨欣 高峰 高新宇 顾雨晨 顾张翔 管辰乾 郭玉斌
韩亮 何航宇 何星星 何永康 贺子翔 胡建梅 胡云婷 花国庆 华家俊 黄已苗
贾怡冰 江纪鹏 金佳怡 金科 李朝志 李林 李鹏园 李全彭 李苏东 李洵
梁继文 刘成明 刘丽 刘涛 卢峙奇 陆奕辰 罗柳 马傲 马芬芬 马永健
欧阳勤 潘龙珍 潘治章 裴登硕 钱毅 汝国强 沈涛 疏智文 司楚凡 宋雅芹
宋泽浩 孙颖 孙宇航 谭艺 唐品佳 陶新 汪浩年 王鸿 王洁 王申思
王曙 王腾 王旺 王祥 王游洋 王远墩 王悦 魏笑 吴杰 吴玉航
吴泽昊 肖可 肖扬 谢国兵 徐浩迦 徐龙鑫 徐铁宇 徐稳 徐泽豪 许仕想
颜梦言 杨博文 杨彩蝶 杨墨涵 杨瑞雪 杨天 杨鑫 姚陆 姚颖 姚育苧
于欢成 袁赵 张家杰 张敏 张殊扬 张晓龙 张亦晗 张政 章靖 赵坤豪
赵天龙 仲俊辉 周宣宇 周银银 周政宇 周壮壮 周子豪 朱靖升 朱瑞宇 朱廷峰
朱彦骐 邹小龙 邹泽湖 左煜杰

移动应用开发

艾仙芝 陈丽婷 陈小娥 丁维恒 冯为瀚 管朝晖 贺锦涛 洪 圆 胡展源 胡镇鹏
黄云飞 金 旺 匡璐瑶 雷 蕾 李东阳 李国豪 李 太 李 想 李雨辰 李志强
栗可莹 刘 洪 刘瑞东 刘 睿 刘雪华 吕 颖 马 帅 莫维燎 聂等鹏 桑周林
覃宝捷 谭义辉 王 丽 王 帅 王小娜 王子彤 吴金泽 吴征宇 武璐瑜 肖文博
肖 雄 谢艳朋 徐瑜铭 阳 攀 杨 晨 杨 荣 杨志鹏 姚修鹏 岳冰倩 张海烟
张金蓉 张均生 张 俊 张森森 张明明 张千芃 张帏翔 张 岩 章一雪 赵桃桃
钟 玲 周 飞 周昊天 周 涛 朱紫薇

大数据技术与应用

曹康康 曾 佳 陈 晨 陈嘉礼 陈 阳 褚雨航 代思宇 邓 垚 杜鑫宇 范佳敏
范伟业 付婉娟 高瑞平 巩海杰 顾 晨 郭冰倩 郭 睿 韩承烨 侯玉凤 胡少贤
胡自雨 黄华欣 黄 悦 季浩楠 姜丹丹 李宏伟 李世润 林佳健 刘佳彤 刘嘉怡
刘梦雨 刘旭峻 刘旭阳 卢咏奕 陆嘉伟 罗紫琳 吕 海 吕宇翔 马晨东 马韶阳
马忠艺 孟 晨 孟祺祺 宁 楠 彭海霜 阮博洋 申毅玮 宋佳文 宋 诺 宋晓宇
苏韦玲 汤 鑫 唐秋霞 唐王承 汪廷轩 王佳欢 王 舰 王 磊 王唐燕 韦淋馨
韦思容 魏靳昊 吴文圣 夏 盼 徐雪雨 许 楠 杨 蒙 杨业壮 姚小勇 尹 力
于浩森 张恒硕 张晋龙 张 蕾 张洛川 张全新 张士玉 张 微 张文玟 赵元吉
朱 宝 朱 琳 朱梦雅

计算机信息管理

谢 恩

电子信息工程学院

电气自动化技术

蔡宏宇 蔡旸林 曹 禹 陈恒威 陈金龙 陈凯文 陈露珊 陈梦洁 陈 涛 陈天亿
陈 希 陈友前 戴泽江 翟诗睿 丁子浩 杜佳洋 房 颖 冯 博 冯英罡 冯子康
高新科 高兴旺 龚彦金 顾浩楠 顾洪宇 顾环骏 顾 静 郭东宇 郝家乐 何金城
贺宇浩 胡 杰 胡清元 胡天霖 黄盈颖 黄宗颖 纪柏宏 贾 东 姜 洋 姜宇辰
蒋高华 蒋 杰 蒋俊杰 蒋中洋 金 久 李 博 李呈祥 李国政 李海生 李剑豪
李康健 李 蒙 李 润 李少成 李盛腾 李书浩 李 鑫 李 旭 李亚明 李宇航
李雨嵘 李元阳 李 喆 李子寒 梁双江 梁 宇 廖文锦 凌国春 刘才花 刘德仁
刘光翔 刘海喜 刘 健 刘津童 刘 萍 刘 乾 刘 庆 刘森林 刘苏杨 刘妍妍
刘吟波 刘智辰 刘子琪 卢 晨 陆志澄 吕 岩 吕 岳 马继炀 马 强 马毓玑
梅岑彬 梅梓默 孟前艺 孟 涛 倪振杰 潘芝曲 彭 健 彭 鸣 濮正辉 戚博帅
祁 栒 秦志圆 任纪红 任怡林 任宇轩 沈 陈 沈浩飞 沈逸宁 石宇涛 宋成鑫
苏 伟 孙 滨 孙范彬 孙 豪 孙 昊 孙鹏飞 孙天宇 孙伟斌 孙宇泽 陶 浩
汪宝龙 汪 鹏 王安舒 王 闯 王 慧 王佳雄 王开禹 王沥民 王留留 王培宇
王 鹏 王苏云 王文杰 王欣慰 王 璇 王 洋 王裕晨 王云涛 王泽栋 王占亚
温存法 吴芳明 吴小力 吴鑫宇 吴烨飞 吴 怡 吴振宇 夏 亮 肖凌俊 谢 颖
徐晨阳 徐 枫 徐晓恒 徐亚烽 许慧茹 许 伦 许亚楠 许彦琪 薛雅芳 杨国威
杨 杰 杨文康 杨一凡 叶城呈 叶 星 易倍年 殷铚淞 尹昌宇 尤文杰 尤之民
袁方杰 袁秀琼 张光杜 张 衡 张怀铭 张建杭 张建伟 张锦杰 张俊伟 张珂瑞
张良朕 张 龙 张起程 张帅涛 张天飞 张天翔 张 翔 张 旭 张 越 张芷瑜
张栯熠 赵博奥 赵大飞 赵 凡 赵菁凯 赵 康 赵 敏 赵睿杰 郑庆科 钟生乐
周云升 周志龙 朱 栋 朱皓天 朱思翰 朱亚飞 朱永福 朱子旋 庄 杰

电子信息工程技术

包毅阳 包志楠 鲍宏 蔡勖 藏善杰 曹浪 曹琳 曹孟孟 陈佳莉 陈骏
陈磊 陈森伟 陈王瑜 陈欣 戴润田 邸金龙 丁思雨 董佳伟 杜家煜 范许林
费鹏 高海兰 高亚伟 高则坡 龚德鑫 顾玉珠 顾左蓉 郭泰润 郭妍 韩秉昕
何基样 何显能 胡捷 胡可隆 花月朋 黄斌 黄晟堃 黄加麻 黄元甫 季存宝
季钱杰 蒋永翔 解美玲 金忱晔 郎佳辉 黎德深 林曦 刘程 刘亚妹 刘洋洋
刘子豪 陆仔豪 罗媛 茆成龙 倪袁博 聂政 钱程 钱文宏 任茹玥 沙宇栋
尚澄庆 尚钰博 沈超越 沈逸伟 史星威 宋文杰 苏晨祎 孙孟杰 孙毅 汤受宏
唐静 陶苏缘 田杰 王浩洁 王婧雯 王静 王荣凯 王帅 王艺恒 王宇豪
王雨波 魏思宇 吴瑾 吴琦琳 吴倩 吴文涛 吴志伟 夏政伟 相淮洪 肖杰
谢金旭 谢雨坤 徐奂衍 许景涛 薛涵月 薛鹏飞 严章羽 杨涛 叶静雯 叶炜
虞凯超 袁杰 张传玉 张明旭 张嵘 张伟宏 张味 张文栩 张银银 张远东
张忠恒 赵硕 郑丁豪 郑志伟 支小乐 仲玉轩 周福慧 周辉 周锡达 周逸
周雨生 朱金鹏 朱克冉 朱沈虹 朱煜晨 左闯

应用电子技术

班飞跃 蔡静 蔡松珀 蔡涛 曾鸿图 陈瑾 陈彭 陈韬 陈言豪 陈振亮
邓浩文 丁徐锐 丁子轩 董于凡 杜轶帆 高一笑 顾家慧 韩壮壮 何骏越 黄佳胤
吉茹 汲周 贾辰程 金锋 金云鹏 康鑫鑫 柯倩倩 李佳欣 李举韶 李宁待
李文超 李亚鹏 凌浩东 刘起明 刘诗宇 刘雪莲 楼晨昊 陆小莉 毛欣曼 梅丛露
孟欢 糜钰昀 苗瑞剑 牟佳伟 彭庆龙 彭子杰 邱慧琴 任淑鑫 邵鹏飞 邵若云
沈嘉颖 沈苏阳 石昊天 宋巧巧 孙高阳 孙世杰 谭瑞 汤宁 陶泽霖 滕风萍
田晓玟 田亚玉 田宇欣 万嘉杨 万洋洋 汪子轩 王家安 王姜烽 王钧 王强
王熠 吴佳豪 吴沁蔚 吴伟琪 吴肇兴 夏梦怡 肖富明 谢天雪 谢奕飞 徐海洋
徐敬康 徐良 许圣阳 薛妙圆 杨帅 杨小凤 姚超逸 姚连武 尹步龙 尹清玉
余绍雯 虞家垚 岳福瀛 张蓓 张彪 张浩 张明敏 张艳 张洋 张怡
张裕 赵嘉耕 赵敏 赵顺 赵雪晴 赵张杰 赵中鹏 郑晶晶 周婷 周霞
朱浩 朱慧媛 朱仁和 朱涛 邹格格 左光祖 侯文长昊

通信技术

曹阳 陈家卫 陈鹏翔 陈祺 陈众 程力 丁富伟 董文文 杜永雯 甘奥运
高建毅 顾加炜 顾苏宁 韩晨义 何留 胡坤 胡雨 贾苗艺 李贝贝 李春燕
李昊伦 李红阳 李建凯 李雪婷 李宇航 李运颖 李宗泽 凌子茜 刘强 刘涛
龙海涛 鲁林康 马清润 门中天 孟甲恒 莫秋迪 钱俊豪 秦慧敏 桑圣荣 侍情
宋佳琪 宋琦 苏久焜 孙梦如 孙楠 孙正阳 唐山峰 王森 王绪 王燕
王艺潘 王紫豪 吴佳韬 吴正鑫 武振华 徐晨 徐荣富 徐子雯 许东升 闫磊
杨安伦 杨文平 杨小雨 杨雅棚 杨雨晴 姚雨德 叶静仪 俞云鹄 袁智锋 张赓赓
张果 张瀚中 张淑 张天翔 张智博 张子谦 赵佳宁 赵凯文 赵耀东 赵志飞
周道 周函月 周楠 周翔宇

智能产品开发

畅子凡 陈春霖 陈杰 陈玉娟 陈宗宝 储成龙 单甜 丁呈祥 丁苏圆 杜学桐
方轩 房云龙 符美玲 戈星皓 韩子垚 何伟宇 胡蝶 胡津源 胡宇豪 华雪瑶
黄国宝 黄宗樾 姜文平 姜秀龙 蒋池 金冲 康佩佩 况且 李濠宇 李昊
李佳骏 李晋 李帅印 李苏杭 李向东 李雅炫 梁子涵 林靖淇 刘和坪 刘慧玲
刘学智 刘艳霞 陆杰龙 陆毅 孟令杰 倪杨 潘杭鑫 邱国松 沈航 宋寅生
孙光 孙路通 谭旭邯 王超 王佳欣 王俊杰 王萍 王堂亮 王乙非 韦振柚

吴心怡 徐韩宇 徐为为 薛振南 杨胜中 杨苏辉 姚颖颖 袁 钺 袁志浩 张 超
张慧艳 张琼琼 张士杰 张 硕 张修华 张 垚 张 瑜 赵千强 赵星凯 赵亚楠
仲伟丰 周雅宁 朱昌平 朱星宇 朱玉婷 李严浩然

智能控制技术

蔡雨生 陈嘉炜 陈 坤 陈亮亮 陈鹏宇 代浩杰 单俊杰 邓传磊 窦静仪 巩 畅
巩建东 管伟龙 郭书达 韩 静 韩玉蓉 何彦颖 贺 飞 衡伟伟 胡潘豪 胡 宣
胡永浩 黄高鹏 黄佳艺 蒋丹丹 金力澜 李家栋 李金卫 李康轩 李明乐 李文选
李晓敏 刘 康 刘世奥 刘 特 刘正东 卢雨琪 卢竹清 鲁 晨 路晨光 罗腾盛
马国庆 马 勇 苗双全 裴昱博 邱向龙 邱泽森 沈之枫 施东明 宋龙仁 隋晓辉
孙成龙 唐新宇 王 聪 王锦汇 王 亮 王 赛 王宇轩 文婷婷 吴 昊 吴袁杰
夏 辉 许晨龙 许思敏 许英文 许致恒 杨镓玮 杨金伟 杨开金 杨照红 叶松岭
尹 涛 张星杰 张迎庆 张莹莹 张宇浩 张子涵 张梓辰 郑诗宁 周 浩 周慧婷
周 汛 周子毅 朱 杰 朱 爽 邹振凤

工业网络技术

崔新阳 崔智豪 邓浩淇 丁子豪 董江丽 杜鹏森 范永龙 冯李雪 甘 玲 关宝程
何 婷 金宇航 景 浩 李 欣 李一涛 凌福良 刘 帼 刘 浩 刘佳佳 刘文敬
刘 钥 吕忠伟 马 辰 莫少志 倪 阳 戚梦丹 钱鲍莹 秦 微 瞿 盟 任 宏
石海元 史成祥 史森培 孙智强 唐云云 田培正 万梦杰 王寒寒 王 洁 王晋博
王强东 王 涛 王 玮 王文杰 王宇博 王媛媛 文国杰 闻凯华 谢松羽 徐 熠
许方涌 颜 行 杨 超 杨 澜 杨银昌 杨雨凡 余立登 俞礼洋 张佳玉 张 蕾
张 睿 张思梦 张祖新 赵新锋 朱清祥 朱天驰 左明浩

管理学院

电子商务

白丽娟 包方颖 蔡 璐 蔡思敏 曹 磊 曹 爽 曾 浩 陈 楠 陈 瑞 陈 硕
陈 曦 陈依霖 陈子然 楚俊红 戴 琰 邓 雨 杜宁宁 甘梓成 高媛媛 顾 颖
郭佳铭 郭 倩 韩 寒 何 艳 侯怿文 胡 芸 黄 鑫 黄星栩 计佳仪 季 双
江晓佳 江子涵 姜春梅 金 立 李 诚 李恩群 李福洋 李浩恺 李 虹 李佳倩
李佳宇 李梦凡 李梦瑶 李钦雨 李 响 李馨怡 李 颖 李雨涵 李 昭 李志军
梁玉佩 刘佳欣 刘其亮 刘 薇 龙 云 卢 达 陆佳萍 陆倩倩 罗彦弢 吕思亭
马广贤 马文青 马宇菲 马 祝 穆雨汐 宁封丽 牛家成 潘金路 彭冬冬 彭光胜
彭慧敏 彭洒洒 彭奕程 蒲晓静 邱爱萍 任 丽 邵梦凡 施程鑫 宋翰林 孙佳鑫
孙文雅 孙 园 唐 宁 唐思婷 唐媛媛 唐 悦 陶 宇 童新悦 汪 玲 汪元凡
王安祁 王锦琪 王 静 王璐璐 王萌萌 王 倩 王斯怡 王心怡 王长洲 王子名
吴芳芳 吴文琪 吴祎頔 夏梦洁 谢永青 熊加勉 熊 雨 徐 瑾 徐 蕊 徐营飞
许嘉骏 薛嘉雯 严 薇 严 雯 杨佳佳 杨嘉欣 杨攀丽 杨晴云 杨新纪 杨 振
尹苏丹 郁丞鸿 张利伟 张 萌 张 敏 张胜洁 张芯诺 张 欣 张欣茹 张 玥
章新宇 赵辰霏 钟 露 钟强龙 仲佳佳 仲晓雅 周春龙 周静瑶 周李玲 周 悦
周紫怡 朱 尹

行政管理

安 宁 翟泽林 方之璇 费晔扬 顾 丹 黄冬梅 季 慧 贾苗苗 李 楠 李思琦
李婷婷 刘海芹 刘 诗 刘 银 刘雨森 鲁园园 莫钦兰 庞华君 钱 程 任嫣然
孙 薇 孙薪淼 田文玉 王奥慧 王恩茹 王佳怡 王文文 王银霞 韦昌灿 韦 生
吴子涵 张 成 张 蕊 张 庭 张 義 张 颖 赵 迪 赵红艳 赵萌娜 周慧洁

周凌荧　邹宇迪

人力资源管理

陈　盼　陈文文　陈晓雨　陈蕴婕　丁嘉怡　付佳蒙　葛　凡　龚　燕　季方舟　李福苹
李雯雯　李　玥　刘凤婷　刘贯侠　刘玲洁　刘子晔　卢玥玥　吕晶星　吕　静　马雯雯
母小燕　倪嘉蔚　潘　玥　邵玲丽　沈　倩　孙嘉晨　孙雨恬　王大妍　王　慧　王梦婷
王青青　王　蔚　王雪纯　王　妍　魏礼娟　吴　佳　肖　薇　谢　琳　徐　昂　许光辉
颜丙晨　杨陶妮　印钰玫　俞相丞　袁　妍　张国鑫　张　洪　张子妍　赵悦然　周千千

市场营销

毕羽婷　曹言钰　陈贝贝　陈　娟　陈雯萱　陈　霞　陈　瑶　陈映州　陈雨婷　陈　越
陈志龙　仇新如　代真杰　戴佳敏　戴静芳　戴梦露　单　颖　邓　荣　丁　梦　丁欣宇
丁雪妮　范娇娇　范镇明　封其赵　辅志文　付雨婷　傅佳楠　耿凌燕　顾林欣　顾珊珊
顾晓敏　郭博睿　郭　雨　何嘉恒　何茹倩　赫鹏祥　胡琳乃　胡　颖　华婧媛　华明如
黄　辰　黄静怡　黄　涛　黄晓姝　黄玉洁　黄知峰　季梦宇　江　博　姜寿春　蒋勤勤
蒋月琴　康雅姝　匡婷婷　李冬茹　李俊晖　李梦辉　李松松　李卫谣　李向玉　李徐琳
李旭策　李　毅　李宇琦　李在群　李　智　梁姝敏　刘浩杰　刘怀晨　刘龙龙　刘　佩
刘小龙　刘志龙　卢　浩　卢丽丽　芦　盼　陆　秋　陆诗妍　陆雪垠　陆袁媛　逯晋杰
吕晓意　马嘉琦　马婧琳　马艳杰　毛叶萍　蒙朝华　倪晴燕　倪　云　牛欣瑶　裴启威
朴南正　钱晓哲　秦瑶昕　阮钰雯　邵恩雪　沈海燕　沈俊峰　沈思敏　盛天娇　施明豪
史凤娟　束　琰　树　婧　司晓洁　宋伟康　宋雪婷　宋宇飞　苏　洁　孙彩芹　孙浩铭
孙　慧　孙文静　孙雪雯　孙滢澜　谭　聖　陶梦桔　田雪雪　田　悦　仝一言　王爱飞
王　超　王春阳　王丹丹　王宏涛　王　晶　王思思　王庭丽　王　威　王晓雯　王艳玟
王燕妍　王瑶瑶　王元元　王缜缜　韦丁芳　韦丽双　魏　遥　温　宇　吴冬梅　吴慧琳
吴是洋　吴雨婷　奚　烨　徐达雯　徐怀玉　徐　雯　徐　莹　严　兰　颜少玺　杨芊鑫
杨心洁　杨　莹　杨宇婷　叶嘉唯　叶思佳　叶子卿　裔苏云　殷　婷　尹　洁　于支颖
余孝婷　詹苏婉　张国栋　张加俊　张嘉宁　张娇娇　张鹏娣　张怡心　张　雨　张月珍
张子恒　赵天龙　仲紫微　周凤琳　周　敏　朱佳怡　朱陆娇　朱敏娅　朱倩倩　朱时燕
朱心雨　朱徐成　朱垚杰　朱永胜　朱雨婷　陆任文杰

文秘

卜紫霞　曹玉清　常　远　陈海艳　陈丽倩　陈梦娜　陈天宇　陈怡如　成诗佳　程子怡
戴梦婷　窦欣晴　杜怡静　杜云卿　范贝贝　冯　祺　冯　卫　顾诗雯　顾新雅　管明惠
韩韦韦　何　娟　和焕格　黄雨薇　季思齐　姜思梦　金珮嘉　兰梦梦　李　丹　李佳豪
李孔兰　李　梦　李梦绮　李淑洁　梁凤娇　梁峻豪　林念情　刘琦玥　刘沁珂　孟凯源
孟文杰　糜　筱　母玉婷　牛　婷　戚倩雯　戚文慧　秦玉榕　仕工婷　沙芳芳　沈天慧
沈心雨　沈长敏　师　玉　施佳纹　石大理　苏春宇　孙　敏　覃宏连　覃尚宇　王　飞
王芊芊　王淑莉　王益凡　魏缨欢　吴　卉　吴路遥　吴佩娟　吴　倩　吴堂青　吴雨梦
夏　婷　熊乐瑶　徐　婷　徐　悦　徐仲祺　许诗玟　闫慧玲　叶倩倩　印　肖　袁　明
岳梦奎　张枫凡　张文静　张晓雯　张　雪　张樱鹰　张　宇　赵紫健　周　倩　周怡伶
朱臣娟　朱大宇　朱沁琰

物流管理

卜　芸　陈东阳　陈梦婷　陈思颖　陈伟杰　陈文秀　陈潇楠　陈宇波　邓志鹏　傅观艳
管雨婷　郝婷婷　胡志翔　华昱芸　黄　韵　贾胤珏　姜　威　蒋　妍　金晨烨　李佳静
李秋豪　李　瑞　李文静　李远荧　林　妍　刘　森　刘思雨　刘　婷　刘习玉　刘心雨
柳丽丽　毛凯浩　孟龙珠　倪雯雯　邱敏涛　沈　超　沈　缘　时文柯　史超文　苏金鑫
隋明珊　孙　力　孙一丹　孙毅杰　孙媛媛　覃婷婷　汤鑫龙　唐嘉宇　唐静悦　陶心悦

王淇霏　王晴云　王　帅　王旭东　王　艳　王怡媛　王　雨　王　振　王宗君　魏静怡
夏佳铭　肖淑慧　谢昕妍　邢兴兴　徐蔡亮　徐欢彤　徐凯旋　徐艳洁　徐依梦　许缤文
许文凯　杨乔悦　杨　婷　于　峰　郁婷婷　张慧影　张乐乐　张　伟　周　静　周　舟
朱晨豪　朱吴浩　邹芳华

商学院

报关与国际货运

曾铭思　陈慧宇　陈　娇　陈　柯　陈琪林　陈宇杰　陈雨晗　程君莹　冯笑伟　胡晓婷
黄蔓莹　惠梦婷　嵇雨婷　李伟康　李燕薇　梁　琳　刘　迪　卢　毅　毛若岚　倪骏祺
施　捷　孙怡婷　王　冰　王海艳　王丽聪　王鲜莲　王　毅　夏舒洁　夏星宇　夏　悦
谢丰仪　徐旭琪　徐艳杰　许欣欣　阳宇清　杨璐聃　杨艺洁　印明静　张　晶　张　潇
赵海芹　周丹倩　周莎莎　周　媛　朱　倩　朱薇婷

财务管理

鲍　晶　卜伟伟　曾　珍　陈　静　陈霖熙　陈赛楠　陈善璐　陈湘梅　陈小唱　陈忆琳
陈轶昕　陈蕴佳　储程杰　丁万杰　丁文丽　杜思珂　杜重江　冯　蕾　高苏满　高芝玉
顾欣怡　顾怡雯　郭　羽　黄依雯　黄溢文　黄子聪　姜雨婷　金　珂　金　黎　李爱松
李　凡　李　瑞　李申奥　李婉怡　李　雪　李雨佳　李　振　刘　含　刘　琦　刘子怡
毛佳敏　倪誉文　潘　颖　彭姝昕　祁　敏　钱梦丽　钱震越　乔子妍　阮世云　沈懿文
施佳佳　石思宇　史旭悦　殳　淼　孙琳婕　孙　楠　谈　潇　王科懿　王梦雅　王明敏
王晴晴　王淑晴　王一淳　王哲宇　谢　晨　谢　苏　徐康博　徐诗雨　徐志远　许　蕾
许　悦　许　悦　许志祥　严　怡　杨　璐　杨雨萌　殷庭一　臧宇杰　张高维　张群芝
张伟强　张优雅　张　瑜　张　宇　赵　宇　周慧敏　周蕊蕊　周文静　周雨倩　周钰莹
周　舟　朱天乐　朱薛珉　庄佳欢　左凤婷

法律事务

蔡　剑　曾丽敏　陈佳尧　陈　龙　陈韵琪　程甜甜　丁　玲　杜娇娇　方一松　高林凤
葛桓恺　耿思凡　谷燕燕　韩国玉　韩宇慧　何昆伟　何圣钊　贺子琦　黄佳乐　黄金晶
贾梦婷　姜慧琳　蒋绍铖　揭徐泽　李沛泽　李文慧　李晓萱　李　扬　李子怡　梁凤华
梁路平　刘　咪　刘　敏　刘骐硕　刘　璇　鲁潇潇　陆宣菲　罗　蓉　马凯颂　马梦真
马树芳　潘琳玮　潘佩兰　沈　江　沈与时　司林林　苏丽容　苏　双　孙伟佳　孙钰华
孙月璐　孙悦悦　覃子爰　谭晓晴　唐伟豪　陶浩然　田陆翔　王　浩　王凯恒　王思思
王　译　王支乐　魏佳怡　文鑫月　吴佳瑞　吴　青　吴友亮　夏　雨　肖玲玲　谢明杰
谢晓缘　邢文龙　闫梦丽　杨　菁　杨　爽　尹思琪　于　强　俞明浩　张　萌　张文静
张杨怡　张玉玲　张泽玲　赵慧颖　郑　鹏　周海云　周　敏　朱程燕　朱浩田　朱天尧
索朗达娃　索朗玉珍

国际经济与贸易

鲍奕霏　鲍志慧　曹　颖　车嘉宇　陈凯宁　陈韶杰　陈思雅　陈雅靓　陈　艳　陈　宇
成蓓蓓　崔雅萱　代　娟　翟毅鑫　董文琦　冯雨璇　高馨月　郜夏雪　葛　蕾　韩馨婕
何芮汐　贺赛男　华向星　黄朗婷　黄勇俊　姜佳琪　蒋祝澳　蓝荣艳　黎汉秦　李　兰
李　丽　李梦姣　李兴娅　李　志　刘海滢　刘　爽　刘彤彤　刘学一　罗鲜艳　罗星玥
倪　童　潘成龙　沈宝臣　史健宁　苏　宇　孙　悦　覃敏芝　汤柯媛　陶　洁　王春艳
王德祥　王凤娟　王佳瑶　王　森　王　双　王扬威　王雨涵　魏昭君　吴浩波　肖翠花
肖　轻　谢　君　辛炎阳　熊　丹　严伟豪　杨嘉恒　姚雨婷　张慧芳　张雪晴　张　燕
章加荣　赵嘉男　郑成希　周思雨　周小燕　朱　贺　卓　欢　宗朝飞

会计

鲍思洁　卜嘉楷　曾　珍　车泌兰　陈　成　陈冬雪　陈观云　陈　洁　陈　露　陈思好
陈雨康　陈雨婷　陈雨薇　戴成念　单子豪　丁佳丽　丁家敏　丁雅云　丁禹翔　董　娜
樊　凯　范诗彦　房梦仪　冯纯之　冯千桓　冯雨薇　符周舟　甘曼茹　高　达　高　洁
高　远　葛莹莹　顾彩文　顾良辰　顾文娟　顾　娴　顾依琳　顾有洋　郭梦妮　郭芊好
韩玲玲　何建华　洪慧君　胡　迪　胡佳强　胡　艳　胡　玥　胡忠蝶　黄石巧　黄铄婷
黄苏苏　黄新文　黄　梓　嵇雅婧　吉丹丹　吉新怡　纪班庭　纪　妍　季攀雯　蒋雨晨
金　培　居子特　李　凡　李　坤　李龙飞　李鸣谦　李　娜　李　品　李　清　李如梦
李苏佳　李皖东　李小雨　李欣怡　李燕凤　李　盈　李媛媛　梁　莹　林　敏　凌　琳
刘慧青　刘丽娟　刘梦雪　刘　前　刘思洁　刘天烨　刘晓环　刘晓倩　刘晓叶　刘欣慧
刘　瑶　刘　雨　卢　榕　鲁志园　陆嘉仪　陆灵昊　陆心雨　陆鑫雨　罗　敏　马诗婷
马欣怡　倪佳薇　倪嘉薇　倪思敏　倪烨清　钮家威　潘　瑶　祁　琦　钱泓丞　秦子冉
邱　慧　邱　萌　邵婕妤　沈佳烨　沈晓逸　沈心如　盛　婷　史　懿　宋莹莹　苏　磊
苏晓语　孙欢欢　孙梦雅　索玉洁　谈一鸣　谭建国　汤小雨　汤永梅　唐慧敏　唐佳怡
唐　洁　唐　玲　唐沈男　陶苏芸　万施雨　汪玉婷　王国凤　王欢榕　王璐璐　王名扬
王　楠　王　培　王思雨　王斯文　王甜甜　王晓倩　王欣悦　王　艳　王　艳　王莹莹
王　钰　王子涵　温依乐　吴偲雯　吴　佳　吴佳怡　吴佳忆　吴嘉慧　吴律凡　吴婉晴
吴　娴　吴晓青　吴欣越　夏新宇　夏熠舟　谢　帆　谢浩冉　谢如一　徐　晨　徐珊珊
徐雅静　徐　琰　徐　筝　徐志高　许佳丽　许嘉欣　许梦佳　薛　瑶　严俊豪　严　冉
杨　晨　杨　帆　杨龙波　杨庆琳　杨　茹　杨润青　杨　燕　杨怡琳　姚　恬　游艺琪
于　莹　余霞兰　袁佳欢　袁菊路　袁　舜　昝金伶　昝　悦　张丹妮　张昊璇　张佳艳
张　洁　张晶鑫　张枥水　张　梦　张明松　张蓉雪　张婷玉　张　鑫　张雅洁　张　怡
张逸飞　张颖劼　张宇航　张宇双　张子杰　张紫欣　章　瑾　赵陈晨　赵方君　赵丽莎
赵思文　赵天泽　赵　雯　赵　欣　赵星珍　赵毓秀　周丹惠　周　迪　周海林　周航如
周　凯　周　琳　周梦婕　周思静　周　鑫　周雪敏　周羽悦　周　悦　周　政　朱德鑫
朱洁瑕　朱兰娟　朱梦雅　朱沁妍　朱新怡　朱艳明　庄新鑫　邹逢云

金融管理

曹荥滔　曹玉蝶　陈发燕　陈慧淇　成晓仪　董　媛　范文静　范　垚　封璟阳　高玉洁
杲昱彤　胡华强　黄礼丽　吉宗浩　金　龙　金　梦　靳舒媛　兰馨羽　李福威　李海艳
李靖怡　李婷婷　李心怡　李心悦　李紫婵　刘国强　刘梦杰　刘　淇　刘　妍　刘长友
马加庆　马梦婷　彭　倩　沈加兰　孙学峰　陶胡杰　陶　乐　王　浩　王思琪　王欣瑜
王　雨　吴碧波　吴　芳　奚　睿　谢翔宇　徐　露　徐文杰　徐　妍　徐英英　徐　莹
徐子雲　薛文欣　颜　萍　杨李天　杨梦蝶　杨玉如　叶　曼　叶仪婷　袁尧敏　张天乐
张晓荣　张新悦　张亚恒　张雨菲　赵　娟　赵倩倩　仲豆豆　周慧婷　周若凌　周亚丽
周　洲　朱晨曦　朱凌宇　朱淑雅　朱　昱

审计

蔡　毅　戴贝贝　董　丽　杜一鸣　杜　颖　范晶晶　封　悦　顾姝珺　何梦雅　胡子珺
黄开云　蒋佳宁　蒋卢昊　开洪虹　李　蕾　李媛媛　刘婉婷　柳霓雯　陆晨玥　陆心妍
吕雪芹　潘成龙　戚心怡　乔　梦　孙　艳　孙　桢　唐雯情　陶振希　田家欣　汪　雨
王雨和　王　玥　韦泳惠　翁欣怡　武苏皖　夏秋忆　熊紫微　徐　溢　叶　子　于梦楚
于永杰　禹　晗　袁　珂　张谷雨　张汉月　张王琪　张　祥　赵海燕　周媛媛　诸燕琦
庄　伟　邹凯旋

教育与人文学院

会展策划与管理

陈婧瑜 邓洁 方雯欣 付晓菊 黄健行 黄晚霞 康梦茹 李洁 李媚 李瑞云
梁雨诗 刘丹丹 刘幸 刘子涵 马靖 孟永呈 缪诗悦 宁青青 邱文文 任星宇
沈家辉 宋文丽 孙千又 覃周慧 唐飞亚 唐兴 陶媛 王靖 王倩 王瑞琴
王瑞云 王苏琪 韦珊珊 魏新泽 夏雨雯 邢继杰 徐静 徐启航 徐雯 许星
严瑛洁 杨瑞 张群 张珊 张紫玉 赵芸琴 赵凯旋 周士琳 朱金红 普布次松
嘎松塔鑫

旅游管理

安宁 柏诗雅 卞家伟 车巧巧 陈池 陈慧 陈佳怡 陈天望 陈婷 陈婷
陈晓慧 陈馨 陈旭超 陈宇峰 陈玉淇 陈泽贤 池妍 戴施琦 邓佳龙 丁冰
董君 方秋 付琦琦 高嘉敏 高雨蒙 葛颖 顾益 顾雨涛 胡曼玲 胡双红
虎楠 黄静 黄佩健 黄爽 李灿 李江平 李洁 李科 李琪 李文
李雯 李晓莲 李欣慧 李雅竹 李映桦 李真真 林洁 凌雨婷 刘思雨 刘阳阳
刘莹莹 刘子楠 卢静蓉 卢越 陆天添 陆天奕 路梦林 罗旭悦 吕思昱 马紫莹
毛琳 毛睿霞 孟美容 孟琦琦 牛云 潘安心 彭舒莹 浦丽娟 冉金凤 饶春燕
邵莹钰 宋美琪 宋梦娟 宋倩 孙浩楠 孙卉 孙刘香 孙妮 孙黔江 孙尉
孙晓静 汤怡雯 王帆 王海琴 王红 王佳慧 王琦 王冉旭 王思纯 王彤
王璇 王银冰 王月 王玥 王志慧 王紫薇 韦婷 温馨 吴冰洁 吴悦
夏淼 谢婉倩 谢雨洁 谢志豪 邢玉花 徐丹 徐靖 徐梦婷 徐诺云 徐童
徐沂雯 徐玉 徐正凯 许兴琳 薛鸣 闫佩 杨佳慧 杨杰 杨清蓉 杨雪
杨阳 杨莹 姚鹏鹏 姚雨婷 叶文嘉 尤星星 郁淑琳 袁宵 岳臻楠 张慧冰
张慧娟 张金晶 张新慧 张璇 张莹 张振宇 张芷琪 赵星 周珺妍 周宇
周子怡 朱朝阳 朱世杰 朱颖森 邹飞扬

食品营养与检测

蔡泽扬 曹渤露 昌明玥 陈浩冉 陈梅 陈舒羽 陈思佳 陈玉芸 程佩婷 代晓彤
窦超 符云 付晨月 葛盛楠 耿景秋 郝梦 郝艺超 何丽丽 何莎莎 胡珊
郇梦婕 黄慧婷 黄羽 金叶彤 来晓龙 李浩睿 李梦洁 李仕宇 李涛毅 李维欣
李晓晓 李卓然 刘嘉欣 刘晓梅 刘妍 刘洋洋 刘宇婷 刘紫彤 莫雪云 庞金凯
秦瑜泽 宋贺颜 孙宏政 孙壮壮 万海娟 王安琪 王冰雪 王家祥 王康丽 王伟
王颖 王玉 韦志颖 魏宝红 魏冰 吴闪闪 夏憨彤 徐佳晨 许小娜 许徐杰
杨桂兰 杨娟娟 杨世燕 杨婷婷 杨小凡 叶新颖 尹婷婷 俞晴芹 张丹丹 张晶
张晴 张婷 张迎雨 仲梦娇 周英杰 朱耘娴 卓壹佳

网络新闻与传播

陈虹 陈文谍 陈欣欣 董璐 杜洁琼 杜欣悦 高涧西 高晶 顾雨 何丽玲
贺炫坭 洪瑶 胡锦贤 胡靖华 黄婧瑜 霍思宇 江启慧 蒋迈 蒋雅雯 匡子谦
兰璐瑶 雷代雨 李孟凡 李娜 李晴 李秋叶 李茹 李雯 李艺华 梁琦
梁颖 林京彪 林思帆 刘婧浠 刘乐英 刘丽君 刘丽媛 刘沐风 刘澍杰 陆海娟
陆瑜菲 陆羽涵 马士琪 马贤贤 毛文婕 梅永宏 蒙文清 彭雪晴 宋磊 苏海宇
孙金典 孙路露 汤馨童 唐瑾 田缤悦 王慧敏 王佳宁 王莎 王姝婷 王帅
王帅杰 王亚南 王莹 王雨晗 王卓雅 韦温泺 魏楠 魏琪 吴佩蓓 吴杨
邢紫淳 熊培信 熊文轩 修月婷 薛楚婷 薛丽丽 颜建达 颜心语 颜娅玲 杨舒贻
杨晓燕 姚秋叶 殷瑞敏 尤燕 余霜 余雪柯 袁雅晴 张瑞瑞 张欣 张鑫
张蕴 赵红雪 赵梦姣 赵月 郑国群 郑露 周梦洁 周妮 周婷 周子滢

朱思格

学前教育（师范）

卞思洁　曹　瑾　陈彩霞　陈　琳　陈隆祥　陈世凤　陈　婷　陈　希　陈晓燕　陈雅欣
陈　艺　陈　钰　池果函　崔佳晨　戴苏皖　邓园园　范晶晶　方　琪　方栩昊　付　萍
高　洁　戈　妍　葛田甜　耿灿灿　顾成科　顾斯佳　顾雅楠　顾　杨　管　励　郭思洁
郭小宇　何　萱　洪玧恬　胡颖异　胡雨濛　黄　芊　霍嘉玟　吉芮青　蒋美玲　焦炳锦
李佳华　李佳珍　李润思　李思玥　李　桐　李新雨　李　艳　李　瑶　李怡霏　李子怡
梁兴兰　林安琪　林志豪　凌逸宇　刘嘉如　刘嘉雯　刘美辰　刘苏微　刘　颖　刘智康
陆嘉怡　陆　丽　陆丽嫔　陆晓雅　陆怡琳　路雅蝶　罗　瑶　吕　扬　马屹韵　梅诗琪
孟佳妮　孟已琳　孟雨溪　钮杨旸　潘　巧　庞诗怡　钱　婧　邱　露　邱雨薇　桑佳岚
沈丁俐　沈雨澄　盛　佳　盛宇豪　施晨婕　施　洋　史雨晨　孙静静　孙　敏　孙亦姝
谈雯烨　汤方慧　汤思琦　唐　莹　唐竹君　陶嘉怡　陶敏洁　田小丽　汪　玥　王佳敏
王佳欣　王　乐　王秋怡　王舒祺　王思思　王思颖　王燕燕　王　宇　王雨晴　王月琴
王　悦　韦　轩　吴佳轶　吴经纬　吴思敏　吴婷婷　谢愫余　谢　甜　谢晓磊　许励之
薛菲儿　薛彦璋　荀娅雯　严文慧　杨寒雪　杨锦文　杨　柳　杨文欣　杨雅慧　杨亚慧
姚　源　叶铭萱　尤　畅　尤叶雯　俞璟瑾　郁歆怡　袁佳红　袁　雯　袁　霄　袁杨花
张诗怡　张　琰　张雨贤　张　赟　赵　雪　赵峥阳　郑思凡　钟慧珊　仲家欢　周晨悦
周丁安　周梦雅　周星月　周叶青　朱春霞　朱仁静　朱奕婷　庄慧敏

外国语学院

商务日语

蔡　梁　陈涵祺　陈健潇　陈亮羽　陈璐瑶　陈　琴　陈荣佳　段　颖　冯安妮　冯天宇
甘　冰　高　婕　高　婧　高文龙　耿嘉皓　顾小波　郭永妍　韩财圆　何家鑫　贺保江
胡必成　胡　成　胡清容　黄乐乐　黄　敏　黄　苇　季　婕　贾　凯　姜　凌　姜晓婷
金日宸　金晓君　蓝路程　李　佳　李静艾　李泠熠　李梦蝶　李文静　李　溪　李　宇
梁海霞　梁嘉艺　梁水杰　刘　雯　刘英豪　鲁　茵　罗　丹　罗　娜　马瑞云　马雨童
毛文洁　梅　杰　蒙瑞颖　孟　婧　农风宁　潘　雯　庞世华　庞文桦　祁林林　钱梦婷
乔　柳　秦小雪　饶传倩　任建新　时逸龙　史善强　苏心怡　覃倩娉　陶育明　滕唯佳
田洒洒　万永迪　王安妮　王金凤　王丽丽　王少青　王婉廷　王维欢　王昱心　王智毅
韦利桃　魏佳琪　吴兵宜　席子强　肖　倩　谢鸿飞　谢舒雅　徐　倩　徐晴云　徐　薇
徐文慧　徐　怡　许碧涵　杨灿旭　杨诗莹　杨雪婷　杨玉珍　叶琼英　余凯文　余　爽
苑雪言　岳慧茹　张楚慧　张　川　张恒玮　张嘉豪　张文慧　张　星　张亚涛　张煜婷
张元甲　章格格　赵柏智　赵明珠　赵秋阳　周　静　周宇彤　周志豫　朱辰豪　朱戈莹
朱宏岩　朱　婷

商务英语

曹楠楠　陈　琛　陈　晨　陈靖雯　陈铭怡　陈思蓉　陈新如　程晓丹　程晓婷　崔汉宇
党乐萱　邓宇鑫　丁成妲　董　娟　凡蓉蓉　樊　洋　范海辰　范佳雯　范一鸣　冯桂珍
高安桐　高靖雯　耿　榕　耿云娟　谷林鑫　郭蓉珍　何　渤　何佳芬　何佳靖　贺　颖
侯　佳　胡思然　胡雅雯　户娜娜　黄方宇　黄　爽　黄兴安　季心怡　蒋龙燕　蒋帅轩
解金龙　蓝淑蕾　雷　萍　黎娟丽　李晨星　李国燕　李雷雨　李龙飞　李　璐　李梦楠
李娜玲　李　琪　李森梅　李素丽　李文雪　李娴萍　李　欣　李　璇　李宇捷　刘　迪
刘珈邑　刘俊兰　刘梦丹　刘梦真　刘　姝　刘　玺　刘潇阅　刘禹辰　刘泽华　卢晨蕾
卢俊杰　陆凌云　陆晓露　罗陆威　罗　玉　吕晨希　蒙雨萱　钮　约　裴佳辉　彭　晴
彭宇霞　蒲龙菲　钱诗画　乔一歌　任思翠　石伟琦　司　润　宋林辰　宋莎莎　宋　霞

苏婷 苏一 孙飞 孙梦莎 孙倩 孙思云 孙雯 索玉洁 谭芊芊 汤菲
汤雯雯 唐晓雨 田刚 仝璇 屠磊 王楚 王聪 王芳 王嘉怡 王珺玥
王美辰 王婉 王颖 韦佩桃 韦雅雯 吴慧英 吴丽民 吴燕 吴燕红 吴勇奇
吴月明 肖丽霞 谢东杰 谢诃 谢萌萌 徐蓓 徐帆 徐惠萍 徐冉 徐天娇
徐夏星 徐宇楠 许微 杨格 杨炯兰 杨利红 杨天 杨天辰 杨小雨 姚悦
殷乐汐 尹程相 尹红灿 余杰 余曼琪 喻珊 袁越 岳然 岳荣 张承旭
张锦 张蕾 张丽 张连美 张露子 张倩倩 张茹 张文影 张晓英 张亚男
张艳 张业楠 张雨兴 张岳 张子恒 赵可 赵娜 赵文慧 郑飞飞 郑珂凡
郑月 周浩洋 周玲静 周雪晴 周芷雯 朱刘洋 朱淑敏 欧阳瑞珑 赵韩文淇

应用德语

陈淑婷 陈妍妍 董晋沙 范小茶 高婉莹 华忠雲 金佳悦 靳雅茹 李倩 李文慧
梁怡秋 刘芮含 刘文欣 刘亚星 刘宇雯 刘雨茜 陆诚 马鹏云 潘子妍 孙新月
孙媛媛 唐佳荣 陶琳 万秋阳 汪惠惠 王腾飞 韦雅珊 吴宏波 夏蓓蓓 徐荷香
徐志琪 杨依欣 张嘉欣 张欧妍 朱丹 朱子卿

应用英语

安新芸 白梦贤 鲍舒畅 仓颖 陈春梅 陈敏 陈珊珊 陈薛丹 程珍 崔若曦
丁慧 丁佳丽 范舒悦 冯廷芳 付雨欣 高晨晨 高影红 葛璇 耿梦雪 谷森林
顾凡 管娟娟 郭浩洋 郝仕秀 侯晓瑜 黄楠 黄一平 孔维倩 李佳佳 李佳杰
李坤 李娜 李庆 李秋爽 李雯 李星润 练寒池 林雨轩 刘家豪 刘顺
刘婷 刘肖 刘新宇 鲁刘燕 陆林燕 路正苗 骆媛芹 吕希 孟安慧 潘咏珊
彭静萍 乔弋阳 秦婷 沙春兰 沙钰婷 商平 申蒙如 沈洋 石小雪 史书珺
史亚静 税雨欣 宋群 宋娅玲 苏好茹 孙琦宏 孙秋怡 唐倩 王海瑜 王静怡
王梦迪 王睿 王新 王新予 王亚萍 王雨欣 王招娣 王忠祥 韦菁桦 魏超帅
魏银雪 吴慧芳 吴炜铭 吴雨静 武艳慈 鲜灵 谢金龙 邢舒敏 熊玉溪 徐文睿
玄雪童 岩辰 杨帆 杨慧婷 杨露 杨永陆 姚婧 叶怡君 易娜 易欣烨
游晓奕 于江星 张博岳 张赫洋 张洁铭 张倩 张思学 张思尧 张田田 张玥琪
赵青青 郑敞琴 周巧贞 周卿 周文雅 周晓雪 周谕婷 朱洁 朱欣怡 祝樱菡
梁惠雯靖 马丽安娜

艺术学院

表演艺术

安书铸 卞澄澄 陈晨 陈帆 陈国良 陈瀚天 陈悦 范卓雅 付伟悦 高莹莹
谷逸凡 郝凡睿 何淑佳 胡梦杰 黄文轩 霍星凌 吉翔 蒋辰 金谭 李娜
李胜昔 李思雨 李研秀 李羽彤 李悦 李紫月 刘佳仪 刘美如 刘思依 刘雨阳
吕缪峰 潘茹 裴玉洁 秦为径 商怀文 孙水秀 王奥飞 王朝庆 王大鹏 王冬冬
王惠 王思茹 王玉石 王远朋 王哲 王梓洁 熊景怡 徐佳敏 徐润世 徐新月
许运弘 杨健华 姚毅 尹步佳 袁蕊 张珺然 张婉儿 张艺芃 张莹莹 张雨
仲亚轩 周帅 周新雨

服装设计与工艺

陈叶 褚婷婷 丁境炫 樊俊豪 费卓婷 胡青青 李林 李泳艳 梁焕恩 廖贵燕
林姿雅 刘曼曼 刘雅楠 陆思怡 罗霞 尚文然 宋婉玲 宋颖 孙晓雨 王婕
王亭懿 吴梦欣 夏静 续原凤 杨理婷 殷秀明 张淑婷 赵亚琳 朱荣欣 左子怡

工艺美术品设计

陈桐 陈馨 崔鑫鑫 董喜喜 冯雨婷 龚泓旭 李琳仪 李娜 李雪 林璇

刘峻丞　刘瑞侠　吕嘉豪　马志文　潘雨荣　宋思悦　宋　炜　宋珍妮　苏　琳　王　竣
王英伟　吴　倩　吴怡萱　夏少天　杨雅婷　姚　静　周佳伟　尼玛顿珠　普布扎西
环境艺术设计
包　禹　鲍聪敏　卞　乙　曹梓昕　陈家豪　陈欣琰　陈　沂　陈　渊　程丽萍　崔倩娅
戴川皓　戴　莹　戴雨洁　丁海蓉　丁　桐　丁　燕　丁　杨　董凯琦　方　培　冯新雅
付子轩　甘　盈　顾琳波　郭赵慧　韩涛阳　韩　阳　何庆江　何一鸣　侯沣桐　胡　莉
胡雯菁　黄　蓉　黄吴贝　黄雅妮　黄　震　江昊朗　江　薇　蒋　凯　蒋永豪　蒋中德
靳　博　李　聪　李红霞　李佳慧　李思寒　李文煦　李亚伦　李勇静　林　艳　刘梦洁
刘思捷　刘　璇　刘雅迪　卢　林　吕　旭　南子琳　潘冬成　钱梦瑶　钱　胜　秦婉琪
盛佳庆　盛　骞　施袁帅　史雨晴　宋秋月　宋世龙　宋志宏　宋子祥　孙慧青　孙静楠
唐澳华　唐闻谦　唐星宇　屠金伟　王　灏　王彤举　王　伟　王雅珍　王一芬　王宇杰
王昱惠　王月月　王子恒　闻宸希　吴佳珍　吴　静　吴欣原　吴雨晴　夏　慧　肖尔奇
邢佳铭　徐　贺　徐天然　徐一谌　徐永慈　许斯雅　薛俨睿　晏小如　杨滨瑞　杨海翔
杨　彤　杨英龙　姚俊晖　雍　容　于雨涵　袁　晨　袁　蕾　袁筱棠　张程程　张海璐
张海艳　张慧琳　张　爽　张婷婷　张雯琦　张　仙　张新晨　张　焱　张玉瑶　张媛媛
张　振　赵瑞玲　赵小辉　赵芷艺　仲昭旭　周　明　周　旗　周　睿　周士琴　周雨婷
朱　洁　朱姝润　卓琼琼　邹星怡　左文欣
视觉传播设计与制作
安宏海　卜晓晓　蔡京含　蔡欣怡　蔡昱轩　曹　函　曹巧伟　曹　烨　常　健　陈怀凤
陈　慧　陈慧瑜　陈　晴　陈　思　陈婉欣　陈　伟　陈　秀　陈怡宁　陈雨蝶　陈志萍
成璐芹　传浩寒　单子怡　邓　赟　窦文惠　范嘉怡　范昕怡　冯桂中　高倩倩　龚青宇
顾成业　郭　慧　郭欣悦　郭　宇　何　欣　贺梯瑶　胡欣然　华　睿　黄新月　黄志杰
惠宇璇　姜雨蒙　蒋心阳　金璐璐　金　蓉　匡文狸　黎月绵　李婧雯　李培玉　李　琦
李润民　李世龙　李婉婉　李　雯　李雅如　李沅瑾　李　悦　栗萌菲　梁　倩　梁益欣
廖景涛　林昊伟　林　康　刘桂欢　刘昊田　刘静竹　刘苗苗　刘倩倩　刘秋雨　刘　帅
刘思怡　刘纹华　刘　笑　卢春晓　鲁瑞楠　陆尔钢　陆馨囡　陆　洋　陆紫言　马程彦
马浩然　马　瑾　马梦婷　马念念　孟　熙　裴亮瑜　戚紫玲　钱佳运　钱双兴　屈星辰
任思进　任　悦　沈文艺　沈雨婷　沈蕴婷　石家翔　宋文慧　宋泽志　宋芝豪　孙　卉
孙雨露　孙玉雯　汤灿灿　童馨语　汪思颖　王　菲　王　灏　王嘉辉　王笠玮　王　赛
王丝雨　王　巍　王文昕　王　湘　王欣怡　王新语　王奕麟　王永壮　王媛麟　王　悦
韦　妙　韦明茹　韦舒婷　魏胜豪　吴　扬　吴钰雯　武炜晶　肖丽萍　谢　雅　谢宇斌
徐晨露　徐晶晶　徐秋语　许　欣　许正祥　闫筱婷　严贝宁　颜静岚　杨陈洁　杨慧蓉
杨　妍　杨　阳　杨玉祝　姚晶晶　姚艳雯　姚　远　叶子欣　殷亚宁　尤鹏宇　余川宁
袁雨杰　臧雪言　张梦璐　张千一　张　倩　张卿雯　张瑞莎　张颜珂　张耀仁　张　颖
赵　淑　赵婷婷　赵雯清　赵雨欣　赵之冕　甄永存　郑皓珉　仲陶然　周程远　周可训
周　穆　周　娴　周　雪　朱嘉龙　朱竞男　朱雯倩　朱小燕　朱　颖　邹　晴
室内艺术设计
蔡晨希　曹慧蓉　曹佳洁　程思遥　邓昕昕　丁山云　冯　萍　胡丹丹　胡寅龙　季亚东
江宜求　姜　梦　蒋晓璐　蒋玉晨　黎秋漩　李加宁　李　立　李思贤　李思雨　李文龙
梁羽琪　林含坤　林　枭　刘高鹏　刘仕艳　刘思颖　刘　威　刘焰焰　骆奕竹　苗宇娇
彭光林　彭怀倩　任苏云　史方敏　史小艺　司乐懿　孙戴平　孙　锐　唐　猛　田　川
汪天逸　王飞飞　王梦杰　王孝严　王　旭　吴其鸿　吴添添　吴垚俊　徐亚新　严志玲
颜欣雨　杨颜琫　殷　悦　于夕尧　袁　彤　张姿莹　章　吉　赵　肖　郑亚楠　郑遗明
仲昱晓　朱馨璇　朱　雪　庄雨欣

体育部

体育教育（师范）

毕亮妍　陈海洲　陈佳秀　陈玉桂　丁　影　龚成龙　谷安琪　郭惟硕　胡立木　李廷辉
李　阳　李志远　刘若菲　刘圆圆　马文远　沈　浪　唐友文　陶胜彬　童长华　王大伟
王　言　王玉婷　韦丁勇　夏　晔　徐泽晨　薛昕奇　燕成浩　张春阳　张　昊　张　怡
张子龙　赵建成　周辰润　周　恒　周小龙　朱俊杰

（陈　伟）

苏州市职业大学2022届成人高等教育专科毕业生名单

电气自动化技术（业余）

高　刚　王亚运　吴建坤　许国平　刘　波　华俊杰　宋　沁　王　杰　徐汇德　彭天易
白孙浩　黄静伟　陆长兴　苟　孟　龚子恒　马嘉玮　丁爱民　葛艺成　钱宇恒　朱渠成
侯庭辉　沈　磊　李逸杰　朱　军　沈智杰　孙子翔　孔令霄　吴沐民　戴永桥　陆欣悦
郭　晓　方佳宇　温东宏　张孝海　张海鹏　刘诗源　邹　阳　孙　奥　顾　昊　刘文龙
沈毅仁　卜一凡　邵子豪　蒋亦凯　王豪杰　肖玉伟　冯正杰　许俊杰　项俊豪　胡国栋
安子杰　梅智威　赵玉玺　高天文　郁沈嘉　朱逸凡　侯毅周　胡　坤　张鹏飞　袁子晨
马嘉琪　程　骏　周　斌　张　琦　沈　豪　顾俊彦　王金芝　史东铁　顾　彬　左熔恩
陈　磊　杨高峰　周　祥　郭玉凯　沈姜鹏　罗　思　陶　俊　朱宇杰　徐　骏　吴星耀
黄骏杰　缪海洋　陈　曦　阙碧程　阙伟建　沈曦萌　沙春朋　吕宗圣　雷　奥　张志恒
魏超明　喻振东　丁春阳　邓　枫　吕　杨　居杨溯　吴　宇　茅思怡　郝海东　刘　通
苏天增　史艳辉　王　涛　张鸿飞　张世礼　朱佳爵　李　凯　吴兆阳　吴泽涵　窦浩楠
徐　豪　陈思文　周　翔　钱翼峰　华　峰　朱家豪

电子商务（业余）

王　玲　谢　雨　谢骏琳　周　勤　安世苗　沈晨菲　程　林　王苏南　祝紫云　吴娴婷
季文燕　吴艳艳　周蓓蓓　王欣宇　戈嘉琦　汤蓓蓓　钱晨怡　蒋心雨　许莉婷　林　露
方鹏磊　汤佳怡　吴　懿　徐雯怡　朱慧玲　潘婧怡　周栩月　顾　月　吴羽浩　顾　晨
赵逸鹏　顾晓春　张恒硕　魏文军　周梓郡　王　越　吕良骥　贾志强　朱政廷　张萌萌
熊　秦　邹珍珍　顾懿静　李　雪　冒冠淑　龙苏苏　施安琪　徐心奕　贺家慧　韩彤彤
焦甜甜　吴燕梅　王志豪　吴淑溶　刘　帅　俞俊翌　朱依婷　嵇雨欣　王　悦　郭鹏磊
李　航　王　旭　陈　洁　索永杰　郑　何　张其龙　管俊晨　汪嘉欣　许佳敏　王子秋
祝紫月　刘德风　高浩男　顾怡菲　王新雨　罗　影　张特思雷

行政管理（业余）

王　领　庞晓虎　金　兰　唐淑琴　张　伟　杨岱崇　张　华　浦　婕　毛嘉怡　许春梅
刘超生　聂　静　吴苏黎　金雪刚　陶晓红　张　雯　薛业勇　李华明　杨雅婷　王　玥
袁瑞玲　耿　严　吴文阳　夏晓庆　雷振北　汪亚敏　张希希　董　强　华　东　吴逸雯
田子晔　潘　莹　王　森　齐诗函　杨丹萍　李　邦　王　强　张艺琼　杜卫青　郁建峰
沈雯婷　梁辰曦　胡春梅　杨向群　陈　茜　艾冰华　李东强　王青青　张　勇　马霞珍
朱　伟　沈梦怡　蔡云洁　汤增梅　杜景勇　杜　艳　包娟娟　李海洋　王　群　张玉琴
张　敏　顾心怡　盛缪斯　许欣蕊　薛彩红　陈海东　顾伟禹　曹建立　李红梅　王　婷
章　霞　孙鑫炳　居晓岗　郑　植　吴　倩　胡小云　徐　鸣　洪克其　曹　康　李　辉
王小铃　赵沙沙　刘媛媛　范勤高　郑嘉仪　张　璐　宋婷婷　刘潇阳　姜安良　陈春圆
李捡英　王小梅　赵志鹏　耿　旭　周海建　张译飞　许　晶　高男萍　徐娴娴　金一飞

陈建忠 李君丽 王珍珠 郑文军 王晶晶 王爱红 金昕昱 舒　丽 尤晓丽 朱毅清
李　梅 陈　丽 李　康 魏郁雯 郑显秀 包静兰 姚　佳 石佳怡 朱秋林 杨　雪
刘志梅 李顺华 陈丽婷 李　敏 魏召红 周　城 贾桂慈 冯访访 张正虎 顾　雄
仲亚娅 林祥玲 刘　涛 陈　欣 李晓云 吴设计 周　丹 何晓小 张小花 杨苏龙
胡晓敏 苏　晓 田京旭 马国华 陈　勇 李雪杰 吴鑫安 周媛媛 崔秋莎 周莉京
金顺怡 吴晓金 杨万群 王庆国 潘宏志 陈月勇 李亚丹 吴　莹 朱兴斌 宗美玲
吴少菁 陆嘉仪 李春巧 胡　芳 刘　荣 桑晓舟 程双方 李彦敏 伍　燕 吴　军
王　敏 陈梅红 俞诗颖 高洪玉 许惠婷 任保振 苏胜虎 程　艳 刘　斌 夏凤芝
罗靖琮 陈德美 王金红 陆蕾婷 葛　威 缪俊杰 沈　贞 孙　超 储　霞 刘桂芳
夏海妹 杨如兰 郭自勇 刘之园 丁尹妮 苗　慧 李　帅 范燕新 朱行行 崔艳荣
刘丽丽 夏孟颖 王举霞 朱良珍 刘驭骁 王轶舟 王迎春 蒋春燕 周晓峰 孙令云
崔之惠 刘　娜 徐佳程 任卫星 席晓青 陈荣荣 施欣怡 高素霞 张巧巧 戚贵冬
孙叶帆 丁志燕 刘苏云 徐开美 赵　侠 陈怡青 靳亚平 沈晓凡 张妙娟 郭逢群
黄文祇 唐习冲 董丽华 刘文娟 徐　裴 金　明 樊亚彩 陈晓霏 沈诗嘉 朱四一
赵明芳 汪晓岚 王文栋 窦贤鹤 刘　燕 徐甜甜 曹鑫豪 马　悦 陈　帅 陈思雨
王玉辉 林　艳 姚晓峰 王　雄 杜倩倩 刘　洋 许海玲 刘　娜 余雪雪 王洪强
倪嘉伟 蒋国庆 张本菊 金龙根 夏德明 段楠楠 柳智星 许　玲 董海洋 梅文婷
乐淑华 何欣雨 王庆芳 刘影影 高家林 许国庆 付　艳 龙满金 薛光祺 韩书艳
王艳军 魏　静 徐　萌 洪　山 刘　丹 谢　强 颜　剑 葛　琴 陆　丹 薛梦结
凡梦芹 田雅丽 陶梦瑶 孟悦翔 张银杉 任春燕 贺博吟 杨臣龙 贡燕青 陆皖玲
杨本琴 阎新平 汝晓斌 李　江 王锦文 练海梅 许　斌 殳烨春 袁春生 谷建娟
罗宁宁 杨桂娥 张　伟 吴铖杰 李　海 乔庭阳 陈　婷 刘　顺 顾　星 张传琦
郭　敏 吕庆维 杨菊英 谭长彬 王　静 高士玉 周亦婷 单　鸣 陆思佳 晏露露
张　华 郭园园 穆苏敬 杨　燕 从茹茹 刘宏丹 陈兆珍 郁昕玥 毛晨君 于乾文
陈雰清 张　萍 郭允佳 欧炳强 杨叶玉 赵　田 蔡玉明 李贵茹 唐佳琦 周　峰
张　盛 林　艳 赵巨龙 郭　珍 潘爱霞 叶　菁 任小海 何梦琦 朱伊娜 黄依芸
葛小攀 刘国伟 石贤林 赵立刚 郭　振 潘秀茹 易现亚 张　浩 卞　吉 尤晓璐
王胡悦 陈子涵 凌靖峰 孙玲玲 周　平 何月生 彭慧蓉 尹　鹏 卢　艳 唐加慧
王语清 李苏宜 孙远芳 沈佳良 张健健 周晓飞 胡娜娜 彭　金 游　娟 夏元元
王露露 马金韬 金逸云 葛佳佳 姚　杰 金　峰 丁　旻 胡　月 彭月明 于　岩
张　飞 袁　婷 宗晓敏 王乐言 孙　云 邢铖浩 吴美华 王佳佳 胡珍霞 屈　雅
袁　君 朱丹丹 朱晓泽 颜　倩 陈若曦 阚春娣 王子墨 满　丽 任琪婷 胡佐丹
全建楠 袁龙珠 娄艳春 高佳伟 鞠江东 徐　璐 姜　伟 陈振霖 董鹏飞 代晓荣
黄　姣 邵红苹 恽　自 代　影 房倩倩 王佳怡 金苏皖 顾燕芬 赵　磊 郑桂云
管蔡言 黄曼曼 王秋梅 翟瑞瑞 毛新玲 杨　艳 葛雨洁 沈逸云 喜　悦 周　宇
贾　娟 赵彦春 黄梦梅 沈　娟 张光新 田安俊 邓小红 钟丽娜 周裕宸 许　丹
单华杰 尤　红 王敏敏 纪春绘 沈雨晴 张　海 朱香英 陈　贺 刘苏轩 钱　晶
王国庆 汤志恒 王远东 俞　聪 季宇清 施云东 张和美 殷琼琼 樊志群 府佳琪
何凯文 王　芝 朱毛毛 陈　倩 孙啟英 贾敬龙 孙红娟 张克勇 程中民 刘　玲
沈俞希 罗一婷 曹晓珺 王　刚 陈丽丽 王　赟 贾晓晓 孙　键 张　琳 朱福英
瞿晨满 高　洁 程好婕 沈佳健 李嘉琪 郭兰红 李　忠 蹇　洁 孙先松 张梦娟
吴　超 孙家珍 缪思怡 沈佳晴 徐　青 潘强强 王会涛 董远发 姜　畅 谭敏娟
张秋珍 纪晓丽 钱国华 倪　赟 钟　晴 李　萍 徐志文 武　娜 袁紫萍 金　华
汤春青 张　威 陆　婷 达彦朋 戴珺怡 唐雯怡 蔡瑞瑞 胡应海 金矫赵齐

申屠湘晓

会计（业余）

任钰琦 翁生燕 倪诗佳 赵慧娴 曹美荣 尚佳洁 郑荣荣 徐梦娇 安子怡 周馨怡
薛敏菊 徐欣怡 时雨晴 钱瑶 薛春秀 陈春霞 沈丽 周海红 周艺妍 金晨萱
潘旗 邵洁 王莹 沈茜雯 沈含吟 孙雨菲 陈燕利 史贞贞 周丽 顾静怡
于蕾 伊振华 张燕 吴洲 朱圣佳 沈雨平 蒋彤彤 陈有珍 宋紫祺 周琴
陆欣怡 顾龙鹰 陈乐怡 陆琴 陆雯钰 赵飞熊 施静 赵妍 成荣娟 孙慧青
周峥嵘 朱丽雯 张佳 巢洁茹 易旻菊 潘泳芳 韩云 冯春早 陈庆月 杜云
孙梅凤 朱伟 顾婕莉 徐佳琦 高佳佳 宋兰兰 徐红利 唐书星 高镱琳 吴佳茜
冯剑波 孙悦 朱文杰 朱梦琪 刘慧婷 武佳汝 严盼盼 王倩 沈瑞凤 杨紫欣
吴依静 高尖尖 唐文婷 姜达芹 王甜甜 吴苏红 陆凤娟 杨荣荣 周嘉鑫 许亦心
周瑜 石昕瑜 高倩倩 滕婧敏 戴新宇 张祝萍 曹思渝 戴月 钱学宇 周祎昕
刘苏兰 沈心怡 邓妙慧 古冬梅 田莉 张亚娟 蔡雨楠 李佳欣 魏玉玉 郭逸扬
叶彤 孙裕强 马一倩 沈宇飒 郭文君 佗勤 周亚荣 时洋洋 吴禾波 彭敏
雷燕 赵欣怡 沈舒欣 邱美怡 张益凡 过丽鹏 王成凤 朱潇 陶新悦 郭晨熙
侯忆 谢玲玲 夏金妮 张颖 张慧欣 刘喆 何金凤 王丽丽 黄媛 王雪
杜亚玲 陆雨晴 张青青 华韵 吕嘉 卫婷 邹欢 何小六 王丽霞 傅金梅
沐苏婷 葛梦婷 黄殷 郑小晓 沈欣 沈佳威 周瑜 盛珍珍 洪杰 王涛
刘娟娟 季鑫 江慧 杨馨怡 陈兰 唐宇 周玉茹 范怡 倪芳芳 胡海燕
魏明月 王玥 潘雨婷 赵梦怡 潘丽羽 周雅敏 芦骏舟 阮文妍 李小菲 江奇芳
黄水玲 魏文娟 罗佳 沈奕 李陆露 胡阳 仲意明 沈皓文 冯佳 谢心怡
沈顾珍 江葛燕 吴爱家 李红英 杨晨 周纯奕 孙琦 徐国勤 戴锦锦 张颖
胡玥 沈思贤 姜丽丽 肖艳 孙倩倩 马潇悦 张梦茹 许如东 王振华 程荣国
徐伟鹏 苏唯唯 沈佳怡 李海珍 邢礼娟 李欢欢 苏文静 施茹翊 高颖 顾倩莉
赵冰冰 周沈韵 舒婷 陶佳怡 李苗苗 徐红 陈智秀 蔡吟月 邓伟 曾妮
曹紫君 陈颖 刘志平 朱慧 何红娇 李圣棋 许梦昳 吴晓江 叶海青 曹嘉文
胡文婷 王友萍 王晨晨 顾玥 解家璇 庾艳红 李兴 杨翠红 王丹丹 胡欣悦
顾甜 常玲玲 朱晓文 包任育 徐昌晟 周倩 姚丽君 梁芳芳 杨倩倩 陆伟
孙晴 邱忆琳 封来兄 王高超 孙思宇 赵建兰 沈迪 王金蕊 林丽青 杨珊珊
张科技 陈亚萍 曾鎏 王苗苗 张朋朋 郑菲菲 陆依琳 陆雨琦 王梦婷 刘丹荣
余冰洁 茆忠颖 张成希 陈铭洁 周红 王丽平 陆妍 马小满 杜虹英 钱梦熊
刘娜 俞庆秀 陈星星 戚丹丹 顾馨瑜 刘荟敏 邢芳 徐佳怡 黄洁 张嘉懿
张文倩 刘甜恬 袁艳丽 裴秋云 马缘情 张晴 朱慧丽 徐春花 邹芸洁 钦雨佳
顾瑶 郑佳佳 刘迎春 张丽琴 臧海丽 陆思莹 江徐燕 邓妮 齐彦铃 吴文菲
邓婧 张雨欣 张青 罗海珠 张倩 郭枫 贾佳莉 谢颖怡 朱志华 刘新科
裴丹妮 谢倩 邹玲玲 陈夏燕 马婉莹 张晓芳 王姗 姚以晴 朱昕瑜 许媚丹
韩成奇 卢诚慧 许欣仪 胡宇芯 吴中益 马晓慧 张雪萍 李燕飞 陆唯一 梅晴
陈学芳 蔡育 陆文艳 张楠楠 马亚婷 孙炟攸 聂红菊 赵梦雅 聂宗巧 吴嘉意
徐利佳 冯阿红 任春明 陈金金 王慧琳 唐玉杰 陈梦娜 潘朝敏 赵永生 胡燕萍
孙伊琳 陈海豫 王林 梁小静 许芯妤 王劲鑫 宋宝路 孙娟 蒲俊 郑琼琼
丁雯静 杨忠雯 袁雅婷 周燕兰 夏纪敏

机电一体化技术（业余）

张宇宣 王嘉铭 毛易成 苏波 陆春峰 王许玲 阮小林 李浩 范旭 任勇
李想 武文将 赵仁贤 盛超宇 王高发 庞华强 高玉敏 罗锦锟 张雷 范志伟

任跃鸿	益 然	陶子恒	徐文杰	吴佳军	刘灿军	戚学军	姚海芹	朱 炳	刘德川
付 波	桑爱爱	吴丽文	李 伟	费尹飞	朱 杰	向 阳	祁高鹏	刘新杰	聂长亚
王亚伦	顾建中	任 刚	任 斌	朱洋洋	全昱炜	张 骏	严嘉晖	全建成	李智楠
张富祥	韩育红	顾树磊	沈北京	李斌超	吴雨薇	郭炜昊	周俞涛	王玉枫	邵小丹
朱爱平	孙军海	白 猛	顾帅帅	沈 良	吴 浩	戴 卫	徐 炯	钱益凡	杨少杰
盛 松	李云冬	王存财	朱凯乐	顾小强	沈晓瑜	孙向军	周晓春	董海旭	朱 盛
佘宏江	石永龙	孟肖恩	龚照照	倪鑫佳	关吉华	沈子维	吴宇锋	刘德豪	李苏杨
陈施宇	郭松松	史 伟	蔡中法	陈 敏	刘 健	郭 鑫	盛冬军	马晓成	黄宇晨
钱雨迪	张 杰	陈 杰	斯国义	王 宝	王 进	王晓华	韩 晶	舒志新	沈志斌
赵民华	陈湛中	张文斌	陈 建	宋 涛	储召应	翟清照	赵永辉	韩亮亮	宋建强
亓俊魁	周志涛	王 轲	成邦华	卞殿强	宋孝林	李振伟	周文杰	常智倩	杭秋华
宋委委	张林林	成博恩	陆 杰	陈良睿	王 健	王 冲	张赶年	李国春	王 斌
何军科	宋延芳	张良成	霍志雷	顾飞鑫	周梓杰	赵乐一	王汉平	冯亚仙	石 凯
成 刚	洪启建	孙乃松	钱佳程	张凯雄	王华霖	李清华	李元萍	王明磊	刘勇刚
许言辉	靳齐齐	侯良聚	孙庆民	欧天柱	黄 波	顾 强	李俊杰	张小建	王 帅
强朝辉	宋加维	蒯 云	胡曙琦	孙 停	祝青才	李 浩	袁雨鸣	于江豪	祖大东
王小虎	袁小玉	戴梦宇	孙荟成	黄兴林	孙 永	周剑豪	薛梦祥	张梁维	戴 畅
苏云飞	王永权	董 哲	秦保库	孙自成	黄学林	孙 宇	刘亚祥	唐 雨	朱仁杰
张 雨	李梦君	魏贵林	林芳芳	刘 杰	徐 青	黄振东	万明森	蔡天霞	李浩云
马世纪	庞宇哲	陈 坚	吴 辉	李风娟	余国春	田江波	计金瑶	王 奔	高士成
陆宇恒	肖 磊	王海森	薛 松	吴佳佳	宁和平	张善鼎	常勇伟	冀亚斌	王 聪
朱晓明	李铭磊	刘 帅	陈玉泽	顾小明	吴善禹	栾家俊	陈治江	唐永田	贾资常
王德林	高 君	王豪伟	陈志伟	吴悦宇	钱建春	吴艳召	金 君	王 峰	吴二林
姜宁刚	王海珍	任亚宾	万炳岑	杨嘉龙	朱 敬	刘广社	武俊峰	李来宾	张小勇
王爱国	蒋鹏杰	王 华	袁利栋	吴昊晔	余进越	马 克	许 平	夏文中	贾敬敬
王时忠	梁淑芳	解凤麒	王金龙	卢国威	杨明一	周成杰	陆成豪	王 洋	肖 亮
赵 勇	张腾飞	陈杰妮	康 飞	王军辉	陈之庆	高俊豪	陈家辉	庄俊豪	陈 健
谢 涛	朱巧云	乔 宇	张 娜	孔德奎	王 可	王金辉	朱泽群	杨晓俊	孔健豪
沈志刚	胥连胤	刘桂芳	邵 席	袁羽婷	孔庆宇	王 力	周成龙	陈宇轩	蔡洋洋
李梦星	孙阳阳	闫康生	于海鑫	姜卫生	曹卫健	孔佑东	王 乔	盛晓生	胡中超
张政远	李益凡	王志东	杨金飞	巩亚南	刘庆峰	范智勇	李 超	王四亮	吴大勇
江绪坤	张德荣	林秉桦	林谱良	杨 娟	庄 严	王宇航	汪 豪	李 栋	王校亮
李如福	许 昊	张治淮	张 政	张向峰	杨 伟	王金武	严家应	陈博文	李鸿波
王 栩	田昊哲	陈志伟	张震宇	朱 涵	蔡玉蕾	姚 俊	郑 冕	邢 振	龚苏玲
李 强	卫 旭	潘晓伟	燕文杰	李 潇	谢鑫铎	曾 顺	叶宏亮	唐 伟	张飞龙
王裔天	李荣发	吴 斌	吴玲娟	张俊杰	田嘉诚	刘 想	陈 超	应文平	陆江明
许海军	蒋智彬	李四方	吴 君	汪雨轩	高文濠	张雨成	闵 伟	陈 凯	尤为海
赵 猛	朱向柱	胡宇杰	李显一	吴文祥	季 菲	吴志豪	阮程杰	江梓铭	陈立顺
袁 杰	张楠楠	徐裕建	王羽茜	李雪伟	吴焱鹏	焦小宝	华俊杰	杭胜利	吴 帅
陈 朋	袁淑东	张 成	张董超	陆宇昕	李永波	吴洋洋	张 懿	许 磊	符 骁
周志文	陈述伟	张光月	朱守卫	苗志昊	王建成	李争伟	吴兆武	杨雪松	严云啸
马嘉升	徐明杰	陈文君	张海方	何三合	马默涵	朱文雅	李中尉	伍 军	刘振林
王郝鹏	陈奕达	李荣哲	陈意良	张 恒	徐保翔	金俊杰	张国庆	梁梦诚	夏明波
陈鹏飞	张 健	张津豪	倪旭东	杜 波	张红亮	周申申	沈文杰	葛 扬	梁正聪

徐家俊 张克朗 王星余 伏浩 徐伟 冯小乐 张金召 马怀亮 宋承霖 蒋杰瑞
廖国军 徐杰 潘本建 王磊 王海翔 熊启环 付炳杰 张楷 陶春雨 冯远通
徐海涛 林思闯 徐律 蒋黎晨 阮康 谷如意 黄强 高波 张兴盼 张华
陆俊杰 潘鹏飞 凌其兵 徐肖肖 王杰辉 程骏 刘赛 张建新 高申克 张永智
薛顺喜 朱小状 朱畅 刘刚 徐小邻 沈冰 沈华杰 黄俊锋 杨建伟 高星
赵曼丽 朱俊 王瑞 徐梓成 刘红斌 许云涛 王静 沈安斌 戴豪 徐档折
龚益 周新龙 田丛善 封晨 房秉璋 刘将 杨琪 陈宇霏 陶杨雨 严雨
李志强 关晓瑜 周月泽 高金阳 仇云 李昕栩 刘统乾 杨润春 杨张 任诚毅
蒋兵 黄晓明 郭实志 朱庆松 张曼 赵鹏程 马兆福 刘威 姚武超 凌涛
江洪庆 唐煦权 孙义祥 韩帅 于庆伟 谢文伟 葛文 司海强 刘伟强 余松云
刘晓君 吴晓宇 左延年 陆雨亭 郝利军 顾磊 李松格 邢建文 沈学峰 刘永辉
张冯桃 龚珍文 张兴中 许正义 王振华 贺红唱 万银银 李志伟 钱振兴 安瑞涛
刘志龙 张国斌 李玉佳 刘鹏 唐伟 张念聪 贺丽红 褚夫秀 尹科伟 朱家陈
贝岳林 鲁龙龙 张海存 肖强 徐晟 唐嘉俊 周健 胡佳明 陈丽 雷勇
蒋聪 毕经鲁 罗鹏辉 张建欣 戚春季 赵璇 瞿骏怡 梁国涛 胡占慧 司金峰
乔艳军 刘奥 蔡建忠 罗翔 张健忠 苏家辉 赵骋 陈赛 朱迎利 蒋加安
陈克令 唐军 胡怀波 曹能武 骆维峰 张六飞 顾建建 周聪 李传贵 邵志才
李锋 余婷 王雷 陆正红 曹仪平 马文焱 张涛涛 施涛金 叶啟东 王峥阳
杨进龙 李继货 陈卫平 王仁海 张华 陈二豹 苗绘 张献伟 刘加友 沈涛
安嘉琪 李凯 李健健 倪春菊 米洪波 程苏恒 陈家满 闵中平 张玉文 杨子晨
朱敬杰 乙中原 郑明望 李瑞娟 曹炜东 唐小星 李黎明 陈金肖 钮银华 张云龙
李杰 杜驰骋 陈苗苗 卫鹏超 李晓杰 韩军凯 陈建红 葛喜 陈小荣 潘刚峰
张战 韩衍涛 滕宇航 计晓磊 陆炜炜 李哲 吴阿华 丁绪东 邵静涛 程山峰
潘晓军 张哲祥 唐胜先 谢文杰 范佳恒 蒋云梅 刘根生 刘贺贺 周小虎 戈淳
崔建华 潘晓晓 张振国 潘晓杰 朱建 夏嘉豪 龙庆品 刘纪冉 许令顾 张学发
郭钧阳 代开银 彭焕炎 张争气 周维 周鑫炜 葛俊 杨风瑞 刘建斌 程丽
刘娟 周珺杰 戴建行 蒲昌库 赵强林 管坤峰 卫志豪 唐家啸 郑路 刘昆
尤慧娟 华佳磊 王锋 戴振华 钱佳良 赵文涛 房金龙 廉昕豪 钱文昊 孙柯
刘鹏 赵玉 林碧辉 陈天驰 丁威铭 钱云波 钟大唯 雍明 吴义羊 陈耀胜
丁舟 刘修宽 王巧云 李明 韩骏 董广亮 曲全垒 朱红花 陈峰 周建华
俞希伟 吴钰 卢南杰 贾林林 方啸天 陈良春 董永生 皇甫意超 汤顾晓天
上官晓晓

机械制造与自动化（业余）

尤逢运

计算机网络技术（业余）

杨毅 金宇 毕志鹏 刘文靖 赵昕宇 周静 韩冬旭 边雨 侯蕊 曹思怡
徐雯 钟晨晨 卢颖 丁倩 尤思怡 王晨俊 许亮 马洵杰 范圣奇 梅旭浩
陈果 苏志豪 钦宸悦 朱刘洋 杨天乐 王嘉麒 刘晨辉 许炜麟 陈峰 林伟业
侯昇钦 周丁磊 王文龙 黄奕轩 诸君彦 陈雨豪 陈锦豪 白靖石 赵凯 孙睿
赵志强 严志伟 邓灵杰 韩俊 顾昊轩 周一凡

计算机信息管理（业余）

雷真 郭暄 蔡国伟 顾逸骏 张建伟 王依萍 沈荣琦 孙艳 陆姝娴 严月敏
吕梅 夏康俊 李井怡 高畅 王倩 邢鑫悦 范于晨 戈骏豪 周佳丽 范檬
陈丽丽 魏亚 杜瑶 薄宇 乔浩 王苏杨 翁婕瑶 钱磊 陆富荣 葛婷

陈 颖 罗熙媛 陈 伟 王 怡 付 盼 陆心语 尤锦苏 曹奇龙 周 俞 杨 肖
林一静 吴忆琳 柳昕怡 陈忠超 周长宇 钮志浩 刘宇伦 段昌林 陆容昊 胡靖东
刘晓雅 龚一民 徐心蕾 张玲玲 丁金龙 许苏蓉 朱敬杰 李宁杰 强 森 陈思杰
鲍宪龙 蒋 月 周宗艳 李嘉滢 王成宇 丁阳浩 许鸿岩 王文涛 马嘉诚 王俊杰
姚含玥 张雨鑫 陆滢艳 沈 丹 吴怡婷 陈 骧 杜海潮 龚建雯 孙周俊 朱鸿远
徐凯文 滕佳淇 李邦国 张少蝶 沈依静 钱 娜 胡佳琦 高 巧 李 莹 吴义炜
史志鹏 王思怡 李 静 蒋育成 谢紫微 汪佳玲 俞梦瑶 姚铭秋 郝亮洪 李冰冰
陈天明 王志超 仲俊昊 杨轶琳 张家宝 王 倩 邱思澄 范玉萍 王新月 侯雪莹
张 振 戴鹏程 刘 健 王欣欣 邓苏皖 姜盼盼 余淑婉 成思敏 余 婷 薛佳怡
蒋 婷 姚一帆 茅仁栋 李金羽 刘星雨 吴彦玲 刘劲弘 朱梦莹 沈 晴 戴友芳
万婷玉 李世伟 汤 佳 吴宇隆 白露雨 王 磊 徐梦雅 杨志远 夏迎娣 张 佳
潘雅娟 王 梅 李 伟 夏 静 张喜诚 冯东山 周 麒 郑 赞 尹 升 朱 榆
江林鑫 朱碧莲 喻秋红 廖金锡 钟佳晔 贲新鹏 孙念念 傅纯洁 周 悦 陈荣耀
查莹莹 赖兵帅 唐雅庆 查宇梦 罗焦明 张 燕 邓健男 吴晓雨 朱 睿 王严秀
骆睿岐 沈欣怡 曹思文 密咏琪 张 园 欧孔欣 彭 琼 汤绍新 汪承就 王志水
王子杰 魏 惠 吴文光 夏玉红 郁宗典 张 鹏 赵 娜 郑昌洋

计算机应用技术（业余）

成效虎 何 凯 鲁正汉 沈子豪 徐雨涛 张宇浪 周匡吉 林晓晶 梁 鑫 侯雨佳
崔 超 翟青华 马 兰 徐龙赛 杨 帆 张莉莉 朱 超 孙海潜 张宇东 仇玉娇
韩晓妍 薄 文 胡瑞彩 杜 坤 胡亚伟 索 鑫 陶周旭 马思敏 朱志强 孙 楠
沈 骏 邵俊杰 赖 琴 谢红霜 陈志恒 宋怡婷 何文印 张 月 荣 寅 樊亚磊
王志豪 沈 浩 王晓超 凌天恒 张 枫 陈子恒 孙光飞 顾世余 赵子阳

旅游管理（业余）

方莹洁 郭 猛 杨熙烽 马馨怡 王文清 陈佳慧 王雨晨 唐 炙 谢晓艳 崔 姿
程静娴 吴天依 冯莲莲 曹苏静 计 悦 孙丽敏 毛宣然 倪佳慧 周敬尧 张心怡
吕慧敏 章宇佳 王雨微 谭晶晶 昂志成 周 童 郭忠晴 孙 悦 倪 凌 顾德如
李书淇 潘晓雪 许春艳 殷贝贝 周逸梦 朱思文 孙周婧 葛紫燕 顾婷婷 陆思甜
高文迪 沈莉菲 曹 晴 许景俐 唐苏苏 张灿军 吴 健 王佳佳 缪 君 刘心雨
夏伊娜 程明富 倪 霖 郑 凤 张友晴 尤俊奕 乔 扬 单晶晶 刘宇涛 谢 雪
黄 艳 顾倩雯 周 旭 商 妤 谢仁豫 徐 力 戚叶萱 薛怡如 邵瑜茜 梁 成
邹梦婷 邹嘉怡 许 璐 叶浩宇 陈钰婷 郭保煜 裘剑聪 钟宇轩 陈心怡 裴佳玲
唐嘉敏 程伊佳 张 怡 李知恒 闻润开 陈雨雯 胡非凡 刘长江 陈 楠 王雨庚
李 旭 张梦楠 陈秋瑾 张梦月 顾明远 李 响 吕苗倩 陈子娟 蒋政杰 孙睿豪
葛进永 郑雅文 朱程杰 王昳雯 陈 敏 颜宇轩 杜小慧 於嘉妮 华欣怡 王佳辰
陈 迅 王徐徐 徐紫涵 许梓涵 朱新月 周雨心 薛宇航 余文妮 洪安婷 钱玉洁
姚心恒 周 洲 陈楠鑫

模具设计与制造（业余）

何董杰 汪宇昊 刘 爽 赵 杰 曹星宇 怀英杰 尹子涵 陆英缘 俞 强 金芷暄
杨毅铖 张 龙 蒋金利 骆逸凡 崔雨欣 叶紫怡 鞠 威 吴 晔 张苏才 周 斌
钱家豪 谢尚龙 陈嘉琦 刘昊仁 费智栋 严宗卿 徐 麒 朱悦超 别辉柱 李梦杰
相治国 李子涵 闻忠兴 吴天祥 沈铭杰 钱 威 夏业宇 何书寒 赵世强 马 成
田 煜 莫昊骏 顾晓刚

汽车检测与维修技术（业余）

张 庆 马永昌 徐达成 纪龙飞 吉 祥 马宇超 蔡震秋 钟 伟 郭忠庭 翟佳琪

冯靖安　王恺之　周　立　徐志鹏　童浩林　朱华栋　曹志鹏　敖加艺　马英豪　卢　伟
孔林涛　顾宇笛　徐子航　郭晓博　武　涛　张新闯　王浩冉　姜　浩　田　磊　徐政山
徐浩然　朱俊辉　史俊杰　陈泽宇　贺少宇　沈嘉艺　宋志宏　庄翔毅　邱翰韫　郁天锋
汪梓渊　陆伟锋　赵　涛　王梦雪　葛吉斌　薛　瑞　汤　毅　杨金宝　李晓凤　赵　国
张家铭　邱伟康　张敏涛　陈佳浩　刘沛沛　朱　宇　严　佳　杨成何放

汽车运用与维修技术（业余）

邵　威　虞宸昊　马晓涛　沙子萧　张其恒　吴文杰　姜成成　陆苏斌　王　金

人力资源管理（业余）

赵莉莉　宋青芝　苗永强　蹇爱玲　田国庆　丁雪兰　金　杰　刘　燕　石丽红　王友明
原韩岗　周清清　孙广阔　刘长霞　杨嘉仪　严忠秋　丁迎梅　金凌霞　刘　阳　时运楠
王有东　翟博博　唐永刚　孙玲玲　程春艳　沈雨钰　杜腾飞　丁影影　金　霞　刘一帆
史翠云　尉桂敏　张安泽　付文雅　孙秀丽　尚　倩　徐嘉雯　韩素萍　丁　缘　金晓芳
龙敢英　史　强　魏淑娜　张　彬　杨学玲　孙艳兰　李　俊　邹海飞　孙　雪　董换勤
克军霞　卢丽娟　史叶文　温祥辉　张彩云　蒋诗兰　汤承勇　谢海霞　袁　园　李雪鹏
董玉哲　孔维东　陆才学　司建军　温燕玲　张春霞　殷莉霞　陶丹丹　张亚萍　吴　婷
曹丽霞　董园园　孔祥娟　陆晨晨　宋瑞娜　吴　丹　张　达　汪素娟　田红虎　刘　贺
张文静　徐　会　段彩丽　赖春妮　陆文萍　孙丽娟　吴　静　张桂宝　龙　锐　汪家慧
韩娇娇　蔡　雯　谈春燕　段素宇　黎其宝　罗　菲　孙丽萍　吴凯源　张红玉　陈　兰
王　芳　刘　芳　张金怡　闫丽华　樊　娟　李安杰　罗振康　谭黎芳　吴　婷　张　佳
安宇欣　王海燕　符仙花　杨秋怡　邹娅丽　范贵圆　李　波　罗灼群　谭莉萍　吴婷婷
张建红　蔡田田　王洪飞　李　梦　屠渝聆　牛海凤　范红霞　李　灿　吕丽厦　汤化洁
吴秀英　张　杰　曹艳霞　王　晶　候春青　蒋文洁　李　佳　范玉春　李丹丹　吕　屏
唐苗苗　吴艳荣　张　景　陈淑敏　王丽珍　朱　浩　林心宇　常　鹏　房　鹏　李付杰
吕洒洒　陶恩慧　吴燕燕　张　军　崔晶晶　王利丹　赵雪芳　李秀兰　张元斌　冯桂英
李海洋　吕秀秀　陶文琴　夏桂英　张　磊　单焕丽　王玲玲　倪娟秀　吴　怡　袁翠萍
冯四红　李海云　马冰沁　涂相茹　肖其俊　张马莉　丁现锋　王启秀　陆　兰　李雯怡
杨明华　冯文杰　李会丹　马春香　万美玲　肖雪英　张梅花　段近近　王　荣　花燕香
林　娟　包海英　冯雨清　李佳辉　毛雷宽　万文刚　肖银银　张倩倩　段谊英　王　爽
周　静　陆　颖　卜丽丽　高欢欢　李　姣　毛林娟　万　小　肖正源　张　桃　方燕平
王亚男　张佩玲　王羚力　蔡雨洲　高艳荣　李　丽　毛文春　王　丹　谢　燕　张文秀
郝朋程　魏风婷　李佩佩　沈祥惠　曹　瀚　高燕伟　李　璐　孟　帆　王飞燕　修海莹
张永利　何雪杰　魏骏豪　黄亚亚　陆晓兰　曹　丽　高云飞　李　娜　糜海艳　王改兰
徐阿敏　张　瑜　胡伟朋　吴如珍　苗青青　孙丽芹　曹鲁丽　龚佩丽　李　娜　聂甜珍
王海湄　徐　记　章　艳　黄　斌　向丽芬　康　梅　刘卿鑫　曹小花　郭蕊玲　李娜娜
聂喜娟　王海洋　徐萍萍　章枝青　江春凤　谢　苗　许　妍　刘玲玲　曹艳波　韩　璟
李　品　宁凤环　王惠芳　徐校明　赵俊芳　姜梦莉　徐丽丽　沈　悦　李兴丽　岑继绕
韩梦思　李倩倩　牛帅创　王佳影　许丁英　赵世威　蒋　莹　徐友凤　蒋学晨　张　静
常雷新　韩笑梅　李小智　钮燕华　王　洁　许　燕　赵　言　蒋月亮　燕　宇　陶宇萌
王利平　陈贝贝　韩　月　李　星　潘丰英　王娟娟　薛德悦　赵玉刚　雷安兴　杨海珠
姚洁莹　刘艳玲　陈春明　和亚辉　李修艳　潘　娟　王凯伦　严家红　赵玉敏　李　鸿
叶丽辉　朱佳颖　缑玉会　陈　丹　洪　盼　李　雪　潘利萍　王　柯　杨丽丽　郑爱玲
李晶晶　尹　丽　陈阳阳　史路路　陈丁杰　侯佳艺　李亚平　裴学超　王丽芳　杨　柳
郑大喜　李　平　张栋秋　顾　楠　陈　霜　陈佳炜　侯雅倩　李　艳　彭单求　王丽荣
杨梦菊　郑仁玲　李　苹　张静静　陈梓尧　缪晶晶　陈俊龙　侯艳妮　李玉龙　彭耀荣

王丽学　杨秋月　郑太婷　李秋霞　张　娟　周　娜　工夏礼　陈苗苗　胡　磊　李　悦
浦春萍　王利利　杨希英　智国营　李淑芳　张伟强　伍怡琴　鄢晓林　陈名扬　胡　柳
李云杰　祁向东　王美平　杨小奇　周宝林　李　涛　张亚菊　陈诗影　徐秀亮　陈　娜
胡世巧　李召辉　钱褚明　王　敏　杨晓梅　周金杰　李元元　赵凡乐　王思婕　王明月
陈　婷　胡贤梅　梁梅花　钱金丽　王娜娜　杨亚丽　周菊芹　刘春燕　赵　菲　张宇卿
杨凤志　陈婷婷　胡徐中　梁秦川　钱雪红　王鹏丽　杨营营　周　娜　刘琳琳　赵　营
沈旻好　曾海燕　陈信月　胡　玥　林欣妍　秦基权　王巧珍　杨玉玲　周　苏　刘　庆
郑秀兰　许洁雅　田林军　程明月　胡　珍　凌晓芳　邱梦姣　王晴佳　叶国涛　周稳稳
刘淑英　周　娟　林成杰　刘若南　程晓玲　戚亚兰　凌云超　任亚男　王　荣　殷　莉
周　霞　刘银丽　周　琴　俞迎燕　王霞霞　仇倩倩　黄苗苗　刘阿明　任　妍　王思廷
于翠翠　周小红　陆　明　周至文　赵贤荣　李　翠　楚夏茵　黄硕硕　刘　兵　邵燕秋
王　婷　于丽丽　周星星　罗春燕　朱苗苗　陆晨铭　段晶晶　崔情松　黄亚楠　刘　红
沈海平　王婷婷　于冉冉　周　艳　吕美慧　朱兴芮　徐文杰　沈丁丁　崔学云　黄迎梅
刘　杰　沈骥浩　王婷婷　余建平　周永娟　马贵荣　邹大欢　李晓敏　卫小利　戴小刚
江惠明　刘玲香　沈　佳　王伟菊　余文君　周　园　彭　科　邹小欢　沈雨萱　周银梅
邓业慧　江丽华　刘　培　沈建宇　王　闻　余雄伟　周忠仁　蒲华洁　陈　丽　王凯杰
席慧君　邓永华　蒋　丽　刘茜茜　沈　健　王晓燕　俞海霞　朱德梅　卿　芳　王　茜
曹　帅　牛玉娟　丁丹丹　蒋丽丽　刘　琴　沈学峰　王　艳　俞显剑　朱　芳　全晓丽
蒯　浩　华萌萌　李昆明　丁　娟　蒋丽萍　刘　婷　沈　翼　王　艳　袁连喜　朱丽萍
邵为敏　叶永梅　朱泓桠　洪孔银　丁思卫　蒋双龙　刘湘涛　施睿凝　王艳荣　袁秋莉
纵盼盼　石小莉　李德旺　孟　雪　景　强　丁卫云　蒋晓凤　刘小翠　石春道　王莹莹
袁晓明　邹仓巍　宋丽婷　程晓芳　皇甫美娟　邓伍菲扬

食品营养与检测（业余）

顾旭良　王宇恒　赵文驰　王懿晴　秦影慈　高苏燕　陶祎骋　许　勇　代文雅　刘思琦
孟宇航　孙鑫辉　刘大凯　宋安琪　吴静静　殷皓洁　孙奕彬　张婧怡　刘　帆　袁　凯
陆雷丹　谭梦婷　李俊豪　彭　艳　祝昕宇　费悦鑫　苗　琴　葛皓斌　温烜龙　金卫杰
王志强　蒋嘉玲　王　宏　顾璟杰　唐天宇　徐　蕾　徐君羿　张　雪　沈晗青　潘　阳
刘丁俊　林俊杰　贾　银　张林峰　杨　逸　钱浴枫　沈　杰　李瑞君　刘　羽　吴争强
万佳诚　沈苏超　马依婷　袁怡蕾　叶　聪　洪裕侨　罗兴浪　沈　强　陈嘉俊　岳沈非
陈森森　唐浩然　肖邹晟　邱静文　贾欣怡　胡冯峥　吴纪君　徐骏宇　张　瑶　张雪玲
宋馨怡　樊骐菡　蒋荣军　石静赟　时佳颖　苏衍卉　朱　涛　江传扬　郭宇豪　陈　艳
王新甜　陶立娜　沈佳宇　卓婷婷　高鑫宇　李　雯　顾　忻　吴孔银　魏铭杰　马　硕
张明璇　杨　晴　顾明星　王松博　金耀星　练天宇　符丹丹　沈　婕　周了越　李　祎
徐冰倩　金　典　陈佳伟　姚　洁　钱　乐　郁志文　吴嘉俊　王佳昕　许婷婷　周凯屹
高嘉琪　唐文婷　许　湘　潘筱雯　高壮壮　张继武　郝　敬　陈　扬　张梦如　严　洁
祁璐洋　屠奕伟　周佳琦　钱姝文　陈愉斌　金炜煜　孙元元　梅书帅　李　雨　孙　云
沈　泓　宋宇杰　王如意　盛方晴　华雨梦　李　悦　刘　馨　沈李成　纪象婷　吴旭飞
谢　影　钟俊杰　赵栩弘　郑浩天　邵润嘉　朱晨曦　张　熳　季佳豪　金正亮　王定杰
姚子浩　钱陆英杰　俞茜梦妍

市场营销（业余）

刘　霞　王　慧　邹　蔚　安雨薇　朱佳怡　张梦瑶　姜苏兰　李添翼　陈　凯　肖圣洁
董金瑛　周　熠　文苏云　闫佳佳　顾琦馨　肖苏玉　曾强胜　戴文倩　张　瑞　汪　宇
闻忆涵　张　翔　李　芮　张弘佳　盛诗琪　徐琪成　孙苏城　向添民　吴天燕　周永康
邓　倩　王洪浩宇　皇甫冰清

数控技术（业余）

龚艺恺 姚宇涛 朱 恒 庄 园 王俊杰 杨俊杰 王 卫 代志衡 赵 腾 陆敏杰
邰士宇 朱天帆 钱烨炯 徐铖杰 陈 曦 赵 伟 赵 力 潘君杰 张成成 张江峰
蒋 怡 钟子航 萧凌尧 李 玟 吴佳辰 邹晨伟 解长根 朱俊仁 陈 伟 李 宁
汪 冲 过子昂 周文龙 张志安 王逸斐 曹 洋 薛龙杉 翁捷贤 张锦航 秦铭初
王金鑫 郁 宽 杨智琦 金以恒 肖琮禹 王晓波 朱展鹏 赵文杰 张苏翔 何阳鹏
尹逸阳 姜建峰 郭 建 阮倩倩 周凯毅 钱佳成 周 琪 毛康杰 汪 伦 王海名
张 乾 王 昊 庞世豪 曾国爽 张淳悦 章毅诚 姚以诚 孙莉莉 杨治民 李双双
朱志颖 张桃瑜 韩 冶 孙柄佚 陆文俊 刘晓霄 卢浩宇 陈 洋 管鸿胜 张梓恒
包 涵 孙 昕 李俊琪 毛志健 邱泽鑫 张晨杰 陈 俊 洪文韬 钱志超 程 阳
朱育丰 金嘉成 宋嘉缘 余 杰 平梓晨 陆晓飞 路 约 钮军辉 金 骥 蒋学科
沈红婷 朱豪杰 徐晨哲 吴金贤 王 宇 周家乐 张子鑫 张 龙 张 婷 邹晨杰
邹喜悦 王 阳 张震震 程 强 王苏楠 罗 棚 郑晓成 李福全 钦忱豪 王旭鹏
李梦芸 吴俊益 陈宇凡 吕 霄 周 琳 谈冬成 岳 鹤 林 雪 朱彬杰 曹 旭
刘铠漾 张佳盛 陈瑜昊 居品一 蔡 昊 岳象元 孙明明 殷梓毅 葛怡铭 周宇杰
邵文喆 刘 刚 屈森林 陈富敏 王 涛 周锦程 李海楠 付预龙 钱凤佳丽

数字媒体应用技术（业余）

俞志强 李润熙 许依戈 梁宇轩 徐靖影 张紫芸 叶 欣 姚梅秀 朱 雯 柏振楠
秦 榕 丁盈月 唐 杰 桑 潇 徐静怡 唐春露 季仁贤 马星雨 张新宇 杨乐榕
王子文 王亭亭 陆文静 赵丙康 王可心 张君豪 黄子珈 王一帆 张紫寒 邱心怡
吴心悦 王鹏辉 董文婕 李文希 顾 悦 金骏雨 孙晓蕾 刘 佳 杨嘉嘉 王佳俊
程晓月 祝浩然 房 婧 张亦搏 袁紫如 余庭松 何 静 刘 威 桂雯婕 潘静怡
迟福军 王 易 张龙瑜 钟 晴 李 敏 顾佳茜 朱华丹 蒋蝶蝶 邓潇萌 袁思茜
高苏雯 王碧峥 许雅茹 霍静依 慈玉梅 王美琪 苏 盈 吴思颖 杨 灿 赵贝妮
张 驰 南 岳 孙嫣婷 管深儒 沈世民 成 悦 刘春萍 顾天煜 朱星宇 吴剑雄
李佳聪 张 旸 沈亦凡 路大伟 曹桂梁 翟鹏飞 金宇成 刘树豪 伊 扬 龙江川
仲 克 梅哲嘉 董 凯 陆云涛 金吴雨晨

物流管理（业余）

陈 臣 陈 艳 陈 燕 程 烂 杜肇才 高成娣 顾 彦 李嘉仪 李明杰 刘巧荣
刘银海 刘 政 沈 刚 沈兴林 石光旭 王 芳 王海文 王 军 王 敏 徐梦菊
薛荣荣 杨鹏飞 于梦园 张 辉 张勰军 夏棵杰 程 侗 吴鑫怡 赵广旭 周 玲
陈 浩 杨世龙 霍萍萍 陈 霞 田博浩 黄吴佳 陆新如 余 锐 黄 胜 赵苏阳
屠思文 王 萍 高婷婷 王昌思 马 亿 万静怡 徐 辰 魏欣悦 钟 翔 寇怡萍
苏 瑶 仲钮吉 苏悦琪 陈 缘 蒋笑茹 顾丽芬 王梦珺 王 丹 范肖燕 黄佳晴
李文静 陈 晨 金 湘

学前教育（业余）

秦 虹 任 阳 孙贝贝 孙青婷 王婷婷 徐金兰 俞薇逸 朱怡琳 夏小玲 薛慧慧
徐梦情 徐子晔 戴园园 王嘉慧 项宇婷 袁 超 金姣姣 贾 欣 谢晶晶 李馨兰
杨蕊杰 张峰源 刘 慧 蔡丽影 张若愚 张 敏 王晓芳 张 婷 顾军英 张红梅
陆曲萍 金佳蕾 程 梅 罗莹莹 陈 凤 马思忆 伍 宁 张骏怡 兴明博 王 梅
樊上榕 陈天乐 刘思雨 何宇杰 程萌萌 徐伊娜 陈超群 陈 鑫 程 林 戴长芹
丁瑞梅 杜 宇 韩秋梅 何 艳 金 娟 李 艳 李 油 马丛娟 马会浩 马云陵
沈 丹 沈芳丽 沈宇倩 盛凤鸣 宋红娟 陶 慧 王巧芳 王莎莎 王天艳 王 莹
吴爱燕 吴双双 严 梅 杨春净 杨恩芳 詹怡菁 张 丽 赵 青 周伯雪 朱莹洁

祝文静　覃　芳　张思远　高亦红

智能控制技术（业余）

陈正烨　殷方宁　胡　涛　孙　杰　孙俊杰　陆佳华　陈　鑫　徐　杰　杨　闯　王苏宇
仲昱晨　尤　江　罗安东　苏龙辉　何国文　郁志康　俞铭杰　李　扬　陆晓杰　殷　宇
王　磊　王　滔　王　骏　柏兴静　沈秋雨　刘　帅　尹生轩　钱宇航　顾　昊　朱昊天
张　川　杨洪涛　程　程　顾晋阳　邵昱炜　刘文琦　林雨晨　魏　俊　许盈亮　俞子文
查晨洋　张骏豪　熊　飞　郁　圳　张　诚　曹一苇　吕　鑫　刘心滕　马　豪　胡志康
殷　源　旷鸣东　史家巍　景浩程　陆晨阳　严嘉驹　李野宏　金　戈　袁景乔　朱宏斌
郑　权　胡文作　惠峰敏　傅轶晨　宋恩琪　陈　政　杜俊烨　刘一陆　喻世伟　陈廷旭
郭　一　陆鸣杰　刁娅哲　谢洋洋　冯京源　顾飞飚　俞佳豪　黄夏天　高哲昕　彭宇飞
李梦茜　孟洋洋　朱瑜芸　陶琳燕　丁　浩　薛宸宇　周嘉琦　杨大飞　金　超　杭晨阳
吴苏娟　徐雅雯　周婷维　郭　彦　李佳怡　周　钢　沈翁英杰

（潘　燕）

全校外国留学生名单

苏州市职业大学2022届毕、结业外国留学生名单

学历生

2019级　机电一体化技术

BRISS LIONNEL POUABOU LY-MOUTOU MISSIE　HERVE ALPHONSE JEAN MAKAYA
TRESOR DELMAR NZOBO KIHOUISSINGA　ARLETTE MASSANGA

2019级　汽车检测与维修技术

LEE YONG KANG

2019级　工业机器人

LIEW JING HON　NG WEE GUAN　LOH KA WEI　CHAN CHUN MING　PHANG ZHENG YI

2019级　应用电子技术

SIAH JIE SHENG

2019级　软件技术

CHU SHI AN

2019级　物流管理

WONG ZE QI

（许晶晶）

全校教职工名单

2022年苏州市职业大学在编人员名单（截至2022年12月）

校党委

曹毓民　温贻芳　张　健　孙学文　张　军　庄剑英　王　峰　鲜学丰　叶　军
钮雪林　刘　丹　熊贵营　陶亦亦　蔡晓平

党委办公室

李弈诗　刘　萍　陆怡静　邱悦文　盛　婷　谭　飞　汤晓军　许立莺　张　量　张明雷
张　莹　朱剑刚

发展与评估办公室

张红兵

校长办公室（外事办公室）

顾澍嘉　钱成科　孙　赢　王乃寒　王　艳　魏　刚　吴秋东　许晶晶　镇　浩　朱　晖

组织人事部

金　霁　林休休　陆　英　鲜学丰　姚卫东　俞海香　郑洪静

宣传统战部

陈　越　韩承敏　蒋君毅　吕华芹　王大纲　魏赛男　叶　军　赵京娟　朱海祥

纪检监察室

何佳应　沈密婷　俞建伟

离退休干部处

陈凤群　沈新艺　王　喆　尤钟华　周　丽

工会

戴海峰　范　政　李　琦　陆　峰　吴建英

团委

胡　宾　龙　蕊　周　赐

教务处

陈明娟　傅小芳　顾苏怡　顾心怡　唐　寅　陶　莉　吴　尘　许　吉　严　莉　杨　平
张　洁　朱敏海　朱苏男

校督学室

陈雪芳　董敏芳　沈利平　赵宁燕

学生工作处

曹　婧　戴丽霞　丁梦扬　范晓鹤　傅中山　吉冬梅　李　平　汪　清　王　琼　颜　娟
杨卫东　叶红萍　张　芬　朱敏峰

科技处

方立刚　顾莹华　黄　震　沈　奇　沈效良　宋文娟　吴佩华　姚金凤　于　阳　张　培
赵　苏　赵永刚　周一红

财务处

陈乳燕　戴劲芸　方　毅　胡　慧　黄　鑫　金文捷　李　羽　刘卓青　佟京桦　谢丽健
徐爱芳　徐红梅　张羚雪　张　伟　张昕梅　张雅晖

审计处

杜彦宾　顾慧琴　蒋莲华　邵美琪

总务处

陈　凯　陈丽珍　陈祥林　丁　虎　丁启辰　高根荣　葛莉萍　郭　军　胡洪新　胡敏舫
黄　炜　金　山　冷永华　李　旺　刘永红　陆金生　陆雪元　马顺峨　缪志敏　钮庆红
孙荣良　孙筱玮　汪国联　王　殿　王新莲　吴　玥　徐成荣　徐凯静　徐　磊　薛文雁
张保臣　张红琴　张惠娟　张金康　张晓贤　郑　杰　仲　飙

保卫处（人民武装部）

陈玉先　董　冉　黄　达　李亦工　刘　冲　刘　刚　马　骏　潘　斌　钱建华　吴满华
杨惠兴　周传勇

图书馆

曹　恒　曹慧芳　陈国霁　陈齐康　陈　伟　陈　钰　程海英　董秋荣　杜美萍　范浩军
傅　萍　何雪芳　胡　明　吉春华　江明娟　刘　皓　刘　伟　陆玉妹　罗金增　潘　丽
祁春清　苏　彪　宿瑞芳　王丽宏　王　轩　吴　莉　吴　敏　谢　艳　幸　娅　颜丙通
姚　莉　于亚莹　章　洁　张慧婷　张学梅　周承东　周卫萍　宗惠芳

学术期刊中心

黄　萍　李　华　李　平　刘翔云　施建平　时　新　宋现山　孙　文　吴井泉　张　眉
朱　静

信息中心

杜　跃　樊　凌　房晓阳　戈　扬　郭　丽　刘　奕　吕伟春　舒佳根　汤　剑　汪瑶燕
肖长水　杨静波　袁　江　周建伟　朱　欣

苏州开放大学管理委员会（干将路校区）

陈惠兰　丁家振　董　剑　方建新　高觐悦　郭肇娴　居丽英　刘富博　潘　燕　邱　阳
施培根　宋　斌　孙桂英　汤文生　唐云春　吴　隽　邬晓明　吴献峰　吴　湘　吴云奇
谢华荣　薛　铭　杨立群　俞　渊　张乃纪　赵立冬

教师教学发展中心

陈　欢　何　琳

机电工程学院

包　枫　陈　洁　陈　琪　董晓岚　董　志　杜建红　杜　洁　方　勇　付春平　傅　珺
盖立武　高　颖　顾　嘉　顾丽亚　顾　星　郭彩芬　郭南初　胡忠文　黄海洋　黄解平
黄　婷　金　芬　居　奇　李洪伟　李克清　李诗萌　李　滩　李耀辉　李在娟　李振兴
刘　广　刘　杰　刘美娟　刘　旭　鲁春艳　陆春元　陆建康　路　冰　吕　良　吕　玲
毛兰斌　毛湘文　茆　琦　聂福荣　宁海霞　潘丽敏　任芸丹　宋飞舟　宋秦中　苏　建
孙春华　田　菲　田　静　万长东　汪　浩　汪红兵　汪丽群　王　锋　王　敏　王仁忠
王　彤　王效宇　邢艳玲　徐培炘　许春龙　许　海　许正清　严勇健　杨　洪　杨益飞
易　飚　张彩艳　张国良　张　良　张润良　张文峰　张亚琴　张义平　张永康　张玉姗
赵海燕　赵　虹　赵宏平　赵　健　钟　鸣　朱　彤　朱晓斌　朱学超　朱　炎　邹甲军
左　斌

计算机工程学院

陈　静　陈　珂　陈小英　程　媛　戴敏利　董虎胜　范广慧　方　宜　高小惠　葛　翔
顾才东　顾成喜　谷　宇　关　辉　郭翠珍　过　怡　华　英　贾震斌　姜真杰　金　益
柯　健　李爱军　李宏丽　李金祥　李梦雨　李　璐　李学环　李亚琴　廖黎莉　栗　苑
刘　畅　刘　地　刘　刚　刘文芝　刘　业　刘媛霞　刘昭斌　陆　侃　罗文煜　牛　丽
钱　平　羌　坚　秦云涛　瞿飞飞　任侃侠　任　平　尚鲜连　沈萍萍　宋雅娟　孙　逊
谭方勇　滕　刚　田凤秋　王德鹏　王　芳　王会燕　王　磊　王　敏　王勤宏　王祥薇
吴彩燕　吴建平　吴　伟　吴文庆　熊志勇　徐丽华　徐　涛　徐卫英　许璐蕾　许　旻

严立艳 杨永娟 杨玉婷 杨元峰 叶　良 游旷喆 于复生 于晓晶 曾　海 张国华
张　晶 张　苏 张晓艳 张　燕 张　寅 张　震 赵敏涯 钟卫铭 周　莉 周亚峰
朱　敏

电子信息工程学院

卜　峰 陈光红 陈继红 陈　杰 陈伟元 陈永强 成珏飞 崔　鸣 戴桂平 邓建平
丁金林 范海健 范　静 高金生 古玉年 郭民环 胡志峰 淮文军 黄　博 黄　锐
黄　艳 季翼鹏 贾克辉 金小华 李建康 李　亮 李晓霞 刘　科 刘　坤 刘莉莉
刘　琦 刘淑芬 刘　韬 陆春妹 罗　伟 吕莉萍 齐美星 钱国林 瞿　敏 尚　丽
尚广庆 沈中彦 史斌斌 宋　佳 苏品刚 孙　洪 孙加存 孙晓瑞 索　迹 陶　静
陶文林 万嘉懿 汪义旺 王　峰 王静怡 王　鹏 王　茜 王　亚 王　赟 王韵琪
邬丽娜 吴清鑫 相会杰 邢亚从 徐景皓 薛知言 颜廷秦 颜友钧 杨　静 俞兴明
袁麦琪 张　波 张佳琦 张佳永 张进峰 张　晶 张　丽 张淞柚 张苏新 张　微
张　旭 张　愉 张玉学 赵　成 赵　卉 赵萍萍 赵志强 赵中琦 周昌雄 周文华
周　燕 朱彩红 朱　臻

管理学院

包金龙 陈广宇 陈　静 陈　娟 戈凌云 管文娟 何　慧 胡　艺 姜能涛 蒋　奇
居一方 孔　娟 李宝多 李文丽 李耀华 李　英 李　勇 陆锋明 陆磊华 罗敏怡
孟利琴 乔　俊 秦天程 邵嫣嫣 沈玮楠 沈馨怡 宋桂友 宋　平 孙　丹 王红梅
王敏杰 王晓东 王晓雪 吴蕴慧 徐　伟 杨　靖 张　虹 张　平 张希文 张艳军
赵　睿 赵艳玲 郑丽娟 周宁芳 周　杨 周泽宇 朱　嘉 朱　丽 朱书研 朱向华
朱远清 祖国峰

商学院

艾滢滢 曹继平 陈建琼 陈　婧 陈丽红 陈　韬 陈晓娟 程　斌 戴　明 丁　俊
董　越 董　芸 方　坤 葛柳燕 荀民华 顾瑞鹏 何　鸣 胡　珏 黄丹荔 黄东艳
黄　鹂 焦　燕 金莉萍 李东华 李泰山 李　文 刘宁宁 刘淑春 陆小虎 吕伟建
缪鹤兵 缪　岚 缪启军 倪爱东 牛士华 潘　婧 祁丹萌 齐敏伽 沈　琳 施嘉逸
孙继云 孙昳昊 汤　泉 陶泽荣 万　健 汪月忠 王晟岚 王新荣 王玉兰 魏　庆
翁雪琴 吴文英 向　群 徐　峰 许　华 许一青 严　郁 杨海波 杨　娟 杨艳玲
殷　红 张春梅 张敬客 张　军 张　莉 张若男 张　松 赵　扬 郑　淘 周　雷
朱晓玮

教育与人文学院

毕　佳 蔡　斌 曹　非 曹　冉 陈白妹 陈　惠 陈建伟 陈　璇 陈一虎 崔　冰
戴涵莘 戴　昕 丁俊锋 方向阳 冯　清 冯玉梅 高丽红 高　杨 顾　梅 顾　伟
郭　丽 郭逸洋 韩欣汝 胡武生 黄小萃 黄阳阳 冷桂军 李邦玉 李　冬 李士江
李世超 李　杨 李易安 刘昌雪 刘　臣 刘　蕾 刘洋洋 刘中文 马丁良 孟秀红
齐　红 邱文颖 任文汇 汝　骅 邵逸民 沈雪华 史丰南 苏　涛 孙宗广 唐　梅
童李君 汪渊之 王海男 王　平 王一梅 王毅婧 吴　怡 巫　军 吴家新 伍荣华
谢　逸 徐小云 宣　强 杨德岗 杨　庆 尤鹏程 于　莉 俞　莉 俞　晟 喻满意
张　采 张磊玲 张　丽 张文明 张晓芳 张雪明 张延颇 张　颖 张振威 张芷萌
赵　争 郑红勤 周　俪 周　莉 朱逸冰 朱莹莹 邹　婷

外国语学院

卞桂秋 卞浩宇 蔡　骏 蔡玥琳 常　静 代　荣 戴　莉 府亚琴 顾史佳 顾　韵
何　琳 何美麒 侯红娟 黄洁婷 黄　悦 季宇平 蒋茵佶 金娜莉 金亚芝 匡伟杰
李晓强 李　英 李媛媛 练稳山 梁　萍 廖　萍 林　卉 刘　宁 刘小安 卢　懿

陆　雷　骆碧筠　马黎明　马　亮　马文波　孟祥德　穆连涛　倪婷婷　潘春丹　裴素华
祁贞亚　钱鲍华　钱德明　钱　鑫　任凌云　施　晔　石成舫　时　岚　孙　丹　孙雯丽
王　峻　王敏玲　王莎莉　王　怡　王友华　邬争艳　吴广珠　吴　敏　吴　倩　吴文洁
吴鑫浩　吴悦茜　徐　冰　徐舟涟　姚　磊　严春姬　严　佳　严　军　杨　丽　杨　雪
余利霞　袁　元　袁　征　张　辉　张　璐　张天惠　张晓惠　赵凤娟　赵　良　赵　阳
朱　明　朱　琦　邹　丽

艺术学院

薄晓光　蔡勇军　蔡振宇　曹诚丽　曹　芃　陈海峰　陈　刚　陈　蕾　陈明康　陈　彤
程　建　范丽芳　范　杨　高　峰　高　勤　郝思震　何园园　贺文斌　侯宁辉　胡志栋
黄新羽　蒋艳俐　雷兴武　李丹华　李海燕　李　娜　李险峰　李　莹　陆　杨　陆宇澄
罗跃华　浦　江　任亚地　芮晓光　沈　龙　沈罗兰　沈　维　孙志达　唐禹笛　王　静
王静娟　王　玫　王书立　王亚敏　王占伟　王　政　吴　玲　吴蓉瑛　吴　薇　吴　桢
夏玉兰　肖万忠　谢　丹　徐　军　徐肖梅　薛伟明　严　淑　杨　芳　杨　光　杨海滨
姚琴芳　叶丹蕾　余　力　曾　毅　张辰婕　张　春　张洁玉　张丽娟　张璐璐　张　萌
张鸣艳　张晓春　张晓坤　张颖娉　赵卫洪　赵彦闻　钟剑鸿　周德富　周　易　朱　洁
朱雨婧　朱元吉　曾珠亚岚

马克思主义学院

曹文君　陈　民　陈　敏　傅济锋　高　盼　顾燕新　黄　丹　居　茜　李凤云　李　敏
李永恒　刘丁玲　刘　敏　刘　勇　卢　锋　綦玉帅　邱淅闻　沈　洁　石阶瑶　史艳芳
孙　涛　王晓菲　王　迅　王　砚　许艳娟　杨　丹　杨德山　杨晓石　张　贺　张静芳
皇甫志芬

数理部

陈　剑　陈卫忠　梁　淼　凌　霞　卢亦平　陆卫丰　潘荣英　钱荣华　孙信秀　王东强
王丽华　王　庆　王苏华　王志刚　吴长男　徐　兰　徐亚娟　杨晓华　俞祚明　朱　晓

体育部

曹　湘　顾　莉　顾莉亚　何　畅　胡　阳　华家明　金　彤　康厚良　李继鑫　李良桃
李　争　梁　辉　罗　晨　吕延恺　孟祥波　谭吟月　王俪燕　王玉国　吴恒晔　项　丹
邢　伟　徐　芳　徐建国　许晓部　许　源　姚巧泉　叶捍军　岳群英　张同欣　仲慧慧
周建明　周　正

思政、数理、体育联合党总支

郎建华　李树斌

2022年苏州市职业大学公益性岗位人员名单（截至2022年12月）

团委

刘诗琪

教务处

吴　佳

学生工作处

葛春燕

财务处

张　欣

总务处

洪登成　刘　群

图书馆

胡绍宜　陆羊燕　吴倩倩　许东亮　杨　雪

苏州开放大学管理委员会（干将路校区）

陈曲扬　郭　峰　徐俊驰

机电工程学院

胡　清　王爱霞

计算机工程学院

戴子喧　丁　怡　傅颖丽　时　贞

电子信息工程学院

李艳霞　邵　怡　姚文贤　周　娜

管理学院

史龙珍　田亦丰　王硕亦　许凌雯　颜　洁

商学院

邓　凡　惠　钰　钱丽娟　杨　璐

教育与人文学院

王一珺

外国语学院

冯泉清　李俊俊　孙　娴　王　磊　王雅仑

艺术学院

任　静

体育部

邵文燕　张　远

人员变动情况

2022年苏州市职业大学教职工调进人员情况一览表

姓名	性别	调进部门、院（部）	调进日期	姓名	性别	调进部门、院（部）	调进日期
赵立冬	男	苏州开放大学管理委员会	2022.1.4	李　争	男	体育部	2022.10.10
王苏华	女	数理部	2022.2.24	胡　阳	男	体育部	2022.10.10
丁俊锋	男	教育与人文学院	2022.3.1	王祥薇	女	计算机工程学院	2022.10.10
李学环	男	计算机工程学院	2022.3.3	刘　琦	女	电子信息工程学院	2022.10.10
吕　良	男	机电工程学院	2022.6.16	曹诚丽	女	艺术学院	2022.10.10
崔　冰	女	教育与人文学院	2022.7.11	艾滢滢	女	商学院	2022.10.10
温贻芳	女	校党委	2022.8.10	黄　锐	男	电子信息工程学院	2022.10.10
庄剑英	女	校党委	2022.9.3	陈明康	男	艺术学院	2022.10.10
王　峰	男	校党委	2022.9.3	周泽宇	男	管理学院	2022.10.10
邓　凡	女	商学院	2022.9.4	毕　佳	女	教育与人文学院	2022.10.10
戴子喧	女	计算机工程学院	2022.9.4	李诗萌	女	机电工程学院	2022.10.10
李俊俊	女	外国语学院	2022.9.4	薛文雁	女	总务处	2022.10.14
陈曲扬	男	苏州开放大学管理委员会	2022.9.4	田　静	女	机电工程学院	2022.10.17
史龙珍	女	管理学院	2022.9.4	周宁芳	女	管理学院	2022.10.17
张淞柚	男	电子信息工程学院	2022.9.5	方　宜	女	计算机工程学院	2022.10.17
赵　虹	女	机电工程学院	2022.9.16	尤鹏程	男	教育与人文学院	2022.11.21
吕　玲	女	机电工程学院	2022.9.16				

2022年苏州市职业大学教职工辞职、离职人员情况一览表

姓名	性别	离校前工作部门、院（部）	离校日期	姓名	性别	离校前工作部门、院（部）	离校日期
李艮宁	男	电子信息工程学院	2022.4.28	陆公正	男	计算机工程学院	2022.9.8
俞美香	女	机电工程学院	2022.8.19	李　勇	男	体育部	2022.9.15
缪　澄	男	体育部	2022.8.29	李超逸	女	管理学院	2022.11.30
魏　影	女	组织人事部	2022.9.4				

2022年苏州市职业大学教职工去世人员情况一览表

姓名	性别	出生年月	生前所在部门、院（部）	原职务/职称	去世日期
余玉滋	女	1933.8	原苏州市教师进修学校	中专讲师	2022.1.6
朱谷凡	男	1925.12	图书馆	中教一级	2022.2.15
范　旦	男	1942.5	外国语学院	副教授	2022.4.16
冯子纲	男	1933.7	原苏州市广播电视大学	副校长/副教授	2022.5.2
顾宣良	男	1928.8	苏州市职业大学	校长	2022.5.19
陈友文	男	1941.9	计算机工程学院	讲师	2022.6.6
邵世贤	男	1924.6	原江苏省新苏师范学校	—	2022.6.17
吴银华	男	1941.6	原江苏省苏州工人疗养院	高级工	2022.6.22
冯祖蓉	女	1930.1	原苏州教育学院	—	2022.7.5
张成云	女	1950.11	管理学院	高级统计师	2022.7.15
陈东升	男	1937.11	电子信息工程学院	讲师	2022.7.16
冷杰三	男	1938.7	总务处	政工师	2022.8.16

续表

姓名	性别	出生年月	生前所在部门、院（部）	原职务/职称	去世日期
刘梁圣	男	1936.4	原苏州市广播电视大学（苏州市职工大学）	工程师	2022.10.5
徐承之	男	1933.3	原苏州市广播电视大学（苏州市职工大学）	讲师	2022.10.7
陈剑芬	女	1929.1	原苏州教育学院	—	2022.11.16
魏静之	女	1920.11	教育与人文学院	高级讲师	2022.12.15
崔　毅	男	1933.5	原苏州市第十三中学	副主任	2022.12.22
张子才	男	1929.11	教育与人文学院	副编审	2022.12.23
杨授经	男	1928.10	原苏州市广播电视大学	副校长	2022.12.25
曹震范	男	1931.12	原苏州市职工业余大学	副校长	2022.12.31

（史丰南）

离、退休人员名单

苏州市职业大学离休人员名单

陈瑞林　戴培基　陆锡明　顾祥彬　路　兴　王玉献　黄雅琴　李光素　汤世忠　马学仁
佘士良　朱世德　陈忠一　王文禄

苏州市职业大学2022年退休人员名单

总务处

严　方　尉迟勤　陆秋生　姚俊华

校督学室

项闪飞

苏州开放大学管理委员会（干将路校区）

叶　芸　严　强　黄振明

电子信息工程学院

殷伟义　张　欣

机电工程学院

周正存

外国语学院

狄小虎

艺术学院

刘　燕　吕　伟　盛　鲁

马克思主义学院

周建民

数理部

赵晓苏　王　珂　吴　平

（王　喆）

编辑：许立莺　陆怡静　盛　婷　张　莹

后 记

《苏州市职业大学年鉴（2023）》是一部全面记载2022年学校各项事业发展概况的综合性纪实文献。本书通过翔实的信息汇编，以文字、数据、图表等形式真实反映一年来学校的中心工作、重大事件、发展特色和办学成果，持续推进档案资源开发能力建设，深入拓展信息公开领域和层次，不断提升档案利用服务水平，为学校的事业发展提供决策参考。

《苏州市职业大学年鉴（2023）》采用条目体编撰体例，框架结构保持稳定。根据内容安排，年鉴的类目、条目做如下调整："第四章　专题活动"栏设置4个条目，分别为"特载"条目；"苏州市职业大学专业数字化改造融合化转型发展重点建设年"条目，分设"工作方案""工作部署"2个二级条目；"苏州市职业大学2021年度综合表彰大会"条目，分设"表彰决定""项目介绍"2个二级条目；"中国共产党苏州市职业大学第三次党员代表大会"条目，分设"会议通知""代表名册""领导讲话""工作报告""选举办法""选举结果""大会决议"7个二级条目。

本书记载的主要内容和数据截至2022年12月31日，部分数据以统计口径为准。

本书的章节插图出自苏州市职业大学档案馆藏（原苏州教育学院吴民先老师作品）。

历年年鉴中苏州市职业大学机构沿革示意图部分前身学校名称，因年代久远、办学变迁、史存资料不全等原因，存在一定错漏。在此一并勘误，避免对读者产生不必要的误导。更正如下："苏州工人疗养院"应为"江苏省苏州工人疗养院"，"苏州市商业局职工大学"应为"苏州市商业职工大学"。

学校年鉴的编纂出版是年鉴编纂委员会与各学院（部）、各部门相互配合、共同努力的成果。在此，我们谨向关心和支持学校年鉴工作的各级领导、全体组稿人员、年鉴编委会的各位老师、古吴轩出版社，以及在年鉴工作中付出努力的其他单位和个人表示衷心的感谢！

因我们水平有限，本书还有许多缺点和不足之处，敬希读者批评指正。

编　者

2023年9月